비평, 혹은 소설적 증상에 대한 분석

## 저자소개

**손정수**

문학평론가. 1998년 조선일보 신춘문예 평론부문에 「종말에의 상상력이 불러낸 가상현실의 세계」가 당선되면서 비평 활동을 시작했다. 평론집으로 『미와 이데올로기』(문학동네, 2001), 『뒤돌아보지 않는 오르페우스』(강, 2005) 등이 있으며, 현재 계명대학교 문예창작학과 교수로 재직 중이다.


비평, 혹은 소설적 증상에 대한 분석

**초판1쇄 인쇄** | 2014년 8월 28일
**초판1쇄 발행** | 2014년 8월 31일

**지은이** | 손정수

**펴낸이** | 신일희

**펴낸곳** | 계명대학교출판부

**등 록** | 1970년 9월 1일 (신고번호 제347-1998-1호)

**주 소** | 704-701 대구 달서구 달구벌대로 1095
**전 화** | 053-580-6233 **팩 스** | 053-580-6235

ISBN 978-89-7585-685-3 93800

값 35,000원

잘못 만들어진 책은 교환해 드립니다

이 도서의 국립중앙도서관 출판예정도서목록(CIP)은 서지정보유통지원시스템 홈페이지(http://seoji.nl.go.kr)와 국가자료공동목록시스템(http://www.nl.go.kr/kolisnet)에서 이용하실 수 있습니다.(CIP제어번호: CIP2014025663)

# 비평, 혹은 소설적 증상에 대한 분석

계명대학교 출판부

## 소설적 증상과 비평적 분석
### - 머리말에 대신하여

소설은 그것을 쓴 사람이 글 속에 투명하게 나타나지 않는다는 점에서 다른 종류의 글들과 구분되는 고유한 특징을 갖는다. 서술자라는 존재를 이야기 속에 남겨 놓은 채 작가는 어디론가 사라지고 보이지 않는다. 하지만 그가 정말로 사라진 것이 아니라 서술자의 뒤편에 몸을 숨긴 채 이야기 주위에 존재하고 있다는 사실이야말로 소설이라는 양식의 또 다른 특징이라고 할 수 있다. 그렇기 때문에 작가와 그를 둘러싼 심리적, 혹은 사회적 현실은 소설이라는 또 다른 세계 속에 반투명한 흔적을 드리우고 있다.

소설이 선명한 요지를 가진 전언이 되지 못하고 늘 모호한, 그러나 그렇기 때문에 더 절실한 제스처가 될 수밖에 없는 이유도 거기에 있다. 그것은 마치 말은 사용하지 못하고 동작만 가지고, 혹은 입 모양만으로 단어나 문장을 설명하고 맞춰야 하는 텔레비전 프로그램 속의 게임과도 비슷하다. 소설을 사이에 둔 소통의 당사자인 작가와 독자는 그 답답함을, 그 절실함을 운명적으로 공유할 수밖에 없다.

소설이 본성적으로 그런 성향을 갖는 데 더하여, 어느 시점 이후 한국 소설은 이전 시기에 비해 더 불투명한 모습을 보여 오고 있다. 이 책에 실린 글들이 대상으로 삼고 있는 소설들 역시 이 시기에 직접적으로 해당되는 것들이며, 따라서 거기에서도 현실은 투명하게 드러나지 않는다. 그렇기 때문에 비평적 독자는, 현상의 기원을 이루는 현실이 존재한다는 사실을 확신할 수 있음에도 불구하고 그 원인을 직접적으로 표상할 수 없는 꿈의 상황과도 유사한 처지에 놓이게 된다. 소설은 그 기원인 현실을 모호하게 숨긴 채 증상만을 드러내고 있고, 그 증상에 대응되는 현실은, 마치 해몽의 경우처럼, 해석에 따라 다른 모습으로 나타난다.

현실의 문제가 개인을 경유하여 소설이라는 텍스트 위에 나타나는 증상들에 주목하여, 그 발생의 메커니즘을 살펴보고자 하는 것이 이 책에 실린 글들의 기본적인 관심이라고 할 수 있다. 현실이 이야기에 담기는 과정에서 생성되는 약호는 글을 쓴 사람의 개인적인 의식의 산물이라기보다는, 언어 규범을 공유하는 집단 구성원들 사이의 상호 작용의 소산이며 또 그 작용은 의식의 차원뿐만 아니라 무의식의 차원에도 의거한다는 생각이 그 관심의 전제를 이루고 있다.

이때 증상은 기존의 관습적인 패턴을 반복하는 양상에서도 한편으로 나타나지만, 더 뚜렷한 징후는 기존의 규범에서 이탈하는 이종과 변종들에서 발견할 수 있다. 또한 그것은 텍스트의 표면에 나타나는 주제나 내용 등의 질적인 차원에서도 확인될 수 있지만, 반복되는 사건이나 모티프, 기법 등이 양적으로 분포되는 양상 또한 의미 있는 해석의 대상이 된다. 이 책에 실린 글들이 동시대의 소설적 현상의 전체적 구도 속에서 텍스트들이 서로 연결되는 지점들을 유심히 살피고 있는 것도 그런 맥락에서 연유한다.

이 책은 2000년대를 전후로 하여 나타난 한국 소설의 증상을 주제(Ⅰ부), 작가(Ⅱ부), 작품(Ⅲ, Ⅳ부)의 차원에서 살펴보고 그 분석을 시도한 글들을 모은 것이다. 책을 엮으면서 그 글들을 다시 읽어보니, 사유와 논리의 성긴

빈 공간에 채 여물지 못한 의욕과 열정이 떠돌아다니고 있다고 느껴지는 한편, 그 반면에 그 무렵 내가 갇혀 있던 생각의 틀과 패턴이 자각 없이 반복되고 있는 장면도 적지 않아서 부끄러운 마음이 든다. 그럼에도 그 미숙한 의욕과 열정은 다시 가지려고 해도 이제는 가질 수 없는 것이며, 그 시간이 지금의 나를 이루고 있기에 그것을 부정하는 것은 무의미한 일이기도 하다. 그 허물들조차 내 자신의 일부라는 것을 받아들이는 마음으로 이 글들을 책의 형태로 세상에 내보낸다.

지금의 시점에서 돌이켜보면, 그래도 그 시기에는 소설 그 자체의 정체성도, 그리고 소설과 다른 양식 사이의 구획도 어느 정도는 뚜렷한 편이었다고 느껴진다. 그 증상의 양상 또한 현실의 인력을 따라 움직이면서 비교적 선명한 경향성을 보였던 듯하다. 하지만 어느 시점 이후 문단이라는 소규모의 커뮤니티 바깥에서 소설은 점점 더 제어할 수 없는 대상이 되어가고 있는 듯 느끼는 순간이 잦아졌다. 현실이 점점 더 복잡하게 변화해감에 따라 소설의 증상 역시 점점 더 그 실체를 파악하기 어렵게 되고 있다. 어쩌면 소설 텍스트에서 증상과 현실을 읽어내는 일이 더 이상 의미가 있을까 생각될 때도 많다.

앞으로 소설은, 또한 비평은 과연 어떤 것이 될까? 지금까지 견고해 보였던 관념을 초월하는 이 생성 자체가 소설이 보여주는 새로운 증상일 것이며, 비평 역시 그에 따라 지금까지는 겪지 않았던 새로운 운명과 마주하게 될 것이다. 나 역시 변방에서 외롭게나마 그 운명의 일부를 살아갈 것이다.

2014. 7.

손정수

## 차 례

I 2000년대 소설의 새로운 징후들

1. 소설 내적 형식의 진화
사라진 이름들이 우리에게 말해주는 것 • 13
두 가지 잉여가 드러내는 징후들 • 27
한국 근대문학사와 그 이후 • 52

2. 소설을 둘러싼 새로운 콘텍스트
'전복적 상상력'을 전복하는 상상력 – 모더니즘의 내러티브 이후의 문학 • 74
장편소설에 대한 기대에 대한 기대 • 86
미디어 네트워크 속 '소설의 운명' • 97

3. 젠더와 섹슈얼리티의 변화
남성문학의 시대? • 117
공공 영역으로부터 사적 영역으로 이행하는 한국 소설의 구조 변동 • 124
오이디푸스 극장 – 한국 소설에 나타난 아버지의 변천사 • 138

4. 세계화 공간의 확장과 타자와의 공존
그리는 순간 지워지기 시작하는 신종 노마드 계보도 • 154
디아스포라에 의한, 디아스포라를 위한, 디아스포라의 글쓰기 • 176
현장의 고통으로부터 상호관계 속의 일상으로
– 최근 소설에 나타난 다문화적 현실의 새로운 층위 • 204

5. 소설적 변종들의 탄생
차이를 사유하는 네 가지 소설적 방식 • 216
그들이 건넨 다섯 개의 붉은 알약 • 228
새로운 이야기의 스펙트럼을 들여다 보다
– 2011년 신춘문예 당선 소설 경향 분석 • 247

## Ⅱ 개인의 삶보다 더 내밀한 작가 의식의 세계

### 1. 새로운 소설적 스타일의 형성 방식
다섯 개의 코드로 쓴 짧은 김연수론 • 271
'노는 인간'의 삶, 무위(無爲)의 삶 – 구경미론 • 276
포스트잇 글쓰기의 어떤 표정 – 김애란론 • 295
고유명, 혹은 환상 속에 비친 실재의 그림자 – 함정임론 • 302

### 2. 작가의 삶으로부터 구축된 전통의 사례들
극적 상황과 자전(自傳)의 세계 – 최인호론 • 316
체험의 육체성으로 이룬 의식의 사회사 – 최인석론 • 327
햇빛의 열정, 달빛의 정복(淨福) – 이윤기론 • 344

## Ⅲ 작품들이 이루는 소설의 성좌를 바라보기

### 1. 계절마다 펼쳐지는 서사의 경연
서사의 욕망과 서사 이면의 의식 – 김종광 소설집 『모내기 블루스』, 박청호 소설집 『질병과 사랑』, 김연수 소설집 『내가 아직 아이였을 때』 • 357
극한의 발견, 혹은 확장되는 소설의 영토
– 김도연 소설집 『0시의 부에노스아이레스』, 성석제 소설집 『황만근은 이렇게 말했다』, 은희경 소설집 『상속』, 김원우 소설집 『객수산록』 • 368
세 개의 두 겹 시선 – 민경현 소설집 『붉은 소묘』, 하성란 소설집 『푸른수염의 첫번째 아내』, 이혜경 소설집 『꽃그늘 아래』 • 382
새로운 방향 모색의 세 가지 사례 – 김연수 단편 「그건 새였을까, 네즈미」, 김경욱 단편 「성난 얼굴로 돌아보라」, 백민석 단편 「위대한 헛짓의 시대」 • 392

### 2. 한 권의 책에 담긴 소설적 개성
성장소설의 성장사 – 김주영 장편 『멸치』 • 401
이야기를 분출하는 고래의 꿈은 무엇인가 – 천명관 장편 『고래』 • 409
'경건'을 꿈꾸는 '독(毒)'의 이미지들 – 김숨 소설집 『투견』 • 418
사랑이 타락해 가는 일반적 경향에 대한 사례 보고서
– 백가흠 소설집 『귀뚜라미가 온다』 • 426

'낭비'의 윤리와 '압축'의 윤리 – 김중혁 소설집 『펭귄뉴스』 • 435
소통의 가치와 글쓰기의 윤리 – 김연수 소설집 『세계의 끝 여자친구』와 단편 「산책하는 이들의 다섯 가지 즐거움」 • 441

3. 단편이라는 거울에 비친 시대의 미학
소시민 계급의 분해와 노동 계급 형성의 사회적 드라마 – 윤흥길 단편 「아홉 켤레의 구두로 남은 사내」 • 453
'봉천동', 혹은 시간을 기억하는 공간 – 조경란 단편 「나는 봉천동에 산다」 • 456
'나'를 둘러싼 시점의 아크로바틱스 – 김선재 단편 「독서의 취향」 • 459

IV 저널리즘과 마주한 비평의 감각

1. 신문 독자와 함께 읽은 소설들
삶의 진실 담긴 '행복한 해후' – 이윤기 소설집 『두물머리』 • 467
거울 속, 나를 닮은 거꾸로 된 나 – 이신조 단편 「거울 여자」 • 469
유리된 여성의 유릿빛 욕망과 현실 – 조경란 소설집 『나의 자줏빛 소파』 • 471
죽음으로 떠안게 된 운명을 받아들이기 – 함정임 소설집 『당신의 물고기』 • 473
나무처럼 헛헛하게 사는 삶을 위한 의자
– 이문구 소설집 『내 몸은 너무 오래 서있거나 걸어왔다』 • 475
일탈을 자극하는 모순된 사랑 – 서하진 소설집 『라벤더 향기』 • 477
또 다른 눈을 통해 바라보는 새로운 세계 – 박성원 단편 「댈러웨이의 창」 • 479
삶과 죽음 사이에 놓인 인간의식의 한 단면 – 최수철 장편 『매미』 • 481
가족, 혹은 세계의 축도 – 김원일 장편 『가족』 • 483
현대적 감각으로 포착한 역사 속의 풍경
– 이지형 장편 『망하거나 죽지 않고 살 수 있겠니』 • 485
금기 바깥을 향해 품는 범용한 인간의 그리움 – 이윤기 장편 『그리운 흔적』 • 487
꿈 같은 실제, 실제 같은 꿈 – 정영문 소설집 『꿈』 • 489

2. 극장 앞에서 소설 읽기
상처를 치유하는 기억의 마술 – 김이은 단편 「매직카페」 • 491
욕망으로 얼룩진 현실의 단면
– 고종석 단편 「엘리아의 제야(除夜)」, 이혜경 단편 「물 한 모금」 • 495
삶, 검은 상처의 블루스 – 이나미 단편 「가위」 • 500
인간의 몸을 바라보는 현대적 감각의 시선 – 김훈 단편 「화장(火葬)」 • 504

지나온 세월 속에서 우리가 잃어버린 것들 – 박완서 단편 「후남아, 밥먹어라」 • 508
공존을 위한 소설적 모색의 한 사례 – 조경란 단편 「난 정말 기린이라니까」 • 512
무엇이 되지 않고자 하는 열정 – 김영하 장편 『검은 꽃』 • 516
궁핍을 바라보는 탈민족주의적 시선 – 배수아 장편 『일요일 스키야키 식당』 • 520
사랑을 이야기하는 새로운 감수성 – 김연수 장편 『사랑이라니, 선영아』 • 524
대중문화 세대의 성장소설 – 박민규 장편 『삼미 슈퍼스타즈의 마지막 팬클럽』 • 528
동아시아를 편력하는 여인의 오디세이 – 황석영 장편 『심청』 • 532
현실을 초월하는 예술의 꿈 – 이자크 디네센 소설집 『바베트의 만찬』 • 536
여성의 삶에 드리워진 현실의 무게 – 전경린 단편 「여름휴가」 • 540

# I

# 2000년대 소설의 새로운 징후들

# 사라진 이름들이 우리에게 말해주는 것

## 1. 상징계의 균열 : 하성란이라는 현상 혹은 효과

최근의 한국 소설들을 읽어가다 보면 한 가지 특이한 현상을 발견하게 된다. 그것은 소설 속에 등장하는 인물들이 거의 이름을 갖고 있지 않다는 사실이다. 물론 전부라고 할 수는 없겠지만 상당수의 소설, 특히 이전 시대의 소설적 전통과 거리를 두고 있는 새로운 경향의 소설일수록 이런 특징은 두드러지게 나타나고 있는 듯하다. 이런 현상은 왜 나타나고 있는 것일까? 그리고 이런 현상이 보여주는 징후는 무엇인가?

우선 이런 현상의 기원을 찾아 거슬러 올라가다 보면 그 흐름의 진원지 부근에서 하성란의 초기소설들과 마주하게 된다. 하성란의 초기 소설들이 보여주었던 새로움은 몇 가지 측면에서 연유하는데, 그 가운데 가장 많이 거론되었던 것이 그 특유의 섬세하고 세부적인 묘사이다. 그러나 이 묘사는 다만 섬세하다고 말하는 것만으로 충분하지 않다. 그것은 W. 벤야민의 「기술복제 시대의 예술작품」을 빌려와 이야기하면, 생산양식상의 기술적 발전이 예술작품(소설)에 내재화된 것이라고 감히 말할 수 있다. 이전의 기술로는 포착되지 않았던 삶의 세부들이 새로운 렌즈가 장착된 시선에 의해 비로소 표상될 수 있게 된 것이다. 현재까지의 흐름을 한꺼번에 과거화시키면서 다가올 미래를 순간적으로 현현하는 이 단절은 새로운 기술이 스스로를 드러내는 방식이라고 할 수 있을 것이다.

그런데 이와 같은 특징이 다만 기술적 발전에 대응될 뿐만 아니라 그 기술적 발전의 근원에 놓인 어떤 변화에 대응되는 것이라고 볼 수는 없는가? 이 물음에 대한 대답을 찾는 실마리로 우리는 앞서 언급한 하성란 초기 소설의 또 다른 특징, 즉 그의 소설에 등장하는 인물들이 그 이전 혹은 그 동시대의 소설들에서와는 달리 이름을 갖고 있지 않다는 사실을 떠올려볼 수 있다. 그들은 어째서 이름도 없이 소설 속에 등장하게 된 것일까?

이런 현상에 대한 가장 상식적인 대답은 그들이 익명성이 지배하는 현대사회 속에서 단자화된 채 살아가는 인물들이기 때문이라는 식의 이야기일 것이다. 그렇듯 단자화되어 살아가고 있는 인물들의 삶을 통해 작가가 보여주고 싶었던 것은 아마도 소통에 대한 강한 열망일 것이라는 추측도 여기에 자연스럽게 덧붙여질 수 있을 것이다. 이런 해석은 텍스트 위의 분열을 봉합해서 거울처럼 매끄럽게 만들고 그것으로 현실을 비추어 우리에게 보여주는 것이다. 하지만 하성란 소설에서의 텍스트상의 분열 혹은 균열의 경우에는, 그 검게 비어 있는 자리 자체가 현실이라고 할 수 있다.

가령 「루빈의 술잔」(1997)을 보자. 여기에는 우연히 주민등록번호가 같지만 서로 다른 삶의 내력을 갖고 있고 또 현재에도 다른 삶을 살아가고 있는 두 명의 여성이 등장한다. 주민등록번호를 공유하고 있지만 다른 삶을 살고 있는 이 두 여성의 관계는, 하나의 형상이지만 보기에 따라 두 사람이 서로 얼굴을 마주하고 있는 형상으로 보이기도 하고 혹은 술잔으로 보이기도 하는 루빈의 술잔에 대응된다. 그런데 하성란의 소설이 보여주고 있는 것은 마주보고 있는 두 얼굴과 술잔만이 아니다. 이 두 가지 형상으로 인해 드러나지 않는, 이 두 형상 사이의 틈 혹은 공백, 이것이야말로 하성란 소설이 보여주고 있는 중요한 대상이 아니었을까? 말하자면 우리는 이 소설에서 상징계가 상상계에 침투하지 못하고 있는 장면, 그러니까 상징화되지 않는 어둠과도 같은 영역, 그 결여로 인해 순간적으로 검은 구멍이 드러나는 장면을 언뜻 목격했던 것이다.

그 이전 소설, 즉 등장인물들이 저마다의 이름을 갖고 있는 소설 속의 세계는 그들이 이름을 통해 서로를 부르고 확인할 수 있는 세계이다. 그들은 커뮤니케이션 코드를 공유하고 있는 공동체의 구성원들이다. 그러하기에 그 소설 속의 세계를 확대하면 그대로 공동체의 현실이 된다. 이 전제 위에서 소설은 허구이지만 그럼에도 불구하고 우리가 살아가고 있는 현실을 환기할 수 있었고, 그리하여 현실 속의 독자는 허구 속에서 자신이 살아가고 있는 현실과 그 현실 속의 자기를 발견할 수 있었다. 말하자면 소설과 현실 사이에는 일종의 환유 관계가 성립하고 있었으며, 소설 속 등장인물들의 이름은 이 환유를 성립시키는 한편 그 관계를 보증하는 유력한 근거였다. 이는 상징에 대한 믿음이 회의될 수 없었던 시기, 그러니까 라캉 식으로 말하자면 대타자가 주체에 대해 전능의 권위를 발휘하던 시기, 그리하여 이 상징계가 실재로 혼동되던 시기였기에 가능한 방식이라 할 것이다. 대타자의 전능성이 공동체의 다른 구성원을 명백한 수신인으로 설정하고 씌어지는 이러한 소설적 방식을 보증하고 있었던 것이다. 이 방식에는 상상계 – 상징계 – 실재계의 구도가 존재하지 않는다. 다만 작품과 현실의 직접적인 대응 관계 그리고 그 둘을 결합시키는 반영이라는 방식만이 존재한다. 이때는 소설 속의 한 개인의 고백이 공동체를 향한 증언이 되고, 문학에 대해 말하는 것이 곧 현실에 대해 말하는 것이 된다.

그런데 하성란의 초기 소설들은 이전 시대 소설의 전제가 더 이상 통용되지 않는다는 것을 보여주기 시작하는 일종의 징후로 읽힌다. 소설 속 인물들의 실존은 더 이상 사회적 상징의 차원으로 고양되지 못하고 그 자체 내에 유폐된다. 그들은 상징의 차원으로 나아가기 위해, 공동체의 다른 구성원들을 만나는 자리에 가기 위해 가슴에 달아야 할 명찰이 없다. 정확히 말하자면 그 명찰에 적어넣을 '이름'이 없다. 그러하기에 소설 속에서도 그들은 서로 소통하지 못한 채 자신만의 삶 속에 갇혀 있다. 이는 언어(상징)에 의한 커뮤니케이션의 약화를 비상징적인 방식으로 보여주는 사례라고 할 수 있다. 돌이켜보면 이 지점에서 한국 소설은 이전과는 다른 궤도에 접어들기 시작했던 것이다.

## 2. 상상계의 한 쪽 끝 : 편혜영의 시체들과 김유진의 꿈

하성란의 초기 소설들이 스스로를 그 전 시대의 소설들과 구분하면서 그었던 획이 마르기 시작하여 10년 가까운 시간이 흘렀다. 당연히 하성란의 초기 소설들이 보여주었던 방향은 그 사이에 더욱 극단적으로 진전되었다. 최근 소설들과 비교해보면 하성란 초기 소설의 상대화된 좌표가 확연하게 드러난다.

우선 2000년대 소설에서 상징의 힘은 더욱 약화되고 있다. TV나 스포츠, 혹은 정치를 둘러싼 시사적 담론 속에서 그나마 명맥을 유지하고 있는 상징의 차원(이들 영역에서도 상징의 한계효용이 급격하게 체감되고 있다)은 소설에서는 이미 표상의 힘을 상실했다. 그리하여 소설들은 마치 상상계 속에 유폐된 듯 보인다. 그 상상계의 파편들은 상징화되지 않은 채 흩어져 있다. 그러하기에 당연히 동시대의 소설들을 묶을 수 있는 코드는 잘 보이지 않는다. 만일 그러한 것이 있다면 상징의 묶음으로 묶이지 않는 것들로 이루어진 묶음일 것이다. 그들은 더 이상 어떤 중심을 공유하면서 그 주위를 공전하지 않는다. 자전의 운동만이 있을 따름이다. 이들 소설의 의미화는 현실 속 상징과의 접속을 통해서가 아니라 그 자전적 운동의 반복을 통해서 일어나는 경향이 더 강하다.(특정 작가의 소설을 꾸준히 따라 읽지 않으면 무슨 이야기인지 알아차릴 수도 없는 일이 그래서 생긴다. 작가를 향해 읽히는 소설을 쓰라고 목소리 높여 비난하는 일 또한 이러한 상황에서 발생하는 반응이라고 할 수 있다.)

가령 편혜영 소설의 주된 공간은 재난과 사고로 폐허가 된 곳들이다. 「아오이 가든」(2003)을 보자. 전염병이 창궐한 어느 아파트 단지에 일가족이 유폐되어 있다. 소설은 이 공간과 그 속의 인물들을 묘사하는 기괴하고 끔찍한 이미지들로 가득하다.

> 가랑이 사이로 빠져나오는 것을 보기 위해 고개를 쳐들고 있던 누이가 물었다. 피로 물든 누이의 가랑이에서 나온 것은 다리가 얇고 몸통이 큰 개구리였다. 그것은 실로 나를 닮아 있었다. 어느 틈엔가 방에서 나온 그녀는 그럴 줄 알았다는 듯이 우무질에 덮인 개구리를 차디찬 물에 씻겼다. 개구리들은 그녀의 손이 닿을 때마다 눈알이 터지도록 울음을 터뜨렸다. 그리고 터진 눈알에서 흘린 피로 몸을 물들였다. 태어난 것이 개구리라고 해서, 당황한 사람은 우리 중에 아무도 없었다.
>
> 그녀는 베란다 유리창을 열었다. 거리의 냄새가 밀려 들어왔다. 나는 구역질을 참지 못하고 뱃속의 것을 게워냈다. 붉은 내장들이 계속 쏟아졌다. 고양이의 것인지 내 것인지 헷갈릴 정도로 많은 양이었다. 꿰맨 자국이 있는 뱃가죽이 튀어나올 때까지 구역질은 멎지 않았다. 그녀는 누이의 뱃속에서 나온 수십 마리의 붉은 개구리들을 바깥에 쏟았다.[1)]

'아오이가든'은 전염병으로 인해 폐허가 된 도시의 아파트 단지이다. 동물들의 사체와 쓰레기로 뒤덮인 거리에서는 악취가 넘쳐나고 흉흉한 소문 속에서 사람들은 의심과 공포의 나날을 보내고 있다. 불구의 몸을 가진 '나'와 '그녀'(엄마)가 살고 있는 집에 가출했던 '누이'가 팔개월 만에 임신한 몸으로 돌아온다. 모녀는 바깥에서 역병의 기운을 묻혀오는 고양이의 자궁을 들어내고 집 밖으로 내던진다. 그러나 고양이는 집안으로 되돌아오고 어느새 '나'의 몸속까지 기어들어온다. 위의 인용은 이 소설의 마지막 부분으로 '누이'가 수십 마리의 붉은 개구리들을 낳고 '나'는 고양이의 것인지 '나'의 것인지 구분할 수도 없는 붉은 내장들을 게워내는 장면이다.

소설마다 조금씩 다르기는 하지만 이런 이미지들은 편혜영의 소설들이

---

1) 편혜영, 「아오이가든」, 『아오이가든』, 문학과지성사, 2005, 59~60쪽.

공유하고 있는 분모라고 할 수 있다. 이 이미지들을 상징의 차원에 연결시켜 해석하는 방법이 있을 수 있다. 가령 편혜영의 소설을 두고 "시체들이 출몰하는 현실의 악몽을 극한까지 몰고 감으로써 인간의 문명 세계 전체를 지옥도로 그려낸다"[2]고 설명하는 경우에서 그 한 가지 예를 발견할 수 있다. 말하자면 편혜영 소설의 끔찍한 이미지들이 그에 대응되는 현실의 끔찍함을 환기시키고 있다는 이야기이다. 그러나 이 소설 속의 이미지들에서 상징의 차원과 연락하고자 하는 열망을 발견하기는 쉽지 않다. 여기에는 묵시론적 예감으로 가득찬 세계의 종말은 있으되, 세계는 없기 때문이다. '안녕, 시체들'[3]이라는 소설집의 제사(題詞)에서 확인되듯, 이 끔찍해 보이는 상상의 세계는 액면과 달리 거부와 혐오의 대상과는 거리가 있다.

이 환상 속의 이미지들이 현실 속의 어떤 구체적 지시대상을 갖지 않을 때 이 두 차원을 연결시키는 알레고리는 공허하다. 그것은 상징에 대한 해석자의 집착을 보여줄 따름이며 결국 해석자의 주관에 의해 구성된 상징으로 귀결되어버린다. 그럼에도 불구하고 상징의 차원에 집착하게 되는 것은, 거기에서 우리가 문학을 하는 이유에 대한 직접적인 대답을 확인할 수 있기 때문이다. 상징의 차원이 약해질수록 문학 행위를 둘러싼 사회적 의미는 휘발되고, 거기에서 문학을 하는 이유를 발견하고자 하는 이들에게 그것은 일종의 위기로 실감될 수밖에 없다. 이렇게 설정된 위기의 극복 방식은 다시 상징에 대한 요구로 드러나고 있는 것이다. 하지만 문학이 상징의 힘을 잃은 것이 아니라 상징의 힘이 점진적으로 사라져가는 현실을 문학이 반영하고 있다고 보아야 하지 않을까. 이 경우 상징에 대한 집착은 겉으로는 현실 지향성의 형태를 띠고 있지만 실상 그것 역시 대타자의 결여를 메우기 위한 일종의 환상에 지나지 않는다고 말할 수 있지 않을까.

김유진 소설에서의 꿈의 장면들 역시 현실에 대한 직접적인 알레고리로

---

2) 이광호, 「시체들의 괴담, 하드고어 원더랜드」, 『아오이가든』 해설, 246~247쪽.
3) 편혜영, 『아오이가든』, 7쪽.

설명되지 않는다는 점에서 편혜영의 소설에서의 시체들과 같은 맥락을 이루고 있다. 이전 시대의 소설 속에서 꿈이 현실에 대한 은유로서 제시되고 있었다면 김유진의 경우에는 그 이미지들 자체가 그대로 소설적 대상을 이루고 있다. 현실의 은유로서 제시된 꿈은 결국 현실의 시선으로 재생한 것에 지나지 않는다. 김유진 소설의 특징은 그와는 다른 방식으로 꿈의 이미지들을 현상하고 있다는 점에서 찾을 수 있다.

> 뒷부분은 더 이상 알아볼 수 없었다. 어둠 속에서 휘갈겨 적은 글자들은 이국의 문자처럼 형체가 불분명했다. 순간의 기억을 잃지 않기 위해, 늘 급박하게 적어나갔기 때문이었다. 나는 더듬더듬 꿈을 기억해내 글자를 추측해나갔다. 그러나 도무지 알아볼 수가 없었다. 꿈의 기록은 논리적인 작업이 되지 못했다. 문장도 불분명했다. 지난밤처럼, 휘갈긴 글자들을 알아보려 노력하다가 포기하기 일쑤였다. 내가 쓴 것이라고는 생각할 수 없는 문장들도 있었다. 그러나 그것은 분명 가치 있는 일이었다. 어제 날아간 소의 수나 마을 사람들의 수를 기억하는 것보다는 유익했다. 그것은 우리가 다시는 보지 못하는 밤의 기록이기 때문이었다.[4)]

"엄마의 발목이 돌아왔다"[5)]는 환상적인 문장으로 소설은 시작된다. 돌풍이 몰아치는 고지대 마을에서 집을 감싸고 있는 고목 덕택에 온전히 남은 유일한 집, 그곳에서 '나'와 동생, 그리고 아버지가 살고 있다. '나'는 물 속을 향해 뛰어든 소년들이 순교자처럼 물 위로 떠오르는 꿈을 계속 꾸고, 동생은 자꾸만 사라진 것들의 환영을 본다. 나무와 집은 점점 한몸이 되어가고 바람과의 지루한 싸움은 계속된다. 먼훗날 '우리'의 이야기는 뱀피리를 부는 소년들에 의해 노래로 구전되었다. 그 노래의 시작은 '마녀가 돌아왔다'였다. 위의 인용은 '나'가 순교자의 꿈(이 꿈의 바깥 역시 꿈의 장면 같은 환상의 세계이다)에 시달리다 깨어나 적은 기록을 나중에 헛되이 확인하는 대목이다.

---

4) 김유진, 「마녀」, 『문학동네』, 2005년 봄호, 235~236쪽.
5) 같은 글, 232쪽.

'밤의 기록'이라는 점에서 김유진 소설은 편혜영 소설과 닮아 있지만 위에서 보듯 상징의 차원으로 번역하기가 더욱 어렵다. 상징의 힘이 미치지 못하는 이 상상계의 세계는 상징계의 표면에 뿌리를 내리지 않은 낯선 이미지들로 채워져 있다. 상상의 세계로부터 상징의 세계로 되돌아오면 이 이미지들은 사라져버린다. 그것들을 언어로 기록한다 해도 결국 상징계의 논리에 닿지 않는, 알아볼 수 없는 흔적들로만 남는다. 김유진의 소설은 그처럼 상징화되지 않는 세계를 표상하는 일종의 실험이라고 할 수 있다.(이 대목에서 '그런데 그것이 과연 가능한가. 상징화되지 않는 세계를 표상한다는 것 또한 결국 언어(상징)로 하는 것 아닌가. 그렇다면 이 또한 상징의 차원을 벗어나지 못하는 것이 아닌가'라고 당연히 물을 수 있다.)

물론 이 꿈의 이미지들을 표상하면 결국 남는 것은 언어이다. 그러하기에 그것은 기표의 물질성을 갖게 될 수밖에 없다. 이전 시대의 아방가르드는 이 물질성을 필사적으로 해체하고자 시도했다. 그 결과 상징화되지 않는 세계를 표상하는 것이 아니라 표상되지 않으려는 몸부림으로 인해 기괴하게 뒤틀리고 조각나버린 언어의 파편들만이 남았다. 김유진 소설은 이전 시대의 아방가르드와는 달리 기표의 물질성을 부정하지 않는다. 그럼에도 상징적 차원에 대한 태도는 훨씬 급진적이다. 이러한 방식은 상징화될 수 없는 세계를 상징화하거나 혹은 상징화하지 않으려고 하는 것이 아니라, 새로운 방식으로 '표상'하는 것이라고 할 수 있다. 그것은 상징으로 되어 있으되 위상학적으로 상징계의 불가능성 속에 위치한다. 「마녀」에서 꿈은 끝까지 기억(상징적 재현)되지 않는다.

이전 시대의 소설에서 상징계를 위협하는 실재의 영역이 텍스트 위에 얼룩으로 남았다면, 2000년대 소설에서 그 얼룩은 전면화되어 텍스트 전체를 뒤덮고 있다. 그 검은 얼룩은 자세히 들여다보면 희미한 선으로 그려진 이미지들로 채워져 있다. 편혜영과 김유진 소설은 바로 이 이미지들에 대한 표상의 작업이라고 할 수 있다.

## 3. 상상계의 다른 쪽 끝 : 김애란의 가족과 김중혁의 사물들

김애란의 소설은 표면상으로는 편혜영이나 김유진의 소설과 대조적이다. 편혜영과 김유진 소설의 그로테스크한 이미지들과는 달리, 김애란 소설에는 친근하고 따뜻한 가족들이 등장한다.(시체와 가족, 이 둘은 얼마나 거리가 먼가.) 게다가 이 가족들은 이전 시대의 소설들에서처럼 주체에 대한 상징적 억압으로 제시되고 있지 않다. 가령 「달려라, 아비」(2004)에서의 아버지를 보자.

> 아버지가 뛴 것은 그때부터였다. 아버지는 달동네 맨 꼭대기에서부터 약국이 있는 시내까지 전속력을 다해 뛰었다. 오줌 마려운 듯 벌게진 얼굴로 아버지는 입이 찢어져라 웃고 있었고, 아버지를 보고 놀란 개가 짖자 온 동네 개들이 일제히 짖어대기 시작했다. 아버지는 뛰고 또 뛰었다. 상기된 얼굴로 장발을 휘날리고, 계단을 넘고, 어둠을 가르며 바람보다 빨리. 아버지는 허겁지겁 뛰어가다 연탄재에 발이 걸려 넘어지고 말았다, 온몸에 하얀 재를 뒤집어쓴 아버지는 그 즉시 벌떡 일어나, 지금 달려가고 있는 곳이 훗날 어디로 향하게 될지도 모른 채 죽어라 뛰어갔다.[6)]

소설은 '나'가 태어나던 순간의 기억으로 시작된다.(그러니 이미 출발부터 상상 속의 세계이다.) 그 기억 속에는 어머니와 '나'만이 있다. 그렇다면 '아버지'는? '나'는 아버지가 달리고 있다고 '상상'한다. 그 상상 속에서 아버지는 어머니와 잠자리를 같이 하기 위해 피임약을 구하러 달린다.(바로 위의 인용 대목이다) 미국으로 건너가 새로 결혼한 아버지는 이혼을 당한 후 전처와 그의 새남편이 살고 있는 정원의 잔디를 깎다가 싸움 끝에 잔디깎이 기계를 타고 도로를 질주한다. '나'의 상상 속에서 아버지는 항상 웃으며 달리고 있다. 아버지를 상상했던 십수년 내내 쉬지 않고 달리는 동안 늘 눈이 아프고 부셨을 아버지에게 '나'는 오늘밤 아버지의 얼굴에 선글라스를 씌워

---

6) 김애란, 「달려라, 아비」, 『달려라, 아비』, 창비, 2006, 13쪽.

드리기로 결심한다.

이처럼 이 소설에서 아버지는 억압적인 오이디푸스와는 거리가 한참 멀다. 아버지는 "어머니의 부풀어오르는 배를 보고 얼굴이 점점 하얘지다가, 아버지가 되기 전날 집을 나가 그후로 다시는 돌아오지 않"[7]은 인물이다. 그는 아버지가 되기를 거부함으로써 오이디푸스로서의 자격을 스스로 포기했기 때문에 억압적 상징의 지위에 놓여 있지 않다. 말하자면 이 소설은 아예 처음부터 오이디푸스 구조가 배제된 가족의 이야기인 것이다. "아버지가 나에게 금기는 아니었다. 그것은 우리에게 중요한 문제가 아니었기 때문에 자주 언급되지 않았을 뿐이다"[8]라는 소설 속의 언급이 이 점을 분명하게 드러내고 있다. 오히려 여기에서 아버지는 상징적 차원의 힘이 소거된 자리를 메우는 상상의 일부분이라고 할 수 있다. 편혜영의 소설에 엽기적인 시체의 환상이 등장했다면, 김애란의 소설에는 그 대신에 따뜻한 가족의 환상이 등장하고 있는 것이다.

이 소설에서 더 특기할 만한 것은 아버지의 부재(상징계의 결여)에 대응하는 주체의 반응이다. '나'는 아버지의 부재를 상상으로 채운다. 프로이트의 '가족 로만스' 자체가 애초부터 주체가 현실을 직접 대면하기를 거부하기 때문에 발생하는 환상의 일종이거니와, 김애란 소설에서는 그것을 환상이라고 의식하고 있을 뿐만 아니라 그것을 더 적극적인 상상으로 이끌어가고 있다는 점에서 특징적이다. "아버지는 달리기를 하러 집을 나갔다. 나는 그렇게 믿기로 했다. 전쟁터에 나간 것도, 다른 아내를 원한 것도, 어느 나라 사막에 송유관을 묻으러 간 것도 아니라고. 다만 집을 나갈 때 시계는 챙겨가지 않는 모양이라고"[9] '나'는 말한다. 이처럼 이 소설은 처음부터 마지막까지 이 상상의 테두리를 벗어나지 않는다.

이 상상의 세계는 상징의 매개 없이 실재와 맞물려 있다. "내가 아버지를

---

7) 같은 글, 14쪽.
8) 같은 글, 15~16쪽.
9) 같은 글, 15쪽.

계속 뛰게 만드는 이유는, 아버지가 달리기를 멈추는 순간, 내가 아버지에게 달려가 죽여버리게 될까봐 그랬던 것은 아닐까"[10]와 같은 대목은 상상과 실재 사이에 놓인 틈을 암시하고 있다. 하지만 '나'가 상상 속에서 달리고 있는 아버지에게 선글라스를 씌워드리는 장면에서 보듯, 화자는 실재가 드러나기 전에 바로 다른 상상으로 그것을 막아버리고 있다.

이처럼 김애란 소설에서 가족이 억압적인 대타자가 아니라 따뜻하고 친근한 대상으로 등장하고 있는 것은 그의 소설이 상징의 차원으로 나아가지 않고 있기 때문이라고 할 수 있다. 김애란의 주인공이 가족과 맺는 관계에서처럼 김중혁의 주인공이 사물들과 맺는 관계 또한 따뜻하고 친근한데, 이 경우 역시 상징계와 접촉하고 있지 않기에 가능한 것이라고 할 수 있다.

> 나는 가끔 눈을 감고 어둠 속에다 잠수함을 그려본다. 메이비의 목소리가 들리지 않으면 잘 그려지질 않지만 그래도 이젠 어느 정도 비슷하게는 그릴 수 있다. 잠수함이 완성되면 나는 캄캄한 어둠 속으로 잠수함을 발진시킨다. 눈을 뜨고 있을 때는 시야가 굉장히 좁지만 눈을 감으면 공간은 끝없이 넓어진다. 잠수함은 계속 앞으로 나아간다. 잠수함에다 노란색을 칠하고 싶지만 그것만은 잘 되질 않는다. 언젠가는 될 것이라고, 나는 생각한다.[11]

'메이비'는 '나'가 새로 개업한 디자인 사무실을 방문했던 고객의 이름, 정확히 말하면 그의 별명이다. 인터넷 라디오 방송국의 프로듀서인 그가 의뢰한 것은 우수고객을 위한 사은품용 라디오의 디자인이었다. 그렇게 해서 만들어진 '안테나 라디오'는 대성공을 거뒀다. 그 뒤 메이비는 '나'에게 또 하나의 디자인을 부탁한다. 그가 진행하는 시각 장애인을 위한 인터넷 라디오 방송에서 선물용으로 제작하는, 말하자면 두 번째 라디오 디자인이다. 선뜻 승낙했지만 메이비가 진행하는 라디오 방송을 듣고 난 후 '나'는 디자인 작

---

10) 같은 글, 27쪽.
11) 김중혁, 「무용지물 박물관」, 『펭귄뉴스』, 문학과지성사, 2006, 40쪽.

업을 포기한다. 그 방송 가운데 한 코너인 '메이비의 무용지물 박물관'에서 메이비는 눈이 보이지 않는 사람들에게 '사물들'을, 그러니까 잠수함, 고층빌딩, 캠코더, 만화책…… 등등을 말로써 그려보이고 있었다. '나'는 메이비의 이 퍼포먼스야말로 진정한 디자인이라고 생각한다. 이 디자인은 시각(상징)이 아니라 감각(상징화되지 않는 것)을 지향하고 있기 때문이다.

김중혁의 사물들은 상징계의 교환가치나 사용가치를 갖지 않는다. 그것들은 상상계('무용지물 박물관') 속의 사물들이기 때문이다. 이 사물들이 상상계 속에서 부여받는 고유한 가치의 제시는 상징계를 비판하기 위한 것이라기보다 상징계의 위협에서 벗어난 어떤 영역을 확보하려는 나르시시즘적 욕망의 소산에 가깝다. 위의 인용에서 확인할 수 있듯, 상징계의 위협이 없는 곳에서 주체는 사물들과의 이상적인 관계를 향유한다.

세계(현실)와 자아(주체)의 대립 구도에서는 자아를 억압하는 세계로부터 벗어나는 일체의 행위가 저항으로서의 의미를 가질 수 있다. 김중혁 소설에도 이러한 관점이 적용될 수 있다. 소설 속의 인물들의 행위는 자아 외부의 관습적 기준을 거부하고 철저하게 자아 내부의 리듬을 따르고 있다는 점에서 윤리적 성격을 띤다. 하지만 상상계－상징계의 구도에서 보면 그 의미는 달라진다. 상징계에 더 많은 리비도를 투여했다고 해서 더 윤리적이지 않듯, 상상계에 더 많은 리비도를 투여했다고 해서 그것이 곧 상징계에 대한 저항을 의미하지 않는다. 그것은 다만 리비도를 분배하는 문제, 즉 일반경제의 문제일 따름이기 때문이다.

### 4. 상상계의 균열 : 나르시시즘적 주체의 불안

하성란 이후 우리 소설에서 이름들은 점점 사라져가고 있다. 이름이 없는 그들은, 자신의 삶의 편린을 밧줄 삼아 필사적으로 공동체적 삶의 사회적 차원이라는 고지에 도달하고자 했던 이전 시대 소설의 이름을 가진 인물들과 구분된다. 그들은 이전과는 다른 세계 속을 살아가고 있는 것이다.

최근 한국 소설에서 상징의 차원은 크게 약화되고 있고, 그러하기에 그것은 상상의 심역에 개입하여 그것을 조직하지 못하고 있다. 그리하여 그 상상계 속의 세계는 주체 가까이의 주변적인 것으로부터 극단적으로 먼 추상적인 것까지 매우 폭넓게 드러나고 있다. 같은 평수, 같은 구조의 아파트에 김애란의 가족과 편혜영의 시체들, 김중혁의 사물들과 김유진의 꿈 등등이 나란히 이웃하여 살고 있는 장면이라고나 할까. 말하자면 사회나 현실에 대한 관심이 결여된 이 새로운 상상계의 공간에는 가족이나 사물들처럼 주체에 밀착된 친근한 대상들과 꿈과 공상 속의 묵시적 이미지들처럼 추상화된 대상들이 공존하고 있다. 이 기묘한 현상은 상징계의 차원이 구획해놓은 영역 언저리에 머물러 있던 상상들의 폭이 그 상징계의 억압이 약해지면서 극단적으로 확대되어 나간 결과라고 할 수 있을 것이다.

지젝은 아버지의 권위가 해체된 포스트모던의 현실에서 나타나는 두 가지 결과에 대해 지적하고 있는데, 이 역시 상징적 차원이 약화되면서 나타나는 현상들에 대한 분석이다. 즉 하나는 상징적 금지 규정이 점점 더 사회적 성공이나 육체적 건강 같은 상상적 이상들에 의해 대체된다는 것이고, 다른 하나는 상징적 금지의 부재가 잔인한 초자아 형상의 재출현에 의해 보완된다는 것이다. 말하자면 자유롭게 상상의 세계를 유영하는 듯 보이는 이 나르시시즘적 주체에게 일종의 망상적 불안이 자리잡고 있다는 것이다. 향유와 쾌락을 금지하는 억압적 아버지는 사라졌지만, 그리하여 향유와 쾌락의 추구가 가능해졌지만, 이 향유와 추구가 더 향유하라는 초자아의 명령, 즉 외설적인 아버지의 명령에 따라 이루어지고 있기 때문이다. 이로 인해 주체는 더욱 효과적으로 향유의 금지에 부딪치게 되며 이로 인해 죄의식을 갖게 된다는 것이다.(『불안정한 주체』)

그러니까 이 나르시시즘적 주체는 현실이 아니라 초자아와 대면하고 있다. 그로 인해 현실(상징계의 차원)의 억압으로부터는 벗어나게 되지만 초자아에 의한 또 다른 억압에 종속된다. 이 초자아(무의식=법)는 주체에게 더 향유하라고 명령하지만 주체는 결코 이 초자아에 도달할 수 없다. 나르시시즘적 주체가 향유의 한가운데에서 느끼는 불안의 진원이 바로 이곳에 있다. 그 향유가 진정한 향유가 아니라는 생각, 초자아의 명령에 의한 향유로 인해 주체에게 가장 근본적인 욕망을 포기했다는 생각이 드는 것 또한 이 순간에 일어난다. 상징의 믿음이 회의되고 그로 말미암아 급진적으로 상상의 세계로 기울어지고 있는 최근 한국 소설의 상황 속에서 어떤 불안이 감지된다면 이 또한 앞서 언급한 이 나르시시즘적 주체의 불안으로부터 연유하는 것은 아닐까.

새로운 종류의 상상들이 계속 출몰하면서 상징 부재의 공간을 메워가고 있지만, 어느 지점에서 우리는 그 존재 이유를, 그 지속의 근거를 되묻지 않을 수 없게 될 것이다. 여기에 새로운 글쓰기의 난경이 놓여 있다. 상상계를 형상화한다고는 하나 이미 그것은 상징계의 언어를 도구로 하여 수행되는 것이고 그러하기에 그것은 곧 의미화되어 상징의 차원으로 편입될 것이다. 상징의 차원으로 되돌아갈 수도, 상상의 차원을 반복할 수도 없는 진퇴양난의 지점에서 글쓰기의 근거를 다시 되묻지 않을 수 없는 것이다.

이 문제는 결국 자동사적인 글쓰기에 윤리의 문제를 다시 도입하게 되는 계기라고 할 수 있다. 이는 결국 어떻게 하면 이 환상으로부터 벗어날 수 있겠는가의 문제, 곧 자폐적인 상상계에 외부를 도입하는 문제와 관련될 터이다. 이 외부의 도입이라는 문제가 예전처럼 이 파편화된 소타자들의 세계를 아우를 수 있는 대타자를 제시함으로써 해결할 수 있는 것은 결코 아닐 것이다. 그렇다면 어떻게 상징의 차원을 끌어들이지 않으면서 외부를 도입할 수 있을 것인가? 트랜스크리틱(가라타니 고진)이나 횡단적 커뮤니케이션(아즈마 히로키)은 어떠한 방식으로 확대될 수 있는가? 환상을 가로지르는 것이 윤리적 행위(라캉, 지젝)라는 말은 어떻게 구체화될 수 있는가? '무위(無爲)의 공동체'(블랑쇼, 장 뤽 낭시)는 가능한가? 2000년대 소설들은 그 반환점에서 새로운 질문과 고민들을 우리 앞에 던지고 있다.

# 두 가지 잉여가 드러내는 징후들

## 1. 한국 소설의 새로운 징후

생산의 질서로부터 벗어난 잉여의 지대, 일찍이 바타이유가 '저주의 몫'이라고 불렀던 이 소모의 영역은 문학이 생성되는 원천으로 여겨져 왔다. 문학은 생산의 체계에 흡수되지 못한 과잉 에너지를 동력으로 삼아 자신의 고유한 영토를 구축해올 수 있었던 것이다. 그런데 문제는 이 잉여의 지대가 항상 고정되어 있는 공간이 아니라, 새롭게 발견해야만 하는 공간이라는 사실에 있다. 체계는 이 잉여의 영역을 체계 내로 끊임없이 흡수하면서 새로운 잉여를 창출해내고 있기 때문이다. 말하자면 추구해야 할 잉여가 문학에 선험적으로 주어져 있지 않다는 것이다. 체계가 잉여의 영역을 그 내부로 흡수할수록, 문학은 점점 더 극단의 지점에서 자신의 근거를 찾지 않으면 안 된다. 어느 지점에서 이러한 추구의 방향은 생산의 질서에 대한 관계의 문제를 벗어나, 롤랑 바르트가 자동사적인 글쓰기라고 지칭했던 무한한 자기 갱신의 형식으로 드러나게 된다. 프레드릭 제임슨이 적절하게 논파하고 있는 바와 같이, 모더니즘적 실험 형식의 불가피한 노화는 실험 그 자체의 질적인 수준의 문제라기보다는, 그 과정의 어느 지점에서 현실화될 수밖에 없는 이러한 방향 자체에 내재한 속성에 기인한다고 할 것이다(『보이는 것의 날인』). 그리하여 이러한 운동의 어느 지점에서 두 영역은 더 이상 대립하기를 멈추고 상호의존적 구도를 형성하기에 이른다. 말하자면 잉여의 추구가 체계의 발전에 하나의 기능적 몫을 담당하게 된 것이다. 양식화된 아방가르드가 더 이상 저항의 의미를 띠지 못하게 되는 상황 또한 이러한 맥락에서 발생한다. 이때 문학작품의 현실과의 거리는 비판의 형식이 아니라 자기 존립의 요건으로서의 성격을 띠게 된다.

차이를 지속적으로 추구해왔던 90년대 이후의 문학은 그 전개의 어느 지점에서 자신을 둘러싸고 있는 이와 같은 상황을 확인하게 되기에 이르렀다. 최근 한국 소설에 나타나는 징후는 이러한 상황에 대한 대응의 양상들로 보인다. 크게 두 방향에서 이 새로운 징후를 살펴보는 것이 이 글의 목적이다. 그 한 가지 방향이 사회적 현실에 대한 이데올로기적인 지향성의 징후로 나타나고 있다면, 그 다른 방향은 새로운 방식으로 상상과 무의식의 차원을 도입하는 경향에서 두드러진다.

## 2. 소설 바깥의 소설, 현실 바깥의 현실

신경숙의 근작 「어두워진 후에」(『문학동네』, 2004년 겨울호)는 이전의 신경숙 소설의 기본적인 특징에 이어져 있지만, 그럼에도 다소 낯선 느낌을 주는 것이 사실이다. 그 낯선 느낌은, 좀더 자세히 말하자면 한 측면이 너무 심하게 드러나 있다는 과잉의 느낌으로 나타나기도 하고, 혹은 뭔가 소설답지 않다는 결여의 인상으로 드러나기도 한다. 물론 여기에서 심하다고 하거나 소설답지 않다고 하는 인상은 소설에 대한 현재의 관념을 전제로 하는 것이다. 말하자면 「어두워진 후에」는 오늘날의 독자들이 가지고 있는 소설에 대한 관념을 초과하는 잉여를 내포하고 있는 것이며, 그 잉여로 인해 소설답지 못하다는 결여의 느낌 또한 초래되고 있는 듯하다. 그렇다면 그 결여/잉여는 무엇인가. 이러한 인상은 우선 소설 속에 현실의 특정사건과 너무 밀착된 내용이 담겨 있기 때문에 발생했고, 궁극적으로는 그것을 처리하는 방식에서 연유했다고 볼 수 있다.

> 일 년도 지나 밝혀진 살인범은 검은 모자와 푸른 마스크를 쓰고 있었다. 남자의 집에서 발생한 사건을 추적하다가 잡은 게 아니었다. 이혼한 아내가 종사했던 직업인 안마사들 중 아내와 비슷한 체형의 여자들을 골라 살해하다가 꼬리가 잡힌 범인이 마치 자랑하듯 고백한 범행 속에 남자의 가족 살해 건이 포함되어 있었다. 이혼한 아내를 죽이지 않은 건 아들이 있기 때문이라고 했다. 그가 손수 만든 망치와 칼이 신문에 실렸다. 그걸로 여자들을 살인하고 토막내 자루에 담아서 시내 한복판에 있는 절 입구에 땅을 파고 시체를 유기했다고 했다.[1)]

「어두워진 후에」는 할머니와 어머니, 그리고 자폐증이 있는 형 등 자신을 제외한 일가족이 한 연쇄 살인범에 의해 무참하게 살해당한 후 정신적인 공황 상태에 빠진 주인공이 그 방황의 과정에서 만난 한 여성을 계기로 그것을 극복하고 일상으로 다시 돌아오게 되는 과정을 담고 있다. 위의 인용은 주인공이 텔레비전을 통해 자신의 가족을 살해한 살인범에 관한 뉴스를 보고 있는 장면을 서술하고 있는 대목이다. 물론 소설 속의 주된 사건은 허구이지만, 위의 대목을 포함하여 소설 속에서 이 살인범에 대해 진술하고 있는 정보들은 2004년 여름 우리 사회에 큰 충격을 주었던 실제 사건에 그대로 대응된다.

문제는 소설의 모티프로 도입된 이 실제의 사건이 단순히 이 소설의 레퍼토리의 차원에 머무르지 않는다는 점이다. 이 소설은 이 실제 사건에 대한 발언의 의지를 혹은 일종의 의무감을 굳이 감추지 않고 있기 때문이다. 그리하여 소설은 허구의 영역을 벗어나 일종의 담론적 성격을 띠기에 이른다. 물론 이 소설에서 담론적 성격이 사건에 대한 직접적인 발언의 형태로 드러나고 있는 것은 아니다. 그것은 주로 한 여성 캐릭터를 통해 간접적으

---

1) 신경숙, 「어두워진 후에」, 『문학동네』, 2004년 겨울호, 233쪽.

로 암시되어 있지만, 그것이 단순히 소설 내적 차원의 인물 형상화에 머무르고 있지 않다는 점에 문제성이 있다.

연쇄살인범에 의해, 그것도 교회 앞에 정원이 딸린 집에 살고 있다는 어이없는 이유로 가족을 모두 잃은 남자는 사건의 충격으로 다니던 회사도 그만두고 정처 없이 떠돌아다니다가 어느 절 입구에서 매표원으로 일하는 여자를 만난다.

> 남자는 돌아서려다가 입장권을 받으려고 손을 내민 여자에게, 돈이 없는데 그냥 들어가면 안 되겠소? 물었다. 농담이라고는 전혀 모르고 지내는 사람의 표정에다 공격적인 말투였다. 안으로 들어가려는 사람이면 당연히 구했을 입장권을 확인하고 영수증 부분을 떼어낸 뒤 돌려주려던 여자는 내민 손을 거두고 남자를 잠시 응시했다. 크지도 작지도 않은 눈과 맑은 피부와 선이 단정한 입매를 가진 여자였다. 애써 눈여겨보지 않으면 얼른 눈에 띄지 않겠으나 감정이 상한 상태에서도 공정성을 잃지 않을 것 같은 분위기의 여자였다. 안 되겠지. 남자가 머쓱해져 돌아서려는데 여자가 말했다. 그렇게 하세요. 높낮이 없이 낭랑한 목소리였다. 뜻밖에 선선히 그렇게 하라는 여자의 대답을 듣게 된 남자가 외려 주춤대다 일주문 안으로 들어섰다. 남자는 몇 걸음 걷다가 뒤돌아보았다. 어깨까지 내려오는 여자의 검은 머리가 햇빛을 받아 찰랑거렸다. 여자는 벌써 남자를 잊은 듯이 다음 사람의 입장권을 받고 있다. 남자는 걸음을 멈추었다. 입장객이 끊겨 여자가 허리를 펴는 사이 남자는 여자에게 다시 걸어갔다. 저기요. 여자가 뒤돌아보았다. 소의 눈같이 검은 눈동자가 남자를 응시했다. 여자는 보통 사람보다 약간 넓은 콧마루를 가졌다. 그 덕분인가. 깨끗한 이마를 지녔음에도 까다로워 보이지 않는다. 남자는 염치는 아예 접은 사람처럼 자신을 응시하는 여자에게 말했다. 내가 배도 몹시 고픈데 나중에 밥 좀 사주겠소? 여자는 남자를 오 초 정도 더 응시하더니 그러지요, 대답했다.[2)]

소설의 서두 부분이다. 여자는 처음 만난 초라한 몰골의 남자가 뜬금없이

---

2) 같은 글, 220~221쪽.

하는 몇 차례의 요구를 아무런 군말 없이 그대로 들어준다. 밥을 좀 사달라는 남자의 부탁에 바닷가의 식당으로 데려가 정성스럽고 푸짐한 밥상을 차려낸다. 재워달라는 남자의 말에 자신의 집으로 데려가 하룻밤을 묵게 해준다. 거기에서 남자는 여자가 치매에 걸린 어머니와 동생들을 보살피며 살고 있는 따뜻한 삶의 모습을 발견한다. 사건 이후 처음으로 악몽 없는 잠을 자고 난 후, 남자는 그 집 마당에서 우물을 발견한다. 우물은 남자의 가족이 새로 집을 마련했을 때 어머니가 그토록 원했던 것이기도 하다. 말하자면 남자는 자신이 충분히 이해하지 못했던 죽은 어머니를 현실 속에서 여자를 통해 새삼 발견하고 있는 셈이다. 우물을 들여다보면서 남자는 격한 오열을 쏟아낸다. 여자의 집을 나와 남자는 살아가려면 끔찍한 악몽과도 같은 일이 일어났던 곳이지만 자신의 집을 더 이상 피하지 말아야 한다는 것을 깨닫는다. 여기에서 남자의 집은 우리가 속해 있는 공동체의 현실을 환기시키며, 우리들 또한 남자의 자리에서 공동체와 더불어 안타까움과 위안의 심리적 과정을 겪으면서 공동체의 윤리의식에까지 스스로를 고양시킬 것을 요구받는다.

이러한 서사를 통해 소설이 이야기하고자 하는 바는 너무도 뚜렷하여 낯선 느낌을 준다. 우물과 밥상은 신경숙의 소설에서 빈번하게 등장했던 것이지만, 이 소설에서는 너무도 직접적이고 뚜렷한 방식으로 상징의 지위를 얻고 있다. 이것은 이 소설이 현실에 대한 미적 거리를 굳이 취하려고 하지 않았던 것과도 상응한다고 할 것이다.

이렇듯 「어두워진 후에」는 내면의 발견과 함께 출발한 근대문학이 그 전제로 취했던 패배의 윤리가 아닌 현실에 대한 교정과 치유의 의지를 직접적으로 드러내고 있다. 그것은 소설적 결말을 위해 상투적으로 동원되는 희망의 차원과는 분명히 구분된다. 이것은 진정성의 표현방식이 변화하고 있음을 말해주는 것이 아닐까. 여기에서 진정성은 내면에 감추어져 있지 않고 인물의 성격을 통해 서사의 표면에 직접적으로 드러나 있다. 그것은 이념적 진정성과 내면적 진정성을 통해 각각의 시대와 대면했던 세대의식이 변화한 상황 속에서 스스로를 새롭게 정립하는 방식이라고 할 수 있을 것이다.

신경숙의 소설을 징후적으로 읽을 수 있는 근거 가운데 하나는 신경숙과 더불어 90년대 문학을 이끌어온 동세대 작가들의 최근 장편들에서 나타나고 이는 유사한 경향이다. 가령 공지영, 임철우, 공선옥 등의 최근 장편들을 이러한 맥락에서 살펴볼 수 있다.

공교롭게도 신경숙 소설 「어두워진 후에」의 모티프로 작용했던 사건은 공지영의 장편 『우리들의 행복한 시간』(푸른숲, 2005)에서도 역시 등장하고 있다.

> 고모는 김신부와 새로 사형이 확정된 당대의 살인마 이야기를 하고 있는 거 같았다.
>
> "글쎄요, 뭐 별 말은 안 하는데…… 어릴 때 그리스도교를 좀 접해본 모양이에요. 일부러 희생자들을 교회 십자가가 잘 보이는 창가에 놓고 죽였다고 하더라구요. 그리고 또…… 자기는 솔직히, 자기가 그냥 나쁜 놈인데, 그런 생각이 흐트러질까봐 그게 두렵다고 하더라구요. 만나보니까 그냥 사람이었어요."
>
> 김신부를 말을 마치면서 씁쓸하게 웃었다. 고모는 힘에 겨운지 잠시 눈을 감았다.
>
> 그 살인마라면 2004년 대한민국에서 모르는 사람이 없었을 것이다.[3)]

물론 『우리들의 행복한 시간』에서 이 사건은 말미에 에피소드 형식으로 삽입되어 있지만, 극악한 살인범 또한 '그냥 사람'이라는 시선은 이 소설 전체를 관통하고 있는 전제라고 할 수 있다. 또한 여기에는 「어두워진 후에」에서와는 달리 연쇄살인범에 대한 정보가 부분적으로만 제시되어 있다. 인용의 뒷부분에 드러나 있듯, '2004년 대한민국'의 독자들에게 이미 그러한 정보가 전제되어 있기 때문일 것이다. 공지영의 다른 소설들처럼, 이 소설

---

3) 공지영, 『우리들의 행복한 시간』, 푸른숲, 2005, 301~302쪽.

역시 독자 대중과 공유하는 문제의식의 장(공동체의 이데올로기)을 전제로 하여 씌어지고 있는 셈이다. 이 장면에서 작가-서술자-독자의 엄밀한 구분과 그 사이의 거리 유지는 이루어지지 않고 있으며, 이러한 측면은 이 소설에 일종의 담론적 성격, 곧 이데올로기적인 성격을 부여하고 있다.

『우리들의 행복한 시간』은 전직 가수이자 유학 후 집안에서 경영하는 대학의 교수로 있는 유정이 수녀인 고모와 함께 구치소에서 한 사형수(정윤수)를 만나는 사건으로부터 비롯된다. 소설은 아포리즘과 정윤수가 유정에게 남긴 편지(블루노트), 그리고 유정을 화자로 한 서사의 세트가 열아홉 차례 반복되는 형식으로 구성되어 있다. 블루노트를 통해 이문동 모녀 살인 사건의 주범으로 사형선고를 받은 정윤수가 어린 시절 집을 나간 어머니와 술주정뱅이 아버지 사이에서 눈먼 동생 은수와 함께 곤궁하고 힘겨운 삶을 살았으며, 아버지가 농약을 마시고 자살한 후 돌아온 어머니와 의붓아버지로부터 모진 구박을 받고 집을 나온 후 고아원과 앵벌이 신세로 떠돌다가 동생 은수를 위해 훔친 컵라면 한 상자 때문에 소년원에 가게 되었다는 사연이 드러난다. 열다섯 살 때 사촌오빠에게 성폭행을 당한 상처로 인해 가족과 세상, 그리고 자기 자신에 대한 경멸과 분노에 사로잡혀 있던 유정은 고모인 모니카 수녀를 매개로 서서히 윤수를 이해하고 그 내면을 들여다보게 된다. 그리고 그 경험은 자기 자신과 세계를 새로운 시선으로 바라보게 만드는 적극적인 계기로 작용한다.

이 소설이 역설하는 것은 다름 아닌 인간의 내면에 자리잡은 고귀하고 성스러운 심성에 대한 믿음이다. 사형수 정윤수, 그리고 그의 손에 의해 아무 이유도 없이 딸을 잃은 노파를 통해 작가는 그의 인간학과 세계관을 제시하고 있다.

> 그녀는 제가 지은 깊은 침묵의 방에 들어가 있는 듯했고, 진실로 중대한 일 앞에서 자신과 정직하게 대면하고자 고민하는 인간이 언제나 그렇듯이 그녀의 행색과 교양과 이런 것에는 아무 상관도 없이 위엄과 품위를 지니고

있는 듯했다. 오늘이 지나고 나면 그녀는 또 구부러진 허리로 빈 병과 신문지를 모아 자신의 통장에 3,150원이라든가 2,890원 같은 숫자를 찍겠지만, 돈이 많은 사람들이 보면, 그들이 쌀말이나 고기 근을 가지고 오면 어쩔 수 없이 비굴한 표정을 짓겠지만, 그 순간 그녀의 얼굴은 어떤 황후의 것보다도 찬란한 휘광에 싸여 있는 듯했다.[4)]

정윤수 일행에 의해 살인사건이 일어난 집에 파출부로 갔던 딸을 잃은 노파는 분노와 절망 가운데에서도 자신의 딸을 살해했다고 하는 범인을 마음속 깊은 곳으로부터 용서한다. 유정은 초라하고 비굴한 듯 보이는 그의 외양 이면에 인간으로서의 위엄과 품위가 견고하게 자리잡고 있음을 바라본다. 유정이 노파의 얼굴에서 "어떤 황후의 것보다도 찬란한 휘광에 싸여 있는 듯"한 느낌을 받는 것도 그와 같은 고귀한 심성의 발견에 기인한다. 작가는 인간의 내면에 자리잡고 있는 이 고귀함을 통해 거친 말투와 무례함이 난무하며 영화마다 욕과 잔인한 장면이 난무하는 현실(이 현실은 '나'가 대면하는 추상적이고 일반적인 세계의 차원이 아닌, 공동체의 현실이다)을 극복할 수 있는 윤리적 가치를 제시하고 있다. 1980년대 문학을 거쳐온 독자에게 이러한 주제의식은 그리 낯선 것이 아니다. 다만 여기에서는 인간에 대한 신뢰가 부정적인 권력에 대항하는 전제가 아니라, 무차별적인 카오스로서의 현실에 맞서기 위한 근거로서 제시되어 있다.

칠년 만에 돌아와보니까 제일 먼저 느껴졌던 것은 말투가 거칠어졌다는 것이었다. 표현이 세지고 길거리의 사람들의 걸음은 더 빨라져 있었다. 전철에서 발을 밟아도, 어깨를 아프게 치고 지나가도 앞만 보고 걸어갈 뿐, 미안하다는 말 같은 것을 들을 수가 없었다. 아니 처음에는 그게 너무 무례하게 느껴져서 화가 났는데 나중에 나는 그들이 나의 어깨를 세게 치고, 나의 발을 밟았다는 사실조차 모르고 있다는 것을 깨닫게 되었다. 그들은 그냥, 가고 있었다. 어디로? 그건 그들도 나도 모른다. 영화마다 한마디 걸러 욕

4) 같은 책, 137~138쪽.

이었고, 세련되었으나 실은 도저히 눈뜨고 볼 수 없게 잔인한 장면들이 넘쳐나고 있었다.[5]

여기에서 그들이 어디로 가고 있는가 하는 물음은 곧 우리 공동체의 가치를 묻는 질문에 다름 아닐 것이다. 그리고 이 소설은 그 자체가 이렇게 스스로 제기한 물음에 대한 대답이라고 할 수 있을 것이다. 이러한 방향으로 제시된 어떤 관념을 우리는 이데올로기라고 불러왔다. 전통적인 이데올로기에 대한 논의에서 그것은 한편으로 미래의 상을 제시해주지만 다른 한편으로는 그 방향 이외의 다른 가능성을 은폐하는 작용을 하는 문제점도 갖는다고 지적되어 왔다. 이러한 맥락에서 이데올로기는 일종의 허위의식으로 설명되기도 한다. 하지만 지젝은 "이데올로기적인 것은 사회적 존재의 허위의식이 아니라 존재가 허위의식에 의해 유지되는 한에서의 존재 그 자체"(『이데올로기라는 숭고한 대상』)라고 설명한다. 이 경우 이데올로기는 라캉에게서처럼 우리 자신의 불가능성의 흔적을 지우기 위해 설정된 전체성을 지시한다고 할 수도 있을 것이다. 말하자면 공지영의 소설이 명백한 관념을 담고 있어서 이데올로기적인 것이 아니라, 그것이 제시하고 있는 현실이 상징화될 수 없는 분열을 은폐하고 있다는 의미에서 이데올로기적인 것이다. 이러한 측면은 이후에 언급할 임철우와 공선옥 소설의 경우에도 마찬가지로 적용될 수 있다.

나는 그가 떠난 후 칠 년 동안 다른 많은 윤수들을 만나면서 그것을 순진한 환상이라고는 생각하지 않게 되었다. 검은 승용차를 타고 다니는 재판관이나 극악무도한 살인자나 더 큰 심판관의 입장에서 보면 똑같이 가엾고 똑같이 삶에 있어서의 채무자인 것이다. 어떤 인간도 본질적으로 선하지 않고, 어떤 인간도 본질적으로 악하지 않기에 우리는 늘 괴로운 하루를 보낸다는 것을 말이다. 다만 본질적으로 한 가지 같은 것도 있는데 그것은 누구

5) 같은 책, 189쪽.

나 죽음에 맞서서 싸운다는 것이다. 이것은 끊어버릴 수 없는 인간 공통의 오래되고 처연한 연대의식이었다.[6)]

이 소설은 이처럼 인류사에 대한 의식으로 결말을 삼고 있다. 돌아보면 1990년대 문학의 인식소라고 할 수 있는 내면은 이념을 대체했던 것이 아니라 그것을 보존하는 하나의 형식이었다고 할 수 있다. “중요하다고 생각했던 것이 중요해지지 않고, 중요하지 않다고 생각했던 것이 중요해”[7)]진 현실이 그 내면마저 소외시킬 때 이념을 향한 지향은 그것에 맞서기 위한 수단으로 다시 선택되고 있다. 이는 더 이상 문학이 외면할 수 없는 현실의 문제점이 존재하기 때문이라고 할 수도 있지만, 보다 본질적이고 근원적인 것은 내면 속에 공백으로 남아 있는 이념의 흔적이라고 할 수 있다.

『봄날』(1997~1998) 이후 처음 발표한 임철우의 근작 『백년여관』(한겨레신문사, 2004)에서도 현실의 흐름에 의해 억압되었던 것의 회귀 양상을 확인할 수 있다.

시효? 유효기간이라고? 그 따위 폐품들을 이제 와서 어디에다 쓰겠느냐고? 야, 짜식들아. 함부로 지껄이지들 마. 세상엔 그것이 자신의 ‘전 생애’이거나 평생의 족쇄일 수밖에 없는 사람들도 있어. 아무리 발버둥쳐도 그것이 끝내 벗겨낼 수 없는 굴레가 되어버린 사람들, 그래서 그 저주받은 시간에 사로잡혀 평생 유령처럼 살아가야만 하는 사람들 말이다. 그들은 지금의 이 땅 어디에나 있어. 너희들이 시효 지난 폐품이라고 부르는 그 시간들이야말로 바로 그들의 삶이고, 그들의 육체와 정신과 영혼과 감각의 구체적 실체야. 살아 있는 한, 고통이 여전히 지속되는 한, 그건 과거가 아니라 그들에겐 엄연한 현재야. 그런데, 그것으로부터 벗어나라고? 컴퓨터 자판의 ‘삭제’ 키를 눌러버리듯이 그렇게 간단하게 지워버리라고? 천만에.[8)]

---

6) 같은 책, 300~301쪽.
7) 같은 책, 201쪽.
8) 임철우, 『백년여관』, 한겨레신문사, 2004, 21~22쪽.

위의 대목은 소설가인 '당신'이 술자리에 함께 한 동료문인들을 향해 부르짖는 대목이다. 이 부르짖음의 울림이 허구 안에서만 맴도는 것은 아니다. 그것은 넓게 보자면 역사적 상처를 쉽게 망각하는 현실을 향한 것이지만, 직접적으로는 최근의 소설적 경향에 대한 작가의 발언으로도 읽힌다.

이번 소설 역시 그 초점은 광주, 베트남 참전, 제주 4 · 3 사건, 6 · 25 등 우리 역사의 상처와 그로 인한 고통에 맞춰져 있다. 또한 이 소설의 많은 부분은 임철우의 이전 소설에서 등장한 바 있었던 것이라고 할 수 있다. 소설의 주된 공간 영도(影島)는 낙일도의 그림자이며 그곳에서 일어난 보도연맹원에 대한 함정 사살 사건은 『아버지의 땅』(문학과지성사, 1984)에 실려 있는 단편 「곡두 운동회」의 한 장면을 연상케 한다. 그런가 하면 4 · 3 사건 당시의 살육 현장에 대한 묘사는 『봄날』에서의 묘사를 떠올리게 한다. 소설가인 '당신'이 K에 대해 느끼는 죄의식은, 직접적으로는 이 소설 바로 앞에 발표된 바 있는 단편 「낙서, 길에 대하여」(『문학동네』, 1998년 봄호)에서 제시된 바와 겹쳐져 있다. 그렇다면 『백년여관』만의 새로운 영역은 무엇인가.

> "알고 계세요? 케이 선생님도, 사실은, 죄책감으로 몹시 괴로워하셨어요. 어쩌면 이 선생님보다도 몇 배나 더 고통스럽게요."
>
> "뭐라고 그게……."
>
> "삼 년 전이던가, 소식도 없이 불쑥 영도를 찾아오셨지요. 겨울바다 생각이 나서 혼자 무작정 나섰다고 하셨어요. 알고 보니, 망월동에서 선배 분의 장례식이 있었던 날이더군요. 저녁 늦도록 술을 마시며 둘이서 많은 얘길 나눴지요. 놀랍게도 케이 선생님은 그 마지막 날 새벽, 선배들과 동료들을 도청에 남겨둔 채 자신만 빠져 나왔다는 것 때문에 내내 엄청나게 괴로워하고 계셨어요. 그분들에 대한 죄책감을 영영 벗지 못할 거라면서……"[9)]

9) 같은 책, 318~319쪽.

이 소설에서 새로운 영역은 작품 결말부에서 '당신'의 죄의식의 대상이었던 K 또한 죄책감으로 고통스러워 했다는 사실의 발견으로부터 마련되고 있다. 단편 「봄날」(1985)로부터 장편 『봄날』에 이르기까지 작가의 글쓰기의 가장 근원적인 동기로 작용했던 어떤 죄의식으로부터 벗어나게 되는 계기가 이곳에 놓여 있다고 할 수 있다. 그리고 이 장면으로 인해 지금까지의 서사는 소급하여 새로운 형태로 다시 씌어질 수 있는 근거를 얻게 되기에 이른다.

이 새로운 서사의 특징은 우선 비현실적인 사건들이 빈번히 등장하고 있다는 점과, 죄의식의 극복, 상처의 치유의 결말을 의식적으로 지향하고 있다는 점에서 찾을 수 있다.

> 조천댁이 힘차게 징을 치며 바닷물을 향해 껑충껑충 뛰어나갔다.
>
> "오오, 사랑하는 자식들아. 이젠 그만 우리들을 놓아다오. 분노와 증오, 원한과 절망, 눈 부릅뜬 저주와 어둠의 시간들로부터 벗어나서, 아아 우리 이제는 그만 돌아가려 한다. 한과 슬픔과 미련을 모두 지워내고, 이 추악한 지상의 시간, 서럽고 아픈 과거들을 이젠 그만 너희에게 온전히 맡겨둔 채로, 저 영원한 망각의 세상에서 이제는 깊이 잠들고 싶다……. 가엾은 내 자식들아. 너희의 눈물과 통곡과 슬픔을 이제는 거두어다오. 고통 속에 사로잡힌 너희를 두고서는 우린 차마 떠날 수가 없으니……. 잘 있거라. 사랑하는 내 아들, 가엾은 딸들아……."
>
> 당신들은 일제히 호흡을 멈추었다. 그리고 저마다 가슴에 두 손을 얹은 채 그 눈부신 초록 불빛의 바다, 찬란한 광휘의 우주를 향해 한 걸음 한 걸음 나란히 나아갔다. 드넓은 바다 수면 가득히 들꽃처럼 무수히 피어난 작고 가느다란 불빛들. 그들은 바로 손이었다. 손가락과 손톱과 손목을 가진, 인간의 손. 더없이 아름다운 사람들의 손, 손들…….[10)]

---

10) 같은 책, 337쪽.

『백년여관』에 등장하는 비현실적인 요소들은 엄밀한 의미에서 비현실적인 것이라 보기 어렵다. 그것은 현실의 타자가 아니라 현실의 계기로서 제시된 것이기 때문이다. 따라서 이 비현실들은 항상 현실로 회귀하고 있다. 더 정확히 말하자면, 그것들은 애초에 현실로 회귀하기 위해 도입된 것이다.

『백년여관』의 서사는 역사 속에서 얻은 비극적인 상처로 인해 고통받는 산자와 죽은자들의 영혼을 위무하는 진혼의 씻김굿으로 귀결된다. 이러한 화해의 결말은 다섯 권짜리 장편소설의 작가이기도 한 '당신'이 K에 대하여 갖는 죄의식으로부터 벗어나는 과정에 대응되는 것이라고 할 수 있다. 죄의식이 내면의 영역에 속하는 문제라면, 그로부터 벗어나 현실과의 화해에 이르는 이러한 방식의 결말은 탈내면화를 향한 징후를 암시하고 있다.(이러한 각도에서 『문학판』 2004년 겨울호에 발표된 임철우의 근작 「칠선녀주」를 읽을 수 있다.)

공선옥의 『유랑가족』(실천문학사, 2005)에서의 가난은 임철우의 소설에서의 역사에 대응된다. 이 또한 현재 속에서는 시효가 지난 것으로 여겨지지만 그럼에도 작가의 시선은 이러한 현실 바깥의 또 다른 현실에 고착되어 있다.

> 팀장이 그랬었다. 그런 얘기라면 너무 빤하지 않은가요? 엄마가 집 나가고 아이들은 불쌍하고…… 너무 상투적이에요. 상투적인 그런 얘기 새삼스레 할 필요 있나요? 그런 건 피디수첩에서도 안 다뤄요.[11]

이러한 지속성의 근거는 무엇인가. 그와 같은 '지향성'은 논리에 속하는 것이라기보다는 일종의 정념의 영역에 속하는 것이라고 할 수 있다(지젝이 파스칼 분석에서 보여주고 있듯, 종교적 체험에서 우리는 믿어야 할 충분한 이유를 발견했기 때문에 믿는 것이 아니라 우리 자신이 이미 믿고 있기 때

11) 공선옥, 『유랑가족』, 실천문학사, 2005, 54쪽.

문에 우리의 믿음을 입증해줄 이유들을 발견하는 것이다). 논리적인 형식 속에 통합되지 않는 이 무의식적 차원의 잉여야말로 이데올로기를 구성하는 물질적인 토대로서 작용한다.

한편 임철우의 경우 비현실적 계기를 도입하여 주제를 새로운 형식으로 구성하고 있다면, 공선옥의 경우에는 여러 인물들이 교차하는 모자이크식 구성이 그에 대응되는 기능을 수행한다고 볼 수 있다. 사보에 글을 쓰면서 근근히 살아가는 사진작가 한을 중심으로 그가 취재 도중에 만난 사람들과 그들과 연결되어 있는 인물들이 얽혀 이루는 서사가 곧 『유랑가족』이다. 가령 집 나간 아내를 찾아 도시 공사판을 전전하는 김달곤은 한이 신리 취재에서 만나 인물이다. 김달곤의 아내 서용자는 연변에서 온 명화와 함께 배사장을 따라 서울로 올라와 가리봉동의 노래방을 전전한다. 한이 취재 도중 만난 또 다른 인물인 춘양 산골의 영주가 있다. 할머니마저 죽고 홀로 남은 영주에게 친척을 찾아주기 위해 한은 영주의 고모 김귀옥을 찾아 남도의 섬으로 떠난다. 한이 살고 있는 부대동에는 다른 남자의 아이를 임신하고 감옥에서 나온 남편에게 두들겨맞는 연순과 노름꾼 남편의 매질을 견디지 못해 아이를 두고 집을 나온 인숙이 있다. 이 부대동의 주민이었던 고물장수 양대석은 친구와 함께 일거리를 찾아 남도의 수몰지구로 떠난다. 이러한 방식에 의해 가난한 농촌 신리와 서울 변두리 가리봉동, 한이 살고 있는 수도권의 부대동, 남도의 수몰지대가 하나의 이야기로 엮어질 수 있게 된 것이다. 이러한 새로운 형식의 시도는 작가가 현실의 변화와 만나는 방식이라고 할 수 있을 것이다. 이러한 측면이 현실의 변화를 수용하는 방식의 만남이라면, 정작 중요한 것은 그러한 현실의 변화에 대응되는 의식의 제시라고 할 수 있다.

> 여전히 미순의 눈치를 보는 품이, 한의 눈에 그리 보기 싫지는 않다. 아니, 남편은 눈치 주지 않는 아내 눈치를 보고 그 아내는 또 눈치 주지 않으면서 눈치를 주는 척하는 품들이 오히려 행복해 보이는 것이 한에게는 여간

> 다행스러워 보이지 않는다. 가난 때문에 가정이 파괴되는 모습을 무수히 보아온 한이었다. 가난은 사람을 황폐하게 만들기도 하고 난폭하게 만들기도 하고 무기력하게 만들기도 했다. 가난은 다양한 형태로 사람들의 삶을 무너뜨렸다. 가난한 사람들이 그들의 가정을 지켜낼 수 있는 마지막 무기는 사랑뿐이었다. 그 사랑이 경수 부부에게 있다는 것이 얼마나 다행한 일이냐. 부자들의 사랑보다 가난한 사람들의 사랑이 한에게는 그래서 더 눈물나는 사랑이다. 돈도 받쳐주지 못하는 것을 사랑이 받쳐주지 않는가. 가난한 사랑이.[12)]

경수는 한이 맨 처음 사진 일을 시작할 무렵 취재 갔던 전남 곡성에서 만난 소년 가장 출신으로 지금은 밀링 노동자이며 가리봉동에서 가정을 이루어 살고 있다. 물론 『유랑가족』은 어떤 주제의식을 직접적으로 표현하고 있다기보다 가난의 현실을 폭넓게 펼쳐보이는 방식을 취하고 있다. 유랑하는 인물들이 집으로 돌아오지 못하고 길 한가운데 멈춰서 있는 소설의 결말 또한 그와 같은 방식의 연장선상에 놓인 것으로 해석할 수 있다. 그럼에도 위의 인용에서 드러나듯, 거기에는 황폐하고 무기력한 가난의 현실에 맞서는 힘이 암묵적으로 전제되어 있다고 볼 수 있다. 말하자면 공선옥이 그려내는 현실 자체에 이데올로기적인 것이 내재되어 있는 것이다.

위에서 살핀 소설들의 공통점은 무엇보다 주제의 뚜렷함이다. 그것은 독자들의 이데올로기에 직접적으로 호소하고 있다. 가라타니 고진은 한 강연에서 "문학의 지위가 높아지는 것과 문학이 도덕적 과제를 부담하는 것이 똑같은 일이기 때문입니다. 그러한 과제에서 해방되어 자유로워진다면, 문학은 단지 오락이 되는 것입니다"[13)]라고 쓰고 있다. 내면에서 벗어나 현실을 지향하는 최근 소설의 경향은 그와 같은 문학적 상황에 대한 인식 혹은 저항으로부터 비롯된다고 할 수 있을 듯하다. 지젝의 분석처럼, 이데올로기의 기능은 우리에게 현실로부터의 도피처를 제공하는 것이 아니라 현실 자

---

12) 같은 책, 74쪽.
13) 가라타니 고진, 「근대문학의 종말」, 『문학동네』, 2004년 겨울호, 438쪽.

체를 어떤 외상적이고 실체적인 중핵으로부터의 도피처로 제공하는 것이라고 할 수 있다면, 이들에게 '소설 바깥의 소설'은 바로 그러한 이데올로기의 기능에 의해 초래된 '현실 바깥의 현실'의 산물일 것이다. 여기에서 이념으로부터 출발하여 내면의 진정성을 통해 문학을 사유해왔던 세대가 새로운 변화의 상황 속에서 제기하는 새로운 문학적 국면의 징후를 읽어볼 수 있다.

## 3. 상상 속의 상상, 꿈 속의 꿈

위에서 살핀 작품들이 90년대 문학의 결여/잉여를 주로 외부 현실을 향한 지향성 속에서 추구하고 있다면, 젊은 세대 작가들의 경우에는 그 반대의 방향, 곧 더 깊은 내부의 상상 혹은 무의식을 향한 지향성에서 그것을 발견하고 있는 듯하다. 김영하(「은하철도 999」, 『문학사상』, 2004년 10월호)와 박민규(「그렇습니까, 기린입니다」, 『창작과비평』, 2004년 가을호, 「몰라 몰라 개복치라니」, 『문학동네』, 2004년 겨울호, 「축구도 잘 해요」, 『문학동네』, 2005년 봄호, 「아, 하세요 펠리컨」, 『문학과사회』, 2005년 봄호, 「코리언 스텐더즈」, 『문학수첩』, 2005년 봄호)의 근작들이 내면의 무거움에서 벗어나 자유로운 우주적 상상력의 지대를 탐사하고 있다면, 편혜영(「아오이가든」, 『문학과사회』, 2003년 겨울호, 「만국박람회」, 『문학동네』, 2004년 가을호, 「시체들」, 『한국문학』, 2004년 겨울호, 「저수지」, 『현대문학』, 2005년 2월호)과 김숨(『투견』, 문학동네, 2005)은 그로테스크하고 잔혹한 무의식의 지층을 언어화하는 작업을 통해 한국소설의 새로운 영토를 개간하고 있다. 그리고 이들보다 젊은 세대인 김애란과 김유진의 소설은 상상과 무의식으로 뻗어나간 이러한 경향성을 그 극점에서 새로운 국면으로 전환시키고 있다.

김애란의 글쓰기는 '포스트잇'의 글쓰기라는 새로운 형식과 감수성을 보여주고 있다. 그것은 원고지에 펜으로 쓰는 글이나 컴퓨터 모니터에 워드프로세서로 쓰는 글과는 다른 새로운 글쓰기의 방식이라고 할 수 있다. 이 방법론을 제시했던 것이 「종이 물고기」(『창작과비평』, 2004년 봄호)였다면, 그것의 구체적 실천은 근작 「달려라, 아비」(『한국문학』, 2004년 겨울호)와 「사랑의 인사」(『문학사상』, 2005년 3월호)에서 유감없이 이루어지고 있다.

「달려라, 아비」는 '나'가 태어나는 순간의 기억으로 시작된다.

> 내가 씨앗보다 작은 자궁을 가진 태아였을 때, 나는 내 안의 그 작은 어둠이 무서워 자주 울었다. 그러니까 내가 아주 작았던 시절—조글조글한 주름과, 작고 빨리 뛰는 심장을 가지고 있었던 때 말이다. 그때 나의 몸은 말(言)을 몰라서 어제도 내일도 갖고 있지 않았다.14)

미시마 유키오의 『가면의 고백』(1949)의 도입부를 떠올리게 하는 이 장면에서 인상적인 것은 태연하게 과거를 회상하고 있지만, 실은 출발부터가 일종의 상상이라는 점이다. 그러니까 여기에 이어져 있는 이후의 이야기 또한 상상(환상)에 지나지 않는다. 이 상상의 이야기의 주체인 '나'는 그 상상 속에서 또 하나의 상상을 하고 있다. 한 번도 아버지를 본 적이 없는 '나'가 아버지가 뛰는 장면을 상상하고 있는 대목이 그것이다.

> 그런데 아버지는 아직도 내 머릿속을 뛰어다니고 있었다. 너무 오랫동안 해왔던 상상이라 잘 지워지지 않는 모양이었다. 그런데 갑자기, '나는 결국 용서할 수 없어 상상한 것이 아닐까' 하는 생각이 들었다. 내가 아버지를 계속 뛰게 만드는 이유는, 아버지가 달리기를 멈추는 순간, 내가 아버지에게 달려가 죽여버리게 될까봐 그랬던 것은 아닐까. 그러자 갑자기 나는 서러워졌고, 내가 나를 가여워하기 전에 빨리 눈을 감아야겠다고 생각했다.15)

상상이 현실에서 연유하는 것이 아니라 다른 상상(관념)으로부터 비롯된다는 것이 위의 대목에서 자각적으로 드러나 있다. 그러하기에 어떻게 하더

---

14) 김애란, 「달려라, 아비」, 『한국문학』, 2004년 겨울호, 89쪽.
15) 같은 글, 102쪽.

라도 상상의 틀을 벗어날 수 없는 셈이다. 앞서 살핀 임철우의 『백년여관』에도 무수한 환상들이 등장하지만, 임철우의 경우 환상들은 모두 현실로 다시 귀환하는 것들이었다. 하지만 김애란의 상상은 현실로 되돌아오지 않는다. 그렇다면 어떻게 상상으로부터 벗어날 수 있는가.

> 아버지는 내가 아버지를 상상했던 십 수년 내내, 쉬지 않고 달리는 동안 늘 눈이 아프고 부셨을 것이다. 그래서 나는 오늘밤 아버지의 얼굴에 선글라스를 씌워드리기로 결심했다. 나는 먼저 아버지의 얼굴을 떠올렸다. 그런 뒤 아버지의 두 눈을 가만히 감겨드렸다. 아버지는 기대감에 부풀어, 그러나 애써 내색하지 않으려는 듯 작게 웃고 있다. 마치 입맞춤을 기다리는 소녀 같은 얼굴이다. 그리하여 이제 나의 커다란 두 손이, 아버지의 얼굴에 선글라스를 씌운다. 그것은 아버지에게 썩 잘 어울린다. 그리고 이젠, 아마 더 잘 뛸 수 있으실 것이다.[16]

'나'는 상상으로부터 벗어나려고 애쓰는 것이 아니라 그 상상을 다른 방식으로 구성한다. 상상 속에서 뛰고 있는 아버지에게 선글라스를 씌워드리는 것이 바로 그것이다. 상상으로부터 벗어날 수 없다면, 상상과의 관계 혹은 위상을 새롭게 조정하는 수밖에 없다. 김애란의 소설이 그리 밝지 않은 내용을 담고 있음에도 내면의 우울이나 그로테스크한 의식으로 치닫지 않고 투명하고도 명랑한 분위기를 유지할 수 있는 근거가 바로 여기에 놓여 있다.

「사랑의 인사」 또한 「달려라, 아비」에 직접적으로 이어져 있는 작품이다.

> 나는 오래전 사라진 말(言)들을 알고 있다. 먼 옛날 대서양에 가라앉은 아틀란티스처럼. 출렁이는 바다풀 사이로 이름을 알아볼 수 없게 된 어느 도시의 명패(名牌)처럼. 지금은 이방인의 소문으로만 남게 된 당신의 말들.
>
> 고메라섬 부족은 휘파람으로 된 말을 가지고 있었다고 한다. 그들은 높낮

---

16) 같은 글, 104쪽.

이와 길이가 다른 수많은 휘파람 소리를 만들었다. 그들이 휘파람 언어를 가질 수 있었던 건, 사람들 사이를 가르고 있는 거대한 협곡 때문이었다. 지하철 안－매일 아침 목숨을 걸고 한강을 건너는 사람들 틈에 앉아, 덜컹이는 이 세계의 박자를 느끼고 있다 보면, 어느새 나는 눈을 감고 고산 지대 사람들의 휘파람 소리를 상상하게 된다. 어느 청년의 입술에서부터 출발해 골짜기를 타고 내려가 산을 한 바퀴 돈 다음, 제자리로 다시 돌아왔다가, 지구를 휘감은 뒤－이제 막 내 귓바퀴에 도착하는 긴－긴－휘파람 소리. 자신의 콧등 위에 카나리아 제도의 소금기를 잔뜩 묻히고 온－처음부터 나에게로 오게끔 약속돼 있던 언어.

나는 나타났다 사라진, 혹은 사라졌다 나타나는 괴물에 대해서도 알고 있다. 가난한 거짓말처럼 커다란 덩치를 가진. 숨으려 해도 꼭 들키고 마는. 들킨다 해도 재빨리 도망칠 수 있는 지느러미도 공평하게 갖고 태어난. 네스호(湖)의 괴물－네시.[17]

「사랑의 인사」의 첫 대목이다. 위에서 이른바 '포스트잇'의 글쓰기 스타일이 드러나 있다. 김애란의 다른 소설들에서처럼 여기에서도 단락들은 앞뒤의 빈칸에 의해 다른 단락과 분리되어 있다. 말하자면 포스트잇을 붙여나가는 방식으로 서사가 이루어지고 있는 것이다. 그러하기에 각각의 서사 단위 안의 문장들도 완결된 것이 아니라 어느 지점에서 멈추거나(가령 "가난한 거짓말처럼 커다란 덩치를 가진. 숨으려 해도 꼭 들키고 마는." 같은 경우) 아니면 거기에서 다시 이어져 나가고 있다(가령 "지하철 안－매일 아침 목숨을……" 이나 "소금기를 잔뜩 묻히고 온－처음부터 나에게로……"와 같은 경우).

그런가 하면 여기에서 '당신'은 김애란이 「영원한 화자」(『실천문학』, 2004년 가을호)에서 제시했던 '나'에 대응되는 것이다. 거기에서 '나'가 무수히 많은 '나'들로 분열되어 있듯, '당신' 또한 실체화될 수 없는 대상이다. '나'가 찾는 '아버지' 또한 마찬가지이다. 그것이 네시나 심해동물처럼 사라

17) 김애란, 「사랑의 인사」, 『문학사상』, 2005년 3월호, 173～174쪽.

진 것의 자리에 놓일 수 있는 다른 대상들에 의해 끊임없이 복수화될 수 있는 것 또한 그 때문이다.

> 나는 오래 전 네시를 처음 봤을 때와는 또 다른 흥분을 느꼈다. 인간이 애초에 바다에서 기어 나온 존재라는 것을 떠나, 그냥 그것들이 오래전부터 거기 '있었다'는 사실이 놀라웠다. 거기 있는 그것들과 여기 있는 내가 그 시간 만나고 있다는 것. 바다에서 나온 인간이 자신들의 기술을 이용해 다시 바다로 기어 들어가, 마치 꿈을 꾸듯 - 자기 옆을 헤엄쳐 가는 수많은 아버지들을 본다는 것. 자기와 하나도 닮지 않은, 말도 안 통하고, 또 몇 백억 년 전에 비해 하나도 늙지 않은, 자기보다 젊은 아버지를 본다는 것. 그것은 정말 경이로운 일이었다.[18)]

그런데 왜 네시나 심해동물인가. 그것은 사람들이 실재라고 믿고 싶어하는 환상이다. 1930년대에 처음 등장한 네시의 이야기는 21세기가 될 때까지 반복되지만 신기하게도 그것은 한 번도 지루하지 않다. 심지어 한국의 백두산 천지에도 네시가 나타났다는 이야기가 뉴스 보도를 통해 흘러나온다. 그러나 그것은 환상이기에 벗어나야 하는 것이기도 하다. 며칠 후 뉴스 보도에서는 곰이 수영하려고 뛰어내린 것일 뿐이라는 보도가 나온다. 그를 통해 사람들은 자신이 환상에서 벗어났다고 생각할 수 있게 된다. 그러나 김애란은 환상으로부터 벗어난 상황을 제시하는 방식과는 다른 방향을 취한다.

> 나는 네시의 흔적이라고 주장되는 2미터 가량의 물보라가 찍힌 사진을 한참 동안 쳐다봤다. 그러자, 한 가지 확신이 들었다. 나는 고백 받은 사람처럼 갑자기 부끄러워졌다. 그러니까 그는……, 나를 만나러 온 것이다. 자신의 모습이 텔레비전을 통해 전국에 방송될 것을 알고, 내게 인사를 하러 온 것이다. 별 목적은 없다. 다만 한 번의 인사, 사랑의 인사를 하러 온 것이

---

18) 같은 글, 181~182쪽.

다. 내가 여기 있다고. 내가 여기 있었다고. 하지만 이건 우리끼리의 비밀이고 나는 다시 사라질 거라고…… 자세히 보니, 물보라는 네시가 지느러미를 팔랑거렸을 때 만들어졌음직한 모양을 하고 있었다. 나는 지느러미가 없었으므로 한쪽 손을 가만히 흔들어주었다.[19]

환상(상상)에 대응하는 김애란의 방식은 여기에서도 역시 상상을 다른 방식으로 구성하는 것, 말하자면 상상의 유희로 드러나고 있다. 이 끊임없이 이어지는 유희의 차원에서 볼 때, 공원에서 아버지가 자신을 버린 것이 아니라 다만 사라진 것이라는 다른 환상으로 대체하고, 그것을 사실이라고 믿는 것은 잠정적으로만 의미를 갖는다. 사라진 것들은 반드시 되돌아오기 때문이며, "그리고 사라졌다 다시 나타나는 것들은 반드시 할 말이 있는 것"[20]이기 때문이다.

나는 거짓말을 잘 하는 것은 공산당이 아니라 공공연한 사실들, 자기가 정말 사실인 줄 아는 사실들이라고 생각하게 되었다.[21]

거짓말을 하는 것은 공공연한 사실, 곧 '자기가 정말 사실인 줄 아는 사실들'이다. 실상 '나'에게는 아버지에 대한 기억이 전혀 없다. 유일하게 기억하는 것은 아버지가 아버지였다는 사실뿐이다. 그러니까 "나는 이름도, 나이도, 얼굴도 모르는 사람 때문에 오랫동안 고통받고 오해받아온 셈"[22]이다. 이 지점에서 자신이 사실이라고 믿고 있는 것 역시 환상일 뿐이라는 자각이 이루어지고 있다. 그렇다면 김애란의 소설에서 '상상 속의 상상'은 상상에 불과한 것을 실재라고 믿지 않으면서 그것을 인식하게 해주는 유력한 도구라고 할 수 있다.

---

19) 같은 글, 176쪽.
20) 같은 곳.
21) 같은 글, 178쪽.
22) 같은 글, 186쪽.

그렇지만 그러한 환상으로부터 벗어나는 것은 가능하지 않다. 소설의 후반부에서 수족관 관리 요원이 된 '나'는 수조 안에서 그 밖에 있는 아버지를 발견한다. 환상은 사라지지 않고 다시 되돌아온 것이다. 아버지는 다시 사라져버리고 없다. 수조 안의 물고기들이 입을 열어 아빠를 부르는 환상이 다시 이어진다. 이 무한한 환상 속에 놓인 '나'는 "문득, 지겹다는 생각이 들었다"[23]라고 말한다. 「사랑의 인사」가 「달려라, 아비」에 이어져 있되, 거기에서 한 발자국 더 나아갔다는 사실이 이 대목에서 증명되고 있다.

이처럼 김애란의 소설이 '상상 속의 상상'을 추구하고 있다면, 김유진의 경우는 '꿈 속의 꿈'을 추구하는 방향을 취하고 있어 흥미로운 대비를 보여주고 있다. 김유진의 소설들은 장면을 섬세하게 묘사하되 예외 없이 과거형의 문장으로 시작한다.

> 첫 번째 희생자는 세 명의 여자아이였다.[24]
>
> 도시는 놀라우리만치 선명했다.[25]
>
> 엄마의 발목이 돌아왔다.[26]

장면을 객관적으로 묘사하는 것처럼 드러나 있지만, 사실 이 과거형 서술에 의해 촉발되는 서사 속에 담긴 공간 혹은 사건은 공통적으로 비현실적이다. 말하자면 섬세한 사실적 묘사와 그 대상 자체의 비현실성이 모순적으로 결합되어 있는 것이다. 그리하여 「늑대의 문장」이나 「빛의 이주민들」 같은 경우 실재와 허구의 경계를 초월한 일종의 시뮬라크르들을 펼쳐보이고 있다. 최근작 「마녀」의 경우 이러한 방향에서 한 가지 새로운 전환을 보여주고 있어 주목된다.

---

23) 같은 글, 190쪽.
24) 김유진, 「늑대의 문장」, 『문학동네』, 2003년 가을호, 56쪽.
25) 김유진, 「빛의 이주민들」, 『한국문학』, 2004년 겨울호, 107쪽.
26) 김유진, 「마녀」, 『문학동네』, 2005년 봄호, 232쪽.

> 달리는 소년들을 본다. 여섯 명의 소년들이 좁은 골목길을 달리는 것을 본다. 서로의 어깨를 부딪치며, 서로의 고함 소리를 타고 넘으며, 달리는 것을 본다. 수면 위로 튀어오르는 치어 떼처럼 멈추지 않고, 멈출 수 없이, 질주하는 것을 본다. 태양이 그들의 머리통을 어루만지는 것을, 턱 끝까지 숨이 차오르는 것을 참으며, 나는 본다. 나는 일곱 번째 소년이다. (…) 첫 번째 소년의 죽음을 확인한 나머지 다섯 명의 소년들이 일제히 창문 밖으로 뛰어내린다. 공중에서 활처럼 휘는 그들의 모습은 다섯 마리의 돌고래 같다. 그들이, 순교자처럼 차례로 물 위로 떠오르는 것을, 나는 경이로운 눈으로 본다. 그리고,
>
> 뒷부분은 더이상 알아볼 수 없었다. 어둠 속에서 휘갈겨 적은 글자들은 이국의 문자처럼 형체가 불분명했다. 순간의 기억을 잃지 않기 위해, 늘 급박하게 적어나갔기 때문이었다. 나는 더듬더듬 꿈을 기억해내 글자를 추측해나갔다. 그러나 도무지 알아볼 수가 없었다.[27]

돌풍으로 인해 사람들이 죽어가고 있는 어느 가상의 지대에 한 가족이 살고 있다. 아버지와 '아들 같은 딸'인 '나', 그리고 앉은뱅이 동생이 그 가족의 구성원이다. 어느 날 자살하여 사라진 어머니의 발목이 돌아오면서 이야기는 시작된다. '나'의 가족이 살고 있는 집은 폭풍에 쉽게 쓸려가버리는 절벽 아래의 집들과는 달리 고지대의 커다란 나무 기둥에 둘러싸여 있기에 이곳에서 온전하게 살아남은 유일한 집이다. 나무를 돌보는 일과 이곳의 역사를 기록하는 일이 '나'의 집안에 대대로 내려오는 가업이다. 그런데 위에서 보는 것처럼, '나'는 외부 세계의 사건을 기록하는 것이 아니라 자신의 꿈속의 장면들을 필사적으로 기록하고 있다. 꿈의 기록은 논리적이지 못하고 문장도 불분명했지만 '나'는 그것이 어제 날아간 소의 수나 마을 사람들의 수를 기록하는 것보다 가치 있는 일이라고 생각한다. 왜냐하면 "그것은 우리가 다시는 보지 못하는 밤의 기록이기 때문"[28]이다. 이처럼 '나'는 언어화

---

27) 같은 글, 235쪽.
28) 같은 글, 236쪽.

(상징화)를 비껴가는 어떤 것을 기록하고자 하는 의지에서 자신의 존재 근거를 발견하고 있다. '나'가 꿈결에 적은 문장처럼 낯설고 생소한 어머니의 언어 또한 그 세계에 속해 있다. 어머니가 발목, 돌풍, 마녀 등의 기의 사이를 미끄러지는 것 또한 이러한 맥락에서 설명될 수 있다. 그런 점에서 보면, '나'와는 달리 사라진 것들을 바라봄으로써 기록을 대신하고 있는 여덟 살짜리 동생은 '나'에 비해 한층 더 그 세계에 가깝게 놓여 있는 존재라고 할 수 있다.

> 동생은 예전보다 좀더 자주 환영을 보았다. 사라진 것들이 많아졌으니까. 동생의 언어는 낮고 느리게 흘러나왔다. 어느새 아이는 오래된 사람의 얼굴을 하고 있었다. 어쩌면 진정한 서기(書記)는 동생인지도 몰랐다.29)

앞서 신경숙의 소설에서 남자가 꾸는 꿈은 현실의 이미지라고 할 수 있다. 그 악몽은 곧 그가 현실 속에서 겪은 사건에 대한 의식의 반영인 것이다. 하지만 김유진의 소설에서 '나'가 꾸는 '순교자의 꿈'은 현실의 논리로 환원되지 않는다.

> 시간은 천천히 흘렀다. 우리에게는 아무 일도 일어나지 않았다. 그러나 우리는 최후의 목격자가 되지 못했다.
>
> 훗날, 바람보다 오랫동안 사람이 살았다. 사람만큼, 나무도 오랫동안 살아남았다. 일기장이 남겨졌으나, 아무도 알아보지 못했다.
>
> 좀더 먼 훗날, 우리의 이야기는 뱀피리를 부는 소년들에 의해 노래로 구전되었다. 그 노래의 시작은, 마녀가 돌아왔다, 였다.30)

사라진 엄마는 발목으로 돌아왔다가 나중에는 돌풍이 되어 돌아온다. 그리고 그것은 후대에 '마녀'로 지칭된다. 이렇듯 김유진의 소설에서 이미지와

---

29) 같은 글, 245쪽.
30) 같은 글, 248쪽.

기표들은 현실 속의 기의로 환원되지 않는다. 그것은 현실의 차원으로 회귀하는 방향과는 반대로, 그러니까 또 다른 이야기(노래)로 전환되고 있다. 시니피앙의 차원의 분석을 제기하는 이와 같은 방식의 글쓰기에서 이전과는 다른 차원의 문학이 비롯되는 징후를 감지할 수 있다.

## 4. 잉여 추구의 두 방향

이념과 실험이 그 자체로 문학일 수 있는 여지는 소멸된 것으로 보인다. 문학이라는 테두리 안에서 각각의 방향이 일종의 하위 장르를 이루고 있다고 보아야 할 것이다. 그러하기에 문제는 각각의 영역에서 새로운 차이를 도입하며 점진적으로 변화하여 나가는 것일 터이다. 그런 의미에서 바르트의 말처럼 전위란 "문화의 점진적인 해방의 형태에 지나지 않는다."(『텍스트의 즐거움』)

위에서 살핀 두 가지 징후는 새로운 변화의 국면이 개시되는 순간의 표정이라고 할 수 있다. 그만큼 온전한 형태로 복원되기를 기대하기는 어렵다. 그럼에도 불구하고 이와 같은 두 방향의 징후들은 새로운 문학적 변화를 예감하게 만드는 물질적인 토대라고 말할 수 있다. 1990년대 문학이 이념에 의해 억압된 차이들이 회귀하는 공간이었다면, 최근 신경숙, 공지영, 임철우, 공선옥 등의 소설에서는 이전 시기 문학이라는 이름 아래 억압되어 왔던 이념적 요소들이 다시 회귀하는 징후가 드러나고 있다. 한편 김애란, 김유진 등 새로운 젊은 작가들은 내면의 의식보다 더 깊은 지점에서 상징화될 수 없는 현실의 분열을 무의식의 차원에서 제기하고 있어 흥미로운 대비를 보여주고 있다. '소설 바깥의 소설, 현실 바깥의 현실'을 추구하는 전자의 경향과 '상상 속의 상상, 꿈 속의 꿈'의 세계를 펼쳐보이는 후자의 방향, 이 두 가지 잉여 추구의 방향은 새로운 세기 문학의 판도가 새로운 형태로 재편되는 지각변동의 징후를 보여주고 있다

# 한국 근대문학사와 그 이후

## 1. 한국 근대문학 100년?

'한국 근대문학 100년'이라는 말을 요즘 자주 접할 수 있다. 그것을 기념하는 사업이나 행사도 눈에 띄고, 사실 애초에 청탁받은 이 글의 주제 또한 '한국 현대문학 100년과 오늘의 문학' 가운데 소설 쪽을 살피는 것이었다. 그러나 과연 '현대문학 100년'이라는 규정은 자명한 것인가? 그동안 별로 의심받을 필요가 없었던, 일견 자명해 보이는 규정을 의심하는 것으로 이 글을 시작해보려 한다.

지금부터 100년 전이라고 하면 대략 20세기 초 무렵, 「소경과 앉은뱅이 문답」이나 「거부오해」(『대한매일신보』, 1905)처럼 근대적 계몽의 이념을 담은 서사가 신문이라는 근대적 매체에 발표되고 「혈의 누」(『만세보』, 1906)와 같은 신소설도 등장하기 시작했던 즈음일 것이다.[1)] 최근에 이루어

1) 이 기점은 바라보는 사람에 따라 조금 더 앞당겨질 수도 있다. 근대적 개혁조치가 시작되고 그에 대한 저항이 종교적 운동의 형태로 분출되었던 1894년 무렵에도 전통적인 형식을 빌어 민족적 계몽의 이념을 담은 역사, 전기물들이 출현한 바 있었기 때문이다. 앞서 일어났던 것을 '갑오개혁' 그리고 뒤에 일어났던 것을 '광무개혁'이라 불러 구분하기도 한다. 그리고 그것들은 다시 거슬러 올라가면 문명개화론자들의 쿠데타라고 할 수 있는 1884년의 갑신정변, 그리고 다시 1876년의 개항이라는, 덜 뚜렷하지만 이후

진 연구들에 따르면 '민족'이라는 개념이 출현한 것도 그 무렵이다.[2] 근대적 국민국가(nation-state)를 수립하기 위해서는 무엇보다 네이션(nation)의 성립이 그 전제로서 요구된다는 사실이 점점 더 뚜렷하게 인식되었던 결과였을 것이다. '민족'의 언어와 역사에 대한 관심도 촉발되었다. "주시경에 의해 시작된 조선어 연구, 신채호를 위시한 역사학자들에 의한 조선사 연구는 동일한 언어와 동일한 기억을 갖는 존재로서의 국민을 탄생시키는 장치였던 것"[3]이다. 민족어(한글)로 씌어진 근대적 서사 또한 그와 같은 배경 속에서 태동할 수 있었다. 그것들(민족어, 문학사, 민족문학 등)은 유교 문화와 한자 공용어의 세계로부터 벗어나 근대 국민국가 체제의 세계로 진입하는 입구에서 통과해야 했던 관문이었다고 할 수 있다.

하지만 조선의 경우 국민국가 수립을 향한 출발이 뒤늦었다. 아니 조선뿐만 아니라 일본을 제외한 아시아의 대부분의 나라가 그러했다.[4] 19세기 후

---

과정의 전사에 틀림없는 상류의 흐름을 만나게 된다. 이 일련의 과정은 강력한 외세의 틈바구니 속에서 근대적 국민국가를 수립하고자 하는 의지를 바탕으로 삼고 있다는 점에서, 시기가 다름에 따라 그 성격에서 차이가 나기는 하지만 전반적으로 하나의 의식적 지반을 공유한다고 보아 크게 무리가 없다. 특정 기점이 아니라, 그와 같은 과정을 통해 '조선'이라는 왕조가 500년간 통치해왔던 아시아 대륙의 동쪽 끝 반도에도 근대성이 도입되기 시작했던 것이다.

2) '민족' 개념의 등장에 대해서는 앙드레 슈미드, 정여울 역, 『제국 그 사이의 한국 1895~1919』, 휴머니스트, 2007, 403~408쪽과 권보드래, 「근대 초기 '민족' 개념의 변화-1905~1910년 『대한매일신보』를 중심으로」, 『민족문학사연구』 33집, 2007 참조. 권보드래의 분석에 따르면 이 시기의 '민족' 개념은 현실의 국가체제와의 연관을 전제하고 있는 용법으로서 '국민'의 의미와 중첩된다고 한다. 지금처럼 정치적인 차원을 넘어서는 문화적인 '민족' 개념이 우세하게 된 것은 식민지 시기에 들어선 후의 일이다. 근대적 민족 개념이 등장하기 이전의 상황에 대해서는 다음과 같은 설명을 참조할 수 있다. "19세기 말 이전 단계에서는 국민국가로서의 '조선' 혹은 반도에 거주하는 동포로서의 '조선인'이라는 추상적 관념에 대한 충성 감정은 비록 존재했다 하더라도 극히 적었다. 이 시기에 더욱 중요한 의미를 가졌던 것은 황제에 대한 충성심과 더불어 마을이나 지역, 특히 문중과 종족 그리고 친족에 대한 애착이었다."(Carter J. Eckert, *Offspring of Empire:The Koch'ang Kims and the Colonial Origins of Korean Capitalism, 1876-1945*, University of Washington Press, 1991, p. 226, 고마고메 다케시, 『식민지제국 일본의 문화통합』, 역사비평사, 2008, 153쪽에서 재인용)

3) 강명관, 『국문학과 민족 그리고 근대』, 소명출판, 2007, 13쪽.

4) 한스 울리히 벨러는 『허구의 민족주의』(이용일 역, 푸른역사, 2007)에서 19세기 후반까

반 제국주의가 그 바깥으로 진출하면서 근대는 점점 더 회피할 수 없는 대세로 인식되었고 조선은 같은 문명권에 속해왔고 그래서 오랜 시간을 두고 역사적 관계를 맺어왔으나 앞서 서구의 근대적 문명을 수용하고 국민국가를 수립한 일본이라는 창구를 통해 근대를 받아들이기 시작했다. 그러나 자주적 근대국가의 수립이라는 관념 자체가 주로 일본을 모델로 한 것이라는 점에서 이미 자주적이기 어려웠다.

일본, 청나라, 러시아 등 주변 열강들의 긴장 관계 속에서 진행된 조선의 자주적 근대국가 수립의 프로젝트는 결국 실패로 돌아가고 말았다. 19세기 후반 세계는 제국주의 국가와 그들의 식민지로 재편되어 갔고 조선은 그 과정에서 (당시 서구 이외에서는 유일하게 제국주의국가였던) 일본의 식민지로 되었다. 소수의 제국주의 국가를 제외한 대다수의 지역에서는 이러한 방식으로, 곧 식민지적인 방식으로 근대화가 진행되었다. 에티엔 발리바르는 이렇게까지 말하고 있다. "어떤 의미에서는 모든 근대 민족은 식민지화의 산물이다. 일정한 정도까지는 항상 식민지를 만들거나 식민화를 당하는 처지이며 때로는 동시에 둘 다이기도 했던 것이다."[5] 그러니까 식민지 근대라는 것은 우리만의 특수한 경우가 아니라 선진 자본주의 국가를 제외한 나머지 대다수 국가의 근대화에서 그 보편적 경로를 의미하는 것이었다.

이제 자주적 근대 국가 수립의 프로젝트를 식민지적 방식의 근대가 대체하기에 이른다. 조선에 대한 일본의 식민지 정책은 '동화'를 표방한 것이었으나 실제로는 달성되지 못했고, 다만 식민지로부터 이윤을 획득하기 위한 기본적인 조건을 마련하는 차원에서 '문명동화'의 형태로 진행되었다.[6] 그

---

지 민족주의는 아메리카의 식민지를 포함한 유럽 세계만의 현상이었다고 적고 있다.(39쪽) 그에 따르면 이 유럽과 미국의 민족주의 모델은 다른 지역에 수출, 전이되는데 1868년 메이지 유신 이후 일본의 변혁은 서양의 성공 모델 전이의 첫 번째 본보기이다.(92쪽)

5) Etienne Balibar, "The Nation Form: History and Ideology," in Etienne Balibar and Immanuel Wallerstine, *Race, Nation, Class: Ambiguous Identities*, London: Verso, 1992, p. 112.(조형근, 「한국의 식민지 근대성 연구의 흐름」, 공제욱 · 정근식 편, 『식민지의 일상, 지배와 균열』, 문화과학사, 2006, 53쪽에서 재인용)

러한 근본적 한계로 인해 민족 스스로의 정치권력을 획득하려고 하는 민족주의 반향이 발생하였으니 그 결과 식민지의 엘리트들이 '자주적 근대'라는 민족주의적 담론에 기우는 현상이 일어났다. 그 민족주의의 흐름이 어느 고비에서 폭발한 것이 3 · 1운동이다. 그리고 그것은 동화와 그에 대항하는 민족주의 모두의 외연을 확대시킨다.

식민지의 상황 속에서도, 어떤 의미에서는 식민지적 상황을 거치면서 비로소 민족이라는 관념이 확고해졌다 볼 수 있는 측면이 있다. 민족이라는 관념과 그에 대한 의식은 국민국가의 생성, 전개과정에서 주로 발생하는 것이지만 식민지 상황 속에서도 그 차별적 구조에 저항하는 과정에서 유발 혹은 강화되기도 한다. 그런 의미에서 고마고메 다케시는 "민족이란 전통을 일정한 방향으로 조직화하는 과정에서 근대에 만들어진 정치이념이며, '일본인'뿐 아니라 '조선인' '중국인' '대만인'이라는 범주도 근대 제국주의체제 안에서 정치적 경험을 공유하는 집단으로서 현실적 의미를 가지기 시작했다"[7]고 말하고 있다. "조선어 연구와 조선어 문학의 풍부한 성과물이 일본어의 지위가 가장 공고했던, 그리하여 일본어와의 경쟁관계가 가장 치열했던 시기에 산출"[8]될 수 있었던 것도 그와 같은 메커니즘에 기인한다.

이른바 '식민지 근대성'을 주장하는 논자들은 식민지 체제의 전형적인 구도는 제국의 일방적인 억압과 그에 의한 식민지에서의 수탈이라기보다 통치 세력의 지배 이데올로기와 그에 저항하는 식민지의 민족주의 사이의 헤게모니를 둘러싼 대치 속에서 찾을 수 있다고 본다.[9] 이때 식민지의 저항

6) 일본의 동화 정책의 성격과 한계에 대해서는 신주백, 「일본의 '동화'정책과 지배전략 - 통치기구 및 학교교육과의 관계를 중심으로」, 강만길 외, 『일본과 서구의 식민통치 비교』, 선인, 2004 참조.

7) 고마고메 다케시, 앞의 책, 41쪽.

8) 문혜윤, 『문학어의 근대』, 소명출판, 2008, 34쪽.

9) '식민지 근대성론'은 수탈론과 식민지근대화론을 동시에 비판하면서 식민주의, 근대성, 민족주의가 맺는 상호관계의 복잡한 가능성에 주목한다. 국내외에서 이루어진 '식민지 근대성'론에 대한 검토는 조형근, 앞의 글 및 이승렬, 「'식민지 근대'론과 민족주의」, 『역사비평』, 2007년 가을호 참조. '식민지 근대'의 구체적인 양상은 마이클 로빈슨 · 신

은 식민 체제 바깥에서 고립 변수로 존재하는 것이 아니라 동화를 강요하는 지배 권력과 함수 관계를 이루며 운동한다. 호미 바바가 '모방(mimicry)'과 '혼종(hybridity)'이라고 부른 식민지의 정체성은 그와 같은 메커니즘에 의해 발생한다.

식민지에서 성립된 문학 및 문학사 역시 그와 같은 메커니즘에 의해 생성된 식민지 근대성의 산물이라고 할 수 있다.[10] 일본문학사가 서구의 문학사에 대응하는 고유의 문학사 서술을 시도하면서 서구의 문학사를 모델로 삼을 수밖에 없었던 것처럼,[11] 조선 고유의 역사와 문학사를 서술하는 마당에서 일본사와 일본문학사의 틀을 모방의 방식으로든 저항의 방식으로든 의식하지 않을 수 없었다.[12] 안확의 『조선문학사』(1922)와 김태준의 『조선소설사』(1932)가 탄생할 수 있었던 지반 역시 식민지 근대와의 길항 속에서 성립, 발전한 민족주의라고 할 수 있을 것이다. 그렇기 때문에 이들이 제시한 조선문학사는 일본문학사의 단순한 모방이 아니다. 안확은 문학을 "시가(詩歌) 소설(小說)과 같이 상상을 주(主)한 것을 물론이요 다소 고찰(考察)을 가(加)한 사전(史傳) 일기 수록(隨錄) 우(又) 교회(敎誨) 계발(啓發)의 문류(文類)라도 실로 미적 감상(感想)에 기(基)한 저작이 된 이상은 다 이를 문학 중에 섭입(攝入)되는 것"[13]이라고 하여 문학의 범위를 근대적인 시와

---

기욱 편, 도면회 역, 『한국의 식민지 근대성-내재적 발전론과 식민지근대화론을 넘어서』, 삼인, 2006에서 확인할 수 있다.

10) 문학사가 갖는 근대적 거대서사로서의 성격에 대한 설명은 차승기, 「민족주의, 문학사, 그리고 강요된 화해」, 『문학 속의 파시즘』, 삼인, 2001 참조.

11) 정병호는 일본문학사가 초기에 서양문학사를 추수, 모방하는 형태에서 후기에 그에 비해 결코 뒤떨어지지 않거나 혹은 우월하다는 대항의식을 드러내는 방향으로 옮아간다고 설명한다.(정병호, 「근대초기 '일본(인)론'의 전개와 '일본문학사'의 위치」, 『일본어문학』 제33집, 2007 참조) 일본문학사가 서구의 원천을 수용하는 과정에서 일어나는 굴절과 변모의 과정에 대한 비판적 분석에 대해서는 류준필, 「일본 자국문학사 발생의 원천과 맥락」, 『한국학보』 104집, 2001 참조.

12) 김철, 「'결여'로서의 국(문)학」(『사이間SAI』 1호, 2006)에서는 근대적 학문으로서의 '조선학'이 서구를 보편적 모델로 상정한 일본 '국가학'의 지적 편제 안에서 성립되고 성장했다는 점을 강조하고 있다. 이 시각은 그 반대 방향에서 이루어진 반응의 의미를 함께 살피는 과정에서 보완될 수 있을 것으로 생각한다.

소설에 한정하지 않고 교술적인 장르까지 확장시킨다. 그런가 하면 김태준 역시 "정말 기미운동 전후로 문학혁명이 일기 전까지는 롱씨의 정의한 노벨은 한 권도 없었음으로다. 그러나 많은 패설, 해학, 야담, 수필도 있고 그 소위 로맨스와 스토리(Story)와 픽션(Fiction)은 내가 이에 예증치 아니하여도 많이 존재하였고 또 존재하는 것을 알 것이다. 다시 말하면 예전 사람들이 의미하는 소설은 헤아릴 수 없이 많다"[14]고 하면서 서구식 근대 소설의 정의를 분명히 인지하는 가운데 조선의 소설을 폭넓게 다시 정의하고 있다. 뿐만 아니라 김태준의 『조선소설사』에서 근대소설의 기점은 실사구시 정신이 진홍한 영정조 시대로 설정되고 있다. "영정 시대를 가을철이라고 보면 장차 닥쳐오는 갑오개화의 문학혁명은 르네상스와도 같고 화춘한 봄과도 같다"[15]는 대목은 내재적 발전론에 기초한 1970년 초의 영정조 기점론을 떠올리게 만드는 면이 있다. 여기에서 문제는 소설사의 내용이라기보다 그것이 성립하고 작동하는 방식이라고 할 수 있다. 바로 그 점에서 이 시기 안확과 김태준의 조선문학사, 조선소설사는 '모방'과 '혼종'의 특징을 갖고 있는 것이다. 신문학사를 쓰던 당시의 임화 역시 이 점을 이해하고 있었던 것은 아닐까. 그런 맥락에서 다음 대목은 음미해 볼 만하다. "그러나 그때 혹은 그 뒤의 신문학이 일본문학에서 배운 것은 왕년의 경향문학과 최근의 단편소설을 제외하면 극소한 것이다. 그러면 직접적으로 서구문학을 배웠느냐 하면 그렇지도 아니했다. 그럼에도 불구하고 근대문학은 서구문학의 이식과 모방 가운데서 자라났다."[16]

그러니까 민족주의는 식민지라는 체계 외부에 존재했던 것이 아니다. 이처럼 식민주의와 민족주의, 그리고 '자주적 근대'와 '식민지적 근대'는 분리 · 대립되어 있었다기보다는 서로 얽혀서 전개되었다.[17] 토지조사사업을

13) 안자산, 『조선문학사』, 한일서점, 1922, 1쪽.
14) 김태준, 『조선소설사』, 예문, 1989, 10쪽.
15) 같은 책, 133쪽.
16) 임화, 「조선문학 연구의 일 과제」, 『동아일보』, 1940. 1. 16.

비롯한 근대적 개혁 정책은 식민지 시기 이전부터 시작되고 있었다.[18] 이제 그것이 식민지라는 조건 속에서 자주적 국가의 상황에서와는 다른 방식으로 굴절되어 전개되는 것이다. 그리고 이 굴절은 식민지 시기 후반부로 갈수록 더 심해지는 양상을 보인다. 특히 일제가 제2차 세계대전에 가담하기 시작한 이후 이른바 전시동원 체제기에는 동화의 압력과 강요가 극대화되었고 그에 비례하여 거기에 맞서는 심리적 저항 역시 증가하였다. 그리고 전쟁이 점점 불리해지면서 그 간극은 더욱 벌어졌다.

이처럼 식민지적 근대의 프로젝트 역시 식민지의 민족주의적 저항, 그리고 일본 동화정책의 제국주의적 한계 등등을 비롯한 여러 변수들의 복잡한 작용으로 인해, 그리고 결정적으로는 제2차 세계대전에서의 일본의 패전으로 인해 결국 실패하고 만다. 이제 근대 추구는 그 이전의 과정들의 영향을 한편으로 받으면서도 새로운 상황에서 전개되기 시작한다. 식민지의 경험은 그것으로부터 벗어나는 데 필사적이었던 대한민국의 의지에도 불구하고 한꺼번에 불식되지 않았고, 반면 그것이 문명의 차원에서 어떤 성과를 가져왔다고 하더라도 온전하게 이후의 근대 추구의 과정에 계승되지 않았다.[19] 식민지 이전의 근대 추구의 성과가 식민지적 근대에 이전되는 방식 역시 그러했겠지만, 식민지 근대 역시 그 이후 대한민국의 근대에 굴절된 방식으로 영향을 미쳤다. 프라센지트 두아라의 말처럼, 과거는 현재로 단지 일직선적으로 전달(transmitted)되는 것이 아니라 시간과 공간 속으로 산포(dispersed)

---

17) 도면회, 「자주적 근대와 식민지적 근대」, 비판과 연대를 위한 동아시아 역사포럼, 『국사의 신화를 넘어서』, 휴머니스트, 2004, 232쪽.

18) 대한제국기의 토지조사사업에 대해서는 한국역사연구회 근대사분과 토지대장연구반, 『대한제국기의 토지조사사업』, 민음사, 1995 참조.

19) 한 대담에서 이영훈은 "최근에 추세에 의하면 이후 대한민국이 1965년이 되어서야 다시 회복하는 산업 구조를 1940년이면 성취하게 됩니다"(『해방 전후사의 재인식 2』, 책세상, 2006, 641쪽)라고 말하면서 식민지 상황 속에서 이루어진 근대화의 성과에 대한 근거로 제시하고 있는데 그와 같은 현상은 다른 각도에서 보면 식민기 기간 동안 문명적인 발전이 이루어졌다고 해도 그것이 해방 이후 대한민국이라는 국민국가에 온전하게 계승되지 못했음을 의미하는 것이다.

된다. 두아라는 이러한 현상을 설명하기 위해 '양지분기(兩枝分岐, bifurcated)'라는 개념을 고안한 바 있다. 이 개념은 "과거를 전달하는 데 있어서 '역사' 서사와 언어가 산포된 역사를 현재의 필요에 따라 전유(專有)하는 과정을 지적하고, 결과적으로 현재가 과거의 형태를 어떻게 만들어왔는지 폭로"하면서 궁극적으로 "단선적이고 단순한 인과론적 역사의 억압적인 목적론을 극복(또는 최소한 자각)"함과 동시에 "전유 담론의 '저 너머'에 존재하는 역사성을 회복"하고자 하는 의지를 내포하고 있다.[20] 식민지 시기의 역사적 과정 역시 선택과 배제, 그리고 굴절의 과정을 거쳐 해방 이후 수립된 대한민국의 시공간 속으로 전달된다.

대한민국은 식민지 이전의 자주적 근대화를 위한 시도 속에서 배태되었던 민족주의, 그리고 식민지 기간 동안 형성, 축적되었던 민족주의를 새로운 방식으로 전유함으로써 국민국가 수립을 위한 강력한 민족주의를 작동시킨다. 앙드레 슈미드의 분석대로 남한에서는 대한민국이 이른바 애국계몽기의 자주적 근대를 향한 민족주의적 운동의 기억을 재빨리 자신의 것으로 껴안았다. 그리고 임시정부와 1919년의 3 · 1운동이라는 매개를 통해 그 식민지 이전의 기억과 대한민국 정부와의 연속성을 마련했다.[21] 대한민국(신한국)과 대한제국(구한국)의 연속성이 바로 '한국'이라는 국호에 잘 드러나 있다. '한국'이라는 이름을 통하여 그 중간의 식민지 기간을 포함하여 단절되었던 역사적 국면들이 하나의 연속체를 형성한다. 그리고 이것은 다시 그 이전으로 소급되어 '지리적 신체(geo-body)'[22]로서의 민족을 구성한다. '한국'이라는 명칭 자체에 대한민국이 민족을 전유하는 방식이 내재되어 있는 것이다.

---

20) 프라센지트 두아라, 손승회 · 문명기 역, 『민족으로부터 역사를 구출하기』, 삼인, 2004, 24~25쪽.

21) 앙드레 슈미드, 앞의 책, 577쪽.

22) 시간의 경과 속에서 지속되는 자연스럽고도 유기적으로 통합된 영토적 단위를 일컫는 개념으로, 테사 모리스-스즈키, 「근대 일본의 국경 만들기」, 『근대의 국경, 역사의 변경』, (휴머니스트, 2004)에서 빌어온 것이다.

이 점은 해방과 군정 이후 한반도에 수립되었던 또 하나의 국민국가였던 조선민주주의인민공화국과의 비교를 통해 보다 선명하게 드러난다. 동일한 역사를 공유함에도 불구하고 조선민주주의인민공화국과 대한민국은 그 정치적 이념에 따라 서로 다른 두 형상의 민족사를 요구했다. 대한민국이 애국계몽기의 민족주의 운동을 그 전사로 선택했다면 조선민주주의인민공화국은 식민지 시기 만주에서의 항일무장투쟁을 선택했다. 그와 같은 남과 북의 서로 다른 선택은 식민지 시기 이전의 민족주의적 문필가들이 추구했던 국민국가가 자본주의적 근대성의 방향에 가까웠다는 사실과 무관하지 않을 것이다. 한쪽은 그것을 적극적으로 자신의 것으로 삼았고 다른 한쪽은 그것을 받아들이는 대신 다른 것을 선택했다. 대한민국이 '한국'이라는 명칭을 통해 지리적 신체를 구성했다면 조선민주주의인민공화국은 '조선'이라는 명칭을 선택했다.[23)]

다시 말하자면 식민지 시기 및 그 이전의 역사는 한반도의 북과 남에 각각 수립된 두 개의 국민국가의 성격에 따라 새롭게 구성된 것이라고 할 수 있다. 그런 의미에서 그 역사적 해석은 과거에 대한 냉정한 응시에서 온 것이라기보다 현재에 대한 확인, 또 어떤 부분은 미래에 대한 상상에서 얻어진 것이라고 할 수 있다. 이 대목에서 우리는 "민족주의는 민족 자체의 민족주의인 경우는 거의 없고 오히려 민족에 대한 상이한 표상들끼리 경쟁하고 협상하는 지점을 표시할 뿐"[24)]이라는 지적의 의미를 새삼 떠올려볼 수 있다. 사실은 그 표상들의 체계 너머에 역사라는 것이 존재할 것이다. 역사는 그 표상들의 체계 너머에 존재하는 과거의 실재와 그것을 새롭게 표상하고자 하는 현재가 맞부딪쳐 이루어내는 복잡한 교섭의 산물로 이해되어야

---

23) 이런 이유로 일본이나 중국 등 한자문화권에서 남북한을 공통으로 지칭할 때 용어를 선택하기 곤란한 상황이 발생한다. 가령 木村幹의 『朝鮮/韓國のナショナリズムと'小國'意識』(ミネルヴァ書房, 2000)이나 김춘선의 『조선-한국당대문학개론』(民族出版社, 2002)과 같은 책 제목은 그런 사정을 드러내고 있다.

24) 프라센지트 두아라, 앞의 책, 28쪽.

한다. 그런 의미에서 민족 역시 원초적으로, 또는 단일하게 구성된 실체가 아니라 변화하고 때로는 충돌하는 표상들의 네트워크로서 존재해왔다고 할 수 있을 것이다.[25)]

마찬가지의 맥락에서 '근대문학사'라는 것 또한 역사적 고비를 넘을 때마다 매순간 새롭게 구성되어 왔다. 그리고 그 매번의 과정에서 식민지 시기는 표상 아래 은폐되어 있었던 새로운 육체를 드러내곤 했다. 그런 의미에서 식민지 기간 동안의 문학적 과정은 대한민국과 조선민주주의인민공화국 각각의 문학이 진행되는 과정에서 촉발된 인식의 소산이다. '한국 근대문학 100년'이라는 규정은 비록 매끄러운 표면을 드러내고 있지만 자세히 살펴보면 사실 차원이 다른 두 개의 시기를 하나의 차원에 억지로 묶어놓은 것이라고 할 수 있다. 그 서로 다른 두 차원을 하나의 평면에 배열할 수 있도록 만든 것은 '민족'이라는 관념이다. 민족이라는 관념이 두 국민국가 사이에 놓인 이념적 거리를, 그리고 식민지와 그 전후의 역사적 과정 사이에 놓인 단절을 동시에 메우고 있었던 것이다. 민족이라는 관념에 의해 용접되었던 근대문학의 여러 단면들은, 원래의 차원에 다시 놓인다면 아마도 다른 형태가 될 것이다. 이 복잡다기한 단면들을 하나의 국민국가의 문학사 속에 끼워맞추는 데는 무리가 따를 수밖에 없다. '한국 근대문학 100년'이라는 말은 통일을 전제로 '한국'(민족)이라는 통합 단위를 전제로 했을 때에는 성립할 수 있었지만 그러한 적극적인 이념적 전망이 부재하는 상황에서는 문제점을 드러낼 수밖에 없는 명제이다.

이 글은 한반도를 중심으로 전개되어왔던 근대문학의 여러 단면들이 어떻게 대한민국의 '한국 근대문학사'라는 형식 속에 통합되고 또 현실의 변화에 따라 어떻게 새롭게 재구성되었는가를 살펴볼 것이다. 그리고 그 재구성의 과정에서 그 내용은 변화해왔지만 그 형식 자체는 크게 변화하지 않았다는 것을 확인해볼 것이다. 그리고 궁극적으로는 만일 그것이 확인된다면 그 형태 바깥의 새로운 문학사는 어떻게 가능한지 가늠해볼 것이다.

---

25) 같은 곳.

## 2. 대한민국 정부 수립 이후 민족문학 개념의 성립과 변화

'한국 근대문학 100년'이라는 규정을 다시 생각해보면 그것은 실제로는 한반도에 근대문학이 도입된 지 100년이 되었다는 사실을 의미하는 것으로 이해할 수 있다. 그 이후 식민지 기간을 포함하여 한반도의 남과 북에 두 개의 국민국가가 수립되기 이전까지의 문학적 과정은 그 국민국가의 문학적 이념에 의해 각기 다른 방식으로 '구성'되어 왔다. 그러니까 이 100년이라는 시간은 두 개의 서로 다른 차원의 국면을 포함하고 있는 셈이다. 여기에서는 대한민국 정부 수립 이후 새로운 국민국가의 수립과 전개의 과정에서 문학적 이념이 어떠한 방식으로 변화해왔으며 또 그에 따라 그 이전 시기의 근대문학의 과정이 어떠한 방식으로 재구성되어 '한국 근대문학'이라는 관념적 연속체를 새롭게 이루어왔는가를 살펴볼 것이다.

### 1) 민족(民族) : 네이션의 통합과 근대의 추구

식민지라는 조건 속에서 불구의 근대를 경험했던 많은 지역이 제2차 대전 이후 세계 질서의 재편과 더불어 차례로 식민지로부터 해방되어 각자의 국민국가를 수립하기에 이르렀다. 패전국 일본의 식민지였던 한반도에서는 비록 단일한 국민국가를 이루지는 못했지만 그럼에도 비교적 일찍 국민국가가 수립되었다. 그리고 대부분의 식민지를 경험했던 국가들이 식민지 기간동안 제국의 언어와 문화를 받아들였고 식민지 이후에도 고유의 언어를 되찾지 못하고(혹은 않고) 제국의 언어를 공용어로 사용했던 데 반해, 남한과 북한은 식민지에서 벗어나자 거의 즉각적으로 고유의 언어와 문자를 부활시킨 거의 유례를 찾아보기 어려운 예외적인 경우였다.[26] 식민지 말기에 절멸의 위기까지 내몰렸던 조선어는 해방과 함께 놀랄 만큼 빠르게 국어로 부활했다.[27] 고유의 언어와 문자는 남북한 모두에서 국가통합을 이루는 데

---

26) 미우라 노부타카, 「식민지 시대와 포스트식민지 시대의 언어 지배」, 고영진 외 역, 『언어제국주의란 무엇인가』, 돌베개, 2005, 23쪽.

매우 강력한 동력으로 작용했다. 이처럼 식민지로부터 해방되면서 민족의식, 그리고 민족의 언어와 문화를 국가통합의 동력으로 즉각 활용할 수 있었던 데에는 여러 가지 원인이 작용했다.

우선 서구 제국의 경우 대개 원주민의 문화 수준이 극히 낮았던 지역에 대한 지배이거나 문화적으로 전혀 이질적인 지역에 대한 지배였던 데 반해, 일본의 한반도 지배는 오랜 동안 같은 문화권에서 살아온 국가 가운데 한쪽이 지배자가 되고 다른 한쪽이 식민지가 되는 이례적인 경우였다.[28] 오랫동안 중앙집권적 체제를 유지해왔고 비교적 단일한 언어와 인종, 문화를 보존해왔으며 문화적 수준에 대한 자부심을 보유했던 조선의 특수성은 식민지적 상황 속에서 민족주의의 형태로 활성화되는 양상으로 드러났다. 이와 같은 식민지 경험의 차이는 청일전쟁 직후 조선보다 15년 일찍 일본의 식민지가 되었던 대만의 식민지 경험과 해방 후 식민지 역사에 대한 평가가 조선과 차이가 나는 이유로 작용하게 된다.[29]

하지만 이러한 특수성은 지나치게 강조될 만한 것은 못 된다. 고마고메 다케시는 일본의 대표적인 식민지였던 대만과 조선을 비교하여 각각 실패와 성공으로 단순화하여 평가하는 경향이 있다고 하면서 "식민지 지배에 대한 대만인의 이미지에는 '전후' 국민당 정부의 지배체제에 대한 분노와 절망감이 거꾸로 반영되어 그것을 미화시키는 측면이 있다"[30]고 지적한다. 사실

27) 그 원인에 대해서는 다음과 같은 분석을 참고할 수 있다. "빠르게 한글이 국어로 자리잡았던 것은 식민지시기에 강하게 내면화된 모어 관념 때문이었다. 식민지 시기에 사용되었던 일본어가 조선인을 엘리트 지식인 계급이나 사회지위의 상승의 길로 인도하는 공적 도구로 받아들여지는 가운데, 한국어는 가정의 언어, 유년의 언어로 내재화되기 시작했다. 물리력이 동반된 일본어 보급의 강제라는 외부 충격 속에서 한국어는 고유의 언어라는 관념적이면서도 실체적인 모습을 갖게 되었던 것이다."(김권정, 「동화와 저항의 기억 - 식민지 조선의 일본어」, 『식민주의와 언어』, 아름나무, 2007, 175쪽)

28) 일본과 서구의 식민통치 방식 비교에 대해서는 강만길 외, 『일본과 서구의 식민통치 비교』, 선인, 2004 참조.

29) 식민지 조선과 대만의 언어 상황의 비교에 대해서는 『식민주의와 언어』에 실린 김권정, 앞의 글과 손준식, 「동화와 개화의 상흔 - 식민지 타이완의 일어」 참조.

30) 고마고메 다케시, 앞의 책, 453쪽.

대만에도 저항운동이 없었던 것은 아니며 식민지 조선에서도 30년대 중반 이후 협력체제가 급속하게 성립되는 것 역시 부인하기 어렵다. 같은 시기 일어 해독률이나 보통학교 취학률 같은 통계 수치들은 대만이 조선보다 월등히 높지만 15년의 시간적 간격을 대입해보면 대체로 비례 관계가 나타나고 있는 것을 확인할 수 있다.[31] 최근 식민지 시기 일어로 창작된 이른바 이중어 글쓰기에 대한 논의가 활발한데, 그러한 논의들은 식민지의 상황 속에서의 조선어와 조선 문학의 성격과 위상을 새삼 다시 인식하게 만드는 계기를 제공하고 있다.[32]

하지만 해방 직후의 민족주의의 열정은 그 직전의 식민지 시기의 역사와 대면하는 것을 불편하게 느끼도록 만들었다. 그 민족주의의 시각에 의해 식민지 시기의 역사적 과정은 재구성된다. 그 과정에서 이념적인 것, 친일적인 것은 의식적으로 배제된다. 민족의 창출에는 '공통의 기억'뿐만 아니라 '공통의 망각'이 요구되었던 것이다.[33]

그런가 하면 해방 이후 민족어를 국어로 복원하는 과정이, 비록 다른 식민지 출신 국가들에 반해 가능했고 또 신속하기조차 했던 것은 사실이지만, 그럼에도 순탄하기만 했던 것은 아니다. 식민지로부터 해방된 군정 하의 한반도에서는 그동안 '국어'로 사용되어 오던 일본어가 추방되고 조선어가 국어의 자리에 오르게 된다. 하지만 남북한에서도 이 교체의 과정은 어느 정도 어려움이 따르는 일이었다. 해방 이전에 조선어가 통제되고 일본어가 강요된 것과 마찬가지로 이제는 조선어가 강요되고 일본어가 통제되는 상황

---

31) 일본어로 교육이 진행되었기 때문에 토착 민중들에게는 거부감이 컸던 공립 보통학교 취학률의 경우 대만은 1920년 25.1%였던 데 비해 조선은 같은 시기 3.7%였다. 하지만 그 15년 뒤인 1930년에는 조선도 14.5%의 취학률을 나타내고 있다. 식민지 조선의 경우 일어보급률 역시 식민지 초기에는 대만에 비해 매우 낮지만 1942년에는 일어를 이해할 수 있는 인구가 22.15%, 1945년에는 30% 가까이에 이른다.

32) 1930년대 후반 이후 식민지 조선에서의 언어 상황 및 일본어와 조선어의 위상에 대해서는 천정환, 『근대의 책 읽기』, 푸른역사, 2003와 서석배, 「단일 언어 사회를 향해」, 『한국문학연구』 29집, 2005 참조.

33) 에르네스트 르낭, 신행선 역, 『민족이란 무엇인가』, 책세상, 2002 참조.

이 발생한 것이다. 일본어로 학교 교육을 받았던 세대들은 이제 생소한 한글을 읽고 쓰는 훈련을 다시 시작해야 했다.

하지만 이 강력한 민족주의적 의식과 제도의 성립이 이루어지는 과정은 역설적으로 식민지 체제를 온존시키는 기제로서 작용하기도 한다. 가령 해방 후의 교육은 일제 식민지 교육을 청산하고 미국식의 민주주의 교육을 표방했지만 실제로는 교육형식이나 내용에서 일제 식민지 파시즘의 논리를 재생산하고 있었다는 지적이나[34] 해방 이전 조선어의 사용이 금지되고 일본어가 국어로 강요되었던 세대가 해방이 되자 익숙했던 일본어의 사용을 금지당하고 낯선 한글을 강요받는, 말하자면 동일한 구조와 메커니즘을 반복하면서 겪는 언어적 정체성의 혼란에 대한 분석[35] 등은 그 사례가 될 수 있을 것이다.

혼란을 겪기는 했지만, 그리고 그 과정에서 발생했던 문제들이 근본적으로 해결된 것은 아니지만 해방 이후 한반도에서 국민국가의 수립과 민족주의의 형성은 비교적 무난하고 신속하게 진행되었다. 한스 울리히 벨러에 따르면 유럽과 미국 이외의 지역으로 전이된 민족주의가 모두 다 성공적이었던 것은 아니다. 그는 "민족주의와 근대 민족국가는 오래된 종족 공동체의 확립된 전통을 이용할 수 있고, 이 전통을 민족의 역사로 바꾸어 해석할 수 있는 곳에서 성공적으로 일어났고 장기적으로 유지될 수 있었다"[36]고 한다. 그런 점에서 대한민국은 민족주의의 성공을 위한 유리한 조건을 확보하고 있었던 셈이다. 식민지라는 상황 속에서도 보존되었고, 뿐만 아니라 어떤 의미에서는 성장한 민족주의는 식민지라는 조건이 제거되자 국민국가와 결합하면서 더욱 전면화되기에 이른다. 그리고 그것은 전쟁과 그 이후 1950년

34) 김경미, 「일제 파시즘 교육체제의 재생산 구조」, 방기중 편, 『식민지 파시즘의 유산과 극복의 과제』, 혜안, 2006, 238쪽.

35) 한수영, 「전후세대의 문학과 언어적 정체성－전후세대의 이중언어적 상황을 중심으로」, 『대동문화연구』 제58집, 2007 참조.

36) 한스 울리히 벨러, 앞의 책, 6쪽.

대의 반공 이념의 득세 속에서 더욱 활성화된다. 이런 맥락에서 전쟁으로 인한 피해, 독재 등의 암흑기로 이해되어왔던 1950년대를 국민국가 형성의 중요한 시기로 이해해야 한다는 주장은 설득력을 지니고 있다.[37] 문제는 그 과정에서 국민통합도 강화되었지만 그와 결합된 식민지 파시즘의 특징들이 온존되는 여건이 마련되기도 했다는 점이다.

전후의 국가주의를 둘러싼 특수한 이념적 상황은 '민족'이라는, 좌익적 뉘앙스를 지닌 개념이 터부시되고 '국민' 개념이 선호되는 특수한 개념 선택의 정황을 만들어냈다. 그로 인해 민족은 국민보다 더 큰 외연과 더 급진적인 이상을 담는 개념으로 재정립되기에 이른다. 민족은 남북한에 구체적으로 존재하는 정치체계(국가)를 초월하는 가치를 내장하게 된다. 내재적 발전론, 그리고 통일이라는 이념적 당위 등은 그와 같은 새로운 민족주의의 요구에 부응하여 등장한 것이라고 할 수 있다. 그 현상들은 가까이에서 보면 국가주의와 먼 거리에 있는 것처럼 보이지만 멀리서 보면 동일한 근원에서 파생된 것으로 보일 수 있다.

사조, 문예지 등의 문학 외적 기제가 아니라 민족이라는 이념을 바탕에 둔 문학사가 탄생했던 것도 바로 그 지점에서였다. 이러한 방식으로 신성화된 민족, 민족어, 민족문학사는 좀처럼 근본적으로 반성되기 어려운 것이 되었다. "민족주의는 한국인에게 있어 반성의 가능성이 허락되지 않는 무의식"[38]이라는 표현의 실감을 그와 같은 대목에서도 느껴볼 수 있다.

하지만 일제에 의해 조작 유포된 것으로 간주된 이른바 식민사관 항목의 대부분이 원래 자주적 근대를 부르짖었던 계몽주의자들의 자기반성의 레퍼토리의 일부라는 사실에서 확인할 수 있는 것처럼[39] 이 시기 민족주의의

37) 국민국가 형성의 맥락에서의 한국전쟁과 1950년대에 대한 분석은 강인철, 「한국전쟁과 사회의식 및 문화의 변화」, 윤해동 외 편, 『근대를 다시 읽는다 1』, 역사비평사, 2006 참조.

38) 강명관, 앞의 책, 16쪽.

39) 앙드레 슈미드, 앞의 책, 594~599쪽 참조.

과도한 자기 정립의 주장은 스스로의 것조차 부정하게 만드는 아이러니를 연출한다. 이상적 민족상에 대한 집념이 정작 그것을 창조할 주체의 현재적 정체성을 부인하고 있었던 것이다.[40)]

### 2) 민중(民衆) : 근대 비판과 대안의 모색

앞서 살펴본 것처럼 국민국가의 성립과 더불어 이전 시기 그 지역에서 발생했던 민족주의를 흡수하면서 발생, 성장한 이 새로운 민족주의 의식은 단일한 방향으로만 작동하지는 않았다. 그 전개과정의 어느 지점에서 민족의식과 근대적 의식이 맞물리면서 그것에 미달하는 현실에 대한 비판이 이루어지게 된다. 말하자면 민족주의의 새로운 계보가 형성된 것이다. 이전의 민족주의가 애국계몽기의 엘리트 민족주의자들의 사상과 저술에서 이념적 기원을 찾았다면 이 다른 계보의 민족주의는 의병이나 동학농민군 같은 또 다른 민족주의자들의 활동에 주목했다.[41)] 그러한 흐름의 어느 지점에서 민족 개념은 민중 개념으로 양지분기되기에 이른다.

---

40) 그런가 하면 식민사관의 반성이라는 새로운 역사적 관점은 일본 전후역사학의 기본적 전제이기도 했다. 다음은 일본 학자가 전후 일본 역사학계의 새로운 흐름에 대해 정리한 대목이다. "이것을 한국사연구와 관련지어 정리하면 1945년 후 일본의 한국사연구는 식민지기의 '他律性史觀'이나 '停滯史觀', '內鮮一體'論이나 '滿鮮史觀' 등 잘못된 식민지사관을 엄중하게 비판하고 극복하는 것을 첫 번째 과제로 설정하여, '조선민족의 주체적 발전의 역사야말로 올바른 朝鮮史像'이라고 주장했다.(하타다 다카시) 또한 동시에 그 주장은 국사(日本史), 동양사(中國史), 서양사라는 明治시대 이래 일본대학의 아카데미즘 강좌 편성 속에서 한국사가 '外國史'로 '自立'하고 市民權을 획득하고자 하는 과정이기도 하다. 그 결과 분단체제 극복과 통일이라는 실천적 과제하에 한국사연구는 현저히 '일국사'적 색채가 강해졌다."(다나카 류이치, 「일본 역사학의 방법론적 전환과 '동아시아'의 '근대'」, 『역사문제연구』 제12호, 139쪽) 문제는 이 시기뿐만 아니라 그 이후에도 지속적으로 '전후역사학'-'국민국가'론-'아시아네트워크'론-'일본제국'론으로 이어지는 일련의 과정은 우리의 역사적 관점을 새롭게 지정해주는 역할을 한 것이 사실이라는 점이다. 이 견인력(물론 이 글 역시 그로부터 자유롭지 못하지만)으로부터 벗어날 때 학문적 인식의 자주성이 구호의 차원에서 벗어나 실질적으로 추구될 수 있으리라 생각한다.

41) 앙드레 슈미드, 앞의 책, 578쪽.

문학은 민족적 차원의 삶의 존재를 확인하고 그 역사적 과정을 언어로 반영하는 것에서 한 발 더 나아가 민족이 존재해야 할 이상적 상태를 염두에 두면서 현실에 대한 비판적 기능을 수행하기 시작한다. 그와 더불어 민족문학 역시 재발견된다. 이기영, 한설야, 김남천 등 카프 작가들뿐만 아니라 이태준, 박태원 등 월북한 모더니스트들이 문학사의 중심에 복권된다. 억압적인 정치 상황으로 인해 현실에 대한 인식이 제한되었고 그로 인해 문학을 통한 심미적 인식이 그것이 대체하는 상황을 카프문학과 1970~80년대 민족문학은 공유하고 있기도 했다. 그런 점에서 현실 인식과 과거에 대한 이해는 항상 나란히, 동시에 이루어진다. 분단 상태를 극복하고자 하는 적극적인 의식이 등장함에 따라 북한문학에 대한 관심도 촉발되어 통일을 지향하는 문학사의 한 축으로 적극적으로 편입되기 시작한다.

김윤식 · 정호웅의 『한국소설사』(예하, 1992)와 김재용 · 이상경 · 오성호 · 하정일의 『한국근대민족문학사』(한길사, 1993) 등은 그 시기 문학 연구의 성과가 반영된 결과라고 할 수 있다. 『한국소설사』는 "그동안의 소설사 기술에서 거의 배제되었던 경향(프로)소설을 우리 소설사의 한복판으로 끌어들여 정당한 위상을 정립시키고자 했다"[42]고 그 의도를 밝히고 있으며, 『한국근대민족문학사』는 새로운 문학사를 성립케 한 1980년대 말 문학연구의 성과에 대해 "과거 식민지 시기의 진보적 문학운동의 전통을 발굴하고 복원하는 일에 매달리게 되었다. 그 결과 순수문학 일변도로 기술되어 온 기존 문학사의 일면성을 밝혀냈을 뿐 아니라, 식민지 시기의 진보적인 문학운동이 우리 민족문학의 핵심적인 전통을 이루고 있으며, 7, 80년대의 진보적인 문학을 통해서 면면히 오늘에 이어지고 있음을 재확인"[43]했다고 적극적으로 평가하고 있다.[44]

---

42) 김윤식 · 정호웅, 『한국소설사』, 예하, 1992, 3쪽.

43) 김재용 · 이상경 · 오성호 · 하정일, 『한국근대민족문학사』, 한길사, 1993, 35쪽.

44) 이와 더불어 이전 시대에 민족주의적 관점에서 '이식문학사론'으로 규정되었던 임화 문학사에 대해서도 다른 평가가 이루어진다. 『한국근대민족문학사』는 임화의 문학사에

『한국소설사』는 경향문학, 리얼리즘, 모더니즘 문학의 세 경향을 중심에 두고 개화기부터 1930년대까지의 소설사의 과정을 기술하고(1~5장), 해방공간(6장)을 거쳐, 대한민국의 소설의 시대적 변화과정을 서술(7~11장)하는 순서로 구성되어 있다. 그리고 12장에는 '북한소설 개관'이 덧붙여져 있다. 『한국근대민족문학사』는 해방 이전의 문학사만을 대상으로 하고 있는데 『한국소설사』와 비교하면 소설뿐만 아니라 시, 희곡, 비평 등을 전체적으로 아우르고 있다는 것이 다르지만 소설에 한정하여 본다면 그 시간적 단위의 구분이나 각 항목의 내용에서는 뚜렷한 차이를 발견하기는 어렵고, 다만 '민족문학'으로서의 특징이 더 선명하게 부각되어 있다.

이와 같은 문학사의 구도는 최근에 이르기까지 별다른 이의 없이 안정적으로 유지되어 왔다. 예를 들어 1995년 대산문화재단에서 주최한 '한국 현대문학 50년' 심포지엄은 (1) 한국의 시, (2) 한국의 소설, (3) 한국의 희곡, (4) 한국의 비평, (5) 북한의 문학(시, 소설), (6) 세계문학과 한국문학, (7) 통일시대 한국문학의 전망 등으로 구성되어 있다.[45] 문학사에서 이념이 제거되어도 문학사의 틀은 마치 중립적인 것처럼 되어 그대로 남아 있는 것을 확인할 수 있다.

하지만 이런 인식들이 주류가 되면서 고정화되고 유연성을 상실한다. "'민족문학=근대문학'이라는 도식 위에 '리얼리즘 문학'의 주류성을 설정하는 이런 근대문학사의 이해 틀은 한국 근대문학사의 가장 오래된 그리고 완강한 풍문"[46]이라는 지적은 바로 그 편향성을 겨냥하고 있는 것이다. 민족문학론이 성립되기 시작했던 시점에서 그 대표적 논자였던 백낙청은 다음과 같이 적은 바 있었다. "민족문학 개념은 철저히 역사적인 성격을 띤다. 즉

---

대해 "우리 근대 역사에 대한 체계적인 이해가 아직 준비되지 못한 시기에 씌어졌고, 서술 자체가 미완성임에도 불구하고 임화의 『신문학사』는 우리 근대문학을 그 역사적 맥락 위에서 분석하고 평가하면서 동시에 문학이 지닌 자율성을 이해하려고 했다는 점에서 근대문학사에 대한 과학적 접근의 중요한 첫 시도"(50쪽)라는 평가를 내리고 있다.

45) 유종호 외, 『한국 현대문학 50년』, 민음사, 1995 참조.

46) 이광호, 「모순으로서의 근대문학사」, 『문학과사회』, 1999년 겨울호, 1536쪽.

어디까지나 그 개념에 내실을 부여하는 역사적 상황이 존재하는 한에서 의미 있는 개념이고 상황이 변하는 경우 그것은 부정되거나, 보다 차원 높은 개념 속에 흡수될 운명에 놓여 있는 것이다."[47] 1990년대에 들어선 이후 민족문학론을 둘러싼 현실적 상황과 문학의 동향은 그것의 역사적인 개념으로서의 현실성을 약화시키는 방향으로 변화해왔다.

문학이 공동체의 문제 해결에 적극적으로 참여하였고 그리하여 그에 합당한 사회적 존중과 위엄을 확보할 수 있었던 것이 이 시기 민족, 민중문학의 소중한 의의라고 할 수 있다면, 그것이 대체로 공동체 내부에 한정되어 있었다는 것은 그 당시로서는 반성되기 어려웠던 한계라고 할 수 있다. 그 동안 외부와의 소통보다 내부의 문제 해결이 우선시되면서 세계문학과의 지체 현상이 발생했다. 그러나 그것은 다른 한편으로 한국문학의 특수성을 발생시켰다. 1990년대 이후 외국문학이 유입되어 세계문학의 보편성을 향한 흐름이 점점 뚜렷해지는 가운데에서도 이전 시기 문학의 강력한 특징들은 여전히 유효성을 발휘하고 있었고, 그 결과 넓은 문학의 폭을 보유할 수 있었던 것이다. 어떤 의미에서는 시대적 흐름을 받아들이면서도 그 조류에 쓸려가지 않고 남아 있는 잉여물을 대한민국의 문학도 가지게 된 것이다. 그리고 그것은 그 자체로 현재의 한국문학의 가능성과 문제성을 말해주는 중요한 표지 가운데 하나이다.

### 3) 다중(多衆) : 소수에의 성찰과 다원성을 향한 실험

대내적으로 산업화(민족)와 민주화(민중)의 성과가 현실화되고 거기에 대외적으로 냉전 체제가 종식되는 상황이 맞물리면서 1990년대 이후 현실은 새로운 국면에 접어들게 된다. 대한민국은 에릭 홉스봄이 말한 근대화의 '이중혁명', 즉 식민지로부터 해방된 후 산업화와 민주화를 모두 이루어낸 예외적인 국민국가들 가운데 하나가 되었다.

---

47) 백낙청, 「민족문학 이념의 신전개」, 『월간중앙』, 1974년 7월호, 82쪽.

그와 같은 현실적 변화와 더불어 이전 시기의 민족, 민중주의에 대한 근본적인 반성이 제기되기에 이른다. "현대 한국의 민중은 계급, 지역, 성, 세대, 종교, 직업에 따라 달라지는 많은 정체성들의 복합체이며 따로 민중 주권은 일체성 내지 확실성을 결하고 있다"[48]는 지적은 민족, 민중이라는 관념이 은폐하고 있던 차이들을 드러내고 있다. "이른바 근대 체제 이래 '우리'는 부르주아 엘리트들의 내면, 심성, 자기의식들을 문학, 역사, 사상이라는 이름 하에 보편화하였다. 이러한 보편화의 맥락에서 부르주아 엘리트 이외의 사람들은 모호하고, 알 수 없는 '대중', '민중'이라는 이름으로 무규정적으로 지정되었다"[49]는 비판은 민중이라는 개념이 실재하는 것이라기보다 지식인의 관념이 투영된 가상에 지나지 않는다는 점을 겨냥하고 있다. 이와 같은 비판적 시선을 거치면서 민중의 대열 뒤에 가려져 있던 다양한 정체성을 가진 개인이 그 대열의 흐트러진 틈을 뚫고 앞으로 나서기 시작한다. 한 사람의 민족 시인이 만인의 이야기를 하는 것이 아니라 만인의 사람이 자신의 이야기를 하는 것이 새로운 시대의 방향성이 된다.

앞선 시기 민족문학론이 식민지 시기 카프문학에 문학사의 새로운 초점을 맞췄다면 1990년대 이후에는 1930년대 모더니즘 문학으로 그 중심이 이동한다. 거기에서 자본주의적 일상과 그에 대응되는 감수성, 그리고 그에 맞서는 부정성의 전거들을 확인할 수 있었기 때문이다. 그러면서 민족적 삶의 차원 바깥의 삶의 보편적 차원이 새삼 발견되고 강조된다.

이 시기의 문학은 민족적 경계 내부의 차이에 주목하는 한편 그 경계 외부와의 소통을 지향해 나가기 시작한다. 현실 속에서 이념에 의해 은폐되었던 타자를 발견하는 것이 무엇보다 중요한 문학적 방향성으로 부상한다. 한 연구자는 최근의 문학연구의 지형을 "포스트콜로니얼연구(식민지라는 타자)와 문화연구(대중이라는 타자), 그리고 페미니즘문학연구(여성이라는 타자)

48) 황종연, 「민주화 이후의 정치와 문학」, 『문학동네』, 2004년 겨울호, 409쪽.
49) 권명아, 「생활양식과 파시즘의 문제」, 방기중 편, 앞의 책, 212~213쪽.

는 '문학' 개념의 자명성에 대해 의심하고, '문학' 개념 형성과정에서 드러난 권력의지를 계보학적으로 밝히는 데 공동전선을 형성"[50]하고 있는 상황으로 요약하고 있다. 마이너리티에 대한 관심이 민족적 경계 내부의 차이에 대한 탐색으로부터 발원했다면, 디아스포라에 대한 관심은 그 경계 외부에 대한 탐색의 과정에서 발견된 대상이라고 할 수 있다. 2000년대 소설은 다문화, 다민족, 다언어 사회를 향해 이동해가는 현실의 양상을 형상화하여 보여주고 있다.

문학은 다원성을 향한 실험의 장으로 새롭게 정립된다. 이데올로기를 넘어서는 곳에 존재하는 삶의 실재에 대한 이해와 분석이 추구되고, 그 분석의 시선은 현실적 의식을 넘어 그 이면에 놓인 내면과 무의식 깊은 곳까지 드리워진다. 집단 환상은 개인 환상으로, 집단 언어는 개인 언어로 이행해 간다. 그에 대응되는 식민지 문학의 사건으로 일제 말기 일본어로 소설을 썼던 이른바 이중어 글쓰기 공간이 새삼스런 주목의 대상이 된다.[51] 이념을 걷어낸 후 드러나는 자아의 실제 모습을 투시하고자 하는 이 시선 앞에서 식민지 시기는 그동안 감추고 있었던 면모를 드러낸다. 한국 문학의 경계는 희미해진다. 거기에는 한국어도 한국인도 없다. 그것은 외부와 자유롭게 소통할 수 있는 가능성의 근거이지만 그 대가로 혼란스러운 정체성을 갖게 되기에 이르렀다.

---

50) 윤대석, 「문학(화)·식민지·근대」, 『역사비평』, 2007년 봄호, 420쪽.

51) 정백수의 『한국 근대의 식민지 체험과 이중언어 문학』(아세아문화사, 2000), 김윤식의 『일제말기 한국작가의 일본어 글쓰기론』(서울대학교출판부, 2003), 윤대석의 『식민지 국민문학론』(역락, 2006) 등은 그 대표적인 논의이다. 일본어 글쓰기의 한계와 의미를 각각 현영섭과 김사량을 통해 살피고 있는 황호덕의 「국어와 조선어 사이, 내선어의 존재론 - 일제말의 언어정치학, 현영섭과 김사량의 경우」(『대동문화연구』 제58집, 2007)나 장혁주와 김사량을 각각 굴욕과 저항이라는 이분법적 대립의 기호로 바라보는 시각에 대한 비판적 논의를 제기하고 있는 김철의 「두 개의 거울 : 민족 담론의 자화상 그리기 - 장혁주와 김사량을 중심으로」(『상허학보』 17집, 2006) 등은 이 방면에서 이루어진 최근의 성과라고 할 수 있다.

## 3. 탈민족주의 시대에 문학사는 가능한가?

민족이 그러하듯 문학사 자체가 근대의 산물이라고 할 수 있다. 민족주의의 약화와 더불어 문학사에 대한 관심도 약화되고 있는 상황이라고 할 수 있다. 하지만 우리는 여전히 국민국가를 단위로 한 세계체제 속에서 살아가고 있다. 보편의 문학사가 아니라 여전히 국민국가를 단위로 하는 문학사가 씌어질 수밖에 없는 이유도 거기에 있다. 하지만 이 규정력을 직시하면서도 그것을 넘어서는 대안적 의식을 함께 갖출 필요가 있다. 그럴 때 관념적인 초월이 아니라 비판적 반성을 통한 현실적 극복이 이루어질 수 있을 것이기 때문이다. 대안적인 문학사의 방향이 가능하다면 그것은 어떤 모습일까.

(1) 우선 탈민족주의 시대의 문학사는 국가, 민족, 민중과 같은 이념적 단위를 문학사의 주체로 상정하는 대신 그 이념들로 인해 은폐되었던 가치들에 주목할 것이다. 그럼에도 주체적 단위가 요구될 수밖에 없다면 그것은 대한민국 문학사, 북한 문학사, 코리안 디아스포라 문학사 등이 민족이라는 하나의 범주로 통합되는 대신 각각의 영역이 공존하면서 서로 소통하는 패러다임을 염두에 둔 문학의 역사를 지향하리라 짐작해볼 수 있다. 그것은 개별 단위를 한민족이라는 전체의 하위 범주로 설정하는 확대된 민족사가 아니라 그것의 문제점을 자각, 보완, 극복할 수 있는 대안적 역사를 지향한다.[52] 그것은 민족적 동질성에 의해 외부와 단절, 차단된 닫힌 체계가 아니라 코리안 디아스포라를 매개로 그 외부와 소통하는, 그러하기에 그 경계가 희미할 수밖에 없는, 열린 체계일 것이다.[53]

---

52) '다국적 민족공동체(multi-national ethnic community)'로서의 한민족공동체(백낙청, 「21세기 한민족공동체의 가능성과 의의」, 『흔들리는 분단체제』, 창작과비평사, 1998, 188쪽)와 같은 단위는 이 방면에서 선구적으로 정립된 개념이다. 그럼에도 민족이라는 통합 단위에 대한 관성이 여전히 강하다는 점에서 이전 시대의 미망으로부터 자유롭지 않다고 생각되는 면이 있다.

53) 김종회의 「한민족 디아스포라의 문화통합과 문학적 연대」(『21세기 문학』, 2008년 봄호)에서 제안한 한민족 디아스포라의 문학적 연대는 민족 범주를 한반도 바깥까지 확대시키고 그 항목들을 병합한 것처럼 보인다. 여기에서는 오히려 민족 개념이 강화되는 면이 있다.

(2) 해체해야 할 경계는 민족들 사이에만 있는 것은 아니다. 그것은 도처에 흩어져 있다. 새로운 문학사는 문학을 고립된 성역으로 사수하기보다 그 문학 바깥의 이질성을 과감히 수용하고 그것과 소통하는 방향을 취할 것이다. 그 과정에서 문학과 그 바깥의 영역이 교섭했던 지대가 새롭게 발견될 것이라 짐작해볼 수 있다.

(3) 문학사 기술의 단선적 서술 방식은 복수화, 중층화, 계열화되는 방향을 취할 것으로 생각된다. 그 시선은 민족과 개인을 통과하는 삶의 여러 차원을 고루 살피면서 그 문학적 성과들을 문학사에 등록할 것이다. "지배적 역사와는 다른 층위에서 시간의 순차적 인과성을 교란하면서 다른 방식으로 불연속적으로 움직이는 무수한 작은 복수의 문학사"[54]와 같은 구상을 통해 이미 예견, 기대되고 있던 새로운 문학사의 방향은 직선적인 진화적 모델보다는 리좀적인 네트워크에 더 가까운 형태가 될 것이다.

이러한 방향을 위해 민족주의의 관념에 의해 봉합되었던 두 개의 국민국가 사이에, 그리고 식민지 시기와 해방 이후 두 개의 정부 수립 이후의 문학 사이에 놓인 실재하는 단절을 직시할 필요가 있다. 이 두 개의 단절은 서로 맞물려 있다. 대한민국과 조선민주주주의인민공화국, 그리고 코리언 디아스포라 사이의 상호 이해의 폭이 넓어질수록 식민지와 그 이후의 역사적 과정 사이의 단절은 실질적으로 극복될 수 있을 것이다. '한국 근대문학사'라는 구도에서 조선민주주의인민공화국과 코리언 디아스포라는 여전히 타자로서 존재한다. 우리가 배제하거나 굴절된 시각으로 바라보았기에 그들에게 우리 역시 타자로 존재할 수밖에 없었다. 이 타자들은 동일자(대한민국)의 시야에 현상되지 않은 어둠을 표상하다. 그 어둠을 향한 걸음은 우리를 과거와 미래로 동시에 이끈다. 그 끝나지 않는 순환의 행로 속에서 우리는 혼란스러울 것이지만, 한 걸음 더 나간 그 지점에서 우리는 우리가 누구였는지 뒤돌아보며 확인할 수 있을 것이다.

---

54) 이광호, 앞의 글, 1546쪽.

# ‘전복적 상상력’을 전복하는 상상력
## – 모더니즘의 내러티브 이후의 문학

### 1. 근대문학의 세 범주

우선 본격적인 논의에 앞서 우리가 문학이라는 부르는 영역을 몇 개의 범주로 나눠볼 필요가 있을 것 같습니다. 일찍이 프랑스의 사회학자 피에르 부르디외는 『예술의 규칙』(1992)이라는 책에서 ‘제한된 생산의 장’과 ‘대규모 생산의 장’의 상호 관련 구조를 통해 근대문학 장을 분석한 바 있습니다. 쉽게 고쳐 말하자면 ‘예술로서의 문학’과 ‘상품으로서의 문학’의 상호보완적 구도겠지요. 이 둘 사이의 구분은 작품의 내용이나 형식의 차원에서는 현재로 올수록 희미해진 반면, 제도적 차원에서는 여전히 뚜렷합니다. 오히려 최근으로 올수록 둘 사이의 단절이 더욱 심해진 느낌도 있습니다. ‘예술로서의 문학’은 그것을 삶의 일부로 받아들이고 있는 소수의 사람들로 이루어진, 일종의 커뮤니티라고 할 수 있는 소규모의 취미공동체 내에서만 유통되고 있는 실정입니다. 그러하기에 이 커뮤니티 내부에서 일어나는 일들은 신문이나 방송 같은 공적인 매체의 도움을 받지 않으면 그 바깥으로 거의 전해지지 못하고 있습니다. 이 커뮤니티 바깥에 있는 사람들은 ‘예술로서의 문학’ 내부에서 어떤 일이 일어나고 있는지 예전만큼 잘 알지 못하며 또 관심도 없습니다. 심지어 이 제한된 규모의 취미공동체도 자세히 들여다보면 다시 장르, 지역, 세대, 이념에 따라 분할되어 파편처럼 흩어져 있어서 그 내부에서조차 커뮤니케이션은 원활하지 못한 실정입니다.

저는 이 두 가지 근대문학의 범주에 한 가지 범주를 덧붙이고 싶습니다. 그것은 '교육으로서의 문학'입니다. 뒤늦게 국민국가가 성립되기 시작한 지역에서 문학의 계몽성, 정론성이 강력했던 사실과 오늘날의 문학 생산과 소비의 상황을 더불어 살필 때 '교육으로서의 문학'의 영역을 따로 설정해야 하지 않을까 하는 생각이 들었던 것입니다. 근대문학의 성립 초기에 이 영역은 계몽이나 교양처럼 상품적 가치로 환원되기 어려운 속성들을 근거로 하여 이루어졌던 것이지만 최근에 올수록 '상품으로서의 문학' 범주와 급격하게 가까워졌습니다. 말하자면 문학의 교육적 기능이 사적 영역으로부터 공적 영역으로 이동한 것이라고 말할 수 있을 것입니다. 신문이나 홈쇼핑 방송에서 보면 동서양의 고전들이 논술교재용으로 홍보되는 것을 볼 수 있는데 그것은 이 같은 상황을 잘 보여주는 사례라고 할 수 있겠지요.

오늘날 '예술로서의 문학'이 작가, 문예지, 문학단체, 비평그룹 등의 전문집단과 그 지망생들을 중심으로 이루어지고 있다면, '상품으로서의 문학'은 출판사나 문학 관계 저널리즘과 밀접히 연관되어 있고, '교육으로서의 문학'은 학교 교육이나 사교육 시장을 토대로 하고 있습니다. 물론 이 세 범주는 각자의 고유한 영역을 가지고 있으면서도 서로 관련을 맺고 있고 다른 영역에 어느 정도는 의존하고 있기도 합니다. 이처럼 근대문학은 그 전개의 과정에서 견고한 실체적 근거를 갖춘 제도들을 생산해냈고, 오늘날 그 제도 내부의 관계항들을 조정하는 것은 전체적으로는 상품 시스템의 논리이며 부분적으로 국가의 정책이 보조하고 있는 상황입니다. 문학뿐만이 아니라 대부분의 예술 영역에서 상품 경쟁력을 갖춘 영역은 자본이 관여하고 있고, 상품 경쟁력은 약하지만 그럼에도 가치 있는 것으로 여겨지는 예술 활동은 국가기관의 지원을 받아 이루어지고 있습니다. 문학의 경우 문예지나 문예지에 실린 작품, 그리고 문학 분야 단행본에 대한 정부 산하기관의 지원이 그에 해당됩니다. 제도 바깥의 영역이 전혀 없다고는 할 수 없겠지만 설혹 있다 하더라도 그것은 개인적인 차원에서의 삶의 선택이지 예전처럼 그 존재 자체가 공적인 문제제기를 할 수 있는 것은 아닙니다. 이렇듯 공적 제도 바깥에 문학이 있을 때 공적인 차원의 문제제기를 수행했던 것에 비해, 공적 제도에 밀접하게 관여될수록 문학의 공적 성격이 소멸하게 된다는 것은 일종의 아이러니에 해당된다고 할 수 있을 것입니다.

이 과정에서 '예술로서의 문학' 범주는 더욱 축소된 듯합니다. '예술로서의 문학' 범주에서 생산되었거나 그 목적으로 생산되는 작품들을 '예술로서의 문학'이라는 범주가 더 이상 포용하지 못하고 있는 것입니다. '예술로서의 문학'이 자율적인 범주로 기능하지 못할 때 그 범주에 속했던 예술작품 또한 그 현실적 근거를 잃게 되겠지요. 최근의 근대문학의 종말과 관련된 논의에서 문제가 되는 것은 이처럼 변화하는 환경 속에서 '예술로서의 문학'이 과연 앞으로도 유효한 범주로 기능할 수 있을까 하는 질문과 관련된다고 할 수 있을 것입니다. 리얼리즘이나 모더니즘 형식의 문학을 만들어내는 것은 지금도, 앞으로도 얼마든지 가능합니다. 문제는 그것이 현실적 기능을 수행할 수 있도록 보증하는 '예술로서의 문학' 범주가 사회 전체의 시스템 속에서 유효하게 작동하는가의 여부입니다. 이를 주체의 입장으로 고쳐 말하면 '예술로서의 문학' 범주를 어떻게 유효하게 만드는가, 어떻게 활성화할 것인가의 문제가 될 것입니다. 이 심포지엄의 주제인 오늘날 한국문학에서 '전위적 혹은 전복적 상상력'이 갖는 의미 역시 궁극적으로는 이 질문에 닿아 있는 것이 아닐까 생각합니다.

## 2. 모더니즘의 내러티브 바깥의 문학

가라타니 고진이 「근대문학의 종언」(2003)이라는 글에서 근대문학의 종말을 판단하는 근거로 한국의 문학적 상황을 참고하고 있을 만큼 우리 사회에서 문학이 갖는 권위와 지위는 각별했고 지금도 그 영향은 남아 있습니다. 그것은 우리의 경우 식민지 상황에서도 독자적인 문학적 전통을 면면히 이어왔을 뿐만 아니라 국민국가의 성립과 전개에서 발생한 여러 문제점들을 해결해오는 과정에서 문학의 영향력이 20세기 후반에 이르기까지 매우 강력했던 사실과 무관하지 않을 것입니다. 현재에 이르러서도 우리 비평 담론에서는 리얼리즘 혹은 모더니즘 내러티브의 유효성을 전제로 한 평문들을 쉽게 찾아볼 수 있는데, 그 이유 역시 이 같은 역사적 특수성에서 찾을 수 있습니다.

얼마 전 최근 문학에 나타나는 주체의 분열과 무정부성에서 정치성을 발견하고자 하는 비평적 시도를 접한 바 있습니다. 이 평문에서는 최근에 시에서 대문자 정치가 더 이상 작동하지 않는 현실의 상황을 전제로 하면서도 강정과 장석원 시를 들어 그 정치적 의미를 분석하고 있었습니다.[1)] 매우 정교하고 치밀하게 이루어진 이 평문의 논리는, 그러나 엄밀히 말하자면 모더니즘의 내러티브를 반복하고 있는 것으로 제게는 여겨졌습니다. 강정이나 장석원의 시, 혹은 배수아나 한유주의 소설에서의 언어의 물질성의 해체는 이 작가들의 세련된 언어적, 미적 감각을 보여주는 것이기는 하지만 일상 언어에 의해 지탱되는 시스템을 비판하고 있다고 말할 수 있을 정도로 현실적으로 불온하거나 위험하다고 보기는 어렵다고 생각합니다. 이들 작품의 정치성은 모더니즘의 내러티브에 의거한 작품 분석 차원의 정합성은 지닐 수 있어도 그 현실 정합성은 매우 의심스러운 것입니다. 실제의 창작이나 독서에서는 작동하지 않는 정치성이 비평 담론에서만 존재하는 기이한 현상이 일어나고 있는 것입니다.[2)] 그러나 정치성은 현실과의 관계 속에서 발

---

1) 신형철, 「스키조와 아나키 2000년대 한국 시의 정치학을 위한 단상」, 『창작과비평』, 2006년 여름호 참조.

2) 이와 유사한 지적은 최근 시에 비판적인 논의에서 자주 발견되는 것이기도 합니다. 이경수, 「재현의 위기와 전략으로서의 마조히즘 – 최근 시에 나타나는 언어적 특징과 의미」, 『작가세계』, 2006년 여름호 참조.

생하는 것이지 글쓰기를 통해 생성되는 것은 아닙니다. 글쓰기는 다만 그것에 물질성을 부여할 뿐입니다. 그렇다면 물질성은 있되 현실 관련성은 없는 그런 종류의 글쓰기는 무엇이라고 해야 할까요?

아서 단토는 『예술의 종말 이후』(1997)라는 책에서 예술사의 세 시기를 구분하고 있습니다. 시각적 진실을 추구하던 모방의 시대가 맨 앞에 있고, 시각적 진실만이 예술이라고 믿는 이전 시대의 관념을 위반하면서 예술의 새로운 정의를 선언했던 이데올로기의 시대(즉 모더니즘의 시대)가 그 뒤에 놓이고(아서 단토에게 포스트모더니즘은 모더니즘 시대의 한 양식으로 간주됩니다. 가라타니 고진의 논의에서도 역시 그러합니다), 어느 시점 이후에는 그와 같은 이데올로기가 의미를 잃는 국면이 옵니다. 이 세 번째 국면을 아서 단토는 컨템퍼러리 예술이라고 지칭하고 있는데, 이를 다원주의를 추구하는 탈역사적 시기라고 부르기도 합니다. 요컨대 이 국면 이후에는 어떤 것을 배타적으로 예술이라고 말하는 것이 무의미해집니다. 브릴로 상자를 가져다놓고 예술작품이라고 하는 앤디 워홀의 경우(뉴욕 스테이블 갤러리, 1964)처럼 어떤 것도 예술이 될 수 있는 것이지요. 이 지점이 곧 아서 단토가 말하는 예술의 종말인 것입니다. 그러니까 아서 단토가 말하는 컨템퍼러리 예술이란 예술의 종말 이후의 예술인 셈입니다. 물론 컨템퍼러리 예술 이후에도 이전의 모더니즘 예술과 유사한 예술작품들이 생산되고 있습니다. 하지만 그것을 보증하는 모더니즘의 내러티브는 더 이상 유효하지 않다는 것입니다. 다시 말하면 아서 단토가 말하는 컨템퍼러리 예술은 모더니즘의 내러티브가 더 이상 유효하지 않은 국면에서 생산되는 예술, 그러하되 새로운 내러티브를 이루지 못하고 있는 국면에서 생산되는 예술인 것입니다.(더 정확히 말하자면, 아서 단토는 통일된 내러티브가 성립할 수 없는 국면이 곧 컨템퍼러리 예술이라고 이야기합니다.)

아서 단토의 논의를 참조하면 모더니즘의 내러티브가 유효성을 상실하는 일은 비단 문학에서만 일어나는 일이 아닙니다. 음악, 미술 등 전통적 근대 예술 장르들이 공통으로 겪고 있는 문제이며, 심지어 비교적 신생 예술 장르라고 할 수 있는 영화조차도 그 점에서는 예외가 아닙니다. 근대 이후로의 이행이라는 역사적 과정이 현실의 모든 영역에서 일으키는 변화의 현상들이라고 할 수 있을 것입니다. 물론 이 과정은 말 그대로 '과정'이어서 여기에는 이전 시기의 특징들과 새로운 국면의 특징들이 혼재되어 있습니다. 여전히 모더니즘의 영역이 존재한다고 말해도 그것을 뒷받침할 현실적 근거들은 부족하지 않습니다.

작품 속의 개별적 사태들을 공동체의 문제영역의 지평에 접속시켜 윤리적, 정치적 의미를 환기하는 한편 그것으로 다시 개별 독서의 영역에 개입하는 행위를 두고 근대 비평이라고 한다면, 그 현실적 근거가 되는 문학작품들은 여전히 현실 속에서 생산되고 있으며 미래의 어느 시점까지 지속될 것입니다. 하지만 현실적 상황에서 그와 같은 이전 시대 패러다임의 유효성은 제한적이며 잠정적입니다. 리얼리즘과 모더니즘 소설의 형식적 특징은 지금의 작품들에도 분명하게 남아 있지만 거기에서 곧바로 사회적 정치적 기능을 이끌어내는 것은 지나치게 자동적이고 관습적인 것입니다.

아서 단토의 역사철학적 입장과는 조금 다른 각도이기는 하지만, 프레드릭 제임슨은 역시 대중문화의 외부에서 독자적으로 추구되는 비판의 가능성으로서의 모더니즘이라는 아도르노의 테제를 비판하면서, 어느 시점 이후 모더니즘이 대중문화의 상품형식에 대한 반작용에 의해 성립된 구성물이 되었다고 설명한 바 있습니다. 그러하기에 제임슨은 모더니즘과 대중문화가 객관적으로 상호 연관되고 변증법적으로 상호 의존적인 현상이라고 주장합니다. 그의 표현을 빌리자면 대중문화와 모더니즘은 '자본주의 하에서 생산되는 미적 분체들의 서로 분리될 수 없는 쌍둥이 형식'으로 독해해야 하는 것입니다.(「대중문화에서의 물화와 유토피아」, 1979) 요컨대 모더니즘의 형식적 특성을 내재한 문학작품들은 다수 존재하지만, 그러나 어느 시점 이후 그 작품들이 모더니즘의 정신을 현실적으로 구현하고 있지는 못합니다. 보다 정확하게 말하면, 그 실현의 조건이 현실적으로 결여되어 있습니다. 이것은 판단의 문제이긴 합니다만, 우리의 경우 역시 그 지점을 경과했다고 생각됩니다. 말하자면 대문자 정치(리얼리즘의 내러티브)는 물론이거니와 모더니즘의 내러티브도 더 이상 작동하지 않는 시기의 문학인 것입니다. 리얼리즘이나 모더니즘의 내러티브가 바람직하지 않기 때문에 극복되어야 한다는 것이 결코 아닙니다. 현실적으로 작동하지 않기 때문에 일종의 관념이 되어버렸다는 것입니다. 한때 세계를 인식하는 유력한 도구로 작용했던 그 관념들은 이제 변화한 현실을 정확하게 인식할 수 없도록 만드는 장애물이 되어버린 것입니다.

문학적 전통을 형식적으로 이어가는 작품들이 갖는 현실적 의미가 변화하였을 뿐만 아니라, 최근에 이를수록 이전의 문학적 관습을 보유하고 있지 않은 작품들도 많이 등장하기 시작했습니다. 가령 편혜영, 김애란, 김숨, 백가흠, 김유진 등의 소설은 리얼리즘의 내러티브로부터도 모더니즘의 내러티브로부터도 벗어나 있는 것들입니다. 하지만 리얼리즘의 내러티브로도 모더니즘의 내러티브로도 읽을 수 있습니다. 편혜영 소설을 두고 그 그로테스크한 풍경이 그보다도 더 끔찍한 일상을 환기한다고 말할 수도 있고, 김애란 소설에서 가난과 가족의 문제들을 발견할 수도 있을 것입니다. 그것들은 거기에 어떤 시약을 칠하느냐에 따라 색깔이 바뀌는 리트머스 시험지 같은 것이라고 할 수 있겠는데, 그 색은 시약의 성분으로 인한 것일 뿐 시험지 원래의 색깔이 아닙니다.

2000년대 이후 문학의 종말을 둘러싼 음산한 풍문들 속에서도 시나 소설의 영역에서는 수상한 활력을 발견할 수 있습니다. 이 활력을 현실과는 유리된 이전 시기의 내러티브 속에 가둘 것이 아니라, 그 내러티브로부터 벗어나 그 활력을 정체를 해명하는 것이 오늘날 비평의 현실적 과제라고 저는 생각합니다. 이 새로운 경향은 귀족적이라고 비판되곤 하는 모더니즘 내러티브의 순수한 추상화를 향한 초월의 의지와는 다른 방향의 길을 걷고 있다고 저는 생각합니다. 그렇기 때문에 모더니즘의 형식적 틀 내에서 전복적 상상력을 논할 것이 아니라 그와 같은 논의의 틀을 전복하는 것이 오늘의 시점에서 요구되는 전복적 상상력이 아닐까 싶습니다.

## 3. 근대문학 이후의 문학의 징후들

여러 평자들이 지적하고 있듯이, 최근의 문학작품에서는 증상에 대한 처방이 아니라 증상만이 드러나는 경우가 빈번합니다. 특히 시 쪽에서 이 방면의 논의가 활발했습니다. 가령 황병승이나 김민정의 시 작품을 분석하고 있는 권혁웅(「미래파—2005년, 젊은 시인들」, 『문예중앙』, 2005년 봄호)과 이광호(「시의 아나키즘과 분열증의 언어」, 한국문화예술위원회, 『문예연감 2006』) 등의 논의를 들 수 있습니다. 이들의 논의에 따르면 이전 시기의 문학이 개인의 증상에서 사회적 원인을 발견하고 그 처방을 집단의 차원에서 모색했던 것에 반해, 최근의 문학에서는 그와 같은 분석자의 시선이 제거되고 다만 피분석자의 언어만이 드러나 있다는 것입니다. 시적 주체의 소멸 혹은 복수화에 대해 이야기하고 있는 이장욱(「꽃들은 세상을 버리고—다른 서정들」, 『창작과비평』, 2005년 여름호)과 신형철(「스키조와 아나키」)의 논의 역시 같은 맥락입니다. 소설에서도 이러한 특징들이 폭넓게 나타나고 있습니다. 일찍이 김영하의 「비상구」(『문학과사회』, 1998년 여름호)나 「오빠가 돌아왔다」(『현대문학』, 2002년 1월호) 같은 소설들이 그러한 특징을 선구적으로 보여주었거니와, 최근 박민규, 김사과의 소설에서는 그것이 더욱 급진적으로 드러나고 있습니다.

김사과의 「준희」(『창작과비평』, 2006년 가을호)라는 작품이 있습니다. 이 소설은 중학교를 중퇴하고 가출한 여자아이의 의식에 초점이 맞춰져 있습니다. 이 소설을 읽고 나면 다소 섬뜩한 느낌을 받습니다. 예전의 소설이라면 이 소녀의 삶을 관찰하고 묘사하면서 그 문제의 원인과 해결책에 대해 사유하는 시선이 작품을 뒷받침하고 있었을 것입니다. 형식적으로는 그 소녀의 시점을 취하더라도 말이지요.(가령 오정희의 「중국인 거리」(1979) 같은 작품을 보면 초등학생 소녀의 시점으로 씌어져 있지만 실질적으로는 그 시기를 회상하는 성인의 시선이 서술을 이끌어가고 있는 것이지요.) 하지만 김사과의 소설에는 그와 같은 분석의 시선이 보이지 않습니다. 그 소녀를 문제아라고 규정하고 그 대상을 관찰하고 그 증상을 기술할 때 그 소녀는 치유되어야 하는 불쌍한 대상일 것입니다. 이 경우에는 동정하고 감싸줄 수 있을 것입니다. 하지만 만약 그 문제아 소녀가 바로 옆에 나타난다면 겁을 먹지 않을 수 없지요. 「준희」의 섬뜩함은 이처럼 관찰자 혹은 분석자의 시선이 없거나 혹은 대단히 약하다는 사실에서 기인하는 것이라고 생각할 수 있습니다.

박민규의 『핑퐁』(창비, 2006) 역시 왕따를 당하는 중3 남학생이 화자입니다. 이 소설은 박민규의 전작들, 가령 『삼미 슈퍼스타즈의 마지막 팬클럽』(한겨레신문사, 2003)만큼 재미있지 않습니다. 소외된 마이너리티들을 대상으로 설정한 것은 비슷한데도 그 방식은 다른 것입니다. 저는 이 경우 역시 김사과의 소설과 비슷한 이유를 갖고 있다고 생각합니다. 문제를 겪고 있는 사람들을 관찰할 때 독자들은 웃을 수 있습니다. 그 사회적 약자들이 자신의 상황으로부터 벗어나는 극적인 이야기에서 통쾌함을 느낄 수도 있습니다. 하지만 실제로 왕따를 당하는 사람의 입장에서는 심각할 수밖에 없습니다. 여기에는 유머와 드라마가 끼어들 수가 없는 것입니다. 『핑퐁』을 읽을 때 '못'이나 '모아이' 같은 인물들이 왕따를 당하고 상습적으로 구타를 당하는 장면은 대단히 건조한 방식으로 기술되어 있습니다. 너무 실제적이기에 웃거나 할 수가 없는 것입니다.

증상에 대한 처방이 아니라 증상 자체가 문학이라면 누구나 문학의 주체가 될 수 있을 것입니다. 어떤 의미에서 이것은 삼인칭 객관묘사라는 근대소설의 요건을 포기하는 것입니다. 이 경우에 글쓰기는 근대문학보다는 오히려 논픽션 쪽에 가까운 것이겠지요. 그 경우 글쓰기는 굳이 제도의 공인을 받거나 상품의 형식을 취해야만 할 필요가 없을지도 모릅니다. 진정하다면, 글쓰기의 과정에서 보람을 느낀다면, 또 서로 소통이 된다면 그것으로 족할 것입니다. 꼭 누구보다 잘 써야 할 필요도, 누가 더 잘 썼는가를 가릴 필요도 없을 것입니다. 인터넷 블로그와 같은 자발적 글쓰기의 형식은 어떤 의미에서 그와 같은 미래적 글쓰기의 존재방식의 한 측면을 암시하고 있는 것인지도 모르겠습니다. 공동체의 구성원들이 하고 싶은, 혹은 해야 하는 이야기들을 작가가 대신 말해주는 것이 근대소설이었다면, 앞으로는 사람들이 자신의 삶의 범위 내에서 스스로 말하는 방향으로 나아가게 되리라 추측됩니다. 일찍이 롤랑 바르트가 근대문학의 대안으로 제시했던, 팔랑스테르(Phalanstère, 푸리에가 주창한 일종의 사회주의적 공동 생활 단체)에 비유했던 유토피아적 글쓰기 공동체 역시 이런 미래적 상황을 염두에 둔 것인지도 모르겠습니다.

문학의 자율성은 근대문학의 존재방식입니다. 일상의 관심으로부터 미적인 거리를 생산해냄으로써 문학은 자율성과 그로 인한 미적 권위를 획득할 수 있었습니다. 일상의 관심을 초월하여 존재하는 것처럼 제시되고 있지만 사실은 제도와 상품 시스템에 의해 작동되고 있는 것입니다. 그와 같은 근대문학의 존재방식을 전복시키는 운동과 실험이 곧 이념적 전위나 예술적 전위들에 의해 수행되었던 것이며 그 같은 전복적 상상력이 근대문학을 근대문학답게 만들어왔다고 할 수 있습니다.

그 역사적 소명을 충실하게 수행해왔던 근대문학의 '전복적 상상력'을 계승하기 위해서 그것을 다시 한 번 전복하지 않으면 안 될 시점을 바야흐로 맞이하고 있습니다. 근대문학의 형식을 토대로 더 진전시켜 나갈 여지가 전혀 없는 것은 아니겠지만 그렇다고 그 형식에만 매달릴 수는 없다는 것입니다. 발터 벤야민이 기록해놓았던 브레히트의 좌우명("좋은 옛날 것 위에 건설하지 말고 나쁜 새로운 것 위에 건설하라")처럼 기존의 문학의 관념을 벗어난 곳에 문학의 새로운 가능성이 놓여 있을 것이기 때문입니다. 극단적으로는 가라타니 고진이나 그가 예로 들고 있는 아룬다티 로이의 경우에서처럼 근대문학의 틀을 완전히 벗어남으로써 이전 시기 근대문학을 통해 구현하고자 했던 어떤 것을 실현하는 방향으로 나아갈 수도 있겠지만, 문학을 토대로 하면서도 새로운 영역을 개척할 수 있는 가능성도 없지 않을 것입니다. 현실적 여건에 따라서는 다양한 방식의 사회적 실천들, 그리고 문학의 경계와 이웃해 있는 다양한 예술, 문화, 대중문화의 영역들과 창조적으로 접속하여 새로운 영역을 개척하는 방식을 모색해볼 수도 있을 것입니다. 어쨌든 그것은 작품의 내용의 차원이 아니라 문학의 현재적 존재방식 자체를 전복 혹은 변화시키는 상상력에 의해 추구될 수 있을 것이라 생각합니다. 즉 모더니즘의 내러티브, 곧 텍스트 차원의 '전복적 상상력'을 전복하는 상상력이 요구되고 있는 것입니다. 그것은, 자크 데리다가 어느 대담(「이론을 좇아서」, 2001)에서 했던 표현을 빌리자면, 충절을 지키기 위해 필요한 배반이라고 할 수 있을 것입니다.

# 장편소설에 대한 기대에 대한 기대

## 1. 장편소설에 대한 기대

한동안 시 분야에서 2000년대 이후에 새롭게 등장한 젊은 시인들의 시적 경향을 둘러싸고 제법 활발한 논의가 이루어진 바 있었는데, 최근 상대적으로 조용했던 소설 평단에도 비교적 비중 있는 문제가 제기되어 새삼스러운 활기가 초래된 바 있다. 한국 소설의 미래를 장편에서 찾는 일련의 논의와 그에 대한 우려를 담은 반론들이 그것이다. 시 쪽에서는 새로운 시적 실험을 옹호하는 입장과 그것의 소통불능성에 대한 비판이 대립하는 형태로 논쟁이 진행되고 있다면, 장편소설론에서는 그 반대로 소통가능성에 대한 주장이 적극적으로 제기되고 그에 대한 우려가 비판적으로 개진되고 있는 상황이라는 점에서 대조되는 면이 있다. 그럼에도 이러한 논쟁들은 2000년대 이후 한국문학에 발생한 커다란 변화와 단절을 말해주고 있다는 점에서 공통된다. 특히 후자의 경우 그와 같은 변화의 연장선상에서 최근 급변하는 문학적 상황과 그에 대한 인식과 대응의 문제를 포함하고 있는 사안이라는 점에서 각별한 주목을 끈다.

장편의 활성화를 기대하는 목소리를 최근에 와서 처음 듣는 것은 물론 아니다. 다만 그러한 목소리가 신문 문화면과 문예지 등의 문학 관련 매체를 통해 공식화된 것은 올해 들어서라고 할 수 있다. 처음에는 신문 칼럼의 형태로 제기되었고, 문예지에서 특집으로 기획하면서 본격화되었으며,[1] 그 이후 이와 같은 흐름에 대한 지지와 우려의 반응이 이어졌다. 그리고 신문이 논쟁의 진행상황을 그때마다 정리하여 보도함으로써[2] 장편소설과 관련된 논의는 점차 확대일로에 있다고 할 수 있는 상황에 이르렀다.

단편에서 장편으로의 체질 개선을 요망하는 주장에는 한국 소설이 대중들로부터 외면 받고 있고 이를 극복하기 위해 대중들의 취향을 적극적으로 수용해야 한다는 생각이 담겨 있다. "지금의 독자들은 단편에 비해 장편을 선호하는 것이 엄연한 현실"이고 그렇기 때문에 "한국 소설의 체질을 단편에서 장편 중심으로 바꾸자는 것"이며 그리하여 "단편보다는 장편에 주력해서 침체에 빠진 한국 소설의 활로를 열어" 가자는 것이 그 중요한 논지이다.[3]

또 한 가지 중요한 이유는 한국 소설이 해외에 소개되거나 해외시장에 진출하기에 단편보다 장편이 적합하다는 것이다. "우리 소설을 외국에 소개할 때에도 단편은 장편에 비해 꽤 불리"하며(최재봉) "사회의 다른 분야와 마찬가지로 문학 역시 최근 세계화의 압력을 강하게 받고 있는데 한국문학이 세계시장에 진출하기 위해서도 뛰어난 장편이 지금보다 더 많이 나와야 한다"[4]고 논자들은 지적하고 있다. 크게 보면 대중적, 국제적 소통을 위해 대내적으로는 비합리적인 문학적 관행들을 조정하고 대외적으로는 자유로운 교류를 위한 제도적인 조건을 마련하거나 개선하는 과제의 제기라고 할 수 있다.

이러한 입장에 대해 "세계관의 문제, 문학적 가치의 문제, 시대사적 전망을 지나치게 경시"[5]하고 있다는 우려가 제기되는 것 역시 문학 내적인 가

1) 『창작과비평』 2007년 여름호 '한국 장편소설의 미래를 열자' 특집.
2) 「한국문학 새판 짜자 장편 권하는 문단」, 『한국일보』, 2007. 7. 5, 「문학판은 다양한 분화 중… 문예계간지들 이념 넘어 뜨거운 논쟁」, 『경향신문』, 2007. 8. 23.
3) 최재봉,「한국소설, 장편으로 진화하라」, 『한겨레』, 2007. 1. 1.
4) 남진우, 「장편소설의 시대를 열기 위하여」, 『한국일보』, 2007. 1. 10.
5) 권성우, 「장편소설 대망론에 거는 기대와 우려」, 『창비주간논평』, 2007. 6. 12.

치보다 시장 논리를 앞세우는 듯 보이는 장편소설 활성론의 성격과 관련된다. "왠지 작가들에게 전략적인 글쓰기를 강요하는 것 같아 거부감이 들었던 것도 사실"[6]이라는 반응이나 "출판 자본과 저널리즘의 이해관계가 접근하는 지점에서, 이런 목소리들의 발원되고 있다는 의구심"[7] 또한 같은 맥락에서 제출된 것이라 하겠다.

이러한 구도는 사실 크게 낯설지 않은 것이기도 하다. "문화 선진국으로 도약하기 위해서 새로운 패러다임으로 옮겨 가는 것은 시대가 요구하는 지상명령이다"[8]는 주장과 "상업적 이해관계에서 상대적으로 자유로운 중단편소설이 꾸준히 활발하게 생산되고 있다는 것이야말로 외국문학과 변별되는 우리 소설문학의 독자성이자 특수성"(권성우)이라는 주장의 대립은 한미 FTA 체결이나 스크린쿼터 문제를 둘러싸고 경제와 문화의 영역에서 최근 우리 사회가 경험한 구도이기 때문이다. 장편소설에 대한 기대로 촉발된 논의는 커다란 변화를 거치고 있는 한국사회의 변화 속에서 소설이 처해 있는 현재 상황을 되돌아보게 한다.

## 2. 2000년대 장편소설의 현황

최근 장편소설에 관한 비평적 논의의 등장은 어떤 결여를 조건으로 하여 생산되는 것이기는 하지만, 다른 한편으로 그러한 결여를 확인하고 또 극복할 수 있는 조건과 전망을 토대로 하여 이루어지고 있기도 하다. 말하자면 장편 소설에 관한 최근의 논의들이 장편 창작에 대한 마인드를 일깨우고 문학 관계자들에게 그 필요성을 환기시킨 측면이 분명 있겠으나, 근본적으로 장편을 권하는 사회적 상황은 이미 그와 같은 방향을 향한 변화를 조건으로 삼고 있었던 듯하다. 신문에 장편이 연재되는 일이 다시 일어나고 있고 문

6) 백가흠, 「장편소설 논의와 소설가의 미래」, 『창작과비평』, 2007년 가을호, 7쪽.
7) 「가을호를 엮으며」, 『문학과사회』, 2007년 가을호, 18쪽.
8) 이태동, 「장편소설 안 권하는 사회」, 『동아일보』, 2007. 7. 22.

예지의 장편연재도 새삼 활발해졌다. 장편에 대한 행정기관의 지원에도 변화가 생겼고 단편에 집중되었던 문학상을 장편 쪽으로 전환하는 분위기도 감지된다. 말하자면 장편 소설에 대한 논의에 앞서 사후적으로 이런 논의가 사태를 확인하게끔 하는 어떤 상황의 변화가 있었다고 볼 수 있다. 화산에서 연기가 피어오르기 시작하기 전에 이미 지각의 변동이 일어났던 것이다.

『창작과비평』 여름호 특집 원고 가운데 하나인 정호웅의 「우리 소설의 새 길 열기」에서 분석하고 있듯이 최근 원로, 중견급 작가들의 주된 활동 무대는 장편이라고 할 수 있고 그 성과도 만만치 않다. 거기에서 분석하고 있는 김원일의 『전갈』(2007), 조정래의 『인간연습』(2006), 『오 하느님』(2007), 이문열의 『호모 엑세쿠탄스』(2006), 한승원의 『소설 원효』(2006) 등의 사례에서 이 작가들의 축적된 문학적 역량이 자연스럽게 장편이라는 형식과 결합되어 있음을 확인할 수 있다.

뿐만 아니라 『오래된 정원』(2000), 『손님』(2001), 『심청』(2003), 『바리데기』(2007)의 황석영, 『우리들의 행복한 시간』(2005), 『사랑 후에 오는 것들』(2005), 『즐거운 나의 집』(2007), 「책로역정」(연재 중)의 공지영 등은 장편을 통해 꾸준하게 사회적 의제를 제기해왔다. 『능라도에서 생긴 일』(2007)의 이제하, 『나마스테』(2005), 「촐라체」(연재 중)의 박범신, 『백년여관』(2004), 「강물 편지」(2006)의 임철우, 『그곳이 어디든』(2007)의 이승우 등의 활동에서도 이전 시대 우리 문학의 전통이 장편 형식을 통해 이어지고 있음을 알 수 있다.

2000년대 이전에 활동했던 작가들의 경우 대체로 장편과 단편을 병행하고 있는 경우가 대부분이지만 최근으로 올수록 점차 그 무게중심이 장편 쪽으로 옮아오고 있는 것을 볼 수 있다. 『바이올렛』(2001), 『리진』(2007)의 신경숙, 『사랑을 선택하는 특별한 기준』(2001), 『성에』(2004), 『외출』(2005)의 김형경, 『그대의 차가운 손』(2002), 「몽고반점」 연작(2004~2005), 「바람이 분다, 가라」(연재 중)의 한강, 『아랑은 왜』(2001), 『검은 꽃』(2003),

『빛의 제국』(2006), 『퀴즈쇼』(2007)의 김영하, 『꾿빠이, 이상』(2001), 『사랑이라니, 선영아』(2003), 「밤은 노래한다」(2004), 『네가 누구든 얼마나 외롭든』(2007)의 김연수, 『황금사과』(2002), 『천년의 왕국』(2007)의 김경욱, 『붉은 손 클럽』(2000), 『나는 이제 니가 지겨워』(2000), 『이바나』(2002), 『동물원 킨트』(2002), 『일요일 스키야키 식당』(2003), 『에세이스트의 책상』(2003), 『독학자』(2004), 『당나귀들』(2005)의 배수아, 『여자 이발사』(2005), 「목란식당」 연작(2006~)의 전성태 등의 작품 목록에서 그러한 사실을 확인해볼 수 있다. 『순정』(2000), 『인간의 힘』(2003)의 성석제, 『마이너리그』(2001), 『비밀과 거짓말』(2005)의 은희경, 『잘 가라 서커스』(2005)의 천운영, 『리나』(2006)의 강영숙 등은 최근까지 장편과 단편 어느 쪽에 특별히 치중하지 않고 고른 활동을 보여주고 있는 작가들인데, 장편에서의 성과가 결코 단편에 비해 부족하다고 할 수 없는 경우이다.

출발점부터 장편 위주인 작가들 또한 증가하고 있다. 『고래』(2004), 「사신과의 하룻밤」(연재 중)의 천명관, 『미실』(2005), 『영영 이별 영이별』(2005), 『논개』(2007)의 김별아, 『달콤한 나의 도시』(2006)의 정이현, 『너는 마녀야』(2005), 『본드걸, 미미양의 모험』(2007)의 오현종 등은 단편으로 등단했지만 장편으로 무게중심을 옮겨 이전보다 더 활발하게 활동하고 있는 대표적인 작가들이다. 『나의 아름다운 정원』(2002), 『달의 제단』(2004), 『이현의 연애』(2006), 「서라벌 사람들」(연재 중)의 심윤경, 『동정 없는 세상』(2001), 『새는』(2003), 『아내가 결혼했다』(2006)의 박현욱, 『삼미슈퍼스타즈의 마지막 팬클럽』(2003), 『지구영웅전설』(2003), 『핑퐁』(2006)의 박민규, 『빗살무늬토기의 추억』(1995), 『칼의 노래』(2003), 『현의 노래』(2004), 『남한산성』(2007)의 김훈 등은 장편으로 등단하여 이후 단편도 함께 썼지만 그럼에도 장편 쪽에서 더 큰 성과를 얻은 작가들이라고 할 수 있다. 『캐비닛』(2006)의 김언수, 『걸프렌즈』(2007)의 이홍, 『판타스틱 개미지옥』(2007)의 서유미, 『달의 바다』(2007)의 정한아 등은 장편에 적합한 서사적 재능을 인정받으며 등단한 신인들이다. 그런가 하면 『그녀는 조용히 살고 있다』(2002), 『머리에 꽃을』(2004), 『말하지 못하는 내 사랑은』(2006)의 이해경, 『키메라의 아침』(2004), 「조립식 보리수나무」(2006)의 조하형, 『사이코가 뜬다』(2004), 『왼손잡이 미스터리』(2007)의 권리 등은 지금까지 거의 장편만 써온 작가들이다. 김애란, 윤이형 등은 지금까지는 단편 위주로 작품을 써왔지만 연륜이 쌓이면 장편 쪽에서도 재능을 기대할 만한 작가들이다.

이렇게 본다면 이미 2000년대 이후 한국 소설의 중심 무대는 서서히 장편 쪽으로 옮아오고 있었다는 사실을 확인할 수 있다. 실상 장편소설을 둘러싼 최근의 논의는 문학의 제도적 차원의 관성이 빠른 변화의 흐름과 부딪쳐 일으키는 마찰음 같은 것이라고 할 수 있다. 실제로 장편에 관한 논의들을 처음 제기했던 논자들의 초점이 제도적 차원의 관행을 장편 중심으로 전환하는 것에 놓여 있었던 것도 이러한 사실과 무관하지 않다. 최근의 장편소설 활성화를 둘러싼 논의가 다만 제도적인 관행을 개선하는 차원이라면 토를 달 이유가 없을 것이다. 그래서 장편소설이 활성화되는 상황은 반대할 이유가 전혀 없다. 그러나 그 주장에 담긴 발상에는 짚어볼 만한 문제점들이 있는 듯하다.

## 3. 장편소설에 대한 기대에 대한 기대

어느 시점 이후 한국 소설은 한국적 특수성의 세계 속에 더 이상 머무를 수 없게 되었다. 1990년대 이후 한국문학은 그 이전과는 다른 질적인 변화를 거쳤고 그 변화는 2000년대 이후 더욱 두드러지게 되었다. 무엇보다 문학은 더 이상 공적인 미디어의 역할을 수행하지 못하거나 할 필요가 없게 되었다. 그러면서 그 기능에 부가되었던 특징들도 옅어지게 되었다. 공동체 내부의 문제들에 적극적으로 대응하던 것도, 세계문학의 주된 흐름에서 벗어나 전통적인 리얼리즘 기법에 집착했던 것도, 그리고 문학이 국가와 시장의 가치에 종속되지 않고 자립적인 공적 영역을 이루었던 것도 더 이상 가능하지 않게 되었다. 그러면서 대상은 보편적 삶의 지평으로 확대되었고 리얼리즘의 고전적 형식은 해체되기 시작했으며 국가와 시장에 더 강력하게 문학이 편입되는 상황이 초래되었다. 그 결과 새로 생성되는 문학은 이전에 비해 가벼워졌고 사소해졌고 상품에 더 가깝게 되었다.

그러나 그럼에도 불구하고 한국문학에는 문학이 여전히 고전적이어야 하고 사회적이어야 하고 상품이 되어서는 안 된다는 생각이 한편으로 강했다. 1990년대 이후 문학에서 이전 세대의 그와 같은 특징들은 빠른 속도로 해체되어가고 있었지만, 그럼에도 여전히 이전 시대 문학의 특징들은 쉽게 무효화되지 않았다. 이 원심력과 구심력이 작용하는 영역이 곧 현재 한국문학의 장이라고 할 수 있을 것이다. 거기에는 외부로부터 받아들인 것들과 내부에서 연원한 요소들이 한데 뒤섞여 있으며, 새로운 특징과 오래된 방식이 병존하고 있다. 그러면서 한국문학은 전반적으로 공동체 내부의 문제에서 벗어나 보편적인 문제의 차원에 접근해왔고 기법적으로도 다양해지고 풍부해졌다. 다른 장르나 미디어와의 관계도 이전에 비해 개방적이 되었다. 그럼에도 불구하고 다른 나라들의 문학과는 같지 않은 문학적 특징과 상황을 보유하고 있다. 우리의 생활 방식이 다른 나라들과 유사해지는 과정에서 그 이야기들도 많이 비슷해졌기는 하지만, 그러나 그럼에도 이야기도, 그리고 이야기를 만들고 수용하는 방식도 같지는 않다. 지금 한국문학의 특수성이라고 할 만한 것은 바로 그와 같은 보편성 속의 미세한 차이에 존재한다고 할 수 있다.

이러한 과정에 나타난 변화 가운데 한 가지는 앞에서 보았듯 소설의 중심이 단편에서 장편으로 이동하는 경향이다. 과거 우리 소설이 단편 중심으로 전개되어왔던 데에는 사정이 없지 않았다. 단편은 현실의 빠른 변화를 포착하기에 적합한 양식인바, 우리 소설이 단편 중심으로 전개되어 왔다는 것은 그만큼 우리 사회가 숨가쁜 변화를 통과해왔다는 증거이고, 그리고 그러한 변화에 문학이 민감하게 반응했다는 것을 말해주는 것이기도 하다. 그러나 어느 시점 이후 문학이 담당해왔던 이러한 기능은 다른 미디어들로 이전되었다. 현실 변화의 속도가 빨라졌을 뿐만 아니라 신문과 방송 등의 활자, 전자 미디어, 그리고 매순간 업그레이드되는 인터넷 등의 뉴미디어의 등장으로 변화에 대한 반응 또한 더욱 민감해졌다. 이러한 속도는 주로 한 계절 간격으로 발표되는 소설이 좇아가기가 버거운 것이 되었다. 이처럼 소설에서 시급한 현실 인식과 대응이라는 요건이 희미해지면서 단편은 특유의 미학을 추구하는 방향으로 나아가고 있고 단편이 담고 있었던 서사는 장편의 영역으로 옮겨지는 국면이 초래되었다.

큰 흐름에서 보아 한국 소설이 어느 시점 이후 단편에서 장편으로 그 중심이 서서히 이동하기 시작했다고 하지만 그럼에도 역시 이 사건이 사회의 다른 영역에서만큼 신속하고 일사불란하게 이루어지지는 않았다. 장편으로 중심 이동이 일어났다고는 하나 시장이 요구하는 기준만큼 충분하게 변화해주지 않았던 것이다. 보편성을 향해 나아가고 있지만 특수성이 완전히 탈각되지는 않았다. 사실 한국문학의 위기와 가능성이 바로 이 지점에 있는 것 아닐까. 보편성을 향한 지향이 없다면 한정된 범위 내에서나마 문학의 고유성을 유지해나갈 수도 있었을 것이다. 하지만 이미 우리는 이러한 선택의 시기를 지나쳐왔고, 시장의 경쟁 속에 이미 편입되어 살아가고 있다. 어쩔 수 없이 우리 문학이 시장에서 살아남기 위해서는 이방의 서사와 교류, 소통할 만한 경쟁력을 가진 보편성을, 그리고 그 보편성으로 흡수되지 않는 특수한 차이를 동시에 확보하지 않으면 안 되는 상황이다. 그것은 우리의 언어로 우리 자신의 이야기를 만들고 읽으면서 살아가기 위한 필사적인 싸움이라고도 할 수 있을 만큼 중요한 일이다.

그러는 사이 자본주의의 세계화는 더욱 빠른 속도로 진행되었고, 우리 문학에도 이제 시장의 질서가 더욱 체계적으로 도입되기 시작했다. 시장에 대한 저항감이 점차 줄어들면서 어느새 문학 출판에도 미디어를 적극적으로 활용하는 마케팅의 마인드가 자리를 잡아가고 있다. 그럴 수밖에 없을 만큼 출판시장 내에서의 경쟁이 심화되었다. 한국 소설도 진화를 거듭해왔지만 현실은 그 진화보다도 더 빠른 속도로 변화하고 있었던 것이다. 그러다 보니 사회 일반의 시스템과 문학 사이에 지체가 다시 한 번 실감되기에 이르렀고 문학은 현실과 현실 속의 대중으로부터 고립되는 느낌을 받을 수밖에 없게 되었다. 그것은 문학을 항상적인 위기와 불안 속에 처하게 만들었다.

한국문학은 기로에 처하게 되었다. 고립되지 않기 위해 사회 시스템의 일반적 흐름과 보조를 맞출 것인가 아니면 고립을 감수하고서라도 사회와의 거리를 유지하면서 문학 고유의 영역에 머무르는가. 문학은 우리가 출판과 문화콘텐츠의 강국이 되는 자산이 될 수도, 아니면 자본주의 시스템에 저항하는 얼마 남지 않은 유력한 근거지가 될 수도 있을 것이다. 전자의 경우 한국 문학의 특수성을 제물로 바쳐야 하는 일이 일어날 수도 있고, 후자의 경우 문학은 사회로부터 고립되어 소멸의 길을 걸을 수도 있다. 물론 두 가지 경우 모두 우리가 원하는 것은 아니다. 세계문학과 교류, 경쟁하며 보편성을 추구하면서도 우리의 특수성이 발현되기를 기대하며, 문학이 국가와 시장 바깥의 공적인 영역을 생산해내기를 원하지만 그러다가 소멸하기를 바라지는 않는다. 서로 반대방향으로 작용하는 이 두 힘이 미치는 범위가 결국 미래의 한국문학의 폭이 될 것이다.

현재의 한국소설에서 공공성은 현실적 지반을 잃고 점점 공허해지는 상황이며, 또한 시장에서의 활력도 약한 실정이다. 그러나 이 두 가지 차원의 문제는 한 가지 방식에 의해 한꺼번에 해결될 수 있는 것이 아니라고 생각된다. 가치가 시장의 문제를 해결할 수 없듯, 시장에서의 경쟁력과 소통력의 제고는 그 나름대로 의미가 있는 것이지만 그것이 가치의 문제까지 해결해주는 것은 아니다. 가치에 대한 물음 없이도 문학은 살아남을 수 있을지 모르지만, 그 문학은 우리가 생각해왔던 문학과는 다른 것이 되어 있을 것이다.

당연히도 이 가치는 과거의 문학에서 우리가 가졌던 것을 다시 가져와서 사용할 수 있는 것은 아닐 것이다. 그럼에도 시장 속에서의 불안은 과거 화려했던 시기의 문학적 상태를 떠올리게 만드는 것이 사실이다. 물론 한국소설의 과거 경험은 우리에게 소중한 문학적 자산임에 틀림없다. 그러나 그것은 이미 현재 문학의 자양분으로 사용되었고, 또 앞서 보듯 그 시대에 활동했던 작가들이 현재의 문학판에서 사라진 것도 아니다. 문학이 위축되는 현재의 상황에서 과거 문학의 영화로운 상태를 되돌아보는 것은 자연스럽지만 그것은 미망일 따름이다. 그것은 현재의 문학을 과거를 기준으로 반사적으로 규정할 때만 얻어지는 미망이다. 게다가 과거 문학의 특징과 현재 문학의 장점이 기계적으로 접목될 수 있는 것도 아니다. 우리가 마련해야 할 새로운 문학의 원천은 세계문학의 모티프를 매개하는 과정에서, 다른 매체, 미디어와 소통, 교류하는 과정에서, 그리고 문학 바깥의 담론들을 섭렵, 흡수하는 과정에서 찾아야 할 것이고, 과거의 문학적 유산은 그때 비로소 새로운 자원으로 발굴될 수 있을 것이다. 가치와 공공성은 과거 문학의 내용에 있는 것이라기보다 그것의 존재방식에서 찾아야 할 성질의 것이다.

근대문학은 시장, 국가, 공공 제도 등의 토대를 조건으로 하여 성립되는 것이지만 그럼에도 불구하고 그 어느 분야에도 소속되지 않았기 때문에 역설적으로 공공성을 보유할 수 있었다. 문학은 출판되어 시장 기구를 통해 유통되고, 공공 제도의 지원을 받으며, 국가의 공적 교육 시스템에 의해 인정되지만, 그러니까 문학은 그들을 통과하지만 그 어느 것에도 머무르지 않는다는 점에서 공공적일 수 있었다. 그렇기 때문에 근본적으로 시장에서 팔리느냐 그렇지 않으냐의 문제로 문학의 생존과 위기를 말할 수 없다. 국가나 공공 제도로부터 지원을 받아야 살아남고 그렇지 않으면 죽는 것도 아니다. 물론 근대문학은 그 시스템 바깥에 존재하는 것은 아니지만 어느 것에 일방적으로 종속되지는 않는 것이다. 그러니 궁극적으로 근대문학의 생존은 시장, 국가, 공공 제도 바깥의 영역을 지속적으로 확보, 재생산하느냐 그렇지 못하느냐의 문제에 달려 있다고 볼 수 있다. 우리가 문학이라는 이름으로 하고자 했고, 또 해왔던 것은 바로 그와 같은 공공적인 것의 생산과 확보가 아니었던가.

과거 현실의 문제들에 대한 근본적인 해결을 시장, 국가, 공공 제도에 기대할 수 없었을 때 문학은 거기에 투신함으로써 공적인 영역을 생산해낼 수 있었다. 하지만 이제 문학에서의 공적 영역은 더 이상 사회적 차원의 문제 해결을 지향하는 방식에 의해 마련되는 것은 아니다. 그것은 문학이 공적인 문제를 그것의 내용으로 삼느냐 그렇지 않으냐에 달려 있는 것이 아니기 때문이다. 문제는 문학을 시장, 국가, 공공 제도에 전적으로 흡수되지 않은 공적인 영역에 위치하도록 만드는 일이다. 혹은 문학을 그런 문제의식과 기능을 담은 새로운 형태로 전환시키는 일일 것이다. 그 전환은 대중들을 수동적인 소비자로 만드는 시스템에 대한 대안적 상태를 고민하고 추구하는 방향에서 일어날 수 있을 것이다.

장편소설에 대한 기대를 담은 논의를 통해 우리는 우리 문학이 처한 두 가지 커다란 문제, 즉 시장성과 공공성 가운데 한 쪽 방향을 돌파해나갈 의욕을 확인할 수 있었다. 그러나 그 한 쪽이 다른 쪽의 문제까지 한꺼번에 해결해주는 것은 아니다. 공공성의 문제는 시장에서의 대중적 소통만으로 해결될 수 없는 것이기 때문이다. 우리가 왜 이야기를 만들고 어떤 이야기를 만들어야 하는가의 문제는 그와 다른 차원에서 추구되어야 한다. 어떤 이야기를 만들고 읽을 것인가의 문제는 궁극적으로 우리가 어떤 세계에서 살고 싶은가를 묻고 대답하는 일과 분리되지 않는다. 장편소설에 대한 기대에 한 가지 기대를 더 덧붙이고 싶은 이유이다.

# 미디어 네트워크 속 '소설의 운명'

## 1. 예술로서의 문학과 미디어로서의 문학

오늘날 우리는 활자 문화로부터 미디어 문화로 이행하는 과도기적 상황을 경험하고 있다. 그에 따라 문학 내부의 변화도 이전에 비해 가속화되었지만 현실 시스템과 대중들의 감각은 그보다 더 급속하게 변화하고 있다. 이와 같은 시차를 의식하면서 외부의 속도를 따라잡으려는 원심적 경향과 반대로 그 자신의 정체성을 확인하고자 하는 구심적 경향이 현재의 문학에 동시적으로 작용하고 있다. 바야흐로 우리는 이 두 방향으로 작용하는 힘의 긴장 속에서 여러 가지 모습으로 흔들리고 있는 문학의 표정을 목격하고 있다. 이 흔들리는 진폭을 이끌면서 현재의 문학은 그 이전으로부터 이후로 미끄러져 가고 있는 중이다.

그 과정에서 우리는 어느 새 이전과는 다른 문학적 전제들에 의해 조건지워진 새로운 상황 속에 놓이게 되었다. 그 새로운 상황의 특징은 무엇보다 모더니즘의 내러티브가 더 이상 유효하게 작동하지 않는다는 사실에서 찾아볼 수 있다. 리얼리즘의 뒤를 이어 등장한 근대 예술의 새로운 국면으로서의 모더니즘은 일상과 예술의 위계를 보존하려는 의지, 곧 문학의 자율성에 대한 의지라고 할 수 있다. 그것은 일상과 예술의 관습화된 관계를 비판하면서 그 둘 사이의 거리를 무화시키려는 시도로서 등장했지만 그와 같은 무화의 실험을 통해 그것이 궁극적으로 수행했던 것은 이전에는 예술에 포함되지 않았던 것을 예술에 새로 도입하면서 예술에 대한 새로운 관념을 생산해내는 일이었다. 그 과정의 어느 지점에서 예술 바깥의 다른 매체들이 좇아올 수 없는 지점으로 달아나는 것이 새로운 예술의 과제가 된다. 그 비판적 거리가 확보된 지점에서 예술은 문화산업에 대한, 그리고 그 배후의 체계에 대한 '부정성'을 보유할 수 있었던 것이다.

그러나 모더니즘의 내러티브의 유효성이 희미해진 상황에서 문학은 그와 같은 특권적인 기능을 더 이상 수행할 수 없게 되었다. 일상에 대한 문학(예술)의 수직적 관계는 해체되었고 그리하여 오늘날 문학은 다양한 미디어들이 서로를 '재매개'[1]하는 수평적 차원의 네트워크 속에 놓이게 되었다. 이때 하나의 미디어로서의 문학의 존립이란 고립된 영역의 유지, 보존이 아니라 이 네트워크 속에서 얼마나 활발하게 소통의 기능을 수행하는가에 달렸다고 할 수 있다. 물론 네트워크의 한 지점을 점유한다는 것은 다른 미디어들에 의해 해소되지 않은 고유한 영역을 끊임없이 재생산해낼 것을 그 전제로서 요구한다. 오늘날 문학은 다른 미디어들과의 소통과 차이를 동시에 생산해내야 하는 이율배반의 과제와 더불어 미디어 네트워크 속에 자리하기에 이르렀다.

## 2. 최근 소설에 나타난 재매개의 유형과 양상

문학(소설)이 미디어 네트워크 속에 편입되었다는 것은 그것이 더 이상 투명하게 현실을 재현할 수 없게 되었다는 것을 의미한다. 상호 재매개의 과정에서 이야기는 특정 미디어에 머무르지 않고 네트워크 속을 떠돌아다닌다. 소설 속의 장면들 역시 다른 미디어들을 경유하여 도입된 것이다. 현

1) '재매개(remediation)' 개념은 David J. Bolter와 Richard Grusin의 『재매개 - 뉴미디어의 계보학』(이재현 역, 커뮤니케이션북스, 2006)에서 가져온 것이다.

실과 텍스트 사이의 투명한 지시, 대응관계는 더 이상 성립하지 않게 되었다. 텍스트 속의 장면이 현실을 투명하게 재현하고 있는 듯 보인다 해도 실상 그것은 매개의 효과라고 할 수 있다.

'현실 – 의식'의 반영적 구도를 '상징계 – 상상계 – 실재계'의 도식이 대체하게 된 사정 역시 그와 같은 인식의 새로운 국면이 초래된 상황과 무관하지 않다. 라캉의 정신분석학이 우리에게 가르쳐준 바와 같이 우리는 상상계나 상징계에 놓일 따름이며 실재계에 머무를 수 없다. 그런 의미에서 미디어는 우리 시대의 새로운 상징계라고 할 수 있다. 우리가 소설 속의 현실이라 믿고 있는 것 역시 미디어가 생산한 이미지들의 매트릭스로부터 파생된 또 하나의 이미지일 것이다.

이런 상황 속에서 현실과 투명하게 접촉하는 실감을 생산하기 위해서는 매개를 없애는 것이 아니라 오히려 더 기술적으로 진보한 매개의 방식을 차용해야 한다. 예를 들어 영상의 이미지들이 애니메이션의 이미지보다 객관적으로는 더 사실적이라고 해도 애니메이션에서의 이전보다 발전된 기술은 평범한 영상의 이미지들보다 더 효과적인 실감을 생산해낸다. 이전의 매개의 방식을 발전시킨 새로운 매개의 방식, 곧 '하이퍼매개성(hypermediacy)'이 '비매개성(immediacy)'의 효과와 결합되고 있는 것이다. '재매개'는 이와 같은 메커니즘, 즉 '하이퍼매개성'과 '비매개성'의 결합에 의거해 이루어진다.

### 1) 매개를 통해 발견되는 현재의 이야기

박현욱의 『아내가 결혼했다』(문이당, 2006)나 정이현의 『달콤한 나의 도시』(문학과지성사, 2006) 등은 근래 시대적 트렌드를 소설화하여 대중적 반응을 얻어낸 대표적 사례라고 할 수 있는데 이 경우 소설적 실감의 원인은 세태에 대한 정밀한 묘사에 있는 것이 아니다. 그것은 그 소설들이 표면의 세태 속에 성적 관계의 평등이라는, 당대의 한국사회가 통과하고 있는 현실적 과제에 대응되는, 혹은 그것을 선취하는 가치를 내재하고 있기 때문이기도 하지만, 더 결정적으로는 그와 같은 모티프를 실감과 더불어 전달할 수 있는 효과적인 매개의 방식을 장착하고 있기 때문이라고 할 수 있다. 『아내가 결혼했다』의 경우 축구와 관련된 다양한 컨텐츠들을 소설적으로 매개하고 있고 『달콤한 나의 도시』의 경우 외국 드라마의 새로운 특징적 요소들이 매개되어 있어 그 효과가 텍스트와 그 텍스트를 읽는 독자의 감각 사이에서 작용하고 있다. 이홍의 『걸프렌즈』(민음사, 2007)나 서유미의 『판타스틱 개미지옥』(문학수첩, 2007)과 같은 소설은 여러 면에서 박현욱과 정이현의 소설적 특징을 활용하고 있는 것으로 보이는데, 이 경우 가치의 측면에서나 매개의 방식의 측면에서 새로운 조합과 변형의 특징들을 찾아볼 수는 있지만 획기적인 발전과 단절의 결과를 확인하기는 어려운 것이 사실이다. 이러한 기대감은 앞서 제시된 소설적 특징들이 독자들의 의식에 이미 매개되어 있기에 발생하는 것이라고 할 수 있다. 하이퍼매개성이 충분히 달성되지 못했기에 독서과정에서 비매개성의 실감이 생산되는 것이 아니라 매개에 대한 인지가 이루어지고 있는 것이다. 이 소설들이 '영향에 대한 불안'으로부터 벗어나기 위해서는 독창적인 매개의 방식에 대해 고민해볼 필요가 있다.

이처럼 미디어의 상호 매개의 네트워크 속에서 새로운 이야기를 만들어내기 위해서는 새로운 모티프들을 새로운 방식으로 매개해야 한다. 앞에서 거론한 소설들이 성적 관계의 평등이라는 사회학적 담론의 모티프들을 직간접적으로 매개하고 있었다면, 최근 소설들이 빈번하게 도입하고 있는 또 하나의 모티프는 탈북 및 그와 연관된 다문화사회 속 마이너리티의 문제이다. 내부의 시선으로 해결되지 않는 현실에 대한 조망을 외부의 시선을 도입함으로써 처리하고자 하는 시도인 셈이다. 탈북여성 리나의 국경을 향한 탐사의 여정을 담고 있는 강영숙의 『리나』(랜덤하우스코리아, 2006)와 고난의 행군 시기 북한을 탈출한 바리가 중국을 거쳐 21세기 다문화사회 속 영국에 정착하는 과정을 그린 황석영의 『바리데기』(창비, 2007)는 그 대표적인 사례이다. 정도상의 「소소, 눈사람이 되다」(『창작과비평』, 2006년 봄호), 「함흥, 2001, 안개」(『문학수첩』, 2006년 여름호) 연작이 최근 「늪지」(『문학사상』, 2007년 6월호), 「찔레꽃」(『창작과비평』, 2007년 가을호)으로 다시 이어지고 있는데, 이 역시 북조선의 충심이 중국에서의 메이나(소소)가 되었다가 마침내 남한 남동공단의 노래방 도우미 은미가 되는 과정을 이야기의 줄기로 삼고 있다. 한 남파간첩과 그 가족의 이야기인 김영하의 『빛의 제국』(문학동네, 2006)이나 1990년대 초반의 방북단 사건을 모티프로 취한 김연수의 『네가 누구든 얼마나 외롭든』(문학동네, 2007) 역시 넓게 본다면 이 범주에 넣을 수 있고, 오수연 소설에서의 팔레스타인 역시 이곳의 현실과 대면하기 위해 경유해야 했던 우회 공간이라는 점에서 같은 맥락에 놓인다고 할 수 있다.

그런데 이들 소설이 동일하게 탈북의 모티프를 취하고 있다고 해도 그 매개의 근거와 방식이 동일한 것은 아니다. 정도상이나 오수연의 소설처럼 직간접의 경험이 큰 비중을 차지하는 경우가 있는가 하면, 『빛의 제국』처럼 유사한 모티프의 영화에서 상상력의 근거를 짐작해볼 수 있는 경우도 있다. 그리고 그 두 극 사이의 서로 다른 지점에 강영숙, 황석영, 김연수 소설이 놓일 것인데, 이와 같은 매개의 근거의 문제는 매개의 방식과도 무관하지 않은 듯하다. 탈북여성 리나와 바리는 환상의 도움 없이 현실을 겪어내지 못하는 존재들인데, 같은 환상이라고 해도 그 성격은 또 다르다. 『리나』의 환상이 모더니즘적 계기를 통해 마련된 것이라면, 『바리데기』의 환상은 우리의 전통적 서사무가를 소설의 구성으로 매개하는 과정에서 도입된 것이라고 할 수 있다. 김영하와 김연수 소설의 인물들은 인접한 과거로 거슬러 올라가서 현재에 도달하는 접근로를 탐색하고 있다는 점에서 공통되지만, 그 매개의 방식은 차이가 있다. 현실상을 실감 있게 제시하기 위해 『빛의 제국』이 『율리시즈』와 같은 하루 동안의 이야기를 재매개하고 있다면 『네가 누구든 얼마나 외롭든』은 서로 다른 지점에서 출발한 이야기들이 마침내 하나의 지점에서 만나는 복잡한 모자이크 형식을 도입하고 있다. 오수연의 경우 「재칼과 바다의 장」(『창작과비평』, 2007년 봄호)에서 보듯 현실 의식과 글쓰기 의식의 분열, 그러니까 현실 의식을 초과하는 글쓰기 의식의 실상을 제시하기 위해 아랍 우화의 형식을 빌려오는 일이 불가피했다. 이런 상황 속에서 정도상 소설의 전통적 방식에서 오히려 새삼스러운 실감이 생성되는 아이러니가 일어난다. 새로운 이야기 방식들이 경쟁적으로 출현하는 가운데에서 전통적 서술 방식이 오히려 식상하지 않고 낯설게 느껴지는 효과, 말하자면 전통적 기법이 재매개되는 효과가 발생하고 있는 것이다.

근래 젊은 작가들의 소설에 빈곤의 모티프가 자주 등장하는 현상 역시 이 맥락에 비추어 생각해볼 수 있는 여지가 있다. 박민규, 백가흠, 이기호, 김애란, 편혜영, 윤성희 등의 소설에 나타나는 주변부의 삶의 장면들은 드라마나 영화 등과 같은 장르들이 최근 공유하고 있는 모티프와 무관하지 않다. 비록 그 소설들이 작가의 상황과 체험을 반영하고 있다고 하더라도, 그 반영 역시 매개 없이 이루어지지 않는다. 그리고 이 경우에도 소설 속의 주변부 삶의 실상보다 작가마다 다르게 드러나는 매개의 방식이 소설의 성격을 결정하고 있다. 이들 소설의 경우 주변부의 삶이라는 모티프는 주로 환상이나 상상을 통해 매개됨으로써 현실에 대한 소박한 재현을 벗어나면서 현실 속의 사건으로서 존재할 때와는 다른 성격과 질감을 갖게 된다. 그에 대한 독자의 반응 역시 독서체험으로 종료되며 현실 속의 관련사건에 대한 직접적인 이데올로기적 태도로 정립되는 일은 드물다.

### 2) 재현이 아닌 생산으로서의 과거 이야기

이야기를 만들고 읽는 행위에서 가치의 추구가 가능하다는 것은 그 이야기가 대상으로 삼고 있는 세계에 대한 인식과 전망이 문제가 된다는 말과 상통한다. 그 경우 우리는 이미 가지고 있는 이야기에 만족할 수 없고 새로운 이야기를 만들어내지 않으면 안 된다. 새로운 이야기를 만든다는 것은 새로운 세계를 상상하는 일이기 때문이다. 그리고 그 상상의 근거가 우리가 살아가고 있는 현재의 시공간에 놓일 때 그 상상하는 일은 윤리적 동기와 가치의 문제를 내포한다.

그러나 우리는 우리가 쓰고 읽는 이야기 속에서 현실에 대한 인식과 전망을 발견하는 일이 점점 더 어려워지고 있는 시대에 살고 있다. 이야기 속에서 가치의 문제를 적극적으로 제기하고 해결하기가 곤란한 시대인 것이다. 그럼에도 불구하고 현재의 이야기는 이와 같은 문제를 건드리게 될 수밖에 없다.

그런 맥락에서 최근 이른바 팩션 장르의 유행 현상에는 모종의 타협의 기운이 없지 않다. 그리고 이러한 특징은 소설에만 한정된 것이 아니라 영화나 드라마 등의 다른 장르에서도 동시적으로 확인할 수 있는 것이다. 소설 장르 내적으로 보면 선행 이야기로부터 새로운 이야기를 파생시키는 방식은 김영하의 『아랑은 왜』(문학과지성사, 2001), 김연수의 『꾿빠이, 이상』(문학동네, 2001), 김경욱의 『황금사과』(문학동네, 2002) 등에서 이미 실험적으로 시도된 바 있지만 그 흐름이 팩션이라는 유행 현상으로 나타난 데에는 미디어들의 상호 매개가 한 가지 원인으로서 작용하고 있다. 정여울이 적절하게 지적하고 있는 것처럼 "팩션적 글쓰기 전반에 깔린 미디어 친화력은 작가의 '의도'의 문제만이 아니라 팩션이 처한 사회적 위치에 따라 결정"[2)]되는 문제라고 할 수 있다. 김훈의 『남한산성』(학고재, 2007)에 대한 문학평론뿐만 아니라 "2007년 한국 사회에서 이 책이 어떻게 수용되고 있는지를 추적한 시험적인 보고서"[3)]가 작성될 수밖에 없는 이유도 그곳에서 찾을 수 있다.

현실 속에서 전망을 발견하기 어려운 상황에서 비롯된 것이라는 점에서 보면 역사소설과 팩션은 발생적 맥락을 공유하고 있지만, 역사소설에는 그

---

2) 정여울, 「팩션적 글쓰기와 미디어 친화력」, 『문학과사회』, 2007년 가을호, 304쪽.
3) 차미령, 「남한산성 리포트」, 『문학수첩』, 2007년 가을호, 27쪽.

러한 상황에서도 현실 발견의 열정이 강하게 내재되어 있는 반면 팩션에서는 과거를 통해 현재를 확인하고자 하는 적극적인 의지를 발견하기 어렵다. 팩션의 경우 재현의 사실성은 이데올로기의 차원이라기보다 오히려 이야기의 효과와 관련된다. 과거의 이야기라고 하더라도 독자들이 거기에서 향유하고자 하는 것은 과거 그 자체라기보다는 현재이다. 역사소설에서 재현의 사실성이 이데올로기의 연속성의 차원에서 요구되었다면, 최근의 역사 이야기에서 그것은 비매개성을 생산하는 문체와 스타일의 차원에서 발견할 수 있다.

가령 김훈 소설의 경우 비매개성은 감각되는 그대로의 시뮬라크르들을 언어화하는 방식으로 생산된다. 이 층위는 외적 대상과 언어(비유) 사이의 공간에 놓인다. 그 자리에서 보면 인간과 언어가 분리되어 인식된다. 그리하여 『남한산성』에서는 마치 영화 〈매트릭스〉의 한 장면과도 같은 이른바 '말 먼지' 장면이 재생된다. 그런 맥락에서 보자면 김훈 소설의 문체는 하이퍼매개성의 흔적과도 같은 것이라고 할 수 있다. 이처럼 김훈 소설은 현실과 언어 사이의 지대에 대한 탐사라고 할 수 있는데, 그 층위를 드러내기 위해 처음에 김훈은 『빗살무늬 토기의 추억』(문학동네, 1995)처럼 현재의 시공간을 대상으로 삼았지만 이후 『칼의 노래』(생각의나무, 2001), 『현의 노래』(생각의나무, 2004), 『남한산성』에서처럼 현실 대신 수없이 반복되어 온 이야기를 재매개하는 방식으로 전환한다. 이들 소설에서 각기 다른 배경과 인물을 통해 모티프들은 변화하지만 매개의 방식은 그만큼 유연하고 신속하게 변하기 어렵다. 김훈 역사 이야기의 한계효용이 체감하는 이유를 거기에서 찾을 수 있다.

신경숙의 『리진』(문학동네, 2007)이나 전경린의 『황진이』(이룸, 2004)의 경우 내면에 밀착된 서술이 비매개성을 생산하는 수단으로 기능하고 있다. 이러한 방식의 비매개성은 1990년대의 한국소설이 새롭게 개척한 기술적 영역이다. 그리고 그것이 내면에 의해 매개된 당대의 현실이 아닌 역사적 모티프와 결합하고 있다. 같은 대상을 취하고 있지만 김탁환의 『리심』(민음사, 2006)이나 홍석중의 『황진이』(문학예술출판사, 2002)는 재매개의 방식이 다르다고 할 수 있다. 특정 시기에는 한 가지 특징적 비매개화의 방식이 이전 방식을 극복, 대체하는 것처럼 보이지만 시간이 지나면 다른 특징들이 공존하는 수평적 차원의 문제가 되는 경향이 있다.

한편 공동체 내부의 문제를 지향했던 과거의 역사소설과 달리 최근의 역사 이야기는 오히려 공동체 바깥을 향하고 있다. 『리진』에서 리진이 봉건적 세계를 벗어나 프랑스와 모나코에서 근대를 체험한 기이한 운명의 여인이라면 박정애의 『강빈』(예담, 2006)에서의 강빈 역시 당시로서는 예외적으로 심양과 북경 등에서 새로운 세계와 접촉한 여성이다. 이들은 미실, 논개, 황진이 등 역사 속의 대표적인 여성 캐릭터들을 리메이크하는 방식과 더불어 역사 속 여성인물들을 재현하는 새로운 트렌드라고 할 수 있다. 『리진』이나 『리심』에서도 소설의 한 축에 이방인의 시선이 자리하고 있지만, 김경욱의 『천년의 왕국』(문학과지성사, 2007)은 이방인의 기록에 근거하여 이방인의 시선으로 역사 이야기를 구성하고 있다는 점에서 한 발 더 나아간 자리를 확보하고 있다. 복도훈은 "『천년의 왕국』에서 운명은 미래와 목적이라고는 찾아볼 수 없는 현재의 영원성에 대한 은유, 또는 이 모든 것들이 뒤섞여 잡거(雜居)하는 카오스에 오히려 가깝다"[4]고 지적하면서 이 소설에 구체적 시공간성이 거세되어 있다는 사실을 지적하고 있다. 김훈의 『남한산성』은 역사적 사건을 모티프로 취하고 있지만 그것은 공동체의 역사에 대한 이야기라기보다 무리의 삶과 개체들의 생존을 위한 고투에 대한 이야기라고 할 수 있다. 거기에는 내셔널리즘뿐만 아니라 일체의 관념들이 소거되어 있다. "땀 · 살 · 오줌 · 똥으로 얼룩진 김훈 특유의 배설물 수사학은 시간성(과거 인간과 현재 인간의 '차이')보다는 천년이 지나도 바꿀 수 없는, 시공간을 초월하여 본원적으로 동일한 인간의 욕망을 집요하게 응시하는 것이다"[5]는

4) 복도훈, 「정신의 오디세이아」, 『세계의문학』, 2007년 가을호, 488쪽.

정여울의 지적 또한 비슷한 생각을 담고 있는 듯하다. 자본주의적 삶의 방식이 국경을 넘어 보편화된 현재를 배경으로 삼고 있는 소설들에 비해 특정 공동체에 국한된 사건을 담고 있는 역사 이야기가 오히려 보편적인 이야기의 차원에 가까운 역설적인 특징을 여기에서 확인할 수 있다. 이야기에 도입된 모티프들은 과거로부터 온 것이지만 그것을 재매개의 방식은 미래로부터 온 것이기 때문이다.

### 3) 보편적 이야기를 향한 재매개의 운동

새로운 세대들이 리얼리티를 새롭게 전유하는 방식은 기성세대와 다소 차이가 있다. 구세대들은 주로 영화나 드라마와 같은 장르에 친숙한 편이고 사회나 역사적 담론으로부터 이야기의 모티프를 찾고 있다면, 젊은 작가들은 그와는 다른 이야기 장르와 폭넓게 결합하는 경향을 볼 수 있다. 그리하여 상상, 공상, 무의식, SF, 판타지, 만화, 영화, 드라마, 설화, 신화 등 다양한 양식의 이야기들이 근대적 서사 속으로 이입되기 시작하는 현상이 벌어진다. 세태와 역사를 향한 소설적 방향이 장편형식을 선호하는 데 비해, 이종의 서사들과 교배하는 다양한 실험들이 펼쳐지는 장소는 주로 단편이라고 할 수 있다.

천명관의 『고래』(문학동네, 2004), 조하형의 『키메라의 아침』(열림원, 2004), 박형서의 『토끼를 기르기 전에 알아두어야 할 것들』(문학과지성사, 2003), 이기호의 『최순덕 성령충만기』(문학과지성사, 2004) 등에서 일어나고 있는 이야기의 자가증식 현상에 대해서는 김형중의 날카롭고도 정확한 분석이 이미 제출된 바 있다. 김형중은 망상의 메커니즘에 초점을 맞추고 그 결과로 초래된 서사에서의 핍진성과 개연성의 결여에 주목하고 있는데, 다른 각도에서 원인을 찾자면 그 망상은 그와 같은 망상의 서사를 제공해준 다른 이야기들의 존재로부터 연유한 것이라고 볼 수 있다. 넓게 보아 이 작

---

5) 정여울, 앞의 글, 303쪽.

가들이 하고 있는 작업은 다른 영역에 속해 있던 이야기를 소설적으로 재매개하는 것이라고 할 수 있는데, 김형중 역시 지적하고 있듯 『고래』의 이야기 실험에 사용되었던 특징들은 "설화에서, 동화에서, 민담에서, 그리고 다른 고전적 소설들에서(특히 마르케스의 소설에서) 익히 들었던 적이 있는 이야기소들"[6]이고 『최순덕 성령충만기』의 경우 "대중음악의 가사, 취조실의 문답, 고전 비극의 대사, 성경의 의고체 문장들이 모두 소설 속에 합병되고 패러디"[7]되고 있으며 "『키메라의 아침』의 무대인 미래도시의 노인촌은 〈블레이드 런너〉와 〈제5원소〉 같은 영화들의 촬영 세트장과 유사"[8]하다.

이 작가들은 그 시점 이후 자신들의 방향을 더욱 급진화시키고 있다. 표면상으로는 속성이 서로 다른 이야기들을 연결시키는 재능을 유감없이 실험하던 초기 단계에 비해 온건해진 듯하지만 사실은 그런 세련성을 동반하면서 실험의 심도를 높여나가고 있다. 그 과정에서 이들은 소설의 전사들에 해당되는 이야기의 전통을 적극적으로 활용하고 있다. 이들의 소설이 '뒤로 가는 이야기'처럼 보이는 이유가 여기에 있을 것이다.

조하형의 「조립식 보리수나무」(『문학판』, 2006년 봄호~겨울호)는 미래의 상황을 그리고 있다. 그런데 그 미래의 상황은 과거와 현재가 무화된 공간이 아니다. 그 미래 속의 사물들은 '조립식 보리수나무'라는 제목처럼 '보리수나무'라는 현재의 자연을 '조립식'이라는 인공의 방식으로 재매개하고 있다. '유전자변형 소나무', '합성밀림', '모조목재 두레박' 등도 역시 그러하다. 이기호의 두 번째 소설집 『갈팡질팡하다가 내 이럴 줄 알았지』(문학동네, 2006)에서 부분적으로 드러난 바 있었던 구연가적 특성은 새로 연재를 시작한 「올보리 선생 만년 수난기」(『문예중앙』, 2007년 봄호~ )에서 더욱 전면화되어 있다. 이기호의 이전 소설에서도 동시대 이전의 한국 소설을

6) 김형중, 「소설의 제국주의, 혹은 '미친, 새로운' 소설들에 대한 사례 보고」, 『문예중앙』, 2005년 봄호, 22쪽.
7) 같은 글, 26쪽.
8) 같은 글, 27쪽.

다시 매개했다고 추측되는 장면들을 볼 수 있었는데 이광수의 사망 기록을 허구적으로 재구성하는 과정에서 소설적 모티프를 얻고 있는 「올보리 선생 만년 수난기」 역시 그와 같은 매개 방식의 맥락에서 얻어진 결과로 보인다. 이 소설의 성격은 소설 속의 한 대목인 다음 구절이 잘 말해주고 있다. "그리고…… 우리의 이야기는 이제 제일 마지막 이야기를 따라, 다시 또 다른 이야기를 낳으며, 계속 흘러간다. 야사의 운명 그대로."[9] 박형서의 최근 작품들에서도 소설이 지나쳐왔다고 생각하고 있던 과거의 이야기의 특징을 민첩하게 활용하고 있다. 「너와 마을과 지루하지 않은 꿈」(『창작과비평』, 2006년 겨울호)이나 「정류장」(『문학수첩』, 2007년 여름호)에서도 설화적 서술 방식을 차용하고 있거니와 「金斧銀斧」(금도끼 은도끼) 설화를 고증한다는 엉뚱하기 짝이 없는 작업에 첨단 기기가 동원되고 있는 박형서의 소설 「열한 시 방향으로 곧게 뻗은 구 미터 가량의 파란 점선」(『문학동네』, 2007년 가을호)은 이 이야기가 과거로의 단순한 회귀가 아니라는 것을 말해주고 있다.

새로운 매체들일수록 이전의 매체보다 재매개의 범위가 넓은 경향이 있다. 가령 신화나 고전을 즐겨 차용하는 게임 시나리오 같은 것이 그 예가 될 수 있을 것이다. 소설 장르의 시선으로만 보면 '뒤로 가는 이야기'처럼 보일 수도 있는 이들의 소설은 미디어 네트워크의 관점에서 바라보면 '앞으로 가는 이야기'인 것이다. 가령 영화 같은 장르에서 첨단의 컴퓨터 그래픽을 실험하기에 좋은 대상은 현재보다 과거나 미래의 공간일 것이다. 거기에서는 내용의 구애 없이 기술이 독립적으로 자신의 성능을 발휘할 수 있기 때문이다. 소설의 경우에도 새로운 매개의 기술을 표현하기에 현재보다 과거나 미래가 더 효과적이다. 그리고 그 점에서는 과거와 미래가 질적인 차별성을 갖지 않는다.

이렇듯 소설의 영토가 다양한 방향으로 확장되다 보니 애초에 그것이 거

9) 이기호, 「올보리 선생 만년 수난기」, 『문예중앙』, 2007년 봄호, 195쪽.

주하고 있던 구체적 시공간의 현실을 벗어나는 결과가 초래되었고, 그리하여 그 이야기들은 공동체의 현실과 마주하던 근대적 의미에서의 소설을 벗어나 보편적인 이야기의 특징을 더 강하게 내포하기에 이른다. 그러는 사이 그 이야기들의 국적은 점점 더 불명확해진다. 한국이라는 장소도 한국인 인물도 등장하지 않는 천명관의 「더 멋진 인생을 위해」(『문학동네』, 2005년 봄호), 「유쾌한 하녀 마리사」(『문학동네』, 2006년 가을호), 「프랑스혁명사」(『창작과비평』, 2007년 여름호) 등의 단편이나 최근 연재를 시작한 「사신(死神)과의 하룻밤」(『문학동네』, 2007년 가을호~ ) 등은 그 극단적인 경우를 보여주고 있다.

여기에까지 이르면 소설 속에 우주와 4차원의 상상력이 도입되기 시작하는 것도 놀랄 일이 아니다. 이장욱은 『칼로의 유쾌한 악마들』(문학수첩, 2005)부터 최근작 「기차, 방귀, 카타콤」(『문학수첩』, 2007년 봄호)까지 여러 시간들을 병치시키는 방식을 통해 4차원의 시선을 소설 속에 도입하고 있다. 윤이형의 「이지라이더」(『한국문학』, 2006년 겨울호)와 「만다린 오렌지의 비밀」(『문학들』, 2007년 봄호)에서도 그와 같은 편린을 엿볼 수 있다. 그런가 하면 박민규와 윤이형의 소설에서 SF의 상상력은 근대 형이상학적 이항 대립의 구도가 해체되는 경계의 지점을 제공하고 있다. 「깊」(문학동네, 2006년 겨울호)이나 「크로만, 운」(『문학과사회』, 2007년 가을호)에 등장하는 디퍼나 융 등은 인간과 인간 아닌 것이 경계를 반성케 하는 존재들이다. 윤이형의 「안개의 섬」(『문학과사회』, 2007년 봄호), 「아이반」(『내일을 여는 작가』, 2007년 여름호), 「마지막 아이들의 도시」(『작가세계』, 2007년 가을호) 역시 현재 혹은 미래의 상황을 배경으로 육체와 정신, 실재와 가상의 경계가 불투명한 지대에 소설적 시선을 드리우고 있다.

이러한 상상력들 역시 근거가 없는 것은 아니다. "『핑퐁』은 386세대의 SF이고 포스트모더니즘 시대의 역(逆) 신약이다"[10]는 규정이나 『핑퐁』의

10) 신형철, 「만유인력의 소설학」, 『작가와비평』, 2006년 하반기호, 202쪽.

결말에서 애니메이션 〈신세기 에반게리온〉의 결말을 떠올리게 된다는 언급[11] 역시 박민규의 소설이 어떤 장르들과 친밀한지를 말해주고 있다. 이 새로운 상상력에는 코믹스 혹은 그래픽 노블, 그리고 SF영화 장르의 특징들이 재매개되어 있다고 하겠다.

여기에서 덧붙여 최근 소설에는 새로운 현상들이 생겨나기 시작했다. 우선 단편에서 나타나는 한 가지 특징은 소설에서 개연성과 핍진성뿐만 아니라 아예 서사 자체가 점점 옅어지고 있는 현상에서 찾을 수 있다. 그러면서 서사는 수사적인 문장이나 혹은 이미지의 연쇄로 채워지게 된다. 서사에 대한 독해는 의미를 추적하여 주제의 발견에 이르는 과정이라기보다 마치 시를 읽거나 음악을 듣는 것처럼, 혹은 영상에 몰입하는 것처럼 문장들이 불러일으키는 특징적인 질감을 음미하는 쪽에 더 가까워진다. 이처럼 '해석에 반대하는' 최근 소설의 경향에 대해 분석하면서 강유정이 "자신이 바라본 것을 설명하거나 묘사하는 것이 아니라 시신경에 연결해 재현해 보여주듯이 그들의 소설은 뇌수에 케이블을 연결해 개념을 투사한다"[12]고 지적했던 것도 이러한 특징과 연관된다. 김애란, 한유주, 김숨 등의 소설이 수사적 문장들의 음악적 상태를 구현하고 있다면 편혜영, 김유진, 김이은 등의 소설은 이미지들이 구축하는 회화적 상태를 지향한다. 김애란, 한유주 소설의 구술성에 대해서는 허윤진의 분석이 있었거니와,[13] 김숨 소설에 나타나는 반복 역시 이 범주에 넣어 생각해볼 수 있다.[14] 편혜영의 최근작들인 「소풍」(『문예중앙』, 2006년 겨울호), 「분실물」(『문학동네』, 2007년 봄호), 「금요일의 안부인사」(『작가세계』, 2007년 여름호) 등에서는 삭막하기 짝이 없는 일상이 그 이전 소설들에 나타났던 공포의 이미지들의 발생 기원이라는 점이 드러나고 있다. 말하자면 이 경우에는 이미지에 서사가 도입되고 있는

11) 진정석, 「사회적 상상력과 상상력의 사회학」, 『창작과비평』, 2006년 겨울호, 214쪽.
12) 강유정, 「ANTI-IDEA: 뉴로맨서의 개인 암호」, 『문학과사회』, 2007년 가을호, 269쪽.
13) 허윤진, 「소노그램 아카이브 시리얼 넘버 6002」, 『세계의문학』, 2006년 겨울호.
14) 심진경, 「탈현실의 문법과 상상력에 관한 질문들」, 『문예중앙』, 2005년 가을호.

중이다. 김유진의 「어제」(『한국문학』, 2007년 봄호), 「어둠」(『내일을 여는 작가』, 2007년 여름호)에서는 여전히 서사와 디테일은 분리되지 않는다. 김이은의 「지진의 시대」(『문학수첩』, 2007년 여름호), 「가슴 커지는 여자 이야기」(『현대문학』, 2007년 7월호) 등은 서사와 비쥬얼이 동시에 하나의 작품을 이루고 있는 독특한 실험을 보여주고 있다.

전체적으로 새로운 작가들의 소설에서 서사 대신 이미지가 증가하는 현상은 궁극적으로 그러한 이미지들을 통합하여 서사화하는 주체의 약화에 기인한다고 할 수 있다. 최근 은희경의 「고독의 발견」(『문학판』, 2006년 가을호), 「의심을 찬양함」(『문예중앙』, 2007년 봄호) 등에 나타나는 자아의 분열에서도 그와 같은 징후를 확인할 수 있거니와, 김사과의 「영이」(『창작과비평』, 2005년 겨울호), 「준희」(『창작과비평』, 2006년 가을호), 「물 마시러 갑니다」(『웹진 문장』, 2006년 9월호), 「이나의 좁고 긴 방」(『현대문학』, 2007년 3월호), 황정은의 「문」(『문학동네』, 2006년 가을호), 「모자」(『문예중앙』, 2006년 가을호), 「오뚝이와 지빠귀」(『문학과사회』, 2007년 가을호), 최진영의 「팽이」(『실천문학』, 2006년 가을호), 「새끼, 자라다」(『실천문학』, 2007년 가을호), 박주현의 「달팽이」(『문학동네』, 2006년 가을호), 「의자」(『문학동네』, 2007년 여름호) 등에서 분열된 의식의 기술은 더욱 극단적으로 나타나고 있다. 그런가 하면 권여선의 「솔숲 사이로」(『문학판』, 2006년 가을호)는 자아의 분열을 두 개의 중첩된 세계의 형상을 통해 드러내고 있다.

「잘가, 또 보자」(『실천문학』, 2004년 봄호) 이후 윤성희의 소설에서 주인공이 사라진 현상 역시 넓게 보면 '포스트휴먼'의 계기를 내포하고 있는 것으로 볼 수 있다. 보통 네 명 정도의 인물들이 대등한 비중으로 등장하는 윤성희의 소설은 소설의 주인공이 한 명이라는 관습을 통쾌하게 해체한다. 그것은 자아 탐구의 양식으로서의 소설 장르로부터 벗어나는 징후라고 할 수 있다. 최근 「하다 만 말」(『문학동네』, 2006년 겨울호), 「등 뒤에」(『창작과비평』, 2006년 겨울호) 등에 유령들이 출몰하고 있는 현상 역시 그와 같은 맥락의 연장선상에 놓인 것이다. 「이어달리기」(『내일을 여는 작가』, 2007년 여름호)에서는 '그녀'와 네 딸의 인터뷰를 서술하는 시점과 그 현실을 유령처럼 다른 세계에서 내다보는 시점(괄호 안의 문장들)이 병치되어 있다. 그것은 자아를 둘러싸고 수직적으로 위계화된 세계를 수평적으로 공존하게 만드는 긍정적 힘의 활용이라고 할 수 있다. 이 확대된 세계 속에서 자아라는 관념은 얼마나 편협하고도 촌스러운 것인가. 「어쩌면」(『세계의문학』, 2007년 가을호)은 수학여행 버스에서 사고로 사망한 네 사람의 이야기이다. 그러니까 유령들의 이야기인 셈이다. 그들은 "같이 밥을 먹는 사이"[15]로 만났다. 여기에는 관계를 이루게 만드는 필연(혈연, 지연 따위들) 같은 것은 없다. 같이 있다는 것 자체가 함께 살아갈 수 있는 무엇보다도 큰 이유이다. 그렇게 볼 때 "그것도 나쁘지 않지"[16]라는 반응은 무기력이 아니라 그 '무위(無爲)의 공동체' 속의 새로운 자아의 윤리를 암시하는 것이라고 할 수 있다.

## 3. 근대 이후 서사의 새로운 존재방식

텍스트와 현실의 대응 관계가 미디어 네트워크 속에서의 상호 매개의 관계로 전환되면서 이야기에서 구체적 시공간성이 점점 더 희미해지는 경향이 나타나게 된 사실을 앞에서 확인할 수 있었다. 서사에서 특정 공동체의 현실적 문제와 그 해결에 대응되는 근대소설의 특징들이 약화되고 이야기의 보편적 차원이 더 두드러지게 된 사정 역시 그와 무관하지 않다.

넓게 보자면 이러한 대립은 근대의 대표적인 활자 매체로서의 소설이 미디어 문화의 국면을 맞이하면서 겪게 되는 사건이라고 할 수 있다. 활자 매체의 시대에는 구술 시대나 문자 시대에 비해 더 많은 사람들이 매체를 활용할 수 있게 되었지만 그럼에도 그것이 공동체의 모든 구성원들에게 개방

---

15) 윤성희, 「어쩌면」,『세계의문학』, 2007년 가을호, 240쪽.
16) 같은 글, 258쪽.

되었던 것은 아니다. 그 매체를 활용하기 위해서는 어느 수준 이상의 언어 사용 능력(literacy)을 보유하지 않으면 안 되었기 때문이다. 그것도 누구나 표현의 주체가 될 수 있는 것이 아니었다. 주로 남성 지식인이었던 작가들이 쓴 작품을 읽는 방식을 통해 자기를 수동적인 표현하는 매체가 곧 근대 소설이었다고 할 수 있다. 비평가들이 필요했던 것도 그 때문이다. 독자가 텍스트에서 무엇을 읽어내야 하는지 확인해줄 사람이 필요했던 것이다. 근대 초기에 소설은 공적이고 사회적인 담론을 생산해내는 활자 문화 시대의 주요 매체였고 주로 남성들에 의해 주도되었다. 개인의 이야기라도 거기에는 시대의 역사가 겹쳐져 있다. 반드시 역사 이야기가 아니라고 할지라도 작품을 읽고 거기에서 시대를 확인하는 이야기들이라는 점에서 그 국면을 가리켜 히스토리(history)로서의 소설이라고 부를 수 있다.

낮은 수준의 언어 사용 능력만을 가질 수밖에 없었던 교육 받지 못한 여성을 비롯한 사회적 약자들은 이 근대의 고급 장르로부터 소외될 수밖에 없었다. 그들에게는 대신 하위 장르의 이야기들이 할당되었다. 그러나 이러한 상황은 근대 후기에 이르러 크게 바뀌었다. 사회 시스템의 변화에 따라 여성들의 지위는 가정 내부와 외부에서 많이 달라졌고 그에 따라 소설을 읽고 쓰는 주체도 변화한다. 그리하여 history의 영역은 다른 미디어로 이전되고 소설 속에서 남성들의 이야기(history)는 여성들의 이야기(herstory)로 대체되는 현상이 나타난다. 우리의 경우 1990년대 이래 그와 같은 국면을 체험해오고 있다. 말하자면 이 국면은 history에 의해 가려진 소수자들의 이야기의 국면인 것이다. 더불어 공공 영역에 의해 가려졌던 사적 영역의 문제들이 이 국면에서 공적인 차원의 문제로 전환되어 논의된다.

그런데 최근 여성 작가들의 소설에서 여성들이 남성들과 어느 정도 대등한 관계를 마련하게 되자 그 관계의 틀을 벗어나 잉여를 욕망하는 경향을 엿볼 수 있다. 이혜경의 「한갓되이 풀잎만」(『세계의문학』, 2006년 가을호)에서 '그녀'는 S와 M 사이에서 흔들리고 있다. S와 공유하는 동병상련의 감정만으로는 충족될 수 없는 욕망이 자신을 배신하고 떠난 M에 대한 그리움의 형태로 남아 있기 때문이다. 정미경의 「들소」(『창작과비평』, 2007년 가을호)에서 화가 수혜는 북한에서 의료 활동을 하는 남편 하윤과 친구이자 연인인 명조 사이에서 흔들리다가 결국 하윤과 헤어지고 명조와 새로운 삶을 계획하기로 한다. 신념이 여성의 모든 욕망을 채워주지 못하는 것이다. 그리고 그것을 인정해야 하는 것이 수혜로서는 견디기 힘든 일이다. 그러나 그때 남편 하윤이 사망하는 사건이 일어난다. 그 죄책감이 수혜의 발목을 붙든다. 권지예의 「바람의 말」(『창작과비평』, 2007년 여름호) 역시 이성을 배반하는 감정을 경험한 모녀의 히말라야 트래킹 동행기이다. 김윤영의 「초콜릿」(『실천문학』, 2007년 가을호)에서 주인공 민주는 실속 있는 결혼상대자 영태와 신비감을 풍기는 새 남자 진호 사이에서 방황하다가 바닷가에 혼자 서서 "나는,/도대체 어떤 사람일까"[17]라고 중얼거린다. 조경란의 「2007, 여름의 환(幻)」(『문예중앙』, 2007년 가을호)에서 남편을 의심하던 서른아홉의 카투니스트인 '나'는 약혼자가 있는 연하남 B와 만나다가 다시 남편과 아이가 있는 가정으로 돌아온다. 그 과정에서 잃어버렸던 남편의 결혼반지가 발견되고 그에 대한 의심은 자연스럽게 풀려버린다. 이 지점에 이르면 이제 소설 속 여성의 목소리는 이전에 소수자로서의 여성이 공적 영역을 향해 외쳤던 그것과 더 이상 같지 않다는 것을 확인하게 된다. 성적 관계의 문제는 여전히 다른 문제 영역과 결합될 때 거기에 의미 있는 차이를 부가할 수 있지만 그것 자체만으로 당대적 문제성을 발휘할 수 있는 시기는 이미 지나친 느낌이다.

herstory의 국면에 부과되었던 과제마저 해소되어가는 상황이라면 소설은 과연 어떤 이야기를 담을 수 있을까.[18] 이미 최근 소설들이 그 징후를 드러

17) 김윤영, 「초콜릿」, 『실천문학』, 2007년 가을호, 148쪽.

18) history로서의 소설의 입장에서 보면 이것이 위기의 상황이라고 인식될 수도 있을 것이다. 그리하여 history로서의 소설을 복원시킴으로써 문학의 위기를 타개할 수 있다고 생각하는 발상이 나오는 것일 터이다. 문제는 내용의 차원에서 그와 같은 특징을 다시

내고 있거니와,[19] 그것은 '나'의 이야기(mystory)[20]의 방향이라고 할 수 있다. 타인이 '나'의 이야기를 대신해주는 수동적 표현으로서의 근대소설이 아니라 모든 사람들이 자신의 이야기를 자유롭게 표현하는 양식이 그것이다. 여기에서 mystory와 history, herstory의 관계는 상호배타적인 것이 아니다. mystory는 history와 herstory의 계기를 내재화하고 있기 때문이다. 그럼에도 이 새로운 방향에는 시장에서 상품 형식을 매개로 이루어지는 이야기의 생산과 수용의 시스템과 배치되는 측면이 있다. 그 시스템을 지탱하는 중요한 요소 가운데 하나인 작가-독자의 구도가 여기에서는 성립되지 않기 때문이다. 그(his)나 그녀(her)의 이야기가 아니라 나(my)의 이야기, 그러니까 모든 사람이 작가이고 동시에 독자인 이야기이기 때문이다.

미디어 매체는 활자 매체에 비해 더 많은 사람들에게 표현의 가능성을 부여하고 있다. 언어 사용 능력(literacy)의 차원은 이제 미디어 언어의 사용

---

도입할 수는 있지만 그렇다고 해서 history로서의 소설이 통용되는 현실의 구도를 다시 복원할 수는 없다는 점이다. 엄밀히 말해 최근 소설에서 작품 속의 현실이라고 말해지는 것들은 객관적 실체라기보다는 상징적 독해의 결과에 가깝다. 그러니까 사실은 "재현되지 않지만 분명히 작동하는 '실재'의 인력"(신형철, 앞의 글, 205쪽)은 텍스트보다 그것을 바라보는 시선에 더 강력하게 작동하고 있는 것이다. 그 시선에는 모든 것을 현실 속의 의미로 해석하고자 하는 의지가 잠복해 있다. 그것은 소설이 현실 인식의 수단이자 그것을 표현하고 공유하는 매체라는 신념과 더불어 문학적 세례를 받은 이들의 일종의 '지향성'이라고 할 수 있다. 그러니까 history의 차원을 강조하는 주장 역시 현재의 구도에서 보면 'mystory'의 범주에 속하는 것이다.

19) 강유정이 "과거의 소설들이 공통된 주제의식으로 연결된 집단 암호를 제시했다면 그들의 문학은 각각 다른 주제로 연결되는 그러니까 각기 다른 확장된 자아로 연결된다. 공통의 상처나 환부가 없는 그들에게 이어서 시대, 역사, 환경과도 같은 고답적 해석의 잣대는 의미 없다. 그들에게 있어 '현실'이라는 개념은 공통의 감각으로 추적할 수 없는 단자적 성격을 지니고 있기 때문이다. 100명의 소설가 그리고 시인에게는 100개의 개인 암호와 100개의 확장 자아가 있다"(앞의 글, 271쪽)고 말했을 때 그 역시 최근 소설들에 이 같은 방향성이 나타나고 있다는 사실을 지적한 것으로 보인다. 다만 단자라고 하더라도 외부와 절대적으로 단절된 것은 아니다. 새로운 세대 작가들의 '개인 암호' 역시 '집단 암호'의 특정 요소들을 다시 매개하는 과정을 거쳐 생성된 것으로 볼 수 있다. 단자(모나드)는 다른 것에 귀속되지 않지만 그럼에도 그들 사이에서 상호작용을 수행하는 동적인 개념으로 이해할 수 있다.

20) 'mystory' 개념은 Gregory Ulmer의 *Teletheory*(Routledge, 1989)에서 원용한 것이다.

능력(electracy)의 차원으로 전환되어 가고 있다. 문제는 이 과정에서 두 차원이 활발하게 매개될수록 새로운 세대의 표현이 더 풍부해질 수 있다는 점이다. 근대 이후의 이야기들은 근대와 절대적으로 단절된 미래로부터 오는 것이라기보다 근대 내부의 이야기들로부터 비롯된다. 우리의 과제는 과거와 현재를 버리고 미래로 투신하는 것이 아니라, 우리가 가지고 있었고 또 가지고 있는 현재의 이야기들로부터 미래의 이야기들을 만들어내는 것일 터이다. 그런 의미에서 소설은 모든 이들이 자유롭게 자신을 표현할 수 있는 새로운 이야기 양식을 위해 어떤 매체보다도 중요한 기여를 할 수 있을 것이다.

# 남성문학의 시대?

## 1. 여성문학의 소멸과 남성문학의 등장

1990년대가 여성문학의 시대였다면, 2000년대는 남성문학의 시대라고 말할 수 있지 않을까. 그러나 이 말은 새 세기에 접어들어 남성문학의 세력이 강화되었음을 의미하지 않는다. 오히려 그 반대이다. 남성문학이라는 용어의 등장 자체가 문학에서의 남성성이 지난날의 보편성을 잃고 문학의 한 특수 영역으로 간주되기에 이른 현재의 상황을 보여주는 것이기 때문이다.

1990년대의 여성문학은 한편으로 이전의 남성 중심의 문학적 보편성에 대한 도전을 의미하는 것이었지만, 그럼에도 여성의 의식을 특수화하고 있었다는 점에서, 그러니까 성적 대립 구도에 의해 부과된 역할에 충실했다는 점에서 여전히 보편적 차원에 도달하지 못하고 있었다. 말하자면 그것은 남성 중심의 문학적 보편성에 대한 일종의 대타적(對他的) 개념이었던 것이다.

하지만 1990년대 중반을 지나면서부터 상황은 달라지기 시작했다. 여성작가들은 더 이상 여성적 의식이라는 한정된 특수지대에 머무르지 않게 되었다. 신경숙, 은희경의 소설에 등장했던 내면적 존재로서의 여성은 천운영, 강영숙의 소설에서는 남성보다도 더 공격적인 여성으로 바뀌었고, 하성란, 배수아 소설에서는 중성화 혹은 탈성화(脫性化)되기에 이르렀다. 윤성희, 김애란 소설의 주인공들은 남성일 경우가 더 빈번하다. 이 과정에서 한국 문학의 한 특수지대로서 존재했던 여성문학은 차츰 보편성을 얻었고 그 부산물로 남성문학이라는 특수지대를 생산해냈다. 그런 의미에서 2000년대는 바야흐로 여성문학이 소멸하고 남성문학이라는 개념이 새롭게 등장한 시대라고 말할 수 있다.

## 2. 남성성의 확인 – 사회 · 역사적 상상력

남성문학의 가장 확실한 지반은 강한 사회성을 내포한 지식인 소설에서 찾을 수 있다. 1980년대까지 한국 소설의 전통은 정치적 상황에 대한 지식인의 의식이 억압적인 현실에 부딪쳐 굴절되면서 소설 내부에 도입되는 방식을 근간으로 하여 이루어졌다. 이러한 방식은 말할 것도 없이 남성적 글쓰기에 속한다. 1990년대 이후 이러한 방향이 상당히 약화된 것은 사실이지만, 그럼에도 불구하고 이 방향에 대한 관성이랄까 향수 같은 것이 여전히, 그것도 특정 세대에게는 매우 강하게 남아 있다. 그리고 그러한 수요는 지난 시대에 활동했던 작가들을 여전히 요즘 소설 무대에서 볼 수 있는 상황의 근거를 제공하고 있다. 사회주의 붕괴 이후의 세계사적 변화를 배경으로 삼은 황석영의 『오래된 정원』(2000)이나 황해도 신천 학살 사건을 다룬 『손님』(2001), 제주 4 · 3 사건을 소재로 한 이청준의 『신화를 삼킨 섬』(2003), 일제시대부터 1980년 광주에 이르는 우리 현대사가 그 배경으로 놓인 임철우의 『백년여관』(2004), 인혁당 사건을 모티프로 취한 김원일의 『푸른 혼』(2005) 등의 소설들은 이 계열을 대표하는 2000년대의 사례들이다.

지난 시대부터 꾸준히 활동해온 작가들과 더불어, 이와 같은 사회적 의식의 표현을 소설의 본령이라고 생각하는 젊은 비평가(운동권의 끝 세대인 1970년생 주변에 몰려 있다)나 작가들(주로 1960년대생 여성작가들과 1970년대생 남성작가들)도 지속적으로 재생산되어 우리 문학의 한 세력을 이루고 있다. 이렇게 시선을 확장시키면, 문학에서 남성성의 문제는 작가나 인물의 성별의 차원을 넘어서게 된다. 가령 황석영의 『심청』(2003)의 주인공은 여성인 심청이지만 『장길산』(1984)의 남성 주인공처럼 영웅화되어 있다. 장길산의 외향성은 심청을 통해 여성으로 내면화되었지만 다른 한편으로 그 남성성은 온존되고 있는 셈이다. 공선옥의 『유랑가족』(2005)과 배수아의 『일요일 스키야키 식당』(2003)은 두 작품 모두 여성작가의 소설이고 가난을 주제화하고 있다는 점에서도 공통되지만, 공선옥 소설의 가난은 철저하게 사회적인 차원에서 취급되고 있다는 점에서 남성적 문학의 전통에 이어져 있는 반면, 배수아의 가난은 사회적 차원을 벗어나 있고 오히려 개인이 처한 모든 문제를 사회적 차원과 관련짓는 방식 자체를 비판하기 위한 계기로 차용되고 있다는 점에서 탈이데올로기적(여성적)인 성격이 강하다.

### 3. 남성성의 반성 – 시선의 전도

전체적으로 최근의 한국문학에서 여성성은 증대하고 있는 반면 남성성은 빠른 속도로 해체되어 가고 있으며 그 결과 문학의 성격 또한 급격히 변화하고 있다. 물론 이 같은 문학적 변화는 사회 전반에서 진행되고 있는 젠더의 성격 및 위상의 변화와 나란히 진행되고 있는 것이다. 새로운 세기에 접어들면서 우리 사회는 성 역할의 혼란과 전도 현상을 급진적인 방식으로 경험하고 있으며 그에 근거한 문화적 코드들이 새롭게 등장하기도 했다. 연상연하 커플의 동거 모티프(〈옥탑방 고양이〉)는 기존의 연애의 정식을 훼손시켰으며, 트랜스젠더 가수의 등장(하리수)이나 동성애 코드를 주제화한 영화(가령 최근의 〈왕의 남자〉, 〈브로크백 마운틴〉)의 흥행 등의 사건들은 성에 대한 일방적 관념을 여러 방향으로 열어놓는 데 기여했다. 지난 해 1억원의 상금을 걸고 제정된 세계문학상의 첫 수상작인 김별아의 『미실』(2005)이나 올해 제2회 수상작인 박현욱의 『아내가 결혼했다』(2006)는 이러한 사회적, 문화적 변화에 대응되는 문학적 현상이라고 할 수 있을 듯하다. 『미실』이 『화랑세기』에 등장하는 신라 여성 미실의 분방한 성 관계를 통해 남성 중심의 성 모럴에 우회적으로 문제를 제기하고 있다면, 『아내가 결혼했다』는 두 남성과의 결혼 관계를 동시에 그것도 서로의 합의하에 유지해나가는 한 여성을 등장시킴으로써 점점 두드러져가고 있는 가족 및 그 구성원의 성적 지위의 변화를 반영하고 있다.

모노가미(monogamy: 일부일처제)의 해체는 근대 이후 어느 시점부터 지속적으로 이루어져왔다. 이혼과 재혼은 점차 빈번해져서 일부일처제의 틀은 유지하되 파트너는 새롭게 교체해 나가는 이른바 시리얼(serial) 모노가미의 비중이 점점 증가하고 있는 추세이다. 김원우의 『모노가미의 새 얼굴』(1996)은 제목 그대로 일부일처제라는 근대적 관념 자체가 일종의 허구가 되어버린 현실적 상황을 포착한 것이다. 이만교의 『결혼은 미친 짓이다』(2000)는 아예 그 입구인 결혼 자체가 허구가 된 상황을 대상으로 삼고 있다. 『아내가 결혼했다』는 여기에서 다시 한 발 더 나아가 그 막힌 입구를 다른 쪽 출구와 연결시키고 있다. 그 출구의 이름은 폴리아모리(polyamory: 비독점적 다자연애)이다. '나'와 결혼한 아내가 다른 남자와 결혼하고, 이 기묘한 삼각 구도의 결혼 관계가 몇 번의 위기를 거치면서도 의연히 유지된다. 물론 시간이 지나면서 아이도 생긴다. '나'는 누구의 아이인지 확인하려고 덤비지만 그와 같은 시도는 세 사람 모두의 아이라는 아내의 원칙 앞에 무릎을 꿇고 만다. 모계사회인 모수 족의 언어에는 '아버지'라는 단어가 아예 없다. 얼핏 들으면 난잡한 호기심을 끌기 위한 작위적 설정처럼 보이는 이 상황은 이처럼 성과 가족의 문제를 둘러싼 사회학적 논의들에 근거를 두고 있는데, 이와 같은 방향의 논의는 주로 여성학자들에 의해 제기되어 온 것이다. 『아내가 결혼했다』는 그러한 문제가 이제 남성작가의 시선을 통해서도, 또 소설적으로도 다뤄지기 시작하는 징후로 볼 수 있다.

젠더 문제를 둘러싼 현실의 변화를 바라보는 남성 작가들의 시선이 내부로 향할 경우 남성성에 대한 반성적 인식을 발생시키기도 한다. 이 같은 문제 역시 전통적으로는 여성 작가들에 의해 제기되어 왔다. 그것은 주로 가

해와 피해의 두 축에 남성의 폭력과 여성의 수난이 배치되는 비교적 선명한 대립구도를 취하는 것이 일반적이었고, 따라서 그러한 고발 형식의 관점은 기본적으로 사회적 성격을 내포하기 마련이었다. 1990년대의 여성문학이 그 이전 시대 문학에 직접적으로 이어진 것이라는 사실을 이 대목에서도 다시 한번 확인할 수 있다.

여성작가들의 남성성 비판이 기본적으로 사회학적 성격을 가진 반면, 남성작가들에 의한 남성성의 분석 혹은 해부는 정신분석적 차원에서 수행되는 경향이 우세하다. 백가흠의 소설집 『귀뚜라미가 온다』(2005)에 실려 있는 아홉 편의 단편들은 남성적 폭력성의 이면에 자리 잡고 있는 성적 지배에 대한 환상과 그로 인한 신경증적 불안, 그리고 그 좌절의 양상을 담고 있다. 이전의 남성 작가들의 소설에서는 그와 같은 남성적 욕망의 이율배반이 무의식적으로 드러나 있었다면, 백가흠 소설에서 그것은 자각적으로, 그리하여 독자적인 소설적 탐구 대상으로 설정되고 있다. 가령 「배의 무덤」의 주인공은 다방 레지 출신의 아내와 육체관계를 맺은 동네 청년들의 아내들을 차례로 폭행하고 원양선을 탄 한 남성이다. 바다가 발생시키는 무서움, 무료함, 고요함 등의 상징화되지 않는 이미지들이 하나의 여성적 계열을 이루고 있다면, 여기에 맞서는 남성적 방식은 문신과 같은 전(前)-기표를 통해 불안을 기표적 체제 안으로 흡수하거나, 혹은 날카로운 칼을 더욱 날카롭게 갈거나 하루에 두 번씩 규칙적으로 자위행위를 하는 반복적 강박을 통해 불안을 해소하는 것이다. 소설 속에서 주인공을 비롯한 선원들이 바다사자의 송곳니 조각을 갈아 성기에 박아 넣는 행위 또한 이 연장선상에 놓인 것이라고 할 수 있다. 그런 방식으로도 흡수되지 않는 리비도적 불안은 외적 대상에 투여되는데, 이 방식은 폭력성을 동반하는 것이 보통이다. 선원들은 무료함을 달래기 위해 한 사람을 골라 두들겨패곤 한다. 소설의 뒷부분에서 고향에 돌아온 남자는 결국 그가 폭행했던 아낙들의 남편인 동네 사내들에 의해 산 채로 매장된다. 백가흠의 소설은 이 폭력의 순환고리의 근원에 남성적 욕망의 이율배반으로 인한 성적 관계 혹은 성적 지배의 좌절이 가로놓여 있음을 보여준다.

남성 자신의 내부를 향한 시선은 때로 남성성에 대한 반성 혹은 분석을 지나쳐서 여성적 아니마(anima: C.G. 융의 용어로 남성 내부의 무의식적 여성적 인격체. 여성 내부의 무의식적 남성적 인격체를 뜻하는 animus와 쌍을 이루는 개념)와 조우하기도 한다. 그리하여 1990년대 후반 이후 여성 작가들의 소설 속 인물들이 중성화 혹은 탈성화되는 경향이 있다면, 최근 남성 작가들의 소설에서는 그 반대로 여성 화자를 빈번하게 만날 수 있다. 김훈의 「언니의 폐경」(2005)은 제목에서도 드러나듯 폐경기의 언니를 관찰하는 중년 여성의 시점으로 그려져 있다. 김연수의 단편 「네가 누구건, 얼마나 외롭건」(2005)은 남편과 이혼을 앞둔 한 여성의 시점을 취하고 있으며, 「기억할 만한 지나침」(2005) 역시 자신의 욕망에 대해 자각하기 시작하는 고3 여학생의 의식에 서술의 초점을 맞추고 있다.

「언니의 폐경」에서 사고로 남편을 잃은 언니는 사고현장에서 남편의 시신을 보면서도 울지 않다가 돌아오는 길 차 안에서 난데없이 쏟아진 생리혈을 처리하고 나서 오랫동안 두 손에 얼굴을 묻고 운다. 「네가 누구건, 얼마나 외롭건」에서 화자인 '나'는 최근 사망한 어느 사진작가의 평전을 쓰게 되는데, 그것은 '나'가 그의 사진 속에 담긴 붉은 빛의 노을을 어머니의 임종 때 보았던 노을과 같은 것이라고 느꼈기 때문이다. 그런가 하면 「기억할 만한 지나침」에서 여고생인 주인공은 친하게 지내는 집안의 부족함 없는 아들 현에 대해 애틋한 감정을 느끼긴 하지만 그 감정을 두고 사랑이라 하기에는 무언가가 결핍되어 있다고 생각한다. 그녀는 정확히 알 수 없는 그 무엇이 고통이라고 생각하며 자신이 욕망하는 것은 바로 그 고통이라고 느낀다. 그리고 그런 욕망을 느끼는 자신이 괴물 같다고 생각한다. 이 사건이나 감정들은 논리적, 재현적인 차원에서는 잘 설명되지 않는다. 말하자면 그것들은 로고스 중심의 남성적 사유의 영역에서 벗어나 있는 것이다. 앞서 지적했듯, 이 새로운 영역의 형상화는 남성적 자아 내부에 자리 잡고 있는 여성적 아니마의 발견에 그 근거를 두고 있는 것인데, 이 발견은 작가 개인의 차원보다는 궁극적으로 성적 대립 구도가 점차 무너져가고 있는 사회적 변화에 대응되는 것이라고 할 수 있다.

### 4) 남성문학의 미래

성 역할과 지위를 둘러싼 사회적 변화에 대응하여 문학의 영역에서 일어나고 있는 이러한 변화는 사회 역사적 상상력에 바탕을 둔 정통적인 리얼리즘 소설에 대한 향수를 갖고 있는 독자들에게는 문학의 위기처럼 인식될 수도 있다. 하지만 원리적으로 한쪽의 위기는 다른 쪽에서 보면 새로운 가능성을 의미하는 것이기도 하다. 무엇보다도 작가들은 성별이 구획해놓은 한정된 영역 내에서 글을 써야 하는 상황으로부터 점차 벗어날 수 있게 되었다. 그리고 성적 대립 구도에 의해 배제되고 은폐되었던 영역들이 새로운 문학적 탐구의 대상으로 떠오를 수 있게 되었다. 이제 소설 속에서 작가의 성별을 구분해내는 일은 극히 어렵거나 불가능한 일이 되어버렸다. 이 변화의 감각에서 보자면 새로운 흐름에 의한 기존 흐름의 대체는 수직적 차원의 발전이나 몰락이 아니라 수평적인 이동 혹은 공존일 것이다. 그런 의미에서 '남성문학의 시대'는 남녀 양성의 특질에 대응되는 문학에서 벗어나 사람들의 수만큼이나 다양한 성적 특질에 대응되는 다성(多性)의 문학을 향해 나아가는 과도기적 국면이라고 할 수 있을 것이다.

# 공공 영역으로부터 사적 영역으로 이행하는 한국 소설의 구조 변동

## 1. 공론장의 약화와 친밀성 공간의 부상

2000년대 이후 한국 소설에 나타나는 가장 큰 변화는 소설 공간의 수평적, 수직적 확산으로 요약될 수 있다. 이러한 현상은 무엇보다 소설 속의 내용이나 형식에 작용하는 현실의 인력이 급격하게 약화된 결과이다. 그리하여 한국 소설의 시선은 공동체 내부의 현실로부터 벗어나 그 경계와 그 바깥에서 펼쳐지는 사건들을 주제화하는 한편, 상상과 무의식의 세계를 넘나들면서 그 편력의 시공간을 활발하게 영토화하고 있다. 현실의 인력은 내용뿐만 아니라 형식의 차원에서도 강하게 작동하고 있었으니, 그 인력의 약화는 대상의 변화와 함께 소설 형식과 규범의 해체 양상을 초래하기도 했다. 이처럼 2000년대의 한국 소설은 그 대상과 형식의 변화를 통해 변화한 현실을 말하고 있다.

변화는 새로운 특징들의 생성으로만 나타나고 있는 것은 아니다. 기존 문학의 형질들 또한 변화하고 있는데, 그러한 변화들 가운데 주목할 만한 것의 하나로 최근 소설에서 공적인 문제제기의 차원이 약화되는 반면 사적인 친밀성의 공간에서 제기되는 커뮤니케이션의 문제가 중요한 관심사로 부각되고 있는 양상을 들 수 있다.

주지하는 바와 같이, 근대문학의 전개과정에서 우리 소설은 공동체의 문제들을 해결하는 데 중요한 역할을 담당했다. 공동체의 구성원들은 소설을 통해 자신이 살아가고 있는 세계에 대한 규정을 얻을 수 있었고 그 속에서 자신의 정체성 또한 마련할 수 있었다. 그러하기에 소설 속에서 인물들이 겪는 실존의 문제들은 공동체 차원의 집단의 문제와 분리되지 않는 것이었다. 표면상으로는 한 개인의 삶의 이야기이지만 궁극적으로 그것은 공동체의 현실에 대한 환유였던 셈이다.

그러나 공동체의 공적인 문제가 어느 정도 해결된 이후에도 사람들은 여전히 새로운 문제들에 직면해 있다. 공적인 문제의 차원에 의해 가려져 있던 영역이 비로소 모습을 드러내기 시작한 것이다. 이전 소설들에서 직장 내의 갈등은 계급 혹은 계층 간의 문제로 분석되었고 가정 내의 갈등 역시 그 원인은 가정 내부가 아니라 외부 현실에 놓여 있었다. 하지만 계급적 문제가 해결되어도 혹은 가정 외부의 사회적 원인이 제거된다 해도 그 구성원들 사이의 문제들이 모두 사라지는 것은 아니다. 공적인 문제의 차원으로 환치되지 않는 고유한 문제의 영역이 고스란히 남아 있기 때문이다. 최근 소설에서 나타나고 있는 문제 영역의 이동은 크게 보면 이와 같은 사회적 변화의 반영이라고 할 수 있을 것이다.

한편 이러한 변화는 글을 쓰는 주체의 변화와도 밀접하게 연관되어 있다. 무엇보다 여성 작가들의 비중이 급증했고, 세대 또한 다양해졌다. 그 이야기들 속에는 사회적 문제와 씨름하는 성인 남성 지식인뿐만 아니라 인생의 황혼을 살아가고 있는 노년의 인물들, 가사와 육아, 자녀 교육을 담당하는 여성들, 가족과 직장의 굴레로부터 탈출하기를 꿈꾸는 20대, 기성세대가 이해하지 못하는 고민들로 인해 고통스러워하는 10대들이 등장하고 있다. 그들은 성인 남성 지식인들이 독점적으로 전유하고 있던 사회적 문제의 틀에 의존하지 않고 자기의 목소리로 자신들의 삶의 문제들을 이야기하기 시작했다. 공적 영역에서 사적 영역으로 이행하는 한국 소설의 구조 변동은 이처럼 현실의 변화를 배경으로, 글쓰기 주체의 다변화를 동력으로 하여 이루어지고 있다.

## 2. 최근 소설에서 제기되는 사적 영역의 문제들

우리 소설에서 문제의식의 장이 공적 영역으로부터 사적 영역으로 이행하는 징후는 남성 가장의 권위가 무너짐으로써 해체된 가족의 모습에서 일찍이 감지되고 있었다. 권위적인 아빠의 구타를 피해 가출했던 오빠가 성장하여 4년 만에 집에 돌아오면서 일어나는 권력 관계의 변동을, 그러니까 가족 간의 커뮤니케이션의 실패가 오히려 더 파행적이고 폭력적인 방식으로 심화되는 과정을 열네 살 여중생 딸의 시선을 통해 풍자적으로 그려내고 있는 김영하의 「오빠가 돌아왔다」(『현대문학』, 2002년 1월호)는 그 신호탄이었다. 이와 같은 가족의 해체 양상은 최근으로 올수록 더욱 급진적인 방식으로 드러나고 있다. 가령 비교적 최근에 발표된 오현종의 「헨젤과 그레텔의 집」(『문학동네』, 2006년 봄호)을 보자. 여기에서 초등학교 교사이자 가족의 유일한 수입원인 '나'는 아홉 평 연립주택에서 할아버지, 할머니, 아버지, 어머니, 남동생과 함께 살고 있다. 스물 네 살이지만 정신연령은 그보다 한참 낮은 남동생을 비롯하여 '나'를 제외한 가족의 구성원들은 자신의 지위에 대응되는 역할을 감당하지 못하고 있어 이 가족이라는 배는 바야흐로 난파하기 직전의 상황이다. 누군가가 배에서 내리지 않으면 침몰할 수밖에 없다. 결국 '나'는 '쓸개 빠진 늙탱이, 술꾼, 티비돌이'인 할아버지와 '종합병동, 잔소리대왕, 바카스중독'일 뿐인 할머니를 놀이공원에 유기하기로 결정한다. 그 과정에서 일어나는 소동을 다소 과격한 방식으로 그려내고 있는 이 소설 역시 어느 시점 이후 가족 내부로부터 일어나고 있는 심각한 반란을 모티프로 취한 것이라고 할 수 있다. 이것은 단순히 가족 구성원들의 갈등이라고만 말해서는 부족하다. 이전과는 달리 가족 구성원들이 더 이상 가장의 권위(팔루스)에 공모하지 않는 사회적 맥락 속에서 발생하는, 새로운 양상의 가족의 해체라고 할 수 있기 때문이다.

김영하와 오현종의 소설에서 가족 해체의 양상이 풍자적인 방식으로 드러났다면, 서하진과 정미경의 소설은 좀더 진지하고 심각한 방식으로 이 문제에 접근하고 있다. 서하진의 「요트」(『문학과사회』, 2005년 가을호)에서 '나'는 남편, 아들과 함께 중산층의 삶을 꾸려가고 있다. 재건축 아파트 분양을 앞두고 있고 아들 또한 별 문제 없이 착한 모범생으로 자라주었다. 그러던 중 사건이 발생한다. 친구를 따라 요트로 세계 일주를 하고 싶어 하는 남편의 현실성 없는 욕망과 아들 정민의 원인을 알 수 없는 가출 사건이 그것이다. 이 사건에는 가족 외부의 현실로부터 가해진 힘이 발견되지 않는다. 사적 영역 외부의 시선으로는 포착되지 않은 채 내부에서 곪아 있던 문제가 마침내 터지고야 만 것인데, 가족 내부의 수평적이지 못한 관계로부터 발생하는 이러한 문제가 가족 외적인 원인으로 인한 다른 문제들보다 더 심각하게 가족 관계를 위협하고 있다. 이 문제들은 사적 영역 내부에서의 대화와 합의를 통한 별도의 노력과 시행착오를 요구하는 것이다. 이 소설에서 아들의 가출에 뚜렷한 원인을 부여하지 않은 것 역시 기성세대의 사회적 시선으로 문제를 재단하지 않으려는 의도의 표현으로 읽을 수 있다. 정미경의 「소년은 울지 않는다」(『한국문학』, 2005년 겨울호) 역시 유사한 설정을 담고 있다. 이 소설은 어머니, 아버지, 아들, 딸 네 가족이 겪는 소통의 문제를 시점 교차의 형식을 통해 드러내고 있다. 정형외과 의사인 아버지 덕분에 가족은 상대적으로 유복한 편이고 어머니 또한 아이들의 입장을 이해하려고 노력하고 있지만 가족 구성원들 사이의 소통은 그리 원활하지 않다. 아버지는 아들 정재가 의대에 입학하기를 원하지만 정재는 그 정도의 성적을 얻지는 못하고 있다. 정재는 시험 부정이 발각된 급우가 창 밖으로 몸을 던진 사건을 목격한 이후 방안에 틀어박혀 일체의 커뮤니케이션을 완강하게 거부한다. 이 소설은 이른바 '히키고모리'라는 사회적 현상을 모티프로 취한 것으로 볼 수 있고, 아들 정재를 자폐적 상황으로 몰아간 현실적 원인들이 지적되고 있어 서하진의 소설과 어느 정도 대비되는 측면을 갖기도 하지만, 역시 가족 구성원들이 사적 친밀성의 공간에서 겪는 커뮤니케이션의 문제가 사회적 문제와 더불어 중심적인 문제로서 제시되어 있다. 이처럼 서하진과 정미경의 소설에서 사적 영역 내에서의 수평적 커뮤니케이션의 문제가 이제 공적 영역의 문제들과 더불어 새로운 사회 문제로 부각되기 시작하는 이행의 징후를 뚜렷하게 감지할 수 있다.

부모와 자녀 간의 세대적 갈등의 문제뿐만 아니라 부부나 연인 사이에서의 커뮤니케이션의 문제 역시 최근 소설의 주된 관심사 가운데 하나이다. 김윤영의 소설 「그가 사랑한 나이아가라」(『작가세계』, 2006년 봄호)에는 캐나다로 이민한 부부가 등장한다. 운동권 출신의 남편은 결혼 이후 자연스럽게 부부관계에서 남성적 지위를 점유한다. 남편에 비해 학력이 낮은 '나'는 처음에는 남편의 그와 같은 방식에 공의존적(codependent)일 수밖에 없었으나 점차 자신의 삶의 추구(quest)에 눈을 돌리게 된다. 1990년대의 여성소설에서라면 이 같은 욕망이 좌절되면서 그 억압으로 인해 두터워진 내면이 기술되었을 테지만, 이 소설에서는 그 갈등을 남편의 독살이라는 극단적인 방식으로, 그럼에도 능청스럽기 짝이 없는 방식으로 해결한다. 정이현의 『달콤한 나의 도시』(문학과지성사, 2006)는 도시 풍속 이면에서 일어나는 사적 영역 내부, 특히 미혼 여성의 일상 속에서의 섹슈얼리티의 추구의 서사로 읽을 수 있다. '나'(은수)가 맺고 있는 여러 남성 파트너들(태오, 유준, 영수 등등)과의 관계는 그와 같은 추구의 유형들에 대응되는 것이기도 하다. 그러하되 그것은 남성들의 헌신을 쟁취하기 위한 것이라기보다는 자신과 함께 미래의 시간을 채워나갈 파트너십을 확인하기 위한 현실적인 과정으로 제시되어 있다. 이 소설이 확보하고 있는 대중성의 한 축이 작가 특유의 속도감 있고 감각적인 문장의 재미라면, 그 다른 한 축은 오늘날의 미혼 직장 여성들의 생활과 욕망을 대변하고 있는 이 현실성이라고 할 수 있다. 김윤영과 정이현의 소설에서 여성 인물들이 겪고 있는 행위와 의식의 제약은 결혼 관계에서 수평적인 성적 협상이 좀처럼 쉽지 않다는 사실로부터 연유한다. 이전의 소설에서 이 영역은 사회적 문제의 차원에 의해 은폐되고 있었다. 아니 어쩌면 보다 근본적으로는 가부장적 체제 속에서 수평적인 성적 협상의 여지가 근본적으로 차단되어 있었다고 할 수 있다. 1990년대의 여성소설에서 여성 인물들이 내면으로 침잠하거나 모성의 뒤에 숨었던 이유가 거기에 있었을 것이다. 하지만 최근의 소설에서 여성 인물들은 결혼 관계 속에서 좌절된 성적 협상을 복구하기 위해 적극적으로 시도하거나, 혹은 결혼 제도의 현실적 문제점들을 낭만적 사랑으로 초월하려 하지 않고 그 구체적인 해결을 도모하고 있다. 최근 소설에서 낭만적 연애나 그 변형인 비극적 연애가 거의 등장하지 않는 이유 역시 이러한 맥락에서 찾을 수 있다.

남성 작가들의 소설에서도 남녀의 성적 관계를 지배하는 것은 더 이상 낭만적 사랑의 코드가 아니다. 이 방면에서 가장 뚜렷하고 폭넓은 문제들을 제기하고 있는 것이 백가흠의 소설이다. 첫 소설집 『귀뚜라미가 온다』(문학동네, 2005)에서 잘 드러난 바와 같이 백가흠의 소설에서는 성적 지배의 좌절로 인한 남성들의 심리와 그 폭력적 해결방식이 다양하게 묘파되고 있다. 최근 「웰컴, 베이비」(『창작과비평』, 2006년 여름호), 「조대리의 트렁크」(『문학판』, 2006년 가을호), 「굿바이 투 로맨스」(『현대문학』, 2006년 10월호) 연작에서도 남녀 인물들은 '낭만적 사랑'과는 극단적으로 대척되는 지점에서 성적 관계를 이루고 있다. 동성애, 성매매, 성적 학대, 감정적 교류가 부재한 성관계, 성적 집착 등등 그 사례들은 다양하게 드러나 있다. 백가흠의 소설은 그와 같은 장면들을 통해 '낭만적 사랑'이 현실 속에서 극단적으로 형해화된 양상을 보여주고 있다. 「굿바이 투 로맨스」에는 한 남자와 동거하는 두 명의 여성이 등장한다. 남자의 끈질긴 집착으로 인해 지옥 같은 경험을 한 영숙씨는 삼 년 만에 남자를 다시 만나게 되고, 남자가 새 애인 미주와 함께 영숙씨의 집으로 들어오면서 이 기이한 동거가 시작된다. 남자는 밖에서는 소심하고 온순해 보이지만 성적 관계에서는 의심과 집착, 폭력과 협박의 주체로 돌변한다. 남자의 이면에는 매일 무자비하게 자행되던 아버지의 폭력에 대한 끔찍한 기억이 숨어 살고 있다. 작가는 대학시절부터 이어져온 남자와 영숙씨의 관계의 역사를 통해 남자의 안에 왜곡된 형태로 숨어 있던 '남성성'의 기원과 메커니즘을 해부하여 드러내는 한편, 결말에서 영숙씨와 미주의 연대를 통해 그 극복의 방향을 암시하고 있다. 백가흠의 소설이 주로 남성인물들의 신경증에 기인한 성적 관계의 파탄을 적나라하게 펼쳐 보이고 있다면, 박현욱의 경우는 어긋난 성적 관계를 협상을 통해 복원하고자 시도하고 있다는 점에서 차이를 보여주고 있다. 「그 사이」(『한국문학』, 2005년 겨울호)에서 사립중학의 국사선생인 '나'는 첫 번째 아내 수경과의 결혼에 실패하고 명주와 재혼했다. 그러나 그녀 역시 가출해버렸다. 이 같은 상황에서 '나'는 스스로를 되돌아보는 한편 성적 협상의 문제를 심각하게 고려하지 않을 수 없게 된다. 그 성적 협상의 과정이 『아내가 결혼했다』(문이당, 2006)에서 본격적으로 제시되고 있다. 아내가 다른 남자와의 결혼을 선언한 이후 'relation'의 문제는 'relationship'의 차원으로 전환되고 있다. 전자가 객관적 관계만을 지시하고 있다면 후자는 타인과의 가깝고도 지속적인 감정적인 유대라는 의미를 포함하고 있다. 요컨대 전자가 공공영역의 문제라면 후자는 친밀성의 영역에서 제기되는 문제인 것이다. 물론 이 소설들에서 협상이 성공적으로 귀결되고 있는 것은 아니다. 하지만 이 과정이 스스로를, 그러니까 성적 관계의 한 주체로서의 남성의 위상을 다시 돌아보는 계기로서 작용하고 있는 것만큼은 분명하다. 그러하기에 그 과정은 실패가 아니라 경험이 된다. 그리고 그것은 더 나은 협상을 위한 토대가 될 수 있다.

흥미로운 것은 이러한 시선의 전환이 소설 속 노년의 삶에서도 나타나고 있다는 사실이다. 정지아의 「봄빛」(『문예중앙』, 2006년 여름호)은 나이가 들어 예전과는 달라진 부모의 모습, 그리고 그 둘 사이의 관계를 통해 인생의 비밀과도 같은 이치를 차분한 어조로, 하지만 만만치 않은 사실성의 무게를 담아 그려내고 있는 작품이다. 예전에 없이 과격하게 설전을 벌이는 아버지와 어머니의 모습에서 팔루스의 권위는 더 이상 찾아볼 수 없다. 이 장면을 바라보며 비애에 젖는, 그러면서 동시에 모종의 해방감을 느끼는 배역에는 여성보다 남성이 더 잘 어울린다. 소설의 화자가 아들(남성)로 설정되어 있는 것은 그 때문일 것이다. 박완서의 「친절한 복희씨」(『창작과비평』, 2006년 봄호)에서 도매상 점원 출신으로 주인의 후처로 살아온 복희씨는 남편이 중풍으로 반신불수가 되고 나서야 비로소 대등한 관계에 놓일 수 있게 되었다. 남편과 복희씨의 성에 대한 인식과 태도의 차이가 복희씨의 고백을 통해 실감 있게 제시되어 있는 이 작품에는 남편의 권위에 짓눌려, 또 그에 대처하면서 평생을 살아온 한 여성의 연대기가 담겨 있다. 복희씨의 고백에서 우리는 비로소 자신의 욕망을 새삼 재인식하고 있는 노년 여성의 목소리를 확인할 수 있다. 최일남의 「수제비」(『현대문학』, 2006년 3월호)에는 상처한 이후 자식과 떨어져 홀로 사는 박교장과 신국장 두 노년의 남성인물들의 대화를 통해 지난날의 남성 중심적 제도 속에서 의식하지 못한 채 이루어졌던 관습적 행위들에 대한 반성이 드러나 있어 인상적이다. 정지아, 박완서, 최일남의 소설이 제시하고 있는 증언과 고백과 대화에서 우리는 노년의 삶의 공간 내부에서 현재 어떠한 사건들이 일어나고 있는지 생생하게 확인할 수 있다.

### 3. 친밀성의 확보를 둘러싼 문제 해결의 방향들

이처럼 최근 소설의 한 흐름은 사적 영역에서의 새로운 문제들을 다양한 방식으로 제기하고 있다. 그것은 이전의 성인 남성의 사회적 시선의 틀이 은폐하고 있던 영역을 드러내면서 공적 영역으로부터 사적 영역으로 이행하고 있는 현실의 변화를 반영하고 있다. 문제 제기와 더불어 그 이행의 과정에서 발생하는 문제들에 대한 해결 역시 추구되고 있는데, 다음에서는 그 추구의 방식들을 살펴보기로 한다.

우선 이전 소설의 인물들이 성적 관계 혹은 가족 관계로부터 떠안은 문제를 고통스럽게 앓으면서 그 현실적 패배를 통해 자아를 확인하고 있었다면, 최근 소설의 인물들은 그와 같은 관습적 굴레로부터 벗어나는 양상을 보여주고 있다. 이 지점에서 기존 소설의 문법 자체가 변화하고 있는 것을 목격할 수 있다. 저마다의 아픔을 가진 인물들이 공동체를 이루어 자신들에게 부과된 삶의 조건을 유쾌하게 반전시켜 나가는 「잘가, 또 보자」(『실천문학』, 2004년 봄호) 이후의 윤성희의 소설들이 그와 같은 문법의 변화를 뚜렷하게 보여주고 있는데, 구경미의 소설 역시 절정 이후 급하강 곡선을 그리면서 결말에 이르는 관습적 서사구성에서 벗어나 있다. 「그리고, 싱가포르」(『현대문학』, 2004년 2월호), 「하품」(『문예중앙』, 2004년 가을호) 같은 작품에서도 구경미 소설의 여성 인물들은 처음부터 문제를 내포했거나 혹은 그 과정에서 좌절된 관계로부터 과감하게 벗어나기 시작했거니와, 근작들에서 그와 같은 태도는 더욱 분명하게 드러나고 있다. 「거짓말」(『현대문학』, 2006년 9월호)에서 지희는 회사 동료 여직원들에게 과시하기 위해 고용한 가짜 애인 한기에게 호감을 느끼고 다시 만날 기회를 갖기 위해 이번에는 가짜 여자 친구들을 고용한다. 회사 여직원들과의 만남에서는 훌륭하게 애인 연기를 했던 한기가 지희의 매력적인 가짜 여자친구들 앞에서는 본성을 드러내고 만다. 소설의 마지막은 고용자와 피고용자로 만난 지희와 그의 가짜 친구들이 한기를 배제하고 진짜 친구로 어울리는 장면으로 맺어진다.

구경미의 소설이 성적 관계의 문제를 유쾌한 농담을 통해 상징적으로 해결하고 있다면, 김윤영의 「모성의 재발견」(『한국문학』, 2006년 가을호)에서 문제를 발견하고 해결을 추구하는 방식은 자못 진지하다. 주인공 하진은 겉으로는 유복한 듯 보이지만 실은 건조한 결혼생활을 겨우 유지하고 있다.

농활대에서 만났을 때 존던의 시구를 들려주었던 남편은 시간이 지나면서 지극히 현실적인 인간으로 변해버렸다. 본질적인 데 충실하자던 그의 맹세는 그저 젊은 날의 치기에 불과했고 집이나 재산 같은 데 연연하지 않고, 똑똑하진 않아도 세상의 빛과 같은 아이를 키워보자던 그의 약속들은 빛이 바래버렸다. 어느 순간 그녀는 시댁에서 분양 받아준 아파트에서의 공산품 같은 능률적인 분위기를 견딜 수 없어 남편과 다섯 살짜리 아이를 남겨둔 채 우발적인 가출을 감행한다. 집을 나온 그녀가 이른 곳은 해남. 그곳에서 그녀는 무허가 성형시술을 하는 중년여성 순애를 만나 새로운 삶을 살아간다. 그녀의 뱃속에 든 두 번째 아이만큼은 세상의 방식이 아니라 자신의 방식으로 기르고 싶었기 때문이다. 하진은 그것이 단지 모성의 문제가 아니라 자신과 한 생명 둘 모두의 생존의 문제라고 생각한다. 이러한 해결 방식은 전작 「그가 사랑한 나이아가라」에 비해 보다 진지하고 근본적이라고 할 수 있을 것이다. 피부관리실 모서리 방의 작은 책상 위에 놓여 있던 두 권의 책 『버지니아 울프』와 『메데이아』가 그 해결방식을 암시하고 있는바, '모성의 발견'이 낭만적 사랑의 출현과 관련된 현상이라면 '모성의 재발견'은 그로부터 벗어나는 가능성을 향한 출발점이라고 할 것이다.

어떤 의미에서 「모성의 재발견」의 순애와 하진은 일종의 대안가족을 이루고 있는 것인데, 최근 소설에는 이처럼 대안가족 형태의 인물관계 설정을 자주 발견할 수 있다. 윤성희의 「감기」(『문예중앙』, 2005년 봄호)에서 '남자'는 어린 시절 아버지와 작은아버지와 함께 살았다. 어머니는 아버지와 2년을 산 후 집을 나가 작은아버지와 열 달을 살았고 또 다시 어디론가 떠나버렸다. 그러니까 작은아버지는 아버지의 동생이 아니라 사실은 연적인 셈이다. 그럼에도 아버지와 작은아버지는 '남자'와 함께 가족을 이루어 함께 살고 있다. 마을버스를 운전하는 '남자'와 고속도로 톨게이트에서 일하는 '여자'가 저마다의 문제를 간직한 승객들과 함께 마을버스로 고속도로를 질주하는 소설 속의 장면 역시 관습적인 삶의 방식과는 다른 새로운 삶의 궤도를 지향하는 의식의 소산이라고 할 수 있다. 이신조의 「내밀한 가족」(『세계의문학』, 2005년 겨울호)에서도 특이한 형태의 대안가족을 목격할 수 있다. 여기에는 37세의 삼촌인 '나'와 17세의 조카 미나가 이루는 가족이 등장한다. 미나는 열 살 터울이 지는 큰 형이 바람을 피워서 난 딸인데 미나의 엄마 강수희는 한때 '나'의 수학 과외선생이자 연정의 대상이기도 했다. '나'와 미나와 강수희가 이루었던 새로운 가족은 재혼과 함께 모녀가 필리핀으로 건너가면서 종료된 듯했는데, 미나가 퇴학과 자살기도 사건을 거쳐 결국 귀국하면서 '나'와 미나의 가족관계가 새롭게 성립하기에 이른 것이다.

재조합적 가족(recombinant family) 역시 그와 같은 새로운 가족 관계의 한 형태라고 할 수 있다. 윤대녕의 「편백나무숲 쪽으로」(『문학동네』, 2006년 봄호)에서 찬영은 어린 시절 첫사랑을 찾아 가출한 어머니, 그리고 어머니를 찾아나섰다가 돌아오지 않은 아버지로 인해 백부모의 손에서 자랐다. 이 소설은 부모의 결손으로 인한 찬영의 원한의 감정이 해소되는 과정을, 그러니까 아버지와 또 자신과 마침내 화해하는 과정을 그리고 있다. 그런데 여기에 한 가지 또 다른 문제가 잠복해 있다. 어머니를 찾아 나섰던 아버지가 돌아오지 못했던 것은 어머니가 그 남자와의 사이에서 얻은 아이를 남겨놓고 사망했기 때문이었다. 자신과 피가 섞이지 않은 그 아이를 돌보기 위해 아버지는 식당 여인의 도움을 받았고 나중에는 그녀와 살림을 차려 또 한 명의 아이가 생겼다. 소설 속에서 찬영은 "그들은 모두 남이던가? 이제는 남이 아니던가?"[1]라고 잠꼬대처럼 중얼거린다. 윤대녕의 또 다른 소설 「우리들의 저녁」(『현대문학』, 2006년 1월호)에는 386세대 해운과 미선, 미선의 딸, 그리고 해운과 미선이 함께 얻은 아들로 이루어진 가족이 등장하거니와, 이 곡절 많은 사연 속에서 이 세대가 직면하고 있는 현실적 문제의 하나인 가족의 해체와 재구성의 양상을 확인할 수 있다. 박완서의 「대범한 밥상」(『현대문학』, 2006년 1월호)에는 부부로 맺어진 자식이 교통사고로 사

---

1) 윤대녕, 「편백나무숲 쪽으로」, 『문학동네』, 2006년 봄호, 202쪽.

망하면서 사돈과 그들의 손자, 손녀로 맺어진 가족이 등장한다. 외동아들, 외동딸을 각각 떠나보내고 어린 남매를 키우기 위해 과부와 홀아비 사돈이 살림을 합친 것인데 남매가 성장하여 유학을 떠나자 두 사람이 남았고 사돈 영감이 세상을 뜨자 화자의 고교동창인 경실만 결국 남게 된다. 죽음을 앞두고 찾아온 화자에게 차려준 경실의 '대범한 밥상'은 상식적 윤리에 얽매이지 않고 주어진 현실을 자연스럽게 받아들이는 개방적인 삶의 태도가 갖는 새삼스런 가치를 말해주고 있다. 윤영수의 「광고맨 강과 그의 사랑하는 아들」(『문학사상』, 2006년 8월호)에는 입양아와 부부가 이루는 가족이 등장한다. 특이한 것은 각각 광고맨과 큐레이터인 부부는 아이가 입양되었다는 사실을 숨기지 않으며 입양아 강지훈 역시 자신이 입양되었다는 사실에 콤플렉스를 갖고 있지 않다는 점이다. 그야말로 쿨하기 짝이 없는 이 새로운 가족의 구성원들은 최근 우리의 현실 속에서 가족에 대한 관념이 얼마나 급속하게 변화하고 있는지 잘 보여주는 사례라고 할 수 있다. 소설 속에서 이 가족은 광고맨 강을 버리고 집을 나갔던 어머니가 출현하면서 위기에 처하게 되고 일련의 소동을 거쳐 마침내 분해 직전까지 이른다. 구효서의 「저녁이 아름다운 집」(『작가세계』, 2006년 봄호)에는 한국인 아내와 한국인 입양아들과 함께 가족을 이룬 미국인 브루스가 등장하기도 하는데, 이와 같은 관계의 설정 역시 복잡해진 현실 속 가족 관계의 양상에 근거한 것으로 볼 수 있다.

이와 같은 방향은 혈연에 의한 형식적인 가족관계와 다른 차원의, A. 기든스가 '순수한 관계(pure relationship)'라고 불렀던 방향을 향하는 흐름이라고 할 수 있다. 윤대녕의 「못구멍」(『문학사상』, 2006년 7월호)에서 기훈은 대학동창 명해와 우연한 꿈을 계기로 만나 청혼, 결혼, 별거, 재결합의 수순을 차례로 밟는데, 이 소설에는 이 작가의 전작들에 자주 등장했던 남성 인물 중심의 에피소드적 섹슈얼리티와는 다른 차원의 방향이 드러나 있다. 기훈이 먼저 잠든 밤마다 명해가 아이브로우 펜슬로 침대 머리맡에 한

줄씩 적어놓은 문장들을 기훈이 읽게 되는 결말에서 그것을 확인할 수 있다. 이혜경의 「한갓되이 풀잎만」(『세계의문학』, 2006년 가을호)에서는 순수한 관계를 향한 열망이 더욱 뚜렷하게 제시되어 있다. 고졸 학력의 학원 경리사원이던 '그녀(김기혜)'는 명문대 출신의 유능한 강사 M과 연애를 했고 그와의 결혼을 심정적으로 기정사실화했지만, M이 학원 이사의 조카와 결혼하게 되면서 그 환상은 처참하게 깨지고 만다. '그녀'는 M이 자신에게 맡긴 배역에 지나치게 충실했던 것인지도 모른다. '그녀'가 가부장적인 가정과 사회에서 딸로서, 여성으로서 겪어온 세월이 '그녀'로 하여금 그렇게 행동할 수밖에 없도록 만들었을 것이다. 학원을 그만두고 속기사가 된 '그녀'. 가정에서 일어나는 상습적인 폭력의 현장이나 혹은 배우자의 간통 현장을 녹음한 것을 글로 옮겨 이혼 재판을 위한 자료로 제공하는 일이 '그녀'의 주된 업무이다. 아내의 간통 현장을 도청하여 '그녀'에게 가져왔던 S 또한 '그녀'의 고객 가운데 한 사람이었다. '그녀'는 녹음된 내용 가운데 S의 아내가 정부와의 대화중에 그의 소심한 성격과 성적 무능을 조롱하는 부분을 말없음표로 처리하여 녹취록을 작성했다. 어느 날 이혼한 S가 말없음표에 묻어 있는 '그녀'의 배려에 고마움을 전해왔고 그것을 계기로 '그녀'와 S는 마음과 몸을 나누는 사이가 된다. 그러나 '그녀'의 마음 한 구석은 여전히 M을 향한 생각으로 채워져 있기에 '그녀'와 S의 마음 역시 하나로 맺어지지 못하고 어긋날 수밖에 없다(不結同心人). 이렇듯 이 소설은 한 인간이 타인과 더불어 추구하는 관계가 성공 혹은 실패의 드라마가 아니라 어느 시점에 이르기까지, 혹은 그 시점 이후에까지도 계속되는 시행착오의 과정일 수밖에 없다는 것을 담담하게 말하고 있다. "그녀에겐 선택의 여지가 그리 많지 않았다. 사랑하거나 사랑하지 않거나"[2]라는 이 소설의 마지막 결말은 그와 같은 시행착오를 겪는 가운데에서도 '합류적 사랑(confluent love, 두 사람의 정체성이 과거에는 각기 달랐음을 인정한 위에서 다가오는 미래의 시간을 향해

2) 이혜경, 「한갓되이 풀잎만」, 『세계의문학』, 2006년 가을호, 667쪽.

사랑의 유대를 공유하고 새로운 정체성을 협상해 가는 사랑)'을 향한 '그녀'의 안타까운 열망을 표현하고 있는 것일 터이다. 대상('특별한 사람')에 초점을 맞추었던 것이 '낭만적 사랑'의 특징이라면 '합류적 사랑'에서는 관계에 주된 초점이 놓인다. 김기혜라는 고유명 대신 시종일관 '그녀'라고 표기하고 있는 것, 그리고 '그녀'를 둘러싼 두 명의 남성을 M, S와 같이 영문 이니셜로 표기하고 있는 것 또한 이 소설의 초점이 대상이 아닌 관계에 맞춰져 있다는 것을 보여주고 있다.

## 4. 소설의 새로운 문제 공간으로서의 사적 영역

지금도 사람들은 여전히 예전처럼 가족이라는 결합 속에서 삶을 영위하고 있고 앞으로도 그럴 테지만 그 집단의 지속성과 성격은 이전과 많이 달라졌고 앞으로도 계속 변화할 것이다. 젠더와 성에 대한 인식 역시 급속하게 변화하고 있는바, 그것은 우리 현실 전체의 변화를 가늠하는 중요한 지표가 되었다. 그 과정에서 이전에는 간과되거나 혹은 사회적인 차원의 문제로 치환되어 인식되었던 새로운 문제들이 발생하고 있다. 팔루스의 권위는 약화되어 페니스로 쇠퇴하고 있지만, 그 권위의 공백을 대신할 새로운 합리성은 미처 마련되지 못한 상황이다. 대화와 합의를 통한 문제의 조정과 해결의 시도는 관습의 저항에 가로막히기 일쑤이다. 우리는 바야흐로 사적 영역에서 제기되는 이와 같은 문제들을 심각하게 체험하는 한편 그 해결을 위한 시행착오를 겪고 있는 중이다. 공적 영역으로부터 사적 영역으로 이행하고 있는 최근 한국 소설의 경향 역시 변화하고 있는 현실 속에서의 문제들과 그 해결의 시도들에 대응되는 것이라고 할 수 있다. 최근 소설들이 제기하고 있는 이 새로운 문제 영역은 이전의 근대소설의 공적인 문제틀에 의해서는 의미 없는 것으로 방치되기 쉽지만 그처럼 공적인 문제틀에 의해 여과된 목소리들이 이미 하나의 흐름을 이루고 있다. 이 흐름에서 2000년대 한국 소설의 한 가지 뚜렷한 방향성을 확인할 수 있다.

# 오이디푸스 극장

## – 한국 소설에 나타난 아버지의 변천사

### S#1. '아비는 남로당이었다'

한국 소설 속에 등장하는 아버지에 관한 고전적인 명제들이 있다. 우선 '아비는 남로당이었다'. 이 명제는 식민지 시대 '아비는 종이었다'에 이어진 것이다. 후자가 식민지 시대 문학의식의 발생적 근원을 제시하고 있다면, 전자는 해방 이후 분단 상황에서의 이념적 지향을 드러내고 있다.

> 그렇지만 아들이여, 이제 다가올 너희들의 시대는 다르다. 너희 어리석음이 새로운 빚만 끌어들이지 않는다면 너희는 자유로운 이 땅의 주인이다. 새로운 피만 흘리지 않는다면 우리가 무용하게 흘린 피는 세월의 비바람에 씻겨 간 뒤일 것이고, 새로운 미움만 기르지 않는다면 우리시대의 낡은 원한은 무디어져 서로를 베지 못할 것이다.[1)]

종이거나 남로당이었던 이 시기의 아버지는 부재중이었고 그렇기 때문에 아들에게는 원망과 그리움의 양가적 감정을 불러일으키는 대상이었다. 그 결여의 상태는 대상에 신비감을 부여하는 동시에 현실을 대타화하면서 아

1) 이문열, 『영웅시대』, 민음사, 1984, 648쪽.

직 도래하지 않은 이상적 상태를 암시할 수 있었다. 그 같은 심리적 메커니즘에서 아버지를 찾는 과정은 진정한 자아를 찾는 과정과 사실상 같은 것이었다. 이 경우 아버지를 상상할 수 있도록 해주는 근거는 사회적 이념이었고, 그 상상의 주체는 불의의 현실에 맞서고자 하는 사회적 자아였다. 이와 같은 구도는 궁극적으로 현실의 아버지 대신 새로운 아버지를 상상하는, 그러니까 현실 속의 아버지(권력)를 부정하고 이념이라는 새로운 아버지를 진짜 아버지라고 믿어 의심치 않는 전형적인 '가족소설(Familienroman)'의 그것이라 할 수 있다.

## S#2. '아비는 신버지였다'

그 이념성에 맞서 등장한 또 하나의 명제. '아비는 신버지였다.'

> 조악하게, 조악하게… 조악한 방식으로 제작할 것. 그것이 제이의 방식이다. 하지만 제이는 스스로 '신버지'라고 명명해 부르는 방해물이 그를 괴롭히면서부터 그 짓을 곧 그만두지 않을 수 없었다. '신격화된 아버지'의 줄임말이 분명할 신버지는 단순한 무의식의 산물이 아니었다. 공포의 감정이 오금을 저리게 하고 이빨을 떨리게 하듯이 제이의 내면 깊숙이 아로새겨진 아버지의 억압과 명령은 그의 육체에 직접 행사되는 실체였다.[2)]

정신분석학적 의미에서의 아버지는 생물학적 아버지에 국한되는 것이 아니라 '아버지의 이름' 곧 상징으로서의 남근(팔루스)을 의미하는 것이다. 이렇게 보면 현실의 아버지를 부정하고 새롭게 찾은 아버지 역시 궁극적으로는 아버지일 따름이다. 그 새로운 아버지 역시 '조직 혹은 제도라는 아버지'라는 것을 의식하는 지점에서 모든 아버지들과의 전면전이 시작된다. 그것은 모든 아버지를 부정하는 무정부적 경향을 본성으로 삼는다. 그 무정부적

2) 장정일, 『내게 거짓말을 해봐』, 김영사, 1996, 55~56쪽

저항은 자기 속에 자리 잡은 아버지까지 포함하는 것이고 그러하기에 근본적인 것이다. 끝이 날 수 없는 싸움이고 따라서 패배가 전제된 싸움이다. 어느새 무정부주의자 아들은 그를 뒤따르는 자들의 아버지가 되어 있다.

### S#3. '아비는 개흘레꾼이었다'

이처럼 지난 시대 우리 소설에 등장했던 아버지는 금기와 규율로서의 아버지였고 그러하기에 저항과 극복의 대상이었다. 그 대결은 이념성과 무정부성의 두 방향에서 추구되었는바, 마르토 로베르가 『기원의 소설, 소설의 기원』(1972)에서 시도했던 유형화에 따라 전자를 사생아의 가족소설(사실주의)이라고 할 수 있다면 후자는 업둥이의 가족소설(낭만주의)로 분류해볼 수 있다.

그러나 1990년대를 통과하면서 이념성은 좌절되었고 무정부성은 순치되었다. 그 과정은 적어도 표면상으로 오이디푸스 구조에서 아버지가 사라지거나 존재감이 희미해지게 되는 상황과 나란히 진행되었다. 이에 대응하여 새로운 명제 하나가 등장했다. '아비는 개흘레꾼이었다'.

> 나의 아비는 숙명의 종도, 그리고 권력투쟁에서 패배한 남로당이었다고 외칠 만한 위치에 있지도 못했기 때문에 나는 또 다른 가슴앓이를 해야 했던 것이다. (…) 그런 의미에서 아버지는 테제도 그렇다고 안티테제도 아니었다. 그저 하릴없이 암내 난 개 목에 낡아빠진 개줄을 걸고 다니며 상대 수캐를 고르고 한적한 돌산 같은 데로 올라가 흘레를 붙여주는 일을 보람차게 수행하는 사람일 뿐이었다. 그러니 내가 나가야 할 출구를 아버지가 미리 다 막아놓은 셈이었다.3)

테제라면 추종의 선택이 있겠고, 안티테제라면 저항의 방법이 있다. 그러나 테제도 안티테제도 아닌 개흘레꾼 아버지에 대해서는 추종도 저항도 무

---

3) 김소진, 「개흘레꾼」, 『고아떤 뺑덕어멈』, 솔, 1995, 44쪽.

의미하다. 이 순간 출구는 없다. 아버지를, 즉 자신의 운명적 현실을 승인하는 것 말고는 선택의 여지가 없다. 이제 이념성과 무정부성이 물러나고 현실성이 지배적인 흐름으로 자리 잡는다.

이처럼 이념의 전선으로부터 아버지가 현실로 돌아왔을 때 오이디푸스 구조는 변화한다. 거기에는 초라한 아버지가 있다. 이 순간 이미 오이디푸스 구조는 희미해져 있다. 상징의 권위가 약화된 현실 속에서 아버지는 화해의 대상이 되었다. 외부를 지향했던 의식은 그 방향을 돌려 내면으로, 기억으로 향한다.

### S#4. '달려라, 아비'

상징의 권위는 약화되었지만 그럼에도 현실 속의 법은 더욱 미세한 삶의 차원까지 아우르며 작동하고 있다. 이 해체된 오이디푸스 구조 위에서, 그러니까 새로운 오이디푸스화의 상황 속에서 2000년대 소설은 출발한다.

앞 장면들에 등장했던 고전적 명제들에 맞서는, 아버지를 말하는 새로운 세기의 소설적 명제로는 어떤 것을 제시할 수 있을까. '달려라, 아비'라는 낯선 명령형의 명제가 2000년대의 새로운 오이디푸스의 성격을 상징적으로 보여주고 있다고 할 수 있지 않을까.

> 내겐 아버지가 없다. 하지만 여기 없다는 것뿐이다. 아버지는 계속 뛰고 계신다. 나는 분홍색 야광 반바지 차림의 아버지가 지금 막 후꾸오까를 지나고, 보루네오섬을 거쳐, 그리니치 천문대를 향하여 달려가고 있는 모습을 본다. 나는 아버지가 지금 막 스핑크스의 왼쪽 발등을 돌아, 엠파이어스테이트빌딩의 백십번째 화장실에 들러, 이베리아 반도의 과다라마 산맥을 넘고 있는 모습을 본다. 나는 깜깜한 어둠 속에서도 아버지의 모습을 잘 식별할 수 있는데, 그것은 아버지의 야광 바지가 언제나 반짝이고 있기 때문이다. 아버지는 뛴다. 물론 아무도 박수쳐주지는 않을 것이다.[4]

---

4) 김애란, 「달려라, 아비」, 『달려라, 아비』, 창비, 2005, 15쪽.

여기에는 아버지라는 상징의 자리를 상상으로 메우는 새로운 방식의 오이디푸스화가 등장하고 있다. 지난 시기의 소설에서라면 부재하는 아버지의 자리를 메우기 위한 실존의 드라마가 펼쳐졌을 대목에서 김애란은 그 부재를 상상으로 가볍게 대체한다. "내겐 아버지가 없다. 하지만 여기 없다는 것뿐이다"고 솔직하게 말할 수 있는 감각, "아버지가 나에게 금기는 아니었다. 그것은 우리에게 중요한 문제가 아니기 때문에 자주 언급되지 않았을 뿐이다"[5]라고 담담하게 이야기할 수 있는 감각, "아버지가 없는 아이라고 해서 특별히 나쁠 것도 다를 것도 없는 일상이었다"[6]고 천연덕스럽게 표현할 수 있는 감각 속에 김애란 세대의 오이디푸스화의 조건이 놓여 있다.

## S#5. '아비는 상상이다'

아버지의 금기와 억압, 그리고 그로부터 벗어나고자 몸부림치는 아들의 살부 욕망이 대립하는 고전적 오이디푸스 구조가 이전 소설의 구도를 이루고 있었다면, 최근으로 올수록 그와 같은 삼각형의 견고한 도식이 해체되는 양상이 뚜렷해지고 있다. 이 새로운 오이디푸스 구조에서 아버지의 자리에는 다른 항목들이 놓이기 시작한다. 그리고 그 새로운 항목들로 인해 오이디푸스 구조의 성격은 변화하고 있다. 바로 앞 장면에서 보았듯, '아비는 상상이다'는 이 새로운 오이디푸스화를 대표하는 명제라고 할 수 있다.

> 나는 턱밑까지 이불을 끌어올린 채 가만히 누워 아버지를 생각했다. 아버지의 생활, 아버지의 죽음, 아버지의 잔디깎이, 뭐 그런 것들. 그런데 아버지는 아직도 내 머릿속을 뛰어다니고 있었다. 너무 오랫동안 해왔던 상상이라 잘 지워지지 않는 모양이었다. 그런데 갑자기, '나는 결국 용서할 수 없어 상상한 것이 아닐까' 하는 생각이 들었다. 내가 아버지를 계속 뛰게 만드는 이유는, 아버지가 달리기를 멈추는 순간, 내가 아버지에게 달려가 죽여

---

5) 같은 글, 15~16쪽.

6) 같은 글, 21쪽.

버리게 될까봐 그랬던 것은 아닐까. 그러자 갑자기 나는 서러워졌고, 그 서러움이 나를 속이기 전에 빨리 잠들어야겠다고 생각했다.[7)]

상상은 실재와의 대면을 피하기 위한 전략이다. 상상이 약화되는 순간 서러움이 솟는다. 빨리 잠들어 새로운 상상을 불러와야 하는 이유이다. 상징의 부재로 인한 질척거리는 감정의 세계 속으로 빠져들지 않고 상상으로 가볍게 벗어나기, 바로 여기에 이 새로운 세대들의 윤리적 감각이 작동하고 있다. 꿈을 꾸는 방식을 일러 윤리라고 할 수 있다면, 그런 의미에서 이 새로운 세대는 이전 세대와는 다른 꿈을 꾸고 있는 것이다.

### S#6. '아비는 텍스트다'

한유주의 「K에게」는 편지 형식의 소설이다. 이 편지는 수취인과의 소통을 목적으로 한 것이라기보다는 발신인의 심경을 고백하는 독백 형식에 가깝다. 여기에서 중요한 것은 '나' 속에 쌓아두었던 '나'의 존재와 연관된 문제들을 '나'의 밖으로 쏟아내는 것이기 때문이다. 그 독백을 성립시키기 위해 가상의 수취인이 전제되어 있는데, 이 경우 그 수취인이 누구냐에 따라 '나'의 고백의 성격이 좌우된다.

나는 아이와 아버지를 둘 다 이해할 수 있어요. 어쩌면 어머니까지도 이해할 수 있을 것 같습니다. 아니, 그렇기를 바랍니다. 당신도 아버지에 대한 글을 썼었지요. 당신이 쓴 편지는 불에 던져지지 않고 살아남아 출판되었고, 거의 한 세기가 지나가는 동안 온갖 나라의 언어로 번역되었고, 나도 그 책을 읽은 많은 사람들 가운데 한 명이 되었습니다. 나는 당신이 바랄 만한 이상적인 독자는 아닐 거예요. (마지막 날 당신은 오히려 어떤 독자도 원치 않는 것 같았어요.) 다만 나는 당신의 신음을 들었고, 그 소리가 아팠습니다. 이상한 일이었습니다. 당신이 그러했듯, 생각해보면 내 관심사는 오로

7) 같은 글, 26~27쪽.

지 나 자신뿐이었으니까요. 지독히도 나 자신뿐이었죠.[8)]

이 편지의 수취인은, 제목에서 드러나듯, 'K'이다. 카프카가 끝내 아버지에게 드리지 못한 「아버지에게 드리는 편지」(1919)를 썼듯이 이 소설의 화자 역시 'K'에게 한 번도 부치지 못한 편지를 일곱 번째 쓰고 있다. 차이가 있다면 여기에서는 그 가상의 수신자가 아버지가 아닌 이미 죽은 먼 나라의 소설가인 'K', 곧 카프카라는 사실이다.

이전 시대의 문학작품에서 등장인물들이 자기 존재의 극한에서 그 너머를 꿈꿀 때마다 마치 제의처럼 수행했던 고해성사의 수신자는 아버지(혹은 어머니)였다. 그런데 여기에서 '나'는 아버지와 어머니에 관한 이야기를 포함하여 자신의 내밀하고 사적인 삶의 사연들을 카프카에게 고백하고 있다. 아버지와 어머니는 더 이상 예전처럼 그 배후에 현실과 관련된 모든 문제들을 뒤에 업고 '나'와 함께 이루는 삼각형의 나머지 두 꼭짓점을 점유하고 있지 않다. 그런 의미에서 그들은 더 이상 주체가 자신의 존재의 근원을 밝히는 과정에서 부딪치지 않으면 안 되는 절대적인 존재가 아니다. 이제 '나' 자신을 증명해줄 진정한 기원을 오이디푸스 구조 너머에서 찾아야 한다.

소설 속에서 '나'는 자신의 존재와 연관된 질문이 떠오를 때마다 그 대답을 아버지나 어머니에게 묻는 대신 '백과사전'을 찾는다. '당신'(K = 카프카)의 존재를 알려준 것 역시 백과사전이었다. 백과사전은 물론이고 카프카와 그가 쓴 글들 역시 사회가 공유하는 상징적 차원의 일부분이다. 그럼에도 상징에 대한 저항의 역사를 담고 있는 그 '소수자들의 언어'는 팔루스와의 거리를 생산하는 사회적 계기이기도 하다. 그러나 카프카와 '나'가 이루는 새로운 오이디푸스 구조 속에서 그 사회적 차원은 자아의 실존적 차원의 문제로 전이된다. 그러니까 그것은 '나'가 일상의 이데올로기에 흡수되지 않은 삶의 영역을 유지할 수 있도록 해주는 근거이지만, 그것은 다른 방식으로

---

8) 한유주, 「K에게」, 『문학과사회』, 2006년 겨울호, 160~161쪽.

'나'의 존재를 오이디푸스 구도 속에 다시 배치시키는 기제이기도 하다. 계속 도주하지 않으면 안 된다.

### S#7. '아비는 유령이다'

한유주의 다른 작품 「유령을 힐난하다」에서도 '나'의 존재 영역은 아버지 아닌 다른 어떤 것에 의해 점령되어 있다. 「K에게」에서 그것이 카프카였다면, 「유령을 힐난하다」에서 그것은 '어느 죽은 병사의 고된 기억', 그러니까 타자의 기억이다. 그것은 상징계 속의 '나'와는 무관한 것처럼 존재하는 의식의 지대, 우리가 무의식이라고 부르는 세계로부터 연유한 것이다. 그 타자의 기억은 상징 바깥의 세계에서 출몰한다는 점에서 마치 유령과도 같다. 유령은 무엇인가? 그 죽음이 상징화되지 않는 존재이다. 그렇기 때문에 그것들은 죽었어도 다시 돌아온다. 생물학적 죽음은 그것이 상징화되는 순간 비로소 완료되는바, 지젝의 말대로 모든 것은 두 번 죽는 법이다.

이처럼 '나'는 상징과 그 바깥 사이에 걸쳐져 있다. 이 소설의 군데군데에 노출되어 있는 말줄임표가 그와 같은 상황을 도상의 형태로 보여주고 있다. '나'가 자신의 존재와 관련하여 던지는 질문이 다음에서 보는 것처럼 오이디푸스의 영역을 초월할 수밖에 없는 것은 그 때문이다.

> 그는 묻고 싶었다. 아버지에 대해서, 어머니에 대해서. 기억에 대해서, 죽음에 대해서. 죽은 사람도 사람일까? 그리고 잊어버린 기억도 여전히 기억일까?[9)]

상징의 세계 바깥을 배회하고 있는 '나'에게 상징의 세계에서 일어나는 사건들은 그 절대성을 상실해버렸다. "아버지가 아직까지도 아버지 역할에 과도하게 몰입하고 있다고, 그는 생각했다"[10)]는 대목에서 보듯 아버지라는

---

9) 한유주, 「유령을 힐난하다」, 『창작과비평』, 2006년 여름호, 118쪽.

상징은 상대화되어 있다. 상징이 차지하고 있던 그 자리는 공백으로 남았고, 그 공백의 자리는 다른 어떤 것들로 채워지게 되어 있다. 가령 유령 같은 것. 상징화되지 못하고 떠도는 것들. 상상이나 꿈 같은 것들.

## S#8. '아비는 늑대이다' : 동물-되기 (1)

그런 의미에서 김유진 소설에 등장하는 꿈 역시 한유주의 유령이나 김애란의 상상과 맥락을 같이 한다. 「늑대의 문장」은 어느 섬에서 일어난 연쇄적인 폭사 사건이 소설의 발단을 이루고 있다. 소녀의 아버지 역시 폭사 사건으로 인해 사망한다. 그로 인해 오이디푸스 구조는 새롭게 재편된다. 공격적인 어머니와 그 대척 지점에 놓인 이모는 각각 아버지와 어머니가 놓여 있던 자리에 새롭게 배치된다.

> 이모는 소녀의 가슴에 수를 놓았다. 화장실에서 나온 기념이라고 덧붙였다. 소녀가 다시 옷을 입었을 때, 소녀의 왼쪽 가슴에 검은 나비가 나타났다. 가까이에서 보면 아주 작은 수백 마리의 나비들이 모여 좀더 큰 나비를 이루고 있었다. 작은 나비의 색도 조금씩 달랐다. 보라, 진보라, 진파랑, 감색, 검은색. 그래서 나비는 입체감이 있었다. 아주 멀리서 보는 것과 조금 멀리서 보는 것조차도 미세하게 달랐다. 소녀는 언젠가 만화영화에서 보았던 작은 물고기들이 생각났다. 작은 물고기들이 모여 고래 행세를 하는 만화였다.[11]

어머니와 이모의 선택지에서 소녀가 선택한 방향은 후자이다. 그것은 여성의 방향이다. 이모의 여성성은 바느질과 버려진 들개들에게 젖을 물리는 행위를 통해 제시되어 있다. 그 여성성은 오이디푸스 구조 바깥의 야생의 삶과 닿아 있는 것이다. 소녀의 선택은 결국 그녀를 숲속으로 데려간다. 그

10) 같은 글, 122쪽.
11) 김유진, 「늑대의 문장」, 『문학동네』, 2004년 가을호, 62쪽.

곳에는 늑대의 삶, 무리(band)의 삶이 놓여 있다. 이 대목에서 '여성-되기'는 '동물-되기'로 이어진다. 들뢰즈와 가타리가 『천 개의 고원』(1980)에서 말했던 '동물-되기'의 조건을 이 소설은 폭넓게 충족시키고 있는 셈이다. 그런 의미에서 이모가 소녀의 가슴에 수를 놓아주는 위의 장면은 이모가 소녀에게 부여하는 삶의 새로운 방향을 상징적으로 보여주고 있다. 이 오이디푸스 바깥을 향한 상상력의 근원은 사회학이라기보다는 생물학이고, 더 근본적으로는 지질학이다.

### S#9. '아비는 심해어다' : 동물-되기(2)

김애란의 「사랑의 인사」는 '동물-되기'의 또 다른 사례이다. 여기에서도 「달려라, 아비」에서처럼 아버지가 사라졌다. 물론 사라지는 방식은 조금 다르다. 이번에 아버지는 '나'가 아홉 살 적, 공원에서 『세계의 불가사의』를 옆구리에 끼워주고 잠깐 기다리라고 하고는 사라져버렸다. 이 경우 '나'가 아버지의 부재에 대처하는 방식 역시 조금 달라진다.

> 난생처음 보는 생물들이 잠수정 주위를 아무렇지 않게 휙휙 지나가고 있었다. (…) 나는 오래전 네시를 처음 봤을 때와는 또 다른 흥분을 느꼈다. 인간이 애초에 바다에서 기어나온 존재라는 것을 떠나, 그냥 그것들이 오래전부터 거기 '있었다'는 사실이 놀라웠다. 거기 있는 그들과 여기 있는 내가 그 시간 만나고 있다는 것. 바다에서 나온 인간이 자신들의 기술을 이용해 다시 바다로 기어들어가, 마치 꿈을 꾸듯 — 자기 옆을 헤엄쳐 가는 수많은 아버지들을 본다는 것. 몇백억년 전에 비해 하나도 늙지 않은, 자기보다 젊은 아버지를 본다는 것.[12)]

'나'는 TV에 나오는 심해의 생물체에게서 아버지를 바라보고 있다. 동물에서 아버지를 바라보는 사건에는 실상 주체의 '동물-되기'의 과정이 전제되

---

12) 김애란, 「사랑의 인사」, 『달려라, 아비』, 150쪽.

어 있는 것이다. 그것은 아버지로부터 버림받은 현실의 세계가 아닌 다른 곳에 머무르고자 하는 '나'의 무의식적 욕망이 만들어낸 장면일 것이다. 이 '동물-되기'는 사회적 상상력의 지대로부터 벗어난 영역 속으로 진입하는 수단이라고 할 수 있다.

## S#10. '아비는 기린이다' : 동물-되기 (3)

박민규의 「그렇습니까, 기린입니다」에서의 사라진 아버지 역시 동물이 되어 되돌아오고 있다.

> 여전히 구름은 흘러가고 지구는 돌고, 그리고 다시 고개를 들었는데 건너편 플랫폼의 지붕 부근에 떠 있는 이상한 얼굴 하나가 눈에 들어왔다. 저것은 설마 기린이 아닌가. 그것은 정말 한 마리의 기린이었다. 기린은 단정한 차림새의 양복을 입고, 플랫폼의 이곳저곳을 천천히 거닐고 있었다. (…) 이상하게도 그 순간, 나는 기린이 아버지란 생각을 했다. 이유는 알 수 없지만, 그런 확신이 들었다.[13]

이 소설에서 아버지는 기린의 형상으로 '나'의 앞에 나타났다. 물론 이 기린의 형상이 등장하는 맥락이 이 소설 속에 없지는 않다. 지구적 현실 바깥에 대한 의식과 욕망의 기호들이 '나'의 주위를 둘러싸고 있었던 것을 서두에서부터 확인할 수 있었기 때문이다. 그러나 적어도 소설 속에서 이 사건은 환상의 차원에서 일어나는 것이 아니다. 그렇게 쉽게 현실의 문제, 혹은 현실에 대한 의식의 문제로 즉각 회수되는 것이 아니라는 말이다. 그것은 의식 깊숙이 저 무의식의 지대에까지 내려가서 만난 장면이기 때문이다.

---

13) 박민규, 「그렇습니까, 기린입니다」, 『카스테라』, 문학동네, 2005, 92쪽.

## S#11. '아비는 블랙박스다' : 사물-되기 (1)

김애란의 「플라이데이터리코더」에서도 역시 전통적인 오이디푸스 구조는 와해되어 있다. 일곱 살 난 사내아이에게는 무서운 할아버지와 좌절한 수재인 삼촌이 있을 따름이다. 그렇다면 이 소설은 어떠한 방식으로 이 무너진 오이디푸스 구조를 새롭게 구성하고 있을까.

> 아이는 여전히 잘 모르겠다는 표정이었다. 하지만 이렇게 자기를 찾아와 준 엄마가 고마워서, 그리고 삼촌의 말이 미더워서, 조금 가슴이 아팠다. 아이는 블랙박스 앞에 쪼그리고 앉았다. 처음엔 차가운 듯했는데, 오래 안고 있다 보니 엄마의 철제 표면에 자신의 체온이 닿아, 함께 따뜻해지는 기분이었다. 아이의 작은 심장이 콩닥거렸다.[14)]

소설 속에서 사건은 플라이데이터리코더 섬에 추락한 비행기의 사라진 블랙박스를 아이와 삼촌이 발견하면서 비롯된다. 문제는 나이가 들어서도 오줌도 제대로 가리지 못하는 아이가 그 블랙박스라는 사물을 삼촌의 유도에 따라 엄마라고 생각하기 시작한다는 것이다. 삼촌의 백과사전과 그 1권의 주제인 '우주', 그리고 삼촌이 예전에 우주인 선발 최종심에서 2등으로 떨어진 적이 있다는 사실 등등이 이 지질학적, 우주적 상상력을 예비하는 기호들이었다. 그리고 그 속에서 아이는 그 주황색의 금속덩어리를 엄마라고 믿는다. 사회 문화적 도식에 의해서도, 그리고 인간이라는 생물학적 종의 도식에 의해서도 온전하게 받아들여지지 못한 잉여의 지대에 사물로서의 인간의 층위가 놓여 있다. 아이는 그 층위에서 성립된 새로운 오이디푸스의 구조 속에 놓이게 된다.

---

14) 김애란, 「플라이데이터리코더」, 『문학판』, 2006년 여름호, 326쪽.

## S#12. '아비는 대체 체액이다' : 사물-되기 (2)

박민규의 「깊」에서도 우리는 새로운 어머니를 만날 수 있다. 어느새 개체의 발생계통은 모계 쪽으로 넘어와 있다.

> 세 명의 디퍼 모두를 향해 어머니 얀은 고개를 끄덕였다. 침수가 시작되었다. 이제 곧 사라질 얼굴들을 향해, 그러나 누구도 인사를 할 수 없었다. 늙고 주름진 손을 들어, 다만 얀이 손을 흔들었다. 천천히, 그리고 주사위가 던져졌다.[15)]

이 소설의 시간적 배경은 사상 최고의 지진이 해저에서 일어난 서기 2387년으로부터 백 년이 지난 시점이다. 지진 이후 해저 19251미터 깊이에서 새로운 해구가 발견되었고 인류은 그곳에 도달하고자 한다. 그 프로젝트를 추진하고 있는 연구 책임자가 얀이다. 그는 심해 거머리에서 추출한 대체 체액 'R-71'을 인간에게 주입하여 심해에 도달할 수 있는 새로운 종의 인간을 만들고자 한다. 이 새로운 종의 인간을 지칭하는 단어가 위의 인용에 나오는 '디퍼(deeper)'이다. 그리고 디퍼들은 자신에게 새로운 신체를 제공해주는 얀을 '어머니'라 부른다. 자신들의 새로운 존재로서의 기원을 마련해준 것이 얀이기 때문이다. 위의 대목은 마지막 남은 세 명의 디퍼들이 해구를 향해 출발하기 직전의 장면이다.

소설에서처럼 먼 미래가 아니더라도 신체와 물질의 절대적 경계는 이미 희미해지기 시작했다. 『앙띠 외디푸스』(1972)에서 들뢰즈와 가타리가 지적하고 있는 것처럼, 유기체라는 관념은 순환하는 욕망의 흐름을 절단하여 부풀린 상태에 지나지 않는다. 그들이 그것을 지칭하면서 '기계'라는 용어를 사용한 이유이다.

---

15) 박민규, 「깊」, 『문학동네』, 2006년 겨울호, 297쪽.

## S#13. '아비는 공(空)이다' : 우주-되기

결국 그들은 마침내 해구에 도달했다. 하지만 그곳은 바닥이 아니었다. 밑바닥일 줄 알았던 그곳에서 디퍼들은 우물처럼 뚫려 있는 또 다른 지형을 발견한다.

> 무엇에 홀린 존재들처럼 셋은 계속 서로를 쳐다보았다. 응고된 오일처럼 단단한 의지가 서서히 셋의 눈빛을 하나로 묶어놓기 시작했다. 얀의 메시지가 초조한 파장을 그리며 계속해서 전달되고 있었다. 디퍼들에게 이제 그것은 어머니 인류의 목소리일 뿐이었다. R-71이 또다시 급격하게 반응했다. 이제 디퍼들은 어머니와는 다른 인간이었다. 스스로도 이것은 부작용일지 모른다는 판단을 하면서, 샘케는 통신을 차단했다. 어머니 얀의 잘린 탯줄은 무한한 부력을 얻은 채 심연의 세계에서 순식간에 사라졌다.[16]

해구 끝에서 발견된 새로운 검은 구멍. 그 지점은 더 나아가느냐 아니면 되돌아가느냐의 기로이다. 동시에 그것은 삶과 죽음, 내부와 외부, 중심과 탈중심 등의 형이상학적 대립항들의 경계이기도 하다. 이 소설의 마지막에서 세 명의 디퍼들은 그 이항대립의 바리케이드를 뚫고 그 너머로 한 발 더 내딛는 감동적인 장면을 연출한다.

## S#14. 사회학적 상상력, 생물학적 상상력, 지질학적 상상력

현실에 존재하지 않는 어떤 세계를 상상하는 일을 두고 문학이라 할 터인데, 이 상상에는 근거가 필요한 법이다. 그리고 이 근거는 시대적인 성격을 갖는다.

이전의 어느 시대에 소설은 그 상상의 근거를 이념에서 찾은 바 있다. 그것을 두고 우리는 '사회학적 상상력'이라 부를 수 있을 것이다. 이 사회학적

---

16) 같은 글, 300~301쪽.

상상력에 근거하여 외부의 현실과 맞서는 소설적 의식이 산출될 수 있었다.

외부 현실과 대면했던 의식이 좌절되어 내부를 지향하게 된다. 외부를 향한 의식에 대응되는 것이 사회학적 상상력이라면, 이 내면을 향한 의식에 대응되는 것이 이른바 '생물학적 상상력'이다. 문학이 관여하는 의식의 층위가 더 깊어지면서 거기에 대응되는 인간 존재의 성격 또한 다른 방식으로 설정된다. 그 상상력의 지대에는 사회적 존재로서의 인간과 배치되는 속성을 가진 본능적 존재로서의 인간과 그의 욕망이 서식하고 있다.

그로부터 한 발 더 나아간 자리에 '지질학적 상상력' 혹은 '우주적 상상력'이 놓인다. 그것은 인간이 생물 이전에 물질로서 존재했던 시간을 기억하는, 인간 존재의 물질적 층위에 대응되는 상상력이다. 인간 존재의 밑바닥에 가라앉아 있는 이 층위까지 내려가기 위한 매개는, 바로 무의식이다. 이 무의식 속에서 우리는 인간이 물질로서 존재하는 장면을 상상할 수 있기 때문이다.

## S#15. 신종 오이디푸스들이 우리에게 말해주는 것

고전적 오이디푸스의 구조가 해체되기 시작하면서 아버지가 점유하고 있던 상징의 자리에 새로운 항목들이 들어서는 다양한 소설적 사례들이 등장하고 있다. 그 새로운 오이디푸스 구조들은 때로는 텍스트의 형태로, 혹은 상상이나 환상의 형태로, 그리고 생물과 물질의 형태로 인간 존재의 기원을 복수화하면서 오이디푸스 구조에 의해 구획되었던 영토로부터 탈주하는 운동을 서사 속에 기입하고 있다. 이 탈주의 상상력은 무의식의 심층을 응시하는 한편 인간에 내재된 물질적 층위까지 발굴하여 인간 존재와 의식의 영역을 우주적 차원까지 확대시키고 있다. 그 과정에서 원래 상상계의 위상에 속했던 그 항목들은 상징계의 영역으로 표상되고 있다. 그러하기에 이 새로운 오이디푸스의 구조들은 기존의 오이디푸스화로부터 벗어나는 운동인 동시에 다시 오이디푸스화하는 기제라고 할 수 있다. 말할 것도 없이, 이들 새로운 형태의 오이디푸스 구조들은 주체에 대한 상징('아버지의 이름')의 힘이 약화된 현실로부터 생산된 것이며, 그런 의미에서 새로운 현실을 비재현적인 방식으로 드러내는 소설적 징후들이라고 할 수 있다. 문학이라는 이름으로 우리가 하고 있는 일이 체제에 의해 부과된 유기체의 기관들을 거부하고 처음의 '기관 없는 신체'를 찾아가는 것이라고 할 수 있다면, 이 새로운 오이디푸스들은 그 방향을 향해 찍힌 발자국들이라고 할 수 있을 것이다.

# 그리는 순간 지워지기 시작하는 신종 노마드 계보도

마침내 나의 영혼은 폭발한다. 영혼은 현명하게 나에게 외치는 것이다: "아무 곳이라도 좋소! 아무 곳이라도! 그것이 이 세상 밖이기만 하다면."

– 보들레르, 「이 세상 밖이라면 어느 곳이나」

## 1. 신종 노마드의 발생사

해방 이후 우리 소설의 영토는 한반도라는 공동체의 현실에서 좀처럼 벗어나지 못했던 것이 사실이다. 그것은 이 시기의 문학이 기본적으로 민족과 국가의 구성 주체로서의 인간, 곧 정착민의 삶에 바탕을 두고 이루어졌기 때문이라고 할 수 있다. 물론 이 시기의 소설 속에도 노마드는 존재한다. 가령 전후소설에는 **피난민 노마드**가 자주 등장한다. 하지만 그것은 전쟁으로 인한 일시적인 이동의 결과이며 다시 원래의 자리로 돌아가기까지의 과도기적 혼란의 부산물이다.(물론 다시 고향으로 돌아가지 못하는 **월남민 노마드**와 같이 정착적 삶에 대한 강한 부적응을 보이는 경우도 있는데, 이는 유목적 삶에 대한 긍정이 아니라 이전의 정착적 삶에 대한 강한 집착의 다른 양상으로 볼 수 있다.) 한편 1970년대 소설에서는 생존을 위해 고향을 떠나 도시로 향하는 **이촌향도 노마드**를 자주 목격할 수 있다. 도시의 변두리를 떠돌지만 이들의 의식은 떠나온 곳에 대한 그리움에 포박되어 있다. 그 무렵 월남을 배경으로 한 소설처럼 그 배경이 한반도의 공간을 벗어나는 경우도 있었다. 거기에 등장하는 **용병 노마드**들은 그들이 왜 노마드가 되었는지 알지 못할 뿐 아니라 그들을 기다리고 있는 공동체로 조속히 귀환하기만을 바라고 있다. 이들의 여행은 공통적으로 외부적 계기에 의한 비자발적인 여행이라는 점에서 공통점을 갖고 있다.(이런 맥락에서 보면 김승옥의 「무진기행」(『사상계』, 1964년 10월호)의 경우는 예외적일 만큼 능동적인 경우에 해당된다.) 그러하기에 일시적으로 벗어난 궤도로 다시 진입하는 것만이 그 여행의 유일한 목적일 수밖에 없다.(이런 맥락에서 보면 「무진기행」의 경우도 예외가 아니다.) 이들의 겉모습은 노마드이지만 혈관에는 정착민의 피가 여전히 흐르고 있다.

이와 같은 혼란의 과도기를 지나 정착적 삶의 질서가 안정을 찾으면서 정착민의 이념은 확고하게 소설의 중심에 자리잡기에 이른다. 농민, 노동자, 소시민, 민족 구성원 등 정착민의 이념에 기초한 문학이 한 시대를 지배했다.(물론 이 정착적 질서의 수립과정은 새로운 노마드를 생산해내기도 했다. 철거민, 빈민, 떠돌이 약장사, 수배자, 위장취업자 등등. 이들 모두는 조세희의 『난장이가 쏘아올린 작은 공』(문학과지성사, 1978)에 등장하는 인물들이기도 하다) 그것은 부분적으로 성공했고 또 부분적으로 실패했다. 이념의 부분적인 성공은 변화로 현실화되었지만, 그 변화는 배은망덕하게도 이념의 종말을 초래했다. 이 시기 외부를 향해 제한된 공간을 돌파하기 위한 한 가지 방식이 오히려 그 반대 방향, 그러니까 의식 내부를 향한 여행으로 나타나기도 한 바 있다. 최수철의 '행군'(「화두, 기록, 화석」, 『외국문학』, 1986년 가을호)과 이인성의 '기행'(『한없이 낮은 숨결』, 문학과지성사, 1989)은 그와 같은 내부를 향한 여행의 메타포라 할 수 있다. 그럼에도 이 의식, 관념의 비대 현상은 이들의 무거운 실험이 사실상 유목민보다 정착민 쪽에 가깝다는 것을 보여준다.

1990년대 중반 이후 본격화된, 정착민의 이념 중심의 문학으로부터 벗어나는 경향은 새로운 세기로 접어들면서 점점 더 뚜렷해지고 있다. 소설 속의 인물들은 그 이전 시기만큼 민감하게 자신이 속해 있는 시대와 현실을 의식하지 않는다. 그들을 둘러싼 삶의 조건 자체가 변화했기 때문일 것이다. 교통이나 유통 시스템의 발전으로 우리 삶에서 지리상의 거리가 갖는 의미는 점점 줄어들고 있다. 이미지들의 범람 속에서 과거와 현재의 순차는 뒤섞이고 있다. 휴대전화 등의 새로운 통신기기들은 시간을 더 세분화, 균질화시켰고, 인터넷의 도입은 우리 삶을 다른 차원에 접속시키고 있다. 이 하이퍼월드 속에서 정착민의 삶의 정체성은 더욱 혼란스럽게 되었다.

정착민의 삶의 근거 또한 약화되고 있는 상황이다. 가족은 해체되어 가고 있고 고용은 점점 더 불안정해져 가고 있다. 거처 없이 떠돌아다니는 자의 고독과 불안정은 이제 정착민의 삶에도 깊숙이 침투해 있다. 한편에 노마디즘의 불안이 있다면, 다른 한편에는 노마디즘의 유혹이 있다. 은근과 끈기와 같은, 전통적으로 정착민들이 애호하던 덕목은 이제 쉽게 의심되고 있다. 사람들은 자주 머리색깔을 바꾸고 문신이나 피어싱을 하기도 하며, 다이어트와 성형수술을 시도하는 등 타고난 신체를 도구로 삼아 노마디즘을 실험한다.

이렇듯 정착민의 삶 깊숙이 침투한 노마디즘의 영향은 한편으로 정착민의 삶의 근거를 해체하고 있지만, 다른 한편으로는 유목적 욕망을 시스템을 통해 충족, 해소시킴으로써 노마드의 여행을 차단하고 있기도 하다. 게임, 코스프레 등 가상적 노마디즘에 중독된 채 실제로는 자기만의 세계 속에 유폐되어 있는 경우가 그 대표적인 사례이다. 노마드식의 음식물로 인해 비만해진, 그리하여 스스로를 옮길 수 없는 상태로 만들려는 무의지적 의지를 발현하고 있는 육체 또한 그러한 경우에 해당된다(자크 아탈리, 『호모 노마드』).

한편에는 유동적 삶의 불안이 있고 다른 한편에는 더욱 강렬해진 단절의 욕망이 자리하고 있는 이러한 상황 속에서 소설은 점점 더 노마드에 의해 점령되고 있다. 이제는 그 계보를 가늠할 수도 있을 만큼 최근 소설에서 노마드들의 등장은 점점 빈번해지고 있으며 그 움직임 또한 갈수록 활발하다.

## 2. 수평적 공간 이동 노마드 계열

### 1) 관광객 노마드의 자기 정체성 찾기 여행

1990년대 중반 이후 우리 소설에 나타난 한 가지 새로운 현상은 탈한반도의 수평 이동의 흐름이 두드러지게 감지된다는 사실에서 찾을 수 있다. (최인훈의 『화두』(민음사, 1994)에서의 미국과 러시아, 박상륭의 『평심』(문학동네, 1999)에서의 캐나다, 황석영의 『오래된 정원』(창작과비평사, 2000)에서의 독일과 러시아 등의 경우는 이와 같은 한국 소설의 전반적인 흐름이 생산했다기보다, 그 자체가 하나의 흐름을 이루고 있는 각 작가세계의 소산이라고 보는 것이 온당할 듯하다.) 이러한 흐름을 앞장서서 주도한 것은 윤후명의 「하얀 배」(『한국문학』, 1995년 봄호), 윤대녕의 「피아노와 백합의 사막」(『문학사상』, 1995년 5월호) 등에 등장하는 **관광객 노마드**이다. 이들이 돈황이나 사막에서 만나는 대상은 상실된 자아이다. 현실의 변화와 주체의 타락이 맞물리면서 자아(진실)를 비출 거울(내면, 의식)은 말할 수 없이 탁해졌다. 여행은 이 탁해진 거울을 맑게 닦아내기 위한 일종의 제의의 성격을 띠고 있다.

애초에는 이렇듯 다소 막연한 용도로 사용되었던 이 관광객 노마드의 거울에서 적극적인 활용성을 발견해낸 것은 **386 노마드**들이다. 그들은 이 자기정체성 탐색용 거울에 이념적인 용도를 부가한다. 이들에게 여행은 공동체의 현실에 대한 관심으로부터 한편으로 벗어나면서도 그것을 새로운 방식으로 확인하면서 유지하기 위한 계기이다. 정찬의 「슬픔의 노래」(『월간문학』, 1995년 5월호)가 폴란드의 아우슈비츠와 광주를 대비시키고 있는 것, 혹은 정찬의 「섬」(『문예중앙』, 1994년 가을호)이나 공지영의 「모스크바에는 아무도 없다」(『창작과비평』, 1995년 겨울호)가 기억 속 이념으로서의 모스크바와 타락한 현실의 모스크바를 겹쳐놓고 있는 것은 그러한 확인과 유지를 위한 구도라고 할 수 있다.

대략 1990년대 중반 무렵부터 일시적인 기행이 차츰 단기적 체류 형태로 변모하기 시작하여, 후반 무렵에 이르면 386 노마드 초기의 관광객 노마드들이 **단기 국외체류 노마드**로 바뀌었음을 뚜렷이 확인할 수 있다. 보다 심도 있게 체험된 이국의 공간은 국내 현실을 더 뚜렷한 은유로 제시할 수 있는 기제가 된다. 「제망매」(『문학과사회』, 1994년 겨울호)로부터 비롯, 「서유기」(『문학과사회』, 1997년 봄호), 「누이 생각」(『문학동네』, 2000년 겨울호)을 거쳐 최근의 「플루트의 골짜기」(『문예중앙』, 2005년 여름호)에 이르는 일련의 소설들에서 고종석은 프랑스라는 거울을 소설의 한 쪽에 세워둠으로써 거기에 비친 한국의 현실을 비판적으로 조망할 수 있는 근거를 얻고 있다. 권지예의 초기작들에서 프랑스는 주로 아내와 남편 사이의 심리적 거리를 드러내거나(가령 「꿈꾸는 마리오네뜨」의 경우) 현재와 과거 사이의 대비를 보여주기(가령 「투우」의 스페인의 경우) 위한 보조적 장치였으나, 「정육점 여자」(『문예중앙』, 2001년 가을호), 「뱀장어 스튜」(『현대문학』, 2001년 7월호) 등에 이르면 입양아 출신 인물의 정체성 문제를 도입하면서 그 자체로 자립화된 문제 영역을 이루게 된다. 관광객 수준은 벗어났지만 그럼에도 문화적 호기심, 혹은 콤플렉스라고 할 만한 의식이 여전히 드러나고 있다는 점이 이 단계의 성격을 말해주고 있다. 그것은 프랑스라는 대상 선택의 문제와도 무관하지 않다고 할 수 있다.

이혜경의 「일식」(『문학동네』, 2001년 봄호)이나 「꽃그늘 아래」(『문예중앙』, 2001년 겨울호)에 나타난 어둠 혹은 죽음에의 욕망은 빛과 문명의 현실을 반성케 하는 힘을 내포하고 있는데, 이 반성적 힘의 형성에 인도네시아라는 공간이 효과적으로 기여하고 있다. 문화적 비교의 조급한 욕망이 배제된 차분한 대상 관찰의 시선 또한 그 기여에 한몫을 하고 있는데, 이는 인도네시아라는 새로운 공간의 도입과 더불어 우리 소설사에서 일어난 여행의 진화를 증명하는 것이기도 하다. 이나미의 러시아 또한 이혜경의 인도네시아와 더불어 우리 소설에 낯선 공간을 새롭게 도입한 사례이다. 이나미의 『얼음가시』(자인, 2000)에 실린 세 편의 중편과 『빙화』(세계사, 2004)에 실린 「봉인」, 「빙화」, 「부활제」, 「가위」, 「그림자놀이」, 「적요」 등의 러시아 배경 소설의 인물들은 관광객도 생활인도 아닌 유학생이라는 점에서 그 고유한 근거를 갖고 있다. 이 경우 반성적 힘은 생활의 원리에서 벗어나 있는 유학생의 순수한 의식에서 연유한다.

이 방향에서 새로운 국면을 펼쳐 보였던 뚜렷한 사례로 오수연의 『부엌』(이룸, 2001)에 실린, 인도를 배경으로 한 세 편의 연작을 들 수 있다. 그 무렵까지는 소설 속에 이국의 공간이 등장한다 하더라도 그 거점에는 항상 한국의 현실이 놓여 있었다. 한국의 현실이 등장하지 않는다 해도, 떠나온 곳에서 짊어지고 온 삶의 무게를 여전히 떠안고 있는 인물들이 이국의 공간에서 겪는 사건들이 소설적 대상이었던 것이다. 하지만 『부엌』의 경우에는 이국의 공간을 통해 공동체의 현실을 새삼 환기하는 기존의 방식에서 상당히 벗어나 있다. '나'의 주위에 있는 나모나 무라뜨 같은 인물들이 그것을 증거하고 있다. 그런 의미에서 이 소설은 그때까지 우리 소설이 마지노선처럼 지키고 있던 암묵적인 불문율을 위반해버린 경우라고 할 수 있다.

그 자체로 자립화, 보편화되어 가고 있던 단기 국외체류 노마드의 서사가 최근에는 다시 현실의 인력에 이끌리는 양상을 볼 수 있다. 「존재의 형식」(『창작과비평』, 2002년 겨울호), 「랍스터를 먹는 시간」(『랍스터를 먹는 시간』, 창비, 2003) 등에서의 방현석의 베트남, 『별들의 들판』(창비, 2004)의 '베를린 사람들' 연작에서의 공지영의 베를린, 그리고 최근 「바다와 나비」(『실천문학』, 2002년 겨울호), 「감옥의 뜰」(『문학동네』, 2004년 여름호) 등에서의 김인숙의 중국이 그 사례들이다. 이들 소설 속의 인물들은 이국의 공간에서 잃어버린 혹은 현실에서는 더 이상 존재하지 않는 진정성을 새삼 발견한다. 방현석의 '떰 로옴'(마음가짐), 공지영의 망명객의 사유, 김인숙의 살아남은 자의 고통스런 자의식 등이 그것을 통해 보존하고자 하는 최후의 보루는 진정성 바로 그것이다. 같은 맥락에서 정지아의 「미스터 존」(『창작과비평』, 2003년 봄호)에서의 바닷가 절벽 위에 서 있는, 한쪽 벽면만 남은 헤이스팅즈성의 잔해와 같은 폐허의 풍경 또한 진정성의 확인을 위해 마련된 무대라고 할 수 있다. 이 진정성은 그러나 더 이상 공동체의 윤리의 차원이 아니라 부정적 세계 속에 놓인 주체의 자기인식, 자기보존의 차원에서 작동한다. 그렇다면 타락한 현실과 그 타락한 현실의 한가운데 인물들이 놓여 있는 설정은 자기를 잃지 않기 위한 최후의 저항선을 확인하고 시험하기 위한 장치라고 할 수 있을 것이다.

최근 오수연의 이라크, 팔레스타인은 이전 시기 인도와 연결되어 있기도 하지만, 다른 한편으로 이전의 인도가 사적인 차원이었던 것과는 달리 이번 경우의 이라크, 팔레스타인은 공적, 집단적 차원이라는 점에서 구분되는 것이기도 하다. 현실의 인력을 이 대목에서도 확인할 수 있지만, 그러나 그렇다고 해서 사회적인 차원으로 회귀하는 것은 물론 아니다. 「길」(『문학수첩』, 2005년 봄호), 「황금지붕」(『문학판』, 2005년 가을호) 등 **분쟁지역 답사 노마드**의 서사는 한국에서 온 구호단체의 행동 양태에 대한 비판적 시각을 부분적으로 드러내고 있기는 하지만 직접적인 현실 비판과는 거리를 두고 있다. 오히려 이 소설들에서는 자기 반성적인 응시의 시선이 보다 뚜렷하게 드러나 있다. 그 시선은 명분 이면에 놓인 '나'의 무기력, 비겁, 이기, 나태의 그림자를 들추어내는 데 쓰이고 있다. "우리는 많이 찔렸다"[17]고 말하는 의식이 그것이다. 『아부 알리, 죽지마』(향연, 2004)가 외부를 관찰하는 시선이라면, 소설의 시선은 자기 의식의 내부를 향하고 있어 대비를 이루고 있다. 진정성, 진정한 자기를 발견하기 위한 386 노마드의 여행이 그만큼 험난한 대가를 지불해야만 하는 힘겨운 것이 되었음을 분쟁지역 답사

17) 오수연, 「길」, 『문학수첩』, 2005년 봄호, 232쪽.

노마드는 여실히 보여주고 있다.

사정이 이렇다 보니, 이제 관광객 노마드의 입지는 더욱 좁아진 것이 사실이다. 이곳의 현실과는 대비되는 죽음에 대한 태도를 보여주기 위해 인도를 도입하고 있는 정찬의 「야윈 몸」(『문예중앙』, 2005년 봄호), 현재와 과거, 그리고 서울과 프라하가 서로 마주보면서 뒤섞이는 구도를 취하고 있는 김현영의 「얼룩말은 나의 발톱」(『내일을 여는 작가』, 2005년 봄호), 그녀(문학)의 죽음을 사유하기 위한 상징적인 장소로서 프라하를 배경으로 삼고 있는 우광훈의 「카프카의 작업실」(『현대문학』, 2005년 10월호), 독일 기행의 모티프를 현실 혹은 허구의 상황과 결합시키고 있는 신경숙의 「성문 앞 보리수」(『세계의문학』, 2005년 봄호)와 조경란의 「달걀」(『현대문학』, 2005년 7월호), 중국 풍물의 나열적인 소개가 서사를 압도하고 있는 정혜주의 「샹그릴라, 내 마음의 해와 달」(『문학수첩』, 2005년 봄호) 등은 그런 점에서 체류형 노마드의 기록과 비교될 수밖에 없게 되었다.

이상에서 살핀 바와 같이, 386 노마드의 자기 정체성 찾기의 여행은 그 전개의 과정에서 처음에는 관광의 수준에서 출발했던 것이 점점 체류로 그 형태를 바꿔 갔고 그에 따라 수평적으로 공간이 확대되는 한편 그 체험과 자기성찰의 밀도 또한 더 깊어지는 양상을 보이고 있다. 그러면서 이념적인 자아의 문제로부터 점차 보편적인 자아의 발견으로 이행하는 경향을 확인할 수 있었고, 최근에는 다시 이 자아의 현실관련성을 부각시키는 방향으로 새롭게 전환되는 양상 또한 살펴볼 수 있었다.

이 386 노마드의 여행이 기본적으로 체험적 진정성에 바탕을 두고 있는 것임에 반해, 최근에는 이 진정성의 경계가 모호하게 드러나는 경우를 자주 발견하게 된다. 가령 정미경의 「무화과나무 아래」(『현대문학』, 2004년 10월호)나 구효서의 「앗쌀라 알라이 쿰」(『현대문학』, 2005년 9월호)에도 분쟁지역 답사 노마드가 주인공으로 설정되어 있다. 이 경우에는 오수연의 소설들에서와 같은 체험성의 근거를 발견하기는 어렵지만, 그럼에도 체험성의 근거가 확인되지 않는다고 해서 그것의 비진정성을 주장할 수 있을 만큼 그것이 소설의 결함으로 확인되고 있지는 않다. 이 **가상적 노마드**(인터넷 검색 노마드)들은 자신의 의지와 무관하게 지난 시대 문학의 중심에 자리잡고 있는 진정성의 의미를 되묻는 작업을 수행하고 있다. 허구의 형식을 빌린 자서전 형식의 다른 소설들과 달리 자서전의 형식을 빌린 허구라 할 수 있는 구효서의 「시계가 걸렸던 자리」(『현대문학』, 2004년 2월호)에서의 강화도 기행 또한 이 맥락에서 살필 수 있다.

가상적 노마드의 진정성에 대한 회의가 386 노마드 비판의 간접적 형식이라면, 최근 정이현 소설의 **풍속 노마드**는 그 직접적인 비판의 한 가지 형식을 보여주고 있다. 이 풍속 노마드는 과거(「비밀과외」, 『세계의문학』, 2004년 가을호), 미래(「빛의 제국」, 『창작과비평』, 2004년 가을호), 현재(「위험한 독신녀」, 『문학동네』, 2004년 겨울호), 환상(「1979년생」, 『문학과사회』, 2005년 가을호) 등을 오가는 시간여행을 통해 특정 시간에 고착된 의식의 허구성을 교묘한 방식으로 지적하고 있다.

### 2) 무국적 노마드의 글쓰기 여행

386 노마드의 여행이 이념에서 출발의 동기를 얻고 있다면, **무국적 노마드**의 경우 이념의 차원을 벗어난 추상적 글쓰기를 매개로 한 여행이라는 점에서 그와 구분된다. 이념으로부터 출발했다는 것이, 물론 출발지점에서와는 다른 새로운 형식이겠지만 어쨌든 그 이념으로 다시 돌아온다는 것을 전제로 하는 것이라면, 무국적 노마드의 경우에는 그와 같은 귀환의 동기, 의지가 처음부터 포기되어 있다. 이처럼 정착민의 질서로부터 스스로를 자발적으로 소외시키고 있다는 점에서 이들은 자크 아탈리의 용어로 표현하자면 **하이퍼 노마드**의 일종이라고 할 수 있을 것인데, 이는 비자발적으로 근거를 박탈당한 사회 기층의 **인프라 노마드**와 구별되는 개념이다. 이들은 북적거림과 교통 체증을 감수하면서 이루어지는 정착민의 관광을 혐오하며,

그들의 여행이 외부의 간섭 없는 침묵과 고독의 여행이 되기를 원한다. 이 에고이스트들의 여행은 에세이스트의 방식으로 기록된다. 이러한 방향의 대표적인 작가로 배수아를 들 수 있다. 『동물원 킨트』(이가서, 2002), 『이바나』(이마고, 2002), 『에세이스트의 책상』(문학동네, 2004), 『당나귀들』(이룸, 2005) 등의 장편과 「훌」(문학동네, 2002. 겨울), 「마짠 방향으로」(『문학과사회』, 2003년 봄호), 「회색 시(時)」(『현대문학』, 2003년 10월호), 「양곤에서 온 편지」(『파라21』, 2003년 가을호), 「양의 첫눈」(『창작과비평』, 2004년 겨울호) 등의 단편을 아울러 배수아의 근작들은 무국적 분위기의 유사한 풍경을 배경으로 유사한 성격의 무성적 인물들을 등장시키고 있다. 말하자면 에세이스트적 자아가 소설 텍스트들을 가로지르고 있는 양상이라고 할 수 있는데, 이 또한 한 편의 소설이 그 자체로 자율체로 간주되는 소설의 장르적 규범(이것은 말할 것도 없이 정착민의 산물이다)에 맞서는 에세이스트의 방식이라고 할 만하다. 이 무국적, 무성적 삶은 국민국가의 이데올로기와 성적 이데올로기로부터 초월하고자 하는 의식의 방향을 뚜렷하게 보여주고 있다는 점에서 그 의미를 찾을 수 있는데, 그것은 또한 다른 면에서 이들 소설의 결여를 보여주고 있기도 하다. 이들 소설에서 집단적 책임감, 이타주의적 목표 등의 항목은 뚜렷한 결여의 형태로만 확인할 수 있다. 이 소설들은 그러한 항목들을 에고이즘과 고독의 쾌락으로 대체하고 있다.

이와 같은 탈국민국가 이데올로기의 흐름(이것은 어떤 의미에서는 근래 세계자본주의의 경향, 곧 상업적 노마디즘의 경향에 대응되는 것이라고 할 수 있다)은 젊은 세대 작가들의 소설에서 폭넓게 나타나는 경향이다. 배수아의 경우처럼 무국적인 공간을 배회하는 경우가 아니라 한 민족의 역사적 사건을 다루고 있는 서사라고 하더라도 그것은 국민국가주의의 이데올로기로부터 벗어나 있다. 가령 멕시코 에네켄 농장의 조선인 이주민의 삶을 소재로 한 김영하의 『검은 꽃』(문학동네, 2003)이나 1930년대 만주에서 일어났던 민생단 사건을 소설의 재료로 취하고 있는 김연수 「밤은 노래한다」(『

파라21』, 2004년 봄호~겨울호) 등의 탈국민국가주의 서사에 등장하는 노마드들이 그러한 흐름을 증거하는 대표적인 사례들이라고 할 수 있다.

무국적, 무성적 삶을 에세이스트의 방식으로 기록하는 것, 그리고 민족의 역사적 공간을 탈이데올로기적 방식으로 서사화하는 것 이외에 또 하나의 무국적 노마드의 서사화 방식은 시점을 역전시키는 것에서 찾아볼 수 있다. 이 경우 필연적으로 오리엔탈리즘의 문제가 개입될 수밖에 없다. 김연수의 소설들이 이 경향을 지속적으로 보여주고 있다. 의뢰인의 연인을 찾아 개화기의 조선을 찾은 미국인 사설탐정의 시선으로 씌어진 「거짓된 마음의 역사」(『창작과비평』, 2003년 겨울호)나 한국에서 온 소설가에게 한 중국인 관상가가 자신의 한국전 참전 경험을 이야기하는 형식의 「부넝숴[不能說]」(『현대문학』, 2004년 5월호) 등의 작품도 그러한 사례에 해당되지만, 「웃는 듯 우는 듯, 알렉스, 알렉스」(『실천문학』, 2005년 봄호), 「네가 누구건, 얼마나 외롭건」(『문학사상』, 2005년 6월호) 등의 근작에서 그러한 경향은 더 뚜렷이 드러나고 있다. 「웃는 듯 우는 듯, 알렉스, 알렉스」에서 영국인 알렉스와 재클린은 동양의 도시들을 떠돌며 잡지를 만드는 **글쓰기 노마드**들이다. 이스탄불과 캘커타를 거쳐 그들이 도달한 곳은 중국의 유럽풍 해안도시 칭다오. 그곳에서 그들은 혁명기 때 국외로 탈출, 파키스탄, 인도, 대만, 미국 등지를 경유하여 미국 시민권자로 고향을 방문한 리선생과 해안가의 '그'를 만난다. 알렉스와 '그'는 함께 리선생의 이야기를 반복하여 다시 쓰는 일을 하게 된다. 「다시 한 달을 가서 설산을 넘으면」(『문학수첩』, 2005년 봄호)에서도 그렇지만 이 소설에서도 역시 이야기의 실질적인 주인공이라고 할 수 있을 '그'는 간접화되어 있고 그 대신 표면상으로는 알렉스에 서술의 초점이 맞추어져 있는 형태를 취하고 있다. 이러한 시점의 문제 또한 바라보는 시선의 전환과 밀접하게 관련을 맺고 있음은 물론이다. 시선이 내용을 결정하는 이러한 장면에서 이 소설의 마지막 대목, 곧 "이제 그가 어디로 가느냐에 따라서 첫 문장은 달라질 것이다. 그는 어둠 속 첫 문장들 속으로 걸어갔다"[18]는 구절의 의미를 이해할 수 있다. 「네가 누구건, 얼마나 외롭건」에서의 "예술가에게 프런티어란 새로운 세계, 그 자체가 아니라 새로운 세계가 모습을 드러내기 바로 그 직전이다"[19]는 진술 또한 같은 맥락에 놓여 있다고 하겠다.

무국적의 공간을 배경으로 한 글쓰기 의식의 탐색의 문제는 조경란의 「형란의 첫번째 책」(『창작과비평』, 2005년 봄호)에서도 뚜렷하게 확인된다. 사라진 남편을 찾아 지도 한 장을 들고 옥수수밭 도시(아이오와)를 찾아온 '나'가 묵고 있는 곳은 다국적의 인물들이 모여 있는 호텔이다. 『국자 이야기』(문학동네, 2004)에서 보여주었던 이 작가의 전작들의 흐름을 토대로 하자면, 이 소설에서 '남편'과 '나'는 '나'의 두 측면, 곧 자기성으로서의 '나'와 동일성으로서의 '나'에 각각 대응된다고 할 수 있다. 그렇다면 글쓰기는 곧 자기성으로서의 '나'를 인식하는 수단에 다름 아니다. 그것은 동일성을 표상하는 양식인 지도에 거기에 드러나지 않는 자기성을 새겨넣는 작업에 대응된다. "글을 쓴다는 건 무엇인가요, 쯔야끼 씨. 쓴다는 건 종이 위에 나를, 나의 표상 하나를 거기에 내려놓는다는 게 아닐까요. 이것은 보잘 것 없는 지도 한 장에 불과하지만 이 얇고 가벼운 한장 종이 위에 나는 나의 첫 번째 표상을 내려놓았어요. 그러므로 이것은 나의 첫 번째 책입니다"[20]라는 이 소설의 마지막 대목을 이해할 수 있는 단서 또한 여기에 있다. 자기성으로서의 '나' 표상하기 = 글쓰기 = 지도 새로 그리기의 등가성이 이로써 마련되고 있다. 이렇게 본다면 조경란의 '첫 번째 책'이 김연수의 '첫 번째 문장'에 대응되는 것임도 확인할 수 있다.

이처럼 무국적 노마드의 여행은 관광객 노마드의 여행은 물론, 앞서 살핀 단기 국외체류형 노마드의 그것과도 뚜렷이 구분된다. 전자에서의 여행은 종료되기는커녕 아직 출발조차 하지 않은 상태이기 때문이다. 전자에서는

---

18) 김연수, 「다시 한 달을 가서 설산을 넘으면」, 『문학수첩』, 2005년 봄호, 125쪽.
19) 김연수, 「네가 누구건, 얼마나 외롭건」, 『문학사상』, 2005년 6월호, 109쪽.
20) 조경란, 「형란의 첫번째 책」, 『창작과비평』, 2005년 봄호, 248~249쪽.

후자들에서보다 떠나온 공동체의 흔적, 그에 대한 미련이 훨씬 희미하다. 그 한 극점에는 무국적의 공간이 놓여 있는가 하면, 다른 극점에서는 시점이 전도되어 있기도 하다. 그러나 그렇다고 해서 새로운 이국의 공간을 이해했다고 말할 수 있는가? 김연수는 「웃는 듯 우는 듯, 알렉스, 알렉스」에서 '그'가 알렉스에게 하는 말을 통해 다음처럼 대답하고 있다. "배를 타고 대양을 건너 우리는 하늘을 봤고 우리는 별을 봤고 우리는 바다를 봤지. 하지만 결국에 우리가 보게 되는 건 자신이지. 아무리 멀리 가더라도 너는 너만을 이해했을 뿐이야. 음식을 맛볼 때, 너는 차이를 맛보는 거지, 그 미각을 맛보는 게 아닐 수도 있어"21)라고. 가령 「네가 누구건, 얼마나 외롭건」의 경우에도 자이니치[在日]와 입양아가 등장하지만 그들 또한 그 자체가 아니라 표상되지 못한 차이로서만 그 존재성을 확인하고 있다. 그러니 이런 각도에서 보자면 여전히 공동체의 문제의식의 영역을 완전히 벗어난 것은 아니라고 할 수도 있다. 이 한계를 넘어선 지점에 이른바 디아스포라의 문제가 놓여 있을 터이다.

## 3. 수직적 차원 이동 노마드 계열

지금껏 둘러 살핀 노마드의 계열이 수평적 이동의 차원에 속한다면, 최근 소설의 다른 노마드의 계열은 상상과 환상(무의식, 가상현실)을 통해 현실을 수직적으로 초월하는 경향에서 확인할 수 있다. 이 수직적인 초월의 여행은 자기 정체성 찾기, 글쓰기 의식 등의, 구체적인 듯 보이나 사실은 막연하기 짝이 없는 목적을 내걸지 않는다는 점에서도 수평적 이동의 차원과 뚜렷하게 구분된다.

---

21) 김연수, 「웃는 듯 우는 듯, 알렉스, 알렉스」, 123쪽.

### 1) 유희적 노마드의 반전 여행

앞에서 살펴본 인프라 노마드의 경우와는 다른 차원에서 **유희적 노마드**나 **상상 노마드**들이 등장하는 최근 소설의 경우에도 궁핍의 상황이 일반화되어 있는 것을 볼 수 있다. 사회적 생산의 급격한 증가에도 불구하고 오히려 최근 소설 속에서 빈곤층 노마드가 떠돌아다니는 장면이 자주 발견되고 있는 것이다. 그러나 이들은 예전처럼 어떤 특정 사회적 문제로 인해 공동체의 밑바닥을 이루고 있는 계층으로 단순히 설명되기 어려운 특성을 갖고 있다. 배수아의 『일요일 스키야키 식당』(문학과지성사, 2002)은 이러한 새로운 국면에 대한 통찰을 보여주고 있는 사례이다. 이 소설은 궁핍을 주제로 설정하고 있지만, 그것은 기층 민중－인프라 노마드 계열의 문제와는 다른 차원에 놓여 있다. 가령 극단적인 가난뱅이 역할을 함으로써 역설적으로 일반적인 타고난 가난뱅이처럼 행동하지 않으려는 노용 같은 소설 속 인물이 그것을 반증하고 있다.

강영숙의 「갈색 눈물방울」(『문학과사회』, 2004년 겨울호)이나 「역 부근」(『작가세계』, 2005년 봄호)에서 인물들이 처해 있는 궁핍이라는 현실 역시 사회적 차원의 접근을 기다리고 있는 대상으로 보기 어렵다. 「갈색 눈물방울」에서 낡은 이층 빌라에 살고 있는 동남아 출신 인프라 노마드들과 실어증에 걸린 '나'는 그 소통과 연대의 방식을 통해 자신에게 주어진 삶의 조건을 반전시키는 미추의 역설적 변증법을 펼쳐 보인다. 그런 점에서 강영숙 소설에서 동남아 출신 인프라 노마드들의 형상화 방식은 이혜경의 「물 한 모금」(『문학과사회』, 2003년 봄호)이나 김재영의 「코끼리」(『창작과비평』, 2004년 가을호) 등의 작품들에서처럼 이방인 인물들에 대한 형상화를 통해 현실적 삶의 상황을 환기하는 방식과는 구분되는 측면이 있다. 서울역 인프라 노마드들 속의 소녀 혜나를 등장시키고 있는 「역 부근」의 결말에 자리하고 있는 것 또한 현실이 아닌 환상이다. 이러한 방식은 인프라 노마드들의 현실 혹은 그러한 현실에 대응되거나 그것을 내면적으로 극복하고자 하는 의식으로 귀결되는 한창훈의 「나는 여기가 좋다」(『창작과비평』, 2005년 가을호)나 공선옥의 『유랑가족』(실천문학사, 2004), 「명랑한 밤길」(『창작과비평』, 2005년 가을호) 등에서의 인프라 노마드 형상화 방식과 구분되는 측면이 있다.

이와 같은 지반 위에서 두 가지 방식이 파생되고 있다. 하나는 이들의 삶을 사실적으로, 그래서 오히려 극사실적인 느낌을 주는 방식으로 재현해내거나 아니면 환상과 결합시켜 사실적 형상화의 한계를 돌파하고자 하는 전통적인 방식을 계승하는 것이다. 표명희의 「탑소호족N」(『실천문학』, 2003년 가을호)과 손홍규의 「장마, 정읍에서」(『문예중앙』, 2004년 겨울호)는 각각의 방식에 대응되는 대표적 사례라 할 수 있다.

다른 한 가지는 인프라 노마드들의 저항을 소설의 내용적인 차원이 아니라 소설의 구성적인 차원에서 드러내는 방식이 그것이다. 이 지점에서 인프라 노마드는 유희적 노마드로 변신한다. 이들은 현실의 패배를 통해 내면적 승리를 추구하는 대신, 내적 욕망을 실제 삶의 현실로 직접 외부화하는 방식을 선택한다. 이 유희적 노마드의 판타지를 구성에 도입한 대표적인 사례로 윤성희의 최근 소설들을 들 수 있다. 「어린이 암산왕」(『문학사상』, 2002년 1월호), 「누군가 문을 두드리다」(『문예중앙』, 2002년 여름호), 「만년 소년」(『파라21』, 2003년 겨울호) 등에 등장하는 인물들 또한 자신에게 주어진 열악한 삶의 조건을 묵묵히 견뎌내고 있기는 했었지만 그것을 유희로 반전시키는 데까지는 이르지 못하고 있었다. 그런데 「잘 가, 또 보자」(『실천문학』, 2004년 봄호), 「유턴지점에 보물지도를 묻다」(『창작과비평』, 2004년 여름호), 「안녕! 물고기자리」(『문학동네』, 2004년 가을호) 등에 이르면 홀로 고립된 존재들이 모여 하나의 네트워크를 이루게 되면서 자신들에게 주어진 삶의 조건을 유쾌하게 반전시키고 있는 것을 볼 수 있다. 그것은 소설의 관습적 결말을 아슬아슬한 지점까지 해체해나가는 구성상의 유희와도 관련되어 있다. 윤성희의 최근작들의 경우, 톨게이트를 지나 고속도로를 달려가는 마을버스가 등장하는 「감기」(『문예중앙』, 2005년 봄호), 무너진 건물에서 9일만에 구조된 '기적의 사나이들'이 등장하는 「부분들」(『현대문학』, 2005년 5월호), 같은 꿈을 꾸는 인물들이 마침내 그로부터 벗어나는 과정을 기술하고 있는 「자장가」(『한국문학』, 2005년 가을호) 등에서는 이전의 구성상의 문제가 실제 사건의 형태로 치환되어 드러나 있기는 하지만 역시 일관된 맥락을 보여주고 있다. 서하진의 「농담」(『문학판』, 2004년 여름호), 「요트」(『문학과사회』, 2005년 가을호), 그리고 구경미의 「그리고 싱가포르」(『현대문학』, 2004년 2월호), 「하품」(『문예중앙』, 2004년 가을호) 등의 소설들 또한 같은 맥락을 이루며 이 방향성을 풍부하게 만들고 있는 시도들이다.

### 2) 상상 노마드의 외계 여행

김애란의 「달려라, 아비」(『한국문학』, 2004년 겨울호), 「사랑의 인사」(『문학사상』, 2005년 3월호), 박민규의 「배삼룡 독트린」(『동서문학』, 2004년 여름호), 「갑을고시원 체류기」(『현대문학』, 2004년 6월호), 「그렇습니까? 기린입니다」(『창작과비평』, 2004년 가을호), 김영하의 「은하철도 999」(『문학사상』, 2004년 10월호), 「아이스크림」(『창작과비평』, 2005년 여름호) 등의 소설들에서도 인물들은 마치 관습처럼 궁핍의 상황 속에 놓여 있다. 이들 소설에서 역시 인프라 노마드의 문제 그 자체가 탐구의 대상이라고 보기는 어렵다. 이 경우 궁핍의 문제는 주제의 차원이 아니라 효과의 차원에 놓여 있기 때문이다. 이 효과의 측면에서 인프라 노마드의 삶의 조건은 현실로부터 벗어나고자 하는 의지를 불러일으키기 위해, 말하자면 상상을 향한 여행의 동기를 마련하기 위해 차용되고 있다. 동시에 그것은 독자들로 하여금 이 상상의 여행에 기꺼이 동참하도록 하는 유인을 제공하고 있기도 하다. 이 동기로서의 역할이 완료되는 순간 이미 서사는 다른 문제 영역으로 진입해 있다. 단거리 경주에서 주자들이 출발하자마자 걷어치워지는 스타트 블록처럼 이 새로운 서사로의 진입과 더불어 인프라 노마드의 삶의 조건은 더 이상 소설적 관심의 대상이 아니다. 그리고 바로 이 점 때문에 이 계열의 상상 노마드들은 표면상으로 비슷한 처지에 있는 인프라 노마드들과 구분될 수 있으며, 유희의 방법론을 공유하고 있지만 그 구체적 방식에서 다른 방향을 선택하고 있는 유희적 노마드와도 구분될 필요가 있다. 같은 탈현실의 욕망이라고 해도 상상 노마드의 그것은 유희적 노마드의 그것에 비해 휘발성이 훨씬 강한 질료로 이루어져 있다. 후자에서 마을버스가 고속도로를 달리고 있다면(윤성희, 「감기」), 전자에서는 유원지의 오리배가 외계로 날아가고 있다(박민규, 「아, 하세요 펠리컨」, 『문학과사회』, 2005년 봄호).

일반적으로 소설 속에서 상상은 현실과 대비되는 것, 그러니까 비현실적인 것으로 드러난다. 현실 속의 인물이 어떤 계기(가령 사고로 인해 이전과 단절되는 상황 같은 경우가 대표적이다)를 통해 비현실적인 상상의 세계로 진입하게 되는 상황이 그 전형이다. 현실의 세계와 뚜렷이 구분되는 이 비현실적 상상의 세계는 현실을 다른 방식으로 일깨우기 위한 일종의 소설적 장치로 기능한다. 그런데 최근의 한국 소설에서 나타나는 한 가지 징후는 현실과 상상 사이의 봉합선이 희미해지고 있다는 것이다. 아예 처음부터 상상에서 출발하거나, 현실에서 상상으로 이행하는 경우라 하더라도 그 이행의 계기는 드러나지 않는다.

김영하의 「은하철도 999」와 같은 작품에서 이 점이 뚜렷하다. 철거 장면에서 시작되는 현실의 이야기는 어느 순간 이미 상상 속으로 진입해 있다. 가령 이 소설의 전반부에서 '나'는 강남역에서 여자친구를 기다리다가 뿔테안경을 낀 한 남자가 30분 동안 꼼짝 않고 벽을 바라보는 장면을 목격한다. 그 남자가 그토록 중요하게 바라보는 벽을 다른 사람들은 그냥 지나쳐버린다. 거기에는 우주정거장 체류 희망자를 모집하는 벽보가 붙어 있다. 이처럼 이 소설은 상상으로 진입하는 문턱을 표시하지 않음으로써 현실과 상상의 구분에 대한 회의를 소설 형식의 차원으로 전환시켜 놓고 있다. 「아이스크림」 역시 마찬가지 방식을 취하고 있다. 1980년대 중반에 지어진 21평

아파트에 살고 있는 동규와 혜선 부부가 이 소설의 중심인물이다. 어느 날 이들이 즐겨먹는 아이스크림 미츠에서 이상한 냄새가 난다. 소비자 상담실에 전화하니 양복 차림에 검은색 가방을 든 직원이 찾아온다. 이 경우에도 상상으로 진입하는 문턱이 뚜렷하지 않기에 독자들은 자신도 모르는 사이 이미 상상 속에 들어와 있음을 나중에서야 깨닫게 된다. 그리고 소설의 마지막 장면까지 상상과 현실의 구분은 계속 불분명한 상태로 남아 있다.

김애란과 박민규의 경우에도 현실과 상상의 구분은 뚜렷하지 않다. 그렇지만 이들의 경우에는 희미하나마 그 경계의 문턱을 보여주고 있다. 김애란의 경우는 상상으로 진입하는 입구에 또 다른 상상을 배치하는 방식을 취하고 있다. 가령 「달려라, 아비」는 '나'가 자신이 태어나는 장면에 대한 기억을 떠올리면서 시작한다. 말하자면 출발부터가 상상인 셈이다. 그러니 그 이후의 장면 역시 상상일 수밖에 없다. 「스카이 콩콩」에서는 서두에서 가로등이 깜빡, 꺼졌다가 켜지는 사이, 가로등 주위에서 일어나는 순간적인 상상 – "나는 창가에 턱을 괴고 앉아, 지구보다 더 큰 둘레를 그리며 돌고 있는 가로등의 운동을 상상했다……"[22] – 이 이후의 상상을 이끌어내는 도입부의 역할을 하고 있다.

박민규의 상상은 그 특유의 엉뚱한 방식으로 도입된다. 가령 「몰라 몰라, 개복치라니」(『문학동네』, 2004년 겨울호)에서처럼 "마침 약수터 쪽의 공원에서 누군가 운동을 하고 있었다. 우리는 달려갔다. 어쩐지 나는 그 남자가 이대근씨면 좋겠다는 생각을 했다. 저, 혹시 이대근씨가 아닌가요? 어, 나 이대근인데. 이대근씨는 흔쾌히 우리의 부탁을 들어주었다"[23]와 같은 방식으로 상상의 세계가 열린다. 앞서 제시한 「아, 하세요 펠리컨」에서 오리배가 하늘로 날아가는 장면과 더불어, 「그렇습니까? 기린입니다」에서 지하철 플랫폼 지붕 위로 기린이 나타나는 장면, 「헤드락」(『실천문학』, 2005년 봄

---

22) 김애란, 「스카이 콩콩」, 201쪽.
23) 박민규, 「몰라 몰라, 개복치라니」, 『문학동네』, 2004년 겨울호, 357쪽.

호)에서 헐크 호건이 나타나 갑자기 '나'에게 헤드락을 거는 장면들도 같은 방식으로 상상 세계로의 진입을 알리고 있다. 그런가 하면 「코리언 스텐더즈」(『문학수첩』, 2005년 봄호)의 경우 '실상리(失像里)', '인제(麟蹄)' 등과 같이 의도적으로 조작된 한자어 지명이 상상 세계의 입구에 표지판처럼 서 있다.

앞서 살핀 김영하의 「은하철도 999」와 더불어 박민규의 근작들은 여행의 영역을 외계로까지 넓히고 있다. 이 **외계인 노마드**들은 특히 박민규의 최근작들에 빈번하게 출현하고 있는데, 가령 「그렇습니까? 기린입니다」를 비롯 「몰라 몰라, 개복치라니」, 「축구도 잘해요」(『문학동네』, 2005년 봄호), 「아, 하세요 펠리컨」, 「코리언 스텐더즈」 등에 동시다발적으로 출몰하고 있다. 차츰 현실화되어가고 있기는 하지만 아직은 상상에 속해 있기에 이 여행의 주체인 외계인 노마드 또한 상상 노마드의 변종이라 보아야 될 듯하다. 그럼에도 불구하고 이때의 상상은 현실과 대비되는 비현실이 아니라, 실상 우리가 벗어날 수 없는, 우리가 현실이라고 믿고 싶어하는, 그렇기 때문에 현실과 분리되지 않는, 우리 삶의 조건 그 자체를 일컫는 말이다. 현실의 변화가 이러한 인식을 강요하고 있는 상황이라고 할 수 있을 것이다. 최근의 소설에서 현실과 상상의 경계가 희미해져 가는 이유를 이곳에서 찾을 수 있다.

### 3) 환상 노마드의 무의식 및 가상현실 여행

상상 노마드가 의식과 주로 관련된 존재들이라면, **환상 노마드**는 무의식 내부로의 여행을 선호하는 족속들이다. 김숨의 『투견』(문학동네, 2005)과 백가흠의 『귀뚜라미가 온다』(문학동네, 2005) 등에 실린 소설들 속의 인물들은 자신을 둘러싸고 있는 무의식적 환상과 치열한 싸움을 벌이고 있다. 김숨의 인물들이 주로 원환상(Urphantasien)에 시달리고 있는 여성이라면 백가흠의 인물들은 강박신경증을 앓고 있는 남성이다. 환상과 씨름하고 있는 이 **무의식 노마드**들을 소설 속에 등장시키고 있다는 것은, 이 작가들의 인간에 대한 관찰이 그만큼 섬세하며 또 그 표현이 정직하고 정확하다는 의

미이기도 하다. 이들의 여행이 막연하지 않은 구체적인 탐사 대상을 갖고 있는 것 또한 이와 관련된다. 인간 관계의 문제를 사회적인 차원에서 해소하지 않고 심리적인 차원에서 탐구하고 있다는 점에서 이 작가들은 뚜렷한 소설적 근거를 보유하고 있다.

김숨과 백가흠의 소설의 경우 환상과 그 주체의 관계가 탐구의 대상이 되고 있다면, 김유진과 편혜영의 소설은 그 한 쪽 축인 주체를 괄호 속에 넣고 환상 그 자체만의 파노라마를 펼쳐 보이고 있다는 점에서 특징적이다. 편혜영의 첫 소설집 『아오이가든』(문학과지성사, 2005)에 실린 소설들과 김유진의 「늑대의 문장」(『문학동네』, 2004년 가을호), 「빛의 이주민들」(『한국문학』, 2004년 겨울호), 「마녀」(『문학동네』, 2005년 봄호), 「눈동자」(『문학판』, 2005년 여름호) 등의 소설에 등장하는 환상의 이미지들은 현실과 대비되거나 혹은 현실로 환원되지 않기에 일종의 가상현실의 질감을 내포하고 있다. 이전 시기 백민석의 가상현실의 경우 현실의 어두운 그림자가 거기에 짙게 드리워져 있었다면, 그러하기에 그것이 급진적이고 과격한 실험의 이미지들을 통해 드러나고 있었다면, 편혜영의 경우 급진성, 과격성의 강도가 약하지만 어느 정도 그 흔적이 뚜렷이 남아 있고, 김유진의 가상현실에는 급진성, 과격성으로 인한 불투명성이 거의 제거되어 있다. 이 지점에서 현실의 알레고리로 전락하지 않는 가상현실 그 자체의 투명한 질감이 마련될 수 있게 되기에 이르렀다.

이 **가상현실 노마드**의 여행이 무의식의 심층을 향하면서 동시에 미래를 향한 시간적 방향과 결합될 경우 무의식의 어둠에 종말론적 상상력이 덧붙여지면서 일종의 묵시록적 가상현실의 세계가 펼쳐진다. 백민석의 『16믿거나말거나박물지』(문학과지성사, 1997)가 그러했고 최근에는 조하형의 『키메라의 아침』(열림원, 2004)에서 그 양상이 뚜렷하다. 이 **타임머신 노마드**들 또한 가상현실 노마드의 한 변종이라고 할 수 있을 것이다.

최근 이 가상현실 노마드 계보에 새로운 변종이 출현한 바 있다. 김중혁의 소설들에 등장하는 **가상박물관 노마드**가 그것이다. '자전거 박물관'(「바나나 주식회사」, 『문학과사회』, 2003년 겨울호)에서 출발한 가상박물관 노마드의 여행은 '무용지물 박물관'(「무용지물 박물관」, 『한국문학』, 2004년 겨울호)과 '사이버 타자기 박물관'(「회색 괴물」, 『파라21』, 2004년 겨울호)을 거쳐, 최근에는 '지도 박물관'(「에스키모, 여기가 끝이야」, 『작가세계』, 2005년 가을호)과 '발명 박물관'(「발명가 이눅 씨의 설계도」, 『현대문학』, 2005년 10월호)에 이르고 있다. 이들 가상박물관 노마드들의 자전거, 작업용 차량, 지팡이, 라디오 등에는 공통적으로 GPS가 장착되어 있다. 그러나 이들 노마드들이 GPS 정도의 가상현실을 여행하고 있는 것은 아니다. 가령 「에스키모, 여기가 끝이야」에서 '나'는 '해수면 오차 측정과 침수 지역 예상 및 지도 제작 전문 연구소'에 근무하고 있다. 그곳에서 '나'가 하는 일은 "지도와 실제 지형 사이의 오차를 찾아내고 그걸 수정해 나가는 것"[24)]이다. 여기까지는 GPS의 도움으로 수행할 수 있는 일이다. 그러나 현실과 가상이 뒤섞인 세계 속에서 '나'가 가야 할 방향은 GPS가 일러줄 수 없다. 그것은 어머니가 돌아가신 후 삼촌이 보내온 소포 속의 나무조각, 곧 소리와 기억으로 만든 '에스키모의 지도' 정도는 되어야 하는 것이다. 한편 「발명가 이눅 씨의 설계도」에서 개념발명가 이눅 씨가 발명하는 것은 사물이 아니라 '필요'이다. 에스키모의 존경받는 샤먼 이누크의 섬과 같은 '하늘을 나는 배' 정도쯤 되어야 이 세계를 여행할 도구가 마련될 수 있는 것이다. 이 지점에서 정착민의 전유물이었던 박물관이 노마드의 흔적들로 채워진 가상박물관으로 개조되는 눈부신 장면을 목격하게 된다.

## 4. 노마드의 고원을 향하여

1990년대 소설이 주로 수평적 공간 이동 계열의 노마드들을 양산하고 있었다면, 2000년대 소설의 주된 흐름은 수직적 차원 이동 계열 노마드들을

24) 김중혁, 「에스키모, 여기가 끝이야」, 『작가세계』, 2005년 가을호, 222쪽.

생산하는 체제로 전환되고 있는 상황에서 확인할 수 있을 듯하다. 전자가 현실에서 출발하여 다시 현실로 회귀하는 구조로 되어 있는 것에 반해, 후자는 현실에서 출발하지 않거나 그렇다 해도 현실로 회귀하지는 않는다. 이 또한 새로운 세기 소설적 변화의 한 측면이라고 할 수 있다. 이 새로운 시대의 소설 여행에서 소설쓰기/소설읽기 노마드들은 더 이상 현실의 무게를 짊어지고 다니지 않는다.

그러나 이러한 체계화의 구조는 뿔뿔히 흩어지고 혹은 서로 뒤섞이려고 하는 분자적 움직임을 억지로 붙들어 위태롭게 조립해놓은 것에 지나지 않는다. 이 노마드들의 여행은 우연적, 즉흥적인 성격이 강한 것이어서 사실상 계열과 체계로 포획할 수 있는 성질의 것이 아니다. 잠정적으로 분류하고 각각에 명칭을 붙여 계통화한다 해도 그것들은 금방 그 계통화의 그물을 찢고 달아나버린다. 또한 각각의 노마드는 리좀적 방식으로 서로 얽혀 있기에 수목적 방식의 체계화를 그 자체가 거부하고 있다. 그리고 그것들은 그러한 방식으로 외부성을 소설 내부에 끊임없이 도입하고 있다.

그렇다면 체계화를 허물고 탈주하는 **소설쓰기 노마드**들의 운동을 눈앞에 두고 있는 비평 또한 **소설읽기 노마드**(들뢰즈식의 탈주체의 관점으로 말하자면 소설읽기 기계)가 되지 않을 도리가 없다. 잠정적으로 도식화한 수평과 수직의 계열 따위는 사실은 수많은 교차점을 갖고 있는, 앞으로는 더욱 증폭될 카오스의 한 부분만을 드러낸 것에 불과할지도 모른다. 아니, 틀림없이 그럴 것이다. 그러니 카오스의 흐름의 현장에서 신종 노마드의 계보도를 계속 수정해나가지 않을 수 없을 것이다. 이 노마드의 계보도가 그리는 순간 지워지기 시작하는 것이라면, **글쓰기 노마드**는 이 계보도가 지워지고 새로 씌어지는 사이의 순간에 비로소 존재하기 시작하기 때문이다.

# 디아스포라에 의한, 디아스포라를 위한, 디아스포라의 글쓰기

## 1. 디아스포라에 의한 글쓰기

'디아스포라(diaspora)'라는 단어를 사전에서 찾아보면 국외 이산(離散), 이주(移住)의 의미와 함께, 원래는 팔레스타인 바깥에서 흩어져 살아가고 있는 유대인들을 지칭하는 개념이었다는 연역까지 확인할 수 있다. **유대 디아스포라**와 더불어 아프리카를 떠나 미주와 유럽에 노예로 팔려갔던 **블랙 디아스포라**는 근대 이전의 대표적인 디아스포라라고 할 수 있다. 국민국가의 성립을 토대로 전개된 근대 이후에 디아스포라 개념은 "노예무역, 식민지배, 지역 분쟁 및 세계 전쟁, 시장경제 글로벌리즘 등 몇 가지 외적인 이유에 의해, 대부분 폭력적으로 자기가 속해 있던 공동체로부터 이산을 강요당한 사람들 및 그들의 후손을 가리키는 용어"[1)]로서 사용되고 있다.

2004년 12월 31일 기준으로 전 세계에 흩어져 살고 있는 재외동포는 6백6십4만 명에 이른다.[2)] 이는 그 시점의 남한 인구 4천7백2십8만 명[3)]의 7분의 1에 육박하는 수치에 해당된다. 이 숫자는 **코리안 디아스포라**의 규모를

1) 서경식, 『디아스포라 기행』, 돌베개, 2006, 14쪽.
2) 외교통상부, 『2005 외교백서』(2005. 9) 참조.
3) 통계청, 「2005 인구주택 총조사 전수(인구부문) 집계 결과」(2006. 5) 참조.

실감으로 증언하고 있다. 그런가 하면 2006년 4월 현재 국내거주 외국인 수는 53만 7천명으로 집계되고 있다.[4] 그러나 불법 체류자의 수를 정확히 확인하기 어려운 실정을 감안하면 이보다 훨씬 많을 것으로 추정된다.[5] 이 같은 통계수치는 우리 역시 민족이나 국민국가에 대해 새롭게 생각하지 않을 수 없는 시점에 이르렀음을 말해주는 것이다. 최근 우리 문학에 '디아스포라'라는 개념이 새로운 화두로 등장하게 된 배경 또한 이러한 현실적 변화에서 찾을 수 있다.

엄밀한 의미에서 디아스포라 문학은 디아스포라의 존재 상태에서 살아가고 있는 주체에 의해 창작된 것을 의미할 것이다. 강용흘, 김용익, 김은국, 김난영, 캐시 송, 노라 옥자 켈러, 이창래, 차학경, 수잔 최, 수키 김 등으로 대표되는 재미 한인 문학, 김사량, 장혁주, 김달수, 김석범, 이회성, 김학영, 양석일, 이기승, 이양지, 유미리, 현월 등으로 대표되는 재일 조선인 문학, 김창걸, 김학철 등으로 대표되는 재만 조선족 문학, 율리 김, 아나톨리 김 등으로 대표되는 재러 고려인 문학 등등이 그에 해당된다. 이들 '디아스포라에 의한 글쓰기'는 한국문학사의 바깥에 놓여 있었으나, 최근 들어 그들의 작품이 국내에 활발하게 번역, 소개되는 한편 한국문학 내부에서도 그와 교섭, 교류하려는 관심과 노력이 점차 증가하고 있다. 그리고 이 같은 흐름은 우리 문학사 내부에 어둡게 남겨졌던 영역에 새로운 조명을 비추는 계기가 되기도 한다. 가령 한글 신문과 잡지들이 폐간된 이후 작가들이 일본어로 작품을 발표해야 했던 일제 말의 시기는 이제까지 이른바 '암흑기'로 간주되어 왔으나, 최근에는 디아스포라의 이중언어에 의한 글쓰기의 국면으로 새롭게 인식되기 시작하면서 관심과 주목의 대상이 되고 있다. 우리 내부에서 진행되고 있던 '디아스포라에 의한 글쓰기'를 통해 우리 문학은 새로운 영토를, 그리고 우리 바깥의 문학과 맺고 있던 관계를 새삼 발견하게 된 것이다.

---

4) 행정자치부, 「국내거주 외국인 실태조사 결과」(2006. 5) 참조.

5) 법무부 집계에 따르면 2006년 4월 현재 국내 체류 외국인은 82만 명으로 추산된다. 국무총리 산하 외국인정책위원회, 「제1회 외국인 정책위 참고자료」(2006. 5) 참조.

## 2. 디아스포라를 위한 글쓰기

코리안 디아스포라의 존재와 그들의 글쓰기에 대한 관심과 더불어, 최근 한국 소설은 우리 외부와 내부에 존재하는 디아스포라의 경험과 의식을 대상으로 한 글쓰기에 본격적으로 착수하기 시작했다. 이 새로운 흐름은, 거슬러 올라가면 1990년대 중반 국외 여행과 답사가 빈번해지면서 유행했던 기행소설들에 이어져 있으며, 직접적으로는 시장경제의 글로벌리즘으로 인한 국민국가주의에 대한 반성적 인식의 영향으로 서사에서 이념이 휘발되기 시작했던 2000년대 이후의 역사소설들, 가령 1930년대의 식민지 수도 경성을 이념이 아닌 현대적 감각의 풍속 코드로 그려내고 있는 이지형의 『망하거나 죽지않고 살 수 있겠니』(문학동네, 2000), 각각 아랑 설화와 이상의 삶과 작품을 모티프로 허구와 실재 사이의 아포리아를 주제화하고 있는 김영하의 『아랑은 왜』(문학과지성사, 2001)와 김연수의 『꾿빠이, 이상』(문학동네, 2001), 가난의 문제를 국민국가주의의 시선 바깥으로 이탈시키면서 오히려 그 이데올로기적 메커니즘을 비판하는 도구로 활용하고 있는 배수아의 『일요일 스키야키 식당』(문학과지성사, 2003) 등의 작품이 이루는 탈국민국가주의의 방향성에 맞닿아 있다. 여행, 답사의 일회성과 피상성의 제약으로부터 벗어나게 되면서, 그리고 탈국민국가주의의 시선(방법론)이 그에 대응되는 대상(디아스포라)을 만나게 되면서 그 흐름은 새로운 단계로 이행하기에 이른다.

### 1) 역사 속의 디아스포라

국민국가의 해체 과정에서 우리가 새롭게 직면하게 된 변화한 현실을 표상하는 용어로 디아스포라가 최근 들어 빈번하게 사용되고 있지만, 우리의 근대 이래의 역사적 경험 또한 그 용어가 담고 있는 현상들과 결코 무관하지 않았으니, 다만 그것은 국민국가주의에 의해 왜곡된 형태로 통합되거나 혹은 배제되었을 따름이었던 것이다. 그 굴절되거나 잊혀진 역사적 시간과 그 속의 존재들을 소설 안으로 불러들이면서 디아스포라의 형상화는 그 본격적인 궤도에 접어들고 있다.

우선 19세기 말부터 20세기 초에 걸쳐 아시아로부터 미주 지역에 계약 노동자로 이주했던 이른바 **아시안 디아스포라**의 대열에서 코리안 디아스포라가 생성되는 초기의 양상을 살펴볼 수 있다. 김영하의 『검은 꽃』(문학동네, 2003)은 1900년대 멕시코 에네켄 농장으로 이주한 **대한제국 디아스포라**의 삶을 탈국민국가주의의 시선으로 그려낸 바 있다. 김탁환의 「이심」(『세계의문학』 2006년 여름호~ )과 신경숙의 「이진, 푸른 눈물」(『조선일보』, 2006년 5월 15일~ )은 구한말 프랑스 공사와 함께 이방의 세계로 건너간 한 궁중 무희의 삶에 초점을 맞춘 서사를 통해 **구한말 디아스포라**의 한 양상을 각각 소설화하고 있는 중이다.

한편 조선이 본격적으로 식민지화되면서 조선 반도 전체가 일종의 디아스포라의 상태에 놓이게 되는데, 특히 일본 제국주의의 지배공간이 확장됨에 따라 일본, 만주 지역에도 조선인들이 이주, 정착하여 민족적 삶의 테두리 바깥에서 새로운 삶을 형성하게 된다. 김연수는 「연애인 것을 깨닫자마자」(『한국문학』, 2003년 겨울호)에서 근대적 제국으로부터 학습한 관념과 식민지 현실의 이종교배에 의한 혼혈적 종자와도 같은 **식민지 지식인 디아스포라**의 아포리아를 건드리는 한편, 「밤은 노래한다」(『파라21』, 2005년 봄호~겨울호)에서는 1930년대 간도에서 일어났던 이른바 민생단 사건을 모티프로 이념의 그림자에 의해 가려져 있던 식민지 시대 **조선족 디아스포라**의 역사와 그 아이러니에 새로운 조명을 비추고 있다. 근대 국민국가 수립의 험난한 굴곡 속에서 발생한 조선족, 고려인, 자이니치(在日, 재일 조선인)의 디아스포라로서의 삶의 질곡은 지금까지도 지속되고 있는바, 최근 우리 소설에서 일본, 우즈베키스탄, 만주 등을 배경으로 역사 속에서 성립된 재외 한국인의 현재 삶을 모티프로 취한 소설들이 등장하기 시작하는 것 또한 같은 맥락으로부터 연유한 결과라고 할 수 있다. 김연수의 「네가 누구건, 얼마나 외롭건」(『문학사상』, 2005년 6월호), 구효서의 「승경」(『문학사상』, 2006년 8월호)에 등장하는 '자이니치', 허혜란의 「내 아버지는 서울에 계십니다」(2004 경향신문 신춘문예 당선작), 「아냐」(『실천문학』, 2006년 봄호)에 등장하는 '고려인', 김연수의 「이등박문을, 쏘지 못하다」(『문학동네』, 2004년 봄호), 천운영의 『잘가라, 서커스』(문학동네, 2005)에 등장하는 '조선족' 등이 그 사례들이다.

국민국가 수립의 과정에서 한반도 바깥으로 이주하여 형성된 디아스포라가 한편에 있다면, 그 과정에서 파생된 우리 내부의 디아스포라들이 다른 한편에 존재한다. 패전 후 한국에 남은 일본인들이 그들인데, 전성태의 『여자 이발사』(창해, 2005)에 등장하는 '재한 일본인 처'의 삶은 "애국주의와 자민족 중심주의, 국가와 개인, 과거와 현재가 한데 뒤섞여버리는 불가해한 체험"[6]을 불러일으키는 디아스포라의 그것이 아닐 수 없다.

대한민국의 수립 이전에 성립된 코리안 디아스포라가 주로 유이민들, 징용자들, 강제 이주자들이었다면, 그 이후에는 국가 정책이나 망명, 이민, 입양 등의 동기에 의한 이주가 우세한 양상으로 변화한다. 국민국가의 장벽이 어느 때보다 높았던 그 시절 국외로의 이주는 1960년대 정책적으로 독일에 파견된 광부, 간호사들, 1970년대 중동으로 파견된 건설 노동자들, 역시 저개발의 소산인 해외입양아들, 그리고 망명객들에 한정되었다. 김원일의 「오마니별」(『창작과비평』, 2005년 겨울호)에는 한국전쟁 직후 고아가 되어 미국 가정에 입양, 결혼 후 스위스에 정착하여 간호사 생활을 하다 피난 때 헤어진 남동생을 찾기 위해 귀국하는 **입양아 디아스포라** 안나 리(이순옥)가 등장한다. 공지영의 『별들의 들판』(창비, 2004)에 실린 베를린 배경의 단편들에서는 국민국가의 보호를 자발적으로 거부한 **망명객 디아스포라**와 독일에 파견되었던 노동자 및 그 자녀들의 삶을 목격할 수 있다. 「오마니별」의 입양아 디아스포라가 힘겨운 과정을 거쳐 결국 국민국가의 이념의 품으로

6) 전성태, 『여자 이발사』, 창해, 2005, 5쪽.

되돌아오고 있다면 『별들의 들판』의 망명객 디아스포라는 여전히 국민국가에 대한 이념적 저항을 수행하고 있는데, 그것은 이 시기의 디아스포라의 발생이 국민국가의 억압에 의해 직접적으로 초래되었다는 사실과 밀접하게 관련되어 있다. 그러하기에 이 경우에는 디아스포라의 발생과 그 문제 해결의 방식에서 이념적 동기가 강력하게 작용하고 있다.

구효서의 「자유 시베리아」(『문학동네』, 2004년 가을호)에 등장하는 망명객 디아스포라는 그 다음 세대에 해당되는바, 여기에서는 이념적 동기가 시간이 지남에 따라 옅어지는 것을 볼 수 있다. 소설 속에서 카페 '자야츠 시베리아'의 여주인 아나스타샤(최경희)는 사회주의 이념에 연루된 사건에 의해 24년간 살던 한국을 떠나 모스크바와 타슈켄트을 거쳐 마침내 시베리아 끝에서 살아가고 있다. 그 주위를 러시아인들, 일본인과 조선인 사이에서 태어난 화태치, 북한 출신의 북선치, 남한에서 온 사업가 응규, 러시아 남자와의 사이에서 얻은 딸 마리나가 에워싸고 있다. 이 혼종적 존재들을 엮는 것은 더 이상 이념이 아니다. "신념이나 민족의식 따위와는 아무런 상관도 없었다. 그때쯤 그녀에겐 그런 게 남아 있지도 않았다. 타슈켄트를 떠날 땐 그녀에게 마지막으로 남아 있던 생존에 대한 집착도 사라지고 없었다. 그것마저 체념해야 숨이라도 쉴 수 있을 것 같았다"[7]는 대목이 그것을 뚜렷이 입증하고 있다.

서사에서 이념이 휘발되는 이 과정에서 문화적 준거(미래)로서의 유럽과 우리(현재) 사이의 위계 또한 해체되어 가고 있다. 조선희의 「햇빛 찬란한 나날」(『한국문학』, 2005년 겨울호)에는 1970년대 중반 대학 졸업 후 서독 유학을 떠나 섹스까지 공유하는 주거공동체 본게마인샤프트에서 생활했던 한 여성이 그곳에서의 삶에 좌절, 귀국하였으나 재혼과 정신과 치료, 이혼을 차례로 겪게 되는 사연이 소개되어 있다. 요컨대 이 소설의 주인공은 이상과 현실 사이의 시차로부터 아직 헤어나지 못하고 있는 것이다. 그와 같

7) 구효서, 「자유 시베리아」, 『문학동네』, 2004년 가을호, 280쪽.

은 풍자에서 이상(본게마인샤프트)을 소멸시키는 현실(자본주의)에 대한 비판과 더불어, 이상(미래)에 대한 현실(현재) 우위의 상황을 어쩔 수 없이 확인하게 된다. 신경숙의 「성문 앞 보리수」(『세계의문학』, 2005년 여름호)는 '나'(S)가 자신이 근무하는 재단의 행사 진행을 위해 방문한 독일에서 10년 전 남편과 아이를 둔 채 그곳으로 건너가 이혼 후 독일 남자와 결혼하여 살고 있는 친구 '경'을 만난 이야기이다. 배경은 독일의 프랑크푸르트이지만 그 안에는 방글라데시인이 시계를 팔고 있는 벼룩시장이 있는가 하면 유대인 묘지도 있다. 뿐만 아니라 그곳에는 뚜렷한 이유도 없이 행사를 무산시키고는 적반하장 격으로 화를 내는 독일인 프리랜서 기획자 라이만이 있다. 이 소설에 드러나 있는 것은 통일 후 어려워진 독일의 경제사정뿐만이 아니라, 유럽에 대한 우리의 관념의 변화라고 할 수 있을 것이다. 그런가 하면 30여 년 전 재미교포와 결혼하여 미국으로 이민하여 살아가는 앤(후남)의 시선을 통해 이민 사회의 변화를 보여줌과 동시에 그에 대응되는 급격한 변화 속에 놓인 우리 공동체 내부의 문제를 날카롭게 드러낸 박완서의 「후남아, 밥먹어라」(『창작과비평』, 2003년 여름호)는 경제적 준거(미래)로서의 미국과 우리(현재) 사이의 시차가 극복되어 가는 과정을 실감과 더불어 보여주고 있다.

문화적, 경제적 준거(미래)로서의 유럽 혹은 미국과 우리(현재) 사이의 위계뿐만 아니라 우리(현재)와 정체성 확인의 대상(과거)으로서의 아시아 사이에 놓인 위계 또한 의심되기 시작하는 것을 볼 수 있다. 가령 전성태의 「늑대」(『문학사상』, 2006년 5월호)에서 게르의 늙은 사냥꾼이라 불리는 솔롱고스(한국인) 사업가인 '그'는 도회지의 유명 서커스단을 운영하는 등 원주민들의 삶을 지배하는 적극적 이민자의 면모를 띠고 등장하거니와 이 시점이 교차하는 복마전 속에 과거를 향수하는 감상이 끼어들 틈은 없다. 외국인 노동자 알리가 용태보다 선수를 쳐서 전세금을 빼내어 사라져버리는 반전으로 마감되는 손홍규의 「이무기 사냥꾼」(『문학동네』, 2005년 여름호)

역시 그 사례라고 할 수 있다.

이처럼 문화적 시차가 사라지는 현상은 국민국가 사이의 빈번한 교류와 소통에 의해 환상과 관념이 걷힌 결과라고 할 수 있다. 심지어 인터넷은 이 교류와 소통을 실시간으로 업그레이드하고 있기조차 하니, 가령 호주에 한 번도 가본 적이 없으면서도 호주 유학 전문 커뮤니티를 운영하는 **인터넷 디아스포라** '나'(앨릭스)가 등장하는 김서령의 「바람아 너는 알고 있나」(『실천문학』, 2006년 봄호)는 그와 같은 현실에 대응되는 설정을 담고 있다. '역사 속의 디아스포라로'부터 '현실 속의 디아스포라'로 그 대상이 전환되는 계기를 여기에서 발견할 수 있다. 과거와 현재의 거리를 통해 탐구되었던 문제는 이제 내부와 외부 사이의 횡적인 차원으로 전환되기에 이른다.

### 2) 현실 속의 디아스포라

이주의 동기에서 이념성이 걷히기 시작하면서 소설의 시선은 망명객으로부터 **이민자 디아스포라**로 옮겨가기 시작한다. 이방에서의 삶을 대상으로 하지만 이념성을 동기로 갖지 않은 다른 질감의 소설들이 이 시점에서 등장하기 시작한다. 박영선의 「휘바, 휘바」(『문학동네』, 2002년 가을호)와 「고등어 통조림」(『한국문학』, 2004년 가을호)에는 각각 일본에서 주재원으로 근무하는 한 남성의 절망과 여관을 운영하는 미주 지역 이민자의 고단한 삶이 따뜻한 시선에 의해 포착되어 있다. 김윤영 소설의 경우, 한국에서 태어나 미국에 입양된 고아 출신 혼혈 여성의 분열(「집 없는 고양이는 어디로 갔을까」, 『한국문학』, 2004년 봄호)에서 출발, 앙코르와트 타프롬에서 타잔을 꿈꾸는 푸줏간 주인 마장동 김씨의 방황(「타잔」, 『실천문학』, 2005년 가을호)과 동남아 여행중 쓰나미에서 구사일생으로 살아남았지만 이제 다른 존재로 살아가야 할 운명에 처한 여성 정미(「세라」, 『비평과전망』, 2005년 하반기호)의 편력을 거쳐, 남편과 함께 캐나다로 이민한 아내의 공동체 내부 시각의 편향성 비판(「그가 사랑한 나이아가라」, 『작가세계』, 2006년 봄호)에 이르는 과정이 디아스포라의 공간을 배경으로 펼쳐져 있다. 특히 「그가 사랑한 나이아가라」에서는, 비록 서사에 가려져 잘 드러나지 않고 있기는 하나, 국민국가주의의 주요한 근거를 이루고 있는 남성성, 정치적 이념성에 대한 우회적인 야유가 드러나 있어 이민자의 시선을 선택한 동기의 필연성을 보여주고 있다. 정영문의 「브라운 부인」(『현대문학』, 2006년 2월호)에는 미국인 교수 브라운씨와 결혼하여 그곳에서 살고 있는 한국 여성 브라운 부인이 겪은 사건이 나온다. 총을 든 백인 소년과 소녀의 갑작스런 방문으로 인한 에피소드가 그것인데, 이 사건을 계기로 브라운 부인은 이혼 후 북극으로 날아가기 위해 경비행기 조종을 배우기 시작한다. "어쩌면 우리가 북극을 향해 날아가는 데에도 아무런 동기 같은 것이 없을지도 모른다. 다만 우리는 좌표상의 한 지점을 향해 날아가는 것일 뿐인 것이다"8)고 서슴없이 말하는 이 대목에 이르면 정치성은 물론 일체의 의미 자체가 제거되어 있어 이민자를 형상화하는 시선이 이른 한 극단적 지점을 보여주고 있다. 한편 해이수의 「우리 전통 무용단」(『현대문학』, 2003년 12월호), 「어느 서늘한 하오의 빈집털이」(『현대문학, 2005년 2월호), 김서령의 「무화과잼 한 숟갈」(『현대문학』, 2006년 8월호)에는 호주라는 새로운 공간에서의 삶에 적응하고자 하는 한국인 이주민이 등장하며, 박정석의 「캐롤라이나 드림」(『문학사상』, 2006년 1월호)에는 케냐 나이로비로 떠난 주인공이 그곳에서 한국 식당을 운영하는 이민자의 아들과 결혼하기 직전 흠모했던 교수의 답장을 받고 귀국하는 장면이 등장하고 있어 우리 소설 속 이민자 디아스포라의 확장된 공간적 폭을 확인시켜주고 있다.

이민자 디아스포라 곁에 **입양, 혼혈인 디아스포라**가 위치한다. 통계청의 데이터베이스에 의하면 1958년부터 2000년까지 해외에 입양된 아동의 수는 14만 5천에 이른다. 이 수치는 우리 소설에 입양아가 등장하기 시작하는 현상이 결코 우연일 수 없다는 것을 말해준다. 권지예의 「뱀장어 스튜」(『현대

---

8) 정영문, 「브라운 부인」, 『현대문학』, 2006년 2월호, 78쪽.

문학』, 2001년 7월호)와 「정육점 여자」(『문예중앙』, 2001년 가을호)에서 동양인 입양아 아멜리와 라라는 프랑스와 한국 사이에 놓인 주인공의 정체성을 비추는 거울 역할을 하고 있다. 김연수의 『꾿빠이, 이상』에서 미국에 입양된 동양인 피터주의 입양아 디아스포라로서의 실존은 이상과 김해경, 허구와 실재의 대립쌍에 대응된다는 점에서 그 자체가 소설적 방법론을 이루고 있다. 이 입양, 혼혈인 디아스포라의 콤플렉스가 최근의 드라마나 판타지 소설 및 팬픽에서는 오히려 특권으로 변모한 양상을 볼 수 있는데, 이는 디아스포라의 사회적 위상의 변화를 징후적으로 보여주고 있다고 하겠다.

우리의 근대 초기 디아스포라가 주로 피식민의 역사적 경험으로 인한 강제 이주의 형식으로 이루어졌고, 해방 이후의 디아스포라 또한 표면상으로는 선택의 형식을 취하고 있으나 역시 본질적으로는 국민국가로부터의 소외를 통해 형성된 존재였다고 할 수 있다면, 최근의 경우에는 시장경제의 글로벌리즘에 대응된 유학, 취직 등의 사유로 인한 이주가 증가하고 있는 추세이다. 2005년 4월 현재 해외 대학 유학생의 수는 19만 명을 넘어섰고,[9] 2004년 한 해 동안 조기유학을 위해 해외로 나간 초, 중, 고교생의 수는 1만6천여 명에 이른다.[10] 아이들의 교육을 위해 8년째 아내와 두 아들을 미국으로 보낸 후 혼자 지내는 출판사 사장이 화자로 등장하는 은희경의 「유리 가가린의 푸른 별」(『창작과비평』, 2005년 여름호)에는 그와 같은 현실이 부분적으로 반영되어 있다. 여기에서 주인공이 직면하고 있는 삶에 대한 허무적 감정은 이념적 열정이 사라진 국민국가 내부의 현실에 대응되는 것이다. 국민국가에 대한 기대를 포기함으로써 형성된 **기러기 가족 디아스포라**에 이르면 국민국가로부터 버림받은 존재로서의 디아스포라의 면모는 거의 찾아보기 힘들다.

이민자 디아스포라와 입양, 혼혈인 디아스포라 등이 '타자 안의 우리'를

---

9) 교육인적자원부, 「2005년도 국내외 유학생(대학생) 통계」(2005. 12) 참조.
10) 교육인적자원부, 「2004학년도 초, 중, 고 유학 출국학생 및 귀국학생 통계」(2005. 11) 참조.

이루고 있다면, 그 반대편에는 '우리 안의 타자'들이 있다. **국제결혼 이주자 디아스포라**가 그들이다. 고종석의 「고요한 밤, 거룩한 밤」(『파라21』, 2004년 봄호)은 한국인 아내 외젠(유진)과의 사이에 세 자녀를 둔 프랑스인 의사 제롬의 시점으로 되어 있다. 러시아어를 사용했던 할아버지, 세르보크로아티아어를 썼던 아버지와 더불어 프랑스어를 쓰는 그가 함께 살았던 것처럼 그는 반은 프랑스인이고 반은 한국인인 그의 아이들과 함께 살아갈 것이다. 디아스포라의 삶이 보편화되어 가는 우리 현실을 반대편에서 포착하고 있는 이 소설은 그런 점에서 외국인 화자를 내세워 현실 비판으로 직접 돌격하고 있는 「피터 버갓 씨의 한국 일기」(『문학동네』, 2001년 가을호)보다 현실에 대해 오히려 더 많은 것을 이야기하고 있다. 구효서의 「저녁이 아름다운 집」(『작가세계』, 2006년 봄호)에는 한국전쟁에 참전하여 인민군 포로가 되었던 경험을 갖고 있는 여든 살의 미국 노인 부르스가 나온다. '나'의 매형의 여동생의 남편인 그는 한국인 아내와 자신과는 피가 섞이지 않는 두 동양인 딸과 더불어 살다가 죽음을 앞두고 한국을 다시 찾았다. 한국에서 끔찍한 경험을 겪었지만 한국인 아내와 아이들과 함께 살며 그럼에도 여전히 한국을 싫어하고 그런데도 죽음을 앞두고 한국으로 마지막 여행을 떠나 갖지도 못할 낙엽송 한 그루를 만 불이나 주고 사려고 하는 이 서양인은 우리와 더불어 있으면서도 동화되지 않은 자신만의 영토를 언제까지나 갖고 있을 수밖에 없는 타자의 형상화라고 할 것이다.

「고요한 밤, 거룩한 밤」과 「저녁이 아름다운 집」이 국제결혼을 통해 성립된 '우리 안의 타자'의 한 양상을 보여주고 있기는 하지만, 물론 그와 같은 경우는 그 가운데 작은 일부일 따름이다. 2005년 한 해 동안 국내인과 외국인의 결혼은 약 4만3천 건으로 전체 결혼의 13.6%를 차지하고 있는데,[11] 그 대부분은 조선족을 포함한 중국인과 필리핀, 인도네시아, 베트남 등 동남아시아 출신의 여성이며, 특히 농촌의 경우 3분의 1에 해당되는 남

11) 행정자치부, 「국내거주 외국인 실태조사 결과」(2006. 5) 참조.

성들이 중국 및 동남아시아 출신 여성과 결혼하고 있는 상황이다. 중국 및 동남아시아 출신의 국제결혼 이주자 디아스포라의 수가 증가하면서 우리 소설에도 그와 관련된 사건, 경험, 인물들이 등장하기 시작한다. 이순원의 「미안해요, 호 아저씨」(『문학수첩』, 2003년 가을호)에는 연변 처녀와의 결혼에 실패한 후 베트남 처녀와의 결혼을 위해 그곳에 다녀오는 고향 후배 오익의 사연이 소개되어 있다. 제목이 드러내고 있듯, 이 무렵만 해도 농촌 남성과 동남아시아 여성의 결혼에는 어느 정도의 윤리적 부채감이 동반되어 있었다. 박정윤의 「길은 생선 내장처럼 구불거린다」(『작가세계』, 2005년 겨울호)의 주인공은 상반신 화상의 장애자로 도배일 보조를 하며 살아가는 39세의 청년 정규이다. 돈을 들여 베트남에 갔고 그곳 처녀 탄타우와 결혼하여 귀국하지만 그의 삶은 마치 생선 내장처럼 구불거리는 길과도 같이 좀처럼 펴지지 않는다. 그 지리멸렬한 삶의 실상이 베트남 처녀와의 관계를 통해 더욱 강렬하게 부조되어 있다.

노동력과 성의 대상이라는 점에서 국제결혼 이주자 디아스포라와 러시아 출신 **성매매 디아스포라**를 하나로 묶어도 될 듯하다. 이신조의 「거울 여자」(『세계의문학』, 2000년 여름호)에는 몸속의 장기가 좌우대칭으로 뒤바뀐 '위장 내역증(Situs Inverse)'이라는 희귀병을 앓고 있는 러시아 매춘부 나타샤가 등장한다. 동양적 외모를 가졌기에 한국 남성들에게 인기가 별로 없는 이 여성을 한 월남민 의사가 연구 대상으로 보호하고 있는데, 그는 나타샤에게서 북에 두고 온 여인 '은향'을 바라보고 있다. 여기에서 '거울 여자' 나타샤는 어떤 대상을 비출 뿐 그 자신의 실존을 드러낼 수 없는 상황 속에 놓여 있다. 김재영의 「아홉 개의 푸른 쏘냐」(『내일을 여는 작가』, 2005년 겨울호)에는 러시아 출신 무용수 쏘냐가 룸살롱 댄서로, 매춘부로, 그리고 마침내 형사범으로 전락하여 쫓기는 신세가 되기까지의 과정을 그리고 있는바, 이는 현실의 포화 상태가 소설 속으로까지 흘러들어온 형국이라 할 것이다.

'우리 안의 타자'로 편입된 또 하나의 대상은 **탈북자 디아스포라**이다. 2005년 12월 31일까지 남한에 입국한 탈북자 수는 7687명으로[12] 곧 탈북자 1만 명 시대를 눈앞에 두고 있다. 최근 우리 소설에는 탈북자들이 등장하는 작품들이 나타나기 시작했다. 전성태의 「강을 건너는 사람들」(『문학수첩』, 2005년 가을호)에는 북한을 탈출하여 중국 국경을 넘는 탈북자들의 심리적 추이가 숨가쁘게 묘사되어 있다. 정도상의 「소소, 눈사람이 되다」(『창작과비평』, 2006년 봄호)에는 심양의 서탑 거리에서 안마사로 일하고 있는 비법월경자(非法越境者) 미나(충심)의 인간으로서의 위신을 지키기 위한 고투가 그려져 있다. 「함홍, 2001, 안개」(『문학수첩』, 2006년 여름호)에는 충심이 북한으로부터 중국으로 건너오게 된 사연이 담겨 있거니와, 「소소, 눈사람이 되다」에서는 자신의 돈을 갈취한 조선족 사업가 김화동을 상해한 혐의로 쫓기는 충심의 서울행이 예고되어 있다. 최근에는 **입북자 디아스포라**까지 등장했다. 김원일의 「카타콤」(『문학과사회』, 2006년 여름호)에서 케노시스(자기를 비우는 정신)의 화신 강시욱 목사는 북방 선교활동 중 북한 잠입선교 계획을 세우고 마침내 만포시 월기봉 동굴에 지하교회(카타콤)를 건립한다. 현실을 앞서가는 소설적 의욕의 소산이라 할 것이다.

최근의 한국 소설은 '우리 안의 타자'의 양상을 이처럼 폭넓게 포괄하고 있지만, 그 가운데 무엇보다 가장 큰 비중을 차지하는 대표적인 사례는 **이주노동자 디아스포라**의 경우에서 찾을 수 있다. 국내 거주 외국인의 47.6%가 이주노동자라는 사실이 그것을 뒷받침하고 있다.[13] 김숨의 「트럭」(『문학사상』, 2006년 2월호)의 아버지처럼 중동 지역에 건설 노동자로 파견된 경우를 비롯하여 1970년대까지만 해도 우리는 독일, 중동 등지에 노동력을 수출하던 처지였지만, 1980년대를 지나면서 노동력을 수입하는 입장으로 바뀌기 시작하여 수십만의 이주노동자들이 국내에 체류하고 있는 현재에

12) 통일부, 『2006년 통일백서』(2006. 3) 참조.
13) 행정자치부, 「국내거주 외국인 실태조사 결과」(2006. 5) 참조.

이르러서는 다민족으로 구성된 혼종적 사회 속에서 살아가고 있다는 실감이 역력해졌다. 이명랑의 『나의 이복형제들』(실천문학사, 2004), 김재영의 「코끼리」(『창작과비평』, 2004년 가을호), 손홍규의 「이무기 사냥꾼」, 공선옥의 『유랑가족』(실천문학사, 2005), 「명랑한 밤길」(『창작과비평』, 2005년 가을호) 등의 작품에 등장하는 중국, 인도 및 네팔, 방글라데시 등의 동남아시아 출신 이주노동자들이 그와 같은 우리 사회의 현실을 증언하고 있다. 인도네시아 출신 이주노동자들이 등장하는 이혜경의 「물 한 모금」(『문학과사회』, 2003년 봄호)은 그들을 둘러싼 사회적, 현실적 시선을 욕망이라는 보편적 주제로 연결시키고 있으며, 강영숙의 「갈색 눈물방울」(『문학과사회』, 2004년 겨울호)은 동남아시아 출신의 세 남녀와 실어증을 앓는 주인공의 관계를 통해 미추의 역설적 변증법을 펼쳐 보이고 있다. 이혜경과 강영숙의 소설에서 동남아시아 출신 이주노동자들은 현실 반영 그 이상의 역할을 수행하고 있는 셈이다.

'우리 안의 타자'에 대한 관심이 증가하면서 그들과의 교류, 연대에 대한 사회적 관심이 확산되기 시작했고, 그에 따라 문학의 영역에서도 그 영향이 파급되고 있는 실정이다. 『흔적』, 『TRANSTORIA』 등의 학술지들이 중단된 상태에서 문예지 『ASIA』가 창간(2006년 여름호)되었고 '베트남을 이해하려는 젊은 작가들의 모임', '팔레스타인을 잇는 다리', '아시아문화 네트워크' 등의 단체 활동도 지속되고 있다. 방현석의 「존재의 형식」 (『창작과비평』, 2002년 겨울호), 「랍스터를 먹는 시간」(『랍스터를 먹는 시간』, 창비, 2003), 김남일의 「중급 베트남어 회화」(『실천문학』, 2004년 여름호) 등의 작품은 그와 같은 교류와 연대 운동의 결실이라고 볼 수 있을 것이다. 김남일의 「노을을 위하여」(『문학수첩』, 2005년 겨울호)는 미국, 이스라엘과의 분쟁으로 인한 이라크, 팔레스타인 민중들의 고통과 비참한 삶을 한국을 방문한 두 명의 아랍인 시인을 통해 증언하고 있거니와 아내와 정원 사이에서 방황하고 있는 주인공 '현'의 해묵은 실존적 문제를 걷어내면 그와 같은 교류와 연대 운동의 현장 중계에 해당된다고 할 만하다. 이 대목에서 '디아스포라를 위한 글쓰기'가 도달한 한 극점을 확인할 수 있다.

## 3. 디아스포라의 글쓰기

이렇듯 디아스포라의 유형은 시간의 경과에 따라 더 복잡하게 분화되었고 그 성격과 위상 또한 변화하는 양상을 보여주고 있다. 앞서 지적했듯이 이미 디아스포라의 문제는 상당 부분 현실적인 차원으로 이전되어 그 구체적인 해결의 방도가 모색되고 있다. 현실로부터의 소외 혹은 잉여가 문학의 대상을 이룬다는 전제를 받아들인다면, 문학적 대상으로서의 디아스포라의 의미는 점차 축소되어 가고 있는 셈이다. 공동체의 현실에 대응되는 '디아스포라를 위한 글쓰기'의 요구가 여전히 존재하지만, 새로운 접근의 시선 또한 요망되는 시점에 이른 것이다. 이 새로운 시선은 디아스포라의 문제를 대상의 차원이 아니라 의식의 차원에서 접근한다. 그러하기에 여기에서 디아스포라는 글쓰기의 주체의 문제도 대상의 문제도 아니다. 그것의 드러냄 자체가 소설의 목표이자 주제이다. 바로 이 지점에 '디아스포라의 글쓰기'가 놓여 있는바, 그 대표적 사례 가운데 네 가지 경우를 살펴보기로 한다.

### 1) 월경자(越境者)의 시선 - 전성태

최근 전성태 소설의 인물들이 갖는 공통점은 그들이 '월경자'라는 사실에서 찾을 수 있다. 「국경을 넘는 일」(『문학사상』, 2004년 7월호)에서는 우연적인 사건처럼 보였던 이 흐름이 「강을 건너는 사람들」, 「코리언 솔저」(『실천문학』, 2005년 겨울호), 「늑대」 등으로 이어지면서 자각적인 탐구의 양상으로 뚜렷하게 드러나고 있다.

「국경을 넘는 일」에서 '박'은 동독 출신의 청년 얀, 그리고 일본 관광객들과 일행을 이루어 캄보디아와 태국 사이의 국경을 넘고 있다. 그런데 이 소설에서는 '국경을 넘는 일'이라는 사건이 아니라 그에 동반되는 의식(심리)

에 대한 탐구가 중심을 이루고 있다. 그 의식은 "개인과 국가가 모호해지며 혼재하는 경험"[14]에 의해 촉발된 것이다. 소설집 『국경을 넘는 일』(창비, 2005)에 이 소설을 수록하면서 작가는 이 의식을 "외부의 어떤 세계가 아니라 자신의 내부를 뛰어넘은 것"[15]이며, 그러나 그럼에도 "뭔가를 뛰어넘었다고 생각했으나 알고 보니 제자리인 자신을 발견하는 기분"[16]이라고 보충하여 기술하고 있다. 이 언어화되지 않는 경험은 국경을 건널 때 호루라기 소리를 들은 '박'이 자신도 모르게 달아나버렸던 행동의 숨은 동기, 그러니까 의식으로 환원되지 않는 무의식에 상응하는 것이다.

> "우리에게 국경을 넘는 일은 죽음을 의미하지요. 아마 제 무의식 속에 그런 국경에 대한 공포가 잠재돼 있었던 모양이에요."
> 나오꼬는 금방 이해하는 눈치였다. 그녀는 조금은 신기하다는 표정으로 박을 바라다보았다. 박은 말을 하면서 줄곧 자괴감에 빠져 있었다. 그게 진실일까 의문이었고, 이 이국의 여자 앞에서 자신을 어떤 식으로든 포장하고 싶다는 욕망을 떨칠 수 없었던 것이다.[17]

이처럼 외부를 향해 발화된 진술이 내부의 시선에 의해 즉각적으로 반성될 수 있을 만큼, 「국경을 넘는 일」에서 내부의 자아와 타자화된 자아 사이의 긴장은 역동적이다. 그와 같은 각도에서 보면, 한국의 정치적 상황으로 인해 무의식 속에 잠재된 것으로 간주되었던 국경에 대한 공포라는 것은 사실 이데올로기적 진술일 따름이며 그러하기에 욕망에 의해 자의적으로 구성된 일종의 허구에 지나지 않는다. 이와 같은 의식 내부의 실상이 '박'에게 인지되면서 그에게 '자괴감'이 발생한다. 그것은 관념과 현실 사이의 낙차를 드러내는 것인바, 이 순간 그에게 더 이상 기댈 수 있는 국민국가의 이데올

---

14) 전성태, 「국경을 넘는 일」, 『문학사상』, 2004년 7월호, 120쪽.
15) 전성태, 「국경을 넘는 일」, 『국경을 넘는 일』, 창비, 2005, 156쪽.
16) 같은 글, 157쪽.
17) 전성태, 「국경을 넘는 일」, 『문학사상』, 2004년 7월호, 113쪽.

로기는 없다. 의식 내부의 실상을 확인한 후 발생하는 이 자괴감이야말로 '국경을 넘는 일'에 동반되는 월경자 의식의 핵심일 것이다.

그런데 후속작인 「코리언 솔저」에서는 이와 같은 긴장이 옅어져 있다. 이 소설은 연구년 차 울란바토르에 온 한국인 교수 창대가 현실 속의 몽고인들과 대면하면서 기존에 자신이 갖고 있던 관념들이 하나둘씩 무너지는 듯 느끼는 의식의 체험 과정을 기술하고 있다. 이 소설이 궁극적으로 제시하고자 하는 것은 기존의 관념을 여지없이 무너뜨리는 낯선 곳의 엄연한 현실일 텐데, 문제는 현실과 맞서기 위해 주인공 창대가 그의 내부로부터 호출해낸 것이 의식 내부 그대로의 실상이 아니라 군대의 기억이라는 집단적, 이데올로기적 차원의 관념이라는 것이다. 이 소설은 결국 닫힌 문을 열기 위해 아파트 건물 위에서 전선을 타고 내려오는 '코리언 솔저' 창대의 우스꽝스러운 모습을 풍자하는 차원으로 귀착되어버린다.

> 군대를 제대한 지 이십 년이 넘었다. 한때의 군대 경험을 두고 그는 전혀 근거 없는 자신감을 갖고 살아왔다는 사실을 깨달았다. 그리고 군대 경험을 잊어먹을 만큼 하루도 강렬한 생을 살아본 것 같지 않았다. 오늘이 유일하게 그 예외적인 날이 될 것 같았다. 여태껏 그는 학교를 벗어나본 적이 없었다. 모든 게 콩기름을 바른 것처럼 매끄러웠다. 아, 너무도 단조로운 삶의 연속이었다. 그는 자신이 너무나 왜소하게 여겨졌다. 아아, 얼마나 오랜 세월 동안 술자리에 앉아 군대 얘기를 했던가. 군대 체험은 어쩌면 그 삼십 개월에 그치는 게 아니라 제 인생을 통째로 삼키고 있는지도 몰랐다. 적어도 한국에서 군인이 시인보다 강하다는 사실은 명백해졌다. 그렇지 않고서야 지금 제 모습을 설명할 재간이 없었다.[18)]

"흐릿한 그의 시선에는 또다시 건너야 할 이국의 바다가 펼쳐져 있었다"[19)]는 문장으로 마무리되는 「국경을 넘는 일」의 결말과 달리 「코리안 솔

---

18) 전성태, 「코리언 솔저」, 『실천문학』, 2005년 겨울호, 296쪽.
19) 전성태, 「국경을 넘는 일」, 『문학사상』, 2004년 7월호, 132쪽.

저」가 명시적인 이데올로기적 메시지로 결말을 삼고 있는 것 또한 그와 같은 이유 때문일 것이다. 그 다음 작품인 「늑대」가 디아스포라의 의식의 문제에서 벗어나 대상의 문제로 바뀌어버린 이유도 여기에서 찾을 수 있을 것 같다.

### 2) 이방인의 시선 - 배수아

배수아의 최근 소설들에서는, 그 배경이 불투명하게 제시되어 있기는 하지만, 어쨌든 소설 속의 인물들이 출생과 더불어 운명적으로 소속된 듯 보였던 국민국가로부터 벗어나 낯선 이방의 세계 속에서 생활하고 있다는 점만은 분명해 보인다. 그런데 그것이 정체가 불분명한 무국적의 세계처럼 그려지는 이유는 배수아 소설의 인물들이 그 새로운 세계를 국민국가의 차원에서 받아들이고 있지 않기 때문이다. 특정 국민국가로부터 벗어났으되 다른 국민국가에 편입되지 않음으로 인해 생긴 틈이야말로 배수아 글쓰기의 근원이라고 할 수 있을 것이다. 그리고 이와 같은 얇은 틈으로부터 흘러나오는 글쓰기 의식의 밀도가 국민국가주의에 대한 강력한 비판의 에너지를 장전하고 있다는 것 또한 분명해 보인다.

문제는 국민국가들 사이에서 생성된 이 불투명한 의식의 영토가 자꾸 밟으면 밟을수록 단단해지면서 실체화된다는 점이다. 어디에도 소속되지 않은 의식이 실체화되는 그 순간 그것은 어디에도 소속되지 않는다는 무소속이라는 소속을 갖게 된다. 그럼에도 이와 같은 측면이 은폐되어 마치 모든 것으로부터 초월한 지점에 위치한 듯한 환상이 주체를 휩싸게 될 수 있다.

> 양은 자신이 항상 소심하고 어느 정도는 겁에 질려 있음을 너무나 잘 알고 있었다. 그는 학교에 다니던 어린 시절부터 항상 그래왔는데, 정작 그 자신은 익숙해져 왜 자신의 그런 상태가 남에게 불편함이나 거북함 더 나아가서는 적대감마저 불러일으키는지 잘 알지 못했다. 양은 자기 마음의 그런 방어 상태를 어느 정도는 아름답게 느끼기까지 했다. 그것은 자신만이 감지

할 수 있는 예민한 또 하나의 감각이기도 했기 때문이다.[20]

나르시시즘적인 쾌락의 대상이 된 이 이방인의 의식은 바로 그 나르시시즘적인 향유를 무기로 국민국가의 집단적 삶의 이데올로기에 맞선다. 그런데 문제는 이 맞섬의 순간 이미 이방인 의식은 실체화되어 버렸고, 실체화된 그 형식('방어 상태')으로 맞선 것이라는 점이다. 이 자기 방어의 심리적 메커니즘은 주체가 위치한 구체적 현실의 시공간을 무의미하게 만든다. 이처럼 주체의 의식을 포위하고 있는 국민국가의 억압에 대한 자의식이 추상적 부정이라는 심리적 방어 형식을 취하는 순간 이방인 의식은 그 현실적 근거를 잃어버리게 된다.

> 젊은 시절 항상 그는 자살한 사람들을 어느 정도 질투하고 선망해왔다. 종종 그가 강하고 날카로운 인식 속에 있을 때면 특히, 그는 자살한 사람들의 글만을 신뢰했다. 자살하지 않은 사람은 인간의 절대적인 어떤 상태, 혹은 자유에 대해서 말할 수 없으리라. 그들은 어떤 해석으로든 타협자이며 공동의 방식의 선택자이기 때문이다. 그는 자신이 망명지 스웨덴에서 수면제 과다복용으로 숨진 그 자살자처럼 실상은 아무것도 쓸 수 없고 말할 수 없는 상태에 이미 오래전부터 도달해 있는 것은 아닌지, 모두에게서 거부당하고 추방당했는지, 그리하여 돌이킬 수 없는 어떤 병적 상태에 이르렀는지, 한때 곰곰이 생각해본 적이 있었다.[21]

위의 인용의 앞부분에서 '그'는 '절대적인 어떤 상태, 혹은 자유'에 대해 말하는 자리에 놓여 있다가 뒷부분에 이르면 자신이 혹시 이미 그 상태에 도달해 있었던 것은 아닌가 곰곰이 생각하는 자리로 이행한다. 즉 이 경우에도 마찬가지로 나르시시즘으로 귀착되고 있는 것이다. 그러나 과연 자신이 그 자리에 있는지 의심해봐야 하는 것 아닐까. '타협자이며 공동의 방식

---

20) 배수아, 「양의 첫눈」, 『창작과비평』, 2004년 겨울호, 211쪽.

21) 배수아, 「북역」, 『현대문학』, 2006년 3월호, 115쪽.

의 선택자'에 지나지 않는 자신이 거기 놓여 있지 않을까. 소설은 치앙마이 산악지대의 개활지에 있는 작은 마을 퐁쿰에 위치한 생명의 학교에 영어교사로 자원봉사를 하기 위해 떠나는 '그'의 행위를 통해 세상의 끝에 대해, '절대와 필사'에 대해 이야기하고 있지만 그 세상의 끝은 주관적인 것에 지나지 않는다. 그 순간 이미 그는 자기라는 확고한 중심을 벗어나지 못하는 존재가 되어버린 것이다. 그가 생각하는 세상의 끝은 그곳 원주민들에게는 세상의 출발점에 지나지 않을 수도 있다. 나르시시즘적인 자아성만이 비대해질 경우 소통(타자성)은 포기되는 결과를 초래하게 될 수밖에 없는바, 자아를 둘러싸고 있는 타자들, 궁극적으로는 자아 내부의 타자성에 대해 끊임없이 의식하지 않는다면 타자성을 향한 여행은 결국 한줌의 자아성으로 귀착되어버리고 만다. 그러나 이처럼 관념성으로 인한 비판에 노출되어 있으면서도, 자아성의 방향을 의연하게 밀고나가는 방식에 배수아 글쓰기의 고유한 근거가 놓여 있는 것 또한 사실이다. 문제는 이 균형감각을 매순간 새로운 형식을 통해 확보하는 일일 것이다.

### 3) 연대자의 시선 - 오수연

오수연의 최근 소설들은 연대를 실천하는 현실적 운동에 근거하고 있다. 「길」(『문학수첩』, 2005년 봄호), 「황금지붕」(『문학판』, 2005년 가을호), 「문」(『ASIA』, 2006년 여름호) 등의 배경이 팔레스타인이라는 점에서 그 같은 사실을 확인할 수 있다. 그러나 오수연의 글쓰기가 정치적 실천에 대응되기는 하지만 그 실천의 일환으로 이루어지고 있는 것은 아니다. 한쪽 국민국가에 호소하거나 다른 쪽 국민국가를 지원, 지지하는 실천적 운동과는 또 다른 차원에서 그의 글쓰기는 두 개의 국민국가 사이에 끼어 있기에 어느 곳에서도 이방인일 수밖에 없는 어떤 의식에 대한 것이기 때문이다.

> 군인들이 초소에서 나와 바리케이드를 한쪽으로 치웠고, 그들을 설득하러

갔던 두 명의 동료가 볼이 발갛게 상기되어 돌아왔다. 세로줄 주민들이 앞으로 바짝 당겨서면서 가로로 선 우리를 돌아보고 말했다. 땡큐, 땡큐, 땡큐……. 내 가슴 속에서 뿌듯하면서도 미안하고, 쑥스럽다 못해 수치스러운 복잡한 감정이 일렁인다. 검문소 앞에 서 있을 때마다 나는 내내 세로줄에서 있다가 방금, 먹고 살 만해지니까 비로소, 가로줄에 슬그머니 한 발 걸친 기분이 든다. 나의 절반 이상은 아직도 세로줄 몇 번째에 끼여 있다. 세로줄의 나는 가로줄에 서 있는 나를 인정하지 않는다. 네 주제에 감히 거기 서 있어도 되느냐고 비아냥거리고, 끓는 질투심마저 느낀다.[22]

검문소의 바리케이트가 치워지자 팔레스타인 난민들은 그 앞에 세로로 줄을 서고 점령군을 감시하러 온 국제주의자들은 가로로 줄을 서 있다. '나'는 차별을 없애기 위해 온 자들에게 부과된 이 차별에 유독 민감하다. '나'는 점령국 감시단의 일원으로 활동하고 있기에 가로줄에 서 있지만 세로줄에 서 있는 난민들처럼 아시아인, 그것도 여성이기 때문이다. 그러하기에 주로 백인 남성들로 채워진 가로줄에 서 있는 자신이 불편하고 어색하기만 하다. 자신들을 도와주러 왔기에 난민들이 표하는 감사 인사를 받은 '나'가 한편으로 뿌듯하면서도 '미안하고, 쑥스럽다 못해 수치스러운 복잡한 감정'에 사로잡히는 것 또한 동일한 심리적 메커니즘의 소산이다. 결국 세로줄에도 가로줄에도 '나'가 자연스럽게 서 있을 자리는 없는 것이다. 이 비아랍출신 아시아인으로서의, 비서구인으로서의, 여성으로서의 자의식은 오수연 글쓰기의 근원을 이루고 있다. "여기 말고 다른 장소, 저기나 거기라는 게 과연 아직도 버티고 있을까?"[23]라는 물음 역시 돌아갈 장소(고향)를 갖지 못한 이방인의 자의식을 보여주는 사례이다. 오수연 소설의 복잡하고 불투명한 문체 또한 이 자의식에 대응되는 것이라고 할 수 있다.

궁극이라는 말에 위배되고 순수를 추구하는 작가로서 할 짓이 아닌지도

22) 오수연, 「황금지붕」, 『문학판』, 2005년 가을호, 152쪽.
23) 오수연, 「문」, 『ASIA』, 2006년 여름호, 165쪽.

모르지만, 글을 쓴다는 것은 마음으로부터 어느 방향으로 바라봄 아닌가. 내 마음은 당하기만 하는 팔레스타인과 이라크 사람들 쪽으로 끌린다. 동시에 나의 불순함을 고쳐줄 지극한 선을 반드시 필요로 하며, 기꺼이 괴로워할 것이다.[24)]

특수한 것과 보편적인 것 사이에는 그 중간의 것이 있는 게 아니라 아무것도 없다는 것, 그러하기에 특수와 보편 사이를 무한히 왕복할 수밖에 없다는 것, 그러나 그렇다고 왕복이 기계적인 운동이 되어서는 안 된다는 것을 위의 인용은 잘 보여주고 있다. 이렇듯 오수연의 글쓰기는 타자를 허공에 놓아두지 않는다. 그것은 사실 타자를 허공 속에 가두고 닫는 것이기 때문이다. 특수와 보편의 길항 위에서 사유하고 행동하지만 궁극적으로 그 방향을 구체적 현실을 향해 열어두고자 하는 지향성, 그것은 곧 연대자의 시선에 내재된 핵심적인 특징일 것이다.

### 4) 방랑자의 시선 - 김연수

『꾿빠이, 이상』에서도 그 단서가 암시되었지만, 그 이후에도 김연수의 소설들에는 디아스포라적인 삶을 살아가는 인물이 거의 매번 등장한 바 있다. 「그건 새였을까, 네즈미」(『문학사상』, 2003년 5월호)는 동거인 세희와 그 여동생 세영을 관찰하는 일본인 네즈미의 시점으로 되어 있다. 그는 역사학을 전공하기 위해 회사를 그만두고 영국 런던으로 건너왔다. 「거짓된 마음의 역사」는 1888년 의뢰인의 문제를 해결하기 위해 조선으로 건너온 미국인 벤저민 스티븐슨의 시점으로 되어 있다. 그는 조선에서 간호사로 일하고 있는 의뢰인의 약혼녀 엘리자베스 닷지 양을 찾아 미국으로 데려가기 위해 조선에 왔다가 그녀와 결혼하여 함께 조선에 머물게 된다.

최근 김연수의 소설은 더욱 자각적으로 디아스포라의 주제에 접근하고

---

24) 오수연, 『아부 알리, 죽지 마』, 향연, 2004, 10~11쪽.

있는 듯하다. 특기할 만한 사실은 그가 이 주제를 내용의 차원에서뿐만 아니라 형식의 차원을 통해서도 구현하고 있다는 것이다. 그것은 그의 독특한 시점의 실험에서 확인할 수 있다. 물론 「그건 새였을까, 네즈미」나 「거짓된 마음의 역사」에서도 이 실험은 시도되었지만 최근 소설에 이르러 비로소 그 완성도를 갖추게 된 듯하다. 「이등박문을 쏘지 못하다」와 「웃는 듯, 우는 듯, 알렉스, 알렉스」(『실천문학』, 2005년 봄호)를 비교하면서 이 점을 점검해보기로 하자.

「이등박문을, 쏘지 못하다」에서 화자는 언어장애를 갖고 있는 동생 성수와 맺어줄 조선족 처녀를 찾아 하얼빈까지 온 성재이다. 그에게 안중근 이야기를 해준 사람은 호텔 옆방에 혼자 묵고 있는 하버드대학교 고생물학과 교수 출신의 노인이다. 트레일러 한 대 분량의 공룡 뼈를 싣고 다니면서 전시를 하며 세계일주를 하고 있는 이 육십대 노인은 성재에게 안중근이 고유명사가 아닌 보통명사라고 말해준 인물이기도 하다. 안중근이 하얼빈 역에서 권총을 들고 이토 히로부미를 기다리고 있을 때 그 남쪽 채가구 역에서는 우덕순이 이토를 기다리고 있었고, 만일 이토가 채가구에서 기차를 내렸다면 우덕순이 안중근이 되었을 것이기 때문이다. 여기에서 우리는 자명한 사실들로 이루어진 역사 속에서 작동하고 있는 우연의 힘, 그것이 곧 역사라는 작가의 전언을 확인함과 동시에, 형제의 사연을 중심으로 한 서사 속에 새로운 주제를 도입하여 하나의 이야기로 엮어내는 작가의 소설적 구성 전략을 음미할 수 있다.

그런데 흥미로운 것은 이 구도가 후속작 「웃는 듯 우는 듯, 알렉스, 알렉스」에서는 그 시점이 전도된 형태로 드러나고 있다는 점이다. 이 이야기의 화자는 알렉스이다. 그는 영국 에딘버러에서 만난 여인 재클린에게 각 경유지에서 잡지를 출간하고 그 수익으로 세계를 일주하자는 계획을 밝히고 그녀와 함께 이스탄불과 캘커타를 거쳐 이곳 중국의 유럽풍 해안도시에 이르렀다. 이 도시에서 그들은 잡지 『레드 스타』의 자금 지원을 위해 리선생을 찾는다. 리선생은 지원을 약속하며 한 가지 조건을 제시한다. 문화대혁명 당시 사랑하던 여인의 아버지를 반동으로 몰아 죽이고 국경을 넘어 파키스탄, 인도, 대만, 미국에 이르렀고, 이제 미국 시민권자로 고향을 방문하여 그 여인이 살던 언덕 위 저택에 머무르고 있는 자신의 이야기를 매호 싣는 것이 바로 그 조건이다. 2호까지 리선생의 이야기를 실은 알렉스는 곤경에 처한다. 어떻게 같은 이야기를 다르게 만드는가. 알렉스는 바닷가에서 아침부터 맥주를 마시고 있는 '그'(최)에게 다가가 이 일을 맡아줄 것을 의뢰한다. 그러니까 여기에서는 작가에 대응되는 소설 내 존재는 화자 알렉스가 아니라 이야기의 가장 외곽에 위치하고 있는 '그'이다. 그러니까 「이등박문을, 쏘지 못하다」에서의 '성재－공룡뼈를 싣고 세계일주를 하는 노인'의 구도가 「웃는 듯, 우는 듯, 알렉스, 알렉스」에서는 '잡지를 만들며 세계를 일주하는 알렉스－그'의 구도로 그 시점이 전도되어 있는 것이다.

이와 같은 전도된 시점의 실험은 「다시 한 달을 가서 설산을 넘으면」(『문학수첩』, 2005년 봄호)에서도 확인된다. 이 이야기는 일반적인 소설의 시점으로 하면 한강에 투신자살한 여자친구를 둔 한 대학생을 주인공으로 하여 그가 낭가파트밧 원정대에 참여하고 마침내 죽음에 이르기까지의 이야기로 구성되었을 것이다. 혹은 투신자살한 여성의 시점으로 그려질 수도 있다. 하지만 이 소설은 여자친구가 마지막으로 읽은 책 『왕오천축국전』의 주석을 달았던, 그래서 '그'가 9개월 동안 쓴 소설을 보냈던 어느 여교수를 화자로 내세우고 있다. 이 같은 전도된 시점의 실험은 '고백'의 양식으로서의 소설로부터 벗어나기 위한 작가의 전략으로 이해될 수 있다.

국민국가 내부자의 시선으로 디아스포라를 그리는 것이 아니라 디아스포라 상태에 있는 인물을 소설의 화자로 취한다고 해보자. 이 경우 표면상으로는 디아스포라의 시선으로 세계를 바라보는 것 같지만 이 역시 결국은 내부자의 시선으로 디아스포라를 바라보는 것과 본질적으로 동일하다. 거기에는 타자의 시선이 결여되어 있기 때문이다. 다만 디아스포라의 옷을 입거나

가면을 쓴 것에 지나지 않는다. 그럼에도 그와 같은 시점 형식을 취함으로써 마치 디아스포라의 시선으로 세계를 바라보고 있다는 환상을 불러일으킬 수 있다는 것이 오히려 더 큰 문제점이다. 이러한 문제를 극복하기 위한 김연수의 방법적 전도가 곧 시점의 실험일 것이다. 그것은 타자의 시선을 받아들이되 자아성을 소거시키지 않는 한 가지 방식으로 선택된 것이다. 디아스포라의 문제는 글쓰기 주체의 실존과 결코 분리될 수 없기에 디아스포라가 아닌 인물이 디아스포라에 접근하는 데에는 한계가 있다. 관념으로 타자성을 받아들인다 해도 자아성까지 소거시킬 수는 없다. 그러하기에 타자성과 자아성을 동시에 한 화면에 담아내는 김연수의 시점 실험은 결코 타자가 될 수 없는 자아가 타자를 수용할 수 있는 현실적인 방법이며, 디아스포라가 아닌 주체가 디아스포라에 관념적으로 접근 가능한 한계 지점을 보여주는 것이라고 할 수 있다.

최근 김연수의 소설이 젠더의 문제를 도입하고 있는 것 또한 이러한 맥락에서 생각해볼 수 있다. 「네가 누구건, 얼마나 외롭건」(『문학사상』, 2005년 6월호)은 최근 사망한 한 사진작가의 평전을 집필하기 위해 일본을 찾는 여성의 시점으로 되어 있다. 그녀가 평전을 집필하기로 결정한 것은 그녀가 그의 사진 속 노을에서 어머니가 사망하던 날의 노을을 보았기 때문인데, 남편은 그녀의 이러한 동기를 이해하지 못한다. 그녀가 자이니치인 김경석, 그리고 그가 사랑했던 스웨덴 입양아 미아와 공명할 수 있는 것은 타자로부터 이해받지 못하고 있다는 공통의 운명 속에 그들이 함께 놓여 있기 때문일 것이다. 이 점은 「기억할 만한 지나침」(『문학과사회』, 2005년 여름호)에서 더욱 선명하게 드러나 있다. 이 소설은 1인칭 시점을 피하면서도 서술의 초점을 고등학교 3학년 여학생의 내면에 맞추고 있다.

> 중요한 것은 성공이니 실패니 하는 따위의 것들이 아니었다. 그녀가 점점 고통에 끌리게 된다는 점이었다. 그 욕망은 참으로 낯설기만 했다. 엄마가 원하는 대로 현과 같은 남자와 결혼한다면, 고통 같은 것은 느끼지 않을 세

> 계 속에서 살아갈 것이다. 현 정도라면 그녀에게 어울릴 만한 남자애였고 실제로 그녀 역시 현에게 애틋한 감정을 느끼긴 했다. 하지만 현을 사랑하는 일에는 아무런 고통이 없었다. 그게 뭔지 정확히 알 수는 없었지만, 그녀가 원하는 것은 고통이었다.[25)]

언어로 표상화되지 못하는 감정으로 인해 그녀는 고통스러워하고 있다. 그 감정에 이끌려 그녀는 바다에 뛰어들고 물에 온몸이 젖고서야 다른 사람들 앞에서도 겨우 울 수 있게 되었다. 그 곁에 있는 동갑내기 남자아이 '현'이 할 수 있는 것은 무엇인가. "그런 그녀를 안아주지도 못하고 뿌리치지도 못한 채, 어색하게 서 있을 뿐"[26)] 다른 방도가 없다. 여성이 아닌 그가 그녀의 여성으로서의 고통을 대신할 수 있다는 것은 허구에 지나지 않는다. 그러니 감히 여성의 시점을 가장하여 서술할 수 없다. 그렇다고 외면하고 지나칠 수도 없다. 그녀의 고통이 남성인 그의 의식을 불편하게 만들고 있기 때문이다. 그러니 남성의 시점을 안이하게 유지할 수도 없다. 결국 타자성과 자아성 사이를 왕복할 수밖에 없다. 그 운동을 언어로 표상하기 위해서는 자아성과 타자성을 한 장면 속에서 포착하지 않으면 안 된다. 이 대목에서 이 소설이 기형도의 시 「기억할 만한 지나침」에 대한 일종의 메타텍스트라는 점이 확인된다. 디아스포라가 주체나 대상의 문제일 뿐만 아니라 궁극적으로는 의식의 문제라는 사실이 주체를 전도시키면서 새로운 대상을 찾아 지속적으로 이동하고 있는 김연수의 행보 속에 뚜렷하게 제시되어 있다.

## 4. 경계의 표상으로서의 글쓰기 디아스포라

'diaspora'를 영어권에서는 '다이애스퍼뤄[daiǽspərə]' 정도로 발음하는데 그것을 안다고 하더라고 내국인이 국내에서 그렇게 발음하는 경우는 거의 없다. 대부분 '디아스포라'라고 쓰고 읽어야 한다. 반면 한국어를 모국어로

25) 김연수, 「기억할 만한 지나침」, 『문학과사회』, 2005년 여름호, 91쪽.
26) 같은 글, 102쪽.

사용하는 사람이 '다이애스퍼뤄'라고 발음한다 해도 정확한 영어 발음과 억양을 표현해내기는 쉽지 않다. 설사 그럴 수 있다 해도 그렇게 발음하고 있는 자신에 대한 자의식으로부터 자유롭기 어렵다. 말하자면 이 단어의 발화 자체가 두 개의 국민국가와 마주하고 있는 그것의 운명을 그대로 보여주고 있는 셈이다. 관념상으로는 이 개념이 마치 두 개의 국민국가 사이의 자유로운 공간처럼 표상될 수도 있겠지만 구체적으로 현실 속에서 발화되는 순간 자신이 속해 있는 국민국가를 확인할 수밖에 없고, 그것이 확실치 않을 경우 어느 곳에도 온전하게 소속되지 못한, 양쪽 모두의 눈치를 살피지 않으면 안 되는 자괴감을 동반하게 된다. 그러니까 디아스포라는 두 개의 국민국가 사이의 수평축과 관념과 현실 사이의 수직축이 교차하면서 만들어내는 공간 속에 위치하는 것이다. 그러하되 그 속의 어느 한 고정점으로서가 아니라, 그 네 극을 부단히 왕복하는 움직임 속에, 바로 그 운동 자체로서 존재하고 있는 것이다.

앞에서 살핀 디아스포라 글쓰기의 세 가지 양상, 즉 디아스포라의 문제를 각각 주체('디아스포라에 의한 글쓰기'), 대상('디아스포라를 위한 글쓰기'), 의식('디아스포라의 글쓰기')의 차원에서 접근, 수행하고 있는 세 가지 유형의 글쓰기들 역시 두 개의 국민국가라는 양극과 관념과 현실이라는 또 다른 두 개의 극이 형성하는 네 극 사이의 운동이 그려낸 궤적이라고 할 수 있을 것이다. 그 운동의 궤적들 속에서 우리 소설이 디아스포라와 관련된 문제의 거의 모든 범위를 포괄할 만큼 그 폭이 넓으며, 그 변화에 과정에 대해서도 민감한 촉수를 뻗치고 있음을 새삼 확인할 수 있었다.

디아스포라 글쓰기의 세 차원은 상호 연관 속에서 디아스포라의 문제를 구성하고 있는 범주들이면서 동시에 각 차원은 디아스포라의 성격이 역사적으로 변화해온 국면에 대응되는 것이기도 하다. 그것들은 디아스포라가 우리를 둘러싸고 있는 현실의 문제일 뿐만 아니라 현실의 변화를 인식, 탐구하기 위한 전제로서의 표상의 문제이기도 하다는 것을 보여준다. 그 현실과 표상 사이의 변증법에 의해 디아스포라의 문제가 우리에게 부과하는 경계는 매순간 끊임없이 변화해나갈 것이다. **글쓰기 디아스포라**는 그 경계 위에서 사유하는, 그 경계를 가로지르기 위해 행동하는, 그리고 그 경계를 표상의 차원으로 이끌어 올리는 문학적 의식과 실천의 메타포일 것이다.

# 현장의 고통으로부터 상호관계 속의 일상으로
## - 최근 소설에 나타난 다문화적 현실의 새로운 층위

### 1.

1990년대 초부터 노동과 결혼을 매개로 해서 시작된 외국인의 본격적인 국내 유입은 그 이후 지속적으로 증가하여 2007년에 이미 100만, 전체 인구의 2%를 넘어서기에 이르렀다.[1] 이런 추세는 앞으로도 점점 강화되리라 예상되는데, 국내 체류 외국인의 비율이 2020년에는 5%, 2050년 무렵에는 이민사회의 기준으로 말해지는 10%에 가까워지리라는 관측도 나와 있다.[2]

이러한 흐름에 따라 국가 통합이라는 차원에서 정부 주도의 다문화 정책이 시행되어 왔고, 그 차원에서 포괄되지 못하고 있는 인권과 교육의 범위는 민간의 시민단체들이 보완하고 있는 상황이지만, 사회 전반적으로 현실의 요구에 부합하는 제도가 갖추어졌다고 보기는 어려운 실정이다.[3] 사회

---

1) 2009년 12월 현재 국내 체류 외국인은 모두 1,168,477명으로 늘어났다. 그 가운데 근로자는 565,898명으로 48.4%, 결혼이민자는 125,087명으로 10.7%, 유학생은 80,985명으로 6.9%의 비중을 차지하고 있다.(2010년 1월 8일 발표 법무부 출입국 외국인정책통계 참조)

2) 국토연구원 보고서에 의거한 연합뉴스 2009년 9월 3일 보도내용 참조.

3) 한국에서의 국가주도 다문화주의와 시민주도 다문화주의 각각의 성격과 특징, 그리고 그 둘 사이의 관계에 대해서는 윤인진, 「국가주도 다문화주의와 시민주도 다문화주의」, 한국사회학회 동북아시대위원회 용역과제 07-7, 2007. 8, 251~291쪽 참조.

구성원들의 의식 역시 그러한 범위에서 크게 벗어나지 않는 수준이다. 단일 민족이라는 공동 환상은 상당히 약화된 것이 사실이지만 다른 문화를 수용하는 태도는 아직 충분히 성숙되지 못한 상태라고 할 수 있다. 이러한 현실적 한계는 무엇보다도 다문화사회를 경험한 역사가 짧기 때문일 것이다. 다문화주의라는 개념을 통해 여러 학문 분야나 예술 영역에서 문제로 삼고 있는 것은 바로 그와 같은 제도와 현실 사이의 간극에서 빚어지는 다양한 문제들이라고 할 수 있다.

한국 소설의 영역에서 다문화주의의 현황과 문제를 분석하기 위해 씌어지는 이 글은 2000년대 중반 이후 소설과 비평의 영역에서 다문화주의의 문제가 다루어져 온 그 동안의 과정을 살피면서 그 특징과 문제점을 제시하고(2장), 다문화주의와 연관된 최근의 소설에서 나타나는 새로운 특징을 분석한 후(3장), 앞으로의 방향에 대한 간략한 의견을 덧붙이는(4장) 순서로 진행된다.

## 2.

국민국가 경계 바깥의 존재, 그러니까 디아스포라를 형상화하는 것과 다문화주의를 주제화하는 것은 여러 모로 유사한 면을 갖고 있지만 그럼에도 한 가지 결정적인 차이를 갖는다고 생각한다. 디아스포라적 존재를 그리는 경우에는 개인들이 국민국가의 경계를 넘는 과정에서 혹은 그 이후에 발생하는 삶과 의식의 문제에 초점을 둔다. 말하자면 국민국가의 경계 위의 존재들을 통해 국민국가 체제를 비판적으로 사유하는 것이다. 그런데 다문화주의라고 했을 때에는 그 탈경계의 과정에서 발생한 개인들의 문제들을 공동체의 관점에서 어떻게 해결할 것인가 하는 문제로 그 초점이 이동한다. 요컨대 다문화주의라고 했을 때는 디아스포라들을 받아들이는 입장을 전제로 하는 것이다. 이 경우 국민국가는 단순한 경계일 뿐만 아니라 실체적 공동체이다.

우리의 경우 2000년대 이후 디아스포라를 소재로 한 소설은 상대적으로 풍부한 편이다. 이주와 이산의 긴 역사를 가지고 있는 우리이기에 디아스포라를 그린 이야기가 풍부한 것은 자연스럽다. 국민국가의 경계를 넘어 다른 세계를 경험하는 디아스포라라는 존재는 우리의 굴곡 많은 역사와 그 속에서의 우리의 삶을 환기시키는 한편 외부 세계를 향해 열리기 시작한 호기심과 욕망을 충족시키는 매력적인 탐구 대상일 수 있었고, 그러한 방향에서 한동안 유행적인 현상을 이루기도 했다. 그에 비해 다문화의 문제는 그리 폭넓게 다뤄져 온 편이 아니다. 우리 역시 자신들의 국민국가로부터 벗어나 이곳으로 이주해온 디아스포라들을 우리 내부로 받아들이고 있는 상황에 이르렀지만, 지금까지 가지지 못한 자의 입장에서 세계를 그리는 데 익숙했던 우리 소설은 이러한 새로운 입장에 아직 충분히 적응이 되지 못한 듯하다. 대체로 한국문학은 문제 제기에는 민첩했지만 그 대안의 모색에는 그에 합당한 관심과 성과를 보여주지 못했다고 생각되는데, 그런 관점에서 보면 다문화주의는 디아스포라라는 소재에 비해 한국소설이 다루기에 그리 편한 대상은 아니라고 할 수도 있다.

흑인 이주 노동자 아지드가 등장하는 김소진의 「달개비꽃」(1995) 같은 예외적인 작품도 있기는 하지만, 다문화주의에 대한 문제가 소설에서 비교적 전면화된 것은 2000년대 중반 무렵이라고 할 수 있다. 그렇지만 넓게 잡아도 이 주제와 관련된 이 시기의 작품으로 이명랑의 『나의 이복형제들』(실천문학사, 2004), 박범신의 『나마스테』(한겨레신문사, 2005), 전성태의 『여자 이발사』(창해, 2005), 천운영의 『잘 가라, 서커스』(문학동네, 2005) 등의 장편과 역시 그 무렵에 산발적으로 나온 몇 편의 단편들, 대표적으로 이혜경의 「물 한 모금」(『문학과사회』, 2003년 봄호), 고종석의 「고요한 밤, 거룩한 밤」(『파라21』, 2004년 봄호), 강영숙의 「갈색 눈물방울」(『문학과사회』, 2004년 겨울호), 김재영의 「코끼리」(『창작과비평』, 2004년 가을호)와 「아홉 개의 푸른 쏘냐」(『내일을 여는 작가』, 2005년 겨울호), 손홍규의 「이 무기 사냥꾼」(『문학동네』, 2005년 여름호), 공선옥의 「명랑한 밤길」(『내일을 여는 작가』, 2005년 겨울호), 정도상의 「소소, 눈사람이 되다」(『창작과비평』, 2006년 봄호) 등을 들 수 있을 정도여서, 다문화 현상을 다룬 이 시기 소설의 폭이 그렇게 넓다고 보기는 어렵다.

이들 작품에 대해서는 이미 상당한 비평적 논의들이 이루어져 있다. 그와 같은 경향이 출현하던 당시에는 그 새로운 현상의 의미에 주목하는 글들이 씌어졌고,[4] 그 뒤에는 데리다, 레비나스, 바디우 등의 논의를 바탕으로 '타자', '윤리', '환대' 등의 개념을 중심으로 좀더 복잡하고 심층적인 비평의 맥락이 형성되었다.[5] 대체로 이 논의들은 그와 같은 경향의 소설들이 한국에서의 이주 노동자들의 삶의 현실과 그 문제점을 일깨우고 타자를 대하는 윤리적 태도를 환기시킨다는 점을 의미화하는 데 주력했다. 그리고 그러한 논의를 통해 타자와 윤리 개념에 대한 새로운 차원의 인식이 이루어지기도 했다.

그 논의들 가운데에는 소설에 나타난 다문화주의의 양상에 대한 비판적 분석이 이미 포함되어 있었고,[6] 최근에는 다문화주의 자체의 한계를 밝히

---

4) 『문학동네』 2006년 겨울호 '길 위의 인생-이동, 탈출, 유목' 특집, 『내일을 여는 작가』 2006년 겨울호 '이주노동자와 한국문학' 특집, 『문학들』 2007년 봄호 '아시아 문학, 한국문학 안으로 들어온 아시아' 특집, 『너머』 2007년 겨울호 '한국 속의 외국/외국인' 특집, 『세계의문학』 2008년 가을호 '외국인이란 무엇인가?' 특집 등 이 시기 여러 문예지에서 다문화주의를 주제로 한 특집을 기획했다.

5) 레비나스와 바디우, 아감벤 등의 논의에 대한 해석을 둘러싸고 전개된 일련의 논쟁을 촉발시킨 출발점 역시 소설 속에 도입되기 시작한 우리 내부의 타자들의 존재였다. 서동욱의 「사도 바울, 메시아, 이방인: 익명적 주체 또는 보편주의」(『세계의문학』, 2008년 가을호), 김형중의 「사건으로서의 이방인」(『문학들』, 2008년 겨울호) 등을 황정아가 비판(「묻혀버린 질문-'윤리'에 관한 비평과 외국이론 수용의 문제」, 『창작과비평』, 2009년 여름호)하면서 시작된 이 논쟁은 이후 김형중의 반론(「문학과 정치 2009」, 『문학과사회』, 2009년 가을호)과 황정아의 재반론(「이방인, 법, 보편주의에 관한 물음」, 『창작과비평』, 2009년 겨울호), 그리고 그에 대한 서동욱의 비판(「예외 상태와 환대에 대한 오해」, 『세계의문학』, 2010년 봄호)으로 이어졌다.

6) 가령 지젝의 논의에 기대어 소수자 담론과 다문화주의에 담긴 '부드러운 인종주의'에 대한 서동진의 비판(「차이의 윤리라는 몽매에서 어떻게 벗어날 것인가」, 『문학판』, 2005년 가을호)이나 소외된 자들 사이의 연대는 분명하게 드러나지만 그들을 소외시킨 자들에 대한 적대는 제대로 서사화되지 못했다는 서영인의 지적(「외국인 노동자: 우리 안의 타자들, 타자 안의 우리들」, 『문학들』, 2005년 겨울호), 이주민에 대한 연민의 태

는 지젝(『까다로운 주체』), 웬디 브라운(『관용』) 등의 저작이 번역 소개되면서 원론적인 차원에서 다문화주의에 내포된 제국주의적 관점을 비판하는 분위기도 형성되고 있는 듯하다.

그러나 우리의 현실 속에서 보면 다문화주의의 한계에 대한 경고가 다문화주의에 대한 접근 자체를 봉쇄하는 것은 더 큰 문제가 될 수도 있다. 이민 사회의 역사적 경험이 오래 되고 그래서 다문화주의적 관용이 일상적으로 강조되는 서구의 사회에서는 그와 같은 한계에 대한 지적이 현실 정합성을 갖겠지만, 여전히 그에 대한 인식이나 이해가 매우 부분적인 차원에 머무르고 있는 우리의 현실에서는 오히려 조금씩 관점을 갱신하면서 지속적으로 그 문제에 대한 탐색과 모색을 해나가는 것이 필요한 상황이라고 해야 하지 않을까 싶다. 최근 비평에서 유행처럼 등장하는 타자성을 강조하는 관점에 대해 "이러한 논의는 결국 실천적 무기력함을 이론적 수사로 은폐하려는 비평의 비윤리성을 단적으로 보여줄 뿐이다"[7]는 비판도 있거니와, 다문화주의의 문제점을 진단하고 있는 최근의 비평들 또한 우리의 현실을 바라보면서 이루어지고 있다기보다 서구의 담론을 바라보면서 전개되는 경향이 강한 것 같다. 다문화주의를 탐구하고 있는 소설들의 문제점에 대한 지적도 의미 있는 것이기는 하지만, 그런 주제가 지속적으로 제기되고 탐구되지 못하고 있는 상황도 그에 못지않게 큰 문제라고 할 수 있지 않을까 싶다.

## 3.

다문화주의의 현상과 연관된 소설들은 앞서 살펴본 것처럼 2000년대 중반에 유행처럼 등장했다가 그 이후 소강상태에 접어든 듯한 느낌을 주고 있다.[8] 그러다가 최근에 이르러 주로 신진작가들의 단편에서 그와 같은 문제

---

도를 경계하고 있는 오창은의 주장(「연민을 넘어선 윤리」, 『내일을 여는 작가』, 2006년 겨울호) 등을 대표적 경우로 들 수 있다.

7) 장성규, 「누가 말할 수 없다 하는가?」, 『작가세계』, 2010년 봄호, 302쪽.

8) 돌이켜 보면, 2000년대 중반은 소설뿐만 아니라 문화의 여러 영역에서 다문화 현상에

가 간헐적으로 다시 등장하고 있는 것을 볼 수 있다. 이 신진작가들의 단편에서 다문화주의의 문제를 다루는 방식은 기본적으로 앞선 시기의 특징과 성격에 이어져 있고 획기적인 단절을 보여주고 있다고 말하기는 어려울 것 같지만, 그럼에도 미세한 차이를 드러내고 있다. 여기에서는 정한아의 「천막에서」(『한국문학』, 2008년 겨울호), 김애란의 「그곳의 밤, 여기의 노래」(『문학과사회』, 2009년 봄호), 김미월의 「중국어 수업」(『한국문학』, 2009년 겨울호), 한지수의 「열대야에서 온 무지개」(『문학사상』, 2010년 4월호) 등을 대상으로 그 차이의 내용과 의미에 대해 간략하게 살펴보기로 한다.

다문화 현상을 소재로 한 최근의 소설들에서 나타나고 있는 새로운 점은 우선 다른 문화에 대한 동정적 관점으로부터 벗어나 인물들 사이의 대등성, 수평성이 강조되어 있다는 것이다. 물론 이러한 특징이 앞선 시기의 소설에 전혀 나타나지 않는 것은 아니다. 네이션을 가로질러 이루어지는 하층민들 사이의 연대는 다문화주의와 연관된 소설에서 항상 등장하는 장면이다. 가령 손홍규의 「이무기 사냥꾼」에서 용태와 조선족 장이 나누는 다음과 같은 대목. "술에 취해 서로 주먹질을 하는 외국인 노동자들을 보며 그가 눈살을 찌푸리자 장이 정색을 하며 말했다. 용태 아우, 쟤들 너무 미워하지 말라우. 외국인이란 것만 빼면, 고향 떠나 밥 빌어먹고 사는 이주 노동자인 건 아우나 나나 쟤들이나 한가지 아니갔어."[9] 그럼에도 최근 신진작가들의 소설은

---

대한 관심이 유행처럼 일어나기 시작하던 시기였다. 그들 문화 영역에 다문화의 현상은 새로운 소재를 제공했지만, 그 경우에도 그 효과는 오래 지속되지 않았다. 〈북경 내 사랑〉(2004), 〈내 이름은 김삼순〉(2005), 〈하노이 신부〉(2005), 〈봄의 왈츠〉(2006), 〈마녀유희〉(2007), 〈황금신부〉(2007), 〈도쿄 여우비〉(2008) 등의 드라마에 대한 비판적 분석은 김예린 외, 「인종, 젠더, 계급의 다문화적 역학-TV '다문화적 드라마'의 초국적 내러티브와 자본주의 담론을 중심으로」(『언론과 사회』, 2009년 봄호) 참조. TV 광고에서의 다문화 현상의 상업적 활용에 대한 비판은 이희은 외, 「TV 광고에 나타난 전략적 다문화주의와 인종주의」(『한국언론정보학보』, 2007년 가을호) 참조. 〈파이란〉(2001), 〈믿거나 말거나, 찬드라의 경우〉(2003), 〈처음 만난 사람들〉(2007) 등의 영화에 대한 분석은 황영미, 「한국 속 이방인 순례기」(『너머』, 2007년 겨울호), 그리고 〈망종〉(2006), 〈경계〉(2007), 〈반두비〉(2009) 등의 영화에 대한 분석은 김소영, 「다인종, 다문화사회: 얼굴, 클로즈업, 괴물성」(『작가세계』, 2010년 봄호) 참조.

노동이라는 가장 전형적인 고리에 한정되지 않고, 또 가정 폭력, 몰이해, 경제적 착취 등의 관습적인 코드에만 의존하지 않는 일상의 관계들 속에서 다문화주의의 현실을 바라보고 있다는 점에서 변화된 면모를 보여주고 있다.

방수포 생산 업체의 본사가 있는 중국이 배경인 「천막에서」에서 지배와 피지배의 관계는 일반적인 구도에서 벗어나 있다. 회장과 현지인 팀장 로미오가 자본주의적 이윤을 앞세우며 사이클론으로 피해를 입은 동남아 지역을 향하는 구호 단체를 상대로 폭리를 취하려 하는 반면, 한국인인 '나'나 중국인 아내와 가정을 꾸린 동료직원 박은 그 메커니즘에 의해 억압을 받고 있는 무력한 대상으로 등장한다. 다혈질적인 회장의 야만적인 행태에 아무 소리 못하고 당하기만 하는 간부들 역시 권력자의 이미지와는 거리가 있다. 이렇듯 이 소설에서 지배와 피지배의 관계는 고정된 틀을 벗어나 있지만, 그럼에도 이러한 문제가 발생하는 근원에 대한 인식은 분명하다. 미국의 W마트에 의해 한편으로 휘둘리면서 다른 한편으로 동남아 지역을 상대로는 횡포를 서슴지 않는 회사는 자본주의적 세계 질서의 수직적 관계 속에 놓인 한국의 지위와 위상을 떠올리게 한다.

조선족 처녀 명화와 결혼한 택시기사 용대가 중심인물로 등장하는 「그곳의 밤, 여기의 노래」에서는 다음과 같은 서술을 볼 수 있다. "조선족이라 해서 다 가난한 건 아니었다. 조선족 중에도 유학을 가고, 사업을 하고, 명품을 사는 이들이 있었다. 아울러 밀항을 하고, 날품을 팔고, 결혼 시장에 나오는 사람들이 있었다. 그건 한국도 마찬가지였다. 명화는 그 중 후자에 속할 뿐이었다."[10] 여기에는 조선족 = 가난이라는 선입견을 답습하지 않는, 이주의 현실적 근거에 대한 인식이 자리를 잡고 있다. 그리고 그 인식이 관계를 새로운 방식으로 성립시킨다. 지금껏 그다지 순탄치 못했던 삶을 살았던 용대와 명화는 결혼 이후 태어나서 가장 행복한 순간을 누린다. "용대에겐

9) 손홍규, 「이무기 사냥꾼」, 『문학동네』, 2005년 여름호, 330쪽.

10) 김애란, 「그곳의 밤, 여기의 노래」, 『문학과사회』, 2009년 봄호, 125쪽.

그 한 달이 자기 인생에서 가장 행복했던 시절이었다. 명화는 참으로 오랜만에, 한국에 온 이후 처음으로 쉬는 느낌을 받았다. 그녀는 가족이나 고용주나 고객을 위한 시간이 아닌 온전히 자기만을 위한 순간을 누렸다."[11] 이런 순간에 대한 기술은 이주민들의 불행을 상투적으로 반복하는 것에 의해서는 드러낼 수 없었던 또 다른 현실이라고 할 수 있다. 그런 맥락에서 위암으로 죽은 명화가 용대에게 직접 녹음해서 남긴 중국어 회화 테이프는 순수의 화신도 가련한 존재도 아닌, 용대와의 현실적인 상호 관계를 이루고 있는 명화의 존재를 표상하는 사물이라고 할 수 있다.

중국어 수업이 등장하는 또 하나의 텍스트 「중국어 수업」에서 인천 어느 전문대학의 부설 한국어학원 강사로 일하는 수는 그가 가르치는 중국인 학생들(이들은 명목상으로는 수강생이지만 실질적으로는 불법취업자나 다름없다)과 처지가 크게 다르지 않다. "다음 분기 강사직 재계약 심사가 나흘 뒤로 다가와 있다. 그러니 제적을 걱정해야 하는 것은 중국인 학생들만이 아니다."[12] 여기에서는 공장이라는 전형적인 상황에서 벗어나 택배 아르바이트를 하며 한국어 수업을 듣는 학생들이 있는 강의실을 다문화의 공간으로 설정하고 있다는 점에서 다문화 현실의 새로운 측면을 보여준다. 중국인 며느리와의 소통을 위해 지하철 안에서 화교 가족으로부터 중국어를 배우는 노인 또한 소설 속 인물들이 맺고 있는 수평적인 관계의 한 축을 이루고 있다.

태국 출신의 이주민여성 사이란(사이룽)이 초점인물로 등장하는 「열대야에서 온 무지개」 역시 그러한 대등한 관계를 의식적으로 염두에 두고 씌어진 것 같다. 고향에서 회계사였던 사이란은 재석과 결혼하여 한국으로 이주해온 뒤 다른 이주민 임산부들을 대상으로 산후 도우미 봉사 활동을 하고 있다. 한국인 남성 재석이 농촌 총각이 아니라 악단 출신이고 지금은 가구

---

11) 같은 글, 132쪽.
12) 김미월, 「중국어 수업」, 『한국문학』, 2009년 겨울호, 66쪽.

업을 하고 있다는 점도 특이한 설정이다. 처음에는 실연 때문에 사이란과의 결혼을 선택한 재석이 마침내 진심으로 그녀를 원하고 있다는 사실을 확인하는 순간에서의 사이란의 생각이 다음처럼 나타나 있다. "그런데 재석이 아직 모르는 것이 있다. 사이란 또한 재석의 깊은 눈에서 갈증에 시달리는 짐승의 애처로운 호소를 보았다는 걸."[13] 「그곳의 밤, 여기의 노래」에서와 마찬가지로 이 소설에서도 한국인 남성과 이주민 여성 사이의 상호적인 관계가 뚜렷하게 부각되어 있다.

앞선 시기 다문화주의 소설들이 이주민들의 불행을 부각시켰다면, 이 신진작가들의 소설에서는 그들의 일상과 삶이 담담하게 펼쳐져 있다. 그 속에서 서로 다른 국적인 인물들은 상호적이고 대등한 관계를 이루고 있다. 이러한 변화는 이 소설들이 여성 작가들의 시선에 포착된 다문화의 현실을 담고 있다는 점과도 어느 정도 상관관계를 가진다고 할 수 있을 것 같다.

다문화주의와 관련된 최근 소설의 또 하나의 특징은 서로 다른 문화 사이에서 발생하는 현실적인 갈등을 다루면서도 그것을 성급하게 사회적 문제에 대한 비판의 방향으로 이끌고 가지 않는다는 점이다. 대신 그 소설들은 그와 같은 갈등을 겪으면서도 묵묵히 일상을 견딤으로써 오히려 자신의 삶에 대해 뚜렷이 인식하게 되고 더욱 긍정적인 의지를 품는 인물들을 보여줌으로써 이 문제에 대한 전망을 간접적으로 피력하고 있다.

「천막에서」는 결국 W마트와의 계약 파기와 재계약의 와중에서 실제로는 가장 책임이 적은 '나'가 회사에서 밀려나 다시 한국으로 돌아가는 결말로 마무리되고 있다. 하지만 이것은 실질적으로는 그 이기적인 욕망의 진창에서 스스로를 건져내고자 하는 '나'의 선택이라고 할 수 있는데, 빗속에서 방수포 조각을 둘러쓴 '나'에게 찾아온 환상, 동남아 사이클론 수해의 현장에서 그들과 함께 있는 환상이 '나'의 행로를 암시하고 있기 때문이다. "마지막에는 누구나 자신이 원하는 존재가 되는 거야"[14]라는 이 소설의 핵심적

13) 한지수, 「열대야에서 온 무지개」, 『문학사상』, 2010년 4월호, 177쪽.

전언 역시 그러한 맥락에서 읽힌다.

「그곳의 밤, 여기의 노래」는 명화의 죽음 이후 다시 찾아온 용대의 막막한 일상을 보여주는 것으로 결말을 맺고 있는데, '다 듣고 내리지 못한 노래'처럼 안타깝게도 일찍 끝나버린 그들의 관계는 그럼에도 불구하고 테이프에서 흘러나오는 명화의 목소리를 용대가 따라 하는 '대화'를 통해 지속되고 있다. 다음의 대목은 그 '중국어 수업'의 용도를 직접적으로 드러내고 있다. "용대는 알고 있었다. 그렇게 그 여자 나라 말을 외면서, 자신이 차츰 나아지고 있다는 것을. 어쩌면 괜찮아질지도 모른다는 것을."[15)]

「중국어 수업」에서 수의 수강생 중 한 명인 쓰엉은 한국인과 결혼한 나명의 집을 찾아가 난동을 부리다가 불법체류 신분이 노출되어 결국 본국으로 송환된다. 나명의 시아버지는 지하철 안에서 화교 가족으로부터 중국어 수업을 받던 바로 그 노인이다. 노인은 추운 날씨에 본국으로 송환되어 가는 쓰엉에게 전해달라면서 수에게 점퍼가 든 쇼핑백을 건넨다. 쇼핑백은 전해지지 못했고 쓰엉은 다시 돌아올 기약 없이 떠났지만, 지하철 안에서 이루어지는 노인과 화교 가족의 중국어 수업은 계속된다.

「열대야에서 온 무지개」에서 자신을 배신하고 떠났다가 다시 찾아온 악단의 여인 대신 사이란을 선택한 재석은 그녀에게 결혼기념일 선물을 묻는다. 아이를 갖고 싶다는 그녀의 솔직한 욕망은 말할 것도 없이 재석과의 관계에 대한 신뢰와 자신감으로부터 나온 것이라고 볼 수 있다.

다문화사회의 새로운 현실을 소설 속에 도입하고 있는 최근 소설의 특징들을 성급하고 비현실적인 화해로 해석할 필요는 없을 것 같다. 겹겹이 문제들이 쌓여 있는 현실적 상황 속에서 날카롭기만 한 비판은 대책 없는 허무주의로 귀착될 공산이 크다. 지금의 조건을 고려하면, 소설에서의 그와 같은 관습적 비판은 미디어의 시사적 비판을 재방송하는 것과 실질적으로

---

14) 정한아, 「천막에서」, 『한국문학』, 2008년 겨울호, 124쪽.
15) 김애란, 앞의 글, 143쪽.

는 크게 다르지 않을 것이다. 물론 여전히 노동 현장에서는 이주민들에 대한 차별과 착취가 사라지지 않고 있고 이런 현실이 결코 외면되어서도 안 되겠지만, 이러한 상황 속에서 해결의 전망을 담고 있는 장면들은 화해의 제스추어라기보다 관심과 의지를 잃지 않고 지속적으로 그 실현을 기대하는 바람이라고 보아야 하지 않을까 생각한다. 나아가 그와 같은 바람은 문학의 기능이 현실의 고발과 비판에 한정될 것이 아니라, 다른 영역으로 확대될 필요성을 요구하고 있다고 생각된다.

## 4.

다문화주의의 문제는 담론의 층위에서 해결되는 것이 결코 아니라는 사실은 분명하다. 물론 담론의 차원에서 모색되는 문제 해결의 방향은 실천의 과정에서 발생하는 여러 문제들에 대한 예비적 과정을 마련해준다는 점에서 분명한 의미를 갖고 있는 것이지만, 앎의 문제가 곧바로 실천으로 직접 전환되는 것이 아니라는 것은 경험을 통해 쉽게 알 수 있는 일이다. 그리고 역시 경험이 말해주는 바이지만, 비윤리적 행위의 대부분도 그것을 모르기 때문에 발생하는 것이 아니다. 앎의 차원과는 별도로 행위의 차원에서 지속적인 윤리적 훈련이 요구된다.[16)]

다문화주의가 기업의 이미지를 위한 상업 광고에서 전략적으로 활용되는 상황 속에서, 또 대중들이 드라마나 광고 등을 통해 왜곡된 다문화주의에 전면적으로 노출되는 상황 속에서, 그것의 진정한 해결을 위한 노력들은 좀처럼 표면으로 드러날 기회를 얻지 못하고 있는 듯하다. 그런 맥락에서 더욱 요청되는 것은 다문화주의를 본격적으로 주제로 설정한 예술성 높은 기념비적인 한 편의 작품이라기보다, 구성원들이 다문화주의와 관련한 윤리적 태도를 정립하기 위해 필요한 다양하고 항상적인 경험과 사유의 계기들일 것이다. 그리고 문학에서 생산된 그와 같은 계기들이 다른 학문과 예술 분

16) 프란시스코 바렐라, 유권종 · 박충식 역, 『윤리적 노하우』, 갈무리, 2009 참조.

야, 그리고 현실 속에서 이루어지고 있는 교육과 운동 영역에서의 문제의식과 교류될 필요도 있다. 다문화주의, 나아가 문학의 사회적 기능과 공공성의 문제와 관련해서, 바야흐로 텍스트뿐만 아니라 그것이 수용될 수 있는 컨텍스트의 생산에 대해서도 고민할 시점이라고 생각된다.

# 차이를 사유하는 네 가지 소설적 방식

## 1. 표준화되지 못한 차이 – 김경욱의 「맥도널드 사수 대작전」

김경욱의 「맥도널드 사수 대작전」(『창작과비평』, 2005년 여름호)은 아래에서 보듯 '차이'를 이 소설의 두 대립적 키워드 가운데 하나로 제시하고 있다.

> 뉴욕에서도 뻬이징에서도 모스끄바에서도 이 과정은 크게 다르지 않을 것이었다. 하루에만 전세계에서 4천3백만명이 드나드는 이 패스트푸드점의 영업준비는 인종과 언어를, 종교와 이데올로기를 초월해서 단일한 과정으로 '표준화'되었기 때문이다. 표준화된 것은 그것만이 아니었다. 성별과 나이와 계급과 신분에 상관없이 고객들은 전세계 어디에서나 균일한 맛의 햄버거를 먹고 역시 성별과 나이와 계급과 신분에 상관없이 뒤처리를 위해 자신의 노동력을 제공했다. 햄버거를 먹고 나면 빌 게이츠도 실업자인 아버지도 스스로 쓰레기를 처리해야만 한다. 맥도널드의 상징인 황금아치 아래서 이런 저런 '차이'는 무의미해져 매장에 들어서는 순간 사람들은 기꺼이 형제가 되고 자매가 된다.[1)]

'차이'와 대립을 이루고 있는 또 다른 키워드는 '표준화'이다. 이처럼 이

---

1) 김경욱, 「맥도널드 사수 대작전」, 『창작과비평』, 2005년 여름호, 201쪽.

소설의 구도는 단순하고도 선명하다. 그렇기 때문에 이 단순한 도식 사이의 빈 공간을 언어 감각으로 채울 수밖에 없다. 이러한 속성을 '맥도널드 사수대작전'이라는, 이 소설의 허풍스러운 제목이 잘 드러내고 있다.

어느 시점부터 급속하게 진행된 '표준화'의 전세계적 운동은 인종과 언어와 종교와 이데올로기를 초월하여, 그리고 성별과 나이와 계급과 신분에 상관없이 전개되고 있다. 하루 4천3백만명이 드나드는 패스트푸드 체인 맥도널드가 그것을 잘 보여준다. 효율성, 합리성을 앞세운 이 '표준화'(맥도널드화)에 적응하지 못한 '차이'들은 시스템으로부터 배제되기 시작한다. 소설의 화자 '나'가 한 맥도널드 체인점에 메인으로 출근하게 된 것 또한 이 운동으로 인한 여파, 곧 구조조정으로 인한 아버지의 실직 때문이다.

그런데 여기에서 보면 '표준화' 운동이 이미 존재하던 '차이'를 무의미한 것으로 만드는 것처럼 되어 있으나, 실제 사태의 전개 순서는 그렇지 않다. '표준화'와 더불어 비로소 '차이'의 존재가 새롭게 인식되는 것이기 때문이다. '표준화' 이전에는 '차이' 역시 존재하지 않았던 것이다. '차이'는 '표준화'에 의거하여 사후에 인식된다. 이 '차이'는 표준과의 거리에 의해 측정되는 것으로서의 '차이'이기 때문이다. 그것은 표준이 되는 관념(개념)으로부터 파생된 '차이'이며 그러하기에 존재자 그 자체로부터 유래하는 것이 아니다.

소설의 주된 사건은 '나'가 근무하는 맥도널드 체인점에 테러 위협의 내용을 담은 괴전단이 살포되면서 비롯된다. 괴전단을 보낸 '제3세계 해방전선'의 테러 위협에 맞서 매니저의 지시 아래 벌어지는 일련의 해프닝이 곧 이 소설의 내용이다. 여기에서 맥도널드를 위협하는 단체의 실체가 불분명한 것 또한 이 '차이'의 허구성에서 말미암는다; "반복되는 일상 속에서 위험은 점차 예측가능해지고 계산가능해졌으며 경계는 효율적이고 자동화되었다. 위험마저도 맥도널드화된 것이다."[2] 말하자면 '차이'마저도 '표준화'된 것이다. 따라서 소설의 결말에서 화자인 '나'가 다음과 같은 의문에 사로잡

---

2) 같은 글, 210~211쪽.

히는 것은 자연스럽다.

> 특별수당 인상 대상에서 유일하게 제외된 나는 쇠고기 패티를 굽다 문득 이런 의문에 사로잡혔다. 버거킹도 아니고 피자헛도 아니고 왜 하필 맥도널드일까. 마닐라도 아니고 방글라데시도 아니고 왜 하필 서울일까. 신촌도 아니고 압구정동도 아니고 왜 하필 이곳일까. 그 점에서 대해 여태 한 번도 의문을 품어본 적이 없다는 사실이 나로서는 더욱 놀라웠다.[3)]

문제는 '표준화'(맥도널드화)에 적응하느냐 혹은 저항하느냐에 놓여 있지 않다. 중요한 것은 맥도널드적이지 않은 차원의 발견에 있기 때문이다; "맥도널드화된 위험에 대처하는 것보다 더 화급한 것은 전혀 맥도널드적이지 않은 바로 그 의문에 대한 답을 구하는 것이었다."[4)] '맥도널드 사수 대작전'은 이와 같은 '차이'의 새로운 차원을 이끌어내기 위해 동원된 요란한 장치라고 할 수 있지 않을까 싶다.

## 2. 사회적 차별과 심리적 차이화 – 고종석의 「플루트의 골짜기」

김경욱의 경우 자본주의의 무차별화 경향 속에서 '차이'의 문제를 발견하고 있다면, 고종석의 「플루트의 골짜기」(『문예중앙』, 2005년 여름호)의 경우에는 현실적이고 정치적인 시선에서 이 문제를 포착하고 있다. 고종석 소설의 대상이 되는 현실은 일반적이고 추상적인 (가령 후기 자본주의 사회의 현실이라고 말하는 식의 그런) 현실이 아니라 직접적이고 구체적인, 실제 상황 속의 지시 대상을 암시하고 있는 현실이라는 점에서 특징적이다. 이 소설 역시 그와 같은 고종석 소설의 스타일을 고스란히 간직하고 있다.

> 하기야 인류는 본디 웃기는 종이다. 같은 종 안에서도 생물적 신체적 차

---

3) 같은 글, 214쪽.
4) 같은 곳.

이를 끊임없이 찾아내 그것을 서열화하는 데 몰두하는 것을 보면 말이다. 그러나 인류의 그런 전투성이 그들을 이 행성의 지배종으로 만들었을 것이다. 그렇다면 부고를 궂긴 소식으로 바꾸게 한 종족주의적 열정도 이해할 만하다. 그 열정이 한반도의 인류를 문화적으로 살아남게 만들지도 모른다. 그런데 표제어 설명 뒤에 동의 표현을 영어로 적어놓은 사전 편찬자의 배려는 또 뭔가. 웃긴다는 생각을 거듭 억누를 수 없다. 한반도의 인류만이 아니라 인류 전체가 말이다.[5)]

여기에서 문제삼고 있는 대상은 '생물적 신체적 차이'이다. 보다 정확히 말하면 그러한 차이를 서열화하는 종족주의적 열정이다. 차이의 서열화는 곧 차별의 의미하게 되는데, 왜냐하면 그것은 대상들 사이에 존재하는 차이를 흡수하여 대상들 간의 위계적 질서의 문제로 바꿔버리기 때문이다. 물론 이와 같은 차별의 문제는 생물적 신체적 차이에 한정되지 않는다. 계층적 차이, 성적 차이, 학력 차이 등등 또한 그러할 것이다. 이 소설 또한 이러한 현실의 문제를 그냥 두고 넘어가지 않는다. 프랑스에서 철학을 전공한 한 여성이 귀국하여 시간강사를 전전하다 대입학원의 논술강사로 귀착되기까지의 내력을 통해 그와 같은 문제들이 신랄한 어조로 성토되고 있는데, 위에서 보는 바와 같이 이 당연하고도 상식적인 발화의 어조는 자못 시니컬할 뿐만 아니라 당당하기조차 하다.

이 아이는 제 또래의 이른바 지성인류보다 지적으로 훨씬 뛰어나다. 윤리적으로도 그렇다. 그러나 아이는 머지 않아 저와 친구들의 다름이 근본적이라는 것을 알게 될 것이다. 그때 자신의 지적 윤리적 우월을 반드시 다행스러워하지만은 않을 것이다. 이 아이는 어떻게 인간 세상에 맞설까? 현경우와 앙투안이 그랬듯, 인류의 몸뚱어리 어딘가에 숨어 있을지도 모를 한 움큼의 선함에 희망을 걸고 기꺼이 그들 사회에 동화될까? 아니면 내가 그랬듯, 그들에 대한 우월감과 혐오감으로 사회적 관계를 최소화하고 쾌락에 탐

5) 고종석, 「플루트의 골짜기」, 『문예중앙』, 2005년 여름호, 143쪽.

닉할까? 어느 쪽이 먼 뒷날의 이 아이를 덜 불행하게 할까? 어느 쪽이든, 아이가 그들에게 완전히 속할 수는 없을 것이다. 부모 이외의 제 순혈 종족을 잠깐이라도 스치는 행운이, 내게 우연히 찾아온 그 놀라운 행운이, 과연 이 아이에게도 와줄까? 내가 죽은 뒤에 아이는 이 행성에서 얼마나 외로운 것인가?[6)]

이 소설은 현실 속의 이러저러한 사회 제도와 관행들에 대한 비판에 그치지 않는다. 소설의 화자는 스스로를 현생 지성인류와 다른 네안데르탈 종족으로 자처하고 있다.(약 500개 정도 남아 있는 네안데르탈의 두개골은 현생인류의 그것과 구조상 차이가 있거니와 과연 네안데르탈인이 현생인류로 진화한 것인가에 대한 논란은 여전히 계속되고 있다.) 그가 자신의 종족으로 인정하는 인물은 자신의 혈족을 제외하면 파리 유학 시절 만났던, 인도주의적 열정으로 넘쳤던 의사 현경우와 이탈리아 출신의 정치적 망명객이었던 앙투안 등 소수의 예외적인 '아웃사이더'들이다. 딸의 아버지이기도 한 현경우는 신문 부고란을 통해 자신의 죽음을 알리고 사라졌고 앙투안은 고국으로 돌아가 수감되었으나 후에는 고명한 정치서 『제국』의 공동저자이자 국제적인 인사가 되었다. 나르시시즘이 대상을 향한 리비도를 자신에게 투여하는 것이 아니라 실상은 다른 대상을 응시하면서 그것을 통해 자신의 이미지를 채우는 것이라고 한다면, 자신에게 내재된 현실 관련성을 부정하고 스스로를 현경우나 앙투안과 자신을 동일시하면서 현생 인류와 스스로를 구분시키는 소설 속 화자의 방식은 그런 의미에서 전형적인 자기도취적인 망상이라고 할 수 있을 것이다.(하지만 이 망상증은 화자의 진지한 고백적 어조에 의해 은폐되어 있다)

신뢰성이 의심되는 화자를 내세우고 있는 이 소설의 비판 방식은 이중적인데, 화자의 발화를 통해 제시되고 있는 것이 차이를 둘러싼 사회적 차원의 문제점과 그에 대한 비판이라면, 화자의 발화 태도를 통해서는 그러한

---

6) 같은 글, 155쪽.

사회적 차원의 문제로부터 파생된 또 다른 차원의 문제, 곧 사회적 차이의 문제에 대응하는 방식 속에 내재된 심리적인 층위의 문제가 더불어 제시되고 있는 것이다. 좀더 정확히 말하자면, 사회적 층위와 심리적 층위 사이의 모순의 문제이다. 좀더 적극적으로 해석하자면, 이 모순은 개체 간의 문제일 뿐만 아니라 개체 내부의 문제이기도 하다. '인류의 몸뚱어리 어딘가에 숨어 있을지도 모를 한 움큼의 선함에 희망을 걸고 기꺼이 그들 사회에 동화'되고자 하는 현경우나 앙투안의 열정은 '그들에 대한 우월감과 혐오감으로 사회적 관계를 최소화하고 쾌락에 탐닉'하는 '나'의 자폐적 욕망을 무의식으로 거느리고 있다고도 할 수 있지 않을까. 이 중층적인 문제가 모순적으로 얽혀 있음에도 섬세하게 균형을 이루고 있는 지점에 「플루트의 골짜기」의 소설적 시선이 드리워져 있다.

### 3. 표상화되지 못한 차이들 – 김연수의 「네가 누구건, 얼마나 외롭건」

김경욱과 고종석의 소설에서 차이의 문제가 표상적, 개념적 차원에서 제기된 것이라면, 김연수의 소설에서 그것은 그 이전의 발생적 과정에 놓여 있다. 김연수의 「네가 누구건, 얼마나 외롭건」(『문학사상』, 2005년 6월호)에서 화자인 '나'는 최근 사망한 한 사진작가의 평전을 쓰는 작업을 맡게 된다. '나'가 평전을 집필하게 된 동기는 한 장의 사진 때문이다. 보다 정확히 말하면, 그의 사진 속에 담긴 붉은 빛의 노을 때문이다.

> 나는 내가 본 것과 똑같은 노을을 그도 봤다는 점 때문에 평전을 쓰기로 마음먹었다. 내게 내적 계기가 있다면 그것이다. 하지만 이런 계기란 논리적으로 설명하기가 어려운 것이다.[7)]

'나'가 어머니의 임종 때 보았던 노을, 그 노을을 '나'는 그의 사진 속에서

7) 김연수, 「네가 누구건, 얼마나 외롭건」, 『문학사상』, 2005년 6월호, 110쪽.

발견할 수 있었던 것이다. 어머니가 죽던 날의 슬픔이 '나'에게는 노을의 인상으로 남아 있다는 것부터가 논리적으로는 설명하기 어려운 사태이다. 더구나 그의 사진 속의 노을이 어머니가 죽던 날 보았던 노을과 같은 것이라고 '나'가 느끼고 그리고 그것이 '나'가 그의 평전을 쓰게 되는 내적 계기로 작용하는 과정은 더욱 설명하기가 어려울 것이다. 그럼에도 불구하고 이 미지의 것, 프루스트를 분석하면서 들뢰즈가 '기호(signe)'라고 불렀던 이 징조(사인)는 우리의 감성을, 나아가 인식과 사유를 촉발시키는 근원적인 동력으로 작용하고 있다. 아직 개념에 의해 표상화되지 못한 그것은 우리를 혼란스럽게 하고 때로는 고통스럽게 하지만, 그것이 없다면 우리는 사유할 의지조차 품을 수 없다. 그러므로 그 기호들은 우리에게 사유를 강요하고 우리는 그것을 회피할 수 없다.

> 그는 "네가 누구건, 얼마나 외롭건/ 너는 상상하는 대로 세계를 볼 수 있어./ 기러기들, 너를 소리쳐 부르잖아, 꽥꽥거리며 달뜬 목소리로―/ 네가 있어야 할 곳은 이 세상 모든 것들/ 그 한가운데라고"라고 끝나는 이 시를 인용하면서 자신이 아는 리얼리티란 "무슨 일인가 일어나는 그 순간"을 의미한다고 써놓았다. 그는 "리얼리티는 변해 가는 것이므로, 그것을 표현하고자 한다면 표현양식도 변하지 않으면 안 된다"라는 브레히트의 말을 거론하며, "무슨 일인가 일어난다. 그리고 그 순간, 예전으로는 되돌아갈 수 없다. 그게 바로 내가 아는 리얼리티다"라고 썼다.[8)]

사진작가인 '그'는 그의 수필 속에서 리얼리티를 '무슨 일인가 일어나는 그 순간'이라고 정의해 놓았다. 사건이 완료되고 그것이 표상화(개념화)되는 순간, 그가 말하는 리얼리티는 사라져버리기 때문이다. 그것은 개념의 것이지 사건 그 자체의 것이 아니다. 그가 "그 하나하나의 사진마다 매순간 변해 가는 모습을 담은 수많은 인물사진들"[9)]을 찍었던 것도, "노출이나 초점

---

8) 같은 글, 108~109쪽.
9) 같은 글, 107쪽.

따위는 신경 쓰지 않았기에, 그 흔적이 인화된 사진에 그대로 남아 있"[10]는 것도 그의 이러한 인식의 소산이다. 그리고 같은 맥락에서 그는 다음처럼 말하기도 했던 것이다; "예술가에게 프런티어란 새로운 세계, 그 자체가 아니라 새로운 세계가 모습을 드러내기 바로 그 직전이다."[11]

요컨대 작가는 이러한 소설 속의 담론을 통해 개념에 의해 매개되지 않은 차이를 암시하고 있는 것이다. 이 소설 속의 인물들이 겪고 있는 공통적인 운명 또한 이와 관련된다. '뉴카마'(new comer)이자 자이니치[在日]인 김경석, 그리고 그가 사랑했던 스웨덴 입양아 미아, 사진작가인 '그'로 하여금 예정없이 이즈미를 찾아 흑두루미를 찍도록 이끈 메이초우(迷鳥) 등은 모두 어느 개념에도 온전하게 속하지 못한 존재들, 말하자면 온전하게 표상화되지 못한 존재들인 것이다. 그런가 하면 남편으로부터도 이해받지 못하는 '나'의 이름 역시 미아이다. 그러하기에 소설의 결말부에서 '나'의 입을 통해 흘러나오는 미국 시인 메리 올리버의 시 「기러기」의 한 대목—"네가 누구건, 얼마나 외롭건, 너는 상상하는 대로 세계를 볼 수 있어. 기러기들, 너를 소리쳐 부르잖아, 꽥꽥거리며 달뜬 목소리로—. 네가 있어야 할 곳은 이 세상 모든 것들 그 한가운데라고."[12]—은 표상화되지 못한 존재들에게 보내는 뜨거운 격려일 것이다.

### 4. 개념 없는 차이들 - 김훈의 「언니의 폐경」

김훈의 중편 「언니의 폐경」(『문학동네』, 2005년 여름호)[13] 또한 김연수

---

10) 같은 글, 103쪽.
11) 같은 글, 109쪽.
12) 같은 글, 121쪽.
13) 김훈의 첫 단편 「화장」(『문학동네』, 2003년 봄호)이 아내의 죽음을 겪는 남성화자의 시점이라면, 「언니의 폐경」은 남편의 죽음을 겪는 여성화자의 시점이라는 점에서 대칭을 이루고 있다. 하지만 이 두 소설의 대칭은 다만 구성의 차원에 그친다고 봐야 한다. 주제상에서 두 소설은 비대칭적인데, 이것은 남성과 여성의 비대칭성에 기인하는 것으로도 볼 수 있을 듯하다.

의 소설과 비슷한 맥락에서 표상화되지 못한 형상들에 주목하고 있는 소설이다. 김연수 소설에서 그 형상이 궁극적으로는 등장인물의 존재론적 성격을 통해 제시되었다면, 김훈 소설의 경우에 그것은 주로 문체로서 드러나 있다.

> 구름이 없는 날, 노을은 아무 거칠 것 없는 빈 하늘에 가득 찼고, 가득 찬 노을은 오히려 비어 있는 것처럼 보였는데, 들여다보면 깊어서 시선은 한없이 빨려들어갔다. 점점 작아지는 비행기들이 그 깊은 노을 속으로 사라졌고, 저물어서 도착하는 비행기들은 노을의 저쪽에서 배어나오듯이 한 개의 점으로 돋아나서 김포 쪽으로 다가왔다. 베란다 창 밖 하늘은 언니의 말처럼 물고기들이 날아다니는 수족관처럼 보이기도 했다.[14)]

위의 장면에서 언니가 바라보고 있는 것은 비행기이다. 하지만 동시에 물고기이기도 하다. 그리고 그것은 비행기도 물고기도 아닌 어떤 환각(시뮬라크르)이다. 그 환각은 스스로 표상되지 않으면서 비행기와 물고기를 연결시켜주는 매개로 작용한다. 마찬가지로 마지막 문장에서 '나'가 보고 있는 것은 수족관도 하늘도 아닌 '물고기들이 날아다니는 수족관처럼' 보이는 어떤 환각이다. 하늘과 수족관의 유사성이 마련될 수 있는 근거 또한 이 환각에 있다. 들뢰즈의 용어로 말하자면, 이 환각(시뮬라크르)은 '개념 없는 차이, 매개되지 않은 차이'이다(『차이와 반복』).

> 언니는 두 손에 얼굴을 묻고 울었다. 형부의 시신이 회사 로고가 찍힌 넥

---

더불어 이 글에서 분석한 네 편의 소설은 모두 남성작가에 의해 씌어진 것이지만, 공교롭게도 소설의 화자는 공통적으로 여성이다. 이 글에서는 본격적으로 다루지 못했지만 이러한 현상은 하나의 의미 있는 징후로 여겨진다. 특히 김연수와 김훈의 소설에서 여성화자의 선택은 작품의 주제와도 밀접하게 관련을 맺고 있는 경우라고 할 수 있는데, 여성 화자의 선택 자체보다도 실은 화자의 성별이 주제와의 관계에서 갖는 이러한 필연성이야말로 의미 있는 징후라고 할 수 있다.

14) 김훈, 「언니의 폐경」, 『문학동네』, 2005년 여름호, 233쪽.

> 타이를 매단 채 들것에 실려 내려왔을 때도 언니는 울지 않았다. 언니는 들것에 가까이 가지 않고 멀리 떨어져서 코만 풀었다. 그런데, 난데없이 쏟아진 생리혈을 처리하고 나서 언니는 오래 울었다. 피에 젖은 팬티를 벗어내면서 울어야 할 까닭이 있는 것일까. 언니는 A-6과 B-6의 사이를 우는 것일까. 폐경이 임박하면 작은 심적 충격에도 때 아닌 출혈이 있을 수 있다고 여성잡지에서 읽었는데, 형부의 돌연한 죽음이 언니의 생식기관 속에서 난데없는 배란과 출혈을 일으킨다는 것은 상상할 수 없었다. 알에서 깨어나는 치어들, 동해안의 내수면을 떠나서 알래스카 바다로 향하는 회귀성 어족들의 치어들, 죽음에 죽음을 잇대어가면서 할딱거리고 꼼지락거리면서 기어이 바다로 나가는 그 바늘끝 같은 치어의 무리들이 내 마음속에 떠올랐다.[15]

남편의 시신을 보면서도 울지 않았던 언니는 난데없이 쏟아진 생리혈을 처리하고 나서 오래동안 두 손에 얼굴을 묻고 운다. 왜인가? 논리적인, 재현적인 차원에서 바라보면 이 사태는 쉽게 설명되지 않는다. 그런 차원에서라면 아마도 서술 자체가 다른 방식으로 되었어야 했을 것이다. 남편의 죽음과 느닷없는 생리 사이에 어떤 논리적 연관을 설정해서 갑작스런 언니의 울음을 필연적인 것으로 서술했을 것이다. 하지만 위의 경우에는 두 현상에 연속성을 부여하기를 의식적으로 거부하고 있다. 오히려 사건들은 종합에 이르는 것이 아니라 사건 그 자체의 차원을 반복하고 있다. 변증법적 지양을 통해 개념에 이르는 것이 아니라 개념에 의해 매개되지 않은 시뮬라크르의 차원이 계속 반복되고 있는 것이다. 그것은 다시 치어 무리들의 환각으로 미끄러져 나간다. 그 지점에서 '나'는 언니의 울음을 논리적으로 이해하거나 설명할 수는 없지만, 그럼에도 "언니의 울음이 깊이 적시는 삼투력으로 내 몸 속에 스미는"[16] 공명(résonance)을 경험하고 있다. 시어머니의 장례에서 '나'가 "그 죽음의 가벼움과 시할아버지의 제삿날의 들기름 냄새를 생각하면서 많이 울었다"[17]는 구절 또한 같은 맥락에서 이해할 수 있다.[18]

---

15) 같은 글, 236쪽.
16) 같은 곳.

— 얘, 난 이게 올 때 꼭 몸 속에서 불덩어리가 치솟는 것 같아. 먼 데서부터 작은 불씨가 점점 커지면서 다가와서 아래로 왈칵 터져나오는 것 같아. 넌 어떠니?

나는 어떤가. 나는 몸의 안쪽에서부터, 감당할 수도 없고 설명할 수도 없는 우울과 어둠이 안개처럼 배어나와서 온몸의 모세혈관을 가득 채운다. 물기를 잔뜩 머금은 스펀지가 물을 떨구듯이, 게눈에 거품이 끓듯이 조금씩 조금씩, 겨우겨우 몸 밖으로 비어져나온다. 그런 날 나는 대낮에도 커튼을 닫고 어두운 방 안에서 하루 종일 혼자 누워 있었다.

나는 내 몸의 느낌을 언니에게 설명할 수가 없었고 불덩이 같은 것이 왈칵 쏟아져나온다는 언니에 느낌에 닿을 수 없었다.[19]

위에서 '나'와 언니의 몸의 경험은 단절되어 있다. 이 경우 각각의 몸의 경험은 서로 대비되어 있기는 하지만, 하나가 다른 하나의 보완물 혹은 결여태인 것은 아니다. 이 차이는 부정되거나 극복될 수 있는 성질의 것이 아니기 때문이다. 그저 긍정하고 받아들일 수밖에 없다. 여기에서는 의식의 변증법이 무력하다. 그렇다고 해서 이러한 차이가 주체의 고유성을 증명하는 근거가 되는 것도 아니다. 오히려 자연이 세운 긴 줄에 서 있는 듯한 느낌, 하나의 분자에 지나지 않는다는, 익명적 존재로서의 느낌에 사로잡히게 되는 것이다.

몸이 보내오는 그 난폭한 신호가 모두 헛것을 불러대는 복받침이며, 그 거친 충동의 대상은 풋오이도 날고구마도 황토 흙도 아무것도 아니라는 것

---

17) 같은 글, 249쪽.

18) 김훈의 전작 「고향의 그림자」(『현대문학』, 2005년 1월호) 또한 이와 같은 환각으로 가득 채워져 있다. 소설 속에서 '나'가 수시로 바라보는 환각도 그렇지만 결정적으로는 치매에 걸린 어머니가 바라보는, 사실은 중절수술로 긁어냈기에 실체조차 알 수 없는 미즈코[水子]의 환각이 전형적으로 그러하다. 어머니에게 고향은 "미즈코가 떠도는 사나운 바다였거나 발 디딜 수 없는 신기루였"(175~176쪽)거니와, 용의자 검거차 '나'가 찾은 P항은 고향이 아니라 고향의 '그림자', 곧 환각(시뮬라크르)인 것이다.

19) 김훈, 「언니의 폐경」, 242쪽.

을 모르지는 않았지만, 그 헛것의 헛됨이 명료할수록, 헛것을 향한 몸의 충동은 더욱 간절했다. 몸이 견디어낼 수 없는 것, 창자 속으로 밀어넣을 수 없는 것을 향하여 몸을 몰아가는 몸이 바로 나의 몸이었다.[20]

'몸이 견뎌낼 수 없는 것을 향해 몸을 몰아가는 몸이 바로 몸'이라는 것, 그것은 이 몸들이 하나의 의식체(자아)로 통합되지 않고 무수한 몸 자체들로 분열되어 있다는 것을 의미한다. 이 순간에 자아라는 환상은 부재한다. '헛것'(시뮬라크르)을 매개하는 개념이 부재하듯이, 무수히 분열된 몸들을 떠받치는 절대적인 기초로서의 자아는 존재하지 않는 것이다. 여기에서 '헛것'들은 개념에 이르기 위해 부정되는 것이 아니라 그 자체로 긍정되는, 변화와 생성의 힘으로서의 '차이 그 자체'이다. 그리고 이러한 '헛것'의 세계에 대응되는 것이 바로 김훈 소설의 문체이다.[21]

20) 같은 글, 245쪽.

21) 재현적 사고를 벗어나 차이를 반복하는 것은 읽기의 경우에도 적용될 수 있다. 읽기를 통해 텍스트를 재현하지 않고 반복하는 것은 어떻게 가능한가? 데리다의 '연기서명'(counter-signature), 폴 드 만의 '수사학적 읽기'와 '알레고리', 힐리스 밀러의 '읽기의 윤리학(ethics of reading)', 헤롤드 불룸의 '창조적 배반' 혹은 '오독(misreading)', 그리고 들뢰즈의 '배신의 윤리' 등은 바로 이러한 문제에 대답하고 있는 개념들이라고 할 수 있다. 이 문제에 대해서는 새로운 글이 필요할 듯하다.

# 그들이 건넨 다섯 개의 붉은 알약

## 1. '현실 – 의식'으로부터 '상징계 – 상상계'로

염승숙의 「뱀꼬리왕쥐」(『현대문학』, 2005년 6월호)에서 '꼬리뼈 전문 물리치료사'라는 특이한 직업을 가지고 있는 '나'는 아버지를 삼킨 고양이(어머니)의 억압 속에서, 그리고 '나'에게 병신이라고 휘갈겨쓴 쪽지를 보낸 연인 '와이'와의 갈등 속에서 이 세계가 모두 환상이 아닐까 의심한다. 그때 '나'의 눈앞에 '놈'(뱀꼬리왕쥐)이 나타나 '뱀꼬리왕쥐'의 세계로 함께 갈 것을 권유한다. 한참 동안 갈등하던 '나'는 자신을 둘러싸고 있는 억압들을 떠올리며 마침내 자신의 꼬리뼈를 내놓고 뱀꼬리왕쥐의 세계로 들어간다.

짧게 요약한 위의 줄거리로만 보자면 이 소설은 우리에게 전달해줄 만한 것을 별로 갖고 있지 않다고 할 수도 있다. 이 소설은 2005년 『현대문학』 신인추천작인데, 심사위원들은 이 소설을 추천하면서 다음과 같은 소감을 남기고 있다.

> 「뱀꼬리왕쥐」는 현실과 환상의 세계를 자유로이 오가면서 추락한 인간의 현존을 감각적으로 그려내고 있는 작품이다. 꼬리뼈 전문 물리치료사라는 직업을 가진 인물을 주인공으로 등장시켜 꼬리뼈에서 자유로운 존재에의

꿈과 추악한 파충류적 현존을 함께 읽는 상상력은 신선했다. 환상과 상상의 세계가 서 있는 현실적 토대가 다소 모호해 보인다는 점, 부분적으로 드러나는 생경하고 관념적인 문장들, 비유 등의 문제점 때문에 많은 이야기들이 오갔는데, 작가가 보여준 신선한 상상력과 흥미로운 구성이 지금보다는 앞으로를 기대할 수 있으리라는 믿음으로 이 작품을 최종 수상작으로 선정했다.1)

심사위원들은 이 소설을 현실과 환상이 결합된 텍스트로 읽고 있지만, 뒷부분에서 보듯 그 둘이 균형 있게 결합되어 있지는 못하다고 본다. "현실적 토대가 다소 모호해 보인다"는 지적이 그것이다. 그러하기에 '꼬리뼈'나 '뱀꼬리왕쥐'와 같은 기표에 대응되는 기의를 발견하기가 어렵다. 다만 심사위원들은 '꼬리뼈'를 인간 진화의 흔적에 대한 비유(환유)로 보고 그것이 "자유로운 존재에의 꿈과 추악한 파충류적 현존을 함께 읽는 상상력"에 대응되는 사물이라고 설명하고 있다. 말하자면 그것은 비루한 현실과 그것으로부터 벗어나고 하는 '나'의 욕망에 대응되는 진화적 상상력의 산물이라는 것이다. 심사위원들의 시선의 초점이 억압적인 세계와 마주하는 주체의 의식에 맞춰져 있다는 것을 여기에서 확인할 수 있다.

한편 『현대문학』 신인추천작에 당선되기에 앞서 투고되었던 어느 문학상의 심사평에서는 이 작품을 포함한 비슷한 경향의 소설들에 대한 다음과 같은 평가를 내리고 있다.

「나철수씨 생애 최초」「아무것도 아무 말도」「까마귀의 친구들」「공동」「장미」「뱀꼬리왕쥐」는 각각 일독의 가치는 있지만 아직 완성도가 부족하다는 평가가 내려졌다. 근래의 투고작들에는 문장미학이나 플롯에 대한 고려는 거의 보이지 않고 만화에서 본 듯한 대사, 기분에 따르는 문장을 툭툭 던지고 빠지면서 자신이 흥미있는 부분은 열심히 쓰지만 그렇지 않은 것은 하기 싫은 숙제를 해치우듯 대충 서술하는 게 유행하는 것 같다는 감상이 더해졌다.2)

---

1) 「부박한 욕망의 세계와 문학의 꿈」, 『현대문학』, 2005년 6월호, 197쪽.

당선작에 뽑히지는 못했지만 본심에 오른 여섯 편의 대학생 투고작에 대한 심사위원들의 평가는 우선 완성도가 부족하다는 것이다. 그런데 심사위원들은 여기에 덧붙여 '글쓰기의 윤리'라고 할 수 있는 차원의 문제를 제기하고 있다. '문장미학'이나 '플롯'에 대한 고려가 거의 보이지 않고 취향이나 기분에 따라 서술하는 경향이 있다는 지적이 그것이다. 바꿔 말하자면, 전통적인 소설의 장르적 규범에 대한 존중이 약화되는 반면 개별적 혹은 주관적 성향이 우세한 경향에 대한 거부감이라고 할 수 있을 것이다.

만일 1982년생 작가 염승숙의 등단작 「뱀꼬리왕쥐」를 2000년대 한국 소설의 새로운 경향을 보여주는 한 가지 사례라고 할 수 있다면, 위의 두 심사평은 이 경향을 대하는 이전 시대 문학의 무의식적인 윤리적 전제를 보여주는 것이라고 할 수 있지 않을까. 우선 후자의 시각에는 소설에 일종의 규범이 존재한다는 사고가 전제되어 있다. 공동체가 공유하는 미적 규범의 토대 위에 개별 작품들이 서 있다고 생각하는 것이다. 이때 공동체의 미적 규범과 개별적인 글쓰기 욕망이 양편에 놓일 경우 저울은 당연히 전자 쪽으로 기울어질 것이다. 그러한 전제는 공동체의 미적 규범에 대한 존중 속에서 개별 작가의 미적 이상 또한 그와 조화될 수 있다는 믿음이 있던 시기였기에 성립 가능했다고 할 수 있다. 그 시기에 소설은 공동체를 가로지르는 사회적 차원의 커뮤니케이션을 수행할 수 있었고, 예술 장르 가운데에서도 특권적인 기능을 보유할 수 있었다.

그러나 주지하는 바와 같이, 이와 같은 전제는 1990년대 이후 크게 약화되는 것을 볼 수 있다. 그러면서 현실 속의 억압과 그에 맞서는 집단적 주체의 대립 구도는 추상적 세계의 억압과 그에 맞서는 내면적 자아의 구도로 전환된다. 외부와의 대결은 내면의 고투로 치환된다. 이전 시대가 집단의 이데올로기에서 윤리적 성격을 확인했었다면(상징계의 윤리), 1990년대의

---

2) 「심사평」, 『제3회 대산대학문학상 수상작품집』, 『창작과비평』 2005년 봄호 별책부록, 46~47쪽.

경우 세계의 억압에 대항하는 자아의 욕망 추구에서 윤리적 성격을 발견할 수 있다(상상계의 윤리). 추상적 세계와 마주하는 주인공의 의식에 초점을 맞추고 있는 앞의 심사평에서 이와 관련된 태도를 발견할 수 있는데, 여기에서 윤리성의 근거는 세계 대 자아라는 대립구도 자체로부터 연유한다. 외부 세계의 억압에 대한 자아의 부정성이 윤리적 구도의 기본틀을 이루고 있기에 항상 주체(자아)에 초점이 맞춰질 수밖에 없는 것이다. 패배로 귀착될 수밖에 없는 이 대결에서 패배는 자아 추구의 진정성을 증명하는 역설적인 윤리를 실현하는 조건이라고 할 수 있다.

이 이전 시대의 무의식적 전제들과 부분적으로 겹치면서도, 또 부분적으로는 비껴나가는 방향 위에 2000년대 문학의 새로운 특징들이 놓여 있을 터이다. 이 새로운 방향의 특징 가운데 하나는 이전 시대에 널리 통용되었던 세계 대 자아의 대립이라는 자명한 구도가 다른 방식으로 변형되고 있다는 점에서 찾을 수 있다. 이전 시대의 구도에서 자아의 행위는 궁극적으로 세계에 대한 저항을 의미하게 되며 따라서 그 내면 추구의 진정성은 윤리적 정당성을 보증하는 필수조건이었다. 처음에는 상징의 질서와는 반대방향에 놓여 있는 것처럼 보였던 이 내면이 사회적인 것, 말하자면 일종의 제도였다는 것, 그러니까 엄밀한 의미에서 상징계의 차원에 속하는 것이었다는 사실이 1990년대를 경과하면서 점점 더 분명하게 드러나기에 이르렀다. 이제는 사회성은 물론 내면성 또한 글쓰기를 둘러싼 상징계의 영역 속에 놓이게 된 것이다.

2000년대 소설은 이 새롭게 정립된 상징계의 차원을 벗어나는 새로운 상상계를 표상하는 방향으로 급격하게 진행되고 있다. 이 지점에 이르면 현실과 자아의 대립 구도는 이미 상징계와 상상계의 대립구도로 재정립된다. 이 경우 상징계에 더 많은 리비도를 투여했다고 해서 더 윤리적이지 않듯, 상상계에 더 많은 리비도를 투여했다고 해서 그것이 곧 상징계에 대한 저항을 의미하지는 않는다. 그것은 다만 리비도를 분배하는 문제, 즉 일반경제의 문제일 따름이기 때문이다. 이제 이 방향에 부합하는 새로운 윤리는 상징계의 윤리와 상상계의 윤리 모두를 벗어난 곳에서 찾을 수밖에 없게 된 것이다.

## 2. '상상계 – 상징계'로부터 '상징계 – 실재계'로

자아 내부의 자연적 영역을 조직하는 외부의 힘, 그것을 일러 우리는 상징계라고 부른다. 이 상징계는 자아 내부의 일부를 거세하는 대가로 자아를 그 바깥의 세계와 연결시켜준다. 이것이 저 악명 높은 '상징적 거세'라고 지젝은 말하고 있다(「유전공학에서 정신분석학으로」). 언어는 이 상징적 거세의 대표적인 장치이다.

어느 시점 이후 상징적인 것으로서의 보편 언어의 힘이 지속적으로 약화되었고, 따라서 상징계가 약화되고 상상계의 영역이 확대되는 듯 보였다. 하지만 라캉의 논의에서 확인되듯, 상상계, 상징계, 실재계는 마치 보로매우스의 매듭처럼 서로 맞물려 있기에, 이 변화는 새로운 균형으로 다시 조정될 수밖에 없다. 그 과정에서 언어의 규범성이 빠져나간 자리에 이제 다른 어떤 것, 말하자면 과학기술에 의해 생성된 새로운 종류의 에크리튀르가 들어오는 일이 발생한다. 바로 이 지점에서 가상현실이라는 일종의 물화된 상징계가 등장한다. 바꿔 말해, 상징적 규범에 흡수되지 않는 내면이 1990년대의 문학적 자아의 상징계였다고 말할 수 있다면, 새로운 시대의 문학적 자아에게 상징계는 영상의 이미지들로 구성된 가상현실이라고 할 수 있다. 상상계 – 상징계의 도식은 이제 가상현실이라는 상징계와 실재계의 대립으로 전환된다.

> "뱀꼬리왕쥐의 세계에 오신 걸 환영합니다."
>
> 놈은, 이번엔 조금 더 길게 입꼬리를 끌어당기며 웃었다. 빗줄기가 점점 굵어져 온몸을 아프게 두드려왔다. 놈의 갑작스런 출현에 놀라 넘어질 때 발목을 삐끗했던 듯 쏟아붓는 빗줄기에 발목이 시큰거렸다. 그리고 그 순간 하수구 철창살을 쏙 빠져나온 검은 생쥐 한 마리가 내 운동화로 달려들었

다. 생쥐는 날쌘 동작으로 운동화끈을 풀더니 유유히 꼬리를 흔들며 두 발로 서서 걸어가버렸다.3)

'놈'은 마치 영화 〈매트릭스〉에서 모피어스가 매트릭스를 빠져나온 네오에게 황폐한 시카고를 보여주며 했던 대사("실재의 사막에 오신 걸 환영합니다")를 흉내내듯 '나'에게 "뱀꼬리왕쥐의 세계에 오신 걸 환영합니다"라고 말한다. 네오가 매트릭스 속으로 들어가기 위해 모피어스가 건넨 붉은 알약을 삼켜야 했듯, '놈'은 '나'에게 '뱀꼬리왕쥐'의 세계에 들어가기 위한 조건으로 '꼬리뼈'를 내놓을 것을 요구한다. 말하자면 이 소설에서 '꼬리뼈'는 '나'가 현실(사실은 환상의 세계)을 벗어나 다른 세계로 진입하는 입구인 셈이다. 이 불투명한 그림 속에서도 선명하게 감지되는 것은 현실과 환상이 각각 그 반대편에 놓인 상징의 매트릭스 및 실재와 각각 연결되는 구도이다.

이와 같은 전도의 장면을 윤이형의 「피의일요일」(『현대문학』, 2006년 4월호)에서도 확인할 수 있다. 이 소설에서의 전도는 게임 속 세계와 현실의 관계에서 작용하고 있다. 김미월의 「너클」(『문학과사회』, 2005년 겨울호)과 비교해보면 그 대비가 선명해진다. 「너클」에서 '나'는 게임 속 자신의 아바타인 '신시아'에 자신의 욕망을 투여한다. 이 자폐성 주위에는 병상의 할머니, 중년 사내와 십대 소녀의 부적절한 교제 등의 현실적 억압이 배치되어 있어 '나'의 욕망의 투여 경로를 지정해주고 있다. 게임 속에서 신시아의 목표는 무도회에서 사랑하는 사람을 만나는 것이지만 '나'는 그것을 계속 미룬다. 게임 속에서 욕망이 성취되는 순간 현실로부터 내몰린 '나'의 욕망은 그 투여 대상을 상실하게 되기 때문이다. 이렇듯 「너클」의 경우 게임은 현실과 일종의 은유의 관계를 유지하고 있는, 현실에 종속된 대상이다. 그런데 「피의일요일」의 경우에는 현실과 게임 사이에 그와 같은 은유 관계가 성립하지 않는다. 게다가 결정적으로 시점 자체가 전도되어 있다.

---

3) 염승숙, 「뱀꼬리왕쥐」, 『현대문학』, 2005년 6월호, 217쪽.

무언가 살아 있는 것이 앞을 가로질러 뛰어갔다. 삐리릿 삣 삣, 하는 미세한 소리를 내며 겁에 질려 달아나는 그것은 더럽고 통통한 갈색 쥐였다. 다음 순간, 그것은 죽어 있었다. 나는 땅바닥에 퍼질러 앉아 막 생명이 꺼진 그 작은 덩어리를 양손 손톱으로 파헤친 다음 김이 모락모락 나는 고깃덩이를 번갈아 입으로 가져갔다. 왼손, 오른손, 왼손, 오른손. 과장되게 양팔을 사용하는 그 동작을 누군가가 보았다면 매스게임의 움직임 같다고 할 것이다. 문득 그 움직임이 우스꽝스럽다고 생각한 순간, 내 머릿속의 혈관이 보였다. 이유는 알 수 없지만 분명히 두 개의 안구 위쪽, 머릿속 깊은 곳에 들어 있어야 할 영상이 눈앞에 펼쳐졌다. 혈관은 상한 지 오래된 우유 같은 초록빛이었으며 방사상으로 펼쳐져 있었다.[4]

「피의일요일」에서 '피의일요일'은 게임 속 캐릭터의 이름이다. 현실의 누군가가, 아마도 정치적인 성향을 가진 어떤 인물이 자신의 게임 속 아바타에 그와 같은 이름을 붙였을 것이다.(여기에서 '피의 일요일'은 1972년 북아일랜드에서 발생했던 유혈사태를 지칭한다) 위의 인용은 '피의일요일'이라 불리는 존재의 게임 속 세계의 실존을 서술하고 있는 대목이다. 외부에서 연결을 끊으면 던전과도 같은 어둠 속으로 사라져야 하는 이 캐릭터가 의식과 기억을, 그리고 결정적으로 자기 존재에 대한 정체성을 찾아간다는 이야기가 이 소설의 내용을 이루고 있다.(위에서 보듯 이 소설의 문체는 모니터에서 재생되고 있는 게임 프로그램의 기계적 동작의 이미지들, 혹은 다른 장면에서는 사이언스 픽션 영화의 영상 이미지를 언어화하는 방식으로 이루어져 있다.)

"여기까지 듣고도 모르겠어? 너를 피의일요일로, 나를 마지막마린으로, 우리를 우리로 만드는 게 무엇인지, 그게 왜 중요한지 모르겠어? 어둠의 치유사에게 간단하게 돌려받는 값싼 생명 따위보다 더 중요한 게, 정말 뭔지 모르겠어?"

---

4) 윤이형, 「피의일요일」, 『현대문학』, 2006년 4월호, 195쪽.

목소리는 이제 분노로 톤이 높아져 있었다. 대답할 수가 없었다. 알 것 같기도 하고 모를 것 같기도 했다. 분명한 건 알아야 한다는 자각이었다. 지금 이 순간을 잊지 않고 다시 밝은 세상으로 나가도 기억하고 있어야 한다는 자각이었다. 그러나 힘겹게 입을 열어 무언가 대답하려는 순간, 갑자기 주위의 소리가 미세한 구멍으로 흡입되는 것 같은 프르륵, 하는 소리가 들리면서 어둠으로 가득한 공간에 떨림이 생겼다.

보이지 않는 목소리의 주인공이 옮겨지고 있었다.[5)]

「뱀꼬리왕쥐」가 현실을 환상의 매트릭스로 전환시키면서 실재계('뱀꼬리왕쥐')의 존재를 환기시키고 있다면, 「피의일요일」은 게임 속 세계의 매트릭스를 '바깥 세계 = 인간계 = 실재계'와 대비시키고 있다. 이는 '현실(매트릭스) – 실재'의 구도에 대한 일종의 알레고리라는 점에서 결국 「뱀꼬리왕쥐」와 같은 구조로 이루어져 있다.

여기에서 「뱀꼬리왕쥐」의 '꼬리뼈'에 대응되는, 게임 속 세계의 매트릭스를 외부와 연결시켜주는 고리는 위에서 보듯 '마지막마린'의 목소리이다. 영화 〈매트릭스〉에서 매트릭스의 세계와 실재계를 연결시켜주는 것이 검은 다이얼 전화기를 통해 흘러나오는 목소리였듯, 「피의일요일」에서의 '마지막마린'의 목소리 또한 게임 속 세계 바깥의 다른 차원의 세계로부터 들려오는 것이라고 할 수 있다. 그러하기에 이 목소리는 게임 속 매트릭스의 질감을 순간적으로 변화시키면서 그 세계를 입체화하는 효과를 불러일으키고 있다.(이 '목소리'의 효과는 뒤에 언급할 김유진 소설의 경우에도 적용될 수 있다.)

「뱀꼬리왕쥐」와 「피의일요일」이 현실이라는 이름의 매트릭스의 세계로부터 벗어나 실재로 향하는 입구에 서 있다면, 염승숙의 다른 작품 「수의 세계」(『현대문학』, 2005년 12월호)는 실재의 위치에서 현실(= 상징계)을 바라보고 있다는 점에서 한 발 더 나아간 지점에 위치한다. 그리하여 주인공 공영에게 현실은 '수의 세계'로 이루어진 일종의 매트릭스로 인식된다.

---

5) 같은 글, 218~219쪽.

세상이 거대한 수의 공간으로 다가온 순간부터 공영에게 세상 모든 사물은 숫자로 기억 혹은 추억되었으며 기록 혹은 언어화되었다. 눈에 보이는 모든 사물들은 언제, 어느 순간이든 내재된 숫자의 속성을 감추지 않았고 거대한 수의 파도에 휘감긴 공영 역시 그곳에로의 돌진을 멈추지 않았기 때문이다.[6)]

「피의일요일」에서 가상현실의 세계를 표상하는 방식이 일종의 사이언스 픽션 영화의 영상 이미지를 도입하는 방식으로 이루어졌다면, 「수의 세계」에서는 그와 달리 일종의 애니메이션 이미지와 같은 우화적 장면을 활용하고 있다.

공영이 열다섯이 된 어느 찌는 듯한 더위의 여름날, 백사장 없는 바다로 놀러간 공영은 때마침 파도를 타고 밀려든 자루 없는 쇠스랑으로 발톱이 없는 발의 손가락을 찍어 하얀 피가 주르륵 흘렀다. 공영이 깜짝 놀라 허겁지겁 바닷물로 얼굴을 씻으니 볼칵볼칵 쏟아지던 피가 멈추었는데 그때 다리 없는 꽃게가 다가와 반갑게 울며 인사를 했다. 너는 9로구나, 공영이 아는 체를 하니 맞아요, 나는 머리가 무거워 항상 비뚝비뚝 걸어요, 하고 웃으며 하소연을 했다. 그 말을 듣고 잠시 생각하던 공영이 병시레 입을 벌려 그럼 물구나무를 서서 걸으면 되지 않니, 하고 대답하자 꽃게가 붉은 울음을 울며 그런 쉬운 방법을 몰랐군요, 하고 대꾸하고는 없는 다리로 박수를 짝짝 쳤다.[7)]

위에서 보는 것처럼 '수의 세계'는 현실 위에 수립된 일종의 시뮬레이션이다. 그런데 문제는 '수의 세계'를 바라보고 있는 공영이 속해 있는 자리 역시 실재계가 아니라 현실이라는 이름의 또 다른 시뮬레이션(상징계)이라는 점이다. 매트릭스는 일종의 시뮬레이션(가상현실)으로서 실재계와 대립되고 있다. 그런데 이 실재계 또한 그것이 표상되는 순간 또 하나의 시뮬레

---

6) 염승숙, 「수의 세계」, 『현대문학』, 2005년 12월호, 152쪽.
7) 같은 글, 152~153쪽.

이션에 지나지 않게 된다. 영화 〈매트릭스〉에서 모피어스와 네오가 대화를 나누고 있는 매트릭스 바깥의 현실 역시 결국 하나의 시뮬레이션일 수밖에 없듯, 「뱀꼬리왕쥐」에서의 '뱀꼬리왕쥐의 세계'나 「피의일요일」의 인간세계, 「수의 세계」에서의 수 바깥의 현실은 모두 또 다른 상징계 = 가상현실인 것이다. 그러니까 가상현실 바깥에는 '진정한 현실'이 존재하는 것이 아니라 또 다른 시뮬레이션이 자리잡고 있는 것이다.

### 3. '가상현실 = 상징계'의 자기증식

이 지점에 이르면 가상현실 대 실재계의 대립 구도는 의미를 잃는다. 실재계와의 대립이 없는 가상현실의 단독적 이미지의 세계가 펼쳐지는 것은 바로 이 단계에서이다. 이와 같은 방향에서 먼저 살펴볼 수 있는 것이 김유진 소설의 경우이다.

등단작 「늑대의 문장」(『문학동네』, 2004년 가을호)에서부터 인상적으로 드러났지만, 그 이후 잇달아 발표된 「빛의 이주민들」(『한국문학』, 2004년 겨울호), 「마녀」(『문학동네』, 2005년 봄호), 「눈동자」(『문학판』, 2005년 여름호), 「목소리」(『문예중앙』, 2006년 봄호) 등의 소설들에서도 비약적인 서사의 흐름 사이를 김유진 특유의 환상적이면서도 단단한 이미지와 문장들이 채우고 있다. 이미지 하나 하나는 뚜렷하지만 그것들은 인과적 연관으로 엮이지 않은 채 병치되어 있다. 그것들은 기의의 차원보다는 기표의 차원에 가깝다. 그렇기 때문에 김유진의 소설에서 이미지들의 의미화는 상징과의 접속을 통해서가 아니라 그 자전적 운동의 반복을 통해서 발생하는 경향이 강하다.(그럼에도 끝내 완전하게 의미화되지는 않는다.)

가령 「목소리」와 「마녀」를 비교해보자. 「목소리」는 저수지였던 자리에 생긴 마을에 살고 있는 어느 자매의 이야기를 담고 있다. 이 습기 가득한 풍경 속에 자매와 더불어 등(燈)을 만드는 사내가 놓여 있다. 활기 넘쳤던 마을은 시간이 지나면서 조금씩 죽음의 이미지들로 덮여가고, 등 만드는 사내 또한 실종된다. 비가 내려 웅덩이는 점점 커져가고 마침내 저수지는 범람한다. 등 만드는 사내는 시체가 되어 돌아온다. 하지만 폭우로 인해 시체는 다시 휩쓸려가고 사람들 또한 하나둘씩 사라져간다. 저수지는 원래의 상태로 돌아왔고 높은 언덕 지대에 살고 있는 자매만이 남는다.

이 소설의 서사 구조는 앞서 발표된 「마녀」의 그것에 대응되고 있다. 「마녀」에서의 동생의 자리에 「목소리」의 언니가 놓여 있다면, 돌풍의 자리에는 홍수가, 고목 덕택에 살아남은 고지대의 집의 자리에는 언덕 위의 등 만드는 사내의 집이, 어머니의 발목의 자리에는 사내의 시체가 각각 놓여 있다고 할 수 있다. 「마녀」에서 물 위에 떠오르는 소년들의 꿈은 「목소리」에서 동물의 탈을 쓰고 달리는 소년들의 이미지로 치환되어 있다.

「목소리」와 「마녀」 두 작품에서는 인물구조상의 대칭을 살펴볼 수 있었는데, 이와 같은 대칭 관계는 인물구조뿐만 아니라 다른 기준을 통해서, 두 작품 이외에도 다른 작품들 사이에서 여러 가지 방식으로 확인해볼 수 있다. 가령 일례로 다음의 경우를 들 수 있다.

> 이야기는 온전히 나의 입에서만 나왔다. 그것을, 언니가 원했다. 나의 이야기는 한정된 시간과 한정된 공간에서 무한히 반복되었다. 그의 집을 처음 찾았을 때, 울고 있는 그를 보았을 때, 그가 사라졌을 때의 이야기를, 노래처럼 읊조렸다. 시간이 흐르자 이야기는 일정한 주제 안에서 조금씩 변주되었고, 때로 한 부분이 여러 번 반복되었으며, 어떤 부분은 건너뛰기도 했다. 그의 이야기는 음조가 생겼고, 일정한 운율이 생겼다. 그는 곧 시가 되었다. 언니가, 그것을 원했다.[8)]

> 소녀의 최초의 기억은 왕고모의 죽음이었다. 소녀는 자신이 살아 있다는 것조차도 깨닫지 못했을 시절의 기억을 갖고 있다. 훗날, 그것이 꿈일지도 모른다고 생각한 적이 있었다. 소녀는 종종 과거의 기억을 꿈과 혼동하곤 했다. 그러나 어차피 기억이란 불분명한 것이니 상관없었다.[9)]

---

8) 김유진, 「목소리」, 『문예중앙』, 2006년 봄호, 207쪽.

위의 인용들은 김유진 소설의 방법론을 설명, 혹은 암시하는 것으로 읽어도 좋을 듯하다. 기억과 꿈 사이에 그어진 흐릿한 경계, 이것은 그대로 김유진 소설의 질료를 이루고 있다. 그 "기억을 소처럼 되새김질함으로써 늘 새롭게 만"[10]드는 소설 속의 소녀처럼 김유진은 이 질료들을 가지고 미세한 차이들을 반복하는 문채들로 이미지화한다. 이 과정에서 일어나는 변주와 중복, 생략은 이야기를 매번 새로운 방식으로 성립시키는 한편, 거기에 리듬을 부여함으로써 시적, 음악적 차원을 지향한다. 이와 같은 자각성(방법론)은 같은 것을 비슷한 방식으로 반복하는 일과 스스로를 구분시켜주는 근거라 할 수 있다.

김유진의 반복적 이미지들이 꿈을 매개로 하여 음악적 차원에 도달하려고 한다면, 그러니까 하나의 지점으로 수렴되는 방향을 취하고 있다면, 김태용의 소설들에서는 그와 대조적으로 이미지들의 반복이 분산의 형태를 지향하고 있다. 김태용에게 이 분산적인 반복의 방법론은 '아나그람'이라고 할 수 있다.

마라나라는 필명으로 발표된 「궤적」(『문학판』, 2005년 겨울호)은 '어어부프로젝트사운드'의 음악 「선고/자백」의 가사 가운데 일부를 변형시켜 텍스트의 입구에 세워놓고 있다.

> 나는 그러하다.
> 나는 그러므로.
> 나는 그리하여.
> 나는 그럼에도 불구하고 나는 그러면서.
> 나는 그러했다.
> 반복된다.
> -어어부프로젝트사운드 「선고/자백」에서

9) 김유진, 「눈동자」, 『문학판』, 2005년 여름호, 230쪽.
10) 같은 글, 241쪽.

이 음악 가사의 각 행들은 '나'를 '너'로 바꾼 문장으로 고쳐져서 이 텍스트의 구성 단위로 사용된다. 음악으로부터 소설로 장르가 바뀌면서 일종의 상호텍스트가 형성되었다고도 볼 수 있는데, 이 경우 특징적인 것은 '나'를 '너'로 바꾼 것에서도 확인되는 비대칭성이다.

가령 곽재구의 「사평역에서」와 임철우의 「사평역」은 장르가 다르지만 내용(주제) 상의 대칭성을 통해 서로 마주보고 있다. 로르카의 시 「강의 백일몽」과 하성란의 소설 「강의 백일몽」의 경우에는 그 같은 직접적인 대칭성은 찾기 힘들지만 그럼에도 이미지상의 대칭성이 확인된다. 그런데 이 두 경우와 비교해보면, 김태용의 「궤적」은 어어부프로젝트사운드의 「선고/자백」의 기표만을 가지고 만들어진 텍스트라는 점에서 결정적인 차이를 갖는다. 말하자면 김태용의 「궤적」은 「선고/자백」의 기표들이 이끄는 '궤적'인 셈이다. 이 소설의 필명 '마라나'를 박상순의 시집 제목 『마라나, 포르노 만화의 여주인공』(세계사, 1996)에서 차용해오는 방식 또한 같은 맥락에서 생각할 수 있다.

무엇보다 이 작가의 소설에서 특징적인 것은 동일한 모티프를 여러 텍스트에서 상이한 방식으로 반복해내는 실험이다. 하나의 모티프, 혹은 하나의 기표가 「오른쪽에서 세 번째 집」(『세계의문학』, 2005년 봄호), 「궤적」, 「검은 태양 아래」(『문예중앙』, 2006년 봄호) 등 지금까지 발표된 이 작가의 텍스트들 사이를 떠돌아다니는 장면을 여러 대목에서 목격할 수 있거니와, 특히 「궤적」에 나오는 "어제는 검은 태양 아래를 걷는 얼룩말을 보았어"[11]라는 구절에서 다음 소설 「검은 태양 아래」의 제목이 파생되는 방식은 그 단적인 사례라고 할 수 있다.

물론 만년의 소쉬르가 몰두했던 아나그람 연구는 시에서 주요 단어의 소리 요소들이 시구 속에 흩어져 있는, 의도도 우연도 아닌 현상, 말하자면 무의식적 현상을 대상으로 한 것인데(마루야마 게이자부로, 『생명과 과잉』),

11) 김태용, 「궤적」, 『문학판』, 2005년 겨울호, 101쪽.

김태용의 경우는 이 임의성, 우연성을 방법적으로 차용한 경우라고 할 수 있다.

## 4. 메타 시뮬레이션

앞에서 새로운 과학 기술에 의한 영상 이미지(에크리튀르)들이 최근 글쓰기를 둘러싼 새로운 상징계의 차원을 이루고 있다고 했지만, 염승숙과 윤이형, 그리고 김유진과 김태용의 소설에서 과학 기술은 직접적인 방식이 아니라 다만 매개된 방식으로만 텍스트 내에 도입되고 있다.

이들과는 조금 다르게, 조하형의 '유전공학 매트릭스'의 경우에는 과학 기술의 상상력이 소설 속에 직접적으로 도입되어 정면으로 다루어지고 있다. 「조립식 보리수나무」(『문학판』, 2006년 봄호)는 장편 연재의 첫 회분에 해당되는 것이기에 아직 그 전모를 확인할 수 없지만 그럼에도 불구하고 여러 방면에서 특징적인 인상을 제시하고 있다.

우선 전작 『키메라의 아침』(열림원, 2004)에서도 확인할 수 있었지만, 이 소설의 경우에도 유전공학적 상상력은 현재와 미래를 결합시키는 뚜렷한 근거로 작용하고 있다. 현재에는 자연적이거나 혹은 자연적인 재료로 구성된 것이 소설 속의 세계에서는 인공적인 것으로 대체되어 있다. 가령 소설 속에 등장하는 합성밀림, 유전자변형 소나무, 모조목재 두레박, 인공자궁 = 아미노산 상자 등이 그 예들이다. 제목 '조립식 보리수나무' 역시 이 범주에 속한다. 이렇듯 조하형의 소설에서 미래는 현재에는 자연이라고 생각하는 사물들이 인공적인 것으로 교체되는 방식을 통해 형성되고 있다. 복제소의 경우에는 그 자체로만 보면 자연이지만 그 전체가 실은 인공적인 것이라고 할 수 있다. 나아가 "선박형 인공섬, 그리고 그것에 의해 기하학적으로 구획된 바다", "초현실주의의 오렌지색으로 염색된 모래"[12]가 깔린 해변 등의 자연 또한 인공적인 것의 침투에 의해 변형되어 이 세계의 새로운 환경을 이

12) 조하형, 「조립식 보리수나무」, 『문학판』, 2006년 봄호, 35쪽.

루고 있다. 유전공학에 의해 인간 속에 침투한 이 인공적인 것의 영역, 이는 상징계의 미래적 형식이 아닐 것인가.

이와 같은 방식의 연장선상에서 이 소설에서는 현재가 연장된 어느 시점에 미래를 배치하는 것이 아니라 미래가 현재 위에 덧씌워진 시뮬레이션의 형태를 취하고 있다.

> 시뮬레이션은 다른 시공간을 묘사한 초현실주의 풍경화가 아니었다. 그는 가능한 세계, 연속적인 시공간 내부에서, 극한의 풍경을 찾아냈다. 다만, 그곳으로 가는 길 위에는 몇 개의 문턱들이 존재했다.[13]

소설 속 서술 대목의 일부인 위의 인용은 유전공학적 상상력과 더불어 소설 속에 미래를 도입하는 또 한 가지의 방법론적 측면을 제시해주고 있다.

같은 맥락에서 등장인물들 또한 우리가 통상적으로 미래적이라고 생각하는 그런 방식으로 인물화되어 있지 않다. 연재 첫 회분에 조하형은 이 소설 제1부의 짝수장들(2, 4, 6, 8장)을 배치하고 있는데, 각장에서는 김희영(전 재난대책통합본부 연구원, 현재 산림청 산림연구사), 박인호(39세, 시뮬레이션 전문가), 이철민(39세, 전 문화재 보존 연구소의 과학자, 현 낙산사 수목장숲 관리인), 다시 김희영 등의 순서로 초점인물들이 번갈아가며 등장하되 각 인물들의 관계가 점진적으로 드러나는 방식으로 서사가 전개되고 있다. 김희영과 이철민은 사제 관계로 처음 만났으며 이후 산림청 산불관리시스템 구축 사업에서, 대학 내 생태실험실의 바이오시피어 사업에서 다시 만나게 된다는 사실이 서사의 전개와 더불어 조금씩 드러난다. 그리고 4년 전 이철민은 교통사고로 아내를 잃었고, 그때 아내가 타고가던 차와 충돌한 차가 바로 박인호의 것이었다는 사실이 제시되면서 이철민과 박인호 두 사람 사이의 관계 또한 드러나고 있다. 한반도 전역으로 퍼져나가는 '초현실주의

13) 같은 글, 34쪽.

적 산불'의 현장에서 이들 인물은 다시 만나게 되고 그들 사이에 얽혀 있는 이 관계를 토대로 서사가 진행되고 있다.

이들의 이름에서 볼 수 있듯, 이들은 외관상으로는 현재의 인간들과 크게 구분되지 않는다. 그러나 이들의 몸과 의식의 질료는 새로운 상징계로부터 제공받은 것이라고 할 수 있다. 소설 속에서 박인호는 "모든 몸은 시공간의 일시적인 응결에 지나지 않는다"[14]고 믿고 있다. 그러하기에 그것은 기계적으로 구획될 수 있는 대상이며 유기적 전체성을 갖고 있지 않은 대상이다(피부-몸, 근육-몸, 골격-몸). 또한 그것은 시간적 유동성 속에서 끊임없이 변화하는 것이자[15] 다른 차원으로 확장, 변형될 수 있는 것이기도 하다(원통보전의 몸, 낙산사-몸, 사회-몸, 세계-몸).

상상계의 몸뿐만 아니라 감각이나 의식 또한 이 새로운 상징계에 의해 더욱 치밀하게 간섭받고 있다. 더구나 여기에서는 그 과정이 기술적 차원에 의해 드러나 있기에 자율적 주체라는 환상조차 여지없이 무너져 있다.

> 박인호는 10년이 넘게, 정신적 지각변동과 기후급변에 시달려 왔다. (…) 마음의 온도가 갑자기 임계치 아래로 떨어지면, 녹아 있던 감정의 찌꺼기들이 다시 응결되기 시작한다, 절망이나 분노나 환멸이나 치욕의 원자들이 비평형 상태에서 먹함수 패턴에 따라 덩어리를 형성하며 자라난다, (…) 그때의 감각은, 인식주체 자체가 깨졌다 재조립되는 것이었기 때문에, 내관(內觀) 자체가 불가능했고, 오직 외계(外界)가 교체되는 감각으로 전이되어 나타났다. 자신이 곤충이나 파충류 같은 걸로 변해버린 건 인식하지 못한 채, 가시광선의 풍경이, 적외선이나 자외선의 풍경으로 교체되는 것만 인식하는 셈이었다."[16]

14) 같은 글, 53쪽.

15) "관음성지의 사찰은 그렇게, 오온(五蘊)이 이합집산(離合集散)하듯 윤회, 전생해왔고, 원생동물이 척추동물로 전개되듯 진화, 변신해왔다."(같은 글, 44쪽)

16) 같은 글, 44~45쪽.

이처럼 소설 속의 상황은 현실 위에 세워진 시뮬레이션이기에 그것은 우연과 변이에 의해 포위되어 있으며 따라서 균열과 파국이 이미 그 자체에 내장되어 있다. 지젝의 논의에서 보듯, 재난에 대한 시뮬레이션은 재난이 일어나지 않을 경우 쓸데없는 일을 한 것이겠고, 재난이 일어나면 소용없는 것이 되어버리기 때문이다.(지젝, 「파국과 더불어 살아가기」) '불타는 세계'라는 이 소설의 설정은 이미 예감된 전면화된 파국, '부서지는 세계'의 전조에 불과하다.

이 파국을 내장한 시뮬레이션을 넘어서는 새로운 메타-시뮬레이션을 만들어내는 것이 소설 속 등장인물들의 과제일 텐데, 이 과제는 박인호, 이철민, 김희영 등에 의해 각기 다른 방식으로 실현되어 나간다.

> (A) 박인호는 오후에 출발했던 그 자리에서 얼어붙었다. 낙산사는 아주 먼 곳에 있는 별처럼 느껴졌다. 이미 폭발했지만, 그 소식이 아직 지상에 도달하지 않았기에, 여전히 빛나는 것처럼 보이는 별. 그는 오직 빛을 좇아 움직였고, 도달하였으나, 그곳에는 광원(光源)이 없었다. 그러므로 점사(占辭)는 그의 몸이 그린 궤적 그 자체였다: 링반데룽[環狀彷徨]. 그는 아주 먼 길을 걸어서, 추억의 한 장소로 되돌아갔다. 다섯 종류의 불길이 휩쓸어버린 시공간. 그 폐허의 시공간에서 한 발자국도, 단 한발자국도 움직이지 못한 셈이었다. 이제, 또다시, 아무도 모르는 동네로 가서 묘꾼 같은 게 되어야 할 차례였다.[17]
>
> (B) 시뮬레이션들의 시뮬레이션, 메타-시뮬레이션은 삶의 논리게임, 그 이상도 이하도 아니었다. 그가 복원하려는 논리란, 단절된 명제들, 단절된 서사들을 연결시키는 메커니즘이면서 동시에, 인식을 넘어, 존재를 움직이는 엔진 같은 것이었다. 따라서 메타-재난-시뮬레이션의 목표는, 아마도, 생존이 아닌 다른 어떤 것이 되어야만 했다.[18]
>
> (C) 마카오 주민들은, 자기 속에 있는 설명 불가능한 것을, 상대에게 전달하려고 애쓰지 않아도 좋았다. 그들은 서로에게서, 원하던 것을 얻었다: 기

17) 같은 글, 54쪽.
18) 같은 글, 65쪽.

다림의 대상이 뭔지도 모르면서 오랫동안 기다려왔던 것; 친밀감이나 오르가즘이나 평화나 해탈 같은 게 아니라 그저, 트라우마의 레벨이 비슷할 때 느끼는 편안함; 이해받고 있다는 느낌, 오직 그것.[19)]

(A)(B)(C)는 각각 박인호, 이철민, 김희영의 메타-시뮬레이션 제작의 방식을 보여주고 있다. 박인호의 방식이 허무적, 신비적인 것이라면, 이철민의 방식은 논리적, 지적인 것이라는 점에서 대조를 이루고 있다. 여기에 '무위의 공동체'를 꿈꾸는 김희영의 방식이 더해지면서 '조립식 보리수나무'의 재료가 점차적으로 마련되고 있다. 그렇다면 '조립식 보리수나무'는 메타-시뮬레이션들의 생성과 성장의 과정을 상징적으로 보여주는 단어일 것이다.

## 5. 실재의 윤리

2000년대 소설의 새로운 상상계는 그것을 인식하고 상징화하기 시작하는 순간 이미 그 자체가 그 새로운 상징계가 되기 시작한다. 그리고 이제는 그 상징계로부터 벗어나는 것이 새로운 과제로서 설정된다. 이 숨가쁜 변화의 과정을 사유하기 위한 거점으로 다섯 개의 매트릭스를 살펴보았다. 염승숙의 '수의 매트릭스', 윤이형의 '게임의 매트릭스', 김유진의 '꿈의 매트릭스', 김태용의 '아나그람의 매트릭스', 조하형의 'DNA의 매트릭스' 등이 그것이다.

염승숙과 윤이형이 제작한 매트릭스에서 우리는 2000년대 소설이 마주했던 상상적 영역이 일종의 가상현실적 상징계로 전환되는 장면을 목격할 수 있었고, 김유진과 김태용의 매트릭스에서는 가상현실이라는 상징계가 수렴 혹은 분산의 방식으로 자기증식해 나가는 장면을 확인할 수 있었다. 그리고 조하형 유전공학적 매트릭스에서는 가상현실들의 분열을 넘어서는 메타-시뮬레이션의 시도를 접할 수 있었다. 매단계마다 우리는 새로운 장면을 경험하기 위해 그들이 건넨 붉은 알약을 하나씩 삼켜야 했다.

19) 같은 글, 75쪽.

여기에는 우리가 가지고 있던 상상계의 윤리(자아의 윤리)도 상징계의 윤리(주인의 윤리)도 찾아볼 수 없다. 상상계와 상징계에서 윤리를 구할 수 없는 이유는, 상상계, 상징계, 실재계가 보로매우스의 매듭처럼 서로 얽혀 있으며 또 그것이 시간 속에서 지속적으로 변화해나가고 있다는 사실에서 찾을 수 있을 것이다. 염승숙, 윤이형, 김유진, 김태용, 조하형의 매트릭스들은 이 변화에 맞서 우리 소설 또한 끊임없이 실재의 방향으로, 그러니까 어둠과 공백의 방향으로 걸어가고 있다는 사실을 보여주는 증거일 것이다.

# 새로운 이야기의 스펙트럼을 들여다 보다
## - 2011년 신춘문예 당선 소설 경향 분석

### 1. 신춘문예의 지속성

연구자들의 논의를 참고로 하면 우리 문학사에서 신춘문예가 처음 시작된 것은 1914년 『매일신보』의 '신춘문예모집'부터이니 이제 곧 100년의 역사를 맞는 셈이다.[1)] 신문을 매개로 신인 작가가 배출되는 신춘문예라는 문학 제도는 한국만의 특이한 현상인데,[2)] 이른바 신춘문예의 전성기였던 1970～80년대에 비하면 문단적 기능과 영향력이 크게 위축된 것이 사실이지만, 1990년대 후반 이후 대학에서 문예창작학과 개설이 증가되어 왔으며 지방자치제 이후 창간된 지방지들도 경쟁적으로 신춘문예 제도를 도입하고

---

1) 신춘문예 제도의 성립 과정에 대해서는 임원식, 「신춘문예 문단사적 연구」(조선대학교 박사학위논문, 2002)와 이재복, 「신춘문예의 문학제도사적 연구」(『한국언어문화』 제29집, 2006) 참조. 『매일신보』를 포함하여 1925년에 시작된 『동아일보』나 1928년 시작된 『조선일보』 신춘문예 역시 초기에는 안정적인 제도화에 이르지는 못했다. 신춘문예 제도가 안정적인 단계에 접어들기 시작하는 것은 1930년대 이후이다. 신춘문예 제도의 공고화 과정에 대해서는 앞의 두 글과 박헌호, 「동인지에서 신춘문예로 - 등단제도의 권력적 변화」(『대동문화연구』 제53집, 2006) 참조.

2) 임원식의 논문 제2장 제2절 참조. 이 논의에 따르면 외국의 경우에는 일반적으로 동인지 게재, 단행본 출간, 잡지 투고 게재, 문학상 수상 등의 방식에 의해 작가로서의 인정 절차가 이루어진다.

있어 최근 들어 오히려 양적으로는 확장되는 경향도 있다. 우리 사회에서 글을 쓴다는 것에 대한 집단적인 로망은 아직까지는 어느 정도 유효해서, 신춘문예라는 신화를 지탱해주고 있는 듯하다. 예년에 비해 올해 신춘문예 당선작들의 질적 수준을 가늠해보고 그 특성을 분석하는 일과 더불어, 신춘문예 제도 자체의 의미와 효용에 대해서도 짚어볼 시점이 아닌가 싶다. 이 글에서는 우선 올해 신춘문예 당선작들의 경향을 분석해보고, 그에 이어 현재의 신춘문예 제도 자체와 관련된 문제들도 한정된 범위에서나마 생각해볼 예정이다.

한편 대체로 신춘문예 당선작이라고 하면 등단과 직접적으로 결부된 전국 규모의 종합일간지에 국한하여 생각하는 것이 일반적이지만, 여기에서는 지방지 신춘문예 당선작들까지 분석 대상에 포함시켜 다루고자 한다. 같은 신춘문예라는 이름으로 시행되고 있지만, 현실적으로는 중앙지와 지방지 신춘문예 당선작 사이에는 위계가 존재하는 것 같다. 그것이 신문의 부수나 영향력에 의한 것인지, 아니면 당선작의 질적 수준에 의거한 것인지 쉽게 이야기하기는 어렵다. 문학작품의 수준은 객관적으로 측정할 수 있는 성질의 것이 아니기 때문이다. 교통, 미디어 등의 발달로 인해 지역에 따른 생활 방식이나 문화의 차이는 소멸되어 가는 추세이고, 그와 관련하여 소설에서도 중앙 문단과 지역 문단의 차이는 점점 의미를 잃어가고 있는 면도 있다. 그렇지만 현실적인 상황을 감안하는 한편, 그 위계의 의미에 대해 생각해보기 위해서라도 두 영역을 구분하여 비교해보는 작업이 필요하지 않을까 싶다. 따라서 이 글에서는 중앙지와 지방지 신춘문예 당선작들을 함께 다루되, 각각 나누어서 이야기하기로 하겠다.

또한 신춘문예 소설을 분석할 때 대체로 단편에 국한되는 경향도 있다. 다른 소설 장르 공모는 동아일보 중편을 제외하면 찾아볼 수 없기 때문이다. 이 글의 본문에서는 단편 당선작들을 중심으로 분석하고, 중편 당선작에 대해서는 이 글의 마지막장에서 현행 제도의 문제점에 대해 논의하는 부분에서 함께 다루기로 하겠다.

## 2. 도전적 감각, 안정된 서사, 알레고리적 주제 - 중앙지 신춘문예 당선작들의 경우

올해 전국 규모의 종합일간지 신춘문예의 특징으로는 우선 당선자들의 연령이 크게 낮아진 현상을 들 수 있다. 2011년 신춘문예 단편소설 부문 당선자들의 평균 연령은 28.7세로 2010년의 38.0세, 2009년 32.7세, 2008년 37.3세, 2007년 35.6세, 2006년 39.1세, 2005년 35.1세, 2004년 32.7세, 2003년 34.0세, 2002년 32.7세, 2001년 31.6세 등에 비교해볼 때 크게 낮아졌다.[3)]

당선작품의 측면에서는 기존의 신춘문예 당선 소설의 스타일과는 다른 새로운 감각이 등장하기 시작했다는 점을 들 수 있을 것 같다. 편의상 세 가지 유형으로 나누어 당선작들의 경향을 살펴보고자 한다.

### 1) 도전적인 감각의 등장

최근 들어 심사위원들의 세대교체가 부분적으로 이루어지고 있는데, 그 세대적 성향이 당선자의 연령이나 당선작의 특성과 어느 정도 연관성이 있는 것으로 보인다. 새로운 세대에 심사를 맡길 때에는 모종의 기대가 전제되어 있었을 터인데, 그 기대를 의식해서인지 모르겠으나 소설적인 완성도나 안정감만이 아니라 서사의 개성이 중요한 평가 항목으로 등장했다. 가령 "소재가 신춘문예 도전작으로는 어울리지 않게 도발적"이며 "신춘문예 소설의 새로운 패턴을 제시할 수 있는 작품일 수도 있겠다"(서울신문)거나 "아직은 완성도가 높다기보다 장차 발전의 가능성이 크다는 점을 높이 샀다"(조선일보)는 등의 언급을 심사평에서 볼 수 있다. 크게 보아 차현지의 「미치

3) 참고로 2001~2011년 전국 규모 종합일간지의 연도별 신춘문예 단편소설 부문 당선자들의 연령은 다음과 같다.

가 미치(이)고 싶은」(서울신문), 설은영의 「집시, 달을 굽다」(조선일보) 등의 작품이 도전적인 감각을 보여주는 계열로 분류될 수 있다. 주인공이자 화자인 인물이 각각 대학생과 고등학생이라는 사실 역시 그와 같은 감각과

| | 경향 | 동아 | 문화 | 서울 | 세계 | 조선 | 한국 |
|---|---|---|---|---|---|---|---|
| 2001 | 부희령(37) 어떤 갠 날 | 노재희(28) 그날 저녁, 그는 어디로 갔을까 | 박현경(40) 섬 안의 섬 | 백가흠(27) 광어 | 최치언(31) 석탄공장이 있는 시에 관한 농담 | 김주옥(24) 봄 | 남문석(34) 잃고, 묽고 희박한 |
| 2002 | 김계환(30) 카페, 바그다드 | 당선작 없음 | 김지현(27) 사각거울 | 정다일(41) 강물의 대화 | 신현대(26) 공어와 빙어 | 권정현(32)수 | 가백현(40) 돼지 |
| 2003 | 백진(46) 무스타파 | 김나정(29) 비틀즈의 다섯 번째 멤버 | 당선 취소 | 임정연(36) 야간비행 | 염향(39) 숨은 띠 | 장혜련(30) 구멍 | 이정은(24) 독어 |
| 2004 | 허혜란(34) 내 아버지는 서울에 계십니다 | 허혜란(34) 독 | 주정미(45) 곤드와나 | 김효동(26) 호박 | 김미월(27) 정원에 길을 묻다 | 정영(34) 자양강장제 | 이우현(29) 덫 |
| 2005 | 황정은(29) 마더 | 류은경(34) 가위 | 정찬일(42) 유령 | 우승미(31) 빛이 스며든 자리 | 기노(34) 오프라인 | 반수연(40) 메모리얼 가든 | 송욱영(36) 청혼하려다 죽음을 강요당한 사내 |
| 2006 | 유민(39) 베드 | 박상(33) 짝짝이 구두와 고양이와 하드락 | 이민우(45) 가을의 자전거 | 김이설(31) 열세 살 | 이준희(25) 여자의 계단 | 박찬순(60) 가리봉 양꼬치 | 김애현(41) 카리스마 스탭 |
| 2007 | 유대영(40) 1520의 17 | 이은조(36) 우리들의 한글나라 | 서진연(38) 붉은 나무젓가락 | 황시운(31) 그들만의 식탁 | 김희진(31) 혀 | 류진(39) 칼 | 유응오(34) 요요 |
| 2008 | 당선작 없음 | 조현(39) 종이냅킨에 대한 우아한 철학 | 정소현(33) 양장제본소 전기 | 홍희정(30) 우유 의식 | 전윤희(40) 우유 | 양진채(42) 나스카라인 | 진연주(40) 방 |
| 2009 | 현진현(35) 글렌 굴드 이야기 | 이동욱(31) 여우의 빛 | 황지운(27) 안녕, 피터 | 진경민(37) 호모 리터니즈 | 박화영(32) 공터 | 채현선(37) 아칸소스테가 | 김금희(30) 너의 도큐먼트 |
| 2010 | 연규상(43) 개가 돌아오는 저녁 | 김미선(47) 미로 | 김은아(43) 당신의 자장가 | 이은선(27) 붉은 코끼리 | 이유(41) 낯선 아내 | 박지영(36) 청소기로 지구를 구하는 법 | 이지원(29) 얼음의 요정 |
| 2011 | 백수린(28) 거짓말 연습 | 손보미(31) 담요 | 서현경(29) 나비 | 차현지(24) 미치가 미치(이)고 싶은 | 천재강(31) 켄타우로스의 시대 | 설은영(34) 집시, 달을 굽다 | 라유경(24) 낚시 |

관련이 있다.

「미치가 미치(이)고 싶은 이유」는 표면상 원조교제를 다룬 소설로 보인다. 원조교제라면 사회적으로도, 소설적으로도 이제 그다지 신선한 소재가 아니다. 그런데 잘 들여다보면 이 이야기에서 화자인 여고생 '나'(미치)와 유부남인 아저씨의 관계는 금전에 의해 매개된 것이 아니다. 오히려 아저씨와의 일탈적 관계는 불안정한 가정과 적응이 안 되는 학교로 둘러싸인 이 소녀의 삶을 지탱해주는 유일한 근거라고 볼 수 있다. 이렇게 본다면 그의 행위는 '미친' 것이 아니라 그 나름의 욕망의 경제에 의한 반응이라고 할 수도 있다. 그런데 '나'의 그 위악적 세계를 반성하게 만드는 사건이 소설의 마지막에서 제시된다. '나'가 악몽 같은 밤을 보내고 집으로 들어온 날 아침, 식물처럼 놓여 있던 할머니가 '희정아'라고 부르며 진심 어린 걱정과 격려의 말을 건네는 순간, '나'는 아저씨의 번호를 지우고 '미치'의 세계에서 벗어나 일상의 삶 속으로 되돌아올 수 있게 된다. 우리 삶에 그런 존재가 절실히 필요하다는 목소리가 소설 속에 담겨 있다고 하겠다.

「집시, 달을 굽다」는 홀어머니마저 잃고 외삼촌 내외로부터도 버림 받은 여대생 은호의 의식에 서술의 초점이 맞춰져 있다. 삶의 벼랑에 몰린 그 의식은 기본적으로 불안한 것이지만 그럼에도 젊음 덕분에 발랄함을 잃지 않고 있다. 선배의 조그만 전세방에 빌붙어 살며 겨우 버티고 있는 은호를 둘러싸고 있는 것은, 호시탐탐 자신에게 덤벼들어 할퀴는 선배의 푸들, 음흉한 선배의 애인이나 변태적인 마트의 지점장처럼 위협적인 것들, 혹은 부유하지만 연약한 남자친구 경원, 그리고 자신의 편이기는 하지만 매사에 엉뚱한 선배 배작가처럼 전적으로 기대기는 어려운 인물들뿐이다. 그러하기에 은호의 세상을 비추고 있는 달빛은 싸늘하게 날선 은색이다. 그렇지만 그런 은호를 감싸안아준 인물이 있으니, 그 자신의 목에 굵은 흉터를 간직하고 있는 약국 주인이 바로 그다. 은호는 냉동실에 넣었던 개를 꺼내어 살려놓고 마치 냉동실 같은 동아리방에 알몸으로 누워 속죄의 의식을 치른다. 그리고 난 후 동아리방 구석에 있는 버너에 불을 켜 석쇠에 자퇴서와 유서를 태워 언 몸을 녹인다. 그 순간 얼었던 달빛이 노랗게 구워져 익고 있다. 이 긍정적 세계 인식에 이르는 서사의 행로는 매끄럽지 않지만, 그 수행자의 의식이 젊다는 사실에서 그와 같은 빠른 호흡의 리듬이 요구되는 필연성을 찾아볼 수 있다.

### 2) 안정된 서사의 양상들

한편 세대적 감각이 모든 경우에 단일하게 드러나는 것은 아니어서 전반적으로는 전통적인 단편 문법에 충실한 작품들이 더 큰 비중을 이루고 있다. "다소 패기가 부족하다는 지적이 따를 수도 있겠지만 우리는 이런 이야기에 엄살없이 주제를 잘 살려낸 이 작가의 역량과 정연한 이야기 전개의 솜씨를 믿기로 했다"(한국일보), "모든 예술의 본원적 토대라 할 섬세한 감수성과 은유에 대한 잠재력 역량을 선택"(문화일보), "무엇보다 시종 호흡을 잃지 않고 안정감 있게 이야기를 끌고 나간 저력이 돋보였다. 말 그리고 소통부재의 현실에 대한 질문이라고 할, 자못 의미심장한 주제를 이만큼 차분하고 설득력 있게 그려내기란 결코 쉬운 일이 아니다"(경향신문) 등의 평가는 여전히 소설적 기본기와 형식적 완성도가 신춘문예에서는 가장 중요한 평가 항목이라는 사실을 보여준다. 라유경의 「낚시」(한국일보), 서현경의 「나비」(문화일보), 백수린의 「거짓말 연습」(경향신문) 등의 소설들을 이 범주에 묶어 살펴볼 수 있다.

「낚시」는 외부와의 소통이 단절된 채 고립되어 살아가고 있는 한 여성의 일상을 1인칭 시점으로 그리고 있다. 홈쇼핑과 인터넷 쇼핑몰에서 배달되어 온 상자들이 '나'의 방 한쪽 벽면을 채우고 있다. '나'는 택배기사와 마주치는 것도 피하고 싶어 소화전 공간을 이용하는데, 그런 그의 행동은 너무 비쩍 말라서 '생선 가시'라고 놀림 받으며 자랐던 뿌리 깊은 신체적 콤플렉스의 소산이다. '나'의 생계를 유지해주는 것은 타이핑 아르바이트. 작업을 해서 메일로 보내면 되기 때문에 '나' 같은 은둔형 외톨이에게 적합한 일자리이다. 낚시 잡지 작업을 하다가 알게 된 실내낚시터에 드나드는 '나'. 그곳에서 한쪽 눈이 상한 물고기를 잡아와 집에서 키우기도 하고, 주인이 키우는 애완용 거북이를 보고 수족관에서 청색 거북이를 사오기도 한다. 눈먼 물고기나 몸을 껍데기 속에 감추고 있는 거북이에게서 '나'는 콤플렉스를 안고 세상과 단절된 채 살아가고 있는 자신의 모습을 보았을 것이다. 택배 사고로 받지 못한 물건을 찾아 헤매는 '나'가 거북이와 함께 낚시 바늘에 걸려 허공에 떠 있는 듯한 환각에 사로잡히는 마지막 장면 또한 그 동일시가 낳은 것일 터이다.

「나비」는 그림을 그리는 일에 대한 꿈을 갖고 있지만 지금은 아동용 극단의 배우로 일하고 있는 정우라는 여성의 의식에 서술의 초점을 맞추고 있다. 색에 대한 콤플렉스는 그림에 대한 그의 욕망을 가로막는 결정적인 악조건이다. 그가 겪는 욕망과 현실 사이의 괴리는 이통(耳痛)이라는 증상으로 나타난다. 그러던 그에게 기회가 찾아온다. 우연히 그가 제작한 팸플릿 도안을 본 미술관의 이관장이 그에게 전시회에 내보낼 작품 제작을 주문한다. 그래서 그가 만들게 된 작품이 바로 나비의 날개를 붙여 만든 기린의 그림이다. 그런 그에게는 나비의 날개만이 전부이고 몸통은 무의미하다. 하지만 나비의 날개에는 색소가 없기에 그 빛깔은 구조적인 배열을 통해 만들어진 눈속임에 지나지 않는 것이다. 전시회에서 그 통렬한 진실을 겪은 그의 시야에 몸통만 남은 나비들의 본능적인 꿈틀거림이 들어온다.

「거짓말 연습」 역시 서사의 요소들을 충실하게 갖춘 안정된 이야기인데, 「낚시」와 「나비」에 비해 주제의 제시나 결말 처리가 좀더 분명한 편이다. 이 소설에서 남편과 별거 상태에 있는 '나'는 어학연수 명목으로 프랑스에서 체류하고 있다. 하지만 소통에 대한 믿음, 자신감을 잃어버린데다, 다른 언어와 문화로 인한 장벽까지 포개어져 불안과 고립은 더욱 심화된다. 일시적인 체류 상태에서 주변 사람들과의 관계는 스쳐지나가는 것에 지나지 않고,

어차피 불완전한 외국어로 마음속의 진심을 온전히 전달하기도 힘든 상황에서 '나'는 습관적으로 거짓말을 한다. 이 소설은 절망 상태에 빠진 주인공이 어느 순간 소통에 대한 믿음을 회복하고 관계를 향해 마음을 열기까지의 과정을, 화려하지는 않지만 제법 단단한 문장에 담아 그려내고 있다. 소통의 내용에 앞서, 소통하고자 하는 의지, 아니 소통하고 있는 행위 자체가 인간적인 진실이라는 깨달음이 그 과정에 가로놓여 있다.

### 3) 알레고리적 주제 의식의 두 가지 표현

도전적인 감각이나 서사의 기술적 안정감보다 주제의 제시에 강조점을 두고 있는 세 번째 경향으로 천재강의 「켄타우로스의 시대」(세계일보)와 손보미의 「담요」(동아일보) 등을 묶어볼 수 있다.

「켄타우로스의 시대」의 배경은 새로 조성된 소규모 댐 근처의 유원지이다. 트럭에 고무보트를 싣고 다니며 실종된 시체를 찾아 몸값과 바꾸는 아버지를 둔 소년의 시점으로 이야기가 전개된다. '악어'라는 아버지의 별명에서도 드러나듯, 이런 모티프는 김기덕 영화를 떠올리게 만드는 면이 있다. 그런 어두운 밀매를 둘러싸고 권력의 먹이사슬로 얽혀 있는 그 시대는 '켄타우로스의 시대'이다. 하지만 켄타우로스는 지혜의 여신 팔라스에게 머리카락을 잡히게 되니, 이성에서 벗어난 본능이 지배하는 그 영역은 곧 합리성의 힘에 의해 소멸될 운명을 내포하고 있다. 태풍이 유원지를 휩쓸고 지나간 후, 바람에 뽑힌 미루나무 대신 플라타너스가 가로수로 세워지고 야영장은 캠핑장으로 바뀐다. 강물에 떠내려가 찌그러진 채 큰길에 걸려 있는 아버지의 트럭은 이제 그 '켄타우로스의 시대'가 끝났다는 것을 상징적으로 보여준다. 신화적 상상력을 이끌어온 점에서도 확인되는 것처럼, 이런 알레고리적 방식의 주제는 구체적 시공간을 초월하는 관념성의 특징을 갖는다.

「담요」의 화자 '나'는 소설가이다. '나'는 친구 한으로부터 들은 장의 사연을 소설로 써서 일약 돈과 명성을 얻었다. 그런 '나'를 한은 도덕적으로 비난하며 절교를 선언한다. 이 소설의 첫 번째 주제는 현실과 허구의 관계 위에서 작동하는 바로 이 글쓰기의 윤리 문제에 맞춰져 있다. 얼마 후 한이 사망하고, 또 그로부터 얼마 후 '나'는 장을 만나 그의 사연을 듣게 된다. 장은 공연장에서의 총기 난동 사건으로 아들을 잃은 슬픔으로 그날 아들의 몸을 덮고 있던 담요를 늘 갖고 다녔다. 그는 순찰중 어느 겨울 새벽의 놀이터에서 어린 부부를 만난다. 서로 다른 처지에 놓인 장과 이 어린 부부는 이야기를 나누면서 마음을 열고 서로를 이해하게 되는데, 장이 어린 부부에게 건넨 '담요'는 바로 그 특별한 방식의 소통을 상징하는 사물이다. 그 소통의 순간에 도달하기까지 장과 어린 부부 사이에 오고가는 대화는 레이먼드 카버의 소설들을 떠올리게 만들 만큼 차분한 설득력을 갖추고 있다.

전반적으로 당선자의 연령이 크게 감소하고 새로운 감각이 등장하기 시작했다는 것은 주목할 만한 현상인 듯하다. 다만 아직까지는 새로운 세대 심사위원들의 의욕과 기대가 앞서나가는 경향이 있고, 그에 부응하는 작품들이 나오기까지는 어느 정도 시간이 요구될 것 같다. 그때에는 감각과 기술과 주제가 조화를 이룬 개성 있는 작품들을 기대해볼 수 있지 않을까 싶다.

결말의 관점에서 보면, 전체적으로 세계에 대한 긍정으로 귀결되는 이야기가 증가하는 경향이 보인다. 그런데 그 결말이 서사 진행의 필연에 의한 결말이 아니라 상징적인 방식으로 처리되는 경우가 대부분인데, 이는 한국 소설의 관습이기도 하다. 소설을 통해 전달하고자 하는 생각을 보다 분명하게 서사에 담아내는 태도가 요구되는 것 같다.

## 3. 일상성, 혼종성, 지역성, 원형성 – 지방지 신춘문예 당선작들의 경우

중앙지 신춘문예의 경우 젊고 새로운 세대적 감각의 등장이 주목할 만한 현상이라면, 지방지 신춘문예 당선작들에서는 아직 그런 면이 두드러지고 있지는 않은 것 같다. 15개 지방 신문사 신춘문예 당선자 16명 가운데 확인 가능한 15명의 평균 연령은 42.7세로 중앙지 당선자 평균 연령과는 큰 차이가 있다.[4] 문장이나 소설 문법의 측면에서도 어느 정도 시차가 느껴지는 것이 사실이다. 하지만 지방의 관점에서 생각한다면, 이 시차가 반드시 극복되어야 하는 것인가 의심해볼 필요도 있다고 생각된다. 그들 각자의 현재 지점은 그 자체로 그들의 고유한 발전 경로의 출발점으로 볼 수 있기 때문이다. 이 글에서는 그런 관점에서 중앙지의 당선작들에서는 볼 수 없는 지방지 당선작들의 특징들을 중심으로 분석해 보기로 한다.

### 1) 일상성의 두 양상

지방지 당선작의 경우 일상 속의 인간 관계에서 일어나는 갈등을 전통적인 소설 기법으로 서사화한 작품들이 큰 비중을 차지하고 있다. 일상에 대한 서술이 가져올 수 있는 서사적 긴장의 약화를 보완하기 위해 등장인물의 직업이나 성격을 독특하게 처리하는 수법 역시 이 계열의 소설에 공통적으로 나타나는 현상이다. 이 이야기들을 남성의 일상과 여성의 일상, 두 부류로 나눠 살펴보기로 하겠다.

우선 남성의 일상을 다룬 이야기로 박하익의 「꽃무릇 이야기」(동양일보), 김경락의 「피쉬테라피」(전남일보), 정영서의 「문」(영남일보) 등 세 편의 소설을 묶어 보았다.

---

4) 이 글에서 분석할 지방지 신춘문예 당선자의 명단 및 연령, 당선작을 도표화하면 다음과 같다.

| 강원 | 경남 | 경상 | 경인 | 광주 | 국제 | 동양 | 동양 |
|---|---|---|---|---|---|---|---|
| 최백순(44)<br>냄새 | 이근자(49)<br>바닷가에 고양이 의자가 있었다 | 김동숙(42)<br>매미 울음소리 | 김경나(40)<br>비단길 | 정영효(43)<br>달의 꽃 | 이중근(51)<br>무드내 건너 저 쪽 | 박하익(30)<br>꽃무릇 이야기 | 오계자(64)<br>음양괴석도 |
| 매일 | 무등 | 부산 | 영남 | 전남 | 전북 | 전북도민 | 한라 |
| 안준우(39)<br>악어의 눈물을 위하여 | 양관수(55)<br>문을 뒤돌아 보다 | 배길남(36)<br>사라지는것들 | 정영서(46)<br>문 | 김경락(31)<br>피쉬테라피 | 강필선(26)<br>인어공주 | 오정순(?)<br>즐거운 나의 집 | 오미향(45)<br>은자의 나라 |

「꽃무릇 이야기」는 명예퇴직 후 실직 상태에 있는 남성 인물을 화자로 삼았다. '나'는 교통사고로 사망한 처형의 유품을 정리하고 있는 중이다. 미모의 처형이었지만 여고시절 성폭행을 당한 기억 때문에 평생 성에 대해서는 백치로 지냈다. 퇴직 이후 발기부전에 시달리는 남편과 성적이 부진한 딸이지만 아내는 처형 앞에서 단란한 가족을 연기함으로써 심리적인 위안을 얻었고 '나' 역시 그 가식적인 연극에 가담했다. 그런 죄책감을 안고 처형의 유품을 정리하다가 '나'는 의외에도 처형의 여성적인 욕망의 흔적들을 발견한다. 소설의 마지막에서 주인공은 처형의 감추어진 욕망을 계기로 새로운 남성으로 다시 태어나고자 하는 욕망과 의지를 불러일으킨다.

「피쉬테라피」에서 '나'는 지방의 한 리조트에서 테라피 용도의 물고기 가라루파를 관리하는 일을 하고 있다. 암투병중인 누나와 지방 리조트에서 사육사로 일하는 자신에게 미래를 맡기기 두려워하는 애인 수현이 그의 삭막한 일상을 더욱 암울하게 만들고 있다. 가라루파는 자꾸만 죽어나가는 상황 속에서 사료와 비품을 빼돌려야 하는 직장에서의 생활 역시 환멸스럽기는 마찬가지이다. 소설의 마지막 부분에서 죽은 가라루파를 꼬챙이에 꿰어 구워 먹는 주인공의 행동은 이 절망적인 상황에 대응시켜볼 때 이해될 수 있다. 치료가 필요한 부분은 각질 따위가 아니라 바로 그 절망을 겪고 있는 마음이기 때문이다.

「문」에서 친구가 운영하는 게임회사에 근무하다가 친구의 배신으로 돈을 떼이고 실직한 '나'는 포토저널리스트가 되어 아프리카를 여행하는 하쿠나마타타 게임에 빠져 있다. 스와힐리어로 '걱정하지 마'라는 뜻을 가진 하쿠나마타타 게임이 그 말뜻처럼 그의 마음을 편안하게 해주기 때문이다. '나' 대신 보험판매원으로 생계를 책임지고 있는 아내. 아내는 매 끼니마다 '나'에게 꼬박꼬박 다섯 알씩 비타민을 챙겨주는데 '나'는 우연히 그것이 권장섭취량의 15배에 해당되는 양이고 과다 복용의 경우 전신마비 증상이 나타날 수 있다는 사실을 발견하게 된다. 아내가 '나'의 이름으로 들어놓은 여러 종류의 보험을 떠올리는 순간, 초원을 향한 '나'의 욕망은 더욱 절실해지지 않을 수 없다. 그래서 '나'는 마침내 게임에서 만난 은색등이가 알려준 하쿠나마타타 게임의 세계로 통하는 환상의 문을 붙들고 있다. 이 환상을 드러내는 방식이 도식적이지 않은 세련된 것이어서 인상적이다.

위의 세 편의 소설이 남성 주인공의 일상을 그린 이야기라면(그 가운데 「꽃무릇 이야기」와 「문」의 작가는 여성이다), 김동숙의 「매미 울음소리」(경상일보), 이근자의 「바닷가에 고양이 의자가 있었다」(경남신문), 오정순의 「즐거운 나의 집」(전북도민일보), 안준우의 「악어의 눈물을 위하여」(매일신문) 등은 여성의 일상을 대상으로 한 이야기라는 점에서 묶어 살펴볼 수 있다.

「매미 울음소리」는 아파트 단지의 주부들 사이에서 일어난 사건을 모티프로 취했다. 매미 소리가 한창 기세를 올리는 어느 여름날, '나'는 단지의 주부들 사이에서 자신의 남편이 앞집 새댁을 추행한 혐의로 구설수에 올라 있다는 사실을 알게 된다. 처음에는 새댁을 대하는 남편의 눈꼴신 행동에 질투가 일기도 했지만, 마음씨가 후덕하고 늦도록 아이가 없는 새댁을 동생처럼 대했던 터였다. 남편은 술에 취해 있었지만 그럴 리 없다고 부인한다. CCTV를 확인해 봐도 누구의 말이 맞는지 객관적으로 확인할 방법이 없다. '나'는 새댁이 들고 있었다던 초록색 우산이 모니터 화면에는 보이지 않는다는 사실을 빌미로 새댁을 불임으로 인한 우울증 환자로 몰아간다. 결국 앞집은 이사를 가는데 그들이 떠나는 날 '나'는 열려진 베란다 창고 문 사이로 짙은 초록색 우산이 비죽 나와 있는 것을 발견한다. 매미 울음소리가 들릴 때마다 '나'는 스스로에게 괜찮다고 다독거려야 할 것이다. 일상의 윤리감각에 내재된 맹점을 포착한 소설이라 할 수 있다.

「바닷가에 고양이 의자가 있었다」에는 기면증에 걸렸던 한 주부가 주인공으로 등장한다. 어느 날 여자는 또렷한 정신으로 돌아왔지만 그동안의 불안정한 생활로 인해 생긴 가족과의 거리를 의식하지 않을 수 없다. 그래서 떠오른 방법이 딸 모정의 뒤를 몰래 밟아 그동안 지워진 영역을 되찾겠다는 것. 그 결과 모정을 좇아간 남편의 가구점에서 직원이었던 미스최와 그들 사이에서 난 아들 모원이 함께 생활하고 있는 장면을 목격한다. 순간적으로 여자는 가족을 빼앗긴 듯한 느낌이 들어 미스최에게 분노의 감정을 품지만, 막상 여자와 마주한 미스최는 여자가 원한다면 다시는 자신을 보지 않아도 되는 먼 곳으로 가겠다고 한다. 이 분열된 관계를 복원하여 각자의 삶을 이끌어가야 하는 과제가 여자와 가족 모두에게 부과되어 있다.

「매미 울음소리」와 「바닷가에 고양이 의자가 있었다」가 주부의 이야기라면, 「즐거운 나의 집」과 「악어의 눈물을 위하여」는 미혼의 직장 여성의 이야기라는 점에서 구분된다.

「즐거운 나의 집」의 화자인 '나'는 서른다섯 살의 커리어 우먼으로 남성용 속옷 회사의 광고부 팀장이다. 여관집 딸이었던 엄마가 오 년차 고시생이던 아버지를 만나 '나'를 낳았고 아버지가 떠나자 싱글맘으로 '나'를 키웠다. 그런데 '나' 역시 임신 상태에서 동거하던 직장 후배 K로부터 결별을 통고 받는다. 아버지나 남자 형제 없이 자란 '나'의 콤플렉스가 결국 어머니의 운명을 반복하도록 만들었던 것일 터이다. 그날 엄마로부터 마음에 두고 있던 남자가 하숙집을 나갔다는 하소연을 전화로 듣는다. 이 소설은 모녀가 자신들의 운명으로부터 벗어나 새로운 삶을 찾아가는 과정을 그려 보이고 있다. 엄마는 자존심을 굽히고 새로운 짝을 맞았고 '나'는 K의 짐을 박스에 담아 보내고 새 직장을 찾아 새로운 생활을 시작할 것이다. 비제의 '즐거운 나의 집'이 그 새로운 출발 장면의 배경음악으로 흐르고 있다.

「악어의 눈물의 위하여」는 한밤에 동물원에 침입해 악어 우리를 넘었다가 악어의 공격을 받아 심장 쇼크로 사망한 여성 J의 사건을 수사하는 형사의 이야기이다. 유서는 없지만 동물원 CCTV 에는 악어 우리를 넘는 J의 모습이 고스란히 기록되어 있다. 처음에는 자살 사건으로 처리될 듯하던 이 사건은 김형사가 J가 남긴 노트를 꼼꼼하게 읽으면서 그 전말이 밝혀진다.

그 전말을 하나씩 파헤쳐 나가는 김형사의 수사 과정이 이 소설의 구성을 이룬다. 인지행동연구소라는 곳에 연구원으로 일하던 J는 실연으로 인해 처녀 보살을 찾았고 J는 보살 흉내를 내는 사기전과범이 내린 부적 처방에 적힌 악어 눈물 네 방울을 위해 동물원 우리를 넘었던 것이다.

이들 소설로만 놓고 보면, 남성 인물들의 일상이 주로 실직 등의 경제적인 문제에 의존하고 있는 반면, 여성 인물들의 일상의 경우 관계, 특히 부부관계나 연애 관계에 의해 직접적으로 영향을 받는 경향을 발견할 수 있다. 우리 시대 일상의 한 단면을 보여주는 특징이라 하겠다.

### 2) 혼종성에 대한 인식의 편린들

일상적 의식의 외연이 확장되어 나가는 어느 지점에서 혼종성에 대한 인식을 보여주는 소설들도 부분적으로 발견된다. 강필선의 「인어공주」(전북일보)가 젠더의 혼종성에 대한 인식을 이야기의 근간으로 삼고 있다면, 정영효의 「달의 꽃」(광주일보)은 혼종된 네이션의 정체성에 대한 이해의 편린을 담고 있다.

「인어공주」는 수족관에서 인어 캐릭터 역할을 하는 젊은 여성이 서술자로 등장한다. 함께 태어난 쌍둥이 오빠가 죽으면서 '나'는 아버지의 억압으로 인해 남성의 삶을 강요받았고, 그 결과 혼란스러운 성정체성을 갖고 자랐다. 남성적인 머리 스타일과 외모, 옷차림 등으로 인해 종종 오해를 받곤 한다. 수족관에서 같이 일하는 중년의 미혼남 김씨의 구혼에 '나'가 대답을 머뭇거리는 이유도 그와 연관된다. 가발을 쓰고 '가짜 인어' 역할을 해야 하는 자신의 처지는 그러한 혼란을 아이러니의 방식으로 투영하고 있다. 그가 진짜 인어가 되기 위한 길은 무엇인가. 아버지가 부산에서 교회에 다닌다는 소식을 듣고 그곳에 간 '나'는 버스 안에서 우연히 전도 활동을 하는 아버지를 만난다. 남자와 여자는 하느님의 형상대로 만들어졌다는 성경의 구절을 인용하는 아버지. 임금을 지불하지 않는 수족관의 사장. 주인공의 혼란스러운 성정체성이 이해받는 일은 인어가 실재한다는 믿음만큼이나 현실에서는 이루어지기가 요원하다. 소설의 마지막 부분에서 스스로 만든 꼬리를 입고 바다에 몸을 담그는 주인공의 행동에는 그런 아득한 절망이 투사되어 있는 것으로 보인다.

「달의 꽃」의 화자인 '나'는 원예치료센터를 운영하는 한편 토피어리 강습도 다닌다. 몽골 승마체험 캠프장에서 만난 가이드 사라체첵을 잊지 못해 '나'는 다시 몽골을 찾아 그녀에게 구혼한다. 사라체첵은 몽골어로 '달의 꽃'이라는 뜻. 몇 달 뒤 인천공항에서 재회한 사라체첵은 이제 '나'의 아내인 중국 국적의 조선족 이명화가 되었다. 명화는 한국 생활에 적응하려고 애썼지만 특이하게도 물을 싫어하는 성향이 있었고, 마침내 어느 비오는 날 갑자기 사라지고 만다. 그 전날 뉴스에서는 북한의 수재 사건을 보도하면서 스티로폼 한 장을 붙들고 불어난 흙탕물 위에서 필사적으로 도움을 요청하는 깡마른 소년의 모습을 배경화면으로 내보냈다. 명화의 고향 마을을 찾은 '나'는 그의 사연을 전해 듣는다. 탈북자로 강을 건넌 그는 그날 사망한 이명화라는 여성의 이름을 얻어 중국에 정착했지만, 불어난 물살 때문에 두고 온 아우 생각에 비만 오면 앓아누웠다고 했다. 그렇기에 그(명화, 사라체첵)는 달이 숨어 버린 밤이면 먹먹한 가슴으로 하늘을 보았던 것이다.

지방지의 당선작들에 나타난 혼종성에 대한 민감성은 주변부의 의식에서 항상 자유롭지 못한 지방성의 특징으로 설명될 수도 있을 듯하다.

### 3) 지역성에 대한 애착

혼종성에 대한 인식의 편린들이 지방성의 간접적인 반영이라고 할 수 있다면, 좀더 직접적으로 지방성을 드러내는 소설들을 다음에서 살펴볼 수 있다. 이런 특징은 중앙지 당선작에서는 좀처럼 볼 수 없는 지방지 신춘문예 당선작의 고유 영역이라고 할 수 있을 듯하다. 배길남의 「사라지는 것들」(부산일보), 이중근의 「무드내 건너 저쪽」(국제신문), 오미향의 「은자의 나라」(한라일보) 등을 지방성에 기반한 이야기로 분류해볼 수 있다.

「사라지는 것들」은 부산을 배경으로 매우 선명한 주제 의식, 그러니까 자본주의적 현실의 변화에 대한 저항의 심리를 펼쳐 보이고 있다. 미술관의 계약직으로 부산에서 활동했다는 임호라는 화가의 유작 기록과 글들을 정리하고 타이핑하는 일을 하고 있는 '나'의 시선을 통해 점점 더 중심을 향해 획일화되어 가는 세태가 비판적으로 포착된다. 미술관에서의 '나'의 작업을 매개로, 중앙 화단의 노대가들이 집시의 상인처럼 부산이라는 시장에 전을 벌리는 상황에 대한 임호의 비판이 삽입되는 것도 그 맥락이다. 유서 깊은 지방 서점은 차례로 문을 닫고 대규모 마트 때문에 동네 상점들은 하나둘씩 사라져간다. 그곳에서 나고 자랐던 사람들은 낡은 앨범 속에 꽂혀 있던 기억들을 모두 빼앗긴 듯한 느낌을 받지 않을 도리가 없다. 한때 '나'와 함께 살았던, 동보서적에서 일하다가 며칠 전 직장이 문을 닫는 바람에 일자리를 잃은 그녀와의 술자리에서 모두가 떠나려고만 하는 도시에 남은 이들의 넋두리가 슬프게 흘러나온다. 지방적인 것이 사라지는 현실에 대한 비판의 태도는 선명하지만 소설 속의 모든 에피소드들이 주제와 직결되어 있어 이야기가 이념에 맞춰진 느낌이 없지 않다. 이 딜레마를 해결해나가는 과정이 이 소설의 이후 과제일 듯하다.

「무드내 건너 저쪽」의 배경은 제주도이다. 의사인 '나'가 환자 문할머니를 관찰하는 구조로 이루어진 이야기인데, 그 전반부는 치매로 인해 이런저런 소동을 부리는 할머니의 에피소드로 채워져 있다. 그 때문에 곤혹스러울 때도 있지만 제주도 출신인 '나'는 할머니로부터 채시(저승차사), 헛갱이(재채기), 게틀레기(트림)라는 말을 처음 배웠다. 그러던 중 할머니의 치매 증상이 극단적으로 악화된다. 그 증상들을 더듬어 가던 '나'는 할머니가 4·3 사건으로 남편을 잃던 무자년 섣달의 기억에 사로잡혀 있다는 것을 알게 된다. 할머니의 치매는 어쩌면 죽음을 앞두고 감당키 어려웠던 과거의 기억이 다시 찾아오는 바람에 일상의 기억이 밀려나면서 발생한 현상인지도 모른다. 이 소설은 할머니의 죽음을 지켜보며 잊혀진 역사의 상처를 다시금 떠올리는 화자의 모습을 통해 어느 사이엔가 우리의 의식에서 밀려나 있던 우리 자신의 역사를 새삼 되돌아보게 만든다.

「무드내 건너 저쪽」이 역사와 기억에 관한 이야기라면 역시 제주도를 배경으로 삼고 있는 「은자의 나라」는 혈육에 관한 이야기이다. 부산 출신의 은자가 아홉 살 난 아들 동수와 함께 생활하고 있는 식당이 소설의 주무대. 그곳에 세 들어 살고 있는 20대 후반의 백수 '나'가 은자를 관찰하고 서술하는 역할을 맡았다. 동수에 대해 무한한 애정을 갖고 있는 은자. 외지에서 들어와 살고 있으면서 자신의 내력을 좀처럼 털어놓지 않는 은자를 바라보는 동네 사람들의 시선은 의혹과 호기심으로 가득 차 있다. 은자와 살림을 합치고 싶어하지만 거부당한 정씨의 뒤틀린 욕망이 그 의혹과 호기심을 더욱 부추기고 있다. '나'는 유창한 일본어로 전화 통화를 하는 은자를 목격하고, 다찌(일본 남자를 상대로 매춘하는 한국 여자) 출신인 그의 사연을 듣게 된다. 혈육인 동수에 대한 애정이 다른 모든 욕망을 무화시켰다고 할 만큼 아들에 대한 그의 본능은 강렬하다. 허울뿐인 동수의 아버지에게 여러 차례 전화를 건 것도 아들 때문이다. 하지만 찾아오겠다고 약속한 일본 남자는 연락을 끊어버리고 은자는 앓아눕는다. 소설의 마지막은 식당 식구들의 걱정과 동수에 대한 모성애로 은자가 다시 일상의 삶으로 되돌아오기까지의 과정을 압축적으로 보여주고 있다.

다른 지역이 어느덧 지역의 역사, 현실, 언어, 문화에 둔감해진 데 비해, 올해의 당선작들만 두고 보면 부산과 제주는 여전히 강한 지역성에 대한 의식을 간직하고 있다고 할 수 있을 듯하다. 유사한 주제를 내포하면서도 「사라지는 것들」이 상대적으로 모던한 스타일의 이야기 방식이라면, 「무드내 건너 저쪽」과 「은자의 나라」는 전통적인 이야기 방식을 취하고 있다. 후자가 지역적 특수성에 대한 이야기라면, 「사라지는 것들」은 그것을 보편화하여 중심과 주변의 대립적 관계로 파악하고 그 문제점을 비판적으로 사유하고 있다는 점에서 지역성에 대한 소설적 탐구의 새로운 한 방향이라고 할 수 있을 듯하다.

### 4) 원형성의 몇 가지 양상

지방지 신춘문예 당선작의 또 한 가지 경향은 일상성과 지역성이 미치지 않은 원형적이고 추상적인 무시간성의 공간에서 펼쳐지는 이야기에서 찾을 수 있다. 중심을 향한 욕망을 철회한 의식은 그 반대 방향의 원초적인 지대로 향하는 습성을 보이고 있는 듯하다. 김경나의 「비단길」(경인일보)과 최백순의 「냄새」(강원일보)가 이 경향을 전형적으로 보여준다.

「비단길」은 국도변의 버려진 자동차공업사 자리에서 수박을 팔며 점을 치는 노인과 유랑하는 여성 '나'(소정)의 한시적인 동거를 그리고 있다. 아무도 없는 고향을 찾아온 소정이 수박점 치는 노인을 떠나지 못하는 이유는 그가 노인에게서 아버지의 모습을 바라보고 있기 때문이다. 그러하되 가족을 버리고 떠난 아버지와 달리 무기력한 노인은 자신에게 매달리고 있다. 그러니까 노인과의 동거는 소정이 죽어서까지 힘을 발휘하고 있는 아버지라는 존재와 의식 속에서 벌이는 대결이다. 하지만 이 대결은 싱거울 수밖에 없는데, 노인은 아버지의 이미지, 그러니까 가짜 아버지에 지나지 않기 때문이다. 노인과의 관계를 일종의 의례처럼 치른 후, 다시금 길을 떠날 수밖에 없는 이유가 바로 거기에 있다. 그가 걸어가야 하는 길은 사막과도 같이 고독하고 황폐한 길이지만, 그처럼 결핍되고 아픈 사람들이 걸어가는 슬프고도 아름다운 '비단길'이다.

「냄새」 역시 계절과 낮과 밤은 있으되 역사적 시간은 희미한 무시간성의 공간에서 펼쳐지는 이야기이다. 한여름의 시골 마을에서 지경을 비롯한 동네 청년들이 모여 쥐약을 먹고 죽은 개를 삶고 있다. 모두들 달갑지 않은 표정으로 서 있지만 지경만이 알 수 없는 오기로 개를 삶아 먹는 일에 집착하고 있다. 청년들의 활동 무대가 학교 운동장이라면 장년층의 무대는 이발소. 타지에서 흘러온 이발사는 찾아온 손님들에게 술과 음식을 대접하여 인심을 얻었다. 지난겨울 지경은 머리를 깎으러 갔다가 술추렴 중인 장년들과 갈등을 빚고 이발사를 구타하여 상종 못할 놈으로 낙인 찍힌 바 있다. 지경만이 연신 고기를 입으로 가져가고 나머지 친구들은 눈치만 보고 있는데, 그러던 중 한 친구가 이발사를 데리고 와 먹을 수 있는지 감정을 의뢰한다. 스스로 고립을 자처한 지경의 오기는 미래가 보이지 않는 막막함을 견디기 위한 최후의 수단일 것인바, 그러하기에 그의 충동을 향한 '여행'은 끝나지 않는다.

양관수의 「문을 뒤돌아 보다」(무등일보)의 인도라는 이국적 공간 또한 근본적으로는 원초적, 원형적 성격을 가진 곳이다. 어린 시절 유치원의 좁은 수세식 화장실이 답답하여 줄곧 참았다가 집 뒤편 풀밭에서 배변을 보던 '나'. 소설 속에서는 그와 같은 행위에 어떤 환경적 요인도 제시되어 있지 않다. 그것은 다만 생래적인 것이다. 그렇기 때문에 '나'의 공상은 뱀, 원죄 등의 신화적 상상력으로 치닫는다. 성년에 이르러서도 배변에 대한 콤플렉스로 인해 '나'는 정상적인 직장 생활은 하지 못하고 잡지사에 사진과 글을 엮어주고 원고료를 받아 빠듯하게 살아간다. 잡지 기사를 위해 인도를 찾은 '나'. 화장터와 흙 냄새, 강물과 모래밭이 있는 그곳은 낯선 이국의 공간이 아니라 오히려 어린 시절 기억 속의 바로 그 원초적인 공간을 닮았다. 현지의 어린 청년에게 속아 납치당했어도 오히려 그와 지내면서 '나'는 몸속의 응어리가 풀려나가는 것을 느낀다. 하지만 시간이 지나자 그 세계 역시 금전과 욕망으로 얽힌 세속의 공간임이 드러나고 '나'는 그곳으로부터 다시 필사적인 탈출을 감행한다.

오계자의 「음양괴석도」(동양일보)는 역사소설로 분류될 수 있는데 최근 스타일의 팩션보다는 전통적인 역사소설의 문법을 취하고 있다. 홍선군 이하웅과 기생 운영의 사랑을 소재로 운영의 속치마에 그린 홍선대원군의 난 그림 '음양괴석도'가 탄생한 사연을 그렸다는 점에서도 그렇지만, 더 근본적으로는 전형적인 역사소설 스타일의 대화와 서술의 문장에서 그 점이 확인된다. 이 역시 역사를 재현하는 현재의 시점으로부터 영향을 받지 않는, 원초적 시공간의 한 유형으로 볼 수 있다.

이상에서 살핀 것처럼 지방지 신춘문예 당선작들은 한편으로 시차를 두고 중심의 소설적 경향을 흡수하면서, 그리고 다른 한편으로는 중심의 이야기들이 지나치거나 둔감한 부분들에 민감히 반응하면서, 그 나름의 세계를 펼쳐나가고 있는 것 같다. 이 과정이 성숙되어 나가는 어느 지점에서 중심과 주변의 위계가 해체되고 지역의 고유한 개성들이 다원적으로 전개되는 상황이 도래하기를 기대해본다.

## 4. 2011년 신춘문예 소설의 특징과 생각해볼 문제들

최근 들어 신춘문예 당선작들에 대한 기대가 낮아지는 경향이 있는데, 그것은 그만큼 우리 소설의 기술적 완성도가 높아졌고 생산의 시스템도 훨씬 전문화된 상황에 기인한 탓도 있는 것 같다. 한 사람의 작가가 탄생하기 위해 초기부터 재능을 발견하고 육성하는 시간이 더 요구되고 있고, 등단 이전 혹은 그 이후에도 체계적인 발전을 지원하는 상업적, 제도적인 차원의 뒷받침도 튼튼해지고 있는 상황이다.

그런 상황 속에서 2011년 신춘문예 당선작들은 한편으로는 젊은 세대의 이야기로부터 발원하는 도전적인 감각을 도입함으로써, 다른 한편으로는 시차적 관점으로부터 연유한 다양한 이야기의 생산을 통해 부분적으로나마 정형화된 기존의 신춘문예 스타일을 갱신해 나가는 가능성을 보여주었다고 평가해볼 수 있을 듯하다.

그런데 새삼스러운 이야기는 아니지만, 내용적 차원에서의 한정된 변화보다도 더 근본적인 문제는 신춘문예 제도의 획일성이라고 할 수 있다. 이 글에서 다룬 범위에 한정해도, 중앙지 일곱 곳, 지방지 열다섯 곳 등 모두 스물 두 곳의 신문사에서 소설 분야의 신춘문예를 시행하고 있는데, 응모분야와 형식에서 독자적인 면을 거의 찾아볼 수 없다. 신춘문예의 효시라고 이야기되는 1914년 『매일신보』 신년문예모집의 장르는 시, 문, 시조, 언문줄글, 언문풍월, 우습거리, 창가, 언문편지, 단편소설, 화(畵) 등 10종목이었다. 1925년 동아일보의 첫 신춘문예 모집 장르 역시 단편소설, 신시, 가정소설, 동화, 동요 등이었고, 1928년 조선일보의 첫 신춘문예 모집 장르는 시가, 수필, 콘트, 회화, 동화, 동요, 일기, 자유화, 단편소설, 전설 등이었다.[5] 그런 사실을 고려하면, 장르에 대한 보다 개방적인 태도에 대해서도 생각해볼 수 있지 않을까 싶다.

올해 『동아일보』 신춘문예 중편 부문 당선작인 정재민의 「미스테리 존재방식」은 두 개의 이야기로 구성되어 있다. 첫 번째 이야기는 핸드폰 프로그램을 검증하는 일을 하고 있는 장현우의 시점. 그의 시점으로 소개팅으로 처음 만나 다섯 번째 만난 이후 갑자기 자살한 혜연과의 관계가 서술되어 있다. 두 번째 이야기는 혜연의 시점. 두 번째 이야기가 제시되면서 첫 번째 이야기의 성격이 갱신되는, 마치 서양 드라마의 문법을 보는 듯한 구조로 이루어져 있다. 전통적으로 중편 양식은 단편의 분량으로는 감당하기 어려운 사회적 주제의식을 펼치는 양식으로 받아들여져 왔다. 하지만 최근에는 다양한 장르적 문법이 시도되는 실험적 양식으로 전환되고 있는 징후를 보여준다. 장편으로의 확장을 염두에 둔다면 단편보다 훨씬 실용적이고 효율이 높은 생산적인 양식이라고 할 수도 있지 않을까 싶다.

장르의 다양화뿐 아니라, 참여 주체의 확대도 시도해볼 필요가 있다. 신춘문예에 참여하고 있는 이주민들, 해외체류자들, 주부, 직장인들을 들러리로 소외시키지 않을 방법에 대해서도 고민할 시점이라고 생각된다.[6] 그렇지 않으면 출판사와 연계된 잡지 중심으로 운영되는 문단의 상황에서 신춘문예는 문예창작학과나 창작합평모임 구성원들을 위한 마이너리그에서 벗어나지 못할 우려가 있다.

---

5) 이재복, 앞의 글, 376~383쪽 참조.

6) 그 점에서 신춘문예는 아니지만 동시대 사회적 이슈를 주제나 소재로 한정하고 분량도 그에 맞게 조정된 『한겨레21』의 손바닥 문학상은 그 한 가지 모델이 될 수 있다.

# Ⅱ

# 개인의 삶보다 더 내밀한 작가 의식의 세계

# 다섯 개의 코드로 쓴 짧은 김연수론

독학자. 신선한 실험으로 가득한 그의 초기작들을 펼칠 때 우선 떠오르는 김연수의 이미지는 독학자이다. 그는 독학자이되 도서관이나 연구실에 붙박인 은둔자와는 거리가 멀다. 그는 오히려 일상의 현실 속에서 사람들이 무심히 지나친 것의 가치를 드러냄으로써 그들을 새삼 혼란스럽게 만드는 소피스트의 이미지를 지니고 있다. 전통과 새로움의 추구 사이에 난처하게 끼여 있는 글쓰기 의식을 중층적으로 제시하고 있는 첫 장편 『가면을 가리키며 걷기』(세계사, 1994)에서 출발, 7번 국도 여로의 뼈대에 젊은 영혼들의 방랑과 비애의 살을 붙인 독특한 형식의 경장편 『7번 국도』(문학동네, 1997)를 거쳐, 시대적인 변화 속에서 부유하는 한 세대의 자의식을 밀도 높게 그려내고 있는 첫 소설집 『스무 살』(문학동네, 2000)에 이르는 과정에서 그가 보여주었던 독특한 상상력의 근원에는 독학의 텍스트들이 놓여 있을 뿐만 아니라 그 텍스트들을 섭렵하는, 제도에 구속되기를 거부하는 자유로운 정신이 더불어 놓여 있다. 그것을 두고 우리는 젊음의 정신이라 부를 수 있을 것이다. 말하자면 젊음은 김연수 초기 소설들의 방법론이자 주제이다. "남몰래 흘리는 눈물보다도 더 빨리 우리의 기억 속에서 마르는 스무 살이 지나가고 나면, 스물한 살이 오는 것이 아니라 스무 살 이후가 온다"는 것,

김연수는 『스무 살』에서 이 삶의 한 경계 지점을 두 시대에 걸쳐 있는 한 세대의 의식에 대응시키고 있다. 이 젊은 글쓰기가 단지 주관적 표백에 머무르지 않는 역사의식을 동반하고 있다는 점에서 김연수는 단단한 자기만의 글쓰기의 근거를 확보하고 있다. 그리고 그것은 그가 새로운 세대의 실험적 의식을 앞서서 이끌어갈 수 있는 동력으로 작용하게 된다.

서지학자. 전위적 의식으로 무장한 실험성이 제법 무르익어 성실함을 수반하면서 독학자는 이제 서지학자의 면모를 더불어 갖게 된다. 독학자의 독서목록 또한 어느덧 튼실한 계보를 갖추기에 이른 것이다. 그러면서 서지학자는 그가 품었던 한 가지 절망(과연 진정으로 새로운 것을 추구한다는 것이 가능한가)과 그리고 한 가지 갈증(그렇다면 진정으로 고유한 '나'의 정체성은 어디에서 찾을 수 있는가)에 대해 그 나름의 대답을 준비할 수 있게 된다. 이 실재와 욕망의 틈을 끈질기게 추구해 들어가는 끝에서, 천재 시인 이상의 삶을 소재로 허구와 진실의 경계를 넘나들면서 고도의 지적인 퍼즐게임을 만들어낸 장편 『꿈빠이, 이상』(문학동네, 2001)이 씌어질 수 있었던 것이다. 이 소설의 근거를 이루고 있는 이상의 작품들에 대한 면밀한 검토, 그의 전기적 사실에 대한 실증적 고찰, 그리고 기존의 이상 연구에 대한 폭넓은 섭렵 등에서 그의 서지학자로서의 면모는 유감 없이 발휘되고 있다. 그렇다고 이 소설이 이상의 삶에 대한 하나의 주석에 그치고 있는 것은 아니다. 소설 속에서 작가는 등장인물의 목소리를 빌려, "운명은 마지막 순간에 이르러서야 자신의 진짜 얼굴을 보여줄 뿐이다. 운명은 논리적으로 인간의 의지에 맞서지 않는다. 다만 마지막 한순간에 모든 것을 보여준다. 씨앗이며 고목을, 꽃이며 과실을, 새순이며 낙엽을, 탄생이며 죽음을. 그 속에 인간의 보잘것없는 의지까지 포함돼 있음은 물론이다"라고 말함으로써 진실과 허구의 경계를 인간의 운명이라는 보편적 지평에 설정하고 있다. 이 순간 이른바 진실이라는 것은 인간의 운명과 그것에 맞서는 의지 속에 투영된 일종의 허구임이 드러나게 되며, 반면 허구로서의 문학은 진실에 도달하고자 하는 인간적 시도의 한 방식으로 자리잡게 된다. 그 진실과 허구의 기로에서 정체성의 위기 속에 놓인 인간의 몸부림은 운명의 표정을 짓고 있다는 것, 이는 이상에 대한 서술과는 별도로, 그를 통해 작가가 제시하고자 하는 주제일 것이다. 이 지점을 경과하면서 어느덧 그의 글쓰기에는 자신감과 여유의 표정이 담기기 시작한다.

수사학자. 이 젊은 서지학자가 글쓰기의 도정에서 터득한 진실 하나는, 그것이 험난한 일이기는 하나 그럼에도 불구하고 얼마든지 새로운 것에 대한 추구가 가능하다는 것이었다. 수사학에 근거한 스타일의 발견이 그 계기로 가로놓여 있다. 그와 같은 방법론을 통해 성장담의 변주인 『내가 아직 아이였을 때』(문학동네, 2002)와 연애담의 변주인 『사랑이라니, 선영아』(작가정신, 2003)가 씌어졌다. 이처럼 김연수 식의 수사학은 성장담과 연애담이라는 가장 흔한 소설적 모티프에 도전하여 그것을 그만의 스타일로 재구성된 새로운 판본으로 바꿔내는 힘으로 작용하고 있다. 어린 시절의 풍경과 그 풍경 속 인물들의 일상이 작가 특유의 날렵한 문체로 그려져 있는 『내가 아직 아이였을 때』에서 김연수는 "서른이 넘어가면 누구나 그때까지도 자기 안에 남아 있는 불빛이란 도대체 어떤 것들인지 들여다보게 마련이고 어디서 그런 불빛이 자기 안으로 들어오게 되었는지 궁금해질 수밖에 없다"고 적고 있다. 말하자면 삶의 한 과정에서 마주하게 되는 '자기 안에 남은 불빛' 확인하기의 욕구는 이 소설집을 떠받치고 있는 근원적인 의식이다. 이 자기 확인의 욕구는 누구나 삶의 과정에서 도달하는 한 지점에 대응된다는 점에서 주관적인 고백의 차원에 머무르지 않는 보편성을 획득하고 있다. 89학번 영문과 대학동기 진우, 광수, 선영의 삼각관계가 서사의 구조를 이루고 있는 『사랑이라니, 선영아』는 인물들을 통한 간접화된 형식의 서사를 독자들에게 제시하는 한편, 서술자의 담론을 통해 독자와 직접적으로 소통하는 방식을 병행하여 취하고 있다. 그럼에도 불구하고 서술자의 직접적인 담론이 작가의 그것으로 환원되지 않는 것은 문헌 자료들이 담론의 주관성을 견제하고 있기 때문이다. 요컨대 이 소설에서의 서사와 담론, 그리고 문헌의 균형감은 서사의 비대와 관념 편향성을 동시에 벗어나게끔 해주는 근거라고 할 수 있는 것이다. 철저하게 탈낭만화된 방식으로 사랑을 이야기하는 이 소설 고유의 스타일이 발휘될 수 있는 근거 또한 이곳에서 찾을 수 있다. 이 시기를 거치면서 김연수는 전통적인 서사를 해체하는 데 주력했던 전작들의 실험성을 지양하면서 객관적으로 소통 가능한 서사적 맥락을 도입할 수 있게 되기에 이른다.

역사가. 최근의 소설들을 통해 김연수는 새로운 이미지 하나를 더 추가하고 있다. 「이렇게 한낮 속에 서 있다」(『21세기 문학』, 2002년 겨울호), 「'남원고사'에 관한 세 개의 이야기와 한 개의 주석」(『문학판』, 2003년 여름호), 「그건 새였을까, 네즈미」(『문학사상』, 2003년 5월호), 「쉽게 끝날 것 같지 않은, 농담」(『문학과사회』, 2003년 가을호), 「연애인 것을 깨닫자마자」(『한국문학』, 2003년 겨울호), 「거짓된 마음의 역사」(『창작과비평』, 2003년 겨울호), 「이등박문을 쏘지 못하다」(『문학동네』, 2004년 봄호), 「부넝쒀」(『현대문학』, 2004년 5월호) 등의 단편들과 1930년대 만주를 배경으로 이른바 민생단 사건을 정면으로 다루고 있는 야심찬 장편 『밤은 노래한다』(『파라21』, 2004년 봄호~겨울호)에서 김연수는 '역사'라는 관념의 허구성을 문제 삼으며 새로운 문제의식의 영역으로 이행하고 있다. "인간에게는 모두 그런 어두운 구멍이 있는 법이다. 그 어두운 구멍은 이해의 문제가 아니다. 그냥 구멍인 것이다. 그 어두운 구멍 속에서는 서로를 속이는 것도, 속는 것도 없다"고 소설 속의 인물은 김연수를 대신하여 말하고 있다. 김연수에게 역사는 사건의 연대기가 아니라, 관념 바깥에 존재하는 구체적이고 현실적 운동이다. 그러하기에 김연수 식 역사소설은 작중인물들이 사로잡혀 있던 관념으로부터 벗어나게 되는 과정을 보여주거나 혹은 관념 바깥의 공백과 어둠을 상징적으로 표상하는 방향을 취하고 있다. 이렇게 본다면, 김연수의 최근 소설들에 나타나고 있는 역사 비판의 다양한 변주는 역사성으로부터의 탈피가 아니라 관념으로서의 역사성이 은폐하고 있는 새로운 역사의 드러냄이라 할 수 있다.

모험가. 김연수는 여전히 독학자이며 서지학자이다. 또한 여전히 수사학자이며 역사가이기도 하다. 그리고 앞으로도 그가 계속 소설을 써나가는 한 그에게는 새로운 직함들이 더 추가될 것이다. 그에게 소설 쓰기는 언제나 매번 모든 판돈을 다 걸고 새로운 승부를 펼치는 일종의 도박과도 같은 모험을 의미하기 때문이다. 이 모험가의 거침없는 행진에서 우리는 한국 소설의 미래를 앞당겨 현재진행형으로 체험하고 있는 중이다.

# '노는 인간'의 삶, 무위(無爲)의 삶
## - 구경미론

### 1. 놀지 않는 세계 속의 '노는 인간'들

구경미 소설의 등장인물들을 집합적으로 지칭할 수 있는 단어가 있다면, 그것은 아마도 '노는 인간'일 것이다. 가령 「노는 인간」에서 후배가 진술하고 있는 소설가 '나'의 하루일과는 "고작 몇 시간씩 오락하고 글 조금 쓰고 다시 오락하고 심심하면 책 읽"는 것으로 요약된다. "친구도 안 만나고 운동도 안 하고 청소도 안 하고 12평짜리 집 안이 행동반경의 다"인 것이 곧 '나'의 생활이다. 한편 「봉덕동 블루스」에서 경리팀 직원인 '나'와 굴 속 같은 다세대 전셋집에서 하루종일 뒹구는 동거녀가 나누는 대화는 다음과 같다.

> 하루종일 집에 있으면 안 답답해? 밖이 더 답답하지. 도대체 집에서 뭘 하는데? 책도 읽고 잠도 자고 생각도 하고. 무슨 생각? 이러저런. 언제까지 이렇게 살 건데? 모르지. 지금 삶에 만족해? 대체로.

위의 대화에서 드러나듯, 「봉덕동 블루스」에서의 동거녀의 생활방식 또한 「노는 인간」에서의 '나'의 그것과 별반 달라 보이지 않는다. 그런가 하면 「동백여관에 들다」에서 남자친구는 '나'에게 결별을 선언하면서 "데카당스적인 네 생활이 싫어. 너에게 친구가 없는 것도"라는 이유를 대고 있는데 이로 보면 이 소설의 화자 또한 앞의 인물들과 동류에 속한다고 볼 수 있다. 「하품」에서 '하품소녀'라는 별명의 '그녀', "자다 지치면 무목적성의 산책을 했고 산책에서 돌아오면 다시 잤다"고 태연스레 말하는 「그리고 싱가포르」에서의 '나', 자기만의 의식 속에 스스로를 유폐시킨 「광대버섯을 먹어라」의 '나', 세상으로부터 스스로를 소외시키고 자신의 흔적마저 지워버린 「Sweet Town」의 '그녀' 등등, 구경미 소설 속의 등장인물들은 권태와 무기력의 유전자를 공유하는 친족관계를 형성하고 있는 듯 보인다.

그들은 왜 그렇게 살고 있는가. 그들이 진정으로 원하는 것은 무엇인가. 작가는 왜 이런 인물들만을 등장시키고 있는가. 구경미의 소설을 읽어가다 보면 이러한 물음들을 지나치기 어렵다.

## 2. 방황하는 인간

구경미 소설의 인물들이 처음부터 무기력과 권태 속에 빠져 있었던 것은 아니다. 출발의 지점에서 그들은 자신이 무의미한 세계 속에 던져져 있다는 사실을 알고 있으면서도 거기에서 어떤 의미를 찾아보려는 몸부림을 보여주고 있었다. 등단 초기 구경미 소설 속의 인물들이 고교생 혹은 대학 신입생의 감수성을 갖고 있다는 사실 또한 현실에 대한 그와 같은 태도와 관련된다. 구경미 소설은 그 열정, 충동이 잦아든 지점에서 본격적으로 시작된다.

등단작이기도 한 「동백여관에 들다」는 이 같은 출발의 표정을 뚜렷하게 보여주고 있다. 아침 9시에 이곳 동백여관에 든 '나'는 밤 10시 30분이 되어서야 눈을 뜬다. 이 순간부터 꿈과 몽상, 기억과 허구가 서로 몸을 섞으며 의식(이야기)의 음울한 향연이 펼쳐진다. 문 밖에서 들리는 발소리에 여관주인을 상상하는 순간 '나'는 여관주인에 대해 수다를 떠는 맞은 편 공장 직공들 틈에 낀 공장 직원이 되었다가, 눈내리는 토요일 오후 여관주인과 아이들의 눈싸움 장면을 상상하는 순간에는 학습지 따위를 잔뜩 안고 그 장면을 바라보는 방문학습지 교사가 되기도 한다. 아침에 방을 안내한 소년을 떠올리는 순간 '나'는 남자친구가 결별을 선언하고 떠난 후 락카페에서 술을 마시다가 그날 밤 처음 만난 남자와 여관에 들었다는 상상 혹은 기억을 떠올린다. 그 순간의 '나'는 남자친구와의 섹스를 소설로 옮기는, 혹은 소설을 위해 새로운 섹스를 실천했던 삼류 연애소설 작가가 되어 있다. "락카페에서 만난 남자는, 조명이 어두운데다 취한 상태였고 버스와 지하철의 북새통에 시달리느라 제대로 얼굴조차 본 적이 없는 남자는, 그래, 전날 헤어진 남자친구와 놀랍도록 닮아 있었다"는 대목 또한 이러한 맥락에서 이해할 수 있다. 헤어진 남자친구와 락카페에서 만난 남자는 공상 속에서 분열된 '나'들에 대응되는 환상들이기 때문이다. 그렇기 때문에 그들 둘은 놀랍도록 닮아 있었던 것이다. 요컨대 '나'는 의식에 떠오르는 환상들을 따라가며 머릿속 소설을 쓰고 있는 셈이다. 그리고 이 머릿속 소설이 씌어지기 위해 몸은 마치 없는 듯 꼼짝도 하지 못하는 상태가 되어야 했고 '나'가 걸어온 개인의 역사는 희미하게 지워져야 했던 것이다. 현실을 모두 저당 잡힌 이 무기력한 고립의 지점에서 비로소 의식은 일상을 벗어나 몽상의 세계로 진입할 수 있었던 것이다.

> 슈마가 다가왔다. 짖지 않았다. 울지도 않았다. 다가와서는 내 다리를 핥았다. 무슨 뜻일까. 나는 슈마의 머리를 쓰다듬었다. 우는 대신 슈마는 입을 벌렸다. 그러자 슈마의 입은 어둡고 커다란 동굴이 되었다. 그러자 슈마는 없고 동굴만 남았다. 무슨 뜻일까. 축축하지만 아늑해 보였다. 동굴은 점점 싸구려 놓이 있던 방을 닮아갔다. 따뜻해 보였다. 기댈 수 있을 것 같았다. 방도 아니고 동굴도 아닌 곳, 나는 허물을 벗고 그곳으로 들어갔다. 눈을 감았다.

몽상의 반대편에는 차가운 공포의 현실이 가로놓여 있다. 위에서 보듯 몽상의 시뮬라크르들이라고 할 수 있을 법한 슈마의 입, 동굴, 싸구려 놓이 있던 방 등이 기댈 수 있을 것 같은 따뜻한 공간으로 느껴지는 것은 바로 그 때문이다. 이 순간 '나'는 현실의 허물을 벗고 몽상 속으로 들어간다. 이 (발생텍스트로서의) 몽상은 (현상텍스트로서의) 소설이 발생하는 근원적인 장소라고 할 수 있을 것이다.

현실에 거처를 마련하지 못한 채 몽상 속을 방황하는 의식의 이력은 문제아 고교생 문희의 삶을 증언하는 형식의 「문희」(『현대문학』, 1999년 4월호)와 대학 신입생의 위악적인 유희를 그리고 있는 「채널7: 권태로운 척」(『현대문학』, 2001년 12월호)에서 확인할 수 있다. 부장의 면상을 후려치고 회사를 뛰쳐나간 Y와 그를 따라나선 '나' 두 사람의 잠정적 일탈을 모티프로 삼고 있는 「코탱의 골목」 또한 방황하는 의식이 그려내고 있는 이 궤적의 연장선상에 놓여 있다고 할 수 있을 듯하다.

> "난 도무지, 도대체 의욕이라곤 없어. 말도 그래. 그러니 말시키지 마."
> "그럴 거라고 생각했지만 상태가 심하구나."
> Y가 말했다. 그리고 덧붙여 물었다.
> "도대체 의욕이라곤 없으면서 여기까진 왜 따라왔니?"
> "나도 놀라고 있어. 내가 스스로 내 몸을 움직인 첫 번째 사건으로 기록될 거야."
> "그래? 그럼 우리 페인트칠이나 마저 할까?"

'나'와 Y는 고속버스를 타고 내려온 한적한 지방 소도시의 여관에서 현실과 단절된 하루를 보낸다. 알고 보니 초등학교 동창 사이인 '나'와 Y, 이 두 사람의 대화에서는 현실의 때가 묻어나지 않는다. 현실과의 이 잠정적 단절의 순간 비로소 지저분한 여관 건물 외벽은 하얀 캔버스로 바뀐다. 그렇다면 「코탱의 골목」에서 '나'와 Y가 그 벽에 페인트를 칠하는 여관은 「동백여관에 들다」에서의 바로 그 '동백여관'일 것이다.

소설 제목인 '코탱의 골목'은 모리스 위트릴로(1883~1955)의 그림 제목에서 따온 것이다. 음주와 난행으로 점철되었던 젊은 시절 모리스 위트릴로는 어느 때보다도 독자적이고 인상적인 작품들을 남겼다. 유난히 흰 색을 많이 사용했던 이 시기의 대표적 작품이 곧 「코탱의 골목」이다. 이 쓸쓸하면서도 단순, 소박한 그림 속 풍경에 소설 속에서의 '나'와 Y의 의식이 대응된다고 할 수 있을 것이다.

이처럼 「동백여관에 들다」, 「코탱의 골목」 등에서 무기력, 권태는 현실에 대한 적극적 의지가 남기는 어떤 그림자 같은 것이라고, 무의미는 의미에 대한 추구가 끝내 이루어지지 않는다는 것을 비로소 발견하는 순간의 순진한 비애같은 것이라고 고쳐 말할 수 있다. 이처럼 구경미의 초기 소설에 등장하는 '방황하는 인간'들의 행적은 하나의 발생적 맥락을 이루며 어떤 의식이 밟아온 전사(前史)를 구성하고 있거니와, 그것은 곧 '노는 인간'이 존재하기까지의 삶의 내력을 증언하고 있는 것이기도 하다.

## 3. 회의하는 인간

이 순진한 비애의 감정은 시간이 지남에 따라 희미해지기 마련이지만 그렇다고 완전히 사라지지는 않는다. 잠재되어 있던 그것은 어느 순간 삶의 표면으로 분출하여 때로 우리를 더욱 근원적인 혼란 속으로 몰아넣기도 한다. 이 순간 한때 방황했다가 일상으로 되돌아왔던 인간은 자신과 자신을 둘러싸고 있는 세계 전부를 회의하는 존재가 되기에 이른다.

> 그녀는, 나는 도대체 왜 살고 있는 걸까, 라고 마흔세 번쯤 생각했다. 아무리 생각해도 살아야 할 이유가 없었다. 그렇다고 살지 않아야 할 이유도 없었다. 어느 날 문득, 딱히 살아야 할 이유가 없는데도 살아가는 자신을 발견했고, 그러고 나자 사는 목적, 의미, 가치, 기타 등등 삶에 있어 꼭 필요할 성싶은 아무런 명분이 없다는 것을 덩달아 깨달아버렸다. 그 증거로 그녀는 최근 몇 년 동안 삶의 명분이 되어줄 만큼 기쁨도 슬픔도 분노도 느끼지 못했다는 것을 역시 동시다발적으로 깨달았다. 깨달음은 한순간, 그리고

한꺼번에 오는 것이다. 가끔 우울하다는 생각은 했다. 더 가끔 무엇에 대한 투덜거림인지도 모르면서 참 시시하다는 생각은 했다. 그러나 그뿐이었다. 우울하다는 생각은 기표화되지 않았다. 시시함 역시 삶에의 천착으로 나아가는 능동적 혹은 파괴적 힘으로 발전하지 않았다.

31세 독신 여성의 삶에 대한 회의의 의식이 「초지일관 그녀는」의 서두인 위의 인용에서 선명하게 드러나 있다. 이러한 의식이 '그녀'로 하여금 '나는 도대체 왜 살고 있을까'라고 마흔 세 번쯤 생각하게 만들었고, '남들은 그럼 왜 살고 있을까'를 확인하기 위해 만화 『엘리트 건달』이나 고전소설 『춘향전』, 『흥부전』, 『심청전』 등의 주인공들의 삶을 회의하도록 이끌었으며, 그 대상을 화석화되어버린 문자 속 인물이 아닌 살아 있는 인물로 전환시켜 불행하면서도 살아 있는 인물의 표본인 아버지를 찾아 십 년만에 고향으로 돌아오도록 했던 것이다. 그러나 '그녀'는 평생을 한량으로 살다가 재혼한 여자에게 이혼 당하고 가족들로부터도 버림받은 존재인 아버지나 결혼에 실패하고 친정에 돌아와 있는 후배 선미, 그리고 초등학교 동창인 혁 등에게서도 삶의 의미를 끝내 발견하지 못한다. '그녀'가 세상을 향해 던졌던 물음은 애초부터 결론을 얻을 수 없는 것이었기 때문이다. 결국 낡은 노트를 여전히 펼쳐둔 채 그녀는 죽음을 맞이한다. 이 죽음은 상징적이라 할 것이다. 회의하는 순간 삶의 현실에서 벗어나 의식 내부에 고립되지만, 그럼에도 불구하고 철저한 초지일관의 회의만이 삶의 의미를 추구하도록 만드는 동력이기 때문이다. 회의의 의식과 삶의 현실 사이에 놓인 이 거리를 인간은 전유할 수 없다. '그녀'의 회의가 끝내 죽음에 이르게 되는 것 또한 이 때문이다. 그것은 또한 그만큼 '그녀'의 회의가 '초지일관'의 순수한 것임을 의미하는 것이기도 하다.

「광대버섯을 먹어라」에서 우리는 또 한 사람의 '회의하는 인간'을 만나게 된다.

"그런데 말입니다. 어느 부족이든 꼭 하나씩은 회의하는 인간이 있기 마련이란 말입니다. 모든 부족원이 한결같을 순 없단 말이죠. 이 촐 족도 예외는 아니었어요. 칸이라는 청년이 그랬으니까요. 칸은 어릴 때부터 아버지의 말을 믿지 않았어요. 아니 믿고 싶었죠. 믿고 싶었지만 자꾸 의문이 생기더란 말입니다. 왜 그럴까. 어떻게 그럴 수 있지 따위들. 하지만 칸은 그런 의문을 누구에게도 말하지 않았어요. 말하지 못했다고 하는 게 정확하겠군요. 부족의 신화를 믿지 않는 부족원은 필요 없으니까 말입니다. 의문을 발설하는 순간 곧 부족으로부터 추방되었을 테니까 말입니다. 칸은 그게 두려웠던 거죠."

촐 족의 광대버섯 의식은 환각 성분이 들어 있는 빨간색 광대버섯을 먹고 부족의 신화나 전설을 환각 속에서 확인하며 부족의 일원으로서의 일체감과 책임감을 갖기 위한 제도적인 장치이다. 이 의식을 통해 구성원들은 집단 환상을 공유하게 되는 것이다. 이 환상에 대한 회의는 부족으로부터의 추방을 의미한다. 칸의 회의하는 의식은 그를 집단 환상이냐 혹은 부족으로부터의 추방이냐의 선택 앞에까지 이끌고 온다. 이 운명 앞에서 칸의 선택은 어떠했던가. 칸의 선택은 바로 환각에서 깨어나지 않는 것이었다. 곧 "추방도 사랑도 비루함도 모두 잊고 망각의 세계에 머무는" 것이 칸의 선택이었다. 칸은 집단 환상을 개인 환상으로 대체한 것이다. 이는 이 소설에서 자폐의 삶을 선택한 '나'의 방식을 암시하는 것이기도 하다. 말하자면 구경미 소설의 주인공들이 공유하는 권태 혹은 무기력은 집단 환상에 이의를 제기하는 방식의 일종인 셈이다.

이 같은 회의의 방식이 「Sweet Town」에서는 독특한 방식으로 변주되어 드러나 있다. 그것은 이 소설이 카스타네다의 『돈 후앙의 가르침』에 바탕을 둔 메타 소설 형식을 취하고 있다는 사실과 관련된다. 페루 출신의 문화인류학자 카스타네다(1925~1998)가 멕시코 야키족의 인디언 주술사 돈 후앙을 만나 그로부터 받은 가르침을 기록한 것이 그의 글들이거니와, 『돈 후앙의 가르침(The Teachings of Don Juan: A Yaqui Way of Knowledge)』

(1968), 『분리된 실재(A Separate Reality: Further Conversation with Don Juan』(1971), 『익스트란으로의 여행(Journey to Ixtlan: The Lessons of Don Juan』(1972) 등의 그의 책들은 히피로 대변되는 반전, 반문명의 시대적 풍조 속의 당시 미국인들에게 큰 반향을 불러일으켰던 것으로 알려져 있다. 「Sweet Town」에 등장하는 돈 제나로와 그의 손녀 카탈리나는 카스타네다의 글에서는 각각 돈 후앙의 동료와 카스타네다의 숙명적 파트너로 등장하지만 소설 속에서는 돈 제나로의 경우 돈 후앙의 손자로, 카탈리나는 돈 제나로의 손녀로 변형되어 있다.

「Sweet Town」은 '나'가 사라진 '그녀'(지선)를 찾기 위해 미국의 LA를, 그리고 거기에서 다시 인디언 마을을 방문하는 여로 형식의 소설이다. '그녀'는 처음에는 산업디자인을 전공하다가 교통사고로 인한 동급생의 죽음과 학교 주변의 판자촌을 경험하고 도시공학으로 전공을 바꿨다. 그리고 대학원을 마치고 UCLA(카스타네다가 공부를 했던 곳이기도 하다)로 떠났다. '그녀'가 살던 아파트에는 성냥개비 도시 '주디스 타운'을 세우는 주디라는 이름의 유학생만이 살고 있을 뿐 '그녀'의 흔적은 남아 있지 않다. 다만 '나'는 '그녀'가 떠나기 전에 읽은 책이 『돈 후앙의 가르침』이라는 사실만을 확인한다.

> 아래서부터 오르막길을 걷다보면 집집마다 텔레비전 소리가 커다랗게 들렸어요. 여덟 시 몇 분에 시작하는 연속극이었죠. 그런데 그 연속극 소리가 집으로 가는 내내 끊어지지 않고 들리는 거예요. 마치 내가 안방에 앉아 그 연속극을 보고 있는 것처럼. 그러다 집에 도착해 방문을 열면 예외 없이 그 연속극에 채널이 맞춰져 있죠. 동생이거나 엄마거나 또는 오빠가 텔레비전 앞에 붙어앉아 있고. 그러니까 모두들 똑같은 프로그램을 보고 있었던 거예요. 항상 그 시간에 집으로 갔던 나는 그 연속극을 보지 않아도 내용을 다 알 수 있었어요. 동생이나 엄마나 오빠는 집으로 돌아오자마자 이유 없이 화내는 나를 이해하지 못했어요. 이해받고 싶지도 않았지만. 주디스 타운엔 같은 모양의 집이 한 채도 없어요.

주디가 성냥개비로 가상의 도시를 건설하는 이유가 위의 인용에 드러나 있다. 같은 모양의 집이 한 채도 없는 주디스 타운과 달리 획일성에 의해 장악된 곳이 곧 문명의 현실이기 때문이다. '그녀'가 '현재의 삶을 포기하고 길의 삶을 택한' 이유 또한 그와 관련이 있을 것이다. 카스타네다가 전하는 돈 후앙의 가르침의 요지는 전사로서의 삶, 사냥꾼으로서의 삶이다. 그것은 패턴화된 틀에 박힌 삶을 살고 있기에 예측 가능한 행로를 노출하고 있는 사냥감의 삶의 방식과는 전면적으로 대비되는 것이다. 그렇다면 사냥꾼은 접근하기 어려운 존재가 되지 않을 수 없는 것이다. '그녀'의 실종 또한 이 같은 삶의 방식과 관련되어 있을 것으로 추측해볼 수 있다. 그리고 거기에는 문명적 현실과 그곳에서의 삶에 대한 회의가 가로놓여 있을 것이다.

「초지일관 그녀는」에서의 '그녀'의 죽음, 「광대버섯을 먹어라」에서 환각에서 깨어나기를 거부한 칸과 '나'의 자폐, 「Sweet Town」에서의 '그녀'의 실종 등은 표면상으로는 현실에 의한 좌절의 양상들로 보이지만 그 심층에는 현실을 거부하는 적극적인 삶의 의지가 작동하고 있다고 할 수 있을 것이다.

## 4. 노는 인간

이렇게 보아 온다면 구경미 소설에 등장하는 '노는 인간'이 결코 낙오자나 패배자가 아님을 알 수 있다. 그들의 권태와 무기력은 그들이 진정 원하는 것이 현실에 존재하지 않는다는 사실을 말하는 어법의 일종이기 때문이다. 그것을 통해 그들은 집단의 규범이나 도덕으로 형상화된 공동의 선(善)에 이의를 제기하고 있는 것이다.

서두에서 제시한 대로 「노는 인간」에서 소설가인 '나'의 생활은 겉으로 보면 백수의 삶과 별 차이가 없다. 하지만 「노는 인간」에서 실제로 '나'의 하루는 이런저런 상념과 소설 쓰기에 대한 생각으로 가득 차 있다. 가령 집을 나선 '나'는 세탁소 앞의 소파에 앉아 그곳에 누워 있던 노파와의 대화를, 더 나아가 그의 삶의 내력을 상상한다. 그 상상이 뻗어나간 어느 지점에서 '나'는 '이건 너무 심한 걸, 지독한 상투성이야' 하고 중얼거리며 상상에서 깨어난다. 이처럼 '나'의 동네 산책은 수차례 썼다가 지우기를 반복하는 머릿속 소설 쓰기를 위한 산책이다. 그 행로에서 '나'는 사람들을 만나기도 하고 그들 삶의 이면에 쓸데없는 관심을 갖기도 한다. 이러한 상상과 관심은 일상적(생산적) 시선에서는 포착되기 어려운 것들이다. 요컨대 '놀지 않는 인간'은 이러한 잉여의 영역을 바라볼 수 없다. 이처럼 '노는 인간'의 존재 이유는 그렇지 않은 시선으로는 바라볼 수 없는 것들을 바라볼 수 있다는 점에 있으며, 그러한 시선은 곧 소설적 시선이기도 하다. 이러한 과정이 없었다면 "입에 착 붙지 못하고 눈 안의 모래처럼 따갑고 거슬"리는 일주일 동안 '나'가 쓴 3쪽 다섯 줄의 소설이나마 씌어지기 어려웠을 것이다. 아니, 소설을 쓴다는 생각조차 하지 않았을 것이다.

이 잉여의 영역은 '나'의 의식 속에 고립된 세계이다. '나'의 산책을 지탱하고 있는 것이 바로 그와 같은 의식이기에 '나'는 산책의 경로에서 만나는 사람들과 어울리지 못하고 오히려 경계의 따가운 눈총을 받는다. 놀되 더불어 노는 것이 아니라 '적절한 거리 두기'의 원칙을 유지하며 철저하게 혼자 노는 것이다. 그런 의미에서 이 경우 '놀기'는 유희나 향락, 혹은 레저와 같은 적극적인 행위의 개념이 아니다. 그것은 '하지 않기', 그러니까 '무위'에 가까운 것이다. 당연히 행위의 세계 속에 '노는 인간'이 머무를 수 있는 장소는 별로 없다. 슈퍼와 비디오가게에서도, 그리고 호프집에서도 내몰린 '나'가 끝내 이른 곳은 길거리의 벤치이다.

> 벤치에 앉아 있으면 갖가지 소음이 다 들렸다. 자동차 소리부터 취객의 고함 소리, 싸우는 소리, 흐느끼는 소리, 뭔가가 떨어져 부숴지는 소리와 쇠를 가는 기계음까지. 가만히 앉아 있어도 전혀 무료하지 않았다. 그 소리들이 심심하지 않게 해주었다. 나는 두 번째 캔맥주를 따서 마셨다. 햇빛이 없다는 것이 조금 아쉬웠다. 그리하여 절망은 어디론가 사라지고 평화만이 존재했다. 핸드폰은 울리지 않았다. 나는 세 번째 캔맥주를 따서 마셨다. K

를 생각했다. 후배는 K를 M으로 바꾸라고 했다. 나는 M도 생각했다. 그런 다음 K가 M이 될 수 있는가에 대해 생각했다. 결론은 없다, 였다. 그래서 또 나는 왜 K가 M이 될 수 없는가에 대해 생각했다. 아무리 생각해도 K가 M이 되지 말아야 할 이유는 없었다. 나는 네 번째 캔맥주를 따서 마셨다. 이번에는 생각의 처음으로 돌아가 K가 진정 M이 될 수 없는가에 대해 생각했다. 결론은 있다, 였다. 그래서 또 나는 왜 K가 M이 될 수 있는가에 대해 생각했다. 그랬더니 아무리 생각해도 K가 꼭 M이 되어야 할 필연적인 이유는 없었다. 나는 다섯 번째 캔맥주를 따서 마셨다. 그리고 K와 M에 대해, 세상의 모든 인간들에 대해 생각했다. 내가 여섯 번째 캔맥주를 딸 때 환하게 불 밝힌 텅 빈 시내버스가 빠앙, 하고 지나갔다. 맥주가 넘쳐 손등을 적셨다. 햇빛이 없다는 것이 조금 아쉬웠다. 그뿐이었다.

행위의 세계에서는 흥미로운 것과 무료한 것이 구분되지만 무위의 세계에서는 그렇지 않다. 행위의 세계에는 필연적인 이유가 있지만 무위의 세계에는 그러한 것이 없다. 한 방향만이 긍정될 때 결론은 분명히 있거나 혹은 반드시 없다. 하지만 두 방향이 모두 열려 있을 때 결론은 있기도 하고, 없기도 하다. 무의미가 부정되어 의미의 차원으로 지양되는 것이 아니라 그 자체로 긍정되는 세계, 그것은 관습과 규범에 의해 구획되지 않은, 그 구획선의 홈에 고이지 않고 그 위를 미끄러져 다니는 의식의 세계이기도 하다. '노는 인간'이 존재이유를 갖는 곳은 바로 그러한 세계이다.

「봉덕동 블루스」에서는 '노는 인간'의 삶의 방식이 상대화되어 있다. 말하자면 여기에서는 '노는 인간'의 삶의 방식이 놀지 않는 세계에 대비되어 드러나고 있다. 「노는 인간」이 회사원인 남자 후배와 동거하는 소설가 '나', 곧 '노는 인간'의 시점으로 되어 있었다면, 「봉덕동 블루스」는 '노는 인간'인 동거녀와 함께 살고 있는 회사원 '그'의 시점으로 그려지고 있어 대칭을 이루고 있다.

회사 경리팀 직원인 '그'는 한 달 내내 야근을 하며 결산보고를 끝내고 동료들과 함께 경리팀장의 집을 찾는다. 팀장이 봉덕동의 자신의 집에서 한턱

내기로 했던 것이다. 거기에서 '그'는 팀장의 산뜻한 이층짜리 주택, 예쁘고 부지런한 아내와 찹쌀 지우개 같은 두 아이들을 접하게 된다. 그리고 그와 동시에 자신의 굴 속 같은 다세대 전셋집과 그곳에서 하루종일 뒹구는 동거녀를, 그녀의 초점 없는 눈동자와 무기력한 생활을 떠올린다.

> 동거녀는, 직장을 그만둔 후 다시 구할 노력도 하지 않고 굴속 같은 그의 다세대 전셋집에서 두더지처럼 웅크리고 살았다. 아무것도 하지 않으며 최소한의 양만 먹고 최소한의 몸만 움직였다. 가령 화장실에 간다거나 기지개를 켜기 위해 팔다리를 뻗는 정도. 책을 읽을 때도 침대에 드러누운 채 허리가 배길 때마다 이쪽 저쪽 한번씩 몸을 굴려주는 게 다였다. 더러 눈동자를 빛내며 백지 위에 계획 같은 것들을 잔뜩 적기도 했지만 그때뿐이었다. 다음 날이면 여전히 늘어지게 자고 난 얼굴로 퇴근하는 그를 맞았다.
>
> 그동안 왜 행복하지 않았는지 그는 그제야 알 것 같았다. 동거녀 때문이었다. 행복하지 않았다고 해서 불행했던 것도 아니지만, 이제 그는 행복해지고 싶었으므로 행복하지도 불행하지도 않았던 그동안의 삶이 불행하게 여겨졌다.

위의 인용에서 확인할 수 있듯이, 「봉덕동 블루스」에서의 '그'의 동거녀는 앞에서 거론한 구경미 소설의 등장인물들의 계보에 이어져 있다. 그들처럼 이 소설에서의 동거녀 또한 빛나는 개인사를 구성하겠다는 의지가 박약하며 외적 세계와의 관계를 구성하고 관리하는 데 무관심하다. 이 같은 동거녀의 삶의 방식이 봉덕동을 다녀온 '그'에게 팀장의 삶의 모습과 대비되면서 답답하게 느껴지게 되기에 이른다. 알고 지낸 지 10년. 같이 살자고 한 것도 '그'였고 부당한 대우를 받는 그녀에게 먼저 회사를 그만 두라고 한 것도 '그'였다. 그러나 팀장 집을 다녀온 이후 '그'의 몸은 다세대 전셋집에 있지만 마음은 이미 봉덕동 주민이 되어버렸다. 마침내 '그'는 그녀에게 결별을 선언하게 되고 본격적인 '블루스'가 이때부터 시작된다.

동거녀와 헤어진 이후, '그'의 삶은 오히려 더 외롭고 피폐해진다. 집은 더 지저분해졌고 함께 먹을 사람이 없기에 밥 한끼 먹는 것도 큰 고역이 되었다. 예상치 못한 복병에 부딪힌 '그'는 계약자의 요구에 따라 파트너 역할을 해주는 '맞춤형 주부'라는 특이한 제도를 이용해보기도 하지만 동거녀의 빈자리는 채워지지 않는다. 동거녀와 헤어지면 손에 쥐어질 듯했던 봉덕동 이층집, 그러나 '그'는 그 삼각형 지붕조차 찾지 못한 채 그곳을 헤매 다닌다. '놀기'는 우리 삶의 불필요한 잉여가 아니라 존재의 필수불가결한 한 축이라는 것, '무위'와 더불어 비로소 '행위'가 의미를 갖는다는 것, 「봉덕동 블루스」는 이러한 우리 삶의 실상을 새삼 일깨우고 있다.

## 5. 놀이하는 인간

「노는 인간」과 「봉덕동 블루스」에서 '노는 인간'의 존재 이유가 놀지 않는 세계와의 대비 속에서 드러나 있었다면, 「하품」, 「그리고 싱가포르」에서는 그러한 비대칭적 대비 구도로부터 유쾌하게 벗어나는 장면을 목도하게 된다. 이 유쾌함은 구경미 소설 속의 인물들이 놀지 않는 세계에 대한 강박으로부터 벗어나면서 마련된 성숙함과 유연함에 근거한다.

「하품」의 서사구조는 「봉덕동 블루스」와 여러 모로 대응된다. 3년 동안 다닌 잡지사를 그만 두고 웹에이전시에서 코더로 일하고 있는 수경은 어느 날 6년간 만나온 남자친구 동우로부터 헤어지자는 말을 듣는다.

> "늘 그런 건 아니잖아. 6년을 만나오면서 그 정도도 이해 못하니?"
>
> "말 잘 했어. 나한테 한 마디 상의도 없이 잡지사 그만둔 거 난 이해할 수 없어. 1, 2년도 아니고 3년이나 다닌 직장을. 너한테 난 뭘까?"
>
> "그땐……, 그럴 수밖에 없었어. 복잡하고 미묘하고 불투명하고 모호한 것들이 난 싫었어. 너한테 말도 꺼내지 못할 정도로. 1, 2년도 아니고 3년이나 다녔으니까, 3년치를 다 설명해야 된다고 생각하면 미리부터 골치가 아팠어. 잘 설명할 자신도 없었고."
>
> "네가 지금 하는 일도 맘에 안 들어. 목적도 목표도 없이 사는 사람 같아.

자포자기한 사람 같다고. 이왕 그쪽 세계에 뛰어들었으면 아트 디렉터 정도 의 꿈은 가지고 있어야 한다고 생각해. 성공하든 못하든."

수경이 잡지사를 그만 두고 코더가 된 것은 서열화된 외적 세계의 가치로 보면 이해하기 어려운 일일 수 있다. 동우에게 수경이 '목적도 목표도 없이 사는 사람'처럼 보이는 이유 또한 이와 관련된다. 밤을 새기 일쑤인 단순노동에 시달리느라 부족한 잠 때문에 '하품소녀'라는 별명을 얻었지만 그녀는 세속적 가치 평가와 무관하게 단순명료하고 깔끔한 코더 일을 즐긴다. 동우의 결별 선언을 듣고 수경은 오히려 자신을 조마조마하게 옥죄고 있던 긴장이 편안하게 풀리는 것을 느낀다. 이 대목에서 구경미 소설은 새로운 전환점을 마련하고 있는 것으로 보인다. 이제 구경미 소설의 인물들은 더 이상 부정적인 세계로부터 자신을 분리시킴으로써 삶의 순결을 유지하는데 몰두하지 않는다. 그러한 방식 또한 어떤 의미에서는 세계의 질서에 종속된 반응일 것이기 때문이다. 그들은 세상의 속도로부터 벗어나 서서히 자기만의 삶의 리듬을 발견하기에 이른다. (윤성희 등의 소설에서도 뚜렷이 드러난 바 있는) 이러한 특징적 양상은 구경미 소설의 인물들에게 부여된 새로운 삶의 방식이자, 그와 더불어 기존의 관습적인 소설 문법으로부터 벗어나기 시작하는 2000년대 한국 소설의 새로운 한 방향을 지시하는 것이기도 하다.

또 어떤 날은 일하는 도중 갑자기 사장이 잠순이라고 놀린 그 순간 웃은 사람들의 얼굴이 떠올랐다. 뒤늦게 분노가 끓었다. 스스로 이상하다 생각하면서도 참을 수가 없었다. 그대로 참는다면 가슴속이 터져버릴 것 같았다. 그리하여 어느 날 새벽 그녀는 사장의 방으로 들어가 의자 다리의 나사 두 개를 살짝 빼놓고 책상 위에는 검은 돼지라고 낙서했다. 웃은 사람들에게도 악의적인 메일을 보내거나 그들의 물건을 슬쩍 하거나 만우절도 아닌데 거짓말해서 그들을 곤란에 빠뜨렸다.

남자친구와의 결별을 계기로 변화하기 시작한 그녀 삶의 한 양상이 위의 인용에 뚜렷하게 드러나 있다. 앞서 '노는 인간'이 세상과 맞서는 무기가 권태와 무기력이었다면, '놀이하는 인간'의 그것은 충동과 위반이라고 할 수 있다. '놀이'는 바른생활과 도덕 교과서 바깥에 존재하는 영역이기 때문이다. 이 새로운 삶의 영역에 접어든 그녀는 잡지사를 그만둔 이후 한 번도 사용하지 않았던 카메라를 다시 꺼내들고 집 밖으로 나간다. 그것은 단순한 사물의 재발견이 아니라 그녀 자신에 대한 새삼스러운 재발견이라고 할 수 있을 것이다. 찰칵, 하고 찰진 셔터 소리가 날 때마다 그녀의 온몸에 전율이 일어나는 것이 그 증거이다.

> 4월의 첫째 날. 그녀는 아침 일찍 일어나 신중하게 옷을 고르고 정성스럽게 화장을 했다. 전날 미리 사다놓은 토스트를 굽고 커피를 끓여 아침을 먹었다. 혼자 살기 시작한 이후로 처음 있는 일이었다. 어쨌든, 뱃속이 든든했다. 일찍 일어났으므로 여느 날보다 일찍 회사에 도착했다. 컴퓨터를 켜서 개인메일과 회사메일을 확인한 다음 답장을 쓰고 두서너 개의 인터넷 신문 사이트에 들어가 헤드라인을 훑었다. 신문은, 하루도 조용한 날이 없었다.

위의 인용에 드러나 있는 수경의 유유자적함은 그녀가 발견하기 시작한 경쾌한 삶의 리듬을 새삼 확인시켜주고 있다. 만우절인 이 날 그녀는 아버지가 위독하다는 거짓말로 휴가를 얻어 월드컵 경기장으로 향한다. 사장과 주위의 동료들 앞에서 그녀는 태연스러운 연기를 펼친다. 그녀에게 세상은 더 이상 억압의 주체가 아니라 놀이의 대상이다.

「하품」이 연애와 직장생활을 배경으로 하고 있다면 「그리고 싱가포르」에서는 그것 못지 않은 제도적 억압이라 할 수 있는 결혼생활이 놀이의 대상으로 설정되어 있다. 잠자기와 걷기에 주로 뛰어난 재능을 발휘하던 '나'가 이번에는 결혼을 매개로 세상과 한 판 대결을 펼친다. 경제불황으로 식구들의 눈치가 매서워지면서 마음껏 자지도 마음껏 걷지도 못하게 되자 '나'는 드디어 집을 떠날 때가 되었다고 생각한다. '나'는 서른네 번째 남자를 서너 번 만난 뒤에 결혼 결정을 내린다. 결혼 후 '나'는 남편의 직장 사정 때문에 대만, 사우디, 태국 등지를 전전한다. 아무도 간섭하는 사람이 없으므로 다시 당당하게 자고 걸을 수 있게 되었다. 시댁, 친정 식구들의 관광 나들이가 이어지지만 그것이 '나'에게는 그다지 큰 정신적 부담이 되지 않는다. '나'의 삶의 리듬은 이미 세상의 속도로부터 벗어나 있기 때문이다.

> 참을 수가 없어. 우리 가족들.
> 가족들이 왜요?
> 당신은 아무렇지도 않아?
> 네.
> 화도 안 나?
> 네.
> 나 원 참. 당신이 더 알 수 없는 사람이군.
> 왜 화를 내야 해요?
> 우리 생활이 없잖아.
> 없긴 왜 없어요, 이게 우리 생활인 걸.
> 그렇게 말하고 나는 냉장고에서 시원한 맥주를 꺼내와 하나는 남편에게 주고 하나는 내가 따서 마셨다. 결혼 전에는 전혀 술을 못했다. 결혼 후 가족들과 어울리다 술을 배웠고 내가 꽤 괜찮은 실력파라는 것을 알았다.

위에서 보듯, '나'는 유연하게 자신에게 주어진 삶의 조건과 어울린다. 하지만 남편의 오해 속에 부부는 외국에서의 삶을 정리하고 서울로 되돌아온다. 시댁 식구들을 중심으로 한 세상과의 접촉이 전면화되는 상황을 이제 피할 수 없게 되었다. 세상의 속도를 맞추지 못하는 '나'와 시댁 식구들과의 갈등이 하나둘씩 일어나기 시작한다. 그러나 이러한 갈등에도 '나'는 여전히 의뭉스럽게 시치미를 떼며 태연하게 자신의 방식을 유지해나간다. 마치 생래적으로 세상의 기준과 요구를 맞출 줄 모른다는 듯이. 이런 '나'를 시댁 식구들이 어떻게 써먹을 수 있겠는가. 그로 인해 확보된 적당한 물리적 거리는 그와 같은 '나'의 삶의 방식이 만들어낸 자연스러운 결과라고 할 수 있을 것이다.

이렇게 본다면 주체의 리듬과 세상의 속도가 적절한 거리를 두고 맞물려 균형을 이루고 있는 이 긴장의 형식 속에서 구경미 소설의 잠정적 도달점을 확인할 수 있다고 말해도 될 듯하다.

## 6. 변화하는 인간

최근의 구경미 소설은 이전까지의 맥락에 이어져 있으면서도 그 진로를 조금 변경하여 새로운 궤도로 진입하고 있는 양상을 보이고 있다. 「형제 이발관」은 그와 같은 새로운 방향을 암시하는 징후로 읽히는데, 이 소설의 등장인물 또한 사고를 계기로 하여 이전과는 다른 삶의 궤도를 밟고 있는 인물이라는 점에서 더욱 그러하다.

> 사고 이후 내 인생이 달라졌다. 나는 열등한 인간이 되었다. 더 이상 벤처기업의 유능한 신입사원이 아니었다. 직업이랄 것도 없는 몇몇 일을 거친 뒤 나는 결국 이발사가 되었다. 내가 할 수 있는 유일한 일이었다. 내 인생은 아마 이발사로 끝날 것이다. 언제까지나 느리고 서툰 이발사로.

「하품」과 「그리고 싱가포르」에서 인물들의 삶의 변화가 자연스러운 반면 부분적인 차원에 머물러 있다면, 「형제 이발관」과 최근작 「새로운 삶」(『현대문학』, 2005년 8월호)에서 주인공의 삶의 변화는 사고를 계기로 한 전면적인 것이라는 점에서 차이를 발견할 수 있다.

「형제 이발관」은 이발소 동업자인 형과 '나', 그리고 '나'의 대학동창 해원의 삼각관계로 이루어져 있다. 사양길에 접어든 이발소의 어려운 운영을 타개하기 위해 형이 생각한 방법은 주류접대 이벤트였다. 하지만 시간이 지나면서 한두 잔 따라주고 마셔주는 수준에서 형이 일어서는 고객의 옷자락을 잡는 것으로 전세가 역전됐다. 고객이 없을 때는 혼자 마셨다. 영락없는 알코올 중독자의 증세이다. 한편 '나'는 한때 벤처기업의 유능한 신입사원이었으나 사고로 1년 넘게 병상 신세를 진 후 지금도 후유증으로 발음이 어눌하고 동작도 굼뜨다. 이발사 자격증을 딸 때도 실기에서 번번이 떨어지곤 했다. '속도' 때문이었다. 겨우 자격증을 땄지만 취직은 되지 않았다. 그러던 중 미용학원에서 만났던 형이 동업을 제의해왔다. 왜 '나'를 택했느냐고 묻자 형은 '느려서'라고 했다. 말하자면 형과 '나'는 세상의 속도와 어긋난 삶의 리듬을 갖고 있는 인물들이다. '나'는 대학동창 해원을 마음속으로 사랑하지만 해원의 마음속에 있는 대상은 '나'가 아니라 형이다.

인물들의 성향을 통해 보면 이들 인물 또한 구경미의 이전 소설들에 등장하는 인물들의 계보에 이어져 있음을 쉽게 확인할 수 있다. 다만 이 소설에서 '나'의 경우 사고로 인해 이전의 삶으로부터 단절되었고 그리하여 어떠한 방식으로든 새로운 삶을 살아가야 하는 처지에 놓여 있다는 점에서 차이를 드러내고 있다. 이 인물을 통해 작가가 담아내고자 하는 새로운 삶의 모습이 어떠한 것인지 아직은 선명하지 않은 듯하다. 다만 형과 해원, 그리고 '나'가 구성하는 삼각관계, 그리고 해원과 형의 관계가 표면화되면서 무너지기 시작하는 균형을 새롭게 재편하는 과정의 긴장을 통해 새로운 변화가 예비되고 있음을 감지할 수 있을 따름이다.

최근작인 「새로운 삶」에서 전직 공무원이었으나 뇌색전증으로 쓰러져 죽다가 살아난 '그'는 이 사건을 통해 비로소 그 동안의 자신의 삶의 틀을 반성할 수 있는 계기를 발견하고 있다. '그'는 휴직을 하고 드럼을 배우러 다닌다. 그리고 거기에서 만난 베이스기타 주자 혜정을 따라 그가 아르바이트 일을 하는 조그만 카페에까지 간다.

> 아직 교통계획과에 다니던 때의 그였다면 이렇게 작아서 그의 내면을 환히 들킬 것 같은 카페에는 들어오지 못했을 것이다. 그는 소심했고 타인과

의 소통을 원하지 않았다. 남들의 눈엔 소심함이 자기관리가 철저한 것으로, 소통을 원하지 않는 것이 성실함으로 비쳐졌을 뿐이다.[1]

서른 여덟 살이 되는 동안 평탄한 삶을 살아왔던 '그'는 자신에게 일어난 이 사고를 삶이 자신에게 말을 걸어오는 신호이며 자신으로 하여금 뭔가를 선택하도록 하는 기회로 받아들인다. '그'는 이제 다음처럼 말한다. "지금까지는 내 삶이 나를 끌고 다녔지만 이제는 내 차례요"[2]라고. 이러한 선언이 보여주듯, 너무 과묵해서 심심한 사람이었던 그, 필요한 말만 하기에도 시간이 빠듯했기에 자신의 얘기를 할 만한 여력이 남아 있지 않던 예전의 그가 이제 앞에 앉은 베이스기타 주자를 상대로 말을 하고 싶어하는 그로 변화해 있다. 그렇기는 하지만 이 소설에서도 역시 아직까지는 '새로운 삶'이라는 모토로서만 제시되어 있을 뿐 그 본격적인 모색은 전개되지 않고 있다. 무르익은 열매만 매달리라는 법은 없을 터, 이 숨고르기가 어떤 새로운 방향을 준비하는 과정이었는지는 이후의 작품들을 통해 확인해야 할 듯하다. 그곳에서 '새로운 삶'의 선언이 구체화되는 장면을, '새로운 삶'을 향한 의욕이 현실화되는 순간을 목격할 수 있게 되기를 기대한다.

---

1) 구경미, 「새로운 삶」, 『현대문학』, 2005년 8월호, 118쪽.
2) 같은 글, 127쪽.

# 포스트잇 글쓰기의 어떤 표정
## - 김애란론

김애란 글쓰기의 특징을 한마디로 말한다면 '포스트잇 글쓰기'라고 할 수 있지 않을까 싶다. 그의 소설에 등장하는 인물들은 불특정의 타인에게 어떤 메시지를 전하고자 할 때(「노크하지 않는 집」), 혹은 크게 소리를 내는 것이 어려운 상황에서의 대화를 위해(「베타별이 자오선을 지나갈 때, 내게」) 포스트잇을 사용하기도 하지만, 결정적으로는 포스트잇에 소설을 쓴다(「종이 물고기」).

원고지도 아니고 컴퓨터 모니터도 아닌 포스트잇에 쓰는 소설은 어떤 것일까. 그것은 원고지에 연필이나 펜으로 쓴 소설과 어떻게 다를까. 그리고 컴퓨터 키보드를 타이핑하여 문서파일로 작성된 소설과는 또 어떻게 다를까. 우선 김애란의 첫 소설집 『달려라, 아비』(창비, 2005)에 실린 여덟 편의 단편들을 중심으로 포스트잇 글쓰기의 몇 가지 표정들을 살펴보면서 김애란 소설이 보여주는 2000년대 문학의 새로운 특징들을 확인해보기로 하자.

## 1. 원고지 글쓰기, 컴퓨터 글쓰기, 포스트잇 글쓰기

원고지 글쓰기 하면 먼저 떠오르는 것은 어떤 심각함이 아닐까. 가령 원고지에 소설을 쓰고 있는 작가를 포착한 상투적이기 짝이 없는 다음과 같은 장면들: 머리를 쥐어뜯는다. 갑자기 생각난 듯 정신없이 적는다. 멈춘다. '이게 아니야' 하고 소리치는 듯 머리를 좌우로 거칠게 흔든다. 신경질을 내며 종이를 구긴다. 집어던진다. 한숨을 쉰다. 이 원고지 위에 우리는 지난 시대 우리 사회의 한가운데 놓여 있던 문제들과 대결하는 심각한 소설들을 써왔다. 그 글들은 공동체 구성원들의 자유를 위해 바쳐진 것이지만, 정작 그 구성원들이 그 글들을 자유로운 마음으로 읽기는 대단히 어려웠던 것이 사실이다.

그런데 포스트잇에는 그 누구도 자유나 정의와 같은 고상한 문제들을 적지 않는다. 다른 글에서 읽은 어떤 한 문장이나 길거리에서 들은 이야기 같은 것들, 혹은 스쳐 지나가는 생각들 따위가 거기에 씌어진다. 그러니 이 방식의 글쓰기는 한 가지 의식을 바닥까지 파헤쳐 들어가 그 깊이를 음미하는 전통적인 방식의 소설과는 다를 수밖에 없다. 거침없이 명랑한 김애란의 소설들을 두고 포스트잇 글쓰기라 부를 수 있는 한 가지 근거가 바로 여기에 있다.

포스트잇 글쓰기는 원고지 글쓰기에 비해 즉흥적이고 직접적이다. 김애란 소설의 문장은 전통적인 소설의 문장들처럼 고상하거나 우아하지는 않다. 가령 "나는 고속버스 안에서 가방을 놓아둔 내 옆자리에 갑자기 누군가 앉았을 때처럼 창밖만 바라봤다"(「나는 편의점에 간다」) 혹은 "카메라가 먼 곳에서 잡은 백두산 천지의 모습은 탈영병을 숨겨준 어머니처럼 침착하고 고요했다"(「사랑의 인사」)는 식의 비유는 전통적인 소설 문법에 익숙한 독자에게는 낯설고 어색하게 느껴질 수도 있다. 김애란 소설에 자주 등장하는 그런 식의 비유는 주관적 연상에 크게 의존하고 있는 것이어서 전통적으로 소설에서 사용해왔던 객관화된 비유와는 차이가 있기 때문이다. 김애란 세대에게 "동네 공원에서 소나무에 대고 배치기를 하는 아저씨나, 손뼉을 치며 걷는 아주머니들을 볼 때마다 내가 괜히 부끄러워지는 것"(「달려라, 아비」)처럼, 그 반대로 기성세대들에게 새로운 세대의 감각과 취향은 우스꽝스럽고 유치한 것으로 비칠 수도 있다. 「스카이 콩콩」에서 '나'가 사소한, 그렇지만 그에게는 절실한 이유로 죽어버리기 위해 '먹지 마시오'라는 문구가 적힌 실리카겔 봉투를 뜯을 때, 기성세대의 독자들은 사실 민망함을 견디기 어려울 수 있다.

그런가 하면 김애란 소설을 읽다 보면 단락과 단락 사이에서 제멋대로 한 행을 건너뛰는 것을 자주 발견할 수 있다. "그는 한 포스트잇과 다른 포스트잇 사이에 공간과 거리가 엄연히 있어야 된다고 생각했다"(「종이 물고기」)는 소설 속의 생각이 그대로 형식으로 나타나 있다. 이 역시 발단부터 결말에 이르는 시간적 과정이 하나의 줄기로 매끈하게 꿰어져 있는 전통적인 단편소설 미학의 관점에서 보면 소설답지 못한 것으로 비판받을 소지가 있다. 하지만 바로 이 점이야말로 김애란의 소설이 기존의 낯익은 소설들을 흉내 내는 것이 아니라 그만의 새로운 스타일을 추구할 수 있는 뚜렷한 토대라고 할 수 있지 않을까. 중장년 남성의 사회적, 윤리적 시각의 전유물처럼 인식되던 소설을 그 또래 여성들의 감각과 취향을 향해 개방시키는 획기적인 전환의 모퉁이에 바로 그와 같은 김애란 소설의 문체와 형식적 특징들이 놓여 있다. 그와 같은 형식적 특징들 역시 포스트잇 글쓰기의 속성과 연관되어 있다고 할 것이다.

한편 포스트잇 글쓰기는 컴퓨터 글쓰기와도 차이를 갖는다. 컴퓨터 글쓰기 역시 비교적 새로운 감각으로 무장한 글쓰기 유형 가운데 하나인 것은 분명하다. 그것은 치밀하고 이성적이기는 하나 대신 차갑고 기계적이다. 거칠게 말하자면 컴퓨터 글쓰기는 골방에서 혼자 모니터 앞에 앉아 쓰는 소설, 그러니까 이성의 표백에 해당된다고 할 수 있다. 그에 비하면 포스트잇 글쓰기에는 소통을 향한 소박한 바람이 담겨 있다. 이 포스트잇 글쓰기에 입각한 김애란의 소설은 그러므로 따뜻하다. 거기에 등장하는 인물들 또한 외로운 존재들이지만 그렇다고 투정을 부리거나 자기를 부정하지 않는다. 그들은 자기만큼이나 외로운 타인들을 긍정하고 배려할 줄 아는 존재들이다. 예를 들어 「달려라, 아비」에서 택시기사인 어머니와 둘이 살고 있는 어린 주인공은 "이렇게 어려운 상황에, 새끼가 속도 깊고 예의까지 발라버리면 어머니가 더 쓸쓸해질 것만 같아서" 어머니에게 곧잘 돈을 달라고 조른다. 어머니 역시 미안함에 딸에게 돈을 더 준다거나 하는 일 따위는 하지 않는다. 이 친밀성은 모녀관계에서뿐만 아니라 「스카이 콩콩」과 「누가 해변에서 함부로 불꽃놀이를 하는가」에서처럼 부자관계에서도 마찬가지로 드러나 있다. "아버지가 없는 아이라고 해서 특별히 나쁠 것도 다를 것도 없는"(「달려라, 아비」), 말하자면 아버지가 더 이상 금기가 아닌 세대의 감각이 여기에 작동하고 있다.

이처럼 포스트잇 글쓰기는 컴퓨터 글쓰기에 비해 더 감각적이고 감정적이다. 그것이 때로는 엉뚱하고 분방한 상상력으로 드러나기도 한다. 김애란 소설의 인물들 역시 차가운 일상의 억압에 노출되어 있지만 그들에게는 상상이라는 방패가 있다. 그들은 고단한 현실을 묵묵히 견디는 대신 상상을 통한 유쾌한 일탈을 즐긴다. 그것이 그들의 윤리이다. 그 엉뚱한 상상 속에서 집을 나간 아버지는 아직도 야광 반바지를 입고 스핑크스의 발등을 돌아, 엠파이어스테이트빌딩을 거쳐, 과다라마 산맥을 넘고 있다. 이 상상이 전략의 일종이라는 사실이, 그리고 모르는 척하지만 그들 역시 그것을 알고 있다는 사실이 "나는 결국 용서할 수 없어 상상한 것이 아닐까"라는 대목에서 아프게 확인된다. 알고 보면 이 어린 청소년들의 속은 보기보다 대단히 깊은 것이다. 다만 그들은 김애란이 등장하여 그들의 마음속 이야기들을 소설로 대변해줄 때까지 문학 속에서 그 매개를 갖지 못했었을 따름이다.

## 2. 포스트잇 글쓰기의 새로운 표정들

첫 소설집 『달려라, 아비』 이후 김애란은 지금까지 여섯 편의 소설을 더 발표했다. 그 소설들은 대체로 『달려라, 아비』의 세계에 이어져 있지만, 또 그와는 다른 새로운 표정들을 보여주고 있기도 하다.

「그대 언제 오시려나, 저 바다 건너서」(『현대문학』, 2005년 11월호)와 「베타별이 자오선을 지나갈 때, 내게」(『창작과비평』, 2005년 겨울호)에서는 스무 살 무렵의 황금빛 기억들이 현재와 대비되어 있다. 김애란 소설의 인물들은 어느덧 젊음의 전반전을 마치고 사회생활이라는 후반전을 치루고 있는 중이다. 그들에게 재수 시절(「베타별이 자오선을 지나갈 때, 내게」), 혹은 대학 신입생 시절(「그대 언제 오시려나, 저 바다 건너서」)의 그 황금빛 기억들은 여전히 체제에 흡수되지 못하고 불안하게 떠돌고 있는 현재의 삶을 위로하는 따뜻한 불빛이다. 이 불빛이 빛을 내는 순간, 우주가 반응한다. 「그대 언제 오시려나, 저 바다 건너서」에서 심해저 휴화산 아래 폐선처럼 솟아 있는 고래의 흰 뼈의 이미지나 「베타별이 자오선을 지나갈 때, 내게」에서 베타별이 자오선을 지나가면서 보내는 윙크 같은 것이 그것인데, 김애란 특유의 발랄한 상상력이 번득이는 장면이라 하겠다.

「플라이데이터리코더」(『문학판』, 2006년 여름호)는 현실의 시공간이 제거된 가상의 섬을 배경으로 삼고 있다. 그만큼 김애란 소설의 뼈대를 선명하게 드러내고 있다. 아이가 추락한 경비행기의 블랙박스를 엄마라고 생각하는 것, 그러니까 '나'로부터 가장 가까운 '감성계'(상상계)가 가장 먼 '우주계'(실재계)와 합치되고 있는 구도가 그것이다. 이 구도에 현실의 시공간(상징계)은 끼어들 틈이 없다. 「그대 언제 오시려나, 저 바다 건너서」와 「베타별이 자오선을 지나갈 때, 내게」에서 우주적 상상력이 그 흔적만을 남기고 있는 데 반해, 「플라이데이터리코더」에서는 그것이 형이상학적 문제의 차원까지 건드리면서 극단적으로 전면화되어 있다.

「성탄특선」(『문학과사회』, 2006년 여름호)과 「침이 고인다」(『문학사상』,

2006년 11월호)의 경우 소설적 시선의 초점이 현재에 맞춰져 있다. 좁은 월세방을 나누어 쓰고 있는 오누이의 초라하고 쓸쓸한 생활에(「성탄특선」), 그리고 13평 원룸에 동거하고 있는 선후배의 출구 없는 일상에(「침이 고인다」) 김애란 특유의 유머러스하면서도 따뜻한 시선이 드리워져 있다. 그 생활과 일상은 매번 반복되면서 지루해진 성탄특선 영화처럼, 혹은 오래된 인삼껌처럼 화려한 겉포장 이면에 쓸쓸함을 간직하고 있다. 여기에서 소설의 시선은 상상으로 초월하지 않고 끝까지 현실에 머물러 있다.

「네모난 자리들」(『문학동네』, 2006년 겨울호)은 어머니의 손을 잡고 산동네를 따라 자신이 태어난 곳을 찾아가던 유년 시절의 기억, 선배들의 방을 순례하던 대학 신입생 시절의 기억, 그리고 기억들을 더듬어 가는 현재의 시선 등 세 개의 시간대가 대비되고 있는 구도를 취하고 있다. 이 세 개의 시간들이 '감각'에 의해 서로 연결되고 환기되면서 퍼즐의 빈 자리들이 채워져 나간다. 이 퍼즐에서 미래는 과거 속에, 과거는 미래 속에 놓여 있다.

이렇게 보면 첫 소설집 이후 최근의 김애란 소설들은 처음의 그 고유한 특징들을 확장하면서 새로운 세계로의 전이를 시도하는 실험의 산물이라 할 수 있을 듯하다. 결과적으로 보면 『달려라, 아비』에 비해 좀더 쓸쓸해졌고 또 그만큼 더 성숙해졌다. 도발적인 재치는 사라진 대신 관찰과 표현의 시선은 더 차분하고 부드러워진 듯하다. 다만 그 변화들을 관통하는 방향성이 아직은 뚜렷하게 드러나고 있지 않은 듯하다. 이렇듯 서둘러 강요된 변화에의 내적 요구는 첫 소설집 출간 이후 그에게 쏟아졌던 관심, 기대와 무관하지 않을 것이다. 어쨌든 새로운 차원으로 건너뛰기 위해서는 지금까지 딛고 올라왔던 사다리를 계속 붙들고 있을 수는 없는 법이다. 그의 소설에 나타나고 있는 변화와 그 변화의 진폭은 그가 지금 한고비를 넘어서고 있다는 것을 보여주는 듯하다.

## 3. 포스트잇 글쓰기 세대의 문학적 방향

김애란 소설은 새로운 세대의 감수성을 폭넓게 보여주는 문학적 아이콘이지만 그럼에도 새로운 세대만의 경험을 특권화하지는 않는다. 오히려 그의 소설 속에 그려져 있는 것은 어느 세대나 그 시기를 통과할 때면 겪는 보편적인 사건들, 감정들이라고 할 수 있다. 하지만 그 보편적인 삶의 주제들을 저마다의 세대는 각자의 고유한 방식으로 경험한다. 더 정확히 말하자면 고유한 방식으로 표상하고, 그 표상 속에서 자신들의 경험을 특수화한다. 따라서 사실은 소설에 담긴 이야기가 아니라 그 이야기를 전달하는 방식의 미세한 차이에 그 세대 특유의 감수성이 담겨 있는 것이다. 그 특유의 감수성은 각 세대로 하여금 자신들을 하나의 기원으로 설정하게끔 유도하지만, 사실 넓은 시야에서 보면 그것은 구성된 기원에 지나지 않는다. 하지만 이 구성된 기원이야말로 각 세대들이 저마다의 정체성을 확인하는 근거이다.

그런 의미에서 김애란의 소설은 1980년을 전후로 하여 태어나 IMF 사태와 뉴밀레니엄을 통과하면서 성장과 입사(入社)의 과정을 겪고 있는 젊은 세대의 감수성을 대변하고 있다. 김애란을 비롯한 20대 작가들의 소설을 통해 이제 그 세대들도 자신의 이야기를 소설 속에서 발견할 수 있게 된 것이다. 이렇게 본다면, 김애란 소설에 나타나는 변화들은 실로 자연스러운 것이리라. 김애란과 그의 소설 속 인물들, 그리고 그의 동세대 독자들은 나란히 그들의 삶의 과정을 통과해 나가고 있기 때문이다. 그 흐름의 어느 지점에서 우리는 더욱 성숙한 모습의 김애란 소설 속 인물들을 다시 만날 수 있을 것이다.

# 고유명, 혹은 환상 속에 비친 실재의 그림자
## – 함정임론

### 1. 삶 ≒ 소설

『곡두』(열림원, 2009)는 함정임의 일곱 번째 소설집이다. 1990년 등단 이래 그 사이 그는 『이야기, 떨어지는 가면』(세계사, 1992), 『밤은 말한다』(세계사, 1996), 『동행』(강, 1998), 『당신의 물고기』(민음사, 2000), 『버스, 지나가다』(민음사, 2002), 『네 마음의 푸른 눈』(문학동네, 2006) 등 여섯 권의 소설집을 펴냈고, 『행복』(중앙M&B, 1998), 『아주 사소한 중독』(작가정신, 2001), 『춘하추동』(민음사, 2004), 『꿈의 폴라로이드』(열림원, 2007) 등 중·장편 소설 네 권, 그리고 『인생의 사용』(해냄, 2003), 『그리고 나는 베네치아로 갔다』(중앙M&B, 2003), 『나를 사로잡은 그녀, 그녀들』(이마고, 2004), 『지금 살아 있다는 것은』(강, 2005), 『나를 미치게 하는 것들』(푸르메, 2007) 등 다섯 권의 산문집도 출간했다. 동화 『내 이름은 나폴레옹』(이가서, 2003)과 다수의 번역서까지 포함하면 20년 조금 못 미치는 그의 작가 경력에서 글쓰기가 중단된 흔적은 찾아볼 수 없다.

때로는 그가 겪은 삶의 사건들이 그의 글쓰기를 막아서기도 했을 터인데,

그는 오히려 그 일들을 글쓰기의 동력으로 삼았던 듯하다. 그럼으로써 그는 자신의 삶과 정면으로 마주할 수 있었고, 그 결과 그의 글들은 그의 삶을 지탱해주는 버팀목과도 같은 것이 되었을 것이다. 그 과정에서 아마도 애초에는 일상으로부터 벗어나기를 꿈꾸는 행위를 의미했던 글쓰기는 그 무엇보다 뚜렷한 삶의 실재이자 일상 그 자체가 되지 않았을까. 글의 내용에 앞서 글을 쓰는 행위 자체가 절실한 상황 속에서 그는 글을 써오지 않았을까. 그와 같은 추측을 가능케 하는 것이 바로 그처럼 쉼 없이 지속되어온 그의 글쓰기의 존재이다. "소설과 떼려야 뗄 수 없는 나의 삶"[1]이라고 말할 수 있는 근거가 바로 거기에 있었을 것이다.

『곡두』는 그와 같은 작가의 지속적인 글쓰기가 도달한 한 지점이자 새로운 방향으로 휘돌아 나가는 한 변곡점에 대응된다. 이번 소설집의 제목 '곡두'는 '환영(幻影)'을 의미하는 우리말로, 여기에 실려 있는 10편의 소설들의 성격을 가장 명확하게 보여주는 단어라고 할 수 있을 것 같다. 이렇게 이야기하면 혹시 이 소설집에 실린 소설들이 흔히 말하는 환상 소설의 특징을 가진 것이 아닌가 생각하기 쉬울지도 모르겠다. 하지만 이 소설들은 전반적으로 환상적이라기보다는 사실적인 성격이 더 강한 편이다. 그렇다면 왜 작가는 그 소설들을 묶어 책으로 펴내면서 거기에 '곡두'라는 제목을 붙였는가? 바로 이 물음 속에 이번 함정임 소설집이 그의 글쓰기 내부와 외부에서 갖는 문제성이 놓여 있다고 생각된다.

## 2. 「곡두」≒「자두」≒「상쾌한 밤」

우선 표제작 「곡두」는 「자두」, 「상쾌한 밤」과 함께 하나의 연작 형식을 이루고 있는 것처럼 보인다. 세 소설은 한 가지 일련의 사건을 서로 다른 시점으로부터 기술하고 있는 것처럼 보이기 때문이다. 여기에서 '한 가지 사건'이란 각각 한 번의 결혼 경력을 가진 남녀가 재혼을 앞두고 겪는 이런

---

1) 함정임, 『내 마음의 푸른 눈』, 문학동네, 2006, 301쪽.

저런 일들을 가리킨다. 그리고 결혼의 당사자인 '그녀'와 '그', 그리고 '그녀'의 배다른 오빠가 서로 다른 세 시점의 주체들이다.

우선 「곡두」는 '그녀'의 시점으로 되어 있다. 남편과 사별하고 아들을 키우고 있는 '그녀'가 전처와 이혼하고 혼자 살아가고 있는 '그'를 만나 석 달간의 동거를 거쳐 결혼이라는 삶의 형식에 직면하자 몇 가지 해결해야 할 문제가 생긴다. 그 직접적인 것이 돌아가신 아버지를 대신하여 식장에 손을 잡고 들어가 줄 누군가가 필요하다는 사실이다. 그것을 두고 형식적 절차에 지나지 않는 일이라고 말하는 것은 관념적일 수 있다. 현실적 삶의 감각에 서라면 그와 같은 관례는 결코 쉽게 무시될 수 없는 일일 수 있기 때문이다. 그런데 이 지극히 현실적인 감각이 이 소설의 저변을 흐르고 있다면 그것이 왜 '곡두'일까. 조금 더 살펴보자.

> 살다보면 내용보다 형식이 중요해지는 순간이 있었다. 차라리 그녀는 수정식당을 끝으로 곡두와도 같은 오빠의 자취가 사라져버리기를 한편으로 바라고 있는지도 몰랐다.[2)]

'그녀는 재혼 파트너인 '그'와 함께 배다른 오빠 하린을 만나기 위해 통영의 한 식당을 찾아갔지만 오빠는 희미한 궤적만을 남긴 채 떠나고 없다. 위의 인용 대목은 그 순간 '그녀'가 자신의 현재의 상황을 살펴보며 스스로의 행동의 동기와 심리를 분석해보고 있는 장면이다. 실제 현실의 삶의 감각에서는 주체와 세계가 맺는 관계의 성격 자체가 내용보다는 형식 쪽에 가까운 것이기에, 주체 내부에서는 형식에 지나지 않던 것이 그 바깥의 현실적 관계 속으로 진입하는 순간 그 자체가 내용의 자리에 놓이게 된다. 이 순간 현실에 대한 환멸감과 현실의 무거운 존재감이 공존한다. 삶의 새로운 국면에서 이전 세계 전체와 결별하는 동시에 새로운 삶의 가능성을 담는 계기처

---

2) 함정임, 「곡두」, 『곡두』, 열림원, 2009, 27쪽.

럼 보이는 이 제의적 형식은, 그러나 궁극적으로는 두 세계를 동시에 안정적으로 삶 속으로 수용하기 위한 장치일 것이다. 그것은 그것을 통과하지 않고는 그 너머의 새로운 환경으로 들어갈 수 없는 문턱 같은 것이다.

그런데 이 대목에서 주목되는 것은, 삶의 새로운 국면으로 전환되는 시점에서 마주하게 된 오빠의 자취가 '곡두'와도 같은 것으로 '그녀'에게 인식되고 있다는 사실이다. 물론 여기에서 '곡두'는 비유의 차원에서 사용된 낱말이겠지만, 그것은 동시에 무의식적으로 실재의 차원을 암시하고 있지는 않은 것일까. 그렇게 볼 수 있다면 '그녀'의 배다른 오빠는 '그녀'가 새로운 삶의 국면으로 진입하는 순간 마주하고 있는 어떤 실재에 대한 증상으로 해석될 수 있다. 말하자면 소설(허구) 속에서 배다른 오빠는 현실 속에서의 어떤 실재가 치환되어 나타난 대상이라고 할 수 있다. 그것이 곡두(환영)인 것은 바로 그 때문이다. 그것은 주체의 의식에서 실재의 사건이 직접 떠오르는 것이 억압되면서 그 방어기제로 선택된 것이다. 그것은 영영 사라져버리기를 한편으로 바라지만 어느 순간 회귀하여 주체 앞에 마주 서 있는 실재(무의식)의 그림자와도 같은 것이다. 그 곡두는 실재의 대상을 직접 지시하지는 않지만, 그럼에도 실재의 존재를 지시하고 있다. 그런 의미에서 그것은 억압이자 해방이며 방어기제이면서 동시에 현실 환기의 매개이기도 하다. (이렇게 보면 손을 잡고 식장에 들어가는 행위 역시 일종의 상징적인 것으로 해석될 수도 있다.)

한편 「자두」는 '그'에 서술의 초점을 맞추고 집 처분의 과정과 상견례 장면을 서술하고 있다. 그리고 그 서술 속에 '그'의 첫 결혼과 이혼, 그리고 '그녀'와의 만남과 동거에 이르는 과정이 회상의 형태로 결합되어 있다.

> 오전에 실은 이삿짐은 내일 오후에나 그녀의 집에, 아니 그들이 살 새 집에 도착한다고 했다. 그 사이 그는 초고속열차를 타고 가 이삿짐보다 먼저 집에 도착해 있을 것이었다. 이사도 이사려니와 장마가 걷히면 식구들을 만나야 했다. 폭우로 차일피일 미룬 것이 일주일이 넘어가고 있었다.[3)]

위의 인용대로라면 「자두」는 「곡두」의 이야기를 연작의 형태로 그대로 이어받고 있다고 말할 수도 있을 것이다. 더구나 양가 상견례 자리에 결국 참석하지 못한 '그녀'의 오빠를 '그'가 자신의 가족들에게 소개하는 다음 대목은 「곡두」와 「자두」의 연속성을 입증하는 움직일 수 없는 증거로 보이기도 한다.

> "원래 증권회사의 펀드매니저였어요. 몇 년 전부터 그림을 그리기 시작했는데, 지두화(指頭畵)라고, 손가락으로 그림을 그린답니다."
> 그는 그녀의 오빠를 꽤 아는 듯했다. 그녀가 오빠에게 대해 말한 적이 있었던가. 혹시 잠자리에서? 잠꼬대로? 기억에 없었다. 그녀가 올케언니와 통화하는 것을 그가 들은 것이 전부였다. 그것은 파편적인 정보일 뿐이었고, 그것은 자칫, 아니 백이면 백, 아! 하면 어! 하는 식으로 잘못 꿰맞춰지기 일쑤였다. 증권회사 매니저였다는 것은 틀린 말이 아니었다. 그러나 개인파산자이고, 위장이혼중이라는 것, 지두화가란 도피 중에 임시방편으로 꿰찬 직업이라는 것을 그는 알고도 모른 체하고 있었다. 그리고 무엇보다 그녀가 그를 만나기까지, 정확히는 청혼을 받아들이기 전까지 그녀 인생에 한 번도 등장한 적이 없는 배다른 오빠라는 것을 말하지 않고 있었다.[4)]

하지만 위의 인용부의 뒷부분을 자세히 들여다보면 「곡두」에서 「자두」로 평탄하게 흘러오는 듯했던 이야기의 흐름을 다시 돌아보지 않을 수 없게 된다. 두 소설이 연작이라는 전제에서 보면, '그'는 「곡두」에서 몇 달 전 이미 '그녀'와 함께 '그녀'의 배다른 오빠를 찾아 통영까지 다녀왔고, 그렇기 때문에 그 과정에서 '그녀'와 오빠와의 인연에 대해 이미 알고 있을 수밖에 없다. 하지만 「자두」에서 '그녀'는 지난겨울 마치 혼자서 오빠의 자취를 좇아 통영과 다솔사를 다녀온 듯이 이야기하고 있다. 그뿐만이 아니다. 여기에서는 '그를 만나기까지, 정확히는 청혼을 받아들이기 전까지 그녀 인생에 한

---

3) 함정임, 「자두」, 『곡두』, 42쪽.
4) 같은 글, 59~60쪽.

번도 등장한 적이 없는 배다른 오빠'라고 되어 있지만 「곡두」에서는 '그'를 만나기에 앞서 한 남자와 결혼 약속을 파기하는 과정에서 이미 오빠에게 연락을 한 바가 있기 때문이다.

> 그녀가 오빠를 찾은 것은 이번이 처음이 아니었다. 오년 전 작사가로 명함을 내밀기 시작하면서 방송국에 드나들 때 뮤직 방송 엔지니어와 결혼할 뻔했었다. 결혼 날짜를 잡고, 결혼식장을 예약하고 집에 오자 노인이 그녀 앞에 누리끼리한 종잇조각을 하나를 떨궈주었다. 하린. (…) 오빠는 전혀 전화를 받으려고 하지 않았다. 올케 언니라고 부르기도 민망한 여자가 전화선 저편에서 수화기만 붙잡고 안절부절 못했다.[5]

이처럼 작가는 두 소설 사이의 연속성과 단절을 동시에 시사하고 있다. 문제는 이 두 소설에서 서로 어긋나게 서술된 장면들이 인물의 오해나 착각을 부각시키기 위한 것이 아니라는 점에 있다. 그런 의도라면 더 중요한 사건을 의식적으로 어긋나게 만듦으로써 그 아이러니를 분명하게 드러내는 방식을 취했을 것이다. 그러나 「곡두」와 「자두」에서 서사의 어긋남은 주의하지 않으면 알아차릴 수 없는 미세한 부분에서 일어나고 있다. 그로 인해 두 세계는 서로 같은가 하면 미묘하게 다르고, 그렇다고 다르다고 하기에는 너무나도 많은 부분이 겹치는, 마치 서로에게 환영('곡두')과도 같은 관계를 이루고 있는 것이다. 그것은 소설 속 배다른 오빠의 지두화에서, 하나의 형상이지만 자두처럼, 혹은 여인의 엉덩이처럼, 혹은 심장처럼, 혹은 그저 둥근 윤곽의 검은 덩어리처럼 보이는 그 환영들 사이의 관계에 대응되고 있다. 그것들은 동일한 대상을 향해 있지만, 그 대상을 서로 다른 형태로 투영하고 있다.

여기에 다시 「상쾌한 밤」이 겹쳐진다. 이 소설의 시점은 앞서 등장했던 '그녀'의 배다른 오빠 '하린'에게 맞춰져 있다. 「곡두」에서의 '그녀'의 배다른

---

5) 「곡두」, 21쪽.

오빠 이름 역시 '하린'이었다. 그렇다면 이 고유명은 두 세계가 동일함을 말해주는 움직일 수 없는 근거라고도 할 수 있을 것이다. 그러나 여기에도 틈이 존재한다.

> 그가 엎드리기 시작한 것은 열 살 무렵, 계모가 아버지의 아들을 낳고, 생모의 기억이 점점 뇌리에서 사라지고 있음을 자각하고부터였다.[6)]

> 오빠는 집에 들어오면, 거의 책상에 엎드려 있다, 그리고 그것은 그의 아주 오래된 습관이다. 여섯 살 때부터 시작되어(그때 세 번째이자 마지막 계모가 그의 집에 들어왔다), 올케언니를 캠퍼스에서 처음 만나던 스물여섯 살 때까지 계속 되어온 버릇이다.[7)]

고유명의 철학적 의미에 대해 지속적인 관심을 피력해온 가라타니 고진에 따르면, 어떤 단어의 고유명 여부는 그 단어의 수준에서는 결정될 수 없고 궁극적으로는 그 단어가 지시하는 개체에 대한 주체의 태도 여하에 달려 있다.[8)] 가령 '아기'라는 단어는 보통 일반명사로 간주되지만 쓰임의 맥락에 따라서는 단독적 대상을 지칭하는 고유명으로도 될 수 있다. 그런가 하면 같은 이름(고유명)을 가진 다른 사람들도 얼마든지 있을 수 있다. 그 순간 이름은 일반명사의 지위에 놓이게 된다. 마찬가지로, '하린'이라는 고유명으로 연결된 「곡두」와 「상쾌한 밤」의 두 세계 역시 우연성을 향해 열려 있다.

각각 두 소설로부터 인용한 부분을 비교하면, 책상에 엎드리는 배다른 오빠의 버릇은 유사하지만 그것을 기술하고 있는 디테일에서는 미세한 차이가 드러난다. 오빠가 엎드리기 시작한 시점이 「상쾌한 밤」에서는 열 살 무렵으로 되어 있지만 「곡두」에서는 여섯 살이다. 「상쾌한 밤」에서는 계모가 아들을 낳으면서 생모의 기억이 사라지고 있다는 것을 자각하는 것이 그와

6) 함정임, 「상쾌한 밤」, 『곡두』, 282쪽.
7) 「곡두」, 24~25쪽.
8) 가라타니 고진, 『탐구2』, 새물결, 1998 참조.

같은 행위를 초래한 원인이지만 「곡두」에서 그것은 세 번째이자 마지막 계모가 집에 들어온 사건으로 설정되어 있다. 이 차이는 의식적인 것이라고 볼 수 있는데, 왜냐하면 통념상의 연작이라면 그러한 유사한 사건을 중복해서 서술하는 것 자체가 불필요한 일이기 때문이다. 다음 대목에서도 그와 같은 차이를 확인할 수 있다.

> 언젠가 울리는 벨소리에 수화기를 들었다가, 오빠……라는 낯선 여자의 목소리에 화들짝 놀라 그대로 끊었던 적이 있었다. 그것은 불에 덴 기억처럼 생각만으로도 얼굴이 화끈거렸다.[9]

> 오빠는 전혀 전화를 받으려고 하지 않았다. 올케언니라고 부르기도 민망한 여자가 전화선 저편에서 수화기만 붙잡고 안절부절 못했다. 두 번을 거절당하고, 세 번째 마지막이라고 다짐하며 전화를 걸었을 때, 오빠가 직접 받았다. 그의 목소리가 전화선을 타고 그녀의 귀에 닿자 그녀는 자기도 모르게 황급히 전화를 내려놓았다. 목이 콱 매어왔다. 전화기 옆에서 백번쯤 맴돌다가 다시 전화를 걸었다. 다시 오빠의 목소리가 흘러나왔다. 푹 가라앉아 있었다. 오빠, 라고는 차마 말을 못했다.[10]

위의 두 상황은 모두 '그녀'가 오빠에게 처음 전화를 건 장면을 묘사하고 있다. 여기에서도 상황은 유사하지만 기억에는 차이가 있다. 「상쾌한 밤」의 오빠의 기억 속에서 여동생은 전화기를 통해 오빠라고 부른 것으로 되어 있지만 「곡두」에서 여동생은 오빠라고 차마 말하지 못했다고 기억하고 있다. 그 차이는 어느 것이 사실이고 어느 것이 착각인지 구분할 수 없는 세계 속에 존재한다. 그 세계 속의 주체는 생각하는 자신의 존재를 확신하는 데카르트적인 것이 아니라 생각하는 곳에 존재하지 않고 존재하지 않는 곳에서 생각하는 라캉적인 주체일 것이다. 시간 속에 분열되어 환상으로만 존재하

---

9) 「상쾌한 밤」, 285쪽.
10) 「곡두」, 21~22쪽.

는 그와 같은 삶이 바로 우리가 살고 있는 삶의 실상이 아닐까. 함정임의 소설에서 '곡두'는 이 삶의 실상에 접근하여 그것을 그려내기 위한 장치라고 할 수 있다.

일반적으로 소설 기법의 측면에서 다중적인 시점의 활용은 하나의 상황을 여러 각도에서 바라봄으로써 그것을 객관화하여 제시하고자 하는 전략에서 나오는 경우가 많다. 하지만 「곡두」의 이야기와 겹쳐져 있는 「자두」와 「상쾌한 밤」에서의 타자의 시점은 대상을 객관화하기 위한 것과는 다른 차원이다.(「자두」와 「상쾌한 밤」에서 각각 '그'와 '배다른 오빠'에게 맞춰진 서술의 초점은 소설의 후반부에서 '그녀'에게로 빈번하게 이동하는 것을 볼 수 있다) 그것은 앞서 보았듯이 오히려 환상을 타넘고 그 너머의 다른 환상으로 이행하기 위한 유희의 수단이다. 그런 의미에서 그것은 환상을 견제하기 위한 장치라기보다 환상을 더 적극화하기 위한 전략에 가깝다.

그렇다고 해서 그 환상이 현실과의 연관성을 포기하고 있는 것은 아니다. 환상의 나르시시즘이라 할 그 유희 속에서 그 환상의 주체는 실재에 대한 상상적 교정을 추구하고 있기 때문이다. 그렇기 때문에 함정임 소설에서의 환상은 그 자체가 탐닉의 대상인 것이 아니다. 그것은 사실의 기술보다 더 많은 진실을 담기 위한 그릇으로 볼 수 있다. 그 환상의 편린들은 뿔뿔이 제멋대로 흩어져 있는 것이 아니라 서로 관련되고 겹쳐져 실재를 지시하고 있는바, 바로 그 점에 함정임 소설의 환상이 갖는 현실성이 놓여 있다.

### 3.「곡두」 연작 ≒「환대」 연작

한편 「곡두」 연작의 마지막 공간, 그러니까 그녀의 배다른 오빠가 생모의 사진을 따라 찾아간 '송정'에서 새로운 이야기가 피어오른다. 「환대」, 「구름 한 점」 연작의 배경을 이루는 곳이 바로 '송정'이다. 그런 의미에서 '송정'이라는 고유명은 「곡두」 연작과 「환대」 연작을 연결시켜주는 고리 역할을 하고 있다.

「곡두」 연작에서 '배다른 오빠'가 놓여 있던 자리에 「환대」 연작은 평생 도장을 만들다가 세상을 떠난 아버지를 놓는다.

> 그가 상견례라고 아버지를 찾아 뵌 것은 합가 직전의 송파의 노인 전문 한방병원에서였다. (…) 이후 안서는 아버지를 윤서에게 맡기고 결혼식을 생략한 채 그를 따라 그의 근무지인 부산으로 떠났고, 그런 식으로라도 그를 인사시킴으로써 아버지와의 화해를 꾀했다.[11)]

안서가 결혼하여 부산으로 이주하는 모티프에서 「환대」 연작과 「곡두」 연작이 겹쳐져 있다는 사실을 확인할 수 있다. 이 겹침은 구조적이다. 인물들은 성격을 공유하는 것이 아니라 그들이 놓인 자리를 서로 대체한다. 그러면서도 이 대응 구도에는 얼마간의 비대칭성이 내포되어 있다. 가령 '그녀'가 있던 자리에 안서와 윤서 자매가, 배다른 오빠가 놓였던 자리에 아버지가, 그리고 '그'가 있던 자리에 남편이 비대칭적으로 대응되고 있다.

여기에 덧붙여 '상견례', '합가', '부산' 등의 단어들 역시 「곡두」 연작과 「환대」 연작을 연결하고 있는 지표들이다. 그것은 물론 우연이라거나 혹은 작가의 습관적인 어휘 선택의 소산일 수도 있다. 하지만 바로 그 때문에 작가의 무의식이 투영된 결과라고 볼 수 있는 강력한 근거가 되기도 한다.[12)]

이렇듯 「곡두」 연작과 「환대」 연작은 각기 독립된 이야기이지만 그 두 이야기들을 겹쳐볼 때 동일한 위상에 놓인 대상들이 드러난다. 문제는 대상보다도 이 반복되고 있는 자리, 그러니까 환상의 형식이다. 그것들은 그와 동일하지 않은, 그럼에도 불구하고 심리적인 차원에서 필연적으로 연루되어

---

11) 함정임, 「환대」, 『곡두』, 149~150쪽.

12) 가령 이 소설집에서 특이하게 2035년의 미래 시점을 취한 판타지 형식의 소설인 「33번 기억의 하루」에서 부산대 불문과 교수인 P는 메모리즈 뱅크라는 가상의 시스템을 통해 과거 기억 속의 하루를 다시 체험한다. 기억 속에서 P는 대학 시절 연모했던 후배 J를 찾아가고 있다. J는 P의 대학 동창 Y와 결혼했으나 Y의 사망 이후 백마역 부근 아파트에서 살고 있다. 이 판타지 속의 인물 구도와 고유명들 역시 「곡두」 연작 및 「환대」 연작 속의 세계와의 무의식적인 연관을 드러내고 있다.

있는 어떤 실재의 대상을 지시하게 된다. 그 순간 이야기(언어, 소설, 의식)가 궁극적으로 내포하고 있는 환상으로서의 성격이 새삼 드러나게 된다. 그것은 우리가 의식하고 만들어낸 그런 환상이 아니라 무의식적으로 꾸는 꿈에 더 가깝다고 할 수 있다.

이처럼 「환대」 연작은 「곡두」 연작과 대칭을 이루는 부분을 포함하고 있다. 그러나 동시에 그와 비대칭적인, 그러니까 「환대」 연작 고유의 주제에 해당되는 부분 또한 내포하고 있다. 전체적으로 「환대」에서 「곡두」 연작과의 대칭성이 강하게 드러난다면, 「구름 한 점」에서는 비대칭성이 두드러진다.

표면상으로 「환대」와 「구름 한 점」은 스토리라인을 공유하고 있는 연속된 이야기로 보인다. 그럼에도 두 이야기 사이에는 단절이라고 할 만한 것이 존재한다. 「환대」가 아버지와 동생 윤서와 연결된 가족의 세계라면, 「구름 한 점」은 아버지와 사별하고 또 동생과 이별한 안서의 개별적인 삶의 세계이다. 죽음은 이 두 세계를 연결시켜주는 공유항이라고 할 수 있다. 「환대」에서는 아버지의 죽음이, 「구름 한 점」에서는 달자씨와 고석균의 죽음이 놓여 있다. 하지만 이 두 형태의 죽음은 비대칭성을 내포하고 있다. 「환대」에서의 아버지의 죽음에 대한 죄책감은 「구름 한 점」에서 달자씨와 고석균(가브리엘 고)의 죽음에 대한 동정(compassion)의 감정으로 전이되어 있다. 글쓰는 주체의 관점에서 보아 전자가 단독성으로서의 죽음과 연관되어 있다면 후자는 '품위 있게 죽을 권리'[13]를 주제화하기 위한 개별성으로서의 죽음의 성격이 두드러진다. 그런 의미에서 「곡두」, 「자두」, 「환대」가 고유명의 세계라면, 「상쾌한 밤」, 「구름 한 점」은 그 흔적을 가지면서도 그 고유명의 세계로부터 어느 정도 벗어난 세계라고 할 수 있다.

## 4. 「곡두」 연작 ≒ 「환대」 연작 ≒ 그 밖의 소설들

「곡두」 연작과 「환대」 연작 이외에도 이 소설집에는 다섯 편의 소설이

13) 함정임, 「구름 한 점」, 『곡두』, 220쪽.

더 실려 있다. 이 소설들 역시 저마다의 고유한 색채를 지닌 사랑의 이야기들인데(작가가 그려낸 다양한 사랑의 형식들을 우리는 이전 소설집, 특히 『버스 지나가다』와 『내 마음의 푸른 눈』에서 확인한 바 있었다), 그럼에도 이 소설들 역시 고유명에 의해 「곡두」 연작 및 「환대」 연작과 연결점을 갖고 있다.

그 고유명의 형식 가운데 가장 기본적인 것은 지명일 것이다. 「자두」에서 '그'와 '그녀'가 만나는 직접적인 계기가 되었던 '아일랜드'가 「행인」에서는 본격적인 무대가 된다. 그것은 적어도 함정임 소설에서 그 이외의 다른 지명들로 대체될 수 없는, 단독적인 필연성을 가지고 있는 공간이다. 다르게 말해 '아일랜드'라는, 다른 도시로 대체될 수 없는 고유성, 단독성이 「행인」을 낳았다고도 할 수 있다. 「킬리만자로의 눈[目]」의 '케냐' 역시 유사한 성격을 가진 고유명이라 할 수 있다. 케냐의 나쿠르 호수, 페루의 남십자성, 프랑스의 앙굴렘, 스톤헨지와 밀라노의 논다니니의 피에타가 한꺼번에 등장하는 「백야」는 이 공간들의 집합이다.

빈번하게 등장하는 영문 이니셜 역시 고유명의 속성을 내포하고 있다. 「곡두」에서의 L아파트, C관광호텔, M리조트 등과 같은 공간, 혹은 「행인」에서의 P, L, M, 「킬리만자로의 눈」에서의 P, C, 「자두」에서의 Y, 「달콤한 눈물」에서의 S 등등의 영문 이니셜로 이루어진 인명들 역시 실재에 대한 대상지시(reference)를 함축하고 있다.

한편 그와 성격이 다소 다른 고유명도 있다. 엄밀히 말하자면 고유명은 아니지만 그럼에도 소설 속에 반복되어 등장함으로써 고유명의 지위를 얻는 사건들이 바로 그것이다. 그런 의미에서 그것은 일종의 고정 지시자(rigid designator)로서 기능한다. 「달콤한 눈물」에서 결혼 후 4개월 만에 사망한 S의 남편, 「행인」에서 서른한 살로 생을 마감한 경수, 「33번 기억의 하루」에서의 Y의 죽음은 서로 다른 개별적인 사건이지만 그럼에도 불구하고 동일한 위상을 공유하는 치환물들이다. 이전 소설집 『내 마음의 푸른 눈』에 실린 「문어에게 물어봐」에서 암으로 사망한 남편 환, 「소금 한 줌」에서 이혼한 전남편 J일보 이강일 기자, 「꽃 피는 봄이 오면」에서 췌장암으로 사망한 규환 들 역시 그러하다. 이처럼 함정임의 소설 세계에서 지속적인 계열을 이루고 있는 그 사건들은 각각의 텍스트의 경계를 벗어나 다른 텍스트들을, 그리고 더 나아가 그 텍스트들 바깥의 실재를 지시하고 있다. 실상 소설집 『곡두』를 관통하고 있는 환상들의 궁극적인 발원지 역시 바로 그 죽음에 대한 애도의 감정과 의식이라고 할 수 있다. 다시 말해 작가는 그 애도를 매국면마다 그에 상응하는 글쓰기를 통해 수행해오고 있는 것이다.

## 5. 환상 ≒ 실재

일반적으로 소설은 허구적인 양식이라 일컬어지지만, 그럼에도 소설이 근대의 대표적인 예술 장르로 성립될 수 있었던 것은 그것이 단순히 허구에 머무르는 것이 아니라 그 허구를 통해 현실에 대한 작가의 태도를 우회적으로 담아낼 수 있었기 때문이다. 바로 거기에 사실의 기술 차원과 구분되는 소설적 리얼리티의 성립 근거가 놓여 있다고 할 수 있다. 말하자면 소설적 리얼리티는 허구의 영역에 위치하면서도 실재를 지시하는, 실재와 허구 사이의 역설적 관계를 최대한으로 활용하는 지점에서 생성되는 것이다.

고유명은 그와 같은 실재와 허구 사이의 역설적 관계를 이어주는 고리 역할을 하고 있다. 그것은 감추고자 하는 욕망과 드러내고자 하는 욕망이 교차하는 점이지대에 위치한다. 불가피하게 압축되거나 치환된 형태로 변형되어 등장하는 고유명은 실재와 거리를 두기 위한 장치로 기능한다. 그러나 동시에 그것은 환상 가운데에서도 그 중핵이 삶의 사건들과 불가피하게 연루되어 있다는 것을 보여주고 있는 것이기도 하다. 삶의 사건들은 허구적 세계 속의 요소들을 강력하게 끌어당기고 있고, 고유명은 그 인력을 증거하는 표지이다. 그런가 하면 그와 동시에 고유명은 그 너머에 존재하는 실재의 삶이 이야기 속으로 쏟아져 들어오는 것을 막는 방어기제이기도 하다.

요컨대 고유명은 하나의 이야기 속에서 현실로부터의 원심력과 현실로 향하는 구심력, 그 양방향으로 작동하는 모순적인 힘의 존재를 증언하는 매개물인 것이다.

이처럼 함정임 소설에서 고유명은 환상과 실재의 불가피한 연관을, 동시에 그 연관으로부터 벗어나고자 하는 의지를 동시에, 이율배반적으로 내포하고 있다. 우리는 그곳으로부터 달아나기 위해 그곳에 가지 않을 수 없는 것이다. 우리의 인식과 삶 자체가 허구이고 환상이라는 사실을 수긍하면서도 거기에서 실재의 그림자를 찾고 그것을 기록하고자 하는 의지를 두고 우리는 고유명의 글쓰기라고 할 수 있을 것 같다. 그것은 다른 이야기로 전환되거나 대체될 수 있는, 이른바 콘텐츠로서의 글쓰기와 구분된다.

여기에 한 가지 덧붙일 것은 이번 소설집을 통과하면서 나타나는 함정임 소설의 내적인 변화에 관한 것이다. 앞서 살펴본 것처럼, 이번 소설집은 「곡두」의 세계로부터 「상쾌한 밤」의 세계로, 「환대」의 세계로부터 「구름 한 점」의 세계로 작가의 글쓰기 의식의 무게중심이 조금씩 이동하고 있음으로 보여준다. 그 변화는 곧 작가에게는 삶의 다른 형식일 글쓰기를 통한 애도가 현실화되고 있다는 사실을 반증하는 것일 터이다. 말하자면 사실 기술(표현)로서의 이야기와의 거리를 생산해내는 과정이 곧 죽음에 대한 애도의 심리적 차원과 서로 대응되면서 동시에 이루어지고 있다고 할 수 있을 듯하다.

한편 그와 같은 변화는 작가 개인적인 차원에서 이루어지는 것이면서 동시에 시대적인 차원으로부터의 영향과도 무관하지 않은 것이라고 하겠다. 그것은 소설의 구성력을 실험하는 글쓰기가 증가하는 추세 속에서 여전히 실재의 중핵과 마주하고 있는 글쓰기의 의미에 대해 묻고 답한 결과가 아닐까 싶다. 그렇게 작가는 자신의 글쓰기를 통해 현실을 수용하면서 글과 삶이 교차하는 세계 속을 살고 있는 것일 터이다.

# 극적 상황과 자전(自傳)의 세계
## - 최인호론

### 1. 풍문 뒤에 감춰진 세계로서의 작품

『별들의 고향』(1973), 『내 마음의 풍차』(1973), 『적도의 꽃』(1981), 『잃어버린 왕국』(1985), 『왕도의 비밀』(1991), 『상도』(2000) 등의 베스트셀러들을 떠올리지 않더라도, 혹은 〈바보들의 행진〉, 〈깊고 푸른 밤〉, 〈고래 사냥〉 등의 영화들을 제쳐두더라도, 중단편 작가로서의 최인호의 위상 또한 1970년대 문학사 속에 이미 뚜렷하게 나타나고 있다. 월남전에서 부상을 입고 개발의 와중에 놓인 서울 변두리에 교사로 부임한 주인공이 나환자촌 미감아들의 전학을 둘러싸고 세상과 대결하여 펼치는 갈등이 중심에 놓인 「미개인」(1971)이나 사물들의 세계 속에 소외된 현대인의 초상을 상징적 기법으로 그리고 있는 「타인의 방」(1971) 등은 이러한 사실에 대한 뚜렷한 증거라고 할 수 있다. 또한 어린 '나'가 노할머니의 유산을 둘러싼 어른들의 처세에 수단으로 동원되는 과정이 영악한 사촌 여동생과 어리숙한 '나'의 대비 속에 그려진 「처세술 개론」(1971)이나, 영문과 복학생이자 소설가인 '나'와 데모 주동자이면서도 그것에 대한 회의로 인해 갈등하는 인물 오만준의 관계를 통해 1970년대 초반 현실의 한 단면을 묘파하고 있는 「무서운 복수」

(1972) 등의 작품들도 최인호의 소설세계만이 간직한 고유한 특성을 잘 보여주는 사례들이다.

그러나 작가로서의 최인호의 폭과 특성은 여기에만 국한되지 않는다. 비록 베스트셀러가 된 신문연재 장편소설들이나 1970년대 초기의 대표작들에 의해 가려져 있기는 하지만, 사회체의 메커니즘에 대한 비판의 독특한 방식을 보여주는 「병정놀이」(1972), 「기묘한 직업」(1974), 「전쟁우화」(1974) 등과, 가족 서사를 중심으로 한 자전(自傳)의 세계를 펼쳐 보이는 「죽은 사람」(1975)과 「신혼 일기」(1975), 그리고 대중사회의 생리에 대한 최인호 고유의 통찰이 엿보이는 「즐거운 우리들의 천국」(1976), 「가면무도회」(1977), 「개미의 탑」(1977) 등의 작품들이 최인호 소설세계의 폭을 새삼 확인케 하는 동시에, 그의 소설세계가 간직하고 있는 또다른 특성을 잘 보여주고 있기 때문이다.

## 2. 사회체의 메커니즘 비판과 극적 상황의 의미

한 병사의 무단이탈로 대대원 전원이 외출금지를 당한 내무반에 한 신병이 전입해오면서 벌어지는 일련의 사건들을 소재로 한 「병정놀이」, 위장 사고로 돈을 뜯는 자해공갈단에 처음 발을 들여놓게 된 한 인물의 시선에서 바라본 세계를 그리고 있는 「기묘한 직업」, 그리고 격전지의 한 동굴에서 동향의 두 사람이 서로 적군으로 만나는 상황을 다룬 「전쟁우화」 등의 작품에는 공통적으로 사회체의 메커니즘에 대한 최인호 고유의 인식과 비판 방식이 내재해 있다.

> 늙은 고참 병장님은 삼 년 전쯤 이맘때 자기도 저렇게 늙은 군인 아저씨 앞에서 부동자세를 취하고 있었음을 기억한다. 그뿐 아니라 아직까지 군대 용어 중엔 일제시대 때의 잔재가 많이 남아 있고, 눈에 띄지 않는 군대 내 사병들 간의 유희 중엔 일제시대 유물들이 남아 있어서, 거슬러 올라가면 일제시대 때 관동군 막사로 배속된 조센징도 일본군 모리 상등병에게 저런

식의 농담을 받았음이 분명했고, 그러고 보면 이런 식의 장난 어린 관습은 무한히 뻗친 벌판 위의 전선줄처럼 어디서부터 내려왔으며 그리하여 어디로 뻗어가는지 모르는 것임을 잘 알고 있었다. 하지만 그렇다손 치더라도 자기의 졸병 시절엔 저런 희롱을 당하며, 내가 고참만 되면 절대 일백 번 고쳐 죽어도 그러지 않으리라 변소 속 구린내 나는 똥통 위에서 콘크리트 벽을 맨주먹으로 두들겨패면서 이미자의 노래처럼 '헤일 수 없는 수많은 밤'을 맹세했다손 치더라도, 군대의 때(垢), 수십년 수백년을 내려온 거대하고 죽은 공룡의 시신처럼 어마어마한 군대 냄새에 그대로 절어버려 도저히 삶기 전에는 제 색을 낼 수 없는 군대용 러닝셔츠처럼 낡아버린 것이다.[1)]

사회체 이면에는 마치 "무한히 뻗친 벌판 위의 전선줄"처럼 시간의 두께를 뚫고 내려온, 그리하여 그 속에 놓인 주체의 의식과 행위를 억압하고 있는 보이지 않는 힘이 존재한다. 이 힘들로 구성된 메커니즘은 "거대하고 죽은 공룡의 시신처럼 어마어마한" 것이어서 주체가 개인의 차원에서 그것에 저항하거나 초월한다는 것이 불가능한 어떤 것이다. 이 메커니즘에 의해 신병 또한 날선 면도칼처럼 빠릿빠릿하던 몸매에 녹이 슬어가면서 서서히 "군대의 때"에 익숙해져갈 것이다. 최인호는 이처럼 사회적 현상에 대한 직접적인 비판보다 그것의 밑바닥에 놓인 보다 근본적인 차원의 문제들에 접근해들어가고 있다는 점에서 특징적이다.

사회체의 메커니즘 이면에 놓인 억압을 비판적으로 들여다보기 위해 작가가 사용하고 있는 주된 방식의 하나는 위의 인용처럼 서술자의 직접적인 언술을 통한 것이다. 그러나 서술자의 언설의 차원에서 드러나기 힘든, 보다 근원적인 차원의 문제에 접근하기 위해 작가는 극적 상황을 도입하는 한편 그 속에서 펼쳐지는 인물들의 대화를 통해 현장감을 생생하게 살리는 방법을 선택하기도 하는데, 이 점에 작가의 고유한 비판 방식의 방법적 측면이 놓여 있다.

---

1) 최인호, 「병정놀이」, 『즐거운 우리들의 천국－최인호 중단편 소설전집 3』, 문학동네, 2002, 15～16쪽.

그는 와들와들 떨면서 언덕길로 나섰다.

"뭘 벌벌 떠는 거야? 부축해."

이빨 빠진 사내가 걸레 조각처럼 축 늘어진 대머리를 가리켰다.

"이봐, 이봐."

털보가 대머리의 얼굴을 두어 번 때렸다.

"정신 차려, 이 새끼야."

대머리의 얼굴에서 피가 흘러내렸다.

"걸을 수 있어. 넌 발은 성한 새끼 아냐."

"운수 나빴어."

대머리가 힘없이 중얼거렸다.

"정통으로 부딪혔어. 난 죽는 줄 알았어."

"어 이 친구 봐."

이빨 빠진 사내가 그를 쳐다보면서 웃었다.

"이 친구 울고 있잖아."

그는 훌쩍거렸다.

"울긴 왜 울어."

털보가 짜증을 부렸다.

"울 생각 말고 우리들의 하는 짓이나 잘 봐둬. 금방 배울 수 있어."

"그럼. 자넨 아직 젊구 온몸이 다 성해. 그럼 됐지 뭘 그래."

셋은 대머리를 부축하고 언덕길을 내려왔다.[2)]

위의 인용 대목에서 보듯, 더 이상 희망도 없이 신체를 한 부분씩 치료비 명목의 현금과 맞바꾸며 삶의 종말을 조금씩 앞당기고 있는 인물들의 권태와 그 세계에 처음 발을 들여놓게 된 한 젊은이의 공포가 대화를 통한 극적 상황 속에 드러나 있다. 이 상황의 제시만으로도 작가가 표현하고자 하는 세계의 한 단면은 선명하게 그 모습을 드러낸다. 이 '기묘한 직업'의 세계에서 처음 마주하여 눈물을 흘리고 있는 청년의 삶 또한 이 간결한 대화 속에서 이미 그 예정된 운명을 엿볼 수 있다.

---

2) 최인호, 「기묘한 직업」, 같은 책, 44~45쪽.

한편 대화로 구성된 극적 상황의 제시는 그것을 둘러싸고 있는 독특한 분위기에 의해 더욱 효과적으로 독자에게 전달되고 있다. 곧 배경에 대한 묘사가 단지 상황에 대한 설명에 그치지 않고 그 속에 놓인 인물들의 심리나 의식의 조건으로 기능하는 차원에까지 이르고 있는 것이다.

> 그는 조용히 기지개를 켰다. 햇살은 거의 온몸을 부드럽게 애무했고 그의 온몸에서는 단내가 나기 시작했다. 미열이 다시 재발해서 내다보이는 동굴 밖은 발그스레하게 상기해 있었고 솔개 한 마리가 동굴 밖 푸른 하늘을 유유히 맴돌고 있었다.[3)]

위의 인용 대목은 얼핏 보면 단순한 배경의 묘사로 간주될 수도 있는 표현이지만, 인물들이 놓여 있는 비극적인 상황과의 대비를 통해 역설적으로 작품 전체의 실감과 긴장에 기여하고 있다. 전쟁에서 부상을 입고 낙오된 한 병사가 느끼는 감정이 초조와 공포로만 가득 차 있다고 한다면, 그것은 아마도 일면적인 진실이리라. 상황이 강요하는 초조와 공포를 배반하면서 온몸을 휩싸는 나른함과 혼곤함, 그것이야말로 그러한 상황 속에 처한 인물이 느끼는 긴장감의 실상일 것이다. 이처럼 분위기에 대한 묘사가 단순한 배경 설정에 그치지 않고 작품 전체에 긴장감을 부여하는 계기로서 작동하는 측면 또한 최인호 소설의 고유한 면모에 해당된다고 할 것이며, 그러한 면모가 사회체의 메커니즘에 대한 비판을 가능케 하는 심층적인 조건을 형성하고 있다고 할 수 있을 것이다.

## 3. 자전(自傳)의 세계와 작가적 정체성의 문제

「병정놀이」, 「기묘한 직업」, 「전쟁우화」 등의 작품이 사회체의 메커니즘에 대한 독특한 방식의 비판, 곧 작가를 둘러싼 외부적 세계에 시선을 두고

---

3) 최인호, 「전쟁우화」, 같은 책, 57쪽.

있다면, 「죽은 사람」과 「신혼 일기」는 가족이라는 매개를 통해 그 시선을 작가의 내부 세계로 이동시키고 있다.

「죽은 사람」이 작중화자인 '나'의 아버지의 죽음과 그 저편의 기억들을 중심으로 외할머니, 집안 아저씨, 그리고 사랑하는 여인을 총으로 쏘고 자신도 자살해버린 군대 고참 등의 죽음에 대한 회상이라면, 「신혼 일기」는 '결혼식', '아기', '신혼기', '아내의 머리칼', '아내의 자장가', '아내의 눈물' 등의 소제목에서 보듯 아내와의 결혼에서 비롯 출산과 신혼에 걸친 이야기라고 할 수 있다. 경건하고 엄숙한 죽음과 생기 넘치는 신혼이 대비되어 있기는 하지만, 이 두 작품은 '가족'이라는 공통분모에 의해 밀접하게 연결되어 있다.

> 새벽녘에 나는 아버지의 벌거벗은 상체에서 좁쌀 같은 젖꼭지를 만져보곤 하였다.
>
> 아버지의 젖꼭지.
>
> 그것은 정말 신기한 물건이었다.
>
> 그 젖꼭지는 치솟던 원형 반점 위에 두어 가닥의 불확실한 털을 가지고 아버지의 넓은 가슴 양 옆에 떨어진 부스러기처럼 꽂혀 있었다.
>
> 내가 그날따라 왜 그랬던가 잘 기억할 수는 없지만 어느 날 아침 나는 그 젖꼭지를 만지작거리다가 한번 입에 가져다대고 빨아보았다.
>
> 그때의 기분을 잘 기억할 수는 없다. 내가 왜 그런 짓을 했던가도 잘 기억할 수 없다.[4)]

위의 장면은 「죽은 사람」의 한 대목이다. 여기에는 죽음과 삶의 경계 저편의 기억이 여전히 현재화되지 않은 채 설명할 수 없는 절대적인 것으로 드러나 있다. 그 기억들은 궁극적으로 작가로서의 '나'의 정체성을 묻고 있는 당황스런 질문이기 때문이다.

그러나 그 사건들이 이렇듯 절실한 어떤 것으로 '나'의 기억 속에 남아 있

---

4) 최인호, 「죽은 사람」, 같은 책, 90쪽.

다고 하더라도, 그것이 허구의 외피를 갖추지 않은 채 이렇게 일종의 자전(自傳)처럼 제시되고 있는 것은 과연 어떠한 의미가 있을까. '최베드로', '시인 고은' 등의 고유명이 등신대로 등장하는 이 소설 속의 장면들은 최인호의 소설세계에서 어떠한 위치를 차지하고 있는가.

그 누구도 삶의 기억들을 실체화하고자 하는 욕망으로부터 자유롭지는 않을 것이다. 그럼에도 불구하고 최인호의 경우는 유독 가족에 대한 서사에 민감했으며, 어떤 의미에서는 최인호 소설세계의 한 축을 이루고 있다고 할 수 있을 정도로 그는 이 가족의 세계에 남다른 애착을 보인 바 있다. 대중적 성공을 거둔 소설들이 그의 소설세계의 가장 화려한 외면을 보여주고 있다면, 삶의 이력과 허구를 넘나들면서 전개되고 있는 이 가족 이야기는 그의 소설세계에서 가장 내밀한 영역에 놓여 있다고 할 수 있을 것이다. 어떤 의미에서 그는 이러한 균형을 통해 작가적 정체성에 대한 근원적 질문에 대답하고 있었던 것은 아닐까. 이와 같은 가족 이야기가, 표면상으로는 사적인 차원의 시시콜콜한 집안 이야기처럼 보임에도 불구하고, 그의 소설세계에서 간과할 수 없는 의미를 지니는 것은 바로 이러한 이유 때문이라고 볼 수 있을 것이다.

## 4. 대중사회의 생리에 대한 비판과 그 의미

「병정놀이」, 「기묘한 직업」, 「전쟁우화」 등의 작품이 사회체의 메커니즘의 억압적 존재 방식에 대한 비판을 대화 중심의 극적 구조 속에서 펼치고 있다면, 「즐거운 우리들의 천국」, 「가면무도회」, 「개미의 탑」 등은 대중사회라는 현실 무대 속의 인간들의 존재 방식에 대한 통찰을 바탕에 깔고 있는 작품들이라고 할 수 있다.

우선 「즐거운 우리들의 천국」의 화자인 '나'는 어떤 일에도 제대로 적응하지 못한 채 이 직업 저 직업을 옮겨 다니는 인물이다. 종이봉투 만들기, 벽보 붙이기, 극장 암표 장사, 불 지핀 구공탄 팔기, 춘화 장사, 고층건물 유리창 닦이 등을 거쳐 '나'가 결국 이른 곳은 이삿짐센터이다. 여기에서 '나'는 엑스트라 출신의 '그'를 만난다. '나'와 동료들은 무료함으로부터 벗어나기 위해 이 엑스트라 출신의 어수룩한 인물을 제물로 삼는다.

> 우리는 따분하고 무료했으므로 녀석을 괴롭히는 쾌감으로 시간을 보내고 있었다. 그 짓이라도 하지 않았다면 우리는, 그리고 나는 더위에 미쳐서 발광이라도 할 판이었다. 녀석은 우리들의 집요한 힐난조의 공세가 오히려 즐거운 모양이었다. 자신이 우리의 무리에 끼어드는 일이란 자신의 모자람을 털어놓아 우리를 웃기게 하고 그것이 우리와 함께 어울릴 수 있는 유일한 길인 것처럼 생각하고 있는 모양이었다.[5)]

'나'와 동료들은 결국 밧줄을 타고 아파트에서 내려가는 위험한 놀이로 '그'를 내몰고 결국 '그'는 밧줄을 놓치고 아래로 떨어지고 만다. 말하자면 무기력한 삶에 빠져 있는 대중들의 심리 이면에는 '갑작스런 광기'가 음험하게 자리를 잡고 있었던 것이다. 그러한 욕망이 한 개인의 내부로 향할 때는 무기력과 자폐적 양상으로 드러나지만, 그로부터 벗어나려는 집단적인 욕망은 광기로 돌변할 수도 있는 것이다.

이러한 대중사회의 생리는 「가면무도회」에서 신문기자인 주인공 이문후의 시선을 통해 더욱 날카롭게 드러나고 있다. 소설 속의 사건은 한국전쟁 당시 전쟁포로의 한 사람으로 중립국행을 선택했던 사내(황철진)가 전쟁 와중에 헤어졌던 약혼녀(정수경)와 아들(김현국)을 찾아 브라질에서 귀국하면서 비롯된다. 사내가 찾고 있는 여인은 이미 이곳에서 가족을 이루고 있기에 둘 사이의 만남은 조심스러울 수밖에 없다. 그러나 주인공 이문후가 속한 신문사의 부장은, 대중들의 욕구를 충족시키기 위해 필사적으로 이 사건을 한 편의 감동적인 드라마로 만들고자 한다. 그는 사내와 여인과 그들의 아들이 민족적 비극으로 인해 겪고 있는 고통 따위는 안중에도 없다.

---

5) 최인호, 「즐거운 우리들의 천국」, 같은 책, 162쪽.

그들의 마음속에는 홈런이 터지기를, KO되기를, 벌거벗기를, 얻어맞기를, 물바가지 뒤집어쓰기를 바라는 집단화된 못된 사디즘이 충만하고 있었다. 관객이 바라는 대상, 인물은 그들 위에 군림하는 우상과 영웅이 아니라 그들이 때려부수고 깔아뭉개기에 알맞은 살아 있는 장난감이었다. 그러나 그들 대상이 절대 만만해서는 안 되었다.[6)]

이와 같은 대중사회 속의 집단화된 생리에 의해, 사내와 여인과 그들의 아들이 겪는 비극은 신문사의 부수 경쟁과 부장의 야심과 대중들의 집단적 사디즘의 희생물이 되고 만다. 이 소설은 전쟁포로 출신의 한 사내가 겪는 비극적 고통을 한 편의 감동적인 드라마로 변질시켜 대중들의 욕구 충족을 위한 희생물로 삼는 상징적인 사건을 통해 대중사회의 생리화된 변태와 가학의 구조에 대한 비판에 접근하고 있다.

한편 「개미의 탑」의 주인공인 '그'는 광고회사 직원으로, 새로운 음료수의 광고 아이디어에 머리를 싸매고 있다. 어느 날 그는 집 안 곳곳에서 무리를 지어 몰려다니는 개미떼를 발견한다. 그것들은 쓰레기통을 뒤지는 쥐나 썩은 생선을 노리는 도둑고양이와는 달리, 사람들을 피하지 않고 인간의 곁에 그림자처럼 존재하고 있다. 집단을 이루어 목표를 향해 맹목적으로 돌진하는 이 개미들은 야성이 퇴화된 채, 인간이 야성을 버림으로써 자연적으로 획득하게 된 단것에 함께 탐닉하고 있는 것이다.

그는 회사로 출근하였다. 그러나 그날 하루도 새로운 음료수의 맛을 상징화해 나타낼 수 있는 단 한마디의 표현을 발견해내지 못하였다.

광고주는 어떻게 된 일이냐고 그에게 신경질을 부렸다. 그는 광고주의 입에 음료수병을 거꾸로 처박아버리고 싶은 충동을 받았다.

마셔라, 마셔.

그는 광고주의 입에 음료수병을 처박고 소리쳐 외치고 싶은 충동을 받았다.

마셔라, 마셔. 마시라구.

---

6) 최인호, 「가면무도회」, 같은 책, 252쪽.

창 밖의 거리로 목표를 향해 질주하는 개미떼와 같은 수많은 사람들 입에 모두 한 병씩 음료수병을 처박고는 소리를 고래고래 질러 최면을 걸고 싶은 욕망을 느꼈다.

마셔라 마셔. 마시라구.[7)]

그의 광고 아이디어는 더욱더 단맛을 찾아 몰려다니는 대중들의 생리를 충족시키기 위한 것이다. 광고 전쟁 속의 싸움과 설탕을 찾아 몰려다니는 개미떼와의 싸움이 등질적인 것은 이러한 맥락에서라고 할 수 있다. 그는 둘 중의 어느 싸움에서도 궁극적으로 승리할 수 없다. 작품 말미에서 그는 벌거벗은 온몸에 설탕물을 묻힌 채 방 안에 누워 개미들을 기다린다. 개미떼와, 그리고 대중사회 속에서 마치 한 개의 입자(粒子)처럼 살아가고 있는 자신의 피할 수 없는 운명과 화해하기 위해 그는 스스로가 제물이 되는 선택을 내린 것이다.

## 5. 새로운 해석 지평으로서의 작품

「병정놀이」, 「기묘한 직업」, 「전쟁우화」 등에서 추구되고 있는 사회체의 메커니즘에 대한 비판과, 「죽은 사람」, 「신혼 일기」에 나타난 작가적 정체성의 문제에 대한 탐구, 그리고 「즐거운 우리들의 천국」, 「가면무도회」, 「개미의 탑」 등에서 드러나고 있는 대중사회의 생리와 그 문제점에 대한 천착 등은 일차적으로 최인호 소설세계의 넓은 폭을 새삼 확인케 하는 계기임과 동시에, 보다 본질적으로는 그의 현실 비판의 방법적 측면과 작가적 정체성의 유지 방식과도 관계되고 있음을 확인할 수 있었다.

이들 소설이 발표된 시기는 최인호가 본격적으로 신문 연재소설에 뛰어들어 대중적 인기를 한몸에 받고 있던 시기에 해당되기에, 1970년대 초기의 소설들에 비하면 상대적으로 평가가 미약한 편이라고 할 수 있다. 그러나

7) 최인호, 「개미의 탑」, 같은 책, 298쪽.

위에서 살펴보았듯, 이들 소설들을 통해 최인호 소설세계의 또다른 특성과 매력을 새삼 확인하게 되는바, 이러한 새로운 층위의 소설들과 더불어 최인호 소설세계는 보다 확대된 해석의 지평을 열어놓고 있다고 할 수 있을 것이다.

# 체험의 육체성으로 이룬 의식의 사회사
## – 최인석론

### 1. 소설, 혹은 의식의 사회사

소설이 보여주는 사회의 모습이란 어떠한 것일까. 최인석의 소설을 읽다 보면 이러한 질문이 새삼 큰 얼굴로 떠오른다. 그러한 생각은 최인석의 소설들에서 다양한 사회의 모습이 소설의 내용으로 다루어져 있다는 사실과도 밀접하게 관련되어 있겠지만, 그보다 더 큰 원인은 그의 소설이 보여주는 변화와 단절의 양상에서 찾아볼 수 있다.

한 어린아이가 반공 포스터를 그리고 있다. 그림 속에는 붉은색으로 칠해진, 이빨을 드러낸 채 날카롭게 손톱을 치켜세운 끔직한 모습의 괴수가 그려져 있다. 그것이 아이의 의식 속에 자리 잡고 있는 사회의 모습이다. 즉 사회(현실)는 이 언어성 바깥에 있지 않다. 그러나 이 사회는 언어에 의해 이데올로기화된 사회이다. 반면 이데올로기가 아닌 실체로서의 현실은 어떠한가. 진짜 현실은 항상 의식(언어)의 바깥에 어둠으로 존재한다. 물론 시간(역사)이 지남에 따라 이 어둠 또한 시야에 들어오게 되지만, 또 그 시야 바깥은 암흑과 같은 어둠 속에 놓여 있다. 문제는 의식의 주의를 에워싸고 있는 '벽'에 나 있는 작은 '창'을 통해 이 어둠을 주시하는 것이다. 이 표현할 수 없는 어둠, 그것이야말로 사회의 존재방식이다. 이 어둠을 향한 추구가 진행됨에 따라, 시야에 들어온 어둠이 나이테처럼 새롭게 의식의 일부를 이룬다. 그리고 하나의 단절이 그 사이에 흔적을 남긴다.

최인석만큼 일관된 태도를 견지해온 작가는 그리 많지 않을 것이다. 『구경꾼』(1986) 이래 12권 분량의 작품들을 통해 발견할 수 있는 최인석의 지속적인 탐구 대상은 훼손된 가치의 세계 속에 던져진 개인의 존재방식이라 할 수 있는데, 문제는 이 양자가 부딪쳐 빚어내는 사회성의 성격이 시기에 따라 드러나는 특이한 방식이라 하겠다. 이 단절과 부침(浮沈)이 이야기하고 있는 바는 무엇이겠는가. 그것은 한 세대가 역사적 상황에 직면하여 겪는 의식과 고통과 그로부터 벗어나기 위한 출구를 치열하게 모색한 흔적이 아니겠는가. 그렇기 때문에 이러한 단절은 소리 없이 하루 하루 자라난 나무를 단면으로 잘라낼 때서야 드러나는 의식의 나이테 같은 것이 아닐까. 끊임없는 모색과 정진만이 이것을 가능케 하는 것이니, 바로 여기에 소설이 갖는 사회적 의미의 존재방식이 놓여 있다.

## 2. 잠과 늪의 시궁창

최인석의 첫 작품 『구경꾼』(1986)은 대학과 노조라는 사회적 대립의 장을, 주인공이자 '구경꾼' 한동규의 시선에서 펼쳐보이고 있다. 우선 대학에서 한동규는 왕빈대 김붕으로 대표되는 운동권 소속도 아니며, 그렇다고 해서 학업에 전념하는 표준적 대학생도 아니다. 그저 이 둘 사이에서 방황하는 '구경꾼'일 뿐이다. 이러한 위치는 노조 문제에 있어서도 마찬가지이다. 자본가 아버지와 그와 대립하는 노조 사이에서 동생 동철과 배다른 누이 동숙은 후자의 편으로 경사되었음에 반해, 주인공 동규는 여기에서도 여전히 '구경꾼'일 따름이다. 이와 같은 구경꾼을 통해 작가가 드러내고자 한 바는 겉으로 드러나지 않고 은밀히 감추어져 있다. 주인공 동규가 다분히 희화화되어 있기 때문이다. 적극적으로 한 방향의 이념을 주장하는 것은 아님에도, 이러한 대립구조 자체가 작가의 관심의 소재, 보다 정확히 말하면 작가 의식의 바탕을 이루고 있는 지반을 잘 보여준다고 할 수 있다. 구경꾼은 그 게임에 내재된 조작을 직시하는 데 무능력하고 다만 이긴 팀과 자기를 동일시하는 근본적 한계를 지닌다. 말하자면 마치 자신이 승리자인 듯한 착각에 빠져 승리자의 도취감을 자신의 것인 양 동일시하는 것이다. 그럼에도 불구하고 이 구경꾼의 자리란 언제 어디서나 가장 편안하고 안전하기 때문에 이러한 한계로부터 벗어나는 것은 쉽게 가능하지 않다. 말하자면 작가는 대립구도의 한쪽의 시선에서 바라볼 때는 보일 수 없는, 구경꾼의 눈으로 바라본 세계와 더불어, 그 구경꾼의 시선의 한계까지 담아내고자 한 것이 아닐까.

『구경꾼』에서 주인공 동규의 시선이 다분히 희화화된 것이었다면, 「잠과 늪」에서 30대 중반의 시계 제조회사 재무관리과 직원인 주인공 김병호의 시선은 다른 차원에서 보다 심각하게 다루어져 있다. 여기에서도 김병호는 오영수로 대표되는 타락한 가치의 세계와 아내 박경선, 그리고 자신이 속해 있는 회사의 노조 홍보부장 원창숙으로 대표되는 새로운 가치 추구 세력 사이에서 여전히 구경꾼의 존재 차원에 머물러 있다. 그럼에도 김병호는 세상을 냉소적으로만 바라볼 수는 없다. 왜냐하면 여기에서 주인공 김병호는 더 이상 존재근거가 불투명한 대학생이 아니기 때문이다. 곧 노조원 원창숙을 농성장으로부터 떼어내는 일이 자신의 생업과 직결되어 있으며, 아내 경선이 아파트 노조에 관여하고 있는 옛애인 태재영을 찾아 가정을 떠나는 사건은 자신의 존재 근거를 흔드는 것이기 때문이다.

> "나는 늪처럼 고여 있었다. 그리고, 썩어가고 있었어, 고인 채로."
> '그리고, 나는 그 늪에 빠졌지'
> 하고 나는 생각했다. 그것이 늪인 동안에는 나는 그 늪 안에서 놀 수 있었다. 그러나, 이제 그것은 늪이기를 거부하고 있었다. 그렇다면, 그 늪의 주민인 나는 어떻게 해야 하는 것일까?[1)]

---

1) 최인석, 「잠과 늪」, 『잠과 늪』, 실천문학사, 1987, 112쪽.

위의 대목은 가정이라는 늪에 빠져 있던 소시민 김병호가 아내 경선의 갑작스런 변화 이후 자신이 빠져 있던 늪을 자각하는 장면이다. 그럼에도 병호는 아내와 더불어 늪 밖으로 쉽사리 뛰쳐나갈 수는 없다. 그는 여전히 언제 어디서나 가장 편안하고 안전한 구경꾼의 유혹을 떨쳐버리지 못하고 있기 때문이다. 여기에서도 늪으로 표상되는 소시민적 일상의 굴레를 벗어나고자 하는 의지와 그럼에도 불구하고 그 의지에 무겁게 매달려 있는 현실의 무게를 동시에 담아내고자 하는 작가의 균형감각은 여실하다.

이와 같은 태도는 『잠과 늪』에 실려 있는 단편들 가운데 하나인 「변명, 또는 알리바이」에서도 찾아볼 수 있다. 가난한 대학생인 주인공 철민의 머릿속에 우상으로 자리 잡고 있던 홍창수의 타락은 현실이 얼마나 깊은 늪인가를 보여주는 경우라고 할 수 있겠다. 그런가 하면 홍길동이라는 별명으로 불리던 마을의 영웅 홍창수가 그토록 타락하게 된 근원에는 고문의 기억이 자리 잡고 있다. 고문은 한 마을 전체의 빛과 전설이었던 홍길동을 사기꾼으로, 뚜쟁이로, 통증으로 시달리는 기억상실증 환자로, 성불구자로 만들었다. 여기에서 드러나는 바, 현실의 늪은 소시민적 삶의 무기력함이 고여 있는 정태적인 것일 뿐만 아니라, 한 사람의 신체와 정신, 나아가 그의 삶 자체를 파멸시키는 억압이기도 하다.

『잠과 늪』에 실려 있는 또다른 단편인 「가만히 귀대고 들어보면」의 주인공은 노조활동으로 구속되었다가 출소한 동석과 그의 아내 숙희이다. 출소한 동석은 숙희가 삶의 밑천으로 삼았던 변두리의 조그만 문방구로 온다. 그러나 같은 공장 노조에 있던 대학생 출신 운동가 권준형의 소재를 파악하기 위해 형사가 찾아오고, 당연하게도 방을 빼달라는 주인의 말을 듣는다. 그러던 중 동석이 감옥에 있는 사이 강도의 폭행으로 임신한 숙희는 유산을 하고 끝내 숨을 거둔다.

> 하늘은 마치 거대한, 견고한, 두터운 벽 같았다. 세상의 어떠한 것으로도 쓰러뜨릴 수 없고, 도전할 수 없으며, 상처 하나 입힐 수 없는 벽, 그러면서

도 사람들의 피와 죽음과 고통을 요구하는 벽. 동석은 젖은 얼굴로 하늘을 쏘아보며 고함을 쳤다. 저건 내 하늘이 아니다! 저건 우리 하늘이 아니다! 저건……[2)]

이 지점에서 최인석 소설의 주인공들은 더 이상 '구경꾼'이 아니다. 현실은 늪일 뿐만 아니라 거대한 억압의 벽이기도 하기 때문이다. 『잠과 늪』의 후기에서 작가가 밝혀놓고 있는 바, "갖은 시행착오와 회의와 암중모색과 주저를 통과한 다음에야 그가 이미 지나갔던 길 가운데의 한 모서리에 닿을 수 있을 뿐이었다"는 술회에서 보이듯, 이러한 변화의 도달점은 소설의 사회성에 대한 작가의 깊은 자의식이 만들어낸 것이다. 이러한 변화가 보다 본격적인 차원으로 접어든 양상을 우리는 최인석의 다음 작품인 『새 떼』(1986)를 통해 확인해볼 수 있다.

## 3. 가명의 세계, 혹은 백악기의 사람들

영화 〈그들도 우리처럼〉(1990)의 원작으로 잘 알려진 『새 떼』는 현실의 늪으로부터 억압의 실체를 발견해내는 것으로부터 한 발 더 나아가 그와 같은 억압의 구체적 대결을 다루고 있다. 우리는 이러한 변화 혹은 단절을 『새 떼』의 '작가의 말'에서 직접적인 육성으로 확인해볼 수 있다.

그러나, 나는 그들의 이야기를 해야 한다고 생각했다. 이 나라의 80년대를 이끌어온 큰 추진력 가운데 하나가, 어쩌면 바로 그 핵심 가운데 하나가 바로 그런 확신을 가졌던 이들, 온몸으로, 자신의 모든 것을 다 내던져, 마치 신 앞에 엎드리는 오체투지(五體投地)의 자세로 그 확신을 행동으로 밀어붙였던 이들, 그리하여 혹은 차디찬 교도소에 갇히고, 혹은 우리가 지금 딛고 사는 이 땅에 묻혀 이 땅의 일부가 되어버린 이들이었다고 믿기 때문이다.[3)]

---

2) 최인석, 「가만히 귀대고 들어보면」, 같은 책, 247쪽.

이렇듯 신념에 찬 확신의 목소리는 최인석에게 상당히 낯선 것이다. 『잠과 늪』의 후기에서 볼 수 있는 부끄러움과 자의식이 여기에서는 변혁에 대한 확신으로 대체되어 있다. 이러한 변모는 사회적인 변화의 추이에 대응된다는 점에서는 수동적인 것이지만, 『잠과 늪』에서 선언한 방향성의 현실화라는 점에서 보면 작가의 의식의 고투 끝에 도달한 한 지점이기에 능동적인 어떤 것이라 말할 수 있을 것이다.

『새 떼』에서 주인공 한고조는 김기영이자 한태훈이다. 그리고 다방 종업원인 송영숙은 이금란이자 황미자이다. 이들은 이렇듯 가명의 세계에 이중으로 걸쳐 있다. 이들은 뿌리를 잃고 떠돌면서 가명을 걸친 채 이곳 탄광촌으로 흘러들어온다. 각각의 이유야 어쨌든 가명이란 '존재이전'의 양상이며 그것은 '무형의 강제'에 의한 것이다.

> 이유야 무엇이 되었건 제 이름을 감추고 살아가는 사람이 여기 또 있었던 셈이다. 왜 그녀는 이름을 빼앗겼는가? 무엇이 그녀로 하여금 이금란이라는 본명을, 아니, 나아가서는 황미자라는 본명을 버리게 하였는가? 그것은 그녀 자신이 선택한 운명이었는가, 아니면, 그녀 스스로가 악독한 팔자라고 부르고 있듯이, 그녀가 저항할 수 없었던 무형의 강제에 의하여 그렇게 되고 말았는가? (…) 그녀는 사실상 이 가혹한 세상에 의하여 이름을, 어쩌면 그와 더불어 운명까지를 찬탈당한 것이므로.[4)]

송영숙이라는 가명이 가혹한 세상의 무형의 강제에 의한 것이라면, 한고조의 그것은 이러한 무형의 강제에 저항함으로써 만들어진 것이지만, 이 둘 모두는 '가명의 세계'라는, 한 역사적 시기의 전형을 보여준다는 점에서는 일치된다. 물론 그렇다고 해서 이들의 연대와 그를 통한 세계와의 대결이 승리로 이어지는 것은 아니다. 한고조는 체포되기에 이르고, 송영숙의 경우

---

3) 최인석, 「이 나라의 다윗들을 위하여」, 『새 떼』 '작가의 말', 현암사, 1986, 6쪽.
4) 같은 책, 228쪽.

또한 우성연탄 사장의 아들 이성철을 살해하고 교도소행으로 귀결된다. 다만 작가는 한고조의 입을 통해, 부서지고 찢긴 민중들을 '백악기의 사람들'로 규정하면서, 세계와의 상징적 대결과 승리의 전망을 암시하고 있다.

> "지질학자들은 중생대의 백악기로부터 신생대로의 이행을 지질시대의 혁명이 있다고 불러. 한 시대가 무너져 내리고, 새로운 한 시대가 시작되었다는 거지. 기괴한 악몽의 시대가 끝났던 거야. 소름 끼치는 괴물들은 다시는 지구상에 되돌아오지 못했어. 작고, 귀엽고, 훨씬 더 다정한 생물들이 나타나서, 서로 조화를 이루며 살아가기 시작했어. 그런데, 오늘날에는 사람들 스스로가 그 공룡이 되어가고 있어. (…) 돈과 권력과 총칼로 무장한 사람들 스스로가. 공룡들이 쓰러져야만 새로운 세상이 될 거야. 그 공룡들은 그냥 쓰러지지 않아. 싸워서 쓰러뜨려야 해."[5)]

그러나 힘겹게 도달한 이 지점을 통과하여 시간은 먼저 앞으로 내달린다. 이념의 붕괴라는 1990년대의 상황이 기다리고 있었던 것이다. 이념과 신념 속에 포착된 것으로 보였던 현실은 다시 어둠 속으로 묻힌다. 그렇다고 이념을 '그리운 미망'으로 치부하고 주저없이 내던질 수도 없다. 이제 외부를 향한 대결의 의지는 상실의 늪을 거쳐 억눌린 열정이 되어 내면에 가라앉는다.

## 4. 내 안의 나, 그림 없는 그림책 속의 그림

『새 떼』까지의 최인석의 작품 경향이 주로 이념의 문제를 작품의 중심에 둔, 사회 문제의 직접적 형상화의 과정이었다고 한다면, 1990년대에 들어선 이후의 그것은 사회적 질서 속에서 억눌린 열정이 내면화되어 삶의 다양한 모습 속에서 드러나는 방식에 대한 탐구라 할 수 있을 것이다.

이 과정에서 의식 속에 자리 잡은 추악한 욕망을 들춰내는 작업이 비롯된다. 그 대표적인 것이 『내 마음에는 악어가 산다』(1990)이다. 이 작품에

5) 같은 책, 354쪽.

서 주인공 박형욱은 방송국에서 드라마를 제작하는 PD로 아내 오명실과 함께 살고 있다. 남부러울 것 없는 직업과 재산을 가진 그는, 그러나 가끔 억누를 수 없는 집요한 욕구에 이끌려 호텔로, 매춘부에게로 끌린다. 그는 이 억누를 수 없는 집요한 욕구를 '악어'라 부르고 있다.

> 그런 놈을 악어가 아니라면, 어떤 이름으로 부른단 말인가. 나의 마음속에는 한 마리의 악어가 산다. 억센 이빨로 갑자기 나의 숨통을 물어뜯기 시작하면 결국 나를 완전히 장악하여 버리는 악어가. 나를 철저히 무력화시켜 버리고 나아가서는 노예화시켜 버리는 악어가. 자신의 의지를 마지막까지 관철시키기 전에는 결코 숨통을 놓아주지 않는 악어가. 제 의지와 욕심 외에는 세상의 어떤 것에도 관심을 기울이지 않는 악어가. 아니, 오직 제 의지와 욕심만이 세상의 전부인 줄 아는 악어가. 그것 외의 다른 세상이라는 것이 있는지 없는지 따위에는 관심도 기울이지 않는 악어가.[6)]

게다가 박형욱은 죽은 자신의 어머니 정영숙의 시체를 지하실에 안치해놓고 살아간다. 네크로필리아(necrophilia)적인 면모를 보이는 이 주인공에게 아내 명실은 사랑의 대상이기보다는 감시와 집착의 대상이다. 그렇기에 그는 아내 몰래 녹음기를 설치해놓고 아내의 일상을 감시하기도 한다. 결국은 이러한 모든 엽기적인 행각이 아내에게 발견되기에 이르고, 아내 명실은 유산으로 인한 출혈과다로 사망한다. 언뜻 존 파울즈의 『콜렉터』(1963)를 연상케 하는 이러한 감금과 시체 성애의 세계를 통해 작가는 무엇을 이야기하고 싶었던 것일까. 물론 소시민적 삶 이면에 존재하는, 늪과 같이 고여 있는 파괴충동을 보여주면서 조직사회의 모순을 제시했다고도 볼 수 있을 것이다. 그러나 그와 더불어, 여기에서 의미 있게 느껴지는 것은 이 작품이 인간탐구, 혹은 자기해부로서의 의미를 지니고 있다는 점이다. 1980년대를 이념의 시대라 범칭한다면, 1990년대는 이념에 의해 가려져 있던 욕망을 새

6) 최인석, 『내 마음에는 악어가 산다』, 살림, 1990, 89~90쪽.

롭게 발견하기 시작한 시점이라고 할 수 있을 것이다. 이 시간의 빛이 작가의 체험과 의식 속에 잠재해 있던 어떤 문제를 환기시킨 것이 아닐까.

『인형 만들기』(1991)에 실려 있는 「그림 없는 그림책」에서도 이와 같은 모티프는 반복하여 등장하고 있다. 주인공 상수는 아내 영숙과 딸 송이와 함께 단란한 가정을 이루고 있다. 전형적인 중산층이라 할 수 있는 이 가정에 갑작스런 파문이 일어난다. 은행 잔고가 줄어든 것을 의심한 아내 영숙이 남편의 카드 사용 내역을 확인하는 순간, 거기에는 상수가 이용한 호텔, 여관, 술집의 이름이 적혀 있었던 것이다. 상수는 여관에서 매춘부들의 몸을 사면서, 온갖 세상에 대한 불만과 스스로에 대한 모멸을 쏟아붓고 있었던 것이다.

> "에라, 이 더러운 놈아. 너도 별수 없는 놈이다, 임마. 점잖은 얼굴로 정치가 어쩌고 사회가 어쩌고 민주주의가 어쩌고 하지만, 이런 데 와서 계집애나 끼고 자빠져 있고. (…) 명동성당이 어쩌고 어째? 문목사가 어쩌고 어째? 평양이 어쨌다구? 통일이 어떻게 됐어? 타락선거가 어쩌구 부정선거가 어쨌어? 아사리판도 니가 놀아나는 아사리판이 세상 천지에 또 어디 있겠냐? 국회의원 자질 좋아하지 마, 이 새끼야. 환멸 좋아하고 뒤집어졌네. 너야말로 환멸의 덩어리다, 개자식아. (…) 염병 걸린 놈, 지랄병 걸린 놈, 개놈, 개놈, 개, 깨갱 깨갱, 깨갱 깨갱, 개, 개, 개, 개들, 야 이 개새끼들아아아아아아아!"[7)]

소시민적 삶의 풍경 속에는 겉으로 보이지 않는 그림들이 감춰져 있다. 그러나 그림들 없는 그림책을 뒤집어보면, 거기에는 추악한 인간의 내면이 있다. 이러한 작업은, 마치 감옥 같은 데에 갇혀 있는 사람이 머리카락으로 인형을 만든다거나, 잇솔 토막으로 아주 정교하게 여자의 몸을 조각하는 것과 같은, 말하자면 갑작스런 의식의 단절을 통해 경험하게 되는 의식의 폐

7) 최인석, 「그림 없는 그림책」, 『인형 만들기』, 한길사, 1991, 98쪽.

색 상태를 견디는 방식 가운데의 하나라 할 수 있을 것이다. 이 시기에 『안에서 바깥에서』(1992)와 같은, 일종의 자전적 성격이 짙은 작품이 발표된 것도 이러한 맥락에서 이해해볼 수 있을 것이다.

## 5. 혼돈의 심해에서 시장의 일상으로

『내 마음에는 악어가 산다』나 『인형 만들기』에서와 같은 극도의 혼란한 세계로부터 벗어나는 계기는 『내 영혼의 우물』(1995) 이후의 단편들에서 발견할 수 있다. 그것은 추잡하고 타락한 세계 속에서도 유토피아적 지향성을 간직한 사람들이 맑은 정신을 추구하는 데서 비롯된다. '행복한 개 학교'를 꿈꾸며 죽어간 「내 영혼의 우물」에서의 심영배나, 「세상의 다리 밑」에서의 이병장과 신유민, 「새, 떨어지다」에서의 한용태나 심형숙, 「鐵路는 밤에도 반짝인다」의 병호나 고경철, 「세계의 바닷가」에서의 영수, 철규, 경만 등이 이러한 인물이 해당된다.

> 철로가 반짝이는 것을 병호는 그때 처음 보았습니다. 병호의 눈앞에서, 천지를 뒤덮은 캄캄한 어둠 속에서 철로가 반짝이고 있었던 것입니다. 철로는 그 남자의 눈이 닿는 곳까지, 위로도 아래로도 끝이 없이 뻗어 있었고, 먼 별처럼 아른아른 반짝거렸습니다. 그러나, 고경철의 말과는 달리 철로는 냇물처럼 반짝이고 있지는 않았습니다. 새벽에 숲속의 거미줄에 맺힌 이슬 방울들이 햇살을 받아 반짝이듯, 마치 은은한 음악이라도 연주하는 듯이 조용조용히, 철로는 그렇게 반짝이고 있었습니다.[8)]

『내 영혼의 우물』이 다소 도식화된 방식으로 순결함의 이미지들을 제시하고 있다면, 『혼돈을 향하여 한걸음』(1997) 이후에서는 이러한 지향성이 말 그대로 혼돈 속에 던져져 그 심화의 계기를 맞고 잇다. 「혼돈을 향하여 한걸음」에서의 늙은 기생의 세계, 「숨은 길」에서의 파괴적 욕망, 「노래에

---

8) 최인석, 「철로는 밤에도 반짝인다」, 『내 영혼의 우물』, 고려원, 1995, 182쪽.

관하여」의 삼청교육대나 「深海에서」의 창녀촌의 세계는 그러한 현실 속의 혼돈이 소용돌이치는 장소라고 할 것이다. 이들 작품에 나타나는 격정의 몸짓들은 바로 이 혼돈에 대응되는 것이다. 감상성의 편린이 엿보이는 것 또한 그와 연관된 때문인 듯하다. 그러한 감상성의 한계를 벗어나는 계기를 『나를 사랑한 폐인(廢人)』(1998)에서 찾을 수 있다.

『나를 사랑한 폐인』에 실린 「소설가 최보(崔甫)의 어제, 또 어제」에서 주인공은 쉬레버를, 브레히트를, 하이네를, 그리고 동서고금의 신선들과 시므온 등을 만난다. 그들은 과거의 인물이 아니라 '어제'의 사람들이다. "언젠가는 내일이 오리라는 것을 믿어 의심치 않는 친구들"이기에 그들은 항상 오늘과 맞닿아 있으며 그렇기에 지나가버린 과거의 사람들이 아니라 바로 '어제'의 인물들이다. 오늘 또한 꿈이 성취되고 기다리던 메시아가 찾아오는 내일이 아닌 다음에야 과거와 구분되는 현재가 아니라 연장된 어제에 불과하다.

쉬레버와 최보가 나누는 대화는 이성과 진보에 대한 신뢰를 무시하고 무의식과 욕망에 무한한 권능을 부여하는 프로이트주의적 경향을 경계하기 위함이 아니라, "세상 만물을 쥐어짜 규격만 약간씩 다른 암나사 수나사를 무수히 만들어내는"[9] 편집증적 세계를 비판하기 위함이다. 곧 프로이트 부정이 아니라 프로이트 너머로 나가기 위함이다. 그렇기에 스스로 분열되는 '폐인'이 되지 않을 수 없다. 그러나 여기에서의 폐인은 그가 이전 창작집 『혼돈을 향하여 한걸음』에 실린 「숨은 길」에서 제시했던 바와는 사뭇 다르다. "열심히 부패하고 열심히 타락하고 열심히 범법행위를 저지르고 열심히 미치고 열심히 중독되고 열심히 부랑하는 것"과 "스스로 파괴되고 실패하고 병들고 죽어가면서 체제를 붕괴시키는 것"[10]과는 엄연히 다른 길이기 때문이다. 전자가 자본주의의 생리를 무비판적으로 수용한 결과라면, 후자는 자

9) 최인석, 「소설가 최보(崔甫)의 어제, 또 어제」, 『나를 사랑한 폐인(廢人)』, 문학동네, 1998, 88쪽.
10) 최인석, 「숨은 길」, 『혼돈을 향하여 한걸음』, 창작과비평사, 1997, 97쪽.

본주의의 질서로부터 끊임없이 탈주하고자 하는 능동적인 전략의 일종이기 때문이다.

『혼돈을 향하여 한걸음』에서 시장의 질서는 「노래에 관하여」의 삼청교육대나 「심해에서」의 매음굴과 같은 일상 이면의 특수공간에서 특히 추악한 모습을 드러낸다. 그러나 그 특수화된 세계가 일상적 삶의 질서와 구분되는 것은 아니다. 일상적 삶의 질서는 그와 같은 추악한 세계에 의해 유지되고 있기 때문이다.

「나를 사랑한 폐인」에서 동찬이 몸담고 있는 잡지사나, 서영과 김주간이 보여주고 있는 세상의 일면은 그를 폐인으로 이끈 현실적 요인이다. 일상적 삶의 질서와 논리에서 보면 그것으로부터의 일탈이야말로 곧 폐인의 길이지만, 폐인의 눈으로 본 세상은 '시장과 구정물의 늪'에 지나지 않기 때문이다. 곧 일상과 대비되는 억압과 착취의 특수지대가 있는 것이 아니라, 일상 그 자체가 수나사와 암나사의 규격을 강요하는 편집증적 도착을 보여주고 있는 것이다.

마찬가지로 「지리산에 저 바다」에서 순박한 주인공 만덕을 '환각의 폐인'으로 만든 것은 공사판의 일상적 삶의 질서이다. 성우를 비롯한 공사판의 인물들은 속물화된 일상의 질서로부터 벗어나지 못하고 있으며, 저마다의 삶의 늪으로부터 탈출하려고 발버둥치지만 오히려 살인이라는 헤어날 수 없는 더 깊은 늪에 빠지고 만다. 『혼돈을 향하여 한걸음』에 실려 있는 「심해에서」의 선영이나 「평화의 집」의 미영과 같이 일상 속에서 구원의 이미지를 찾는 것은 더 이상 불가능하다. 유일한 길은 만덕과 같이 '환각의 폐인'이 되는 길이다.

「약속의 숲」에서의 미국은 시장의 질서를 단적으로 보여주는 공간이다. 그러나 이 특수공간은 전향한 박의원이나 국회의원 출마를 위해 헤어졌던 아내와 딸을 찾아 미국에 온 대영을 통해 이곳의 현실과 연결되어 있다. 브레히트가 겪었던 '시장과 구정물의 늪'을 벗어날 방도는 어디에도 없다. 숲을 헤매는 무수한 방황만이 있을 뿐이다.

'시장과 구정물의 늪'에 일으키는 혼돈은 삶의 시궁창이 아닌 번듯한 일상의 견고한 체계 속에 억압된 채로 잠재되어 있다. 최인석은 『나를 사랑한 폐인』에 이르러 진정으로 그와 같은 혼돈을 향해 한걸음을 내딛고 있는 것으로 보인다.

## 6. 환상으로 제작한 어둠의 지도

혼돈을 향해 한걸음을 내딛자 거기에 어둠이 있다. 왜 어둠인가. 삶의 불빛들이 반짝이는 곳, 거기에는 길이 없기 때문이다. 최인석의 근작들은 환상으로 만든 이 어둠의 지도이다. 『아름다운 나의 鬼神』(1999)에서 무당 딸 귀연의 몸주는 고산자 김정호이다. 그녀의 말을 빌리면 "그분은 그 지도를 통해 우리 눈에 보이지 않는 곳, 어떤 지도에도 표기될 수 없는 곳을 확인하고, 그곳으로 넘어가려 한"[11] 사람이다. 곧 그가 만들고자 한 지도는 현실 속의 지리적 환경에 대한 지도가 아닌, 새로운 세계에 대한 그리움과 열망이 만들어낸 보이지 않는 세계에 대한 지도인 것이다. 최인석이 기본적으로 지리서의 성격을 갖는 『산해경』에 관심을 갖는 이유도 이러한 맥락에서 설명될 수 있다. 『산해경』은 지리서이되, 신화적 상상력으로 구축된 하나의 낯선 새로운 세계이기 때문이다. 그것은 들뢰즈와 가타리가 『천의 고원』에서 말하고 있는 리좀적 지도, 곧 "해체될 수 있고, 전복될 수 있으며, 모든 바탕에 적용될 수 있는, 개인이나 집단, 사회 형성체에 의해 작동되는, 벽에다 그릴 수 있고, 예술 작품으로 간주할 수도 있으며, 정치적인 활동이나 철학적 성찰로 구성할 수도 있는 지도"(제1장 「리좀」, 『천의 고원』)에 가까운 것이기 때문이다. 그렇다면 이러한 지도제작술(cartographie)의 수단은 무엇인가. 그것은 곧 욕망이다. 삶의 질서로부터 밀려난 어둠, 그것은 욕망으로 새롭게 생성되어 마음속 깊숙이 자리 잡는다.

---

11) 최인석, 『아름다운 나의 鬼神』, 문학동네, 1999, 34쪽.

나는 그때 처음으로 알았다. 사랑을 짓눌러두면 그 자리에 열정이, 어두운 열정이, 짐승으로 친다면 아마 두꺼비나 뱀, 지렁이나 지네 따위를 닮았을 그늘진 열정이 생긴다는 것을. 그 어두운 열정은 사랑이 짓눌릴수록 더욱 크게, 더욱 어둡게, 더욱 음침하게, 저 민둥산 꼭대기에 자리 잡은 거대한 철탑처럼 거대하게 자라난다는 것을. 그리고 유일한 위로란 그 어둡고 음침한 짐승과 친해지는 길뿐이라는 것을.[12]

이 음침한 짐승과 친숙해진 결과는 무엇인가. 그것은 욕망의 새로운 생성이다. 『아름다운 나의 귀신』에서의 매, 「내 사랑 나의 間諜」(『동서문학』, 1999년 봄호~겨울호)에서의 지네, 「잉어 이야기」(『현대문학』, 1999년 10월호)에서의 잉어는 이와 같은 짓눌린 열정이 만들어낸 환상의 욕망이다. 그리고 이러한 욕망의 출처는 바로 현실 속의 억압이다.

나에게는 그들과는 다른 욕망, 다른 요구가 있었다. 그것은 아무도 가르쳐주지 않았으나, 내 가슴속에서 스스로 자라났다. 쓰레기구덩이 같은 방, 자신의 토사물(吐瀉物) 한가운데에 엎어진 어미의 더러운 뺨에서 흘러내리는 피를 묵묵히 지켜보며 그것들은 자라났다. (…) 배앓이 때문에 학교에서 조퇴를 하여 고아원에 돌아와 쓰러져 있다가 문득 눈을 떴을 때에, 나는 그 넓은 방에 나 혼자뿐이라는 것이 참으로 낯설었다. 그 방에 가득 넘쳐나던 오후의 그림자들, 외로움, 창을 흔들고 뒷산으로 달아나며 나뭇가지들을 뒤흔들어대던 바람, 깜빡 졸았다가 깨어났을 때에 문득 내 귀에 메아리치던, 짐승의 울부짖음처럼 처량하던 나 자신의 신음소리, 그와 더불어 나의 욕망은 자랐다.[13]

이처럼 현실의 억압으로부터 발생한 욕망은 현실 이외의 다른 세계를 창조한다. 특히 최인석의 근작들에서 이러한 세계에 대한 상상력을 부여한 것은 『산해경』의 세계라고 할 수 있다. 즉 『산해경』에서 천제(天帝)의 권위를

12) 같은 책, 16쪽.
13) 최인석, 「내 사랑 나의 간첩」, 『동서문학』, 1999년 봄호, 78쪽.

거스르고 가뭄과 전쟁을 일으키는 악귀들인 고(鼓), 흠비(欽䲹), 상류(相柳) 등이 등장하는가 하면, 인간을 창조한 여신 여왜(女媧)나 신인(神人)들이 사는 바다 한가운데의 섬 열고야(列姑射)가 등장하기도 한다. 『산해경』에 의하면 사람 얼굴에 용의 몸을 한 고, 아홉 개의 사람 얼굴에 몸은 푸른 뱀인 상류, 그리고 흠비 등의 악귀들은 천제에 의해 처형당하나, 그럼에도 불구하고 다른 모습으로 변하여 지속적으로 천제에 도전하는 것으로 되어 있다. 최인석의 소설에서는 고, 흠비, 상류와 같은 악귀들이 지배하는 것이 현실의 세계라면, 이 현실과는 다른 질서는 열고야국으로 표상되는 새로운 세계에 의해 추구되는바, 여기에서는 새로운 세계에 대한 그리움과 갈망이 그 세계의 실체이다.

> 니가 이곳이 니 나라가 아니라고 말할 때에 니가 갈망하는 모든 것, 그리워하는 모든 것, 열고야국이 그런 곳이다. 사람이 그리워하는 모든 것은 이미 존재하는 것이다. 아직 발견하지 못하고 만나지 못하고 성취하지 못한 것뿐, 존재한다는 사실에는 변함이 없다.[14]

생성된 모든 욕망은 이미지가 아닌 실체이다. 이러한 욕망의 발견과 그것의 형상화에는 모종의 계기가 놓여 있을 것이다. 그것은 작가가 '환멸'이라고 지칭한 것과 관련된다. 무엇에 대한 환멸일까. 아마도 모든 것에 대한 환멸, 그리고 그를 통해 그것에 대한 집착으로부터 벗어나기를 꿈꾸는 것이 아닐까. 『아름다운 나의 귀신』의 정이와 한정수는 『안에서 바깥에서』의 영이와 김홍직이다. 그러나 이 둘의 세계는 얼마나 다른가. 이데올로기에 매달리지 않는 자유로운 의식과 존재를 꿈꾸는 이 단절의 계기에 환멸과 환상이 놓여 있다.

---

14) 최인석, 「내 사랑 나의 간첩」, 『동서문학』, 1999년 겨울호, 165쪽.

## 7. 글쓰기 원천으로서 육체성

『구경꾼』 이래 15년간 지속해온 최인석의 글쓰기 작업은 현실 속의 억압을 삶의 여러 모습을 통해 환기시키고, 그것으로부터 벗어나고자 하는 의식의 지향을 끊임없이 모색하는 과정으로 요약된다. 이토록 집요하고도 끈질기게 하나의 주제에 매달리게끔 한 동력이랄까 동기의 원천은 무엇일까. 그것은 그가 글쓰기를 자신과의 싸움으로 설정했음과 깊이 관련된다.

> 그렇지만 내가 이렇게 말하고 있는 순간에도 내 마음속에 사는 몽상가는 고개를 젓고 있습니다. 처음 나에게 말과 글에 대한 믿음을 심어준 바로 그 놈, 세상에는 뭔가 더 없이 중요한 일이 있으며, 그것이야말로 내가 할 일이라고 꼬드겼던 그놈 말입니다. 나에게 현실의 노래만이 노래가 아니라는 것을 가르치고, '지금 여기'보다 '언젠가 거기'를 꿈꾸게 한 그놈, 있지도 않은 '언젠가 거기'를 거울삼아 바로 오늘 엄청난 힘으로 우리를 지배하고 있는 '지금 여기'를 비춰보게 한 그놈, '언젠가 거기'라는 불태환화폐로 우리 눈앞에 엄연히 자리 잡은 '지금 여기'라는 태환화폐를 의심하게 만든 그놈 말입니다.[15]

물론 이것이 작품을 작가의 연대기적 체험으로 환원시키는 것은 분명 아닐 터이다. 최인석은 『나를 사랑한 폐인』 가운데 실린 자전소설 「소설가 최보의 어제, 또 어제」에서 다음과 같이 말하고 있다. "진정한 소설은, 작가가 현재 서 있는 자리의 모든 것을 드러낸다는 의미에서, 이미 하나의 자전이다. 자전이 아닌 소설은 소설이라 하지 않아도 무방하다"[16]라고. 그래서 그런지 자전소설을 쓰는 마당에서 작가는 오히려 '소설과 망상의 경계'로 비켜간다. 그것은 작가가 겪는 내적인 모순을 비롯한 '현재 서 있는 자리의 모든 것'을 드러내는 우회적인 수단이다. 확고한 주체로서 글쓰기에 임하는 것이

15) 최인석, 「언젠가 저기에는」, 『안에서 바깥에서』 '작가후기', 276~277쪽.
16) 최인석, 「소설가 최보의 어제, 또 어제」, 86쪽.

아니라, 분열되어 있는 존재와 현실을 바라보기 위해 의식 속에서 펼쳐지는, 의식이 만들어내는 몽상과 환상을 글쓰기 과정 속에서 새롭게 구성하는 것이다. 그러하기에 작품 속의 인물들은 허구가 아니라, 작가가 만들어낸 새로운 현실 속의 존재라고 할 수 있다.

최인석의 소설들을 읽는 작업이 우리에게 고통스러움으로 다가오는 것은 바로 이 작품들 속에 새겨진 육체성 때문이다. 여기에서 육체성이라 함은, 작가의 이데올로기나 관념에 의해 여과되지 않은 의식과 체험의 직접성을 일컫는다. 최인석의 글쓰기는 이 직접성으로 육박해오는 육체성과의 씨름이다. 최인석이 『내 마음에는 악어가 산다』의 '작가의 말'에서, "이 소설은 그 악어와 나의 싸움의 기록이다. 악어는 주인공 박형욱의 마음속에만이 아니라 나의 마음속에도 살고 있었던 것이다!"[17]라고 말한 것 또한 이러한 맥락에서 설명될 수 있다. 소설 속에 기입된 육체성은 곧 읽는 독자에게 자신의 이데올로기와 관념 아래에 감추어진 육체성의 영토를 되돌아보게 만든다. 이 육체성이야말로 최인석의 지속적인 글쓰기 작업의 동력임과 동시에, 그의 작업이 하나의 의식의 사회사를 형성할 수 있는 뚜렷한 근거라고 할 수 있을 것이다.

17) 최인석, 「악어와의 씨름」, 『내 마음에는 악어가 산다』 '작가의 말', 12쪽.

# 햇빛의 열정, 달빛의 정복(淨福)
## – 이윤기론

### 1. 햇빛 속에서 달빛 찾기

「햇빛과 달빛(Daylight and Moonlight)」이라는 시가 있다. 『에반젤린』으로 잘 알려진, 19세기 미국의 시인 롱펠로(H.W.Longfellow, 1807～1882)의 작품인데, 이윤기의 소설세계를 더듬다 보면, 그래서 『나무가 기도하는 집』(세계사, 1999)에까지 이르고 나면, 특히 이 시의 다음 대목이 인상 깊게 뇌리에 떠오른다.

그러나 마침내 그 뜨겁던 낮은
정열처럼 사라졌고
청명하고 조용한 밤이
마을과 골짜기와 언덕에 내려왔네.
그때 달이 한껏 자랑스러이 영광스런 영혼처럼
밤을 가득 채우고 흘러넘쳤네,
빛의 계시를 가득 안고.

이 롱펠로 시의 이미지에 비추어 이윤기의 소설세계를 살펴보면, 『나무가 기도하는 집』은 『하늘의 문』(열린책들, 1994) 이래 펼쳐 보인 햇빛의 세계를 거쳐, 이제 달빛의 세계로 넘어왔음을 보여주는 뚜렷한 징표라 해도 좋을 것 같다. 뿌리 찾기의 갈증과 세상을 향한 날개짓으로 표상되는, 열병과도 같이 뜨겁던 날들로부터, 차분하게 가라앉은 침묵과 명상의 세계로 전화되는 과정을 거기에서 발견할 수 있기 때문이다.

물론 햇빛과 달빛이 절대적으로 구분되는 것은 아니다. 여명과 황혼의 점이지대는 있을지라도 햇빛과 달빛의 절대적 경계는 없다. 롱펠로도 햇빛 속에서 달빛을 보지 않았던가. 이윤기 또한 빛과 어둠을 대립시킬 정도로 단선적이지는 않다. 그럼에도 불구하고 그의 초기 문학이 햇빛 지향성을 강하게 내포하고 있었다면, 『나무가 기도하는 집』을 비롯한 1990년대 후반의 작품들에서는 '어린 아이가 날린 종이연 같은(as a school-boy's paper kite)' 달빛의 세계가 아련하게 펼쳐져 있다.

## 2. 문화의 뿌리와 날개 찾기

이윤기의 본격적인 작가적 출발 선언이라고 할 수 있는 『하늘의 문』은 유복자로 태어난 이유복의 성장 체험이 그 바탕에 놓여 있다. 문학과 종교에 입사하고, 하우스만 신부, 기동빈, 하인후, 그리고 아내 한재인과 차례로 만나게 되고, 한재인과 종교적 갈등을 겪은 후 월남에서 전쟁을 체험하고, 공사장 인부와 잡지사 기자를 거쳐 전문번역가가 되기까지의 내력이, 그리고 미국에서의 생활과 마침내 일본에서 아버지의 유골을 수습하고 아내 한재인과 다시 결합하기까지의 과정이 이 작품의 기본적인 줄거리를 이룬다.

이 작품이 불러일으키는 폭넓은 공감은, 종교라든가 문화에 대한 작가 고유의 관심과 그 깊이에 기인하고 있는 것도 사실이지만, 근본적으로는 이 작품이 주인공 이유복의 삶과 의식을 통하여 우리가 근대의 도정에서 겪어야 했던 정체성의 문제를 심각하게 제기하고 있다는 사실과 더 깊이 관련되어 있다. 여기에는 주인공 이유복 개인의 문제에 국한되지 않는 우리 삶의 한 전형이 내재해 있기 때문이다. 이유복의 개인사적 방황은 가난하고 불행했던 우리의 근대사에 뿌리를 내리고 있다고 할 수 있는데, 그러나 여기에서의 역사는, 분단체제 속에서의 격동과 부침의 역사뿐만 아니라, 그 영향 아래에서 살아야만 했던 사람들의 생활과 정서, 그것을 둘러싸고 있는 물리적 환경과 자연, 그리고 그것이 가족관계를 통해 자리 잡은 실존적 환경 등이 복합적으로 융합되어 한 개인을 통하여 울려나오는 리듬이다.

근대의 초입에서 우리는 전통과의 단절로 인하여 뿌리의 상실이라는 근원적 사태에 직면해야 했다. 뿌리가 있다 하더라도 그것은 혼란스러운 환경 속에서 더 이상 규범적 가치를 지니지 못하였고, 게다가 그 허약한 터전 위에 새로운 근대적 삶의 양식이 채 소화되지 않은 채 이입되었다. 그러한 상황은, 마치 부모의 얼굴도 알지 못한 채 낯선 얼굴빛의 양부모에 의해 자라나야 하는 입양아와도 같은 처지라고 할 수 있다. 그러하기에 『뿌리와 날개』(현대문학사, 1998)에서 입양아 시논의 겪어야 했던 아픔은 이진수의 존재를, 더 나아가 우리의 존재를 비추는 거울이라 이해할 수 있다.

뿌리와 날개로 표상되는 이 두 삶의 양식의 사이는 너무 넓어서 그 사이를 채우려는 과도한 몸짓을 초래하게 마련이다. 그렇다면 '오버페이서'의 운명은 주인공 이유복의 생리적 결함이 아니라, '바람개비'처럼 미친 듯이 그 허약한 뿌리와 가녀린 날개 사이에서 방황해야만 했던 우리들 숙명의 다른 이름이었던 셈이다. 그리하여 우리는 "아이들이 저희들 지능에 벅찬 것을 하나씩 익힐 때마다 앓는다는 지혜열(知慧熱)"(『뿌리와 날개』)을 처절하게 앓을 수밖에 없었으며, 그 앓음의 흔적은 여전히 우리 삶의 깊은 곳에 내재해 있다. 이윤기는 우월의식과 열등의식, 미소니즘과 네오필리아의 불균형이라는, 우리의 삶 속에 내재한 뿌리 깊은 이 상처를 건드린다.

햇빛 지향성은 이러한 눈에 보이는 공백뿐만 아니라, 그로 인해 삶의 실존적 밑바닥에 달라붙은 심리적 어둠마저도 몰아내고자 하는 필사적인 의지의 다른 이름이라고 할 수 있다. 하지만 햇빛 때문에 등 뒤에 그림자가 생기는 법이니, 중심 지향성에는 항상 주변부의 콤플렉스가 그림자처럼 따라다닐 수밖에 없다. 우리의 상처가 상처로서 인식되는 과정 속에 서구의 시선이 알게 모르게 자리 잡고 있는 것은 이 때문이다. 작가는 섬세한 균형감각으로 이와 같은 자의식을 제어해내고 있다. 그가 말하고 있는 호메오스타시스는 "항상성(恒常性), 즉 신체 내부의 체온, 화학적 성분 따위가 일정하게 유지될 수 있도록 상호 조절을 통해 스스로 균형을 잡는 일"(『어른의 학교』, 민음사, 1999)로 규정되는데, 이렇듯 항심(恒心) 자체가 아니라 항심에 이르는 끊임없는 조절과정을 그가 강조하고 있는 대목에서도 이러한 면모를 확인할 수 있다.

### 3. 숨은 '사람의 성분' 찾기

뿌리와 날개짓을 통해 겪은 세상 속에서, 인간과 문화 가운데 존재하는 성분들의 차이가 발견된다. 문화의 영토마다 지니고 있는 고유한 리듬과 사람마다 지니고 있는 고유한 성분들이 그것이다. 이윤기가 그려낸 세계 속에서 확인할 수 있는 것은 이러한 리듬의 차이와 융합이다.

가령 『하늘의 문』 3권 속에는 한국인의 오버페이서적인 성격을 탓하는 하우스만 신부를 향해 주인공 이유복이 마음 속으로 던지는 생각의 한 대목이 나타나 있다. "내 말이 믿어지지 않거든 이 북국의 나무들을 좀 보세요. 저렇게 조급해 하지 않은가요? 저렇게 조급해 하는 것이 어찌 이 북국의 여름 짧은 것과 무관할까요? 당신이 살던, 내 고향 경상도의 나무가 저렇게 경조 부박을 떪디까?"라고. 그러나 그것은 문화형의 대비와 차이에 그치지 않는다. 문제는 고정된 문화 형식이 아니라, 그 자체가 끊임없이 변화하면서 우리의 삶의 질료를 이루고 있는 리듬이다.

예컨대 『만남』(중앙일보사, 1996, 발표 당시의 제목은 『사랑의 종자』)의 뒷부분에는 다음과 같은 상황과 그에 대한 해석이 나타나 있다. 버스 터미널 안에서 웃고 있는 여자는 조리사와 잡담하는 한 음식점 여급과, 코닥 간판에 그려진 등신대의 서양 미녀뿐이지만, 공항 터미널 안에서는 모두 웃고 있다. 소리 내지 않고 웃는 여자는, 사진 필름 선전 입간판의 등신대의 서양 미녀와, 여행사 선전 입간판의 등신대 한국 미인뿐이다. 이렇듯 버스 터미널과 공항 터미널은 그 '성분'이 다르다. 하지만 예전에는 공항 터미널의 성분을 버스 터미널이 지니고 있었다. 신혼여행을 떠나는 한복을 차려입은 젊은 신랑 신부가 서 있던 곳이 바로 버스 터미널이었기 때문이다. 곧 우리의 삶 속에서 문화의 영토에 포함된 성분들은 우리의 삶과 더불어 끊임없이 변화하고 있다.

사람의 성분은 어떠한가. 『햇빛과 달빛』(문학동네, 1996)의 고유진과 고웅진의 성분이 다르고, 「사람의 성분－숨은 그림 찾기 2」의 이장환과 강지우의 성분이 다르다. 그러나 사람의 성분 또한 고정된 것이 아니다. 「나비넥타이」에서 '나'와 노수의 관계에서 페킹 오더(pecking order)의 역전, 곧 "나의 강점이 나를 약화시키고, 노수의 약점이 노수를 강화시켜 왔다"는 대목에서 그 점을 읽을 수 있다.

문화와 사람 사이에 존재하는 성분들의 차이와 그 성분들의 움직임과 변화가 만들어내는 리듬, 이윤기는 바로 이 지점을 파헤치고 있다. 문화적 시야와 인간에 대한 세심한 관심과 관찰이 그것을 가능케 한다.

그런데 애초에 이윤기가 『하늘의 문』과 같은 자전적 소설 계보에 속하는 작품들에서 추구했던 것은 자기 성분의 분석이자, 나아가 우리의 성분 분석이었다. 그러나 이후 이윤기의 관심은 다른 방향으로 전환하고 있다. 그것은 성분에 대한 객관적 분석에 부가하여 성분의 가치를 개입시키고 있다는 점에서 찾을 수 있다. 『하늘의 문』에서는 이러한 작업이 이유복의 인생역정을 더듬는 가운데 비자각적으로 드러났었다면, 『햇빛과 달빛』이나 「숨은 그림 찾기」 연작에서는 자아의 테두리를 벗어나 적극적으로 삶과 사람의 성분을 찾아 나서고 있다. 이는 어떻게 보면 문화 공부로부터 사람 공부로의 전환이라고 이야기할 수 있지만, 다른 편에서 보면 이제 더 깊은 문화 공부로 들어간 셈이라고도 할 수 있겠다. 왜냐하면 사람 속에 문화와 세계가 리듬으로 융합되어 있기 때문이다. 곧 "한 사람 안에는 넓게는 인류사가, 좁게는 일문의 가족사가 보편 무의식으로 자리잡고 있"(「나비 넥타이」)기 때문이다.

작가는 '숨은 그림 찾기'를 "삶의 배후에 있는 삶의 이치를 두루 설명하는 어떤 공식 찾기"로 정의하고 있다. 이러한 공식들을 깨우치게끔 하는 계기로 작용하는 인물(성분)이 있다. 「직선과 곡선-숨은 그림 찾기 1」의 하사장과 일모 선생, 『햇빛과 달빛』의 고웅진과 우일 선생, 「사람의 성분-숨은 그림 찾기 2」의 강지우와 안영세 선생 등이 그들이다. 그들은 아름다운 성분을 지닌 인물들이면서, 동시에 '성분 분석'의 고수들이다. 이러한 인물들에 의해 자기점검이랄까 반성의 작업이 수행되고 있다는 점에서, 「숨은 그림 찾기」는 이윤기 소설세계의 전개과정에서 뚜렷한 한 계기를 이루고 있는 것으로 볼 수 있다.

그렇다고 이윤기가 그러한 인물들을 통해 추상적 항심만을 강조하고 있는 것은 아니다. 그가 말하고 있는 바와 같이, 사람은 무영등(無影燈) 아래서 사는 것이 아니며, 인간의 모듬살이는 무균실(無菌室)이 아니다. 그렇다면 이윤기는 추상적 항심에서 벗어나기 위해 어떠한 방책을 마련하고 있는가. 「갈매기」에 "명저라고 불리는 책 한 권, 명구라고 불리는 옛말 한 토막은, 그것을 완화시키는 끊임없는 공부가 뒤따르지 않을 때는 사람에게 해를 끼치는 경우가 더러 있다"는 언급이 있다. 거기에 걸려 있는 고압의 전하가 그것을 대한 사람에게는 끝없는 부담으로 작용하기 때문이다. 그러하기에 추상적 항심은 일종의 굳은 지혜에 지나지 않으며 어떤 의미에서는 심리적 억압이기도 하다. 그리고 타인의 삶을 재단하는 날선 무기가 될 수도 있다. 항심은 기심(機心)과의 긴장 속에서만 '나'의 삶 속에 용해될 수 있다. 바로 이 모순에서 비로소 사람 향기가 풍겨 나온다.

「숨은 그림 찾기」에서 사랑의 성분이 일모 선생이나 강지우, 하사장, 안

영세 선생 등과의 관계 속에서 대타적으로 검출되고 있다면, 『나무가 기도하는 집』에서는 처음부터 그러한 성분이 우야 아저씨와 자야 아가씨에게 체현되어 있다. 물론 『나무가 기도하는 집』의 주인공들에게도 상처가 없었던 것은 아니다. 그러나 이들의 상처는 햇빛을 향해 한 걸음 더 나아가고자 서로를 걸고넘어지는 과정에서 생기는 상처가 아니다. 추상명사로 감히 나아가지 못하는 세계 속에 이들이 놓여 있기 때문이다. 그러하기에 이들의 상처는 서로에 대한 사랑을 증대시키는 원인으로, 그리고 삶과 자연에 대한 겸허한 태도의 전제로 귀결되기에 이른다.

### 4. 변역(變易)의 사랑 찾기

이윤기의 최근작에서 엿볼 수 있는 새로운 면모 가운데 하나는 그가 지금껏 지속해온 성분의 분석보다 그러한 성분들이 상호침투하는 양상에 대한 관심이 두드러지고 있다는 점이다. 그가 변역(transubstantiation)이라고 이름한 것이 바로 그것이다.

물론 그의 글쓰기 자체가 변역을 추구하는 한 가지 방식이겠지만, 작품 속에서 나타나는 변역의 뚜렷한 방식 가운데 하나는 사랑이다. 『뿌리와 날개』에서 시논과 이진수와의 관계, 그리고 시논과 한인지의 관계, 『만남』에서의 성학영과 하한욱의 관계는 이러한 사랑의 존재방식에 대한 탐구에 해당된다. 이윤기에게 사랑은 매혹이나 격정이기보다 내압(內壓, 耐壓)의 점층적 증대과정 끝에 이루어지는 삶의 한 추구방식으로 존재한다. 그러하기에 『하늘의 문』이나 『만남』이나 「뱃놀이」에서처럼, 사랑의 결실은 오랜 세월 동안의 만남과 헤어짐과 재회 끝에 찾아오는 어떤 것이다.

여기에서 독특한 것은 이러한 변역의 과정이 비단 사람과 사람 사이에만 국한되지 않는다는 점이다. 『나무가 기도하는 집』에서 주인공 우야 아저씨는 나무를 식물로 보지 않는다. 조금 더 정밀하게 말하자면 그는 동물과 식물이 어떻게 다르게 정의되는지 알지 못한다. 그에게 동물과 식물의 임계점 같은 것, 동물과 식물을 가르는 경계는 존재하지 않기 때문이다. 그는 그와 같은 경계 이전의 본연적 존재로 새롭게 스스로를 인식하고 있는 것이다.

변역이 이루어지는 또다른 유력한 방식은 스스로에 대한 부끄러움의 자각을 통해서이다. 이러한 자각은, 우리에게 익숙한 사고와 행동의 방식을 돌연 뚫고 들어오는 낯선 깨달음으로부터 온다. "무서운 일이다. 잃어버린 물건이 내가 이미 뒤짐질해본 곳에 있을 수도 있다는 것은"(「직선과 곡선 - 숨은 그림 찾기 1」)에서와 같은 표현은 이러한 깨달음의 순간에 찾아오는 감각을 매우 적절하게 보여주고 있다.

「직선과 곡선 - 숨은 그림 찾기 1」에서 하사장과 일모 선생은 '나'에게 타자로 존재하는 인물들이다. 그들은 '나'가 속해 있는, 스스로 합리적인 상식이라고 생각하고 있는 허술한 삶의 테두리를 일순간 뚫고 들어와 '나'에게 견고한 성분 하나를 일깨우고 있다. 일모 선생은 '나'를 향해, "배울 나이가 지났다는 데 문제가 있다. 배울 나이가 지났는데도 배우기를 거절했다는 데 문제가 있다. 자네는 너무 고상한 일을 하느라고 발밑 분별을 제대로 하지 못한 셈인가"라고 하며 일침을 가한다. 이 순간 무서움과 부끄러움이 '나'를 일깨운다. '나'는 얼치기 합리주의자였던 것이다. 채 누각에 오르기도 전에 사다리를 내려버린 셈이라고나 할까.

『나무가 기도하는 집』에서는 이와 같은 두 갈래의 변역의 추구양식이 내밀하게 융합되어 있다는 점에서 이윤기 소설의 전개과정에서 한 극점을 이루고 있다. 그리고 그 지점에서 우리의 삶의 소중한 덕목 하나가 자연스럽게 도출되기에 이른다. 그러하기에 "부끄러움을 안다는 것은 무엇인가? 창피하다는 것을 안다는 것이 무엇인가? 혹, 너무나 인간적인 인간으로의 너무나 인간적인 복귀의 가능성을 암시하는 징후는 아닐 것인가?"(『나무가 기도하는 집』)라는 언급은 그가 추구해왔던 '사람의 성분'의 한 경지를 보여주고 있는 대목이라 할 수 있다.

## 5. 상처와 부끄러움 속에서 희망 찾기

『나무가 기도하는 집』의 연원을 더듬어보면, 거기에는 『햇빛과 달빛』이 그 밑그림으로 놓여 있다. 고웅진은 이민우로, 우일림원은 나무가 기도하는 집으로, 그리고 채운은 자야 아가씨로 다시 태어나 있다. 한편 우부우남이 그려내는 달빛의 세계라는 측면에서 보면 「뱃놀이」에 이어지고 있는 것으로 볼 수도 있다. 그러나 이민우는 『하늘의 문』의 이유복이기도 하고, 『만남』의 하한욱이기도 하다. 또한 자야 아가씨는 『하늘의 문』의 한재인이기도 하고, 『햇빛과 달빛』의 성학영이기도 하다.

그러니까 『하늘의 문』의 이유복과 한재인은 『만남』에서 하한욱과 성학영으로, 『햇빛과 달빛』의 고웅진과 채운으로, 「뱃놀이」의 나이 든 신혼 부부로, 『나무가 기도하는 집』의 우야 아저씨와 자야 아가씨로 지속적인 변주의 과정에서 새롭게 태어나고 있는 것이다. 이러한 변주의 과정에서 하나의 방향성이 발견되는 것은 우연이 아니리라.

그리하여 『나무가 기도하는 집』에서는 상처와 자의식이 달빛에 의해 모두 가려져버린 시적 세계를 이루고 있다. 인간과 인간 사이, 인간과 자연 사이는 틈이 없는 혼연된 하나의 융합체를 이루고 있다. 『하늘의 문』이 한국전쟁 이후의 구체적 역사성에 바탕을 두고 있다면, 『나무가 기도하는 집』은 역사성이 제거된 초월적 공간을 배경으로 삼고 있다. 말하자면 『하늘의 문』의 세계에서 보이는 날카롭고 각진 부분은 『만남』과 『햇빛과 달빛』을 거치면서 마모되고 다듬어져 『나무가 기도하는 집』에 이르면 무봉(無縫)의 세계를 이루게 된다.

이러한 변모에 대해, 소설적 성격의 상실이란 비판도 있을 수 있으리라. 이 작품의 중심에 자리잡고 있는 조이스 킬머(Joyce Kilmer, 1886~1918)의 「나무(Trees)」를 두고, 브룩스 워렌과 르네 웰렉은 "많은 사람들에 의해 매우 존경받아온 시이지만, 나쁜 시다"(*Understanding Poetry*)라고 혹평한 바 있다. 물론 거기에서는 '나무'라는 이미저리의 비일관된 사용을 지적하고 있는 것인데, 그만큼 철저하지 못한 시대착오적 발상이라는 비판 또한 내포되어 있는 것으로 읽힌다. 요컨대 이 세계는 훌륭한 잠언은 될 수 있을지언정, 새로운 삶의 양식을 정확하게 포착해내는 방식으로는 부족한 것이라 말할 수도 있다.

『나무가 기도하는 집』의 세계가 우리에게 익숙한 소설적 세계와 어느 정도 거리를 두고 있는 것은 사실이다. 자아와 세계의 치열한 갈등 대신, 세계와 자아가 혼연히 융합된 달빛의 세계 속에 그것이 놓여 있기 때문이다. 그럼에도 불구하고 『나무가 기도하는 집』에서 펼쳐진 세계는 한없이 아름다운 것이며, 우리에게 어떤 정신적인 것을 환기시키기에 부족함이 없다. 그러기에 이윤기의 소설과 더불어 잠시 햇빛에 눈부신 눈을 비벼 달빛의 환각을 언뜻 체험하는 것은 즐거운 일이 아닐 수 없다.

# Ⅲ

# 작품들이 이루는 소설의 성좌를 바라보기

# 서사의 욕망과 서사 이면의 의식

## – 김종광 소설집 『모내기 블루스』, 박청호 소설집 『질병과 사랑』, 김연수 소설집 『내가 아직 아이였을 때』

### 1. 텍스트의 표면과 심층

허구 텍스트로서 소설이 갖는 소통적 성격은 기본적으로 인과적 순서에 의해 구성된 스토리의 전개에서 찾을 수 있다. 이는 텍스트 독해에서 가장 일차적인 작업이며, 소설 텍스트가 '전경화'된 구성을 요구하는 것 또한 이 때문이다. 하지만 소설 텍스트의 존재 이유가 단순히 스토리의 전달에 그치지 않는다고 한다면, 구성을 전경화하는 과정은 텍스트의 나머지 부분을 후경화하는 과정을 동반하지 않을 수 없다. 말하자면 텍스트는 전경화된 구성을 지향하는 한편, 텍스트의 변경과 심층에 일종의 비밀을 만들어놓게 된다. 곧 표면과 심층을 향한 이 두 가지 방향의 긴장과 갈등 속에 텍스트는 존재하고 있는 것이다.

따라서 실제의 텍스트 읽기에서 실상 독자가 읽어내게 되는 것은, 복잡한 의미체로서의 텍스트에서 자신의 의식 속에 내재된 서사 모델과 부합하는 부분으로 구성된 그 자신의 해석일 수밖에 없다. 그러므로 해석 이후에도 여전히 텍스트의 표면에 드러나 있는 서사의 구성에 저항하는, 그러하기에 독자의 해석에 저항하는 텍스트의 영역이 존재한다. 이러한 이유로 인해,

표면의 서사와 그 이면에 자리 잡고 있는 의식의 길항관계로 이루어진 소설 텍스트는 고정된 의미체가 아니라, 항상 새로운 해석을 향해 열려 있는 유동적인 의미체가 된다.

## 2. 소설쓰기 의식의 타자화 – 김종광

김종광의 『모내기 블루스』(창작과비평사, 2002)에 실린 소설들은 오늘날의 세태와 풍속에 대한 일종의 관찰기이다. 이 관찰기의 대상이 되는 세태와 풍속은 도시와 농촌을 모두 아우르고 있는바, 이들 소설에는 변화한 농촌의 현실과 그로부터 벗어나기 위해 맞서 대결해야 하는 도시의 비정한 현실이 고스란히 드러나 있다. 그런데 특히 이번 소설집에서 주목되는 것은 소설 속에 그려진 이러한 세태와 풍속의 실상이라기보다, 그러한 세태와 풍속을 그려내고 있는 시선의 특이함이다.

김종광은 이전 소설집 『경찰서여, 안녕』(문학동네, 2000)에서 특유의 입담과 재치로 변화한 농촌 현실을 풍자하는 데 주력한 바 있으며, 바로 그러한 측면에서 토속성을 근거로 한 소설사의 한 계보를 잇고 있다는 평가를 받기도 했다. 이에 비하면, 도시생활에서 실패하고 고향에 내려와 손에 익지 않은 농사일을 도우며 소설에 대한 욕망을 키워가는 주인공을 내세운 「짚가리, 비릇다」와 같은 소설은 김종광의 초기 소설들 가운데에서는 상대적으로 낯선 면모를 보여주었던 것이 사실이다. 「짚가리, 비릇다」에서 "서울과 고향을 오래도록 저울질"[1]하는 의식은 곧 소설쓰기에 대한 욕망과 그 좌절 사이에서의 갈등이라고 할 수 있을 것인바, 「짚가리, 비릇다」에서는 이 갈등이 매우 투명한 형태로 드러나고 있다면, 『모내기 블루스』에서는 이와 같은 갈등이 여러 가지 방식으로 변주되면서 전체적인 경향을 이루고 있다는 점에서 주목된다.

「열쇠가 없는 사람들」, 「서울, 눈 거의 내리지 않음」 등이 소설가가 되기

---

1) 김종광, 「짚가리, 비릇다」, 『경찰서여, 안녕』, 문학동네, 2000, 308쪽.

이전의 경력을 바탕으로 하고 있다면, 「당구장 십이시」, 「언론낙서백일장」, 「윷을 던져라」 등에는 어김없이 소설가로 설정된 인물들이 공통적으로 등장하고 있다. 취직을 못 하거나, 취직을 했더라도 삼류회사여서 몇 달째 임금이 체불되었거나, 아니면 백수나 다름없는 소설가로 지내는 이들 시선의 바탕을 이루고 있는 것은, 농촌 출신이며 도시생활에 채 적응하지 못한 어떤 인물들의 답답한 생활이다. 곧 "우골탑이 어떻게 생긴 것인지 피부로 느끼며 대학을 다니고도 월급쟁이가 되지 못한"[2] 군상들의 삶이나, 소설을 써내고도 타자들의 장벽에 부딪혀 고립된 자신을 발견하게 되는 어떤 의식이 그것이다.

> 재복은 A4지 묶음을 건성으로 붙잡고 여기까지 지루한 표정으로 읽고 난 뒤 이렇게 물었다. "이게, 소설이냐?" 재복이 철들어 가장 어려워하는 일이 있다면 글자 읽는 일일 것이었다. 김종광(30세)의 첫 소설집 『경찰서여, 안녕』도 한 50장이나 읽었던가? 대체 시간이 없었다. 한 달에 두어 번씩 영화관 표 끊어주고 사는 이들보다 더 팔자 편한 사람들이 있다면 책을 읽고 사는 이들일 것이다. 그리고 그보다 더 팔자 늘어진 자들이 있다면 종광 같은 글쟁이들일 것이다. 종광은 "아, 씨발, 나도 좆나게 힘들어요. 누구는 가만히 있으면 하늘에서 뚝딱 소설 한 편씩 내려주는 줄 아네" 하며 고통을 주장하는데, 아무리 어렵게 보아주어도 참으로 편히 산다 싶었다.[3]

「짚가리, 비릇다」 속의 의식이 소설쓰기에 대한 욕망의 방향으로 달려가고 있다면, 여기에서의 소설쓰기에 대한 욕망은 타자들의 낯선 시선에 부딪쳐 되돌아온 역방향의 시선을 의식하는 중층적인 것이다. 소설 전면에 두드러지게 작가의 의식이 드러나 있지는 않지만, 그럼에도 불구하고 소설적 시선은 등장인물들의 삶의 한 귀퉁이에 숨겨진 채 자리 잡고 있다. 이는 의식을 객관화하여 드러내기 위한 장치의 일종이라 할 수 있을 것이다. 말하자

2) 김종광, 「서울, 눈 거의 내리지 않음」, 『모내기 블루스』, 창작과비평사, 2002, 223쪽.
3) 김종광, 「당구장 십이시」, 같은 책, 171~172쪽.

면 외부와의 관계로부터 소외된 시선을 통해 일상 이면의 세계를 포착하기 위한 전략인 셈이다.

> 김성길은 얼굴이 발갛게 달아올라 고개를 푹 수그렸다. 일 년 전에 첫 소설집을 내었다. 동네에는 불알친구와 이웃집 사는 후배 이덕성, 그리고 사촌형들에게만 돌렸다. 그런데 이번에 친목회에서 회원 숫자대로 서른다섯 권이나 구입해준 것이다. 총무를 맡고 있는 김성식은 사촌형이었다. 사촌형이 사촌동생을 위하여 친목회 돈을 축냈다는 말을 들을 수도 있었다. 김성식은 김성길이 중앙일간지 신춘문예에 희곡이 당선되었을 때에는 동네 입구에 플래카드를 걸려고 했었다. 그때는 회원들의 눈초리를 의식해 뜻을 접고 말았는데, 이번에 밀어붙인 것이다. 다행히도 회원들은 책 구입을 당연한 행위로 인정해주는 분위기였다.[4)]

이 지점에 이르면, 소설쓰기는 주관적 욕망의 대상이 아니라, 구체적인 현실의 일부이다. 이는 곧 경쾌한 풍자로 치달을 수 없는 조건이라 할 것인바, 『모내기 블루스』에 실린 소설들이 전체적으로 우울한 색채를 띠고 있는 이유 또한 여기에서 찾을 수 있다.

한편, 소설 속에 은밀하게 자리 잡은 이러한 의식이 어떤 세대의 의식과 관련되어 있다는 점이야말로 이 소설들의 뚜렷한 근거라고 할 수 있을 터이다.

> 우리는 참 불행한 학번이야. 90학번이 견뎠던 세대는 증발해버렸어. 젠장할, 그 잘난 80년대 학번에도 못 끼고, 더욱 더 잘난 90년대 학번에도 못 끼고, 우리 90학번은 대체 뭐야?[5)]

물론 세대에 모든 탓을 돌려 일반화시킬 수는 없을 것이다. 문제는 현재의 삶의 방식의 이런저런 차이들 밑바닥에 존재하는 어떤 공유된 의식일 터

4) 김종광, 「윷을 던져라」, 같은 책, 77~78쪽.
5) 김종광, 「노래를 못하면 아, 미운 사람」, 같은 책, 55쪽.

이다. 그것은 삶의 표면에서 강요받고 있는 새로운 세대의 조건들 이면에 존재하는 어떤 의식의 심층이기에 특정 부류의 삶에 대한 서술의 차원을 넘어서는 측면을 갖고 있기 때문이다. 바로 이 지점에 김종광 소설의 새로운 가능성이 놓여 있다고 할 것이다.

### 3. 문학적 탐구 대상으로서 몸 – 박청호

박청호의 『질병과 사랑』(문학과지성사, 2002)에 실린 소설들은 몸에 대한 사유를 형상화하고 있다는 점에서 일관된 추구의 면모를 보여주고 있다. 우선 그의 몸에 대한 사유는, 사회학적 탐구 대상과는 거리가 있다는 점에서 일반적인 예상을 비껴가는 측면을 내포하고 있다. 그것은 오히려 인간 존재가 외부와 관련되는 방향이 아니라, 그 자체의 심층을 지향하고 있다. 전작들에서 박청호가 보여주었던 것이 연애와 상처의 변증법이라면, 이제 그 상처는 질병이라는 보다 명확한 실체로 '몸'과 대립하기에 이른다.

사랑이 질병과 관련되는 것은 사랑이 상처를 일시적으로 치유하는 치료약이긴 하되 근본적인 처방일 수 없다는 허무적이고 환멸적인 인식에 그 바탕을 두고 있다. 그러하기에 상처에서 발원된 사랑은 결국 주체를 더욱 더 깊이 병들게 만든다. 박청호는 이 질병으로서의 사랑을 몸과 대립시키고 있다.

> 나는 이렇게 대답하고 싶었다. 연애는 치료약을 미처 준비하기도 전에 인간의 몸을 감염시키는 치명적인 질병이라고. 그리고 난 연애를 한 것이 아니라 몸이 원하는 대로 행위하도록 좀 나뒀을 뿐이라고.[6)]

박청호의 소설에서 몸은 사회적 관계를 투영하기 위한 간접적 장치가 아니라 그 자체의 자율성을 지니고 그 타자와 대립하는 실재라는 점에서 특징적이다. 그러하기에 "내가 그녀를 떠올릴 때 거의 동시에 느껴지는 것은 그

---

6) 박청호, 「질병과 사랑」, 『질병과 사랑』, 문학과지성사, 2002, 120쪽.

녀의 몸"[7]이며, "모든 것은 생각보다 몸이 앞섰기 때문이다, 라고밖에는 말할 수 없"[8]다. 몸과 마음의 대립에서 마음은 그 자체의 고유성이 아니라 몸을 구속하고 억압하는 관습적 기제와 연관된다. 그러하기에 "몸이 원하는 대로 행동하기까지는 수없이 반복되는 마음의 배신이 뒤따라야만 가능했던 것"[9]이며, "마음속에서 아주 여린 설렘 같은 게 일어나는 것 같기도 하고 곧 미친 듯이 욕망의 불길이 타오를 것 같기도 하"지만 그럼에도 불구하고 "더없이 가라앉기만"[10] 하는 것 또한 몸이다. 이런 맥락에서 본다면, 여기에서의 몸은 단지 생물학적 육체를 지칭하기 위한 것이 아니라 관습과 도덕의 표상이라 할 의식과 무의식을 배반하면서 그로부터 벗어나기를 갈망하는 순수한 욕망의 메타포라 할 것이다. 몸과 마음의 관계가 실은 의식 속에 존재하는 두 축 사이의 갈등으로 치환될 수 있는 것은 이러한 맥락에서이다.

> 몸은 자유자재로 자기가 느끼고 싶은 것을 다 느낀다. 그러나 나는, 또 다른 나, 말하자면 자아 바깥에 있는 또 하나의 자아는 나를 바라보며 웃는다. 두 개의 내가 서로 마주 보며 욕을 해대는 꼴이다. 나는 언제까지나 두 개의 나로 살 것이다. 결코 나는 하나인 내가 될 수 없을 것이다.[11]

자아 바깥의 '나'가 현실이라는 타자의 영역과 대면하고 있다면, 자아로서의 '나'는 몸이라는 구체적인 실체에 근거하고 있다. 이 두 개의 '나'가 어긋나는 지점에서 의식은 분열되며, 이 두 개의 '나' 사이의 거리가 욕망을 발생시키는 토대라고 할 수 있을 것이다. 박청호는 이 분열된 두 개의 자아 가운데 몸에 근거한 심층적 자아의 욕망을 적극적으로 옹호하고 있는바, 이는 일상적이고 관습적인 관념에 대한 비판에 대응되고 있다.

---

7) 박청호, 「몸의 사랑」, 같은 책, 194쪽.
8) 박청호, 「조금 춥고 쓸쓸한」, 같은 책, 288쪽.
9) 「몸의 사랑」, 200쪽.
10) 박청호, 「여자가 등장하지 않는 세 가지 푸른 배경」, 『질병과 사랑』, 133쪽.
11) 같은 글, 142쪽.

사랑했기 때문에 몸을 나눴다. 얼마나 흔해빠진 변명이란 말인가. 나는 오히려 거꾸로 말하고 싶다. 몸 때문에 사랑했다. 아니다. 오로지 몸이 사랑했다! 그러므로 우리의 관계는 유독 위험했는지 모른다. 세상과 다른 방식으로 사랑한다는 것! 나는 그녀의 몸만을 기억한다. 아니, 다른 것을 기억할 이유라도 있단 말인가.[12]

몸과 마음의 관계의 전도는 일상적이고 관습적인 관념의 전도이기에 위험성을 내포할 수밖에 없다. 사회의 관점에서 바라본다면, 이러한 사유는 비정상적인 것이 아닐 수 없다. 박청호 소설들에서 항상 발견되는 "비정상적인 것에 대한 나쁜 그리움"[13]의 연원을 여기에서 찾을 수 있지 않을까. "나는 고양된 뭔가를 원했다. 예술 같은 것, 아니면 차라리 변태적인 것, 어차피 도착적인 성의 본질 같은 것을"[14]이라는 언급에서 드러나듯, 변태적이고 도착적인 것의 이면에는 삶의 고양에 대한 굴절된 욕망이 자리 잡고 있는바, 이 욕망에 대한 탐색이 몸에 대한 사유와 결합되어 있다는 점에서 박청호 소설의 뚜렷한 존재 이유를 찾을 수 있다.

## 4. 소설이 역사를 서술하는 방식 - 김연수

김연수의 두 번째 소설집 『내가 아직 아이였을 때』(문학동네, 2002)에 실린 소설들은, 제목이 직접적으로 보여주듯 과거의 어느 시기에 대한 회상의 형식을 취하고 있는바, 뚜렷한 실험적 경향을 특징으로 했던 이 작가의 기존 작품들에 비춰본다면 다소 낯선 경향이라고도 할 수 있을 것이다. 첫 소설집 『스무 살』(문학동네, 2000)이 '스무 살' 이후의 삶을 대상으로 하고 있다면, 이번 소설집의 경우에는 '스무 살' 이전의 기억들이 소설의 대상으로 설정되어 있는데, 문제는 시선이 과거로 전환되면서 단순한 대상의 변화의

12) 「몸의 사랑」, 206쪽.
13) 같은 글, 207쪽.
14) 박청호, 「중국 여자에 관한 흐리고 느린 필름」, 『질병과 사랑』, 221쪽.

차원에 그치지 않는, 소설 그 자체의 성격 변화가 초래되고 있다는 점이다.

김연수는 어느 장편소설의 발문에서 1990년대의 시대정신을 고백(회상)록에 대응시키면서 주관화된 '나', 고립화된 '나'로부터 벗어나 객관화된 '나', 소통가능한 '나'의 성립을 새로운 과제로 제기한 바 있다.[15] 이러한 선언과 관련시켜 본다면, 이번 소설집 『내가 아직 아이였을 때』에 실린 소설들은 어떻게 설명될 수 있을까.

아마도 작가는 이런 식으로 이야기할 수도 있을 것이다. 지금은 폐선이 된 가은선에 기차가 몇 시간마다 다녔는지 알아내는 일도, 공중보건의 제도가 어떻게 운영됐는지 따져보는 일도, 하현달이 뜨기 전 산길이 과연 사람의 눈에 보이는지 확인하는 일도 쉽지 않았다고. 이러한 언급은, 주관화되고 고립화된 현재의 '나'의 의식을 그대로 소설로 옮기는 것이 아니라, 하나의 객관적 세계를 근거를 통해 제시하고자 했다는 의미로 받아들일 수 있을 것이다. 그렇다면 『내가 아직 아이였을 때』에 실려 있는 소설들은 위에서 언급한 일종의 선언과 관련된 반성적 인식의 소산이라고도 볼 수 있지 않을까.

그 결과 얻어진 것이 객관적으로 소통 가능한 서사적 맥락을 갖춘 세계라고 할 수 있는데, 그럼에도 불구하고 여전히 문제는 그러한 세계를 제시하고 있는 현재의 의식일 것이다. 그렇다면 김연수의 소설들에서 이 의식의 문제는 어떠한 방식으로 제시되고 있는가.

우선 『내가 아직 아이였을 때』에서 가장 뚜렷하게 제시되고 있는 서사구성의 의식은 삼십대 이후의 삶에 찾아오는 어떠한 계기라고 할 수 있는바, 이러한 계기는 삶의 과정에서 겪게 마련인 자기 확인의 욕구라는 점에서 보편성을 획득하고 있다.

> 서른이 넘어가면 누구나 그때까지도 자기 안에 남은 불빛이란 도대체 어떤 것인지 들여다보게 마련이고 어디서 그런 불빛이 자기 안으로 들어오게

15) 김연수, 「고백록, 일인칭 소설, 내면을 빌려온 텍스트로서의 『황금사과』」, 김경욱, 『황금사과』 '발문', 문학동네, 2002, 329~340쪽.

됐는지 궁금해질 수밖에 없다. 자신이 어떤 사람인지 알고 싶다면 한때나마 자신을 밝혀줬던 그 불빛이 과연 무엇으로 이뤄졌는지 알아야만 한다. 한때 반짝였다가 기레빠시마냥 누구도 거들떠보지 않게 된 불빛이나마. 이제는 이 세상 어디에서도 찾을 수 없는 불빛이나마.[16)]

삶의 한 과정에서 마주하게 되는 '자기 안에 남은 불빛' 확인하기의 욕구는 그것이 현재의 의식에 걸려 있다고 해도, 다분히 과거 지향적인 성격을 강하게 가질 수밖에 없다. "사탕을 넣어둔 유리항아리 뚜껑을 자꾸만 열어대는 아이처럼 나는 빤히 보이는 그 불빛들이 그리워 자꾸만 과거 속으로 내달았다"[17)]는 소설 속 주인공의 언급은 이러한 맥락을 보여주고 있다.

밤의 산길에서 길을 잃은 봉우는 혼자였다. 비로소 봉우는 눈으로 바라볼 수 있고 손으로 만져볼 수 있는 몸뚱어리까지만을 자신으로 불러서는 안 된다는 사실을 깨달았다. 밤의 산길에서 봉우는 매화나무이기도 했고 백송 가지이기도 했고 자신의 뒤를 좇은 뭔가이기도 했고 모든 살아 있는 존재이기도 했고 모든 죽은 존재이기도 했다. 봉우는 그 사실을 받아들일 수밖에 없었다.[18)]

여기에서 주인공은 자신과 외부 사이의 경계가 소멸하는 느낌을 서술하고 있다. 이 경계의 소멸은 그 자신을 이루고 있는 보이지 않는 것들의 존재에 기인한다. 소멸하여 눈에 보이지 않는 대상을 언어화하고자 하는 글쓰기 의식은 그 수단으로 워드 프로세서가 아닌 '연필'을 요구한다. 작가가 후기에서 소설을 전근대적 작업으로 규정하고 있는 것 또한 이와 무관하지 않으며, 그러한 태도는 『내가 아직 아이였을 때』에 실려 있는 소설들에 감상적인 색채를 부여하는 근거가 되기도 한다. 그와 같은 세계 속에서 소설 속

---

16) 김연수, 「뉴욕제과점」, 『내가 아직 아이였을 때』, 문학동네, 2002, 79~80쪽.
17) 같은 글, 91쪽.
18) 김연수, 「노란 연등 드높이 내걸고」, 같은 책, 198쪽.

의 인물들은 마치 운명처럼 자신에게 허락된 길을 걸어가고 있다.

『내가 아직 아이였을 때』에는 이렇듯 '연필'로 써진 부분이 있는가 하면, 그렇지 않은 영역 또한 있는데, 이 영역은 김연수 고유의 소설적 방법론의 가능성을 보여주는 것이라고 생각된다. 이러한 방향에서 뚜렷하게 감지되는 특징 가운데 하나는 이데올로기화된 역사적 사건에 의존하지 않는 새로운 방식의 역사 기술 태도이다. 말하자면 역사적 사건들로 이루어진 맥락화, 의미화에 대신하여, '대한전선표 텔레비전'과 '우표 수집' 열풍, '간첩 신고 포스터' 등등의, 얼핏 보아 사사화(私事化)된 기억 속에 존재하는 파편들로 구성된 역사가 그것이다. 이렇게 하여 새로운 맥락으로 구성된 역사 속에서, 소문과도 같이 불투명하게 떠도는 사소한 것들에 새로운 의미가 부여되기에 이른다.

> 지금 생각하면 수사로 확연해지는 이 경계선이 체제의 틀이 됐다는 점은 놀랍기도 하다. 이런 경계선 바깥, 그러니까 여러 가지 종류의 타자들이 흩뿌려지는 그 영역에는 거지, 부랑자, 장애인, 미친 사람, 간첩, 빨갱이, 전과자 등이 있었는데, 이들끼리는 서로 비유가 가능했다. 낯선 부랑자는 간첩으로 의심받았으며 포스터에서 간첩은 곧잘 쥐꼬리를 가진 인간으로 그려졌다. 빨갱이 짓은 미친 짓이며 정신병자는 전과자처럼 사회와 격리시켜야만 하는 존재였다.[19)]

분류 체계의 재편을 위해서는 새로운 수사를 수단으로 한 서사가 요구된다. 그리고 그러한 분류 체계의 재편과 새로운 서사 형식의 도입을 통해 기존의 서사로는 포착할 수 없었던 현실의 새로운 층위가 드러나기에 이른다. 그렇다면 실상 이 소설에 나타난 역사의 사사화는 역사성으로부터의 탈피가 아니라 관념성으로서의 역사성이 은폐하고 있는 새로운 역사를 드러내기 위한 수단이라고 할 수 있을 것이다. 새로운 현실과 마주하기 위해서는

---

19) 김연수, 「호모 사피엔스 사피엔스」, 같은 책, 210쪽.

새로운 형식의 서사가 요구된다는 것, 바로 이 점에 그 같은 소설적 실험의 의미가 놓여 있는 것으로 보인다.

# 극한의 발견, 혹은 확장되는 소설의 영토
## - 김도연 소설집 『0시의 부에노스아이레스』, 성석제 소설집 『황만근은 이렇게 말했다』, 은희경 소설집 『상속』, 김원우 소설집 『객수산록』

### 1. 현실의 발견

되돌아보는 과거는 언제나 아름답다. 뒤를 돌아보는 시선 자체는 시간의 흐름에서 잠시 벗어나 있기 때문이다. 그리하여 참혹함마저도 긴장된 가슴으로 끌어안게 된다. 이 순간 과거와 현재의 비교는 의미를 상실한다. 과거는 이미 현실의 지상을 떠나 초월의 지점에 놓여 있다. 누구에게나 현재는 지속적인 퇴락으로 경험된다.

과거와 현재 사이에 끼어들 수밖에 없는 이러한 미망(迷妄)은 단지 개인사에 국한되는 것은 아닐 것이다. 그것은 시간의 흐름 위에 놓여 있는 것에 대한 사유 곳곳에서 발견된다.

소설 또한 그것의 모태를 이루는 현실과 나란히 시간의 흐름 위를 흘러 하나의 계통을 지닌 역사를 이루고 있다. 시간의 첨단에서 인간 삶의 새로운 양상이 끊임없이 펼쳐지듯 소설의 역사 또한 그에 상응하는 끊임없는 극한의 발견을 요구한다. 항상적인 위기의 외침은 이러한 요구의 다른 표현일지도 모른다. 요컨대 소설 또한 새로움의 역사철학에서 자유로울 수 없는 것이다. 그리고 그것은 어떤 의미에서 현재가 과거에 이어져 있다는 확실한 근거이기도 하다.

초월의 시선이 아닌 현재의 시선으로 현실을 바라본다는 것은 어떤 의미인가. 그것은 시간의 끝에서 번져 나오는 희미한 얼룩으로 시선을 향하는 것일 터이다. 시원과 목적 양편에서 드리우는 사슬을 잠시 벗어둘 때 비로소 발견되는 현실, 거기에 생존을 점칠 수 없는 존재의 울음소리가 있다.

## 2. 꿈의 텍스트 – 김도연

라캉의 말처럼 무의식조차 언어에 의해 구조화되어 있다면 우리가 꾸는 꿈 또한 자본주의의 언어 형식에 의해 씌어질 수밖에 없는 일종의 텍스트이다. 우리의 언어가 관념에서 출발할 수밖에 없으며 다만 그 언어를 정교하게 가다듬는 과정에서 그 언어가 비로소 현실을 닮아갈 수 있다면, 우리가 꾸는 꿈 또한 초현실적 풍경으로부터 출발할 수밖에 없지만 그 반복의 과정에서 현실을 닮아가는 것이 아닐까. 그래서 마침내는 현실과 비현실의 경계가 모호해지는 지점에까지 이르게 되는 것은 아닐까. 꿈을 현실처럼 바라보면서 그것을 살아가는 어떤 지점, 그것이야말로 마치 꿈처럼 아니면 현실처럼 생생하고도 믿어지지 않는 것이 아니겠는가.

김도연의 『0시의 부에노스아이레스』(문학동네, 2002)는 꿈과 현실의 모호한 경계선에서 흘러나오는 시선이 그려낸 풍경을 담고 있다. 이 경계를 언어로써 형상화한다는 것은 일종의 역설을 내포하기에 결과적으로 그것은 현실을 모방하는 형태를 취하거나 아니면 비현실적 풍경에 대한 과장된 묘사로 귀결되게 마련이다. 말하자면 실제로 언어라는 수단을 통해 그 모호함에 도전할 경우 둘 사이의 균형감각이란, 마치 신기루처럼 거긴가 해서 달려가면 이미 저만치 멀어져 있는, 일종의 관념으로 존재할 수밖에 없다. 하지만 그 관념조차 현실이 문학에 대해 요구하는 피할 수 없는 조건이라면 어쩔 수 없는 것 아니겠는가. 김도연의 소설은, 나른하면서도 솟구쳐오를 듯한 열정을 그 안에 감추고 있는 탱고 리듬과도 같은 문체로 이 역설을 형상화하고 있다.

작은 포구의 민박집 이층에서 시시로 변하는 바다의 색에 시선을 고정시키고 있는 「0시의 부에노스아이레스」의 주인공 '나'는 "잠은, 그 속의 꿈은 일그러진 기억들이 들어오고 나가는 대합실 같다"[1]고 말한다. 사흘째 쉬지 않고 내리는 눈처럼 '나'는 방 안에서 자다 깨다를 반복한다. 잠은 시간이 지날수록 짧아지고, 토막토막 끊어지는 잠 속에는 똑같이 끊어지는 꿈과 기억이 있다. 교차되는 현실과 꿈은 그 경계를 모호하게 만든다. 잠 속에서도, 잠 밖에서도 낚시꾼들은 바다에 몰두하고, '나'는 눈앞에 펼쳐지는 이 상황이 과연 현실인지 아니면 꿈인지 자주 의심한다.

'나'의 기억은 주로 '그녀'에 관한 것들이다. 삼 년간 사귀었던 그녀와 헤어진 후, 한 달 만에 결혼한다는 연락을 받았다. 오늘은 바로 그녀의 결혼일. 삼 년 전 그녀와 함께 머물렀던 민박집에서 '그녀'에 관한 기억을 필사적으로 지우고자 하는 '나'가 잠 속에서까지 기억의 공습에 시달리는 이유이다. 극단적으로 기억에서 도피하려는 행위는 도리어 기억에 집착하는 것과 다르지 않기 때문이다.

> 하지만…… 나는 알고 있다. 지금의 상황이 현실이 아니라는 것을. 그녀와 내가 머무는 방은 내 기억에 존재한 적이 없는 방이다. 모든 게 낯선데도 나는 그녀에게 그 사실을 알리지 않는다. 나는 내 소설의 내용대로 그녀의 알몸을 뒤에서 부둥켜안은 채 허둥거린다.[2]

기억의 집착은 꿈을 부른다. 이 꿈에 대한 서술에서 주목되는 것은 다음 두 가지이다. 하나는 꿈속의 상황이라는 것을 꿈을 꾸는 '나'가 알고 있다는 것, 그리고 다른 하나는 꿈이건 현실이건 상관없이 '나'는 꿈속에서 독자적인 삶을 살고 있다는 것. 갑자기 꿈속의 상황이 현실이 아님을 자각하게 된

---

1) 김도연, 「0시의 부에노스아이레스」, 『0시의 부에노스아이레스』, 문학동네, 2002, 9쪽.
2) 같은 글, 21쪽.

다는 것은 그것을 깨닫기 이전까지는 꿈이 현실과 분리되지 않는 실감을 갖고 있었다는 것을 말해준다. 이 순간 '나'는 꿈의 내용이 아니라 '꿈' 자체를 바라보고 있다. 그리고 '나'는 존재하지 않는 '나'의 소설의 내용대로 그녀를 부둥켜안은 채 허둥거리면서 꿈속으로 들어가기를 선택한다. 그 꿈은 이미 현실과 꿈의 경계를 초월한 주체가 경험하는 새로운 현실이다.

「0시의 부에노스아이레스」가 현실의 흔적을 고스란히 안고 있는 꿈의 안팎을 가로지르며 꿈과 현실의 모호한 접점을 그려내고 있다면, 「검은 눈」은 이 접점을 여러 겹으로 중첩시킴으로써 꿈과 현실의 경계를 텍스트 그 자체의 외연에까지 확장시키고 있다.

> 동백꽃을 보러 남쪽으로 떠난 엄마와 아버지는 왜 돌아오지 않을까. 나는 술자리 바로 옆에 깔아놓은 이불 위로 쓰러지며 중얼거렸다.
>
> 저녁 무렵 바깥 설거지를 모두 끝내고 피곤한 몸을 이불 속으로 들이미는데 문득 아카시아 가시 같은 것이 내 생각을 찌르며 들어왔다. 당황함이 내 몸을 벌떡 일으켜세웠다. 바깥 설거지를 모두 끝냈다니! 나는 바깥 설거지를 모두 끝내는 꿈을 꾼 것뿐이었다. 방바닥은 싸늘하게 식어 있었고 텔레비전은 여섯 시 저녁 뉴스를 내보내고 있었다. 어둠이 집 안의 곳곳을 무겁게 내리눌렀다. 술에 취해 그만 깊은 잠에 빠진 것이었다. 나는 부랴부랴 옷을 찾아 걸치고 방을 나섰다.[3]

아카시아 가시 같은 것이 생각을 찌르며 나는 꿈에서 깨어난다. 그렇다면 이 앞에 기술된 내용들은 모두 꿈이었던 것이 아닌가. 그런데 더욱 난처한 것은 꿈에서 깨어나 현실로 돌아온 것처럼 보이는 그 이후이다. 가축들에게 저녁을 먹이러 간 '나'는 거기에서 인간의 말을 하는 암소와 수작을 나눈다. 게다가 축사에 있던 가축들은 스스로 밧줄을 풀고 문을 열고 밖으로 나와 활개를 치고 있다. 그렇다면 현실로 돌아왔다고 생각했던 '지금' 또한 꿈속

---

3) 김도연, 「검은 눈」, 같은 책, 40~41쪽.

이 아닌가. '나'는 이미 아무리 깨어나려고 해도 깨어날 수 없는, 비로소 깨어났는가 싶었는데 둘러보니 다시 꿈속에 들어가 있는, 길고 지루한 잠 속에 있는 것이다. "이 이야기에서 나가는 길은 없어"라는 「야하고 묘하고 혹한 이야기」의 결말 또한 「검은 눈」과 같은 구조로 되어 있다.

이렇듯 『0시의 부에노스아이레스』는 의식에 의한 꿈의 기술에서 가장 거리가 먼 극점을 추구하고 있다. 그리고 힘겹게 도달한 그 지점에서 발견되는 어렴풋한 풍경을 다시 현실의 언어로 이끌어와 구상화하고 있다. 꿈의 텍스트이되 결코 초현실의 언어를 흉내내지 않고 있다는 점, 김도연의 소설은 꿈의 원심력과 현실의 구심력이 팽팽하게 균형을 이루고 있는 이 긴장력의 매혹을 간직하고 있다.

## 3. 텍스트의 변신술 – 성석제

성석제의 소설집 『황만근은 이렇게 말했다』(창작과비평사, 2002)에 실린 소설들은 공통적으로 사회의 중심에 머무르지 못하고 '아득히 먼 곳을 떠도는 외로운 사람(天涯淪落人)'들을 바라보는 연민의 시선이 그려낸 세계라고 할 수 있을 듯하다. 「황만근은 이렇게 말했다」의 황만근, 「천애윤락」의 동환, 「책」의 당숙, 「천하제일 남가이」의 남가이 등, 이 뒷전과 그늘의 인간상이 보유한 심성은 그들을 둘러싸고 있는 부박한 세태와 대비되면서 공동체 외부에서 바라보는 비판적 시선 하나를 낳고 있다. 그리고 이 시선은 유희적 문체와 기법에 결합되면서 감상성을 떨쳐내고 성석제 특유의 소설적 흥미를 마련하고 있다.

작가는 남들처럼 정상적인 삶을 추구하지 못하는 실패한 인생들에 시선을 던지고 있다. 이들이 실패를 거듭하는 것은 끊임없는 변신을 요구하는 세태에 그들의 타고난 본성으로 맞서고 있기 때문이다. 하지만 바로 그 때문에 그들은 있으나마나 한 존재이면서도 없어서는 안 되는 존재들이다.

내가 보기에 당숙은 어떤 책을 읽어서 내용을 안다기보다는 디자인, 촉감, 냄새, 분량과 무게, 책장을 넘길 때 나는 소리, 거기에 더하여 책에 관한 독특한 육감을 가지고 총체적으로 파악하는 것 같다. 그는 무지막지한 속독파로 분류할 수 있는데 무협지처럼 허름한 책은 하루에 백 권을 읽은 적도 있다고 한다. 그러나 그는 그러한 방법을 그다지 좋아하지 않는다. 책을 읽기보다는 느끼려고 한다. 글자 하나하나의 생김과 책에 있는 낙서며 흠, 색깔을 기억한다. 마치 야생의 동물 수컷이 암컷에게 다가가 냄새 맡고 살펴보고 노려보고 툭툭 건드리며 시험을 하는 것 같다. 그러고는 서로가 맞는다고 생각하면 존재의 일부를 섞고, 때로는 과감하게 올라타고 할퀴어 피투성이가 된다. 책과 당숙, 두 존재의 혼재를 1+1이라고 하면 그 결과는 2가 아니고 0이거나 −2가 되기 십상이다.[4)]

위의 인용에서 확인할 수 있듯이, 「책」에서 책에 대한 당숙의 집착은 일종의 편집증 같은 것이 아니라 한 방향의 극한을 추구하는 인물이 도달한 어떤 경지와 관련된다. '극한까지 가본 사람'에 대한 작가의 이러한 편향은 「해방」, 「협죽도 그늘 아래」 등의 전작에서도 이미 확인할 수 있었던 바이다. 극단적인 것에 대한 모든 정열은 그것을 체험하는 자를 소스라치게 만드는 법이다. 극한에 대한 추구가 불러일으키는 감동이야 보편적인 것이기에 '극한까지 가본 사람'이라는 인간상은 누구나 공감하고 삶의 모델로 긍정할 수 있는 것이겠지만, 그러나 그 때문에 그러한 인간상의 현현이 점증하는 밀도를 동반하면서 작품의 진행과정에서 도달되지 않고 처음부터 미리 주어진다면 일종의 교훈담의 인상을 주는 일면 또한 갖게 마련이다. 세속적 삶에 발을 담그고 있는 관찰자의 시선을 선택하지 않을 수 없었던 사정 또한 이와 관련될 터이다.

한편 이번 소설집에는 비현실적 풍경이 유난히 눈에 띈다는 점이 인상적이다. 이러한 특징은 사실주의의 규율에 얽매이지 않는 서사의 자유로움을 보여줌과 동시에 소설 속의 모티프들이 갖는 현실적 근거를 반어적으로 암

4) 성석제, 「책」, 『황만근은 이렇게 말했다』, 창작과비평사, 2002, 118~119쪽.

시하기도 한다. 그리고 보다 궁극적으로는 극단을 추구하는 인간상에 대한 서술이 엄숙함의 깊이에 도달하기 이전에 그것을 흩어버리는 장치이기도 하다. 이를 테면 심각할 필요까지는 없다는 경계의 포즈 같은 것.

성석제의 글들은 소설이 바람피우며 여기저기서 거둬들인 배다른 자식들에 비유할 수 있을 법하다. 곧 그의 소설이 벌이는 불륜 행각의 상대는 전(傳), 행장(行狀), 설화, 사기(史記) 등의 전통적 형식에서부터 무협지나 SF 영화 등의 하위문화 장르에까지 뻗어 있어, 마치 그릇에 담긴 것이라면 가리지 않고 먹어치우는 무모한 탐식가를 연상케 한다. 이 별종의 소설 형식이 지니는 의미는 무엇보다 그것이 지니고 있는 유희적 본성에서 찾아야 할 듯하다. 이 경우 서사의 유희적 본성이란 소설이 그 자신의 깊이 속으로 파고 들어가는 것이 아니라 소설 바깥의 다른 형식들과의 결합으로 끊임없이 미끄러지는 확장의 운동과 관련된다. 이는 곧 깊이의 아이러니를 대체하는 표면의 유머이다. 이 때문에 성석제의 소설은 다양한 이야기 형식으로 확장되는 서사의 유연성을 획득하고 있다.

변함없이 한 우물만 깊게 파고 있는 소설 속 인물들의 성격과, 속도와 생산의 시대에 걸맞은 변화무쌍의 새로운 이야기 형식이 서로를 견제하고 있는 이 이상야릇한 풍경, 바로 이 점에 『황만근은 이렇게 말했다』의 독특한 개성이 놓여 있다.

## 4. 열성 유전자에 대한 보고서 – 은희경

은희경의 『상속』(문학과지성사, 2002)에는 작가 특유의 냉소적 시선이 새로운 양상으로 펼쳐져 있어 인상적이다. 이전의 작품들에서 작가의 냉소적 시선이 인간관계 이면에서 작동하는 실상의 폭로에 맞춰져 있었다면, 이번 작품집의 경우 그와 같은 표면의 인과관계를 해체하는 보다 본질적인 원인을 발견하고 있다는 점에서 성숙이라는 이름에 값할 면모를 보이고 있다.

소설집에 실린 작품 중 가장 먼저 발표된 「아내의 상자」의 특징적 인상은 작품 후반부에서 제시되고 있는 '불임 파리' 이야기에서 발견된다. 남성 화자를 내세워 삶의 일상과 그로부터 벗어나 있는 소외된 의식세계를 그려내고 있는 이 이야기에서 아내가 모아둔 상자는 그의 상처, 혹은 그 상처로 인해 몸에 남겨진 흉터와도 같은 것이다. 문제는 이 상처의 기원이 시대나 사회, 혹은 개인적 성격이 아니라, '불만이라는 이름의 돌연변이 유전자'의 차원에 놓여 있다는 발견이다.

> "지난 발렌타인데이에 미국 캘리포니아의 한 연구실에서는 수컷 초파리와 암컷 초파리 사이에 치열한 싸움이 벌어졌습니다. 짝짓기를 하려고 날갯짓을 하며 암컷에게 달려드는 수컷을 암컷이 계속해서 머리로 들이받았습니다. 나중에는 다리로 수컷의 머리를 걷어차버리기까지 했습니다. 이 암컷은 수컷이 정액을 뿌려도 알을 낳지 않았다고 합니다."
>
> 아내나 좋아했을 얘기였다. 나는 물끄러미 화면을 쳐다보았다.
>
> "그 이유는 돌연변이 유전자 때문으로 밝혀졌습니다. 연구팀은 이 실험으로 돌연변이 유전자가 신경 계통에 영향을 끼친다는 것을 확인했습니다. 그 유전자에는 '불만'이라는 이름이 붙여졌습니다."[5)]

결국 아내의 정신병원행으로 귀결되고 만 부부관계 파탄의 원인은 무엇인가. 남편의 무관심도 유력한 이유가 될 수 있으며, 어쩌면 아내의 미술대학 지망을 좌절시켰던 숨막히게 목을 죄는 스웨터가 결정적이었을 수도 있다. 아내가 읽었던 잡다한 책도 영향을 미쳤으며 습도 낮은 아파트도 이미 파탄의 분위기를 머금고 있었다. 옆집 여자가 주선한 불륜에의 탐닉은 파탄의 예감에 종지부를 찍은 사건이었다. 이러한 원인들은 각각 서로의 원인을 이루고 있으며, 다른 차원에서는 어떤 근본적인 원인에 의해 초래된 결과들이기도 하다. '불만이라는 이름의 유전자'는 실체를 알 수 없는 이 근본적인 원인에 붙여진 메타포일 것이다. 바로 이 지점에서 개인과 사회가 만나는

---

5) 은희경, 「아내의 상자」, 『상속』, 문학과지성사, 2002, 315쪽.

방식에 대한 문학적 고찰의 한 사례를 확인할 수 있다.

복합적인 원인들이 얽혀 이뤄내는 심층적 원인의 상징으로서의 '돌연변이 유전자'에 대한 시선은 「누가 꽃피는 봄날 리기다소나무 숲에 덫을 놓았을까」와 「상속」에서 보다 뚜렷하게 나타나고 있다.

> 소라의 표정이나 몸짓에는 타인의 시선을 의식하는 사람만이 갖는 부자연스러운 세련됨이 있었는데 그것은 어린애가 지니기에도 또 터득하기에도 어울리지 않는 대인 방식이었다. 누구든지 한 번만 보아도 알 수 있는 일이었다. 소라는 사랑받기 어려운 소녀였다.[6)]

소라(소연)의 학교생활, 결혼생활, 사회생활 등으로 나눠진 구성방식에서도 확인되듯이, 한 소녀의 성장담을 다루고 있는 이 소설에서 주인공 소라(소연)의 불행은 이미 처음부터 예견되고 있었다. 그 원인은 무엇인가. 누가 리기다소나무 숲에 덫을 놓았던 것일까. 그의 불행을 초래한 이 덫은 그의 생래적 성격이자 가정교육의 산물이며 그의 사회 경험의 소산이다. 그러하기에 결말부의 "한번 치인 덫에서 벗어날 수가 없어"라는 소라(소연)의 탄식은 그의 파탄을 초래한 여러 원인들이 서로의 인과 사슬을 끊은 채 한데 얽혀 일종의 부조리한 힘으로 그의 의식을 압도하고 있는 장면에서 나온 것이다. 소라(소연)를 바라보는 서술자의 냉소적 시선이 밀도를 얻고 있는 것은 이러한 복합성에 대한 인식에서 말미암았다고 할 수 있다.

「상속」에서는 이 냉소의 시선이 외부로부터 내부로 이행하고 있다. 아버지의 죽음의 과정을 지켜보는 딸 N의 육체와 죽음에 대한 성찰 기록이라 할 이 소설에서도, 그 성격은 앞서의 경우와 다소 다르지만, 역시 유전자적 차원의 세계 인식이 작품의 핵심에 놓여 있다.

> N은 확실히 달라졌다. 한 사람의 육체가 생겨나기까지 자신이 알지 못하

6) 은희경, 「누가 꽃피는 봄날 리기다소나무 숲에 덫을 놓았을까」, 같은 책, 43~44쪽.

는 수많은 사람들의 육체가 시간 속에서 생멸을 거듭해왔다는 것도, 제 몸 속에 죽음이 들어 있다는 사실도 처음 깨닫는 일이었다.[7]

언제나 활기에 넘치는 용의주도한 사업가였던 아버지의 죽음이 가족들에게 남긴 것은 어린 시절의 그가 "내성적인 소년으로 몹시 허약한데다 말까지 더듬었고 책상 앞에는 언제나 '좀더 나은 인간이 되자'라는 글귀가 붙어 있었다"[8]는 증언과 의외의 부채(負債)였다. 그리고 하나 더, 딸 N에게 남긴 위의 인용에서와 같은 깨달음이다. 몸 속에 담겨 있는 수많은 사람들의 삶의 존재에 대한 인식과 죽음에 대한 이해가 그것이다. 그러한 깨달음과 더불어 N은 자신의 고독을 무시하거나 이기려 들지 않고 자신의 천분으로 받아들이게 된다. 이제 유전자의 상상력은 냉소의 시선을 거두고 존재의 내면을 응시하는 성찰의 시선으로 전환되고 있다. 이 지점에 이르면 '상속'은 부채의 상속이 아닌 '나'의 존재를 이루고 있는 근원과의 마주침을 의미한다. 그리고 거기에서 유전자적 상상력은 존재 근원과 마주하는 새로운 통로이자 계기로서 작용하고 있다.

## 5. 풍속과 지식인성의 결합 - 김원우

김원우의 『객수산록』(문학동네, 2002)은 최근 소설의 일반적 경향과는 매우 다른 면모를 보이고 있다. 사건에 대한 묘사를 통해 우회적으로 주제를 제시하는 것이 아니라, 서술이나 인물의 대화를 통해 직접적으로 의식을 문제삼는 경향이 그것이다.

한때 국어전문 대학입시학원을 운영했던 시인이자 금리생활자인 '나'가 소설가 김선생의 새 집필실을 방문하면서 시작되는 「반풍토설초(反風土說抄)」에서 김선생과 '나'의 대화의 화두는 우리 사회의 비근대적 풍토에 대한

7) 은희경, 「상속」, 같은 책, 119쪽.
8) 같은 글, 151쪽.

비판이다. 그것은 곧 "'근대'라는 외형은 지나칠 정도로 반듯하나 그것을 운용하는 우리의 사고 행태 일체는 아직도 비교적(秘敎的)·주술적(呪術的)·무속적(巫俗的)"[9]인 현실에 대한 해부이다.

> 갑자기 그의 등줄기에 서늘한 기운이 훑고 내려갔다. 머리끝도 쭈뼛거렸고, 얼굴도 홧홧하니 달아올랐다. 호탕한 웃음을 터뜨리고 있는 그 얼굴이 괴기스러웠다. 분명히 음험한 얼굴이었다. 그는 혼자 낯선 길에 버려져 있는 셈이었다. 그 길마저 너무나 호젓한데다 가스가 쉴새없이 스멀거리고 있어서 무섬증을 몰고 왔다. 사위스런 그 사진의 얼굴들이 그에게 마구 달려들었다. (…) 요컨대 그것은 부적 이 이상도 더 이하도 아니었다. 그래서 순간적이나마 그 사위스런 가위, 곡두, 귀신에 눌림을 당한 것이었다. 가위눌림을 당하자마자 사방을 휘둘러보기까지 했으니까.[10]

위의 인용은 산행길에서 겪은 '대낮에 맞닥뜨린 가위눌림' 사건에 보인 김선생의 심리적 반응이다. 여기에서 비판의 시선은 사진에 담긴 이데올로기가 아니라 "그 푸르죽죽한 사진의 명암도 그렇지만 한 장의 인화지에다 가지런히 붙박아놓은 그 기법은 조잡하다 못해 어떤 미적 감각도 없는, 부적보다 못한 얄궂은 술수에 지나지 않"[11]는, 사진 그 자체의 형상이 불러일으키는 사회체의 어떤 한계에 놓여 있다. 여기에서 인물들의 저작(詛嚼)을 통해 거침없이 쏟아져 나오는 비판적 언술이 문제삼고 있는 의식의 층위를 확인할 수 있는바, 그것은 곧 이 소설의 제목의 일부이기도 한 '풍토'라는 개념 속에 담겨 있다.

일찍이 1930년대 우리 문학사에서 김남천 등에 의해 '풍속'이라는 개념이 등장한 바 있다. 이 개념은 제도와 인간 속에 육화된 사회체에 대한 탐구를 지향하는 것으로, 이전 시기의 이데올로기 비판의 한계를 넘어서고자 하는

---

9) 김원우, 「반풍토설초」, 『객수산록』, 문학동네, 2002, 45쪽.
10) 같은 글, 39~42쪽.
11) 같은 글, 41쪽.

시도의 하나로 제시되었던 것이다. 김원우의 '풍토' 비판 또한 현실 표면의 이데올로기가 아니라 그 속에서 작동하는 구조를 읽어내고자 하는 의지와 관련된다는 점에서 표피적인 풍속 묘사나 여과 없는 이데올로기 비판을 넘어서기 위한 전략이라고 할 수 있을 것이다.

한편, 풍토에 대한 비판적 시선과 더불어 그 시선을 반성하고 점검하는 또 하나의 시선이 가로놓여 있다는 점에서 『객수산록』의 비판은 이중적이다. 비판의 자기 관련성을 의식하는 장치로서의 이중적 시선은 비판의 책임성 혹은 윤리성에 대한 암시를 담고 있으며, 이는 소설 속의 현실 비판이 불러일으키는 공감의 밀도와도 밀접하게 연결되어 있다.

> 이래저래 김선생은 돈과 시간을 최대한으로 아껴서 바특하게, 그러나 점점 더 웅크리고 지내는 판이다. 누에고치 같은 은일(隱逸)이라면 과장일 테고, 이 방만한 시대상을 한껏 비웃으며, 따라서 임의로 거스르며, 내 쪽이야 그렇게 살아갈 명분도 없지만 끝없이 부화한 삶을, 그것마저도 비내구성 소비재처럼 확대 재생산을 부추기는 이 세기말에 그런 자폐증적 일상이 과연 무슨 의미가 있을까 싶다. 부화뇌동은 아닐지라도 그런 좁다란 삶 자체가 치열한 생존과 겉도는 일종의 쇄말적 마비로 비치고 마는데.[12)]

「반풍토설초」는 김선생이 던진 화두를 '나'가 이해하는 구조로 되어 있지만, 그럼에도 불구하고 여기에는 김선생의 현실 비판을 견제하는 '나'의 시선이 개재해 있다. 「신종 미개인 일정(日程)」에서 신종 현대인 박사장과 소설가이자 교수인 김씨를 나란히 놓은 구도 또한 이러한 맥락에서 이해할 수 있다. 매사에 극성스럽게 온갖 물량과 심신을 동원하여 자기 관리를 정확하게 실천하는 신종 현대인 박사장의 생활방식에, 통속적인 시류의 피상성에 유독 비판적 시선을 던지며 추레하게 반문명적 생활을 하는 신종 미개인 김씨가 대비되어 있는 구도가 그것이다. 이러한 간접화의 장치는 역설적으로

---

12) 같은 글, 23쪽.

읽는 이로 하여금 소설 속에 배치된 작가의 페르소나(persona)를 의식하도록 만드는데, 이들 페르소나들이 공유하고 있는 "나태와도 다른, 헐벗은 미개인이 허공으로 가물가물 날아가는 새떼를 망연히 쳐다보는 그 막막함 같은 정서"[13] 또한 현실을 향한 비판적 시선에 맞서는 내향적 시선의 존재를 확인시켜주고 있다.

신종 현대인과 대비된 신종 미개인의 시선으로 바라본 현실은 과연 어떠한가. 문명의 추세를 의식하면서도 그 진입로에서 머뭇거릴 수밖에 없는 인물들의 시선에 포착된 현실은 '무병신음'이라는 사회적 증후군에 감염된 일그러진 형상이다.

> 무병신음(無病呻吟). 이상하게도 그들은 낮 동안에는 씩씩거리면서도 밤만 되면 털퍼덕 주저앉아서 신음한다. 괴상망측한 개인적인 생병이라기보다도 일종의 사회적인 증후군이 아닐지. 언제라도 남 앞에서는 삿대질을 퍼부을 수 있을 정도로 기운이 펄펄 남아돌지만 혼자 나둥그러지면 병적인 무력감에 휩싸이고 마는. 이름도 제대로 붙일 수 없는 그 심적 공황을 자기 불만, 나아가서 자아분열감이라고 한다면 그들은 돈이라는 이 시대의 유일신마저 하찮게 여겨야 하는데 그것이 너무 생생하고 막강하게 그들을 규율하고 있다.[14]

일찍이 전후 세대의 대표적 작가인 손창섭은 「신의 희작」(1961)에서 "도대체가 앓고 있지도 않은 사람들이 줄곧 신음 소리를 연발하며 살고 있다는 것은 참말 어이없는 일이 아닐 수 없다"고 쓴 바 있다. 손창섭이 무병신음 증후군을 자신의 소설에 등장하는 인물을 분석하기 위해 채용했다면, 그리고 궁극적으로 그 인물들을 그려내는 작가 자신의 육체적 정신적 기형성을 간접적으로 드러내기 위한 일종의 자학적 수단으로 사용했다면, 김원우의 경우에는 이 일그러진 자화상을 주로 외부의 사회적 현실 비판의 도구로 활용하고 있다. 소설 속에 곧잘 등장하는 '하수인 인생' 혹은 '난민' 등의 표현

---

13) 김원우, 「신종 미개인 일정」, 같은 책, 96쪽.
14) 김원우, 「무병신음기」, 같은 책, 179~180쪽.

은 이러한 자화상의 구체적 모습이다.

김원우 소설의 또하나의 특징은 홍청거리면서 넘쳐나는 대화에서 찾을 수 있다. 완결된 미적 구성을 요구하는 단편 형식에서 대화가 갖는 적절한 비중과 기능은 제한이 있는 법이다. 이 경우 서술자나 등장인물의 의식을 통해 표현되는 관념이나 혹은 그들의 대화는 소설 구성의 타자로 놓여 있는 셈이다. 그렇다면 의식에 대한 서술이나 대화를 통해 표현되는 관념을 구성 속에 도입하기 위한 방도가 모색되지 않을 수 없다. 이때 여러 가지 방도가 제시될 수 있겠지만, 김원우에게 그것은 중편이라는 형식의 문제로 선택되고 있다. 그가 고집스럽게 추구해왔고 또 그렇기 때문에 그의 소설에 자연스럽게 느껴지는 중편 형식의 존재 이유를 여기에서 찾을 수 있다.

일찍이 최재서는 「중편소설에 대하여」(1937)에서, 작자의 인생관이나 사회적 주장을 포착하기 어려운 단편의 한계와 독자의 고려를 앞세우곤 하는 장편의 한계를 각각 지적하면서 중편소설 형식에 대한 기대를 제시한 바 있다. 그의 중편 형식에 대한 기대는 현실성과 현대성의 조화 가능성에 그 초점이 맞춰져 있는바, 대중소설이 비속한 현실성에 부심하거나 그와 반대로 현대성만을 추구하는 소설이 부화(浮華)한 모더니즘으로 치달을 우려가 있던 당시의 상황이 그로 하여금 이러한 기대를 낳게 하였던 것이다.

관념을 도입하기 위해 단편 형식 자체를 해체하는 실험적 방향과는 달리, 김원우의 경우 중편 형식을 통해 안정된 서사를 확보하고 있다는 점에서 중편 형식에 대한 그의 추구는 필연성을 갖는다. 그리고 바로 그 점이 김원우의 소설들 속에서 지식인적 현실 비판이 추상적이고 관념적인 방향으로 진행되지 않고 서민성의 풍속과 결합되고 있는 근거일 것이다.

# 세 개의 두 겹 시선
## – 민경현 소설집 『붉은 소묘』, 하성란 소설집 『푸른수염의 첫번째 아내』, 이혜경 소설집 『꽃그늘 아래』

### 1. 옮겨서 바라보는 시선 – 민경현

민경현의 두번째 소설집 『붉은 소묘』(문학동네, 2002)는 이 작가의 첫 소설집 『청동거울을 보여주마』(창작과비평사, 1999)에 나타난 작품 경향의 심화와 확대를 동시에 보여주고 있다는 점에서 특징적이다.

우선 「너의 꿈을 춤추련다」와 「사제와 나그네」는 민경현 고유의 작품세계라 할 수 있는 금어(金魚), 혹은 화사(畵師)의 세계를 그리고 있다는 점에서 첫 소설집의 「꽃으로 짓다」, 「내영」, 「인멸」 등의 작품에 이어져 있다. 이들 작품군에 공통적으로 등장하는 주인공 '석이' 또한 그들 사이의 친족관계를 증명하고 있다. 그러면서도 이번 경우에는 화사라는 특이한 소재의 도입 차원에 머무른 것이 아니라 그러한 배경에 작가 나름의 주제를 새겨넣고 있다는 점에서 이전에 비해 깊어진 듯 보인다.

「꽃으로 짓다」, 「내영」, 「인멸」 등에서 노사(老師)를 모시고 가칠장이 노릇하는 반승반속의 부목이었던 소년 석이는 「너의 꿈을 춤추련다」, 「사제와 나그네」에서는 이제 한 사람의 성인이자 화사로 변모해 있다. 그 결과 작품 속에 그려지는 세계 자체가 성숙된 시선에 의해 포착될 수 있게 된 것이다. 석이의 곁에는 이제 노사가 아니라, 무승(舞僧) 현허가 혹은 극장에서 간판을 그리고 있는 R이 있다. 그리하여 노사로부터 벗어나기를 갈망하던 석이가 마침내 현실의 거리를 걸으며 얻게 되는 깨달음이 새로운 주제를 형성하고 있다. 이런 측면에서 주목되는 작품이 「사제와 나그네」이다.

「사제와 나그네」에서 석이가 마주하는 세계는 이소선생과 그의 손자 R이 처절하게 앓아야 했던 어떤 운명이다. 사제의 운명에 철저하고자 했던 문인화의 거두 이소선생의 존재는 그의 아들 김린의 삶에 그림자를 드리운다. R은 그의 출생 자체가 사제와 나그네 사이에서 진동하던 아버지의 그림자가 만들어낸 것이기에, 자살로 삶을 마감한 자신의 아버지에 비해 더욱더 자학적으로 방황하지 않을 수 없다. 그러한 연유로 R에게 이소선생은 '육신의 할아비이자 영혼의 아비'이기도 했던 것이다. R의 암적색 소묘가 '피'의 색깔인 것 또한 이 때문이다.

R이 자신의 할아버지 이소선생을 떠나 금어인 노사를 찾아온 것과는 반대 방향으로, 석이는 노사를 떠나 이소선생을 찾아간다. 사제의 운명을 표상하는 이소선생은 달관의 경지에 놓여 있던 전작들에서의 노사와 달리, '달관과 절망 사이의 모호한 경계를 두리번거리는' 현실적 존재로 그려져 있다. 이러한 변화는 석이의 성장에 대응되는 것이라 할 수 있다. 말하자면 대상 그 자체가 변화한 것이라기보다 대상을 바라보는 시선의 성숙이 대상의 다른 이면을 발견한 것이다. "이소 김행(金幸)이란 사제가 신성한 지위를 놓고 가장 치열한 싸움을 벌여야 했던 상대는 안토오 코이치(安東幸一)라는 영광된 젊은 날의 분신이었다"[1]는 대목에서 드러나듯 현실적인 고뇌는 나그네의 것일 수만은 없다. 사제 또한 끊임없이 작품을 통해 신성한 자신을 증명해야 하는 운명 속에 놓인 존재이기 때문이다. 이 순간 사제의 삶에도 나그네의 운명이 깃든다.

이소선생과 노사가 나누어 걸어간 두 갈래의 길, 그리고 석이와 R이 오가

1) 민경현, 「사제와 나그네」, 『붉은 소묘』, 문학동네, 2002, 168쪽.

며 허우적거린 사제와 나그네의 길은 작품의 결말부에서 석이가 이소선생을 따라 암자의 단청에 그려진 꽃을 구경하러 나선 장면에서 마침내 서로 넘나들며 하나의 길로 수렴되기에 이른다.

> 보게나, 그렇다고 색봇짐을 등에 지고 떠돌이가 되었던들 과연 아름다움의 땅끝까지 가보았을 겐가. 마침내 저 우주의 천장지구(天長地久)를 모두 디뎌 보았노라 외칠 수 있겠는가. 겪어온 아름다움이 모두 객진(客塵)이었노라 소리칠 용기가 그대에겐 있는가.[2)]

비틀거리는 육신을 가진 노인의 목소리로 헛바람 같은 웃음을 날리며 가을 하늘을 향해 던진 이소선생의 혼잣말에서 드러나는 것은, 사제의 길 속에 나그네의 길이 그리고 나그네의 길 속에 사제의 길이 있다는 사실의 새삼스런 확인이다. 물론 석이가 성장했다고는 하나 여전히 배움의 길 위에 있는 만큼, 이러한 깨달음조차 잠정적인 것에 지나지 않을 터이다. 그럼에도 불구하고 이 계열에 속한 이전 작품들에서 주인공들의 욕망이 남녀의 사랑이라는 차원이나 아버지에 대한 콤플렉스로부터 벗어나고자 하는 몸부림 수준에 머물러 있었다면, 「사제와 나그네」에서 제시된 통찰은 그러한 한계로부터 상당한 거리를 벗어난 장면에 해당될 터이다.

「사제와 나그네」에 이르러 성취된 진전은 기존의 작품계열과는 구분되는 새로운 경향의 개척과도 그 맥락이 상통하고 있다. 현실 속의 공간을 대상으로 한 「꽁치는 빨간 눈으로 죽는다」나 「평실이 익을 무렵」, 역사 속의 공간을 가상의 무대로 차용한 「스타바트 마터」, 「패관 林 아무개」, 초현실적 공간으로 이동해간 「순회 법정」, 「말하는 벽」 등으로 다양해진 경향들이 그것이다.

그 가운데 무신정권하의 역사적 상황을 알레고리적 공간으로 차용하여 이 시대의 소설쓰기에 대한 자의식을 담아낸 「패관 林 아무개」, 그리고 마

2) 같은 글, 176쪽.

치 카프카의 『심판』에서처럼 주인공 K가 가상의 공간 림보(林堡)에서 마주하는 부조리한 초현실의 무대를 그리고 있는 「순회 법정」 등이 인상적이다. 그러나 전자의 경우 주제가 뚜렷한 만큼 표면에 쉽게 드러나는 한계를 볼 수 있다는 점에서, 이 작가의 데뷔작 「오버 더 레인보우」에 닿아 있는 후자의 경우 그 반대로 주제가 희미하다는 점에서, 이들 경향은 「사제와 나그네」 계열의 작품 경향에 비해 아직 작가 고유의 영역으로 진입하고 있지는 못한 듯하다.

『붉은 소묘』 속의 단어나 문장, 그리고 문체는 이전에 비해 더욱 탄력을 얻고 있으며, 민경현 고유의 색깔마저 지니고 있다. 게다가 앞서 살핀 바와 같이, 이 작가가 지속적으로 추구해온 세계 내에서의 새로운 도약과, 아직 온전한 성취에 이르지는 못한 듯하지만 새롭게 시도된 다양한 경향의 실험은 이 소설집이 이 작가의 새로운 가능성을 향한 발판임을 확인케 한다.

## 2. 끝에서 바라보는 시선 – 하성란

하성란의 『푸른수염의 첫번째 아내』(창작과비평사, 2002)에 실려 있는 열한 편의 소설들은 이 작가의 이전 소설집 『루빈의 술잔』(문학동네, 1997)이나 『옆집 여자』(창작과비평사, 1999)에 실려 있는 소설들과는 사뭇 달라진 경향을 보이고 있다.

이 변화의 실마리는 우선, 초기의 그의 소설들이 '묘사'를 중심으로 하고 있었음에 비해 어느 시점 이후 그의 소설들은 '구성'을 그 핵심적 계기로 취하기 시작했다는 사실에서 찾을 수 있다. 물론 이 작가의 전작들에서도 구성력이 강하게 느껴지는 작품들을 발견할 수 없었던 것은 아니다. 하지만 문제는 소설의 다른 요소들보다 구성이 가장 중심에 놓이게 될 경우라고 할 수 있다. 최근의 그의 소설들이 일종의 추리소설 형식을 띠고 있는 것 또한 이와 관련된다.

구성의 힘은 특히 일종의 메타서사를 만들어낼 때 효과적으로 발휘되고 있다. 가령 「파리」는 1982년 '의령 우순경 총기 난동 사건'을 메타픽션 형태로 제작한 것이다.[3] 그런가 하면 「고요한 밤」에는 서구의 동화 「피리 부는 사나이」가, 「푸른수염의 첫번째 아내」에는 프랑스 전래동화 「블루비어드(푸른수염)」가 각각 극복해야 할 대항 텍스트로 놓여 있다. 한편 「별 모양의 얼룩」은 1999년의 씨랜드 화재 참사를 떠올리게 한다.

그런데 이 경우 우순경 사건이나 씨랜드 사건은 현실이나 역사로서의 의미보다, 새롭게 창작된 텍스트의 구성이 대결해야 할 하나의 서사 모델로서의 의미가 더 강하다. 말하자면 사건들 그 자체의 역사적 혹은 현실적 의미는 그다지 문제되지 않는다. 「파리」가 실제의 역사적 사건 속의 우순경의 삶을 복원하는 데 관심이 있지 않듯, 「별 모양의 얼룩」을 읽고 우리가 느끼는 것은 그 참사로 인한 부모의 고통이 아니다. 이 경우 역사적 혹은 시사적 사건 또한 외국의 전래동화와 마찬가지로 일종의 선행 텍스트로서 존재하는 것이며, 이들 기성의 서사와 대결하는 무기가 곧 '구성'이다.

하성란의 소설에서 구성이 실제로 활용되는 방식을 「고요한 밤」을 통해 살펴보기로 한다. 소설의 내용은 간단하다. 시외로 이사온 부부가 위층의 소음 때문에 겪는 사건의 추이가 그 내용을 이루고 있는바, 이러한 종류의 사건은 누구라도 일상에서 겪을 수 있는 그런 평범한 것이다. 이 사건을 담고 있는 서사는 주로 아내의 시선을 통해 독자에게 전달된다. 아내는 백화점에서 하루 종일 시달리고 돌아와 소음에 둔감하다. 위층의 사람들이나 주위의 상황에 대한 정보도 별로 없다. 마치 이 소설을 읽고 있는 독자처럼. 독자는 자신도 모르는 사이 아내와 더불어 수수께끼를 풀어나가는 자리에서 있게 된다.

그런데 표면상으로는 아내의 시선에 의해 사건이 독자에게 전달되는 듯하지만, 좀더 깊이 들여다보면 서사를 이끌어가는 것은 아내의 시선이 아니

---

3) 이 소설의 창작 모티프에 대해 작가가 직접 밝히고 있는 글로, 하성란, 「삶과 죽음의 경계선」, 『작가세계』, 2001년 여름호, 280~286쪽을 참조할 수 있다.

라 소설의 전체 구성을 장악하고 있는 내포작가의 시선이다. 이 내포작가의 시선은 주로 남편을 통해 실현된다. 남편의 말이나 행동 속에 결말에 이르게 될 단서들이 숨겨져 있다. 위층 아이가 복도에서 미끄러져 다리가 부러지던 날 아내가 남편의 왁스통의 반 이상이 덜어져 있음을 발견하게 되거나, "오늘 밤, 아마도 재미있는 일이 벌어질걸? 기대하시라구"[4]라는 남편의 암시가 곧바로 위층 부부의 싸움으로 이어지는 등의 복선들이 그것이다. 이 복선들은 서사의 결말로부터 바라보는 시선에 의해 마련되는 것이다. 사건의 진행에 따라 조금씩 사태를 인식해가는 순방향의 시선이 아내와 독자의 것이라면, 사건의 결말을 이미 알고 있는 상황에서 조금씩 그 단서를 아내와 독자에게 흘리는 역방향의 시선은 남편 혹은 내포작가의 것이다. 아내와 남편의 관계는 마치 코난 도일의 추리소설 속의 왓슨과 셜록 홈스의 관계와도 유사하다. 순방향과 역방향의 시선이 교차하는 바로 그곳에 구성이 자리잡고 있다.

간혹 아내의 목소리가 아닌 다른 목소리가 끼어드는 것 또한 이러한 맥락에서 기인한다. 가령 위층의 두 아이가 실종된 후의 상황을 설명하는 다음의 목소리는 분명 지금까지 이 소설을 서술하던 아내의 목소리가 아니다.

> 손님을 태우고 가던 김영수 씨가 중간에 손님을 내리고 과속으로 집에 돌아왔을 때, 위층 여자는 거의 반실성한 상태였다. 여자는 쉰 목소리로 아이들의 이름을 부르면서 쓰레기 수거함으로 열어보기도 했다. 아파트 곳곳에 위험한 곳 투성이였다. 깊은 새벽, 나무를 심기 위해 파놓은 구덩이들이 다 헤쳐졌으며 이사를 가면서 누군가 버린 냉장고와 세탁기들마다 몇 번씩 열렸다 닫혔다.[5]

하지만 이미 구성에 휘말려버린 독자들에게는 이 목소리가 그다지 낯설

4) 하성란, 「고요한 밤」, 『푸른수염의 첫번째 아내』, 창작과비평사, 2002, 226쪽.
5) 같은 글, 231쪽.

지 않다. 애초에 아내의 시선으로만 서사가 진행된 것은 아니었기 때문이다. 아내의 시선은 단지 내러티브의 독자적 차원을 마련하기 위한 수단에 불과한 것이었다.

서구의 전래동화 「피리 부는 사나이」에 비추어본다면, 그리고 지금까지의 남편의 말과 행동에 의거한다면, 독자는 위층 아이들의 실종과 남편이 관련되어 있을 것이라는 추측을 하게 된다.

> "당신이, 정말 피리 부는 사나이야?"
>
> 내 말에 남편이 소리 높여 웃었다. 취조를 받던 용의자 몇과 경찰들이 우리 쪽을 돌아보았다.
>
> "이봐, 그건 동화 속에나 나오는 이야기야. 하지만 짚이는 사람이 있어. 끝까지 몰린다면 어쩔 수 없이 털어놔야겠지만 지금은 아니야."[6]

이 소설은 처음부터 이 기성 텍스트를 의식하면서 그것을 극복하는 텍스트의 구성을 마련하고 있었음이 후반부에 드러난다. 말하자면 남편 또한 이 구성을 완벽하게 실현하기 위한 도구에 불과했던 것이다.

이처럼 추리소설의 형태를 차용하여 기존의 텍스트를 새로운 형태의 텍스트로 변환시키는 결정적인 장치로 구성이 작용하고 있다. 이 구성의 미학은 하나의 소설을 완벽한 체계로 직조해내는 힘으로 작용하지만, 반면 소설의 레퍼토리들을 구성에 종속시켜 현실의 한 단면이나 인간 삶 혹은 의식의 한 측면을 환기시킬 수 있는 힘을 제거하는 일면 또한 필연적으로 지닐 수밖에 없다. 이렇게 보면, 최근의 그의 소설들이 초기의 경향으로부터 멀어져오면서 새롭게 획득한 요소와 반면 그 대가로 지불해야 했던 요소를 새삼 확인하게 된다.

---

6) 같은 글, 234쪽.

### 3. 대상에서 바라보는 시선 - 이혜경

이혜경의 두 번째 소설집 『꽃그늘 아래』(창작과비평사, 2002)는, 첫 소설집 『그 집 앞』(민음사, 1998) 이후 발표된 여덟 편의 소설과 미발표작 「언덕 저편」, 그리고 첫 소설집에도 묶이지 않았던 「어귀에서」(원제 「불의 전차」) 등 모두 열 편의 소설이 실려 있는바, 오랜 기간에 걸쳐 씌어진 만큼 소설들의 경향 또한 다채로움이 특징적이다.

허랑한 삶을 살아온 가장 큰오빠의 존재로 인해 겪는 가족사를 소재로 취한 「고갯마루」나 중년 여인의 일상을 고백의 형식에 담은 「검은 돛배」처럼 이 작가의 이전 경향에 직접적으로 닿아 있는 소설들도 있는가 하면, 일상적 폭력의 근원을 섬세한 시선으로 되짚은 「봄날은 간다」나 억누를 수 없는 불륜의 욕망이 모티프로 차용된 「언덕 저편」처럼 이 작가에게서는 좀처럼 볼 수 없었던 새로운 경향 또한 발견된다. 한편 이 작가의 인도네시아 체험은 「꽃그늘 아래」나 「일식」의 배경으로 자리 잡으면서 소설 경향의 다채로움에 일조하고 있다. 가장 단적으로, 초기작들에서 중심을 이루고 있던 아버지는 「고갯마루」의 큰오빠에 부분적으로 그림자를 드리우고 있을 뿐, 이제 그 자취는 거의 걷혀 있다.

다채로운 경향에도 불구하고 소설 속 인물들의 시선은 특징적인 공통분모를 가지고 있는바, 단순화시켜 제시하자면 그것은 대상을 바라보는 '나'의 시선에 대상에서 '나'를 바라보는 시선이 겹쳐져 있다는 점이다. 아래의 인용은 이러한 두 겹 시선의 성격을 상징적으로 보여주고 있는 대목이라 할 수 있다.

> 아득한 수평선에 아주 작은 불빛 한 점이 떠 있었다. 지나가는 배일까. 저 배에선 이 바닷가의 불빛들이 어떤 모양으로 비쳐질까.[7)]

7) 이혜경, 「꽃그늘 아래」, 『꽃그늘 아래』, 창작과비평사, 2002, 30쪽.

이혜경의 소설 속 인물들은 '나'의 시선으로 대상을 바라보는 일방성과는 거리가 멀다. 그 인물들의 시선에는 자신을 대상화하여 바라보는 시선이 겹쳐져 있기 때문이다. 대상으로부터 '나'를 바라보는 시선이 겹쳐짐으로써 '나'가 대상을 바라보는 시선은 질적인 변화를 거쳐 그 이전과는 다른 성격을 지니게 된다. "제법 무난하게 사는 집 막내딸이면서도 늘 엄마가 첩이거나 아버지가 없거나 고아원에서 사는 아이들과 더 친했던 내 어린날"[8]과 같은 구절에서 보는 것처럼 이러한 시선이 이 작가의 소설 속 인물들에게는 거의 생리적이자 체질적인 것이라는 점 또한 특징적이다. 이와 같은 두 겹 시선에 의해, 딱딱하게 굳은 일상 아래 묻혀 있는 짙은 흙빛의 욕망이 그 모습을 드러내기에 이른다.

> 생뚱한 립스틱도, 걷잡을 수 없는 식욕도, 아슬하게 치닫던 성욕도, 마감 뒤끝의 술자리를 정점으로 알코올에 녹아 사그라든다. 3차까지 이어지는 술자리가 파할 때면 누군가는 한사코 차들이 질주하는 차도로 뛰어들고, 성질 사나운 취재원을 만났던 누군가는 길거리에 쪼그리고 앉아 훌쩍인다. 술기에 휘휘 휘둘리는 머리로 출근해서 싸우나에 다녀오면 다시 민숭민숭한 맨 얼굴로, 과자 보기를 돌 보듯 하려는 가상한 노력으로, 어린 누이를 보는 친정오라비 같은 얼굴로 돌아갈 수 있는 것이다.[9]

이 두 겹 시선의 미덕은 단지 일상 아래에 숨겨진 욕망의 발견에 그치지 않는다. 그 시선은 발견된 욕망의 심층으로 하강하는 것이 아니라, 일상의 표면과 욕망의 심층이 하나의 수평면에서 일종의 배리관계를 이루고 있는 삶의 현실을 발견한다. 그러하기에 두 겹 시선에 의한 배리의 발견은 현실에 대한 선명한 이해를 제공하는 것이 아니라, 오히려 결정 불가능한 막막한 현실을 눈앞에 다가세운다.

---

8) 이혜경, 「대낮에」, 같은 책, 125쪽.
9) 이혜경, 「내게 바다 같은 평화」, 같은 책, 218쪽.

그러나 이렇게 해서 발견된 현실에 대한 이해는 비록 선명하지는 않을지라도 깊고 섬세하다. 가령 「봄날은 간다」에서 지원의 아들 재명은 학교폭력에 시달리고 있다. 뒤늦게야 그 사실을 알고 나서 아들을 다그치는 지원에게 재명은 말한다. "남이 뭐라고 하면 싸우지 말고 그 사람이 왜 그럴까 먼저 생각해보라고 했잖아요, 엄마가"[10]라고. 자기중심적인 처세의 계율을 강요할 수도, 그렇다고 일방적인 희생을 감수하라고도 말할 수 없는 마음자리는 얼마나 애틋한가. 지원은 이 애틋함의 자리에서 한참을 머무를 뿐 쉽사리 앞을 향해 발걸음을 옮기지 않는다. 이 과정을 통해 지원은 남편의 폭력으로 인해 집을 나와 있는 친구 종애의 사연을, 단지 불행한 친구의 넋두리로 듣고 쉽게 동정의 손길을 내미는 것이 아니라, 역시 어떤 운명의 피해자인 친구의 남편과 친구가 겪는 고통스런 삶의 장면으로 이해할 수 있게 된다. 배리(背理)의 발견이 윤리(倫理)의 발견인 이유 또한 여기에 있다.

또 하나 이번 소설집에서 눈에 띄는 것은 소설 속의 인물들이 서 있는 자리이다. '그 집 앞'에서 서성이던 그들은 이제 '고갯마루' 위에서, 혹은 '언덕' 위에서 경계의 저편을 바라보며 서 있다. 집을 떠나오면서 생의 한고비를 넘어선 바 있던 그들은, 이제 현실 속에서 다른 차원의 한고비와 새롭게 마주하고 있는 셈이다. 가족서사의 틀을 벗어나 현실의 구석을 향하는 이혜경 소설의 새로운 징후를 여기에서 읽을 수 있다.

이혜경 소설이 갖추고 있는 이와 같은 두 겹 시선은 끊임없이 현실에서 새 돌을 찾아 그 아래 놓인 미세한 것들의 움직임을 포착하여 그려낸다. 그리고 돌에 눌린 짙은 흙빛에 망연하여 서 있는 것이 아니라, 들어올린 그 돌을 징검돌 삼아 한 걸음씩 더디게 앞으로 나아가고 있는바, 이혜경 소설의 다채로움이 갖는 의미 한 겹이 이로써 추가될 수 있다.

---

10) 이혜경, 「봄날은 간다」, 같은 책, 151쪽.

# 새로운 방향 모색의 세 가지 사례

## – 김연수 단편 「그건 새였을까, 네즈미」, 김경욱 단편 「성난 얼굴로 돌아보라」, 백민석 단편 「위대한 헛짓의 시대」

### 1. 관념적 주제의 유연한 소설적 형상화 – 김연수

김연수는 그의 두 번째 창작집 『내가 아직 아이였을 때』(문학동네, 2002)를 묶어내면서 습작기의 마감을 선언한 바 있다. 그곳에 실린 유년의 서사들이 출발점으로 다시 되돌아가서 새로운 방향으로 나아가기 위한 'U턴'의 일종이라는 말도 덧붙였다. 이러한 선언은 이후 작품에 대한 작가의 의욕을 암시하는 것이자 그러하기에 독자를 향해 던지는, 본질적으로는 자기 자신에게 거는 일종의 내기로 읽힐 수 있다.

그렇다면 김연수는 그의 두 번째 창작집 이후에 어떠한 방향으로 나아가고 있을까. 「그건 새였을까, 네즈미」(『문학사상』, 2003년 5월호)는 「이렇게 한낮 속에 서 있다」(『21세기문학』, 2002년 겨울호)에서 출발하여 「'남원고사'에 관한 세 개의 이야기와 하나의 주석」(『문학판』, 2003년 여름호)을 거쳐온 그의 새로운 소설적 방향의 실체를 뚜렷하게 확인케 한다는 점에서 주목할 만하다.

표면상의 특징으로만 본다면, 앞서 씌어진 「이렇게 한낮 속에 서 있다」나 「'남원고사'에 관한 세 개의 이야기와 한 개의 주석」과 「그건 새였을까,

네즈미」 사이에 어떤 유사성을 발견하기가 어려울 수도 있다. 사회주의 운동가였다가 친일로 돌아선 한 남자의 전처였던 '나'가 총살 직전 자신의 사연을 하소연하는 내용의 「이렇게 한낮 속에 서 있다」나 춘향과 관련된 남원설화를 새로운 소설적 시각으로 구성하고 있는 「'남원고사'에 관한 세 개의 이야기와 한 개의 주석」이 과거의 역사적 상황을 소설화하고 있음에 비해, 「그건 새였을까, 네즈미」는 런던을 배경으로 한 일본인 역사학도와 한국인 자매의 관계를 그려내고 있기 때문이다. 그런데 이렇게 서로 다른 두 갈래의 이야기를 묶을 수 있는 한 가지 단서는 이 작품들이 공통적으로 역사에 대해 모종의 문제를 제기하고 있다는 점에서 찾을 수 있다. 다만 전자의 경우 그것이 직접적으로 드러나 있어 이전까지 무수하게 씌어졌던 역사패러디의 차원에 머물러 있다면, 후자의 경우 그러한 문제를 새로운 소설적 방식으로 다루고 있다는 점에서 단순하지 않은 차이를 내포하고 있기는 하다. 요컨대 불분명한 형태로 파편적으로 진행되어왔던 김연수의 실험이 「그건 새였을까, 네즈미」에 이르러 그 본격적인 궤도에 오른 것이라 말할 수 있을 듯하다.

이 소설은 런던에서 역사학을 전공하고 있는 일본인인 '나'가 예전에 동거하던 연상의 한국인 여인 세희의 급작스런 연락을 받고 그녀의 집을 찾아가는 장면에서 시작된다. 일본말로 쥐라는 뜻의 '네즈미'라는 별칭으로 불리는 '나'가 세희를 찾아갔을 때 그녀는 한참 전부터 울고 있었다. 울고 있던 그녀가 동생 세영의 자살 소식을 전한다. 우울증에 시달리던 세영이 이곳 런던에 찾아와 셋이 함께 지낸 날들이 있었다. 세희, 세영 자매는 '나'로서는 알 수 없는 이유로 날카롭게 대립하고 있었으며, 그 와중에 '나'와 세영은 육체적 관계를 맺기도 했다.

이 소설에는 어느 하나 뚜렷한 것이 없다. '나'의 본명도 드러나 있지 않으며, 세희, 세영 자매에 얽힌 사연도 끝내 제시되지 않는다. '나'와 세희가 처음 만난 장면에 대한 기억도 어렴풋하고 세영이 자살한 이유 또한 확실하지 않다. 그런가 하면 애증으로 얽혀 있는 세 사람의 복잡한 관계 자체가 이미 불투명함을 앞세우고 있다.

> 조금만, 조금만 더 있다가. 남편 쪽을 바라보지는 않고 그렇게 대답하는데 바람이라기에는 너무 심하게 벚나무 가지가 흔들거리는 모습이 그녀의 눈에 들어왔다. 왜 그런가고 고개를 빼고 올려다봤더니 작은 새가 가지 위를 뛰어다니고 있었다. 작은 새 한 마리가 벚꽃들을 온통 뒤흔들어놓았네. 아무리 머릿속을 헤집어봐도 자신의 말에 남편이 어떤 반응을 보였는지는 기억나지 않고 그저 그런 아렴풋한 생각뿐이었다. 왜 하필이면 그때 작은 새가 벚나무 가지를 흔들었나? 아무리 기억해보려고 해도 남편을 완전히 이해하는 일은 없을 것이라는 사실을 알려주기 위해서였나? 그렇게 말하다가 그녀는 몸을 수그리고 눈물을 흘렸다. 그건 새였을까, 네즈미? 진짜 새였을까?[1]

위의 인용은 세희가 남편과 함께 쌍계사에 다녀오다가 교통사고로 남편이 죽기 직전의 상황을 '나'에게 이야기하는 대목이다. 그녀는 그 당시의 상황을 도무지 기억할 수 없고 기억할 수 있는 것이라고는 다만 벚나무 가지의 흔들림뿐이다. "기억 속의 일들은 언제나처럼 아령칙했고 대신에 벚꽃이 만발한 벚나무만 또렷하게 생각날 뿐"[2]이다. 그 흔들림이 작은 새로 인한 것이었는지 어떤지도 불확실하다. 이 지점에서 작가는 등장인물인 '나'(네즈미)의 입을 빌어 말하고 있다. "개인의 것이든 집단의 것이든 모든 역사란 일어날 만하니까 일어난 일들의 연속체를 뜻한다"[3]고. 그러하기에 만일 도저히 이해할 수 없는 일이라는 생각이 든다면 그것은 그 일을 마주하고 있는 사람의 진실과 그 일의 진실이 너무나 멀리 떨어져 있기 때문이다. 자신의 기억에 대한 이와 같은 불투명함은 존재의 불투명함에 대응된다. 자신의

1) 김연수, 「그건 새였을까, 네즈미」, 『문학사상』, 2003년 5월호, 199~200쪽.
2) 같은 글, 199쪽.
3) 같은 곳.

존재감이 희미해지는 이 불투명함은, 소설 속에 나오는 겐로쿠 시대의 가인 나이토 조소(内藤丈草)의 하이쿠 "春雨や抜け出たままの夜着の穴(봄비가 오네/빠져 나온 그대로의/요기의 구멍)"에서의 '구멍'에 대응된다. 한 인간의 기억과 삶에 이와 같은 불투명한 '구멍'이 놓여 있다면, 타인과의 관계에서 그 '구멍'은 더욱 어두운 것으로 비칠 수밖에 없다.

> 다른 사람의 모든 것을 이해하려 든다는 것은 무모한 열정이었다. (…) 그 어두운 구멍까지 이해하겠다는 건 결코 인간으로서는 이룰 수 없는 소망이다. 우리는 그저 짐작할 뿐이다. (…) 나는 진실을 알고 싶었다. 역사학이란 내게 진실에 다가가는 도구였다. 하지만 역사를 공부하며 할수록 나는 거짓말이 들통나는 게 아니라 들통난 것들이 거짓말이 된다는 것을 알게 됐다.[4]

세희와의 처음 만남에서 '나'의 마음자리가 흔들렸던 원인을 '나'는 설명할 수 없다. 세희의 기억과 존재 속의 그 '구멍'은 '나'에게도 역시 어두운 구멍으로 남는다. 왜 네즈미라는 일본 국적의 청년이 화자로서 설정되어야 하는가의 문제 또한 이러한 맥락 위에 놓여 있다. 자신의 혹은 타인의 삶에 놓인 '구멍'에 대해 이야기할 때 언어는 더 이상 소통의 수단으로서의 기능을 발휘하지 못한다. 그것은 마치 처음 들어보는 이방의 언어처럼 낯설다. 이 이방의 언어 속에는 중요한 것과 하찮은 것, 기억과 실재가 그 경계를 잃고 뒤섞여 있다. 김연수는 이 이방의 언어로써만 말해질 수 있는 역사와 삶의 측면을 그 특유의 인문적 상상력과 문체로 그려내고 있다. 중요한 것은, 이 소설에서 김연수는 전작에서와 같은 알레고리의 차원으로 빠지지 않으면서도 주제를 관념화하지 않는 유연한 균형감각을 보여주고 있다는 점이다. 김연수의 새로운 소설적 방향이 본격적인 궤도에 안착했음을 보여주는 뚜렷한 근거가 아닐 수 없다.

---

4) 같은 글, 204쪽.

## 2. 지적 조작의 의미와 한계 – 김경욱

김경욱의 근래의 실험은 텍스트의 안과 밖의 경계를 넘나드는 여러 가지 지적 구성의 방식을 소설화하는 데 있는 것으로 보인다. 가령 「고양이의 사생활」(『문학판』, 2002년 겨울호)에서는 게임 안팎의 넘나듦이 소설의 구성 원리로 되어 있다면, 그에 이어져 있는 「성난 얼굴로 돌아보라」(『현대문학』, 2003년 6월호)의 경우는 소설의 안과 밖의 경계, 과거 – 현재 – 미래의 시간 구조의 전도를 그 구성 원리로 하고 있다.

"그녀가 소설을 썼다"는 문장으로 이 소설은 시작된다. 대학 시절 '나'와 동거했던 여인 윤주가 주목받는 소설가가 되었다는 사실을 여성지에서 '나'가 읽게 된 것이다. 거기에 실린 인터뷰에서 윤주의 소설이 자전적인 성격이 강하다는 사실을 더불어 알게 된 '나'는 불길한 예감에 사로잡힌다. 그녀의 소설을 읽지 않을 도리가 없다. 아닌게 아니라 '나'가 도서관에서 읽은 윤주의 데뷔 소설의 제목 '성난 얼굴로 돌아보라'는 대학 시절 연극반 활동을 했던 '나'와 윤주가 함께 공연했던 존 오스본의 희곡 제목이기도 하다.

그녀가 쓴 소설에는 희곡에서와는 달리 한 명의 남자와 두 명의 여자가 등장한다. 남자는 임신한 아내 몰래 다른 여자를 만난다. 여자는 아내의 부하 직원이다. 남편의 부정을 알게 된 아내는 유산하고, 자궁을 들어낸 후 인도로 떠난다. 소설은 아내가 남편에게 보내는 편지 형식을 취하고 있다. 그러니까 애초에 '나'가 가졌던 염려처럼 '나'의 부끄러운 과거가 송두리째 소설 속에 드러나는 사태는 일어나지 않은 것이다. 그렇다면 문제는 무엇인가.

> 그녀가 쓴 소설은 명백히 내 이야기였다. 그녀는 자신의 과거를 팔아 작가가 된 것이 아니라 나의 현재를 팔아 작가가 된 것이다. 나의 현재? 정확히 말하자면 나의 미래를 팔아 작가가 된 것이라고 해야 했다. 그녀가 그 소설을 쓸 무렵이라면 아내는 임신을 하지도 않았고 나는 강을 만나지도 않았다. 납득할 수 없는 일이었다. 그것이 그녀의 경험담일 가능성은 낮았다. 태교에 좋다는 음악을 듣는 대목에서 나는 자제력을 잃을 뻔했다. 그녀의

> 경험담이 아니라면 그것은 일종의 저주였다. 소를 숭배하는 땅에서 그녀는 예언자가 된 것이다. 어떻게 돌아가는 노릇인지 알 수 없었다.5)

놀랍게도 윤주가 쓴 소설의 내용은 '나'와 '그녀'의 과거가 아니라, 지금 '나'가 놓여 있는 현재의 상황이다. '나'는 약국을 경영하고 있는 아내의 부하직원 '강'과 아내 모르게 불륜의 관계를 맺고 있었던 것이다. 게다가 현재까지는 일어나지 않은 소설의 후반부가 바야흐로 현실에서 실현될 징후가 보이고 있다. 소설을 읽고 얼마 지나지 않아 '나'는 도서관에서 '강'으로부터 아내가 유산했다는 급박한 전화를 받는다. 이쯤 되면 그녀가 쓴 다른 소설들이 궁금해지지 않을 수 없다. 소설의 마지막에서 '나'는 병원으로 가려던 생각을 바꿔 문학잡지들이 꽂혀 있는 정기간행물 서가로 걸음을 옮긴다.

이 소설에서 지적될 수 있는 사항은 다음 두 가지이다. 우선 윤주가 소설가가 되었다는 소식에 접한 '나'가 갑자기 보통사람 이상의 시력을 갖게 되었다는 설정이 소설의 진행 과정에서 모호하게 처리되었다는 점이다. 사정이 이렇다면 (물론 이 소설의 전체적 상황 자체가 비현실적 성격을 띠고 있기에 그에 대한 예비적 설정의 효과는 있지만) 이러한 비현실적 상황의 설정 자체의 필요성에 의구심을 가지게 된다. 그러나 이러한 문제점은 다음에 지적할 사항에 비하면 부분적이다. 이 소설이 직면해 있는 더 큰 문제는, 이러한 지적 조작으로 구성된 소설의 현실적 근거가 무엇인가에 놓여 있다. 물론 이 경우 현실적 근거란 현실 반영의 리얼리티를 문제 삼는 차원의 것이 아니라, 독자들의 기대지평과 마주하는 작가의 자각적인 의식과 전략을 의미하는 것이다. 현재의 독자들의 기대지평에서 바라볼 때, 이 소설이 구사하고 있는 지적 조작의 실험은 명쾌하기는 하지만 너무 단순하다고 할 수 있지 않을까.

---

5) 김경욱, 「성난 얼굴로 돌아보라」, 『현대문학』, 2003년 6월호, 98쪽.

## 3. 존재확인의 전거로서의 생활과 예술의 길항 - 백민석

최근 백민석의 소설들은 크게 두 경향으로 진행되고 있는 듯하다. 「믿거나말거나박물지 셋」(『문학동네』, 2003년 봄호)이 그 제목에서도 드러나듯 첫 창작집 『16믿거나말거나박물지』(문학과지성사, 1997)에 이어져 있다면, 「위대한 헛짓의 시대」(『현대문학』, 2003년 5월호)는 두 번째 창작집 『장원의 심부름꾼 소년』(문학동네, 2001)의 연장선상에 놓여 있는 것으로 보인다. 전자의 경향이 종말론적 상상력으로 채색된 암울한 가상적 상황을 통해 현실에 대한 알레고리를 보여주고 있다면, 후자의 경향은 현재의 타자로서의 과거의 기억을 탐사하고 있다는 점에서 그러하다.

「위대한 헛짓의 시대」는 과거의 어느 시절에 대한 회상기의 형식을 취하고 있다. 그 과거 속에서는 회사에서 내준 스무 평 빌라에 경마로 전세금을 날린 '나'를 비롯하여 빚 때문에 이혼한 과장과 고향집 농장이 파산하거나 전세금을 떼인 후배 둘이 부도어음을 처리하는 한 팀이 되어 합숙을 하고 있다. 과장에게는 이혼한 아내가 찾아오는 것이 유일한 낙이라면, 전세금을 떼인 후배는 프라모델 조립에, 고향집이 파산한 후배는 마술에 취미를 붙이게 된다. 그렇다면 '나'에게는 어떤 취미가 있었던가. 아틀리에 탐방이 그것이다. '나'가 '여자'를 만나게 되는 것 또한 이 아틀리에 탐방의 과정에서이다. 'The Great Nonsense Age'는 바로 '여자'의 아틀리에 간판이다.

> 나는 이 동네에 대한 감상을 늘어놓았다. 부촌이라고 소문이 난 동네엔 처음 살아보는 것이라고 했다. 화랑이 슈퍼마켓보다 많은 곳에 살아보는 것도 처음이라고 했다. 여자는 까르르 웃었다. 여자는 자기는 슈퍼마켓보다 화랑이 더 익숙한 사람들 틈에서 자랐으며, 요즘 들어 형편이 안 좋아지긴 했지만 여전히 그렇다고 했다. 나는 형편이 안 좋아진다는 게 어떤 건지 정말 아느냐고 물었고, 여자는 얼른 대답을 하지 못했다.[6]

---

6) 백민석, 「위대한 헛짓의 시대」, 『현대문학』, 2003년 5월호, 119쪽.

여자의 아틀리에를 지날 때마다 '나'는 재채기를 하곤 한다. 이 재채기란 '나'와 '여자'의 거리에 대해 '나'가 무의식적으로 느낄 수밖에 없는 자의식에 대한 메타포일 것이다. '나'가 여자와 나눈 몇 차례의 대화 속에서 확인하게 되는 것 또한 이 '거리'가 아니겠는가. 그 과정에서 여자에 대한 호기심과 신비감은 씁쓸한 자기 확인의 비애로 귀착된다.

"뭘 기억하냐는 거야? 지금의 내가 진짜 나야."

시치미를 떼긴 했지만 지금의 나도 진짜 내가 아니었다. 그저 최근의 나일 뿐이다. 화랑, 전시회, 미술품들, 이런 것들은 여전히 내게 형편없이 엉뚱한 장소와 물건들이었다.

화랑에 가서 작품을 앞에 놓고 감탄을 하기도 했는데, 그런 반응들은 나 자신을 위로하기 위해 짐짓 꾸며낸 것들이거나, 위생처리라도 한 듯 깔끔한 흰 매트와 당시의 내 생활과 비교해 외계나 다름없는 캔버스의 앞에서 느끼는 이물감의 다른 표현이었다. 진심으로 내가 감탄하고 탄성을 질렀던 게 몇 번이나 있었나. 그리고 미안하지만 그럴 만한 작품이 몇이나 있었나.[7)]

미술품(예술)은 끔찍했던 '공용 빌라 생활' 시기의 반대 급부로 선택된 것이다. 그럼에도 불구하고 화랑, 전시회, 미술품들은 여전히 '나'에게 엉뚱한 장소와 물건들로 느껴진다. '나'의 생활과는 너무도 동떨어진 것이기 때문이다. 이 순간 미술품(예술)에 대한 '나'의 탐닉이 기실은 가식적인 우월감이거나 터무니없는 저항심의 다른 표현임이 자각되기에 이른다. 이 지점에서 '나'의 정체성은 다시 한 번 흔들린다.

"어쩐지 좀 달라지신 것 같아요. 저번에 봤을 때하고……."

나는 그 말이 무슨 뜻인지 알고 있었다. 나도 그렇다고 생각하고 있었다. 나는 이쪽 빌라로 이사 오기 전으로, 화랑이니 전시니 아틀리에니 하는 것들을 알기 전으로 돌아가고 있었다. 멜빵은 벗어버리고, 셔츠는 흰색 와이

---

7) 같은 글, 120~121쪽.

> 셔츠로 바뀌었고, 부드러운 청유형의 목소리는 이제 빌라의 동료들 앞에서나 사용하고 있었다.
>
> 나는 이런 변화가 언젠가는 나를 미치게 할 것이라고 했다.[8]

이렇게 본다면 '위대한 헛짓의 시대'는 '나'가 생활에서 이탈하여 자신도 모르게 예술의 언저리에 머물렀던 시절이며, 나아가 생활과 예술 사이의 긴장을 통해 스스로의 존재를 확인한 시기라고 할 수 있을 것이다. 그러하기에 '나'가 이전으로 다시 되돌아가는 퇴행의 과정은 단순한 퇴행이 아니라, 기원에 대한 탐사를 통해 다시 한 번 자신을 확인하는 과정에 다름 아니다. 최근 백민석의 일련의 소설적 행보 또한 이러한 맥락 위에 놓여 있다고 생각되는바, 그러한 과정에서 새로운 방향이 모색되기를 기대해본다.

---

8) 같은 글, 128쪽.

# 성장소설의 성장사

## – 김주영 장편 『멸치』

### 1.

『멸치』(문이당, 2002)가 『홍어』(1998)에 직접적으로 이어져 있음은 여러 가지 측면에서 확연하다. 우선 『멸치』에서 '나'(대섭)의 나이 열넷은 『홍어』에서 '나'(세영)가, 삼례와의 만남과 헤어짐의 사건이 일어났던 어느 눈 많던 겨울을 넘기며 도달한 나이이다. 그런가 하면 마침내 아버지가 돌아오고 그러자 어머니가 가출한 『홍어』의 결말부의 상황은 그 자체가 『멸치』의 출발점을 이루고 있다.

물론 두 소설 사이에 차이가 없는 것은 아니다. 『홍어』에서 어머니가 바느질하던 안방과 '나'가 잠을 자던 도장방이 『멸치』에서는 아버지가 마작을 하는 건넌방과 외할머니의 궤짝이 놓인 안방으로 바뀌어 있다. 그리고 『홍어』에서와는 달리 외삼촌이 주요한 인물로 등장하고 있다는 사실 또한 『멸치』에 나타난 새로운 변화라고 할 수 있다.

이렇게 보면 「아들의 겨울」(1978), 『고기잡이는 갈대를 꺾지 않는다』(1988, 2001년 『거울 속 여행』으로 개제)로부터 발원된 김주영의 성장소설의 계보는 『홍어』를 거쳐 마침내 『멸치』에 이르고 있음이 드러난다. 이 성장소설의 흐름은 그 자체가 성장의 역사를 보여주고 있거니와, 치기 어린 자학과 젊음 특유의 위악적 포즈가 「아들의 겨울」을 뒤덮고 있었다면, 그리고 성숙하고 절제된 시선과 균형 잡힌 장년의 감각이 『고기잡이는 갈대를 꺾지 않는다』를 시종일관 흐르고 있었다면, 『홍어』와 『멸치』에서는 유장한 호흡을 갖춘 삶의 한 경지에 대응되는 면모가 드러나고 있다. 그렇다면 김주영의 성장소설이 보여주는 역사는 그 자체가 문제적이 아닐 수 없다. 이 성장소설의 성장사에서 『멸치』가 갖는 의미는 무엇인가. 우선 『멸치』의 서사를 따라가며 실마리를 풀어보기로 한다.

## 2.

우선 『홍어』에서와 같이, 그리고 그 전작들과는 대조적으로, 『멸치』 또한 현실의 시공간적 지표가 보이지 않는 비역사적 무대를 배경으로 설정한다. 전작들에 나타났던 이발소나 시계포, 혹은 도살장이나 양조장, 옹기점 등의 풍경이 사라지고, 몇 명의 등장인물들과 그들의 행동 반경에 국한된 단출한 무대만이 서사의 배경을 이루고 있다.

시공간적 지표가 소멸된 이 추상적 공간 속에서 열네 살 소년인 '나'의 성장의 이야기가 펼쳐진다. 어머니의 부재 속에 '나'의 곁에는 아버지와 외삼촌이 있다. 21세의 총각인 외삼촌은 쓰지 않는 작살(물론 이 작살은 소설의 후반부에서 단 한 번 그 가치를 훌륭하게 발휘하게 된다)과 울지 않는 염소(『홍어』에서 '누룽지' 역할을 하고 있는 이 염소 또한 소설의 후반부에서는 고집스러운 발성의 절제에서 풀려나 고유의 애절한 목소리를 되찾아 울기 시작한다)와 더불어 유수지 앞 움막에 기거하고 있다. 인간의 세계와 거리를 둔 외삼촌은 자연과 더불어 마치 그 속의 일부처럼 존재하고 있다. 이렇다 할 포획의 성과가 없는 포수인 아버지는 성격적으로도 외삼촌과 대비되어 있다.

'나'는 외삼촌에게 반말을 쓰고 있는데, 이는 이중적인 의미를 갖는다. 우선 일곱 살 터울의 외삼촌과 그 조카인 '나'의 친밀함, 곧 외삼촌이 '나'의 삶의 모델이자 미래의 자기상으로, 일종의 타자로서 존재하고 있음을 의미하기도 한다. "새들의 거동을 관찰하는 그 시간만큼은 외삼촌과 나는 투명하게 연결된 하나의 혼합물로서 손색이 없었다. 내게 들어와 있는 확연한 외삼촌의 존재를 느꼈고, 그에게서 나의 존재가 명료하게 보였다"[1]는 서술 또한 외삼촌과 '나'가 맺고 있는 관계의 성격을 보여주는 사례라고 할 수 있다.

한편 이러한 '나'의 태도는 아버지의 지령에 따른 것인바, 이는 곧 외삼촌과 아버지의 갈등을 보여주는 장치이기도 하다. 어머니의 부재는 외삼촌과 아버지 사이에 벌어지는 갈등으로 인한 결과이기도 하며 동시에 그것을 증폭시키는 원인이기도 하다. 이렇게 보면, 부재하는 어머니, 그리고 아버지와 외삼촌의 갈등 속에 '나'가 놓여 있는 상황, 이것이 곧 『멸치』의 서사구도를 이루고 있다고 할 수 있다.

이 구도 속에서 두 가지 사건이 동시에 일어나게 된다. 그 첫 번째는 '나'의 만용이 불러일으킨 화재로 인해 '나'가 집에서 나와 외삼촌의 움막으로 피신하게 된 사건이다. 그리고 이 사건은 외삼촌과 아버지 사이에 한 여자가 끼어들게 되는 두 번째 사건에 빌미를 제공함으로써 갈등의 구도를 한층 복잡하게 만드는 결과로 이어지게 된다. 그녀는 아버지의 연인이자 '나'의 성적 욕망의 대상이며, 또한 외삼촌과의 미묘한 관계도 내비치고 있는 존재이다.

이렇듯 어머니의 부재라는 상황과 그로 인해 복잡하게 얽혀 있는 어른들의 세계는 '나'에게 일종의 '비밀의 창고'와도 같이 불가해한 것이다. '나'가 "고뇌의 하중과 몽환적인 목멤"[2]을 체험하게 되는 것 또한 이 과정에서이며, 이러한 체험이 곧 '나'의 성장의 과정을 예비하고 있다. 다음과 같은 대목은 이러한 체험을 거쳐 도달하게 된 '나'의 성숙을 증거하는 사례라고 할 수 있을 것이다.

---

1) 김주영, 『멸치』, 문이당, 2002, 59～60쪽.
2) 같은 책, 139쪽.

나는 언젠가 외삼촌이 없을 때, 아이들과 같이 너구리를 생포하고야 말겠다고 별렀다. 그런데 더할 나위 없는 기회가 왔는데도 그 기회를 가차 없이 외면해 버린 것이었다. 그러나 어쩐 셈인지 부지불식간에 저지른 그 실수가 수치스럽다거나 꺼림칙하지 않았다. 오히려 뿌듯한 성취감 같은 것이 가슴 속을 채웠다.[3)]

'나'의 성장과 더불어 아버지의 갈등 또한 그 전환의 계기를 맞이하게 된다. 아버지가 헛포수의 불명예를 씻고 어머니의 회귀를 도모하고자 '나'를 통해 외삼촌에게 도움을 청한 사건이 그것이다. 어머니의 회귀는 아버지의 바람이자 동시에 '나'와 외삼촌의 염원이기도 하기에 이 명분은 외삼촌과 아버지의 갈등을 화해시킬 수 있는 결정적인 계기로 작용하기에 모자람이 없다. 그리고 이 갈등의 화해 가능성은 멧돼지의 포획으로 현실화되기에 이른다. 하지만 숨 가쁘게 진행된 이 격정의 뒤끝은 적막하고 쓸쓸할 수밖에 없다. '나'는 외삼촌이 기거하던 움막을 찾는다. 외삼촌이 했던 것처럼, '나'는 끼니를 굶고 지내며 자맥질에 몰두한다. 사흘째 되던 날, 아무것도 보이지 않던 물속에서 '나'가 마침내 발견한 것은 무엇이었던가. 그것은 '멸치 떼'였다.

그것은 분명 멸치 떼였다. 민물에는 살지 않는 잘고 사소한 어족인 멸치 떼가 민물 속인 내 발치에서 따라오고 있었다. 나는 솟구치려던 몸을 꾸부려 다시 깊숙하게 잠수하였다. 잠시 부챗살처럼 흩어졌던 멸치 떼는 강강술래처럼 원무를 지으며 내 주위를 맴돌고 있었다. 멸치 떼는 내장까지 환하게 들여다보일 만치 투명했기 때문에 물결 위로 떼 지어 내려앉는 햇살 그 자체처럼 보이기도 했다. (…) 내 몸뚱이는 책상다리를 하고 팔짱을 낀 자세 그대로 강바닥 아래로 육중하게 가라앉았다. 잠깐 시야에서 사라졌던 멸치 떼가 하얗게 전열을 가다듬으며 내게로 다가오고 있었다. 그때, 강물 속에는 나와 멸치 떼뿐이었다.[4)]

---

3) 같은 책, 194~195쪽.
4) 같은 책, 270쪽.

소설 『홍어』에는 홍어가 없다는 지적도 있었거니와(김화영, 「고치를 뚫고 날아오르는 꿈」), 그래도 그곳에는 부엌 문설주에 걸린 말린 홍어나마 있었다. 그러나 『멸치』에는 소설의 마지막에, 그것도 일종의 환각으로 단 한 번 멸치 떼가 등장한다. 그럼에도 불구하고 그것이 '나'에게 실재처럼 '보였다'면?

김주영의 소설에는 주인공의 의해 체험된 실재와 환각이 그 모호한 경계를 넘나들면서 뒤섞여 나타나는 장면들이 자주 목격된다. 이러한 장면들은 해석되기 이전의 순수 욕망의 단면을 표현하고자 하는 기법의 측면에서 살필 수 있을 것이다. 그렇다면 『멸치』의 마지막 부분에 나타나는 멸치 떼의 환각은 이러한 욕망의 표현이 시적인 상징의 자리에까지 도달한 증거라고 볼 수 있지 않을까.

## 3.

김주영의 성장소설의 특징은 그것이 지속적으로 쓰여 하나의 계보라고 부를 수 있을 만한 흐름을 이루고 있다는 점에서 찾을 수 있다. 김주영의 성장소설에 대한 분석은, 주로 성장소설을 '시민사회의 보편적 이념의 표현'(김병익, 「성장소설의 문화적 의미」), 혹은 '모더니티의 상징적 형식'(황종연, 「성장소설의 한 맥락」), 혹은 '정신적 위기의 극복을 통한 자아 각성의 서사'(장경렬, 「반성장소설로서의 성장소설」) 등의 기준으로 규정하면서 그러한 기준과 김주영의 경우를 포함한 우리의 성장소설의 거리를 확인하고 그 의미를 음미하는 형태로 이루어져 왔다.

그런데 각각의 텍스트들이 구현해내는 성장의 양상 못지않게 중요한 점은, 김주영의 성장소설들이 동일한 서사를 여러 가지 형태로 새롭게 변주해내고 있다는 사실에서 찾을 수 있다. 실상 「아들의 겨울」, 『고기잡이는 갈대를 꺾지 않는다』, 그리고 『홍어』와 『멸치』 등은 일종의 상호텍스트를 이루고 있다고 말할 수 있을 정도로 서사 속의 사건들이 서로 겹치면서도 어긋나 있다. 『멸치』에서도 이전 텍스트들의 흔적을 여러 군데서 찾아볼 수 있다. 가령 고미다락 속의 아버지의 사냥총은 『고기잡이는 갈대를 꺾지 않는다』에서의 어머니의 지독 속의 쌀을 떠올리게 한다. 그런가 하면 교실 마루 밑창에서 '나'가 쥐를 잡는 장면은 「아들의 겨울」에서 선생님의 분부로 교실 마루 밑창의 미로 속을 '나'가 헤매는 장면에 닿아 있다. 그럼에도 불구하고 각각의 장면들이 텍스트들 속에서 갖는 맥락이나 비중, 그리고 그 사건들에 대한 서술자의 태도 등은 일치하지 않고 있다.

김주영의 성장소설 계보의 초기 형태라 할 수 있는 「아들의 겨울」, 『고기잡이는 갈대를 꺾지 않는다』 등은 궁핍, 어머니, 그리고 형제관계 등을 기본 계기로 삼고 있다. 그런데 『홍어』에 이르면 우선 형제관계가 사라지는 현상을 목격할 수 있다. 나아가 『멸치』에 이르면 궁핍과 어머니마저 사라지고 만다. 이 궁핍은 『홍어』에서도 주인공 '나'(세영)의 꿈에 날개를 달아준 바 있지 않았던가. 하지만 『멸치』의 세계에는 이 궁핍이 존재하지 않는다. 심지어 '나'(대섭)의 외삼촌 달구는 "끼니 거르기를 대수롭지 않게 여기는 사람"[5]으로 설정되어 있기까지 하다. 이 변화는 작지 않은 의미를 갖는다. 궁핍의 소멸은 곧 텍스트 내에서 현실이 소멸함을 의미하기 때문이다. "덧없는 상실감과 무력감을 상상력의 업적으로 대치하거나 메우는 습성"[6]이 조금씩 축적된 결과, 마침내 현실의 자리를 상상이 대체하기에 이른 것이라고나 할까. 이러한 과정에서 서사의 내용뿐만 아니라, 그것의 형식, 그리고 그것을 통해 표현되고 있는 체험의 성격이나 의미 등에서도 변화를 보여주고 있다.

물론 어린 화자인 소년의 시선에 의해 은폐된 현실을 작가마저 외면하고 있는 것은 아니다.

---

5) 같은 책, 11쪽.
6) 같은 책, 71쪽.

"너그 아부지는 너그 엄마 금반지도 팔아묵고, 장롱도 팔아묵고, 멧돼지도 팔아묵어서 배는 부르겠다. 그렇게 배부른 사람도 맨날 돈이 없어서 쩔쩔매나?"

"우리 아부지가 언제 돈 없어서 쩔쩔매드노?"

"너그 아부지가 걸핏하면 우리 집에 돈 꾸러 오는 거 니는 모리나?"

"나는 모린다."

"그러니까 병신이제."7)

이러한 장면은 『홍어』나 『멸치』에 나타난 탈현실화의 경향이 단순한 현실로부터의 이탈이 아닌, 현실을 담아내는 차원과는 그 방향이 다른 표현 동기를 내포하고 있음을 암시한다. 말하자면 현실은 의도적으로 은폐되고 변형되고 있는 것이다.

「아들의 겨울」에서 『고기잡이는 갈대를 꺾지 않는다』에 이르는 성장의 과정은 사적인 기억의 흔적들을 동시대의 역사와 시대적 풍속의 자리에까지 이끌어 올리고 있다. 그로 인해 「아들의 겨울」의 성적 혼란은 『고기잡이는 갈대를 꺾지 않는다』에서는 미군과 공안 형사의 출현, 그리고 분단의 고뇌와 닿아 있는 동생의 죽음 등의 장면으로 새롭게 구성되어 있다. 그렇다면 그 이후 『홍어』와 『멸치』에 이르는 성장과정은 어떤 의미를 띠고 있는가. 그것은 기억의 풍경으로부터 시공간적 현실을 제거함으로써 그를 통해 어떤 삶의 원형에 접근하는 미학적 실험이라고 할 수 있지 않을까. 이러한 변화과정은 작가가 마주하고 있는 현실(시대)의 성격과 그에 대한 작가의 태도에 대응되고 있다는 점에서 새로운 차원의 문제와 연결되어 있다. 바야흐로 이제 현실은 고백도, 역사도 아닌 새로운 무엇을 소설에 요구하고 있는 것이 아닐까.

---

7) 같은 책, 192쪽.

# 이야기를 분출하는 고래의 꿈은 무엇인가
## – 천명관 장편 『고래』

### 1. '이야기'로서의 『고래』

천명관의 『고래』(문학동네, 2004)를 하나의 '이야기'로 본다면 그 주인공은 '붉은 벽돌의 여왕' 춘희와 그의 엄마 금복일 것이다. 지난 세기의 역사적 파노라마를 배경으로 한 이 두 모녀의 파란만장한 일생이 이 이야기의 윤곽을 이루고 있기 때문이다.

금복과 춘희를 주인공으로 설정하고 나면 그들과 나머지 등장인물들의 관계를 통해 이야기 전체의 구조를 인물 중심으로 드러내는 작업 또한 자연스럽게 이루어질 수 있다. 금복과 춘희가 프로타고니스트라면 그 안타고니스트로 놓여 있는 인물은 국밥집 노파와 그의 애꾸 딸이라고 할 수 있다. '고래'로 표상되는, 세상을 향한 에로스적 욕망이 금복의 것이라면 그것을 파멸시키고자 덤비는 저주의 주문은 국밥집 노파의 것이다. 이 두 대립축의 사이에 생선장수, 걱정, 칼자국, 文, 수련 등의 금복의 연인들이 있는가 하면, 쌍둥이 자매와 코끼리 점보와 같은 조력자들도 있고, 약장수 소년과 건달들 혹은 무당벌레와 죄수들 등의 방해자들도 있다.

'이야기'로서의 『고래』는 이들 인물들이 서로 얽히면서 펼쳐내는 사건들의 파노라마이다. 처녀 금복이 생선장수의 차를 타고 시골마을을 벗어나 남쪽 바닷가에 닿고, 거기에서 걱정을, 그리고 칼자국을 만나 파란만장한 영욕의 드라마를 연출하고(1부 '부두'), 그러다가 갑작스런 전쟁으로 인해 비참한 신세로 전락한 금복이 쌍둥이 자매의 국밥집에서 춘희를 낳고 평대로 옮겨와 벽돌공장과 극장의 주인으로 삶의 절정에 도달했다가 허무하게 죽음에 이르게 되고(2부 '평대'), 금복의 죽음 이후 방화사건에 연루되어 감옥에서 온갖 신산한 고초를 겪은 춘희가 다시 평대로 돌아와 벽돌을 찍어내다가 사라져 가는(3부 '공장') 사건들의 연쇄가 이 이야기의 구조를 이루고 있는 것이다. 이 인물들과 사건들은 이 소설 특유의 흥미를 생산해내는 기본적인 조건으로 작용하고 있다.

## 2. '여담'으로서의 『고래』

그러나 『고래』를 '소설'로 본다면 그 주인공은 '이야기' 자체, 보다 정확히 말하자면 전근대적인 양식인 '이야기'에 내재된 서사적 특질들이라고 할 수 있다. 이 소설은 무엇보다 전성기의 활력을 소진한 채 고사 직전에 놓인 소설에 새로운 활력을 불어넣을 수 있는 계기를 모색하는 실험의 장이기 때문이다. 이 실험의 계기로 도입되고 있는 것이 '이야기'로 상징되는, 근대 소설이 그 성립과 전개의 과정에서 배제해온 그 타자들, 달리 말해 '반(反)소설'적 장치들이다. '소설'의 입장에서 보면 정작 중요한 것은 '이야기'의 내용 따위가 아니라 바로 이 '이야기'의 도전 그 자체인 것이다. 대중적 호응의 여하를 떠나 『고래』의 소설적 성과 또한 궁극적으로 이 실험의 성패 여부에 달려 있다고 하겠다. 이렇게 보는 순간 우리는 '이야기'의 청자의 차원에서 벗어나 '소설'과 '이야기'의 싸움을 지켜보는 관중이자 더불어 그 결과를 판단해야 하는 심판관의 역할을 떠맡게 된다. '이야기'를 듣는 일은 유쾌하지만, 그리고 싸움을 지켜보는 일도 흥미롭지만, 그러나 이 심판관의 역할은 곤혹스럽기 짝이 없다. '소설'과 '이야기' 모두 역사적 경험을 통해 검증

된 만만치 않은 경력의 선수들이기 때문이다. 성급히 누구의 손을 들어줄 것인가를 판단하기에 앞서 우선은 그 전투의 양상부터 살펴보아야 할 터이다.

『고래』는 다양한 반소설적 장치들을 내장하고 있는, 근대소설의 타자들로 이루어진 집합처럼 보인다. 이 집합의 요소들은 비현실성과 여담의 속성 등의 두 하위집합으로 다시 묶어볼 수 있다. 우선 이 소설에서 가장 두드러지는 반소설적 특징은 비현실성이다. 무엇보다 이 소설에는 구체적 시공간이 부재한다. 금복의 고향은 그냥 '산골마을'로 되어 있고 고향을 떠난 금복의 새로운 삶의 무대가 되는 공간은 '남쪽 바닷가의 부두'로 처리되어 있을 따름이다. 이처럼 『고래』는 소설의 기본적인 요건이라고 할 수 있는 시공간적 구체성을 의도적으로 무시한 채 '옛날 어떤 마을에……' 식의 추상적인 이야기의 시공간으로 그것을 대체하고 있다. 그런데 그럼에도 『고래』에는 근대적 문물의 출처로서 미국(美國)이 등장하는가 하면 한국전쟁이나 새마을 운동을 떠올리게 만드는 지난 세기의 역사적 상황이 기술되어 있기도 하다. 하지만 이러한 시간 구조는 단지 서사의 뼈대를 갖추기 위해 취해진 편의적 차용 이상의 현실 환기력을 갖고 있는 것은 아니다. 그러하기에 『고래』에서 환기되는 역사적 현실은 상식적인 이해에 부합하는 알레고리의 차원을 크게 벗어나지 않는다.

비현실성은 이 소설의 배경뿐만 아니라 인물이나 사건의 차원에서도 빈번하게 발견된다. 금복, 춘희, 걱정, 나오코, 수련 등의 이름은 소설 인물의 이름이라기보다는 만화 혹은 애니메이션 캐릭터의 그것에 더 가깝고, 칼자국, 무당벌레, 약장수 등등의 인물들은 아예 고유명이라고 할 만한 이름을 갖고 있지 않다. 처음에는 여성이었으나 소설의 후반부에서 남성으로 전환되는 금복이나 인간 비만의 한계에 이른 걱정, 그리고 가장 결정적으로 죽은 이후에도 빈번하게 출현하여 자신의 저주를 실현하고야 마는 국밥집 노파 등은, 이 소설에 등장하는 대표적으로 비현실적 인물들 중에서도 특히 비현실적인 인물들이다.

현실성에 초점을 맞추고 있지 않기에 이 소설에는 배경과 인물, 사건에 대한 묘사가 희박하다. 가령 "금복은 통나무처럼 누워 있는 걱정을 구완하는 일에 극진한 정성을 쏟았다. 심하게 땀을 흘리는 그를 위해 몇시간마다 한 번씩 깨끗한 옷으로 갈아입혔고 수시로 상처를 소독해주었으며……"[1]와 같은 대목에서 확인되듯 작가는 이야기의 전개에만 주력할 뿐 그 양상을 묘사하는 것에는 별다른 신경을 쓰지 않고 있다. 소설적 기율에 의거하면 심각한 결함이라고 할 수밖에 없을 이러한 특징들을 이 소설은 의도적으로 활용하면서 전통적인 소설이 지향해온 방향을 거침없이 이탈한다. 이 지점에서 이미 이 소설을 전통적인 기준으로 판단하는 것은 무의미해지기 시작한다.

비현실성과 더불어 이 소설이 보여주는 또 다른 반소설적 특징은 유기적인 서사보다 여담(digression)이 우세한 양상을 보인다는 점이다. 여기에서 작가의 의도(논리)보다 이야기 자체의 본능이 지배적이 되는, 이 소설에서 가장 주목되는 반소설의 특징이 드러나게 된다. 서사의 구성을 벗어나는 이야기의 자기 지시, 반복, 휴지, 표류 등의 여담의 속성들이 그것이다. 이처럼 여담의 속성을 자유롭게 활용함에는 "이야기란 본시 전하는 자의 입장에 따라, 듣는 사람의 편의에 따라, 이야기꾼의 솜씨에 따라 가감과 변형이 있게 마련"[2]이라는 명제가 그 전제로 제시되어 있다.

우선 『고래』에는 '전하는 자의 입장에 따라' 즉흥적으로 이루어지는 서술방식이 빈번하게 등장한다. 사건들은 소설적 필연성에 의해 연결되어 있는 것이 아니라 화자의 필요에 따라 그때 그때 일어난다. 생선 장수의 녹슨 삼륜차는 한동안 언급되고 있지 않다가 금복이 운수업을 시작하는 시점에서 갑자기 다시 등장한다.[3] 춘희가 아프고 난 후에야 병원이 나오고[4] 금복의 다방에 화재가 일어난 이후에야 소방서가 세워진다.[5]

---

1) 천명관, 『고래』, 문학동네, 2004, 86쪽.(밑줄은 인용자)

2) 같은 책, 82쪽, 117쪽.

3) 같은 책, 180쪽.

4) 같은 책, 214쪽.

그런가 하면 앞뒤가 맞지 않는 대목이 눈에 띄기도 한다. 15쪽에서는 출소한 춘희가 평대로 돌아오는 길에 샘물을 찾아 배가 부를 때까지 물을 마시고 도롱뇽의 알을 주워먹기도 했다고 서술되어 있는 데 반해, 21쪽에서는 교도소 입구에서 어느 노파에게 두부 한 모를 얻어먹은 이후 실로 아흐레만에 처음으로 음식물이 들어갔다고 서술되어 있다. 또한 21쪽에서는 "그녀(국밥집 노파)의 이야기는 까마득한 옛날, 평대에 처음 기차가 들어왔던 시절의 이야기이다"라고 되어 있으나, 148쪽에는 평대에 기차가 놓인 것이 금복이 전쟁을 겪고 노파가 숨겨두었던 돈으로 벽돌공장 짓기 직전인 전쟁 이후로 되어 있는 것을 볼 수 있다.

한편 『고래』에는 소설 이전의 서사 양식의 특징이라 할 메타담화가 빈번하게 등장하고 있다. "독자 여러분, 그를 영영 잊은 건 아니시겠지? 다름 아닌 바로 그 불운한 생선장수 말이다"[6]처럼 진행중인 이야기에 대한 논평 혹은 주석이 '듣는 사람의 편의에 따라' 이루어지고 있는 것이다. 이처럼 소설이라면 내포작가(구성)에 의해 마련해야 할 독자와의 관계가 『고래』에서는 서술자가 서사에 직접적으로 개입하는 이야기의 방식을 통해 처리되고 있다.

이 소설에서 가장 주목되는 반소설적 특징은 바로 '이야기꾼의 솜씨에 따라' 이루어지는 서술적 특징들이다. 먼저 서술은 구성이 요구하는 균형을 벗어나 옆길로 새거나 불필요한 부분이 지나치게 비대해지는 양상을 보이고 있다. 삽입구는 한없이 늘어지면서 대책없이 표류(dérive)한다. 가령 41～42쪽의 금복의 몸에서 풍기는 독특한 냄새에 대한 서술 장면, 73～74쪽의 작부가 생선장수에게 털어놓는 신파조의 신세 한탄, 223～224쪽의 벽돌공장의 한 인부가 文에게 금복의 스캔들을 일러바치는 대목, 이 방면에서 가장 압도적이라 할 241～243쪽의 만신의 입에서 나온 노파의 공수 해석을

5) 같은 책, 250쪽.
6) 같은 책, 180쪽.

둘러싸고 펼쳐지는 이른바 '공수논쟁', 260쪽의 수련의 몸값 계산 장면 등은 이야기꾼의 자질을 유감없이 보여주고 있는 대목들이라 하겠다. 표류하는 이야기들은 본래의 이야기의 궤도를 벗어나 그 흐름을 중단시키기도 한다. 가령 칼자국이 게이샤 나오코와 비극적인 사랑 끝에 손가락 여섯 개를 자르는 사건은 휴지(suspens)의 특징을 보여주는 대표적인 장면이다. 그런가 하면 이 소설에는 '흥행업의 법칙', '구라의 법칙', '자본주의의 법칙'으로 이루어진 '세상의 법칙'들이 반복적으로 등장하고 있다. 이러한 장치는 이 소설을 이루고 있는 세계의 성격을 설명해주는 한편, 마치 반복되면서 기대감을 증폭시키는 유행어처럼 독자들의 기대를 자극, 충족시키는 데에도 효과적으로 기여하고 있다.

여담이 우세한 『고래』의 서사적 특징은 이 소설의 형식적 장치에도 영향을 미치고 있다. 이 소설은 하나의 이야기 줄기로 관통된 매끈한 옷감이 아니라 이야기의 조각들을 누벼 만든 퀼트천에 가깝다. 이야기의 덩어리들을 엮는 이음매(transition)는 비어있는 행이다. 이 한 칸의 비워진 행은 이야기의 조각들을 누비는 바늘과도 같은 기능을 수행하고 있다. 이처럼 기워진 조각보를 떠올리게 만드는 이 소설의 구성방식은 소설 구성의 선조성에 정면으로 저항하는 반소설적 특징이라고 할 수 있을 것이다.

『오디세이』에서 트로이를 떠나 20년 동안 돌아오지 않는 오디세우스를 기다리며 페넬로페는 낮에 베를 짰다가 밤에는 다시 베를 푼다. 『오디세이』를 하나의 이야기로 본다면 주인공은 오디세우스의 대항해일 것이다. 하지만 그것을 여담의 텍스트로 본다면 주인공은 페넬로페의 옷감짜기이다. 마찬가지로 『고래』를 여담의 텍스트로 본다면 주인공은 소설을 위반하는 위와 같은 반소설적 장치들이라고 할 수 있을 것이다. 말하자면 『고래』는 다양한 반소설적 장치들이 바야흐로 소설을 압도하고 있는 반란을 연출하고 있는 실험의 장인 것이다.

## 3. '소설'로서의 『고래』

『고래』의 출생 배경에는 장르적 전통에 집착하는 것을 일종의 보수주의로 간주하는 시대적 흐름이 그 바탕에 가로놓여 있는 것으로 보인다. 제도와 규범의 관습에 의해 인위적으로 구획된 경계를 가로지르는 운동에 대한 지향성이 그것이다. 그런 의미에서 이질성의 융합(소설적인 것과 그 타자의 결합)을 통해 일종의 장르적인 하이브리드를 생산해내고 있는 『고래』의 작업은 독자들의 욕구를 선취하면서 시대가 요구하는 가치를 충실하게 재현해내고 있다. 이야기 자체의 흥미와 능란한 입담과 더불어 이 또한 『고래』가 내포한 대중성의 뚜렷한 근거일 터이다. 이런 맥락에서 본다면 『고래』의 주인공은 금복과 춘희도, '이야기'도 아니다. 어떤 의미에서 이 소설의 주인공은 바로 이와 같은 '시대정신'이라고 해야 할 것이다. 『고래』가 이룬 이와 같은 성취를 일단 전제로 한다면, 욕심 많은 독자의 기대를 말해봐도 되지 않을까 싶다.

『고래』의 반소설적인 실험들은 낯설면서도 동시에 낯익다. 『고래』의 반소설적 장치들에서 우리는 동서의 실험적 소설가들에 의해 역사적으로 활용되어 온 그와 유사한 소설적 기법들을 쉽게 떠올릴 수 있기 때문이다. 근대의 산물로서의 소설에 그 타자들을 도입하는 것은 소설 그 자체의 역사만큼이나 오래된 것이고, 특히 20세기 이후, 소설의 성립 과정에서 배제되었던 타자들이 귀환하는 현상은 점점 가속화되어왔다. 그리하여 소설적인 것의 위반이야말로 소설의 요건이 되는 역설에 도달해 있는 현실이다. 우리 소설의 경우에도 1990년대 이후 이와 같은 실험이 지속적으로 이루어져 왔음은 주지의 사실이다. 『고래』는 이러한 흐름의 한 극점을 보여준다고 할 수 있을 정도로 '이야기'의 가치를 전면에 내세우면서 반소설적 특징들을 효과적으로 결합하여 하나의 텍스트를 이루어내는 데는 성공했지만, 기존의 '소설'이 발견해낸 장치들과 다른 새로운 기법적인 차원을 열어놓고 있다고 보기는 어려울 듯하다. 결국 소설에서 벗어나기 위한 『고래』의 시도는 결국 '소설'의 문제로 귀착되고 있다고 할 수 있다. 역사적으로 본다면, 이 소설의 '이야기'적 요소들, 곧 여담적인 특성들 또한 근본적으로는 '이야기'의 영역에 속하는 것이 아니라 '소설'의 영역에 속하는 것이기 때문이다.

기법의 새로움의 문제는 현실 환기력의 문제와도 밀접한 관련을 갖고 있다. 소설 속에는 '文'의 벽돌 굽기 작업을 통해 변화에 민감한 부박한 근대화의 풍조에 맞서는 장인적(예술적) 가치의 의미가 부각되어 있으며, 이러한 '文'이 지향하는 가치는 벽돌 굽기 작업을 통해 춘희에게 그대로 계승되고 있다. "왜냐하면 이야기란 바로 부조리한 인생에 대한 탐구이기 때문이다. 따라서 그것을 설명한다는 것은 간단한 것이 아니다. 뭔가 불순한 의도를 가진 자들만이 세상을 쉽게 설명하려고 한다"[7]는 구절 또한 이 소설이 자신의 작업에 스스로 부여하고자 하는 의미가 무엇인지 보여주고 있다. 이러한 가치의 추구를 통해 '흥행업의 법칙', '시청률과 대중성의 법칙'으로 이루어진 세상에 법칙에 대립되는 방향을 제시하고 있다는 것은 분명하지만, 그러나 이러한 상식적인 차원의 자본주의 비판은 잔뜩 힘이 들어가 있다 해도 과녁을 향해 겨누어진 화살이라 보기 어렵다. 이미 상투화된 가치를 새롭게 포장하는 기술이야말로 대중성의 탁월한 능력 가운데 하나이다. 그러면서도 자신에게 내포된 그와 같은 아이러니를 무심히 지나친다.

쿤데라는 가브리엘 가르시아 마르케스와 나눈 대화를 회고하면서 다르게 쓴다는 것은 사실임직한 경계를 뛰어넘었다는 뜻이지만, 그것은 실세계에서 도피하기 위해서가 아니라 그것을 보다 잘 파악하기 위해서라고 말하고 있다. 왜냐하면 실세계를 파악한다는 것은 바로 소설의 정의 자체에 속하는 일이기 때문이다. 이와 같은 지적을 염두에 둔다면, 『고래』의 제한된 현실 환기력은 그것이 역사적으로 활용되어온 반소설적 장치들의 재활용에 의존하고 있다는 점과 무관하지 않다고 할 수 있을 듯하다. 쿤데라의 말처럼 기법과 그것이 포착하는 현실은 분리되지 않기 때문이다.

---

7) 같은 책, 310쪽.

물론 이 지점에서 쿤데라의 견해에 맞서, 소설이 반드시 현실을 파악하기 위해 존재해야 하는가 하는 반문도 가능할 것이다. 그것이 소설의 정의라면 소설이 아니면 어떤가 말할 수도 있을 것이다. 현실을 지시하지 않는 기호들로 구성된 모티프와 사건들이 하나의 자율적인 세계와 그 세계 속의 규칙들을 생산해낼 수는 없는가, 그리고 그것이 미적 효과를 생산할 수도 있지 않은가, 그것 자체만으로도 하나의 훌륭한 가치가 아닌가 물어볼 수도 있을 것이다. 그러나 이러한 측면에서 바라본다 하더라도, 『고래』의 알레고리적 차원은 소설의 경계 밖으로 도주하려는 발목을 붙잡고 있다. 더구나 카프카의 사례를 통해 쿤데라가 말하고자 하는 실세계가 단지 눈에 보이는 외적인 상태를 문제삼는 차원에 국한되는 것이 아니라고 한다면, 기호의 놀이와 그것이 주는 쾌락의 질 또한 현실 환기력의 문제와 무관하게 존재할 수 없다고 할 것이다.

이러한 문제들에도 불구하고 『고래』만큼 유쾌하게 읽히는 작품을 만나는 것은 그리 흔한 일이 아니다. 더 문제적인 것은, 위에서 살펴본 바와 같이 『고래』가 소설의 미래와 관련된 여러 가지 사유들을 환기시킨다는 점이다. 이 문제성은 곧 『고래』와 이 소설의 작가에게 기대할 수 있는 가능성의 다른 이름일 것이다.

# ‘경건’을 꿈꾸는 ‘독(毒)’의 이미지들

## – 김숨 소설집 『투견』

### 1. 서사학적 분석대상으로서의 『투견』

김숨의 첫 소설집 『투견』(문학동네, 2005)에는 모두 열 편의 소설이 실려 있다. 소설들의 발표시기를 참고하자면, 첫 작품 「느림에 대하여」(1997)부터 최근작 「검은 염소 세 마리」(2005)까지의 과정은 꽤 폭넓은 시기에 걸쳐져 있는 셈이다. 이 과정에서 김숨 소설은 매순간마다의 지속적인 변화를 겪어온 것이 사실이지만, 그럼에도 불구하고 그러한 변화가 일관된 방향 아래에서 이루어졌음을 확인할 수 있다. 그 방향은 크게 두 가지로 이야기해 볼 수 있을 듯하다. 가족 구조의 변이 양상과 추상화의 증대 경향이 그것이다.

우선 김숨의 초기 소설들에서는 가족 관계가 작품의 구조를 이루고 있는 양상이 뚜렷하게 드러나 있다. 「느림에 대하여」에는 다리를 저는 어머니와 택시 운전사인 아버지, 그리고 가출한 오빠와 ‘나’ 등이 이루는 가족이 등장하며, 「중세의 시간」에서는 아버지의 부재 속에 자궁을 들어낸 어머니와 그 딸인 ‘나’의 건조하게 메마른 관계가 기본 구도를 이루고 있다.

「지진과 박쥐의 숲」(2001)과 「유리눈물을 흘리는 소녀」(2001), 그리고 「투견」(2003)에서도 이 같은 가족 구조는 검출된다. 초기의 두 작품에서도 가족 구조는 부분적으로 와해되어 있지만, 이 경우 가족 구조의 해체는 더욱 전면화되고 있다. 「유리눈물을 흘리는 소녀」에서 어머니는 가출했고 불구가 된 아버지도 집에 돌아오지 않고 있으며 쌍둥이 여동생들은 고아원에 맡겨진 채 동생 인영과 그를 돌보는 어린 소녀인 '나'만이 남아 있다. 「지진과 박쥐의 숲」에서는 뜨개질하는 여인 아나(어머니)와 마르케스라는 사내(아버지) 사이에 그들의 딸인 '나'가 존재하지만, 그들의 부부관계 혹은 부녀관계는 지극히 비일상적이고 불투명하다. 「투견」에서 어머니는 사망했고 '나'는 개장수인 아버지와 그가 데려온 여인, 그리고 역시 아버지가 길에서 만나 데려온 청년 영식과 함께 살고 있다.

그 이후의 작품들에서 가족 구조는 마침내 형체를 알아볼 수 없을 만큼 소멸되어 있다. 가령 「새」(2003)에서는 출장 중인 남편이 없는 사이 '나'는 남자(최강)가 맡긴 새집을 돌보는 일을 하고 있으며, 「질병통제」(2003)에서 '리'는 요양원에서 불임의 환자들을 보살피는 일을 하고 있다. 이 갇힌 공간의 주인공에게 다가오는 인물들은 홍란이나 '편'과 같은 여성들이다. 「부활」(2004)에서는 노파(어머니)를 돌보는 '나'만이 있고 자매들은 찾아오지 않는다. 이처럼 독신의 주인공이 마주하는 병리적 세계와의 대비 구도는 이후 「카페, 천사」에서의 여자와 남자의 대칭 구조, 그리고 「검은 염소 세 마리」에서의 소년과 소녀, 태식과 순영의 병치 구도로 재편되고 있다. 하지만 이들 소설에는 앞서의 과정에서 「느림에 대하여」에서 오빠나, 「투견」에서의 영식을 통해 주인공이 추구하던 방향, 곧 가족 구조로부터의 일탈이 전면화되어 있기는 하지만, 그럼에도 가족 구조는 여전히 거기에 흔적을 남기고 있다. 「새」에서 '나'에게는 남편이 있고 일하고 있는 상점 '새'의 주인인 남자에게는 그 건물의 주인이기도 한 아버지가 있다. 「질병통제」에서 '리'는 질병통제센터의 총무 원(袁)에 의해 관리되고 있다. 「카페, 천사」에서의 카페 여주인의 존재와 거기를 드나들며 감자튀김에 맥주를 마시는 거친 사내들 또한 같은 맥락에서 설명될 수 있다. 「검은 염소 세 마리」에서 오토바이를 타고 다니는 태식과 성냥공장에 다니는 순영은, 다음에서 보듯 부모의 변형된 존재라고 할 수 있다.

> 소년과 소녀는 순영이 일을 다니는 성냥공장을 찾아갔다. 구불구불하게 이어진 길을 걸어갔다. 쉬지 않고 걸어가도 성냥공장이 가까워지지 않았다. 버스가 부연 먼지를 일으키며 지나갔다. 소년과 소녀는 길에 쓰러져 잠이 들었다. 태식의 오토바이 소리가 들렸다. 태식이 소년을 번쩍 들어올려 오토바이 뒷좌석의 철망 우리에 넣었다. 커다란 두 손으로 소녀의 젖을 한 짝씩 움켜쥐더니 번쩍 들어올렸다. 소녀는 숨이 막혀 허공으로 들어올려진 두 발을 허우적거렸다. 태식은 소녀를 철망 우리 위에 앉히고 오토바이를 거칠게 몰았다. 소녀는 오토바이에서 떨어지지 않으려고 태식의 목을 끌어안았다.
>
> 태식은 소주를 반 병 비우고 방으로 들어가 코를 골며 잠을 잤다. 소년과 소녀는 빈 소주병을 빨며 순영을 기다렸다.[1]

이렇게 본다면 김숨의 소설에서 가족 구조는 한편으로는 지속적으로 변형되고 있는 한편, 전체적으로 그 구조가 와해되면서 남녀 구도로 대체되는 변화의 과정을 보이고 있지만, 남녀 구도 또한 가족 구조로부터 완전히 벗어난 것은 아니라고 할 수 있다.

김숨의 소설에서 이러한 가족 구조의 변이 양상은 작품의 점진적인 추상도의 증가 경향과 밀접하게 관련을 맺으며 전개되고 있다. 「느림에 대하여」와 「중세의 시간」은 그로테스크한 분위기를 배경으로 삼고 있기는 하지만, 적어도 현실적 공간을 크게 벗어나지 않는다는 점에서 이후의 작품들과 구분되고 있다. 하지만 「유리눈물을 흘리는 소녀」에서 유리눈물을 흘리는 아랍 소녀의 삽화에서 드러났던 비현실적인 계기는 「투견」과 「새」를 거치면서 급격하게 전면화된다. 「부활」, 「카페, 천사」, 「검은 염소 세 마리」에서는 비현실적 공간 속에서 펼쳐지는 인물들의 반복강박적인 행위가 소설의 리듬을 형성하는 양상을 발견할 수 있다. 「부활」에서 눈을 뺐다가 끼웠다

---

1) 김숨, 「검은 염소 세 마리」, 『투견』, 문학동네, 2005, 107~108쪽.

하는 동작과 '그리고 오른쪽 눈동자……'라는 구절이 지속적으로 반복되고 있는 것, 「카페, 천사」에서 여자가 커튼을 타고 오르내리는 행위가 그러하며, 「검은 염소 세 마리」에서는 거의 모든 등장인물들이 강박적으로 행위를 반복하고 있다. 그리하여 이 경우는 이미지들이 반복되는 구조 사이를 채우는 독특한 형식을 취하게 된다. 이 지점에서 김숨 소설의 추상성은 극단적인 지점에 이르고 있다.

서사적인 특성으로 보자면, 김숨 소설은 이렇듯 가족 구조의 변이 양상을 축으로, 구체적인 현실의 공간으로부터 점점 추상화되어 나가는 일종의 스펙트럼을 형성하고 있다.

## 2. 기호학적 분석대상으로서의 『투견』

우선 김숨의 소설에 나타나는 이와 같은 가족 구조의 변이 양상은 이들 소설이 어떤 동일한 근원으로부터 파생된 다양한 형상(figure)들일 수 있다는 인상을 형성하고 있다. 김숨의 소설에는 가족 구조의 병치 이외에도 이러한 인상을 증거하는 장치들이 다양하게 나타나고 있다.

> (A) 여자는 아빠가 욕설을 퍼부어도 실실 웃음만 흘릴 뿐이다. 새벽에 일어나 개죽을 끓이고, 빨래를 하고, 밥을 짓는 것이 여자가 하는 일이다. 그리고 여자는 밤마다 아빠를 위해 기꺼이 가랑이를 벌린다. 유난히 씻기를 싫어하는 여자는 가랑이에 정액을 묻힌 채 잠이 들 것이다. 여자가 나를 향해 실실 웃음을 흘릴 때마다 나는 여자의 가랑이를 씻기고 싶은 충동을 느낀다.[2)]

> (B) 태식은 막숟가락으로 동태의 눈깔을 파먹었다. 동태눈깔이 달라붙은 혓바닥을 소년과 소녀에게 내밀어 보였다. 꿀꺽 동태눈깔을 삼키더니 소년과 소녀를 노려보며 순영의 몸 위로 올라갔다. 동태눈깔이 달라붙어 있던

---

2) 김숨, 「투견」, 같은 책, 12쪽.

혓바닥으로 순영의 광대뼈를 핥았다.[3]

(C) 마르케스는 호두색 털실먼지가 부옇게 떠 있는 물로 세수를 하고 혀를 델 만큼 뜨겁고 검은 커피를 한 잔 마셨어요. 벽돌 모양의 빵을 떼어 입에 넣고 우물우물 씹었습니다. 뜨개질을 하고 있던 아나가 흔들의자에서 일어나 오동나무로 짠 침대로 걸어갔습니다. 그리고 침대 위로 올라가 천장을 바라보고 반듯하게 누웠습니다. 마르케스가 담을 타넘듯 침대에 누워 있는 아나의 몸을 타고 올랐습니다. 아니가 괴로운 듯 얼굴을 일그러뜨리며 낮게 비명을 내질렀습니다. 마르케스가 커다란 손을 들어 아나의 입술을 거칠게 틀어막았습니다. 고개를 돌려 어둔 구석에 웅크리고 있는 글로리아를 노려보았습니다.[4]

위의 인용들은 각각 「투견」, 「검은 염소 세 마리」, 「지진과 박쥐의 숲」의 일부분들이다. 부모의 성교행위와 그것을 목격/응시하는 딸의 대응 구조가 각각 다른 방식으로 변형되어 있다. 또 여기에는 여자의 개고기 탐식(「투견」), 태식의 동태눈깔을 파먹는 행위(「검은 염소 세 마리」), 마르케스가 빵을 씹은 장면(「지진과 박쥐의 숲」)이 등치되어 있다. 이러한 장면은 김숨의 소설에서 가족 구조가 등장할 때 항상 이끌려오는 이미지이다(엘리자베스 라이트의 지적처럼, 억압되었다가 회귀하는 것은 충동뿐만 아니라 거기에 붙어 있는 어떤 생각이나 이미지를 포함한 모든 것의 회귀이다). 그것들은 텍스트 바깥의 실재(시니피에)로 환원되기보다 텍스트들을 넘나드는 기호의 시니피앙의 차원에서 연쇄를 이루고 있다. '무덤'은 「투견」, 「지진과 박쥐의 숲」, 「검은 염소 세 마리」, 「부활」 등의 작품에 공통적으로 등장하는 기호이며, '지진'은 「지진과 박쥐의 숲」과 「부활」에 반복해서 등장하는 기호이다. 「느림에 대하여」에서 오빠의 방 천장에 뚫려 있는 구멍은 「검은 염소 세 마리」에서 방앗간 천장과 소년과 소녀가 숨어 있던 빈집의 천장에도 뚫

---

3) 「검은 염소 세 마리」, 96쪽.
4) 김숨, 「지진과 박쥐의 숲」, 125쪽.

려 있다. 「투견」에서 "죽은 개새끼들이 타들어가며 피어오르던 검은 연기"[5]는 「검은 염소 세 마리」에서 "검은 염소를 태우는 것 같은 연기"[6]와 대응된다. 「새」에서 "산속에 격리된 요양원처럼 괴괴한 분위기를 풍"[7]기는 상점 '새'의 건물은 철거 직전 상태이며, 「질병통제」에서 날지 못하여 퇴화한 비둘기들로 넘쳐나는 마천2가의 '질병통제센터'는 "비둘기들의 날개가 깃털만큼 작아졌을 무렵, 삽십 년도 더 된 일본식 여관건물이 무너지고 그 자리에"[8] 세워진 것이다.

이와 같은 김숨 소설의 상호텍스트성은 발생텍스트(genotext)를 전제로 하고 있다는 추론을 가능케 하는 근거들이라고 할 수 있을 것이다. 말하자면 발생텍스트로부터 파생된 다양한 현상텍스트들이 일종의 상호텍스트들을 이루고 있는 것이다.

## 3. 현상학적 분석대상으로서의 『투견』

앞에서 지적한 바와 같이, 김숨 소설에서 이 상호텍스트들은 구체의 극에서 추상의 극 사이에 폭넓게 펼쳐져 있다. 그것을 증거하는 것은 이들 텍스트를 가로지르고 있는 기호 혹은 이미지들이다. 이 기호 혹은 이미지들은 사르트르의 말처럼 현실을 무화시키면서 상상의 영역에 도달하게 하는 아날로곤(analogon)의 일종이다. 사르트르는 의식 속의 상을 가시적인 형태로 옮겨놓는 상상의 현실화를 부정하면서, 오히려 구체적인 물질(아날로곤)을 매개로 현실을 상상화하는 것이 예술임을 제시한 바 있다.(『상상적인 것』) 여기에서 미적 감상의 대상은 이미지들이 지시하는 현실이 아니라 그와 같은 이미지들로 구성된 어떤 '비존재'이다. 그것은 마치 현실의 변이와 치환을 통해 꿈이 생성되지만 그렇다고 꿈이 현실로 환원되지 않는 것에 비교될

5) 「투견」, 36쪽.
6) 「검은 염소 세 마리」, 97쪽.
7) 김숨, 「새」, 『투견』, 157쪽.
8) 김숨, 「질병통제」, 같은 책, 206쪽.

수 있다. 꿈속의 주체가 현실의 '나'를 통해 현실화하는 것이 아니라 '나'가 꿈속으로 자신을 비현실화하는 것이다.

김숨 소설에 등장하는, 기괴함으로 가득찬 비현실적인 이미지들은 현실에 근거하되 그러한 현실을 무화시키는 상상의 산물들이며, 구체로부터 추상 사이에서 전개되는 김숨 소설들은 이 비현실화(상상화)의 스펙트럼 위의 각 지점에 찍힌 점들에 대응되는 것이라고 할 수 있다. 그렇다면 김숨 소설의 추상성은 그 자체 내에 현실 지시성을 내포하고 있는 셈이다. 이 경우 이 추상성에 내포된 현실이 무엇인가를 설명하는 것보다 중요한 것은 그 현실이 상상의 형태로 변이되고 구조화되는 형식 그 자체에 대한 분석일 것이다.

### 4. 정신분석학적 분석대상으로서의 『투견』

프로이트는 문학작품에 등장하는 '친숙한 낯섦'의 감정을 분석하는 글(「Das Unheimliche」, 1919)을 쓴 바 있다. 이 글에서 프로이트가 분석 대상으로 삼고 있는 대상은 호프만의 「모래 인간」을 비롯한 기괴하고 환상적인 계열의 작품들이다. 호프만의 「모래 인간」에 나오는, 아이들의 눈에 모래를 뿌려 피투성이가 되어 튀어나온 눈을 빼앗아가는 모래 인간의 모티프는 김숨의 소설, 가령 「부활」에서 어머니와 자신의 눈에서 꺼낸 눈알에 못을 박거나 거기에서 모래가 흐르는 장면, 혹은 「느림에 대하여」에서 오빠가 천장에 구멍을 뚫는 행위 등과 밀접하게 관련되어 있거니와, 프로이트는 이러한 실명공포를 거세공포의 일종으로 해석하고 있다. 이와 같은 '친숙한 낯섦'의 이미지들을 분석하는 과정에서 프로이트가 주목한 단서는 독일어 'unheimlich'에 상반된 두 가지의 의미가 동시에 내포되어 있다는 사실이었다. 그리고 실제 작품 분석을 통해 '친숙한 낯섦'이라는 감정이 오래 전부터 알고 있었던 것, 오래 전부터 친숙했던 것에서 출발하는 감정임을 밝히고 있다. 말하자면 어둠 속에 남아 있어야 하는 것(heimlich)과 어둠 속에서 나온 것(unheimlich) 모두 '친숙한 낯섦'인 것이다.

이러한 관점에서 김숨 소설의 가족 구조는 새롭게 조명될 수 있다. 김숨 소설에 나타나는 가족 구조의 여러 가지 변형태들은 이마고(imago)의 일종이라고 할 수 있을 것이다. 그리고 그것은 김숨 소설에 등장하는 '친숙한 낯섦'의 이미지들을 발생시키는 현실적 근원이라고 할 수 있다. 기괴하고 잔혹한 이미지들과 더불어 김숨 소설에 나타나는 추상화의 경향과 반복강박 또한 그 근원에 놓인 현실적 트라우마에 대한 심리적 반응이라고 할 것이다.

김숨 소설의 이미지들을 성급하게 즉각적으로 현실화하는 작업의 의미가 일면적인 것에 머무는 이유 또한 여기에 있다. 소설 속에 등장하는 기괴한 이미지들이 더 기괴한 현실을 일깨우기 위한 장치라는 설명은 그런 점에서 공허하다. 적어도 이 기괴하고 두렵고 낯선 이미지들은 작품이 놓여 있는 사회적 현실의 비판을 위해 동원된 것은 아니기 때문이다. 오히려 그것들은 "다양한 역사화/상징화를 관통하여 동일한 것으로 돌아오는 실재적인 중핵"(S. 지젝, 『이데올로기라는 숭고한 대상』)을 지향한다. 김숨이 '독(毒)'이라고 지칭하는 것 또한 그와 관련된다.

> 내 안의 독을 발견하고 자신이 별다를 수밖에 없다는 사실을 문득 깨닫는 순간마다 묵묵히 견뎌야 할 것이다. 그래 그러기로 하자. 견디기로 하자.
> 독이 내 곁의 소중한 사람들이 아닌 내가 써내는 소설들에게만 그 기운을 드러내기를 바랄 뿐이다. 종국에는 내가 써내는 소설이 그 독의 기운을 이겨, 뜨거운 모래 위로 떨어지는 물방울처럼 빛나기를.[9)]

이와 같은 김숨의 발언은 그가 "욕망을 말한다는 것/말하고 있는 욕망은 위험하다"(Speaking desires can be dangerous, 엘리자베스 라이트)는 것을 스스로 의식하고 있음을 말해주는 것이라고 할 수 있을 듯하다. 그가 '독'의 이미지들과 더불어 '경건'을 떠올리고 있음이 그 증거이다. 김숨의 소설들은 경건을 꿈꾸는 '독'의 이미지들의 현상학을 밀도 있게 보여주고 있거니와,

---

9) 김숨, 「작가의 말」, 같은 책, 319쪽.

김숨의 소설과 더불어 한국소설은 지금 새로운 문턱을 넘어서고 있다고 말할 수 있을 듯하다.

# 사랑이 타락해 가는 일반적 경향에 대한 사례 보고서

– 백가흠 소설집 『귀뚜라미가 온다』

## 1. 성적 지배의 욕구와 강박신경증

백가흠의 첫 소설집 『귀뚜라미가 온다』(문학동네, 2005)에는 모두 아홉 편의 소설이 실려 있다. 이 소설들은 '성적 관계'를 기본 구도로 삼고 있다는 점에서 공통되며, 이러한 사항은 백가흠 소설의 특징이자 고유함이라고 할 만하다. 물론 이렇게 말할 수 있으려면, 백가흠 소설의 '성적 관계'가 낭만적 연애 관계나 관능적인 성 관계와는 차원이 다르다는 사실이 먼저 설명되어야 할 것이다.

백가흠 소설에 등장하는 인물들에게 성은 그들 존재의 외연을 지정해주는 근거이며, 그들이 맺는 성적 관계는 자기 존재를 실현하는 구체적 방식이다. 그런가 하면 백가흠 소설에서 현실은 소설 속의 사건을 통해 드러나는 것이 아니라 소설 속의 인물들, 특히 남성인물들의 의식 혹은 무의식 속에서 작동하고 있는 '성적 관계'의 성격, 즉 '성적 관계'를 둘러싼 사회적 변화가 경유하고 있는 현재 지점을 통해 제시되고 있다. 그들이 살고 있는 세계는 사회체로부터 공급된 '성적 관계'의 환상 속이기 때문이다. 말하자면 백가흠 소설에서 '성적 관계'는 인간 존재와 그를 둘러싼 현실의 무의식적

이면에 진입하기 위한 관문인 셈이다.

백가흠의 소설의 남성인물들이 그 타자인 여성들과 맺는 '성적 관계'에서 가장 보편적으로 나타나고 있는 증상은 타자의 내면에 침투하여 궁극적으로는 그것을 지배하고자 하는 열정, 그것으로부터 연유하는 일종의 강박신경증이라 할 수 있다. 상징적 거세에 복종함으로써 원초적 아버지(남근)의 법을 받아들인 남성 주체(보다 정확히 말하자면, 생물학적/유전학적 구성과는 구분되는 정신분석학적 관점에서 남성으로 간주되는 이들)가 향유할 수 있는 것은 상징의 질서에 기입된 실재의 이미지(환상)일 따름이다. 그러하기에 이 향유는 일종의 '정신적 자위'라고 할 성질의 것이다.

데뷔작 「광어」(2001년 서울신문 신춘문예 당선작)에서 횟집 주방장인 '나'는 옆 룸살롱 종업원인 '당신'(미스 정)에 일방적으로 집착한다.(그럼에도 불구하고 서술의 초점이 '나'에게 맞춰져 있기에 신경증적 지배 욕망은 낭만적 사랑의 형식 속에 은폐되어 있다.) '나'에게 '당신'은 자주 '나'의 칼에 의해 회쳐지는 광어와 동일시된다. 그것은 곧 광어를 다루듯 미스 정의 신체와 의식을 지배하고자 하는 '나'의 열정이 투사된 결과이다. 그런데 '당신'은 광어와 동일시되면서 다른 한편으로는 어머니와 동일시되기도 한다. 그러나 '나'에게는 어머니에 대한 기억이 없다; "내게 당신은 기억나지 않는 어머니와 같았다."[1) ] 그러니까 '당신'은 상징화되지만(광어), 동시에 상징화되지 않는다(어머니). '나'는 두 대상 사이를 강박적으로 왕복할 수밖에 없다.

> 나는 문을 닫고 밖으로 나와서 도청 앞의 은행으로 간다. 불을 너무 세게 한 것은 아닌지 걱정이 된다. 통장에 도광일의 돈은 들어와 있지 않다. 나는 다시 도광일에게 전화를 한다. 시발, 입 밖으로 욕이 튀어나온다. 나는 그의 부인에게 알릴 생각이 없는데, 그가 그것을 눈치챘는지 걱정된다. 그는 아무 말 없이 듣고만 있다. 죽이 다 타버린 것은 아닌지 걱정이 된다. 나는 그에게 삼십 분의 시간을 주며 삼백만원이라도 달라고 얘기하고, 전화를

1) 백가흠, 「광어」, 『귀뚜라미가 온다』, 문학동네, 2005, 19쪽.

끓는다. 삼십 분이면 하얀 죽이 새까맣게 될지도 모를 일이다. 당신은 잠에서 깨어났는지 궁금하다. 육백만원을 사모님에게 드리면 당신을 '환희'에서 놓아줄지 걱정이다.[2]

'나'는 근원적으로 '당신'을 향유할 수 없는데도 불구하고 '당신'을 지배하고자 하는 강박적인 열정에 휩싸여 있다. 위의 인용에서 보듯, '나'가 걱정과 짜증과 의심을 반복하는 것, 그리고 이 모두로 인한 불안 속에 놓여 있으면서도 "나는 아무 걱정 없다"[3]고 반복하여 스스로에게 확인시키는 것 또한 이 강박신경증의 소산이라고 할 수 있다. 「광어」의 경우 성적 관계의 한 축인 '당신'이 '나'의 통장을 갖고 사라져버렸기에, '나'의 강박증은 더 이상 진행되지 않고 어느 지점에서 중단된 채로 잠정적으로 마무리된다. 그러나 이 잠정적으로 중단된 강박증은 새로운 성적 관계에 놓이게 될 경우 언제든지 다시 표면화될 수 있다. 그리고 그것은 반복될수록 더욱 격렬해진다. 「전나무숲에서 바람이 분다」와 「배의 무덤」에서 그 양상을 확인할 수 있다.

「광어」에서 '나'의 자리에 각각 육손이 강선구(「전나무숲에서 바람이 분다」)와 바다사자의 송곳니 조각을 성기에 박아 넣은 백영철(「배의 무덤」)이 놓인다. 미스 정이 놓였던 자리에는 역시 낙태 직후의 여자 한수진(「전나무숲에서 바람이 분다」)과 다방 레지 출신의 아내와 그 피를 이어받은 딸 주혜(「배의 무덤」) 들의 여성이 위치한다. 여기에서도 역시 마찬가지로 남자들은 여성들과 성적 관계를 형성하는 데 실패한다. 전나무숲과 바다는 그들을 둘러싸고 있는, 상징화되지 않는 세계이며 그러하기에 그들에게 불안을 불러일으키는 근원을 표상한다. 기표(남근)적 질서 바깥에 놓이게 될 경우 그들의 불안은 반복강박증의 양상으로 드러나고 있는데, 「배의 무덤」에서 이 점이 뚜렷하다.

---

2) 같은 글, 26쪽.(밑줄은 인용자)
3) 같은 글, 23쪽, 25쪽.

남자는 배가 출항하고 사십 일이 지나는 동안 아무 일도 하지 않았습니다. 선원들은 가끔 무료함을 달래기 위해 누군가를 두들겨팼습니다. 고기를 잡으러 가는 시간. 선원들은 지루한 시간을 버티기 위해 뭐든지 해야만 했습니다. 문신을 새로 새겨넣는 선원도 있었고, 충분히 날카로운 칼을 더욱 날카롭게 가는 선원도 있었습니다.

남자는 하루에 두 번씩 아침저녁으로 자위를 했습니다. 성욕을 다스리기 위해서라기보다도 그것은 하나의 습관이고 일과였습니다. 조용히 수음할 시간을 기다리며 남자는 잠을 청하곤 했습니다.[4]

바다가 발생시키는 무서움, 무료함, 고요함 등의 이미지들이 하나의 계열을 이루고 있다면, 여기에 맞서는 남성적 방식은 문신과 같은 전(前)-기표를 통해 기표적 체제 안으로 불안을 흡수하거나, 혹은 날카로운 칼을 더욱 날카롭게 갈거나 하루에 두 번씩 규칙적으로 자위행위를 하는 반복적 강박을 통해 불안을 해소하는 것이다. 소설 속에서 바다사자의 송곳니 조각을 갈아 성기에 박아 넣는 행위 또한 이 연장선상에 놓인 것이라고 할 수 있다. 그런 방식으로도 흡수되지 않는 리비도적 불안은 외적 대상에 투여되는데, 문제는 이 방식이 폭력성을 동반한다는 점이다. 가령 「배의 무덤」에서 다방레지 출신의 아내는 동네 청년들과의 모종의 관계가 드러나자 남자를 떠나갔다. 남자는 그들 열네 명의 아내들을 차례로 겁탈하고 원양선을 탔다. 돌아온 남자는 결국 동네청년들에 의해 산 채로 매장된다. 이 폭력의 순환고리의 근원에 가족을 매개로 한 성적 관계 혹은 성적 지배의 좌절이 가로놓여 있다.

## 2. 성적 지배의 좌절과 가학증

「광어」, 「전나무숲에서 바람이 온다」, 「배의 무덤」 등의 계열이 남성 주인공들의 강박신경증의 양상과 그것에 내재한 자기모순을 보여주고 있다면,

4) 백가흠, 「배의 무덤」, 같은 책, 152쪽.

「귀뚜라미가 온다」, 「배꽃이 지고」 등의 계열에서는 그로부터 파생된 폭력성의 메커니즘이 펼쳐져 있다. 이 폭력성의 메커니즘을 확대재생산하는 기반은, 앞서 「배의 무덤」에서도 드러났듯 가부장적 가족 관계의 억압적 측면이다.

> 둘은 가끔 섹스를 한다. 자주 하는 일은 아니다. 매일 벌거벗고 같이 자긴 하지만 여자 쪽에서 동하는 경우는 거의 없다. 남자가 잠이 오지 않을 때 심심할 때, 여자 혼자 텔레비전을 볼 때 장난삼아 섹스를 한다. 또 옆집 달구네가 시끄러워지면 싸우는 소리 듣기 싫어 섹스를 하기도 한다.[5)]

동거중인 연상녀와 연하남(바람횟집), 그리고 노모와 그를 구타하는 아들 달구(달구분식)가 「귀뚜라미가 온다」의 인물들이다. 불안정하거나 뒤틀린 가족 관계 속에서 (이미 그 자체로 비대칭적이고 어긋나 있는) 성적 관계는 더욱 더 극단적으로 왜곡된다. 이 낭만이나 관능이 결여된, 뒤틀리고 왜곡된 성적 관계를 유지시키는 힘은 폭력일 수밖에 없다. 그러므로 이 섹스와 폭력에는 이유가 없다. 그것에 대한 의미화는 폭력보다 나중에 도래한다. 그러하기에 이 의미화의 질서는 허약하다. 그 배경에는 한순간에 섬을 휩쓸어버리는 카오스적인 힘(태풍)이 놓여 있다.

이에 비한다면, 이 카오스적인 힘을 현실적, 사회적 질서가 대체하고 있는 「배꽃이 지고」는 현실을 손쉽게 직접적으로 환기한다는 점에서 이데올로기적인 측면을 내포하고 있다. 정신지체 장애인인 병출 부부와 그를 착취하는 과수원 주인의 구도는 심리적이라기보다는 사회적이다. 과수원 주인이 휘두르는 폭력은 다른 어느 작품에서보다 극단적이지만 그것은 그냥 그가 원래 포악한 성격이기 때문일 따름일 뿐 관계로부터 발생하는 것은 결코 아니다. 「귀뚜라미가 온다」에서는 그나마 희미하게 그 근원이 성적 관계로부터 기원한다는 것이 드러나 있지만, 「배꽃이 지고」에서는 그와 같은 측면을 발견하기 어렵다.

---

5) 백가흠, 「귀뚜라미가 온다」, 같은 책, 34쪽.

### 3. 남성적 욕망의 이율배반과 성적 관계의 부재

「귀뚜라미가 온다」, 「배꽃이 지고」 등에서 폭력성은 각각 바람횟집 남자(「귀뚜라미가 온다」), 과수원 주인(「배꽃이 지고」) 등을 정점으로 한 남근적 기표 체제의 구도로부터 유래하며, 그러하기에 평면적이고 일방적이라고 할 수 있다.

「2시 31분」, 「구두」, 「밤의 조건」 등에서는 남성적 신경증의 양상이 상대화되어 있다. 그 상대화의 장치는 이들 소설의 구성, 곧 시점 교차의 방식에서 찾을 수 있다. 「2시 31분」에서는 사내아이, 남자, 수정, 그리고 다시 사내아이의 시점이 번갈아 등장하며, 「구두」의 경우에는 일가족을 살해한 남자의 시선이 그가 죽기 전에 찾는 장님 안마사(주혜)의 시선과 교차하고 있다. 그런가 하면 「밤의 조건」에서는 피학/가학증의 양상(다영 부부, 중년 남자)과 성대상 도착 양상(제이 남매, 쉬메일 보름)이 대비를 이루고 있다. 이러한 구성 방식을 통해 남성적 욕망과 여성적 욕망이 대칭을 이루고 있다고까지 말할 수는 없지만, 적어도 남성적 욕망의 양상이 상대화되고 있다는 사실만큼은 확인할 수 있다. 그리고 그러한 방식을 통해 남성적 욕망의 이율배반이 구체적으로 탐구될 수 있는 조건이 마련되고 있다.

프로이트는 사랑이 타락해가는 일반적 경향의 원인을 남성 내부에서의 애정적 성향과 육욕적 성향의 불일치, 부조화에서 찾은 바 있다(「사랑이 타락해가는 일반적 경향-사랑의 심리 2」) 이러한 분열 속에서 남성들의 방어 수단은 성적 대상에 대한 심리적 평가절하와, 근친상간 대상과 그것을 재현해주는 대상으로 남겨둔 성적 대상에 대한 과대평가이다. 그리하여 남자는 사랑을 할 때는 욕망을 지니지 않으며, 욕망을 내비치는 경우에는 사랑을 할 수 없는 역설에 처하게 된다. 그 결과 남성은 왜곡된 성적 목표를 지니게 되고 그것이 충족되지 못하면 쾌락이 크게 줄어드는 것으로 느끼며 혹 그 성적 목표가 충족된다 하더라도 그것은 타락된 성적 대상을 통해서만 이루어진다. 남성들의 '불륜을 꿈꾸는 심리', 곧 강박증적 남성에게 빈번한 성적 파트너의 이중화 양상의 원인 또한 여기에서 찾을 수 있다. 한 쪽에 가까스로 인내하는 아내가 있다면, 다른 한 쪽에는 획득할 수 없는 연인이 있다.

「2시 31분」에서 제목 '2시 31분'은 칠석날 견우와 직녀가 만나는 시간이자, 소설 속에서 사건이 일어나는 시간이다. 견우와 직녀는 조화로운 성적 관계를 상징한다. 이들의 관계는 어떤 면에서는 비극이라고 볼 수도 있지만, 그럼에도 불구하고 그러한 비극성을 통해 성적 관계의 조화로운 결합은 보존된다. 이 소설에서 드러나고 있는 것은 이 관념 이면에 자리한 이율배반적 현실의 양상이다.

> 남자는 그녀가 늦은 시간까지 집에 돌아오지 않은 것이 걱정되는 것이 아니었다. 다만 남자의 짐작을 모두 벗어난 것에 화가 조금 났다. 수정이 갈 만한 곳을 모두 연락해보았는데도 찾을 수 없었다. 남자는 자신이 아직도 그녀를 사랑하고 있는 것은 아닌지, 불안해졌다.
>
> (…)
>
> 여자는 남자에게 엄마 같았다. 엄마 같은 여자와 섹스를 할 수는 없는 노릇이니, 남자는 여자를 떠나야 했다. 남자는 여자를 볼 때마다 여자에게 말했다. 이젠 떠나겠다고 말이다. 하지만 그럴 수 없었다. 남자는 무엇인가 확연히 구분짓는 것을 두려워했다. 그것이 남자는 사랑이라고 생각했다. 하지만 여자는 달랐다. 남자에게 흥미가 없어진 것이었다. 여자는 남자를 사랑하지 않았다.[6)]

「2시 31분」에서 남자는 수정과 여자 사이에 놓여 있다. 수정은 남자의 승인된 애인이다. 여기에는 금기가 없다. 여기에서 남자는 남근적 권력을 행사할 수 있다. 위의 인용의 앞부분에서 남자는 집에 늦게 돌아온 수정에게 화를 낸다. 그것은 수정에 대한 염려 때문이 아니라 남자의 짐작, 곧 스스로가 세운 규칙이 통용되지 않는 상황에 대한 신경증적 불안 때문이다.

---

6) 백가흠, 「2시 31분」, 같은 책, 182쪽.

남자의 욕망은 금기의 방향을 향한다. 늙은 여자(≒엄마) 쪽의 근친상간의 금기가 그것이다. 이 방향은 상징적 거세를 넘어서고자 하는 시도이며 그러하기에 무모하고 위험하다. 남자에게 수정이 필요한 이유, 곧 성적 파트너의 이중화의 근거 또한 여기에 있다; "강박적인 남자들은 그들 욕망의 대상이 본질적으로 자신들이 공포스러워하던 어떤 것이기 때문에 자신의 파트너를 이중화한다."(레나타 살레클, 「사랑과 성적 차이: 남자와 여자의 이중화된 파트너들」) 요컨대 상징의 세계에 집착하면서도 다른 한편으로는 그것으로부터 벗어나기를 욕망한다는 것, 바로 여기에 남성적 욕망의 이율배반이 놓여 있으며, 이것이 곧 성적 파트너 이중화의 심리적 근거이다.(「2시 31분」에서의 성적 파트너 이중화의 구도, 곧 수정-남자-늙은 여자(엄마)의 구도는 앞서 「귀뚜라미가 온다」에서의 노모-달구/남자-여자(엄마)의 구도, 「성탄절」에서의 수은-'나'-듀나의 구도, 「구두」에서의 아내 및 장님 안마사 주혜-남자-지니의 구도를 내재하고 있다는 점에서 백가흠 소설의 원형적 구도라고 할 만하다.)

그런데 백가흠 소설에서 성적 파트너를 이중화하는 남성적 욕망의 구도는 그 본래의 목적이라 할 심리적 균형의 확보에 이르지 못한다. 그것은 본질적으로 부르주아적 성적 지배의 양식 자체가 와해되어 있기 때문이다. 「구두」에서 치매에 걸린 노모와 남자의 경제적 무능력은 아내를 성적 지배의 영역 바깥에 위치시킨다. 남자가 걸린 매독은 이 성적 지배의 균열을 보여주는 것이다. 그리고 이 균열은 자본주의의 이행 과정에 따른 성적 지배 양식 자체의 와해로부터 말미암는다고 할 것이다. 이런 무기력한 상황 속에서 남자는 기표 체제 바깥으로 나아가는 것이 차단되어 있다. 기표 체제 바깥을 향하는 힘들을 살해하면서 어느 순간 기표 체제 바깥에 놓이게 된 남자는 그곳에서 만난 장님 안마사 주혜를 다시 아내로 기표화하면서(아내의 통장을 주혜 앞으로 남긴 채 남자는 목을 매단다) 기표 체제 내부로 복귀한다.

한편 「성탄절」에서 '나'는 김장로를 정점으로 한 강박증의 체계의 일원이다. '나'는 수은과 듀나로 성적 파트너를 이중화한다. 그런데 이 경우 전도가 발생한다. 남집사의 딸인 수은은 아버지와 닮지 않았고 남근적 기표 체제 바깥에 있을 것이라고 생각했던 듀나는 실상 그 체계의 한가운데에 놓여 있었던 것이다. 이 순간 이중화된 성적 파트너의 구도에서 수은과 듀나의 위치는 서로 뒤바뀌게 된다. 그리하여 '나'는 듀나에 대한 욕망을 포기하고 수은에게로 돌아온다. '나'는 수은을 손을 잡고 매일 밤 폐가로 향하면서 "거기 믿음이 있고 신앙이 있다"[7]고 말한다. 하지만 수은 역시 김장로의 아들과 '나'라는 이중화된 성적 파트너를 보유하고 있기에 이 성적 관계 또한 근본적으로는 불안정하다.

이러한 성적 관계의 불안정성이 가장 극대화되어 드러나 있는 것이 「밤의 조건」이다. 다영 부부의 경우 실제 성행위에서는 남편이 가학증자이고 다영이 피학증자이다. 그러나 남편이 다영의 인터넷 성매매를 주선하고 있다는 점에서 보면 남편이 피학증자이며 다영이 가학증자의 자리에 놓이게 된다. 그리고 다영은 다시 중년 남자의 가학적 폭력에 노출되어 있다. 한편 제이와 쉬메일(shemale) 보름의 관계에서도 애초에는 성매수자 제이가 남성적 지위에 놓여 있었으나 관계의 진행 속에서 그 위치는 역전되고 있다. 그러나 남성적 지위에 오른 보름 또한 다시 중년 남자의 가학적 폭력에 노출되어 있다. 요컨대 「밤의 조건」의 인물들은 생물학적 차원이 부과하는 성적 관계로부터 벗어나기 시작하는 징후를 드러내고 있다는 점에서 인상적이다. 그럼에도 불구하고 그들은 궁극적으로는 남근적 기표 체제에 속해 있다. 그 모순적 대립이야말로 「밤의 조건」의 인물들이 겪는 성적 관계의 혼란의 근원이며, 바로 이 지점에서 백가흠 소설은 사회체의 특정 단계에 대응되는 현실성과 그것이 초래할 징후를 아울러 내포하고 있다.

---

7) 백가흠, 「성탄절」, 같은 책, 256쪽.

# '낭비'의 윤리와 '압축'의 윤리
## – 김중혁 소설집 『펭귄뉴스』

김중혁의 첫 소설집 『펭귄뉴스』(문학과지성사, 2006)의 표제작이자 그의 첫 소설이기도 한 「펭귄뉴스」는 지하군 게릴라('펭귄뉴스')와 진압군이 대치하고 있는 어느 미래의 전쟁 상황을 배경으로 하고 있다. 여기에서 지하군의 저항은 '비트(beat)'를 억압하는 세력에 맞서 그것을 필사적으로 전파한다는, 다분히 현실에 대한 알레고리로 읽힐 수 있는 방식으로 설정되어 있다. 하지만 이 경우 알레고리는 구체적 현실을 지시하도록 설정된 것이 아니기에, 그러한 방식의 독해를 통해 생산해낼 수 있는 것은 '자본주의에 대한 저항' 운운하는 식의 공허한 것이 되기 쉽다.

그렇게 때문에 그 구도는 현실에 대한 알레고리의 차원이 아니라 상상계와 상징계의 대립으로 읽는 편이 오히려 더 생산적이라고 할 수 있다. 이 독법에 의거하면, 입대하여 진압군의 병사가 된 찬기는 라디오 채널에서 흘러나온 목소리를 좇아 결국 지하군의 일원이 된 '나'(동재)의 분신이다. 지리멸렬한 일상에서의 애인 소희는 상상계 속에서 앨리슨이라는 암호명의 매력적인 지하군 여성으로 탈바꿈된다. '나'는 분신 찬기를 진압군으로 보내고 애인 소희를 일상 속에 남겨둔 채 앨리슨과 함께 '펭귄뉴스'의 세계로 뛰어든다. 개별적인 개체들을 통약하는 언어시스템이 상징계라면, 그 개체들이 저마다의 고유한 방식으로 내재하고 있는 리듬을 의미하는 '비트'는 상징계에 맞서는 상상계의 유력한 무기가 된다. 이렇게 본다면 이 소설의 알레고리적 구도는 현실 비판을 과녁으로 삼고 있는 것이 아니라, 상상계와 상징계 두 범주 사이의 분열과 갈등을, 궁극적으로는 상징계의 거부하고 상상계를 지향하는 자아의 심리를 구조화하기 위해 차용된 것으로 읽어볼 수 있다.

이 대립은 두 번째 작품 「사백미터 마라톤」에서는 학교(상징계)와 폐허가 된 자동차 정비소(상상계)의 구도로 치환되어 있다. 달려야 하는 거리에 따라 속도의 리듬을 맞추는 것이 아니라 자신의 내부의 속도에 따라 달리는 거리를 결정하는 전환이 일어나는 것은 '나'가 정비소에서 각자의 속도('비트')에 맞춰 춤을 추고 있는 '스피드클럽'의 아이들을 목격하고 난 이후이다. 이렇게 보면 '스피드클럽'은 '펭귄뉴스'의 다른 이름인 셈이다.(여기에서도 일상 속에서는 섹스의 집착 대상일 뿐이었던 민영이 '스피트클럽'에서는 '비트'를 주재하는 디제이가 되어 있다.) 이처럼 김중혁의 초기 소설의 구도는 관습적이고 집단적인 이데올로기(상징계)에 맞서 주체 내부의 고유한 리듬(상상계)을 옹호하고자 하는 지향성으로 정리될 수 있다.

김중혁이 2000년대의 새로운 소설적 흐름의 본류에 합류하기 시작하는 일은 초기작들의 대립 구도에서 상징계의 축을 제거하는 것과 동시에 일어나고 있다. 상징계의 구속으로부터 벗어나 상상계가 그 자체의 자율적인 탐구 대상으로 설정되면서 김중혁 소설은 이전과는 단절된 새로운 국면으로 접어들고 있는 것이다.

어느 시점 이후 우리의 현실에서도 개체들을 통약하는 보편 언어의 차원은 약해졌고 그 차원에 관여하는 것 자체가 일종의 '낭비'의 느낌을 불러일으키게 된 것이 사실이다. 이러한 느낌은 상상계의 욕망을 부정하고 보편 언어를 탐구하는 이 '낭비'를 윤리라고 생각했던 이전 시대의 어떤 열정과 대비된다. 그 열정의 방식에 의거하면 사회적 차원의 언어 커뮤니케이션을 지향하는 이 윤리를 실현하기 위해 개인의 욕망은 억제되거나 보류되어야 했다. 시대가 바뀌어 상징적 차원에서 수행된 열정이 억압으로 인식되고 주체가 자신의 욕망을 향유할 수 있는 기회를 얻음으로써 이 윤리에는 일종의 '낭비'의 느낌이 부과되기에 이른다.(물론 이 향유의 자유 또한 마음대로 더 향유하라는 초자아의 지시에 의해 조만간 금기에 부딪히게 된다.)

상징계와의 갈등에 투여되었던 리비도를 회수하여 상상계로 전이시킴으로써 김중혁 소설은 더 가벼워지는 한편 더 세련된 형식을 갖추게 되기에 이른다. 김중혁 식으로 말하자면 이제야 제대로 된 '압축'이 일어난 것이다. 이와 동시에 '비트'라는 음악적 차원은 그 장르적 구속을 벗어나 보다 확대된 다른 차원의 행위들로 변형되어 나간다. 「바나나 주식회사」의 자전거 타기, 「회색 괴물」의 타자기에 대한 페티시즘, 「무용지물 박물관」의 디자인, 「멍청한 유비쿼터스」의 해킹, 「발명가 이눅 씨의 설계도」의 개념 발명, 「에스키모, 여기가 끝이야」의 지도 제작 등이 그것인데, 이들 행위는 모두 상징계의 일반화하는 힘을 벗어나 상상계 내부의 고유한 리듬을 발견하고자 하는 시도들이라는 점에서 초기 소설에서의 '비트'에 대응되는 행위들이다. 초기 소설들과 비교해서 다른 점이 있다면, 여기에서는 그러한 행위들의 의미가 상징계에 대한 저항이라는 외적 관련을 통해 실현되는 것이 아니라 수집, 발명, 제작 등의 일종의 마니아적인 취미활동의 방식을 통해 자체적으로 생산되고 있다는 것이다. 이 마니아적 취미활동들의 동기와 존재근거는 상징계의 차원에 놓여 있지 않다.(왜 하필 자전거 타기인가, 혹은 타자기 아닌 다른 것이면 안 되겠는가 따위의 질문에 대해 김중혁의 소설은 대답하지 않는다.) 그것들은 '메이비의 무용지물 박물관'이나 '에스키모의 지도'처럼 눈을 감아야 더 잘 보이는 세계에 속해 있다는 점에서도 상징계보다는 상상계 쪽에 가깝다. 이 어둠의 감각 속에서 상상계는 상징의 매개를 통하지 않고 순간적으로 실재와 마주하는바, 궁극적으로 김중혁 소설이 구현하고자 하는 것은 바로 이 순간이다.

실재와 직접 마주하는 이 상상계의 행위들은 그 과정의 마지막에서 결국 상징계의 차원과의 대비를 드러내게 된다. 김중혁의 소설에는 인물들이 수행하고 있는 자발적 행위들과 상징계의 보편언어 사이의 오차에 대한 자의식이 끊임없이 작동하고 있다. 이 자의식에 근거한 행위를 우리는 '윤리적 행위'라고 부를 수 있을 것이다. 실제 지도와 마음속 지도의 오차를 측정하면서 미지의 길을 찾아가고 있는 김중혁 소설의 인물들의 행위는 바로 이 윤리를 상징적으로 실현하고 있다고 말할 수 있다. 김중혁 소설 속 인물들의 행위가 공통적으로 예술에 대한 메타포로 읽힐 수 있는 것은 바로 이 때문이라고 할 수 있다.(하지만 이 윤리적 자의식은 때때로 김중혁 소설에서 상징계를 다시 도입하게 만드는 무의식적 근거가 되기도 한다. 가령 「멍청한 유비쿼터스」 같은 경우가 대표적인데 여기에서는 유비쿼터스라는 상징계의 메타포가 소설 속에 드러나 명시적인 비판의 대상으로 설정되고 있다. 그러면서 이 시기의 다른 작품들에서는 내면화되어 있던 윤리성이 이 소설에서는 그 표면에 드러나버렸고, 그래서 어떤 면에서는 초기의 「펭귄뉴스」의 세계와 오히려 유사한 양상을 보여주고 있다.)

상징계와 상상계 사이에 존재하는 자신을 의식함으로써 발생하는 이 자의식은 양쪽 모두에 시선을 던지는 균형감각의 다른 이름이라고도 할 수 있을 텐데, 김중혁의 균형은 대립되는 두 대상을 절충시키거나 상위의 보편으로 통합하는 것이 아니라 그 대립 사이에 난 새로운 길로 나아가는 방식으로 마련된다. "그래서 세상은 다시 세 종류의 인간으로 나누어진다. A와 B와 A도 B도 아닌, 나 같은 사람으로"[1]라든지 "난 여태껏 두 가지 종류의 사람들밖에 만나보질 못했어. 비트가 느껴지는 인간과 비트가 느껴지지 않는 인간, 이렇게 두 종류뿐이었지. 그런데 당신에게서는 좀 다른 비트가 느껴져"[2]와 같은 대목들이 그와 같은 추구의 방향을 상징적으로 보여주고 있다. 타자에 통합되지도, 타자를 통합하지도 않는 방향, 그러면서도 타자와의 관

---

1) 김중혁, 「그녀의 무중력 진공관」, 『문학판』, 2002년 여름호, 160쪽.
2) 김중혁, 「펭귄뉴스」, 『펭귄뉴스』, 문학과지성사, 2006, 343쪽.

계 속에서 자신의 좌표를 마련하는 방향, 그것을 일러 '압축'의 윤리라고 할 수 있지 않을까. '압축'의 윤리에 의거한 이 균형감은 자칫 한없이 무거워질 수도 있는 주제를 윤리적 비장함이 거세된 김중혁 특유의 가벼움으로 처리할 수 있게 만드는 근거이자, 창조가 아닌 조립과 응용이라는 디제이 리믹스와 같은 글쓰기를 고백하는 일종의 허무적 인식 속에서도 윤리적 자아에 대한 탐구를 포기하지 않는 근거이기도 하다.

이러한 균형감은 그의 문체에서도 확인할 수 있다. "그해 4월부터 가을까지는 너무 열심히 일을 했기 때문에 겨울이 되었을 때는 금고에 쌓아두지도 못할 만큼 돈을 많이 벌게 됐다, 라고 얘기할 수 있으면 좋았겠지만 실은 몸만 축나고 말았다"[3]에서처럼 진담 앞에 농담을 배치하거나 "나는 겨울잠을 자야 할 처지였다. 왼쪽 어깨는 화강암처럼 굳어 있어서 곧바로 잘라내 비석으로 써도 될 정도였고……"[4]에서처럼 비유의 차원과 현실의 차원을 뒤섞는 방식에서 김중혁 특유의 문체를 확인할 수 있다. 그런가 하면 김중혁은 "그러게요 아가씨는 여전하다. '생각보다 회사를 오래 다니네'라고 물어보면 '그러게요'라고 대답한다"[5]에서 보는 것처럼 선행 발화를 다시 끌어옴으로써 앞에서는 기의의 차원에 속해 있던 것을 기표의 차원으로 전환시킨다. 이렇듯 김중혁은 진담과 농담을, 비유와 현실을, 기의와 기표를 섞되(mix), 그것을 통해 그만의 새로움을 만들어낸다(remix). 김중혁의 디제이 스타일식 글쓰기의 의미를 여기에서 찾아볼 수 있다.

「바나나 주식회사」에서 「에스키모, 여기가 끝이야」에 이르는 김중혁의 소설들은 상징계가 부재하는 상상계의 형상화라는 점에서 동시대 젊은 작가들과 함께 하나의 새로운 경향을 이루고 있다. 김중혁 소설의 '館 마니아'들은 한 가지 대상의 추구를 위해 나머지 모든 것을 포기한다는 점에서 '예(藝)'를 추구하는 이청준 소설의 인물들, 혹은 성석제 소설의 '갈 데까지 가

3) 김중혁, 「무용지물 박물관」, 같은 책, 12쪽.
4) 같은 글, 13쪽.
5) 같은 글, 39쪽.

본 사람들'을 떠올리게 만들지만, 그것의 의미를 사회적 차원으로 상징화하지 않는다는 점에서 이전 시대의 방식과 구분된다고 할 수 있다. 한편 그의 소설에 내재된 윤리적 자의식은 상상계와 상징계 사이의 오차에 대한 자의식이 없거나 약한, 그러하기에 상상계 속의 질주로 일관된 김애란, 김유진, 편혜영 등의 소설과 스스로를 구분시켜주는 근거이다. 바로 이 지점에 2000년대의 새로운 작가군에서 김중혁이 차지하고 있는 고유한 자리가 놓여 있다.

『펭귄뉴스』 이후 김중혁은 세 편의 소설을 더 발표했다. 「비닐광 시대」(『세계의문학』, 2005년 겨울호), 「자동피아노」(『문학과사회』, 2005년 겨울호), 「악기들의 도서관」(『문학동네』, 2006년 봄호) 등이 그것들인데, 『펭귄뉴스』에 묶이지 않은 「그녀의 무중력 진공관」과 더불어 이 소설들은 음악이라는 모티프로 긴밀하게 연결되어 있다는 점에서 새로운 방향성을 내포하고 있다. 이 음악이라는 모티프로 보자면 그 방향성은 초기의 「펭귄뉴스」나 「사백미터 마라톤」의 세계 언저리로 다시 돌아가는 듯 보이기도 하고, 상징계의 통약적 언어로는 포착할 수 없는 상상계의 차원, 곧 자아 내부의 리듬을 역시 강조하고 있다는 점에서 보면 「바나나 주식회사」로부터 「에스키모, 여기가 끝이야」에 이르는 두 번째 국면의 연장선상에 놓여 있다는 느낌도 준다. 그러나 그것은 회귀나 정체가 아니라 더 커다란 원을 그려나가기 위한 나선형 모양의 회전의 일부일 터, 이 회전이 다시 전방으로 되돌아나가면서 펼치게 될 새로운 장면들을 기대해본다.

# 소통의 가치와 글쓰기의 윤리

## – 김연수 소설집 『세계의 끝 여자친구』와 단편 「산책하는 이들의 다섯 가지 즐거움」

### 1. 개인적인 동시에 사회적인 소통

2000년대 중반 이후 김연수의 소설에 나타난 변화를 설명해주는 키워드를 하나만 꼽으라고 한다면 '소통'이라는 단어를 먼저 떠올릴 수 있을 것 같다. 우선 소설 속의 등장인물들이 소통을 실험하기 위한 구도 위에 있다. 기본적으로 「네가 누구건, 얼마나 외롭건」(『문학사상』, 2005년 6월호)[1]이나 「기억할 만한 지나침」(『문학과 사회』, 2005년 여름호) 이후의 김연수 소설에서 남녀 관계는 소통의 두 극을 표상하는 의식적인 설정이라고 볼 수 있다. 「산책하는 이들의 다섯 가지 즐거움」(『자음과 모음』, 2008년 가을호)에서 외상후증후군으로 인해 협심증에 시달리고 있는 젊은 남성 영화감독과 51세에 폐암선고를 받았던 여성 Y씨, 「세계의 끝 여자친구」(『현대문학』, 2008년 6월호)에서 실연의 상처로부터 헤어나지 못하고 있는 25세 청년과 유방암 수술을 앞두고 있는 희선씨의 관계에서 소통의 시도는 성별과 더불어 연령의 차이까지 그 사이에 두고 있다. 한편 「모두에게 복된 새해」(『현대문학』, 2007년 1월호)에서처럼 인도 펀자브 출신의 시크교도 사트비르 싱

1) 『세계의 끝 여자친구』(문학동네, 2009)에 수록되면서 「네가 누구든, 얼마나 외롭든」으로 제목이 변경되었다.

과 어린 아이를 잃고 소통의 어려움을 겪고 있는 젊은 한국인 부부 사이에서, 그리고 「케이케이의 이름을 불러봤어」(『세계의 문학』, 2008년 봄호)에서 52세의 미국인 여성 작가와 젊은 한국 유학생(케이케이) 혹은 선천성 심장병으로 인해 죽은 아이 때문에 고통 받고 있는 한국인 여성 해피(혜미) 사이에서의 소통은 (서로 다른 언어를 포함한) 네이션의 경계를 통과해야만 한다. 동시통역사라는 해피의 직업, 그리고 「달로 간 코미디언」(『작가세계』, 2007년 여름호)에 등장하는 점자도서관 역시 이러한 맥락에서 이해될 수 있는 소설적 포석일 것이다.

등장인물들 사이의 관계뿐만 아니라 그 관계의 성격 역시 소통이라는 주제를 구현하고 있다. 김연수의 최근 소설에 등장하는 인물들은 공통적으로 격렬한 신체적, 정신적 '고통'을 경험한 이력을 가지고 있다. 그 고통은 그들을 세계로부터 고립시켜 소통의 사각지대에 가둔다. "고통이란 자기를 둘러싼 이해의 껍질이 깨지는 일"[2)]의 다른 표현이기 때문이다. 하지만 역설적으로 그들을 다시 소통의 장으로 이끌어낼 수 있는 계기 역시 그들과 같은 처지에 있는 타인들의 고통이다. 이처럼 고통은 처음에는 소통의 장애물이었지만 나중에는 그것을 공유하고 있는 타인들과 소통할 수 있는 유력한 창구가 된다. 그런 의미에서, 되돌아보면 누구에게나 있는 그 상처와 고통들은 더 이상 회피해야 할 부끄러움이 아니라 그 자신의 존재를 증명해주는 정체성의 표지와도 같은 것이다. 「산책하는 이들의 다섯 가지 즐거움」에서 수시로 '그'의 심장에 고통을 가하는 실체를 알 수 없는 대상이 의인화된 코끼리라는 친숙한 형상을 띠고 등장하는 이유 역시 그와 관련될 것이다. 그것은 '그'의 고통의 성격과 '그'가 그것을 받아들이는 방식을 말해준다.

> 가만히 고개를 젖히고 그가 중얼거렸다. 조금이라도 좋으니까 잠깐만 이렇게 서 있자. 조금이라도 좋으니까 잠깐만 이렇게 서 있자고? 코끼리도 가

2) 김연수, 「산책하는 이들의 다섯 가지 즐거움」, 『제33회 이상문학상 작품집』, 문학사상사, 2009, 22쪽.

만히 고개를 젖히고 중얼거렸다. 그는 얼굴을 젖힌 채, 고개를 끄덕였다.[3)]

그렇게 '그'가 자기 삶의 일부로 받아들인 코끼리는 그를 더 넓은 세계로 안내하는 매개가 된다. 이 소설의 앞부분에서는 '그'에 의해 이해할 수 없는 존재들처럼 여겨졌던 지네나 베짱이나 수컷 사마귀 같은 존재들이 소설의 마지막에서는 함께 거리를 산책하는 동료가 될 수 있는 것은 비록 다른 형상을 띠고 있지만 그것들은 모두 고통의 표현이자 승화의 소산이라는 사실을 그가 이해했기 때문이다. 이처럼 "모든 사람들의 내부에는 그의 코끼리 같은 것들이 하나씩 존재하고 있"[4)]다는 작가의 전언에는 작가가 추구하는 소통이 그 전제로 삼고 있는 관점이 담겨 있다. 거기에는 모든 인간에게 고통은 예외적인 현상이 아니라 필연적으로 겪을 수밖에 없는 보편적인 것이거니와, 자신의 삶에 대해 진지한 태도를 가진 누구나 그 같은 고통을 대면하고 그를 통해 성숙해진 경험을 가지고 있다는 믿음이 그 전제로 가로놓여 있다.

그 전제를 문제 삼을 때 이 소통이 개인들 사이의 사적인 관계의 문제이면서 동시에 사회적, 보편적인 것이라는 사실이 보다 분명하게 드러난다. 사적 관계에서도 성별과 연령, 국적 등을 둘러싼 새로운 형태의 사회적, 정치적 계기들이 끊임없이 작동하고 있기 때문이다. 그렇기 때문에 소통의 시도는 그 동안 잠재되었던 그와 같은 문제들과 대면하는 과정을 앞서 요구한다. 그런 의미에서 '그'와 Y씨의 산책(소통)이 시작되는 순간 도로를 점거하고 걸어가는 수많은 산책자들을 만나게 되는 장면은 상징적인 의미를 지닌다. 그들 역시 '그'나 Y씨처럼 저마다 다른 곳에서 혼자서 걷기 시작했지만 결국은 함께 걷는 법을 익혀나가야 하는 사람들이다. 이처럼 이 소설이 마지막 장면에서 도입하고 있는, 그 당시 첨예하게 등장했던 시민들의 시위 장면은(이 정치적 감각의 도입으로 인해 이 소설에서의 그녀의 죽음이나

3) 같은 글, 26쪽.
4) 같은 글, 28쪽.

'그'가 겪고 있는 외상 등 불투명한 방식으로 제시되었던 항목들이 새로운 함의를 띠게 된다), 사적 관계에서의 민주성을 위한 노력이 어느 순간 공공 영역에서의 정치적, 사회적 가능성으로 전화될 수 있는 토대라는 사실을 암시하고 있다.

## 2. 하나인 동시에 여럿인 소통

보편적 소통의 순간을 암시하고 있는 「산책하는 이들의 다섯 가지 즐거움」의 마지막 장면에서 또 한 가지 인상적인 것은 '그'에게 코끼리 같은 것이 다른 사람들에게는 각기 다른 이미지들로 존재한다는 사실이다. 말하자면 여기에서 소통은 서로 다른 것들이 하나가 되는 통합이라기보다 그 각기 다른 차이들이 그 자체로 인정되고 존중되는 상호 공존에 더 가깝다. 「모두에게 복된 새해」에서 사트비르 싱과 아내는 '나'가 생각했던 것처럼 한국어로 대화를 했던 것이 아니라 서로 타자의 언어로 이야기하면서 서로에게 한국어와 영어를 가르쳐주는 '말하자면 친구' 사이이다. 사실 소통의 느낌은 그것이 완성되는 순간보다 오히려 나의 차이가 상대방에 의해 이해되는 순간, 그러니까 소통과 교류의 가능성이 기대되는 순간 더 분명하게 실감되는 법이다. 그런 의미에서 소통은 결과라기보다는 무한히 열려 있는 과정으로 이해할 수 있다. 그 맥락에서 본다면 「산책하는 이들의 다섯 가지 즐거움」에서 술에 취한 '그'가 친구의 품에 안겨 울면서 "이해한다고, 서로 완벽하게 이해한다고 생각했다니"[5]라고 탄식하는 장면은 소통에 대한 보다 성숙한 시선으로부터 나온 반성에 해당될 것이다.

때로는 소설의 형식 역시 이와 같은 소통의 특성을 반영하고 있다. 가령 「세계의 끝 여자친구」에서 25세 청년인 '나'와 은퇴한 전직 국어교사 희선 씨의 소통에는 여러 개의 톱니바퀴가 그 사이에 맞물려 있다. 공립도서관의 게시판, 거기에 걸린 시들, 암으로 세상을 떠난 젊은 시인, 그가 사랑했던

5) 같은 글, 23쪽.

여인, 이미 가정을 가지고 있던 그 여인에게 차마 보내지 못하고 묻은 편지, 그 편지가 묻혀 있던 호숫가의 메타세쿼이아 나무, 그 시인이 읽었던 『메타세쿼이아, 살아 있는 화석』 등등. 김연수는 소통에 대해 이야기하되, 그 결과를 낭만화하는 것이 아니라 그 과정에서 일어나는 일들을, 그것들이 서로 맞물리면서 만들어내는 사건들의 모자이크를 우리에게 보여준다. 조각난 퍼즐을 맞춰가듯 얼핏 보기에는 전혀 관련이 없어 보이는 서사의 부분들을 하나의 그림으로 완성시켜 나가는 방식은 그 자체가 참신한 서사를 위한 장치이기도 하지만 동시에 그것은 작가가 염두에 두고 있는 소통의 성격을 말해주는 것이기도 하다. 그 서사의 조각들이 어느 하나라도 없을 때 전체 이야기는 완성되지 않기 때문에 그 각각은 다른 것에 의해 대체되거나 다른 것으로 환원되지 않는 고유한 가치를 지니고 있다. 말하자면 서로 다른 차원들이 관념적인 방식에 의해 하나로 지양되는 것이 아니라 서로 관련을 맺으면서도 그 각자의 방식을 계속 유지하고 있는 것이다. 김연수 소설의 비선형적이고 수평적인 구성 방식은 소통에 대한 그의 관점을 형식의 차원에서도 실현하고 있지만 그 때문에 서사가 조금 복잡해지는 경향이 있는 것도 사실이다. 하지만 그것 역시 소통의 어려움을 손쉬운 방식으로 피해가는 것이 아니라 그 어려움을 직면하고 감당할 때 비로소 그 해결의 가능성을 발견할 수 있다는 그의 작가적 신념으로부터 나온 태도라고 볼 수 있다.

이처럼 김연수의 소설이 독자들과 소통하는 원칙 역시 그와 같은 서사 구성의 방식에 조응한다. 그것 역시 실제로 존재하는 비대칭성을 관념적으로 소거하는 것과는 거리가 멀다. 사실 소통은 말처럼 그리 쉬운 일이 아니다. 당위적인 차원에서의 소통이야 누구나 수긍할 수 있을지 몰라도 구체적인 관계에서는 어느 누구도 인정 투쟁으로부터 쉽게 자유로워지기 어렵기 때문이다. 이와 같은 사실에 대한 고려가 충분히 이루어지지 않을 경우 소통은 언제든지 추상적인 구호가 되거나 대중의 취향을 추수하는 것으로 전락하고 만다. 당연히 독자들과의 소통이 단순히 소설의 난이도를 조정해서 독자들의 눈높이에 맞추는 작업이라고 생각할 수는 없다. 그것은 소통이라기보다 절충이나 타협이라고 불러야 맞을 것이다. 소통은 그보다 훨씬 더 절실한 동기를 내포한다. 진정한 의미에서의 소통은 타자도 자아도 소거시키지 않는 것이다. 그것은 작가의 의지나 신념, 혹은 독자의 기대나 욕구 가운데 한 쪽을 일방적으로 절대화하는 것과는 거리가 멀다. 그 양자가 소통할 수 있는 근거는 그 둘이 동일하다는 데 있는 것이 아니라, 다름에도 불구하고 양립할 수 있다는 데 있다.

> 누구든 타인의 고통에 대해 직접 말하지 못한다. 소설가는 타인의 고통이 드러내는 그 형식만을 보여줄 수 있을 뿐이다. 이게 바로 문학이다. 문학을 통해 우리가 삶을 이해한다고 말할 때, 이는 우리가 감정의 형식을 통해 다른 사람과 연결된다는 뜻이기도 하다.[6]

위의 인용은 소설가가 자신의 문제의식과 그 추구의 방향에 철저할 때 오히려 공감과 소통의 기대가 신장되는 원리를 설명해준다. 김연수에게 문학적 소통은 그처럼 비대칭적인 것들이 호환 가능한 형태로 전환되는 연금술적인 변용의 가능성을 믿고 실천하는 일이다. 「케이케이의 이름을 불러봤어」에서 영어로 옮겨지지 않은 'nak'이라는 단어를 나이 든 미국인 여성이 '그건 케이케이의 젖은 몸 같은 것이겠지'라고 이해하는 장면, 또 반대로 '하이퍼바이터미노우시스에이'라는 생경한 외래 용어를 해피가 '아마 두고두고 미안한 마음 같은 것이겠죠'라고 해석하는 장면에서 그 인물들은 김연수 식 소통의 가능성을 실천하고 예증하고 있다.

역사의 무의미에서 소설적 의미를 발견하던 그의 소설적 시선이 이제 눈에 보이는 것들의 무의미 이면에서 보이지 않는 것의 의미를 바라보고 있다. 그렇기 때문에 그가 비스와바 쉼보르스카의 시를 두고 "없어진 것들에 대해서 말하는 대신 없어진 것들 때문에 존재하는 사물에 대해서 말하기"[7]

---

6) 김연수, 「슬픔을 나누는 지혜」, 『신동아』, 2007년 9월호, 521쪽.

라고 평할 때, 그것은 동시에 그 자신의 소설적 방법의 일부를 드러내고 있는 것이기도 하다.

전통적인 장르 관념에서 보면 사실 이런 발상은 산문적이라기보다는 시적인 것이라고도 할 수 있겠다. 하지만 중요한 것은 그러한 분류 자체에 있는 것이 아니라 두 차원의 소통을 통해 그의 소설 역시 훨씬 더 소통에 민감한 것으로 진화되었다는 사실에 있다. 가령 「산책하는 이들의 다섯 가지 즐거움」에 나오는 다음과 같은 문장, "오랜만에 마신 술로 완전히 취해버린 그는 콧물 눈물을 다 쏟아내며 울었다. 기러기들이 외치듯이"[8]에서 직유는 서로 다른 두 문맥의 궤도를 하나로 이으면서 감정이라는 이름의 열차를 급발진시킨다. 코끼리라는 환상이 소설의 사실성을 위협하지 않으면서 감각적 소통의 가능성을 실험하고 있는 것 역시 같은 원리에 기초해 있다고 볼 수 있다.

이처럼 각각의 차원에서 진행된 김연수 소설에서의 새로운 변화들이 결합될 때 서사 전반의 질감이 달라지는 현상이 발생한다. 그리고 그것은 근본적으로는 소통이라는 새로운 문제 설정이 초래한 소설적 효과라고 볼 수 있을 것이다. 이렇게 더 세련되게 다듬어진, 그리고 더 친숙해진 이야기의 외양과 더불어 그의 소설은 새로운 감각의 독자들과 마주하고 있다.

## 3. 현실적인 동시에 문학적인 소통

이와 같은 소설적 모티프와 글쓰기 스타일의 변화 이면에는 보다 근본적인 차원의 인식의 전환이 가로놓여 있었던 듯하다. 그것은 넓게 보자면 소설에 대한 작가의 태도 변화까지 포함하고 있는 것으로 보인다. 그런 점에서 「달로 간 코미디언」에서 소설가인 주인공이 점자 도서관 관장과 나누는 다음과 같은 대화는 다만 소설 속의 상황에만 그치지 않는 일종의 암시를

7) 김연수, 「우리는 늘 우리 바깥에 존재한다」, 『문학과 사회』, 2007년 가을호, 448쪽.
8) 「산책하는 이들의 다섯 가지 즐거움」, 23쪽.

담고 있는 것으로도 읽힌다.

> 그렇다면 우리처럼 앞이 보이지 않는 사람들에게는 당신의 소설은 존재하지 않는 것이나 마찬가지입니다. 책 한 권을 오디오로 만들거나 점역하는 일은 비용이 많이 들기 때문에 주로 장애인들의 자립을 도와주는 책이나 베스트셀러만 우리는 접할 수 있으니까요. 우리는 장애인이니까 그렇다고 할 수 있겠지만, 아마도 많은 비장애인들에게도 그건 마찬가지일 것입니다. 그들은 선생의 소설이 이 세상 어딘가에 있으리라고 생각해본 일조차 없을지도 모릅니다.[9)]

'굳이 말하자면 안 팔리는 쪽'에 속하는 소설가인 '나'에게 관장의 이 같은 발언은 자신이 소설을 쓰는 이유를 되묻게 만들지 않았을까. 그렇다고 이 장면을 소설의 대중성에 대한 강조로만 받아들인다면 그건 피상적인 독해일 것이다. 이 장면은 주인공인 소설가가 지금까지 해온 과정을 부정하는 것이 아니라 그 과정의 연속선상에서 예기되었던 방향이 어떤 계기에 의해 새로운 방향으로 굴절되는 순간을, 그리하여 소통이라는 새로운 가치에 눈을 뜨는 순간을 포착하고 있는바, 이 자각은 소설 속의 인물의 그것이면서 동시에 소설 밖의 작가의 그것이기도 하다. 그런 의미에서 소통은 소설 속의 주제인 동시에 그 소설을 쓰고 있는 작가의 문제의식이기도 하다. 김연수 소설이 내장하는 특유의 문제성은 이처럼 소설의 안과 밖이, 허구와 실재가, 이야기와 삶이 서로 넘나들면서 그 경계를 지우는 장면에서 유독 뚜렷하다.

> 마흔세 살이란 이런 나이야. 반환점을 돌아서 얼마간 그동안 그랬듯이 열심히 뛰어가다가 문득 깨닫는 거야. 이 길이 언젠가 한번 와본 길이라는 걸. 지금까지 온 만큼 다시 달려가야 이 모든 게 끝나리라는 걸.[10)]

---

9) 김연수, 「달로 간 코미디언」, 『작가세계』, 2007년 여름호, 44쪽.
10) 김연수, 「세계의 끝 여자친구」, 『현대문학』, 2008년 6월호, 132쪽.

소통에 대한 그의 문제의식은 자신이 통과하고 있는 삶의 지점을 성찰하면서 그것에 바탕을 둔 새로운 좌표를 설정하는 작업과 연관되어 있다는 것을 위의 인용으로부터 확인할 수 있다. 그것은 벌써 10년을 넘게 지속적으로 소설을 써온 그의 작가로서의 삶이 한고비를 넘는 과정에서 직면하게 되는 필연적인 단계라고도 할 수 있을 듯하다.

이러한 인식의 변화는 작가 한 사람의 개인적인 차원에만 국한되는 것은 아닐 것이다. 거기에는 소설의 사회적 위상을 둘러싼 현실적 상황의 변화가 병행되어 있다고 볼 수 있다. 사람들 사이의 관계의 문제는 소설의 지속적이고 보편적인 테마인 것이 사실이지만 김연수 소설에서의 소통이라는 주제가 특히 현실성을 갖는 이유는 그것이 소설의 사회적 기능과 그것을 둘러싼 현실적 상황에 대한 인식을 동반하고 있다고 생각되기 때문이다. 말하자면 김연수에게 소통은 소설이 더 이상 공동체가 통과하고 있는 현실의 실상을 알리는 공적인 미디어로서의 기능을 수행할 필요성이 희미해진 상황 속에서, 그리고 미적인 저항을 통해 현실과의 비판적 거리를 필사적으로 확보해야 할 예술적 사명이 약화된 상황 속에서 가능한 소설의 새로운 사회적 기능과 위상에 대한 물음과 결부된 주제인 것이다.

점자 도서관 관장의 발언은 바로 이와 같은 문제의식을 바탕에 두고 있다고 해석해볼 수 있다. 데리다가 사상을 두고 조금 큰 우체국 같은 것이라고 불렀던 것 역시 따지고 보면 같은 생각에서 나왔다고 할 수 있을 것이다. 이런 발상에서는 소설 역시 서로 다른 지점에서 살아가고 있는 사람들의 삶을 연결해줄 때 그 존재의 의미가 배가된다. 그런 원리에 따라 한 편의 소설을 통해 수잔 손탁의 사유가, 쉼보르스카의 시가, 레이먼드 카버의 소설이 작가의 삶의 경험과 융합되어 독자들에게 배달되는 일이 일어나게 된다. 그리고 그것들은 다시 그들의 삶 속에서, 그들이 공유하는 다른 매체들을 통해 다시 다른 장 속으로 연결될 것이다. 이 같은 소통의 순환을 원활히 하기 위해 소설이 기꺼이 그것이 가진 기능을 사용하지 않을 이유가 있을까. 소설의 사회적 기능이라는 것을 현재의 시점에서 새롭게 문제 삼을 수 있다면 그것은 공동체의 특정 영역에서 소설이 수행하고 있는 바로 그와 같은 소통의 기능에 있는 것이 아닐까. 김연수의 소설에서 소통이라는 주제는 소설에 대한 보다 유연하고 탄력적인 태도를 이끌어내는, 이처럼 실용주의적인 방향으로 열려 있는 생각들을 환기시킨다.

## 4. 소통인 동시에 윤리인 글쓰기

소통의 가치에 새삼 주목하면서 김연수의 소설은 새로운 변화를 통과하고 있는 것처럼 보인다. 그 변화는 그가 한 산문 속에서 적은 다음과 같은 대목, "나는 이제 나의 관심사에서 조금씩 벗어날 때가 됐다고 생각했다. 그 관심사라는 건 1991년 5월에 나를 혼란에 빠뜨린 일련의 일들과 그 일들의 의미에 대한 나름대로의 해석이다. 그런데 그렇게 생각하고 얼마 지나지 않아 나는 그 관심사 자체가 나로 하여금 지금까지 글을 쓰게 만들었다는 사실을 깨달았다"[11]는 증언에서도 확인되는 것과 같이, 우선 표면적으로는 젊은 시절 그가 겪은 한 정치적 사건의 의미에 대한 물음으로부터 비롯된 세계로부터 벗어나려는 시도로 드러난다.

김연수는 현실로부터 상상이나 공상으로 휘발하는, 혹은 무의식으로 침잠하는 최근 한국 소설의 새로운 흐름 속에서도 역사와 시대, 현실과 윤리 등의 형이상학적 범주에 지속적으로 문제를 제기하면서 그 근대소설적인 문제틀을 갱신해온 세대에 속한다. 두 세계 사이에서 잊혀진 죽음에 대한 애도는 그로 하여금 소설을 쓰게 만들었던 근본적인 동인이었고 그는 그 출발점을 중심으로 자신의 반경을 지속적으로 넓혀 왔다. 그리고 바야흐로 그는 지금 자신이 머물고 있던 세계를 둘러싸고 있는 더 큰 동심원으로 건너뛰려고 하고 있는 것이다.

물론 이 단절은 미래의 방향으로 열려 있는 현재의 의식으로부터 바라볼

11) 김연수, 「내 몸의 이토록 협소한 정치적 감각」, 『실천문학』, 2007년 겨울호, 296쪽.

때 드러나는 것이고, 실제로는 이 새로운 소설적 국면 역시 그가 그동안 시도해 왔던 일련의 소설적 과정의 연속선상에서 도출된 것일 터이다. 무엇보다 그가 그 동안의 탐구의 과정에서 얻은 소설적 방법들이 세련되게 다듬어져서 새로운 소설적 대상에 유려하게 적용되고 있다는 사실이 그것을 잘 보여준다. 그럼에도 그 주제의 방향에서는 새로운 전환의 징후들이 나타나고 있는 것도 사실이다. 그것들은 아직 일관된 형식으로 드러나지는 않지만 그럼에도 기성의 소설적 발상이나 관념에 대한 과감하고 도전적인 문제의식을 드러내고 있다. 새로운 글쓰기 영토를 향한 그의 접근은 한동안 이런 진동을 겪으면서 점차적으로 진전되어 나가리라 짐작된다.

지금까지 살펴온 것처럼 그 새로운 도약의 화두로 제시되고 있는 것이 바로 소통이다. 소통이라는 주제와 형식은 이전과는 달라진 현실적 상황 속에서 여전히 계속해서 한 편의 소설을 써야 하는 이유에 대해 작가가 지속적으로 물으면서 그 나름의 답변을 찾아가는 과정 속에서 제시된 것이라고 볼 수 있다. 한편으로 그는 그 과정에서 그가 접촉하고 경험하는 새로운 사건들을 소설 속에 수용해 나가고 있다.

현재의 시점에서 그는 저마다의 사연을 가진 타인들의 삶을 이해하고 그들과 소통하는 소박한 자리로부터 소설의 새로운 가능성이 비롯된다고 믿고 있는 것 같다. 그가 "우리는 타인의 삶을 이해하기 위해 최선을 다해야 한다. 그게 우리의 윤리다. 내가 끝내 소설을 탈고하는 이유는 바로 그 윤리 때문이다. 나는 영원히 타인의 삶을 알아내지 못한다는 점에서 소설가로서 끝내 실패할지 모르지만, 다시 바로 그 이유 때문에 나는 죽을 때까지 소설가로 남을 수 있을 것이다"12)라고 말할 때 그는 작가의 윤리가 글쓰기 외부의 다른 동기보다도 우선 그와 같은 소통을 최선을 다해 추구하는 데 있다고 보는 듯하다. 이러한 윤리는 현실에 대한 관념적 거부가 아니라 그에 대한 구체적인 인식과 실천에 대한 자각에 상응하는 것이라고 볼 수 있

12) 김연수, 「타인의 삶」, 『작가세계』, 2007년 여름호, 66쪽.

을 것 같다. 그것은 창공에서 찬란히 빛나는 별이 아니라 누군가의 삶을 비추는 지상의 가로등 같은 것이 되고 싶은 마음이 아닐까. 아니면 다른 나무보다 높이 자라야 한다는 강박에서 벗어나 다만 누군가 지나가다 쉴 수 있는 그루터기 같은 것이 되어도 좋다고 느끼는 마음이라고 할 수도 있을 것이다. 그런 마음에 젖게 되는 것이야말로 김연수의 소설의 읽는 이들의 가장 큰 즐거움일 것이다.

# 소시민 계급의 분해와 노동 계급 형성의 사회적 드라마

## - 윤흥길 단편 「아홉 켤레의 구두로 남은 사내」

「아홉 켤레의 구두로 남은 사내」(1977)의 배경은 서울 근교 성남이라는 공간이다. 원래 광주(廣州)라는 이름으로 불렸던 이곳은, 한국전쟁 이후 급격한 산업화와 도시화로 인해 서울의 인구가 급증하고 그에 따라 여러 가지 사회적인 문제가 발생하자, 서울의 빈민가를 정비하고 철거민들을 이주시키기 위한 사업의 일환으로 정책적으로 개발된 위성도시였다. 그렇지만 그 개발 초기에 이주민의 입장을 고려하지 않은 행정당국의 일방적인 관료주의로 인해, 그리고 거기에 부동산 투기 문제까지 겹쳐, 지역 주민 수만 명이 공권력을 해체시킨 채 도시를 점거했던 이른바 '광주 대단지 사건'(1971년 8월 10일)이 발생했던 역사적인 공간이기도 하다. 그 사건의 해결 과정에서 그 문제 지역에 성남시가 생겨났다(1973년 7월 1일). 소설의 등장인물인 오선생과 권씨가 가족들과 함께 이곳으로 오게 된 것도, 또 권씨가 시위 주동자로 구속되어 복역했던 사건도 그와 같은 현실적, 역사적 배경과 맞물려 있다.

학교 교사인 오선생이나 출판사 직원으로 일했던 권씨는 모두 소시민 계급에 속하는 인물들인데, 그렇기 때문에 그들은 한편으로 민중들에 대한 이해와 동정의 연대감을 느끼기도 하지만 그 반대로 자신들의 불안정한 위치에서 벗어나 상층 계급으로 진입하려는 강렬한 욕망을 갖고 있기도 한 모순적인 지위에 놓여 있다. 소설 속에서 찰스 램과 찰스 디킨즈의 갈등으로 표현된 오선생의 분열된 의식도 그와 같은 소시민 계급의 모순적 지위에 대응되는 것이며, 공들여 닦은 구두에서 자존심을 확인하면서도 때로는 공권력에 대항하는 민중들의 시위에 앞장을 서는 권씨의 행동 역시 민중을 바라보는 소시민 계급의 양면적 의식의 산물이라고 할 수 있다. 「아홉 켤레의 구두로 남은 사내」는 오선생과 권씨의 관계를 통해 소시민 의식의 실상을 확인하는 한편, 역사적 과정에서 그 의식이 변화해 나가는 행방을 탐구하고 있는 소설이다.

이 소설은 집주인 오선생의 시점으로 세입자 권씨를 관찰하는 방식으로 서술되어 있다. 오선생이 불안정한 소시민의 처지를 부분적으로 극복하면서 마침내 자신의 집을 마련하는 과정에는 부당하게 억압받는 피지배 계층으로서의 의식을 부정하는 과정이 동반되지 않을 수 없다. 반면 무의식적인 상태에서나마 상승 욕망을 부정하고 피지배 계급에 대한 연대감을 표출했던 권씨의 경우에는 소시민 계급으로부터 탈락이라는 가혹한 대가를 치르게 된다. 소설 속에서 이 과정은 권씨가 실직하고, 해산하는 아내를 위한 수술비를 빌리러 오선생을 찾아갔다가 거절당하고, 그리고 마침내 강도가 되어 오선생의 방에 침입하는 일련의 사건들을 통해 심각하지 않은 방식으로 표현되어 있다. 이야기는 강도 미수 사건으로 자존심을 크게 훼손당한 권씨가 공들여 닦던 아홉 켤레의 구두를 남겨둔 채 사라지면서 잠정적으로 마무리되어 있다.

작가 윤흥길은 이 소설 직후에 「직선과 곡선」(1977), 「날개 또는 수갑」(1977), 「창백한 중년」(1977) 등 이 이야기와 연결된 세 편의 단편을 더 발표한 바 있다. 이 이야기들은 사라졌던 권씨의 이후 행적을 보여주고 있다. 권씨의 시점으로 서술되는 「직선과 곡선」에서는 가출한 권씨가 단골 술집의 작부 신양과 동반자살을 시도했다는 사실을 확인할 수 있다. 자살은 미수에 그치고 엿새 만에 다시 집에 돌아온 권씨가 맨 처음 한 일은 '아홉 켤레의 구두'를 불태우는 것이었다. 그것은 '얼굴에서 잃은 체면을 엉뚱하게 발에서 되찾고자 기를 쓰던 내 병적인 자존심'으로부터, 그러니까 소시민 계급의 허위의식으로부터 벗어나는 상징적인 의식이다. 우연히 한 방직 업체의 사장이 탄 승용차에 치는 사고를 기회로 권씨는 그 회사에 취직을 하게 되고 이제 의식뿐만 아니라 현실 상황에서도 소시민 계급에서 벗어나 한 사람의 노동자가 되기에 이른다. 「날개 또는 수갑」과 「창백한 중년」에서는 공장에 잡역부로 취직한 권씨가 한 여공의 해고에 항의하는 소동 중에 한쪽 팔을 잃는 사건을 계기로 노동자로서의 의식을 갖게 되는 일련의 과정을 전지적 시점의 서술을 통해 보여준다.

이처럼 「아홉 켤레 구두로 남은 사내」 연작은 권씨를 통해 한 사람의 소시민이 노동자로 전향하는 과정을 보여주는 작품으로, 그 등장인물은 산업화의 전개로 인해 노동 계급이라는 새로운 사회적 주체를 발생시킨 당시의 한국 사회를 보여주는 전형적인 인물이라는 점에서 문제성을 띠고 있다. 이 연작은 『난장이가 쏘아올린 작은 공』(조세희, 1978)과 더불어 한국 소설에서 노동 계급 형성의 문제를 본격적으로 소설화한 기념비적인 작품으로 평가받는다. 다만 그 작품들이 발표된 1970년대 후반은 그 역사적 과정이 실현되기 시작하는 시점이었기 때문에, 동시대의 현실에 대한 총체적인 인식과 전망은 아직 마련되기 어려운 상황이었다. 「아홉 켤레 구두로 남은 사내」나 『난장이가 쏘아올린 작은 공』이 모두 단편이 연결된 연작 형식을 취하고 있는 것은 그러한 역사적, 사회적 조건과 연관된다고 볼 수 있다. 그런 의미에서 그 작품들은 1980년대 이후 더 본격적으로 전개될 한국 사회의 문제를 징후적으로 형상화하고 있다.

# '봉천동', 혹은 시간을 기억하는 공간

## - 조경란 단편 「나는 봉천동에 산다」

'하늘을 받드는 마을'이라는 의미의 한자로 된 '봉천동(奉天洞)'은 지방으로부터 수도로 유입된 이주민들이 모여 살기 시작하면서 형성된, 서울의 남쪽 끝에 위치한 가난했던 동네에 붙여진 지명이다. 평지에 발을 붙이지 못하고 가파른 산 위에 살아야 했던 곤궁한 삶을 위로라도 하듯 낭만적인 아이러니를 담고 있는 이름이라고 할 수 있다. 한국의 소설 독자들에게 그 '봉천동'은 조경란이라는 작가를 바로 떠올리게 만드는 지명이라고 해도 그리 틀린 말이 아닌데, 그렇게 되는 데에는 이 소설 「나는 봉천동에 산다」(2002)가 결정적인 역할을 했다. 작가는 그 이전부터 자신의 주변의 생활공간을 소설의 주된 배경으로 설정했었는데, 이 소설에서는 '봉천동'이라는 고유명을 제목에 드러내기까지 하면서 삶과 허구의 연관을 바탕으로 글쓰기의 현실적 근거를 탐구하고 있다.

소설 속에 나오는 것처럼 작가는 봉천동에서 태어나 어린 시절부터 그 주변의 변화를 지켜보며 자라왔고 지금도 그곳에서 살면서 소설을 쓰고 있다. 그 표면만을 본다면, 이 단편은 작가 자신과 그의 가족의 역사를 고백적 어조로 기술하고 있는 사적인 내용을 담고 있는 것처럼 비칠 수도 있다. 하지만 시야를 좀더 넓혀 바라보면, 서울의 변두리에 위치한 그곳에 사람들이 모여 살게 된 데에는 사회적인 배경과 맥락이 자리 잡고 있다. 우리는 작가가 소설 속에 제시한 실증적인 기록들을 함께 들여다보면서 그 역사적 과정을 되돌아볼 수 있다. 작가가 그곳에서 태어나고 자라게 된 것 역시 그의 가족이 그와 같은 사회적인 흐름에 속해 있었기 때문이다. 그러니까 '봉천동'에 대한 작가의 탐구는 자신의 가족, 그리고 궁극적으로는 그 일부로서 존재하는 자기 자신의 정체성을 전체적인 사회적 맥락 속에서 확인하는 작업을 의미한다. 그 과정에서 작가는 자신과 아버지로 상징되는 세계와의 관계, 그 차이와 거리를, 또 그럼에도 불구하고 둘 사이에 존재하는 연관과 동질성까지 확인하게 된다. 아버지의 기억에 놓인 1972년의 수재와 '나'의 기억 속에 존재하는 1984년의 수재의 비교가 그것이며, 또한 아버지가 텔레비전을 보는 것과 '나'가 책을 보는 것의 대비 관계 역시 그에 대응된다. 작가의 봉천동 '걷기'는 그렇게 간격을 두고 벌어져 있는 '나'와 세계의 틈을 밀착시키고자 하는 몸과 사유의 운동이며, 그러므로 그것은 궁극적으로 '글쓰기'의 메타포라고 할 수 있다. 이 소설은 1인칭 시점을 취하고 있으며 그것도 자전적인 방식으로 기술되어 있지만, 그럼에도 그 시점이 궁극적으로 도달하는 자리는 '나'를 상대화, 객관화하는 3인칭이라고 할 수 있다. 그 지점에서 '나'는 소설 속에서 '구멍'이라는 상징으로 제시되고 있는, 보이지 않는 타자의 존재가 '나'를 둘러싸고 있다는 사실을 새삼 깨닫게 되기에 이른다.

올림픽 개최를 전후로 하여 서울 외곽의 무허가 주택지가 아파트 단지로 재개발되면서 '봉천동'의 모습도 크게 변화했다. 그리고 2008년 9월 1일 이후에는 행정구역 개편으로 그 지명도 역사 속으로 사라진다. 작가가 살던 봉천10동은 '중앙동'으로 이름이 바뀌었다. 작가에게 그 사건은 단순히 주소가 변경된 것에 그치지 않는다. 그 고유명의 상실은 그곳에서 태어나고 자란 작가에게는 실존적 근거를 상실한 듯한 감정을 발생시킨다. 작가는 그 후에 발표한 「봉천동의 유령」(2010)이라는 단편에서 그 사건으로 인해 겪었던 감상을 기술하고 있다. '봉천동'은 현실 속에서 사라졌지만 작가의 삶과 의식 속에서는 여전히 '유령'처럼 남아 여전히 존재의 일부를 이루고 있다는 것을, 그 제목은 암시하고 있다. 이 대목에 이르러 우리는 「나는 봉천동에 산다」가 자기 정체성의 확인 및 글쓰기의 기원과 본질의 문제와 더불어 우리 공동체의 윤리적인 문제를 환기하는 사회적 의미를 담고 있다는 사실을 발견하게 된다. 조경란의 '봉천동'을 통해 우리는 급격한 사회적 변화 속에서 어느덧 사라져버린, 잊고 있었던 역사적 시간과 마주하고 있기 때문이다. 우리는 현재의 삶의 지층 아래 놓인 그 타자의 시간을 딛고 서 있는 것이다. '봉천동'은 그 시간을 기억하고 일깨우는 기표이다.

# '나'를 둘러싼 시점의 아크로바틱스

## – 김선재 단편 「독서의 취향」

"나는 월요일부터 금요일까지 안나를 사랑했다"[1]라고 시작되는 이 이야기는 얼핏 보기에 1인칭 시점을 취하여 일상적 연애 사건을 그린 소설로 읽어 큰 무리가 없어 보인다. "월요일 아침, 나는 안나에게로 가는 중이었다"[2]라고 시작되는 그 다음 단락에서는 1인칭 화자와 '안나'라는 등장인물의 관계가 조금씩 드러나면서 이야기는 서서히 진전되어 나가는 듯 보인다. 그러니까 서적 외판원인 '나'와 '안나' 사이의 혼외정사가 이 소설의 전반부에 등장하는 주요 사건이다.

그런데 이 소설은 얼마 지나지 않아 독특한 방식으로 이야기의 시점에 균열을 내기 시작하는데, 바로 그 점이 이 소설에서 흥미로운 부분이다. 그 균열이 시작되는 지점을 보면 이렇다.

> 무슨 말이야?
>
> 나는 물었다. 자신의 몸 위에 있는 안나는 나가 아는 여자가 아닐지도 몰랐다. 나는 자신의 진심이 침대 밑에 깊숙이 숨겨놓은 싸구려 잡지로 전락해버린 느낌을 좀처럼 지울 수 없었다. 몸을 떨던 안나가 움직임을 멈췄다.

---

1) 김선재, 「독서의 취향」, 『문학과사회』, 2010년 가을호, 90쪽.
2) 같은 곳.

> 풀어헤친 머리카락에 반쯤 가려진 안나의 몸이 땀으로 반짝거렸다.[3)]

처음에는 밑줄 친 부분에서 오자가 난 것처럼 보인다. “안나는 내가 아는 여자가 아닐지도 몰랐다”라고 써야 할 것을 부주의하게도 “안나는 나가 아는 여자가 아닐지도 몰랐다”로 잘못 인쇄된 줄 알기 쉽다. 작가의 미숙함, 편집자의 불성실을 떠올리면서 텍스트보다 우월한 자리에 놓여 있는 독자 자신을 우쭐한 마음으로 확인해도 좋을 법한 대목이다. 하지만 이야기가 더 진행되면서 그와 같은 텍스트와 독자 사이의 심리적 관계는 역전되어버리고 만다. 왜냐하면 이 소설에서 ‘나’는 1인칭 화자가 아니라 ‘나’라는 이름을 가진 등장인물임이 드러나기 때문이다.

> 아직 날은 완전히 밝지 않았다. 웅덩이 속은 찌푸린 하늘을 반영하듯 어두웠다. 날씨 탓이기도 했지만 나가 다른 월요일보다 일찍 서두른 탓이기도 했다. 지난 주말은 여러모로 나에게 힘든 시간이었다. 안네는 나가 못 박는 모습조차 못마땅하게 여겼다. 장인의 칠순 잔치 때 찍은 가족사진을 걸기 위해서였다. 내키지 않는 일이었다. 책 장수 사위를 마뜩잖게 여기는 처갓집 식구들을 매일 확인해야 하는 일이 반가울 리 없었다.[4)]

이 부분쯤에 이르면 혼란은 걷히는 듯 보인다. ‘나’가 1인칭 화자가 아니라 등장인물이라는 사실이 분명해지기 때문이다. 그렇기 때문에 밑줄 친 부분이 ‘내가’가 아닌 ‘나가’가 된 것이다. 그래서 이 소설은 서적 외판원인 ‘나’라는 이름의 인물을 중심으로 그의 아내인 ‘안네’와 정부 ‘안나’가 이루는 삼각관계를 구도로 한 3인칭 시점의 이야기로 정리될 수 있다.

그런데 한편으로는 이런 식으로 사태를 단순화시킬 수도 있지만, 그럼에도 말끔하게 정돈되지 않는 사태들이 여전히 남아 있다. 3인칭의 이야기로

---

3) 같은 글, 91쪽.(밑줄은 인용자)
4) 같은 글, 92~93쪽.(밑줄은 인용자)

보기에는 서술의 초점이 '나'에게 너무 밀착되어 있기 때문이다.

> 빗물 고인 웅덩이 속에서 능소화 꽃들이 떠다녔다. 잠깐 한눈을 판 사이에 퉁퉁 불어버린 라면을 보고 있는 느낌이었다. 퉁퉁 분 라면이 라면이면서 라면이 아니듯, 꽃받침과 분리된 능소화는 꽃이지만 이미 꽃이 아니었다. 안나의 집 주변은 떨어진 나무 이파리와 꽃들로 어수선했다. 시간을 확인했다. 6시 50분이었다. 월요 조회는 10시 반부터였다. 집 주변을 쓸어주고 싶었지만 못 본 척했다. 일부러 이웃의 주목을 끌 필요는 없었다. 가방 안쪽에 숨어 있는 지퍼를 열고 열쇠를 꺼냈다. 열쇠는 구멍 안에서 두어 차례 헛돌았다.[5)]

위의 인용에서 보듯, 만일 이 이야기가 3인칭 시점이라면 이런 식으로 주어가 계속 생략된 채 서술되는 것은 자연스럽지 않다. 이런 부분에서는 1인칭 시점 상황임이 분명하게 드러나고 있다. 그렇다면 이 소설은 '나'라는 기표의 두 차원을 동시에 활용하면서 자아에 내재한 상반되는 두 측면을 드러내고 있다고 볼 수 있는 것 아닐까. 바로 그 점에 이 소설의 전략이 놓여 있는 것 같다.

자아는 외부에 드러나는 영역(3인칭으로서의 '나')과 외부화되지 않는 영역(1인칭으로서의 '나')을 동시에 가지고 있다. 이 분열과 간극을 표현하는 가장 전형적인 방식은 이야기하는 주체의 의식을 해체하는 것이다. 말하자면 1인칭의 심층으로 들어가서 그곳에서 보이는 풍경을 기술하는 것이다. '의식의 흐름'이라는, 초현실주의로부터 연원한 이야기 방식이 그것이다. 그 분열된 주체의 의식으로부터 발화된 파편적인 언어들은 자아 내부에 존재하는 간극들을 물질화한다. 김선재의 「독서의 취향」에서도 그와 유사한 부분들이 있다.

---

5) 같은 글, 94쪽.

방, 방을 나와 나는 탕이 없는 욕탕의 문을 열었다. 물기 한 방울 없는 욕탕에서 희미하게 곰팡이 냄새가 났다. 세면기 아래쪽 구석에 곰팡이가 피어 있는 것을 보았다. 날, 날씨 탓이었다. 나, 나는 어디에 있는 것일까. 비누 하나, 치약 하나, 양치 컵 안에 담긴 칫솔 한 개를 바라보며 자신이 생각을 더듬고 있음을 깨달았다. 현기증이 일었다.[6]

여기에서 '나'의 말더듬은 그의 진술처럼 '생각의 더듬음'이고 궁극적으로는 '현기증'의 증상을 동반하는 의식의 분열로부터 연유한 것이다. 이 소설은 그런 분열된 발화의 순간을 포함하고 있지만, 전통적인 모더니즘 소설처럼 언어의 물질성을 해체하는 작업으로 시종하지 않는다. 오히려 이 소설의 방식은 그와 같은 자아의 분열을 '나', '안나', '안네' 등의 비사실적 인상의 기호들로 이루어진 인물의 관계를 통해 도상화하고 있다.

나는 집 안을 서성거렸다. 시간을 확인했다. 9시가 조금 넘었다. 여전히 안나가 돌아오지 않았다. 나는 새삼스레 없는 안나가 전혀 모르는 사람처럼 느껴졌다. 어쩌면 그건 진실인지도 몰랐다. 우리가 나와 안나로 분리되는 순간, 그러니까 나가 안나의 집을 나서는 순간 매번 이야기는 끝나고 다시 새로운 이야기가 시작되었으니까.[7]

'나'의 정체성의 불안정성은 '나'와 '안나'와 '안네'의 관계에 다시 대입된다. 그 관계는 안정적으로 유지되지 못하고 항상 '우편적 불안' 속에 휩싸여 있다. 그 관계는 우발적으로 시작되었다가 영문도 없이 종결된다.

추상적으로 기호화된 이러한 관계성의 양상은 이 작가의 전작인 「모텔 제인 오스틴」(『문장 웹진』, 2009년 6월호)에서의 '나', '연', '연기'의 관계에 이어져 있는 것이지만, 여기에 '나'라는 기표의 이중성을 시점에서 활용하는 장치가 덧붙여지면서 그 실험은 이전에 비해 더 진전되고 완성된 면모를 보

6) 같은 글, 99쪽.
7) 같은 글, 104쪽.

여주고 있다. 그러한 시점의 실험은 「모텔 제인 오스틴」에서처럼 "나는 그저 나비고 영희고 철수고 톰이고 메리였다. 그리고 초봄의 밤거리는 각자의 집으로 돌아가는 익명의 다수들로 소란스럽다"라든가 "우리는 어디에도 있지만 누구든 거기에는 없는 사람들이었다"라고 직접적으로 진술하는 방식보다 더 세련된 것이고, 그래서 더 문학적이라고 할 수 있을 듯하다.

IV

# 저널리즘과 마주한 비평의 감각

# 삶의 진실 담긴 '행복한 해후'

## – 이윤기 소설집 『두물머리』

'두물머리'라는 이름은, 다소 낯설긴 하지만, '양수리(兩水里)'라는 행정구역상의 지명에 비하면 얼마나 정겨운 이름입니까. '등대지기'라는 말은, '등대수'라는 관료 냄새가 나는 명칭이라면 상상도 할 수 없는 거룩함을 담고 있지요. 왜 '두물머리'라든가 '등대지기'라는 말이 신선하고 매혹적일까요. 혹시 우리들이 논리의 울에 갇히고 얼치기 합리주의의 담에 둘러싸여 살고 있기 때문은 아닐까요. 사실 '울도 담도 없는' 우리들 인간사의 안쪽에는 논리적인 설명으로는 해명되지 않는 진실들이 많지요. 하지만 그런 진실들은, 우리가 맹신하는 개념적 사유에 의해, 마치 '숨은 그림'처럼 감추어져 있는 경우가 허다합니다.

이윤기의 소설집 『두물머리』(민음사, 2000)는 논리와 개념에 의해 가려져 있는 삶의 구체적 진실이라는 '숨은 그림'을 찾아가는 흔적입니다. 그 구체적 세계를 향해 다가가는 데 쓰이는 작가의 무기는 크게 보아 두 가지입니다. 우리 삶의 원초적인 순박함을 보여주는 것이 그 하나라면, 다른 하나는 허울뿐인 우리의 상식을 순간 의심하도록 만드는 삶의 작은 진실에 대한 깨달음을 형상화하는 것이지요.

이 소설집에 실린 「세 동무」라는 소설에는, 제목 그대로 세 사람의 동무가 나옵니다. 한 사람은 자연 스님, 또 한 사람은 민지 수녀님, 그리고 나머지 한 사람은 얼마 전에 상처(喪妻)한, 그저 속인일 따름인 '그'가 바로 그들입니다. 여기에 스님과 수녀, 그리고 국화주 몇 잔에 취해 버린 사내, 이렇게 세 사람이 작은 방에 모여 있습니다. 밖에서는 바다 품은 대나무, 해장죽(海藏竹)이 솨솨, 파도소리를 내고 있고요. 얼핏 섞이기 어려운 듯 보이는 이 세 사람을 동무로 만들어 주는 것은 '부끄러움'이라는 삶의 원초적 감정입니다. 이 부끄러움이 자아내는 순박함 덕분에, 이 세 사람이 한 방에 모여 앉아 한 사람이 '세 동무'라는 노래를 부르고 그 노래를 두 사람이 웅크려 받아 적는 대목은 참으로 '슬프게 아름다운' 장면이지요.

「숨은 그림 찾기 3」에서 주인공은, 함지를 엎어놓은 듯한 함지산의 생성과 소멸과정을 터키 안내원 앞에서 자랑처럼 이야기하고 있군요. '나'의 이러한 설명에 터키의 안내원은 '당신이 서있는 이 고원이 큰 함지산이 아니냐'고 한 수 깨우쳐 주고 있습니다. 이런 망신살스런 고백에, 주인공의 스승인 일모선생이 일침을 놓습니다. "자네는, 배우는 자세는 좋은데 항상 너무 비싼 월사금 치르고, 너무 멀리까지 가서 배우더라……"라고요.

이러한 아름다운 장면들을 더욱 빛나게 만드는 것은, 이윤기 특유의 말맛입니다. 이 소설집을 펼치면 어디서나 발견할 수 있는, 씹으면 상큼하고 고소한 맛이 나는 맛깔스런 대화는 과연 고수다운 솜씨라고 할 만합니다.

『두물머리』에는 자아와 세계의 갈등이 아니라 행복한 해후가 자리 잡고 있습니다. 그렇기 때문에 어떤 의미에서 그것들은 우리가 알고 있는 소설과는 다소 다른 모습을 띠고 있는 것처럼 보입니다. 소설의 본령은, 작가가 찾아낸 숨은 그림이 아니라 숨겨져 있기에 독자들이 찾아내야만 하는 낯선 그림에 더 가까우니까요. 그렇더라도 이윤기의 소설은 '인간으로의 인간적인 복귀 가능성'을 일깨우고 있다는 점에서 소중한 미덕을 간직하고 있다고 하겠습니다.

# 거울 속, 나를 닮은 거꾸로 된 나

## – 이신조 단편 「거울 여자」

'내장 위역증(Situs Inverse)'이란 병명을 들어 보신 적이 있습니까. 몸 속의 장기가 좌우대칭으로 뒤바뀐 증세이지요. 만 명에 한 명 꼴로 이런 병을 가진 사람이 있다고 합니다. 선천적인 질환이 있는 경우도 있으나 대체로는 '또 다른 정상'이지요.

바로 이신조의 「거울 여자」(『세계의 문학』, 2000년 여름호)라는 작품의 주인공 나타샤가 앓고 있는 병입니다. 그녀는 붉은 갈색의 머리를 가진 러시아 매춘부입니다. 러시아에서는 꽤 인기가 있었지만, 자신의 유전자의 고향인 한국에서는, 금발로 염색을 해도, 푸른 색 콘택트렌즈를 끼어도 별로 인기가 없지요. 아마도 그녀를 올라탄 남자들에게 '국위선양'의 기쁨을 줄 수 없기 때문일 것입니다.

지금 나타샤는 어느 늙은 의사의 집에 있습니다. 매춘 단속에 걸려 에이즈 검사를 받던 그녀는, 심장이 오른쪽에 있는 희귀한 병 때문에 병원의 실험 대상이 되었고, 그런 그녀를 병원장인 늙은 의사가 거두어들인 것입니다. 늙은 의사에게 그녀는 특별한 사연을 떠올리게 하는 존재였던 모양입니다. 누구든지 그러하지요. 삶은 단호하지만, 그리고 그럭저럭 흘러가지만, 그러나 그럼으로 인해 견딜 수 없게 그리운 무엇인가가 있게 마련입니다.

아마도 늙은 의사의 그리움의 대상인 어떤 여인은 나타샤와 많이 닮았겠지요.

나타샤가 기거하는 늙은 의사의 집에는 똑 같은 난초 화분 열세 개가 나란히 놓여 있습니다. 의사는 일부러 물을 주지 않지요. 난초를 그대로 방치하고 말라 시들게 하고 그저 그 죽음을 지켜보는 것이 그의 취미입니다. 그가 죽음의 그림자를 의식하고 있다는 증거겠지요. 한창 썩어 들어가고 있는 일곱 번째, 여덟 번째 것들은 지독한 냄새를 풍기고, 두 번째, 세 번째의 것은 죽음의 순서를 믿지 못하겠다는 듯 녹색 이파리가 신경질적으로 짙습니다. 다섯 번째, 여섯 번째 난초는 너무 목이 마릅니다.

늙은 의사가 그리워하는 어떤 여인의 이름이 '은향'이라는 사실이 작품의 후반부에서 밝혀집니다. 북쪽 사투리를 쓰는 이 의사가 어느 날 나타샤를 베개로 누르며 울면서 그 이름을 부르짖습니다. 그 순간 나타샤는 자신이 늙은 의사의 그 여인을 닮았으면 좋겠다고 생각합니다. 그리고 그녀는 책상위에 놓인 싱싱한 난초 화분으로 늙은 의사의 머리를 내려칩니다. 올려다보는 정면의 거울 속에는 가슴에 손을 얹은 나타샤 자신의 모습이 있습니다. 거울 속의 나타샤의 손바닥 아래에서 미친 듯이 파닥거리고 있는 것은 분명 왼쪽 심장입니다.

이 소설에서 나타샤의 신체는 다른 사람으로 하여금 자신의 삶 속에 묻혀 있는 상처를 되돌아보게 하는 거울과도 같은 역할을 하고 있습니다. 그래서 그녀는 '거울 여자'이지요. 그것은 또한 합리적인 우리 삶의 심층에 자리 잡은, 남모르게 앓고 있는 고통에 주목하는 문학 고유의 영역에 대한 은유이기도 합니다.

누구에게나 평범하게 보이는 일상적 삶의 뒷면에는 잊혀진 상처와 그리움이 있습니다. 그것은 선천적으로 기형적인 육체의 아픔일 수도, 역사가 인간에게 잔인하게 강요한 운명의 흔적일 수도, 아니면 인간 사이에서 주고받는 고통의 기억일 수도 있습니다. 그러나 그 모두는 상처라는 이름으로 서로 소통하는 모양입니다. 거울 속에는 나를 닮은 거꾸로 된 나가 있습니다.

# 유리된 여성의 유릿빛 욕망과 현실

## - 조경란 소설집 『나의 자줏빛 소파』

20세기 미국의 대표적인 극작가 테네시 윌리암스의 작품 중에 『유리 동물원』(1944)이라는 희곡이 있습니다. 여기에는 네 명의 인물이 등장하지요. 다리를 저는 미혼의 여성 로라와 그녀의 어머니 아만다, 그리고 창고지기로부터 벗어나고자 애쓰는 로라의 남동생 톰과 그의 친구 짐 오코너.

로라는 무척 수줍어서 사람들과 어울리지 못하고 이렇다 할 직업도, 애인도 없이 집에만 있습니다. 그녀가 하는 일이라고는 유리로 된 작은 동물들을 모으는 것뿐이지요. 화술과 미모로 사교계를 주름잡았던 과거의 환상에 사로잡혀 있는 아만다는 이런 딸이 안쓰럽습니다. 그래서 아들 톰에게 멋진 친구가 있으면 집으로 초대해서 로라에게 소개시켜 줄 것을 재촉합니다. 그 결과 로라가 고등학교 시절 짝사랑하던 짐 오코너가 집에 오게 됩니다. 하지만 알고 보니 짐에게는 약혼자가 있습니다. 로라는 다시 자신의 유리 동물원 속으로 돌아가고 톰은 아만다와 다투고는 집을 영영 나가 버립니다.

이 희곡에서 주목할 만한 것은 두 가지입니다. 그 하나가 하층 중산계급의 생활감각이라면, 다른 하나는 가정 내의 갈등과 신체에 대한 콤플렉스로 인해 복잡하게 뒤틀린 미혼녀 로라의 미묘한 의식세계이지요.

조경란의 소설집 『나의 자줏빛 소파』(문학과지성사, 2000)에 실린 소설

중에도 「유리 동물원」이 있습니다. 여기에서는 여주인공이 결혼을 했군요. 하지만 남편은 무정자증에다가 텔레비전과 반찬투정밖에 모르는 위인입니다. 그녀의 어머니는 시시때때로 전화를 해서 돈 얘기를 꺼내는 등 그녀를 괴롭히고 있습니다.

지금 그녀 부부는 오피스텔 관리인 자격으로 빈 오피스텔에 숨어 들어와 살고 있습니다. 정작 관리인인 남편은 공사판에 일하러 나가고 그녀가 관리인 역할을 떠맡습니다. 그야말로 탈출구가 없는 막막한 삶이지요. 그런 그녀에게 삶의 유일한 활력은 관리인용 열쇠로 다른 사람의 집에 몰래 들어가 그들의 삶을 엿보고 그들의 물건을 훔치는 일뿐입니다. 말하자면 이 오피스텔의 입주자들은 그녀의 '유리 동물'들인 셈입니다.

기댈 수 있는 대상도 없이 소외된 채 혼자 있음으로 인해 생긴 질병, 그것이 곧 유릿빛의 환상입니다. 하지만 유리는 투명하기에, 빛이 있어야만 실재감을 얻을 수 있지요. 유리로 된 욕망은 그 자체가 부서지기 쉬울뿐더러, 빛이 스러지면 유리의 황홀한 광택은 오간 데 없이 투명한 유리 위에 초라한 현실의 얼룩들이 여기저기에 눈에 띄게 마련입니다.

『나의 자줏빛 소파』는 가족과 현실로부터 소외된 여성의 병적인 유릿빛 욕망과 그것을 위협하는 삭막한 현실을 동시에, 그것도 밀도 있게 보여주고 있습니다. 테네시 윌리암스의 『유리 동물원』에서 '블루로지즈(blue roses)'가 유릿빛의 욕망이라면 '플루로시스(pleurosis, 폐렴)'는 엄연한 현실인 것처럼요. 여기에서 욕망과 현실은 서로를 비추는 거울이지요. 욕망은 현실을 잠시 초월할 수 있는 환상을 제공해 주지만, 냉혹한 현실은 그러한 욕망을 여지없이 파탄으로 이끕니다.

분홍빛 구름 같은 홍학의 아름다운 깃털과 긴 다리만을 생각하는 사람에게, 이 작가는 홍학의 잘린 듯한 뭉툭한 꼬리와 부러진 발가락들, 진흙이 묻은 더러운 깃털을 보여주지요. 환상의 욕망에 의해 가려진 황폐한 현실을 들여다볼 수 있게 하는 것은 바로 이 '망원경'처럼 섬세한 작가의 시선입니다.

# 죽음으로 떠안게 된 운명을 받아들이기

## – 함정임 소설집 『당신의 물고기』

경주에 가면 오어사(吾魚寺)라는 절이 있습니다. 뒤로는 절벽이 있고, 절 주위로는 짙푸른 녹색의 수면이 가득 차올라 있는 아름다운 곳이지요. 절은 산중의 섬처럼 물 위에 떠 있는 듯합니다. 그런데 절 이름이 특이하지요. '내 물고기'라.

『삼국유사』를 보면 이 절의 이름과 관련된 설화가 나옵니다. 원효와 혜공이 그 설화의 주인공이지요. 어느 날 두 사람이 시내를 따라가며 물고기와 새우를 잡아먹고 돌 위에 똥을 누고 있는데 혜공이 그것을 가리키며 장난을 칩니다. '당신이 눈 똥은 내가 잡은 물고기일 거요'라고요. 그래서 절 이름이 '오어사'가 된 거랍니다.

함정임의 『당신의 물고기』(민음사, 2000)에 실린 표제작 「당신의 물고기」에서 두 여인이 함께 오어사를 찾아가고 있습니다. 한 여인의 이름은 '가연'입니다. 그녀는 어머니와 남동생을 잇달아 잃고, 지금은 남동생의 유품을 정리하러 그가 살던 아파트에 머물고 있습니다. 죽음은 여전히 그녀의 의식 주위를 맴돌고, 그래서 그녀는 어떤 '운명의 힘'에 스스로를 내맡길 수밖에 없습니다.

그러던 어느 날, 한 여인이 밤중에 찾아옵니다. 낯선 여인은 흐트러진 머리칼에 오들오들 몸을 떨면서 막무가내로 집안으로 들어오지요. 그녀의 이름은 '선묘'입니다. 친구가 된 이 두 사람이 지금 오어사를 오르고 있습니다. 가연은 어쩐지 선묘가 죽은 남동생과 관계가 있을 거라는 느낌을 받습니다. 오어사를 다녀온 후 며칠이 지나 선묘의 집을 찾아간 가연은 그녀의 아버지로부터 선묘가 죽은 남동생의 아이를 뱃속에 품고 있다는 사실을 확인합니다.

가연은 선묘의 입을 통해 그녀가 자신의 남동생과 만나게 된 사연을 듣게 됩니다. 선묘는 교통사고로 얼굴을 잃고 세 번 수술을 받고 나서야 겨우 자신의 얼굴을 알아봅니다. 거울을 들여다본 선묘는 자신이 누구인지 혼란을 겪습니다. 자살 기도와 실패를 겪고 절에 들어옵니다. 그녀는 혼란을 잠재우기 위해 어둠이 채 가시지 않은 절 마당에 자신이 누구인지 쓰기 시작합니다. 땅이란 땅은 온통 자신이 쓴 이야기로 가득할 정도로 말입니다. 어머니의 죽음을 지키지 못한 죄스러움으로 절을 찾은 한 청년이 그녀의 삶의 이야기를 밟습니다. 가연의 남동생 정연이 선묘의 삶 속으로 들어오는 아름다운 장면이지요.

『당신의 물고기』에 실린 소설들은 어느 것이나 죽음의 흔적들을 도처에 간직하고 있습니다. 거기에는 죽음으로 인한 부재를 견디는 살아남은 자들의 고통스러운 몸짓도 더불어 있습니다. 관계의 소멸로 말미암아 떠안게 된 이 가혹한 운명은 과연 누구의 몫이겠습니까. 작가는 누구의 몫도 아니라고 말합니다.

돌이켜 보면, 관계에 대한 기억과 그로 인한 고통조차도 이미 '나'의 존재의 일부가 되어 있지 않겠습니까. 이렇듯 운명을 승인한 이후에야 비로소 '당신의 물고기'는 나의 삶과 의식 속에서 자유롭게 헤엄쳐 다니게 됩니다. 가장 멀기도 하고 가깝기도 한 이 기억이 이제 '나'의 새로운 삶을 열어 놓습니다. 그믐달을 그믐달로 견딜 수 있게 해주는, 이미 그믐달 속에 잉태된 보름달처럼 말이지요.

# 나무처럼 헛헛하게 사는 삶을 위한 의자
## - 이문구 소설집 『내 몸은 너무 오래 서있거나 걸어왔다』

찔레나무, 화살나무, 소태나무, 개암나무, 싸리나무, 으름나무, 고욤나무…… 한 번쯤 들어본 듯 하기도 하지만, 그리 익숙한 나무 이름들은 아닙니다. 하나같이 볼품없어 눈에 잘 띄지 않거나, 혹은 이름만 나무일 뿐 실은 넝쿨에 지나지 않는 것들이기 때문이지요. 바로 이문구의 소설집 『내 몸은 너무 오래 서있거나 걸어왔다』(문학동네, 2000)에 나오는 나무들입니다.

그 나무들 가운데 하나인 「장동리 싸리나무」의 주인공 하석귀(河石龜)는 말단 공무원 생활을 접고 고향 갈머리 '관촌'의 호수가에 살고 있습니다. 취미가 있다면 시름없이 앉아서 집 앞 저수지 내다보기가 고작이지요. 그리고 하나 더 있다면, 변종 난초를 찾는 사람들이 마구 뽑았다 버리고 간 춘란 기르기 정도.

어느 날 한밤에 알 수 없는 소리에 깨어나 거실로 들어서던 주인공은 깜짝 놀랍니다. 자신이 묵란도(墨蘭圖) 한 폭을 함부로 밟고 서 있는 것이 아니겠습니까. 자세히 보니 그것은 달빛에 비친 춘란의 그림자였습니다. 그 알 수 없던 소리는 나그네새들이 길을 떠나기 전 깃털의 물기를 터는 소리였고요. 집안만 그런 것이 아닙니다. 밖을 내다보니, 부드러운 검은 능선과 풀먹이고 다림질한 이불깃 같은 호수면이 한폭의 그림을 이루고 있습니다.

주인공은 중얼거립니다. “나 역시 저냥 저랬던겨. 달빛에 번들거리는 저 물빛마냥 살아온겨. 못나게. 지지리도 못나게”라고요.

평생 달을 두고도 달빛을 보지 않고, 물을 곁에 두고도 물빛을 보지 못한 채 살아왔던 것입니다. 그리고 지금은 달빛과 물빛에 온통 정신을 빼앗기고 있습니다. 주인공은 답답한 심경으로 생각을 거듭합니다. 무엇으로 인하여 허전함을 느끼고, 또 무엇으로 인하여 달빛에 사로잡히는가. 자신이 걸어온 길을 되짚어 올라가며 답이 됨직한 것을 짚어봅니다.

그렇지만 어느 것이나 답이 되기도 하고 아니 되기도 하지요. 그저 저보다도 몇 배나 큰 짐을 짊어지고 그 짐의 무게에 치이고 눌려 납작하게 엎드린 채 모진 세월을 견디고 있는 돌거북처럼 살아왔을 따름이지요.

그러던 어느 날 그는 알 수 없는 일 하나를 또 겪습니다. 그 날도 주인공은 한밤중에 달빛에 피어난 수면을 넋놓고 바라보다가, 그물로 달빛을 걷어오는 고깃배 한 척을 발견하지요. 배 임자는 늘상 소주 두 홉으로 추위를 이겨가며 고기를 잡는 신두홉네 부부입니다. 아가미마다 달빛이 숨결로 남아 있는 물고기들이 보고 싶어 주인공은 신두홉네 집을 찾아갑니다. 그러나 그들 부부는 어제 잔칫집에 가서 돌아오지 않아 빈집만이 덩그렇게 있습니다. 주인공은 어리둥절한 채 또 중얼거립니다. “그랬던겨. 늘 물에 뜨는 물같은 것만 봤던겨. 못나게. 지지리도 못나게”라고요.

싸리나무는 이름은 나무지만 나무 축에도 못 들고 풀 축에도 못 드는, 자라기도 지질하게 자라고 퍼지기도 다다분하게 퍼져서 어느 가닥이 줄기이고 어느 가닥이 가지인지 대중도 못 하는 나무지요. 우리들 자신처럼 말입니다. 그 어디에 삶에 치인 우리들 아픈 다리 쉬어갈 ‘의자’ 하나 있겠습니까. 우리들은 너무 오래 서 있거나 걸어가고 있습니다.

# 일탈을 자극하는 모순된 사랑

## – 서하진 소설집 『라벤더 향기』

한 여자가 아파트 베란다에서 꽃에 물 대신 향수가 든 분무기를 뿌리고 있습니다. 장미꽃에는 장미향을, 나뭇가지 위 라일락에는 라일락향을, 그리고 해초처럼 가는 잎을 늘어뜨린 라벤더에는 라벤더향을. 이 꽃들이 모두 조화(造花)인 까닭입니다. 조화에 향수를 뿌리고 있는 이 여자는 바로 서하진의 소설집 『라벤더 향기』(문학동네, 2000)의 표제작에 등장하는 인물입니다.

여자는 한 남편의 아내입니다. 남편은 수완이 좋은 사업가이지요. 그러기에 언제나 출장 중입니다. 남편의 차 속 재떨이에는 여성용 담배의 꽁초가 들어 있고요. 여자는 담배를 피우지 않습니다. 답답해도 여자는 하소연할 데가 없습니다. 내 아들이 대체 왜 이 정도인지 알 수 없다는 눈총을 받느라 제 아버지를 바로 보지도 못하는 아들은 호주에 떠나보냈습니다.

일곱 시 저녁식사, 여덟 시 뉴스시청, 아홉 시 호주 아들과 통화, 열 시 샤워, 열한 시 비디오 시청, 열두 시 삼십 분 취침. 어느 날이나 다를 바 없는 하루입니다. 여자의 아파트 아래층에는 아내와 헤어지고, 외국 나간 친척의 집을 지키고 있는 한 남자가 살고 있습니다. 그는 한번 얼굴이 붉어지면 온몸으로 홍반이 번져나가는 특이체질입니다. 뛰어난 머리도, 물려받은 재산도 없는 그는 중간의 대학, 적은 월급으로 만족했지만, 그의 아내는 그를 이해하지 못했던 것입니다. 이 남자는 자신의 집을 찾아온 위층 여자와 불륜의 관계에 놓입니다.

어느 날 여자는 경찰서로 출두하게 됩니다. 뺑소니 사고의 용의자로 말입니다. 사고를 낸 차의 운전자는 남자였고 옆에 여자 동승자 한 명이 타고 있었다고 합니다. 증거 불충분으로 경찰서에서 풀려나오면서 여자가 묻습니다. 차에 치었던 그 여자는 깨어났느냐고. 그때까지 누구도 사고를 당한 사람이 여성이라는 것을 말해주지 않았습니다. 수완 좋은 남편이 힘 있는 선배에게 전화 걸어 겨우 상황이 해결됩니다. 아래층 남자는 떠나고 여자는 다시 일상으로 돌아오게 됩니다. 한밤중에 깨어나 베란다 창 아래 주차장을 바라보던 여자에게 브레이크 소리, 스키드 마크, 그리고 타는 고무 냄새가 되살아납니다. 여자는 각종의 향수가 담긴 분무기를 충동적으로 뿌려댑니다. 텅 빈 분무기에서 바람소리가 나고 마침내 냄새에 질식해서 쓰러질 때까지.

『라벤더 향기』에 실린 많은 소설들의 공통된 소재는 불륜입니다. 그것은 부적절하지만, 그렇기 때문에 일탈의 모험을 자극하는 모순적인 사랑의 한 방식이지요. 처벌이 없는 금기는 사실 금기라고 할 수 없듯이, 파탄을 대가로 치르지 않는 것은 유혹의 힘을 갖지 못합니다. 낯선 것에 유혹을 느끼는 순간 동시에 경계심이 발동합니다. 하지만 우리의 삶의 체계는 일탈을 허용하지 않는 견고한 일상으로 짜여 있습니다. 자신의 욕망을 배반하며 일상의 질서에 맞춰서 살아갈 수밖에 없지요.

이 순간 불륜은 우리 삶의 관습과 질서로부터 벗어나고자 하는 환상의 이름이기에 상징적인 의미를 갖습니다. 그러나 환상이 스러지면 엄연한 현실이 다시 떠오릅니다. 그것은 삼백예순날 지지 않고, 영원히 흘러내지 않는 플라스틱 물방울 매달고 있는 조화와 같은, 변함없는 일상에 뿌려지는 라벤더 향기를 지닌 향수 같은 것이기 때문입니다.

# 또 다른 눈을 통해 바라보는 새로운 세계

## – 박성원 단편 「댈러웨이의 창」

여기 한 장의 사진이 있습니다. 어느 한가한 농가의 식탁을 그대로 찍은 듯한 정물화이지요. 김이 소락소락 올라오는 수프와, 막 베어먹은 듯한 빵과, 그리고 노랗게 잘 익은 감자 등이 있는 평화롭고 평범한 식탁 풍경입니다. 그런데 식탁 위에 놓여 있는 스푼을 자세히 보면 무언가가 희미하게 보입니다. 그것을 확대하면 그 안에는 한 군인이 농부를 총으로 살해하는 모습이 담겨 있습니다. 두 번 다시 식탁의 주인공은 돌아오지 않을 것이며, 막연히 평화롭고 한가로이 보이던 어느 농가의 식탁은 사실 죽음의 만찬이었지요.

이 사진은 박성원의 「댈러웨이의 창」(『문학동네』, 2000년 가을호)에 나오는 것입니다. 댈러웨이라는 사진작가의 작품이라고 되어 있습니다. 대상을 직접 찍는 것이 아니라, 스푼이나 병, 그리고 안경이나 눈동자처럼 사진 속에서 반사되는 또 다른 눈을 통해서 찍는 것이 이 사람의 독특한 기법이지요. 작품의 주인공인 '나'는 이층에 새로 이사온 젊은 사내로부터 댈러웨이라는 사진작가와 그의 사진에 관한 이야기를 듣습니다.

주인공 또한 사진작가입니다. 하지만 진실이나 실제의 모습은 뷰파인더 밖에 있던, '나'가 찍으려고 마음먹던 그 순간뿐, 실제로 '나'가 찍은 사진은 온통 거짓투성이입니다. '나'는 절망에 빠져 있습니다. 현상액을 고온으로 처리해 사진 입자를 거칠게 만들어 보아도, 여러 종류의 인화지로 노광 시간을 조정해 보아도, 네가 필름을 합성시켜 몽타주 포토를 만들어 보아도 소용이 없지요. 새로운 자극을 절실하게 바라고 있던 '나'에게 댈러웨이의 이야기는 신선한 자극이자, 동시에 새로운 절망입니다.

세상은 댈러웨이 열풍에 빠져 있습니다. 댈러웨이 기법을 이용한 방송과 영화가 선보였고, 하다못해 폭주족의 오토바이에도 댈러웨이의 이름이 스티커로 나붙었습니다. 이제 '나'에게 댈러웨이는 더 이상 의미를 주지 못합니다. '나'는 진실된 사진에 대한 열망을 포기하고 예전에 다니던 사진아카데미에 자신이 사용하던 기자재를 기증하러 갑니다.

그런데 거기에서 '나'는 놀라운 사실을 발견하게 됩니다. 그곳 출신의 졸업생의 사진이 전시되어 있는 벽에서 댈러웨이의 작품이라고 들은 사진을 발견한 것입니다. 그 사진에 대해 이야기해 준 것은 바로 이층의 사내였습니다. 그리고 사진 아래에는 계약서를 쓸 때 보았던 사내의 이름이 적혀 있습니다. 그러고 보니 댈러웨이에 대해서는 소문만 무성할 뿐 정확하게 알려진 사실이 없습니다. 아무도 그의 작품을 구한 사람은 없었습니다. 결국 댈러웨이라든가 그의 사진에 관한 이야기는 모두 사내가 지어낸 허구였던 것입니다. 왜 사내는 댈러웨이라는 거짓의 인물을 만든 것일까. 이 물음을 남겨둔 채 사내는, 아직도 똘똘 뭉쳐 거짓을 믿는 도시로 패연히 사라져 갑니다.

눈이 있다고 해서 세상을 다 볼 수는 없습니다. 귀가 있어도, 박쥐들이 내는 소리나 지구가 자전하는 소리를 들을 수 없는 것처럼 말이지요. 그렇듯 진실은 체계가 생산해낸 정보와 이미지들 바깥의 암흑 속에 놓여 있을지 모릅니다. 어둠을 향한 필사적인 도약이 아니면 도달할 수 없는 그런 곳에 말입니다.

새삼 문학이란 무엇이겠습니까. 상식과 이데올로기에 갇혀 있는 우리의 의식에 세계를 향한 '창'을 내고자 하는 갈망이 아니겠습니까.

# 삶과 죽음 사이에 놓인 인간의식의 한 단면

## – 최수철 장편 『매미』

바람이 불자 바닥에 떨어진 낙엽들이 이리저리 쓸리고 있습니다. 그런데 조금 이상하군요. 낙엽이 그냥 되는 대로 나뒹굴고 있는 것이 아니라 살아있는 생물처럼 소스라치듯 놀라서 부르르 몸을 떨며 빙글빙글 도는 것입니다. 자세히 보니, 딱딱한 바닥에 떨어져 마지막 숨을 몰아쉬다가 인간의 발길에 놀라 최후의 몸짓으로 날개를 파닥거리는 매미들입니다. 바로 최수철의 장편소설 『매미』(문학과지성사, 2000)의 첫 장면이지요.

친구 막스 브로트에게 자신의 작품을 모두 태우라고 유언한, 현대문학의 대표적인 작가 카프카는 그의 작품 「변신」(1915)에서 인간을 한 마리의 '갑충'으로 변신시킨 바 있습니다 . 한국 근대문학 초창기에 팔봉 김기진은 「붉은 쥐」(1924)에서 인간을 한 마리의 '쥐'와 다름없는 존재로 보았지요. 전자가 주인공 그레고르 잠자의 변신을 마치 실제적인 사실처럼 그렸다면, 후자는 비유적인 차원에서 인간을 쥐에 빗댄 것입니다.

최수철의 『매미』는 이 둘의 중간에 놓여 있습니다. 꿈과 환상 속에서 주인공이 매미로 탈바꿈하기 때문이지요. 『매미』의 주인공인 '나'는 기억상실증에 걸려 있습니다. 어떤 의미에서 인간은 허물을 벗고 새로운 존재로 태어나는 매미처럼, 과거를 기억이라는 형식으로 현재화하면서 매순간 다가오는 현재를 살고 있지요. 영락없는 기억상실증 환자이지요. 그럼에도 불구하고 다른 한편으로 인간은 마치 물고기의 몸에 붙은 비늘과도 같은 기억에 현재의 삶을 저당 잡힌 채 살아가고 있습니다.

마치 자신이 벗어놓은 허물에 진저리를 치면서, 그로부터 아주 떠나지도 못하면서 방해받는 시야, 제거된 전망으로 인해 몸이 터져라 노래를 부르는 매미처럼 말이지요. 날개를 마찰시켜 소리를 내는 귀뚜라미나 여치가 아니라, 인간처럼 복강의 막을 진동시켜 소리를 내는 매미가 선택된 이유 또한 여기에 있습니다.

기억을 찾아 인간의 세계로 들어가는 '나'에게, 애초에 매미로의 변신은 자신도 모르게 이미 주어져 있는 하나의 돌발적인 '상황'이었습니다. 그러나 하루 동안의 인간 삶에 대한 편력을 거치자 이제 '나'에게 매미로의 변신은 능동적인 '선택'이 됩니다. 그러니 망각 속으로 스러져간 기억을 찾아 떠나는 과거를 향한 주인공의 도정은 결국 미래를 지워나가는 과정이었음이 드러납니다. 그 끝에서 삶과 죽음의 경계에 놓인 인간 의식의 한 단면이 인식되기에 이릅니다.

인간 세상에 대한 모멸의 시선 대신 스스로 바람과 비와 나무와 더불어 살아가는 매미가 되기를 선택한 주인공의 태도에서, 우리는 첫 소설집 『공중누각』(1985) 이래 지속해 온 최수철 고유의 실험성이 마침내 이른 한 지점을 엿볼 수 있습니다 .

야유나 모멸이란 대상 없는 조롱과 자신에 대한 조소가 서로 비벼져서 일어나는 마찰음에 불과하다는 인식이 그것입니다. 황당하게 느껴질 수 있는 인간의 매미로의 변신이 사실은 인간 존재의 본질적인 한 측면에 대한 발견이자, 세계에 대한 태도를 표현하는 한 방식인 것은 이 때문이지요. 허물을 내던지지 않고 그것으로 무장한 채 맹렬하게 울음소리를 내고 있는 소설 속의 매미의 모습에서 기억과 힘겹게 싸우고 있는 소설가의 모습을 발견할 수 있는 것 또한 이러한 맥락에서입니다.

# 가족, 혹은 세계의 축도

## – 김원일 장편『가족』

행복과 불행이란 인간이 만든 기준에 지나지 않지요. 잠시 세속적 기준을 떠나서 바라보면 행복과 불행이란 자연스럽게 흘러가는 삶의 일부분일 따름입니다. 그러하기에 우리 삶 속에서 행복과 불행은 한데 뒤엉켜 있습니다. 타인의 행복이 나의 불행을 도드라지게 만들기도 하고, 반면에 행복하다고 느끼는 순간 비로소 타인의 고통이 눈에 띄게 되는 경우도 있습니다. 가족의 경우도 마찬가지입니다. 거기에는 항상 보편적 행복과 평균적 불행이 담겨 있게 마련이지요. 그러하기에 가족은 세계의 축도일 터입니다. 김원일의『가족』(문이당, 2000)은 4대가 모여 사는 한 독실한 기독교 가정의 삶을 통해 우리시대의 모습을 사실적으로 그려내고 있습니다.

제1대인 김석현 옹은 전쟁 때 부인과 아들 하나만을 데리고 월남하여 온갖 고생 끝에 냉면집 경영으로 성공한 가정을 이룹니다. 그러나 그는 지금 나이가 들어 정신도 온전하지 못하고 북에 두고 온 가족들에 대한 그리움에 사로잡혀 있습니다. 제2대인 김치효는 아버지의 대를 이어 냉면집을 경영하며 3남1녀의 단란한 중산층 가정을 이루었지만 IMF 사태로 급격한 경제적 몰락을 겪습니다.

명문대를 나와 미국에서 전처와 이혼한 채 미국 여자와 살고 있는 첫째 아들 용규는 사업을 벌이느라 한국의 가족에게는 별로 관심도 없지요. 둘째 아들 시규는 사랑하는 여인과 만나 행복한 결혼을 했지만, 두 아들의 심장 질환과 자폐증으로 인해 아내가 약물중독으로 세상을 떠나자 알코올과 마약중독에 빠져듭니다. 대학시절 학생운동에 몸을 던졌던 딸 선결은 장애인들을 돌보는 보육원을 운영하며 힘들게 자신의 이념을 지키고 있습니다.

한편 이 소설의 핵심적인 인물이자 막내인 준은 예술가 성향의 몽상가로 대학 졸업 후 이렇다 할 직업 없이 헤매고 있습니다. 현실과 사랑 사이에서 방황하는 김준의 허무주의적 열정은 사랑과 신앙의 틈새에서 떠돌다가 마침내 죽음에 이른, 이 작가의 전작 『사랑아, 길을 묻는다』(1998)의 주인공 서한중을 떠올리게 하는데, 이러한 인물형은 김원일이 창조해낸 독특한 성격이라고 할 수 있을 것입니다.

이 소설의 특징 가운데 하나는, 이처럼 등장인물들의 삶의 모습이 다양하고 또한 그 각각이 뚜렷하다는 것입니다. 그런가 하면 이 소설에는 환갑을 바라보는 작가의 나이를 의심할 만큼, 젊은 세대들의 풍속에 대한 풍부한 관찰과 음악, 미술, 문학 등의 여러 방면에 걸친 세련된 문화적 취향이 담겨 있어 작가의 현실 감각에 새삼 경탄하게 되는데, 이 또한 이 소설의 미덕 가운데 하나라 할 수 있을 것입니다.

작가는 『가족』을 통해 무너져 가고 있는 우리시대 가족의 문제를 정면으로 제시하고 있는데, 그것은 곧 우리 자신의 정체성에 대한 물음을 환기시키고 있는 것과 다르지 않습니다. 이 소설이 불러일으키는 폭넓은 공감은 뿌리 마른 실향민 일가의 다양한 삶을 통해 우리들 속에 자리 잡고 있는 이 시대의 고통과 상처를 되돌아보는 계기를 제공해주고 있다는 사실에서 연유하는 것일 터입니다. 『노을』(1978), 『불의 제전』(1997) 등을 통해 표출된 한국 근현대사에 대한 역사적 조망과, 『도요새에 관한 명상』(1979), 『그곳에 이르는 먼길』(1992) 등에 나타난 현실에 대한 시선이 폭넓게 교차하는 김원일의 소설세계에서 포착된 세기말의 모습, 여기에 『가족』의 소설적 무게가 담겨 있습니다.

# 현대적 감각으로 포착한 역사 속의 풍경

## – 이지형 장편 『망하거나 죽지 않고 살 수 있겠니』

검은색 포드 세단 한 대가 바로 무릎까지 무섭게 돌진해오더니, 고양이처럼 부드럽게 눈앞을 스쳐갑니다. 그 뒤로 소나무 땔감을 가득 실은 수레가 삐거덕거리며 헤매는 사이, 회색 비크 택시가 짜증스럽게 클랙슨을 울려대고, 그 옆으로 출장 기생을 태운 인력거꾼이 지카다비를 힘차게 구르며 내달립니다. 발판에 가야금을 꼿꼿이 세우고 앉은 기생은 무표정한 얼굴로 이쪽을 바라보며 스쳐갑니다. 이 낯선 풍경은 바로 신인 작가 이지형의 장편 『망하거나 죽지않고 살 수 있겠니』(문학동네, 2000)의 첫 장면입니다.

보다시피 이 소설의 배경은 1930년대의 경성(京城)이지요. 식민지적 상황이기는 하지만, 바야흐로 근대화, 도시화가 급격하게 진행되고 있는 중입니다. 수도 경성에 카페가 등장하고 네온사인이 거리를 밝힌 것은 1920년대 말부터였고, 에스컬레이터를 설치한 지하 1층, 지상 6층짜리 화신백화점이 신축된 것은 1937년이었지요. 다방 마담과 술집의 여급, 그리고 여배우들이 공동으로 '서울에 댄스홀을 허(許)하라'는 청원서를 총독부 경무국장에게 보낸 것도 이 즈음입니다. 『삼대』(1931)의 작가 염상섭의 『광분』(1928)에 보면 여성들이 겨드랑이의 털을 깎는 장면도 나오지요.

『망하거나 죽지않고 살 수 있겠니』는 이처럼 매우 친숙한, 그렇기 때문에 역설적으로 낯설게 느껴지는 역사 속 풍속의 세계로 우리를 이끕니다. 소설적 흥미의 원천이 아닐 수 없지요. 이 근대적 도시 경성에서, 총독부 조사과에 근무하는 모던 보이 이해명의 불안한 첫사랑이 펼쳐집니다. 모든 첫사랑은 불안한 법이지요. 순수하기 때문입니다. 따라서 그 순수함에 비례하여 사랑의 광기가 증폭되는 것은 당연하지요.

지금 그는 애정의 광기에 사로잡혀, 사라져버린 첫사랑 조난실의 행방을 좇고 있는 중입니다. 이해명의 추적 과정에서, 매력적인 신여성인 줄로만 알았던 조난실이 실은 신임 총독 취임식에 맞춰 예정된 테러 사건의 주동자라는 사실이 밝혀집니다. 이해명 또한 어쩔 수 없이 테러 사건에 연루되지요. 여기에 이해명의 총독부 동료인 바람둥이 신스케와 총독부 인사국장의 아내이자 신스케의 정부(情婦)인 유키코, 그리고 해결사로 위장한 테러범 백상허 등의 인물들이 얽혀 있습니다.

다자이 오사무(太宰治)의 묘 앞에서 36세의 나이로 자살한 다나카 히데미츠(田中英光)의 『취한 배』(1948)라는 소설이 있습니다. 군국주의의 광기와 억압으로 인해 짓눌린 청춘의 황폐하고 허무로 가득찬 의식 세계가 1942년을 전후한 식민지 수도 경성의 생활과 풍속을 배경으로 그려져 있지요. 많이 왜곡되긴 했지만 여기에는 식민지 시대 문인들의 행각도 담겨 있습니다.

『망하거나 죽지않고 살 수 있겠니』는 식민지 시대 청춘 군상을 다루고 있다는 점에서 『취한 배』와 비교될 수 있지만, 그에 비해 훨씬 경쾌하고 상상력 또한 도발적입니다. "확실히, 친구의 정부를 만난다는 건 거스름돈을 더 받는 것처럼 약간 떨리는 일이었다"와 같은 구절에서 이 작가의 재치와 능청스러움을 엿볼 수 있습니다. 현대적 감각으로 포착한 역사 속의 풍경이라고나 할까요. 그러하기에 제목부터 문체에 이르기까지 특이한 매력으로 가득찬 이 소설에서 간혹 우리 시대, 그리고 우리 자신의 모습을 발견할 수 있는 것도 이상한 일은 아닐 터입니다.

# 금기 바깥을 향해 품는 범용한 인간의 그리움

## – 이윤기 장편 『그리운 흔적』

조용한 가운데, 섬뜩할 정도로 조용한 가운데 오로지 때리고 맞는 동작만 되풀이하며 마치 기계처럼 싸우고 있는 두 아이가 있습니다. 그리고 그 조용한, 그러나 처절한 싸움터 뒤편에 배경 그림처럼 앉아 뜨개질을 하고 있는 한 소녀가 있습니다. 이 지독한 매력을 지닌 소녀는 이윤기의 장편 『그리운 흔적』(문학사상사, 2000)의 작중화자인 '나'로 하여금 평생 금제(禁制)와 범기(犯忌)의 유혹 사이에서 헤매게 만든 장본인인 '신애 누나'이지요. 이복남매인 줄로만 알았던 그녀가 사실은 동갑의 이성에 지나지 않는다는 사실이 밝혀진 이후에도 '나'는 "관습의 제단 앞에 쳐진, 왼쪽으로 꼰 새끼, 그 심리적인 금줄"을 쉽게 넘어서지 못합니다. 마음의 울타리는 사람들의 통념이 만든 것이 아니라 실은 용기 없음의 소산이었던 것입니다.

성경 『잠언』에 "도적질한 물이 달고 몰래 먹는 떡이 맛이 있다"는 구절이 있습니다. 금기가 오히려 건잡을 수 없는 호기심과 견딜 수 없는 유혹의 씨앗이 되는 심리적 메커니즘을 지적한 것이지요. 예고된 파멸의 크기만큼 유혹의 긴장과 강도는 점증하는 법입니다. 그러하기에 경계심을 동반하지 않는 유혹은 진정한 의미에서의 유혹이 될 수 없지요. 소설 속에서 '나'가 '신애 누나'에게서 느끼는 '불온한 황홀함'의 근거가 여기에 있습니다.

하지만 금기의 금줄 밖에 존재하는 삶은 가시밭길처럼 거칠기에, 우리는 '아니라고 못한 죄'를 범하며 통념과 관습이 허용하는 안전한 울타리 안의 삶을 살아갑니다. 작가는 함부로 길을 나서 보지도, 길 너머를 그리워하는 죄를 지어 보지도 못한 한 범용한 인간의 이야기를 통해 두려움의 금기 바깥에 놓인, 낯설지만 순수한 삶의 영역을 일깨우고 있습니다.

물은 석 자만 흘러도 스스로 맑아진다고 했거니와, 세월의 흐름에 따라 기억 또한 나이를 먹어 가며 우리 삶에 '그리운 흔적'을 남깁니다. 이 순간 회한과 상처 가득한 기억은 어느새 마음의 은밀한 성소(聖所)로 자리 잡습니다. 그리운 흔적은 '나'와 '신애 누나', 그리고 또 다른 여인 '한유지', 이 세 사람 사이에 얽힌 '삼각 함수'를 풀어 가는 삶의 과정을 통해 그리움의 형태로 남은 위반의 욕망과 그것의 새삼스런 가치를 드러내고 있습니다. 그것은 곧 우리가 끌고 다니는 긴 그림자와 같은 진실과 해후하는 힘겨운 과정이지요. 이 지점에 이르러 작가가 우리에게 들려주는 깨달음 하나는 그래서 더욱 강한 울림으로 다가옵니다. "더 아름답고자 하는 자에게, 범하지 못할 법칙은 이 세상에 없다"는 전언이 바로 그것입니다.

# 꿈 같은 실제, 실제 같은 꿈

## – 정영문 소설집 『꿈』

정영문의 소설집 『꿈』은 제목 그대로 '꿈'의 이야기들이다. 꿈이되 비현실적인, 그러나 결국은 현실에 대한 알레고리에 지나지 않는 그런 꿈이 아니라, 실제와 뒤엉킨, 실제와 분간되지 않는, 혹은 실제를 불러오는 꿈이다. 그러하기에 그 속에서 상상과 실제는 유쾌하게 전도되어 있으며, 상상이 불러일으키는 '충동'은 기이하게도 실제보다도 더 뚜렷한 실재감을 동반하고 있다.

『꿈』은 '충동'에 대한 소설이다. 소설 속의 '나'는 테니스 코트에서 죽어가는 쥐를 내리치기도 하고, 여행중 만난 아이를 돌멩이가 든 양말로 내리치기도 한다. 물론 이유는 없다. 그러나 이 소설에서 말하고자 하는 진정한 파괴적인 충동은 이러한 행위들 속에 있지 않다. 그러한 행위들과 크게 다르지 않지만, 그럼에도 분명히 다른 점이 있는 파괴적인 충동, 웃음을 향한 충동이 그것이다. 삶을 온통 무(無)로 되돌려버리고 싶은, 존재의 근원까지 뿌리뽑아버리고 싶은 이 파괴적인 충동이야말로 의식의 밑바닥에 자리하고 있는 삶의 본원적인 충위이며, 이는 이 소설의 '말'들이 흘러나오는 원천이기도 하다.

『꿈』은 '말'에 대한 소설이다. 소설 속의 '나'는 말에 사로잡혀 있으며, 동시에 '나'를 사로잡고 있는 말들을 '나'는 놓아주지 않는다. 말하기의 어려움에 대해 말하는 이 소설의 말들 역시 어려울 수밖에 없다. 게다가 어떤 이유도 목적도 없는, 그 자체가 이유이자 목적일 따름인 대화들, 서로에 대해 알게 되는 것을 한사코 피해 가는 단절된 대화들이 소설을 가득 메우고 있다. 소설 속의 화자는 실제 벌레보다는 벌레라는 단어와 그것이 들어가는 문장을 상대하고 있다. 그리하여 말은 말소리로, 그리고 마침내는 소리로 전환된다. 의미가 '실종'된 이 웅얼거림들이야말로 이 소설들의 고유한 언어이다.

『꿈』은 '실종'에 대한 소설이다. 꿈에서 깨어나는 순간 꿈은 이미 실종된 채 그 잔상만을 흐릿하게 남기고 있다. 그 흐릿하고도 모호한 영역에서 발원한 의식의 망막 위로 현실이라는 이름의 무채색 풍경이 흘러 지나간다. 분명하게 말할 수 있는 것이 있다면, 분명하게 말할 수 있는 것이 아무 것도 없다는 것뿐이다. 이 의식에서 바라본다면, 실종이라는 관념은 찾는 사람들의 관점에서 나온 생각일 뿐, 어딘가에 있을 그 대상에게는 실종 자체가 그 자신의 존재방식이다. 궁지가 아늑하게 느껴질 수 있는 '역설' 또한 이러한 맥락에서 이해될 수 있다.

결국 『꿈』은 '역설'에 대한 소설이다. 말도 안 되는 말을 일삼는 인물들, 그러나 약간 모자라는 이 인간들의 존재가 편안하게 느껴지는 역설이 거기에 있다. 분명치 않은 웅얼거림들, 하지만 그 울림의 파편들이 우리가 생각하는, 혹은 우리가 미처 생각지 못하고 있는 어떤 것을 정확하게 표현한다는 역설이 거기에 있다. 이 역설이야말로 작가가 이 소설들 속의 그로테스크한 풍경을 통해 우리에게 제시하는 의미심장한 전언이다.

# 상처를 치유하는 기억의 마술

## – 김이은 단편 「매직카페」

여기 한 젊은 여인이 있습니다. 교통사고로 한쪽 다리를 절름거릴뿐더러 기억마저 잃은 상태입니다. 특이한 것은 과거의 기억 전부를 잃은 것이 아니라 사고 직전의 기억만 사라졌다는 것입니다. 이런 그녀가 지금 있는 곳은 '매직카페'. 말 그대로 음식과 술을 팔되 손님들에게 마술쇼를 보여주는 곳이지요. 그녀는 이곳의 매니저이자 마술사입니다. 그녀가 이곳에 있게 된 것은 교통사고를 낸 장본인이 이 카페의 주인이었던 때문.

어린 시절의 그녀는 마술사인 아버지 곁에서 스팽글을 잔뜩 단 짧은 치마를 입고 춤을 추고 있었군요. 폐병으로 인해 자주 기침을 하며 위태롭게 마술을 하던 아버지가 마침내 무대에서 피를 토하며 쓰러집니다. 아버지는 끊임없이 쿨럭대고 그런 와중에도 그녀는 계속해서 검지를 공중에 대고 찔러가며 디스코를 춥니다. 그녀는 놀라지도 소리를 지르며 아버지에게 달려가지도 않습니다. 관객들이 가만히 있을 리 없습니다. 욕을 하며 거칠게 항의할 법도 하지요.

무대가 수습되고 아버지에게 신문지에 싸인 물건이 전해집니다. 펼쳐보니 목에 탯줄을 감은 고양이의 시체가 담겨 있습니다. 고양이의 시체를 바라보는 그녀는 탯줄이 제 목에 와 감기기라도 한 듯 숨이 답답해지는 것을 느낍니다. 세상에 막 들어서려는 그녀에게 아버지의 죽음과 세상의 냉혹함의 경험은 의식 속에 뚜렷한 공포의 낙인을 남겼던 것입니다. 탯줄을 목에 감은 고양이의 시체는 그녀의 의식 속에 남은 이 공포를 이미지화한 것이겠지요.

그녀가 기억 상실로 도피하게 된 직접적인 이유 또한 여기에서 찾을 수 있습니다. 그녀는 무기력의 경험을 태연함으로 위장하고, 공포를 고양이 시체의 이미지로 대체하고, 그리고 마침내는 자발적인 기억상실을 통해 그 무기력과 공포의 시간들을 지워버리려 했던 것이지요. 이렇게 본다면 교통사고는 한갓 핑계이거나 아니면 소설적인 트릭에 불과한 것일 터입니다.

그녀가 새로 시도하려고 하는 마술은 스카프를 도구로 하는 것입니다. 상실된 기억 가운데에서도 유독 이 스카프만은 어렴풋하게 남아 있습니다. 이 소설 「매직카페」(『현대문학』, 2002년 12월호)의 작가인 신인 김이은 씨의 등단작은 「일리자로프의 가위」(『현대문학』, 2002년 6월호)라는 작품이었습니다. 이 소설에서 주인공 '나'는 연골무형성증이라는 병명을 가진 불구자입니다. 키가 다 자랐는데도 겨우 백삼십 센티 정도에 불과합니다. 외계인처럼 큰 머리에 튀어나온 이마, 주저앉은 콧날에 팔다리는 짧고 굵습니다. 불룩한 배와 엉덩이, 거기다 정강이뼈가 휘어 안짱다리가 심하기 때문에 걸을 때는 불안하게 어기적거립니다. 이 불구적 상태로부터 육체적, 물리적으로 벗어날 수 있는 방도가 곧 멀쩡한 뼈를 부러뜨리고 징을 박아 키를 늘리는 '일리자로프' 수술이라면, '가위'는 그러한 상황으로부터 벗어나고자 하는 의식 내부의 욕망과 그 실현의 매개를 상징하는 것이라고 할 수 있습니다.

이 소설에서 전작의 '가위'에 해당되는 것이 바로 이 '스카프'입니다. 이는 곧 상실된 기억, 다시 말하면 상실된 정체성에 대한 물질적 메타포라고 할 수 있을 것입니다. 그녀가 스카프에 집착하는 이유 또한 이러한 사정과 관련되어 있지요. 그녀의 기억을 찾아가는 과정이 이 스카프를 매개로 펼쳐져 있습니다.

그런데 실수할까봐 불안해하며 마술을 하고 있는 그녀에게 낯선 남자로부터 반복적으로 전화가 걸려 옵니다. "거기가 어딘지……압니다. 그리고 당신도……"라고 말하는 이 목소리의 주인공은 어쩌면 그녀의 상실된 기억의 비밀을 풀 수 있는 열쇠를 쥐고 있는 사람일지도 모릅니다. 그녀의 불안이 점증됩니다.

잠정적인 기억 상실의 상태에 놓여 있는 그녀의 상황은 어떤 의미에서는 자신의 존재 근거를 적극적으로 부정하려는 그녀의 욕망이 초래한 일종의 선택의 결과일 수도 있습니다. 그렇다면 이 낯선 전화 목소리는 실상 이 현실 부정의 의식 반대편에 놓인 일상적 의식으로부터 들려오는 그녀 자신의 목소리가 아니겠습니까. 그것은 일상적 의식을 타자화하여 만들어낸 일종의 환각인 셈입니다. 다시 말해, 그녀의 상실된 기억과 불구의 육체가 의식 한쪽 편에 놓인 현실 부정의 어두운 욕망을 표상하고 있다면, 그 낯선 목소리는 의식 내부에서 그러한 욕망의 대척점에 놓인 일상적 의식을 인격화한 것이라고 할 수 있겠지요. 의식 내부의 양극으로 나누어진 이 단절된 두 세계를 잇고 있는 것이 바로 '스카프'입니다. 그것은 이 두 세계 사이가 연결되어 있으면서도 끊임없이 갈등을 일으키고 있다는 것을 동시에 보여주는 일종의 '매직'일 것입니다.

그녀가 자신의 존재 근거를 기억하지 못하고 있으면서도 정체성의 혼란에 빠지지 않고 있다는 사실 또한 이러한 상황이 그녀 자신의 선택의 결과라는 것을 증거하고 있습니다. 그녀에게는 오히려 기억을 되찾는 상황이 더욱 불안하게 생각됩니다. 전화 속의 낯선 목소리가 그녀에게 위협적인 이유 또한 여기에 있습니다.

이곳 매직카페에는 마술을 배우려는 나이 어린 청년들이 매니저인 그녀와 함께 살고 있습니다. 간혹 몇 녀석이 그녀의 몸을 더듬기도 하고 또 더러는 그녀의 몸속으로 기어이 들어오기도 합니다. 그녀는 다리에서 유독 심한 통증이 느껴질 때를 제외하고는 애써 내치려고 하지 않습니다. 오히려 스스럼없이 그녀를 대하고 원하는 그들을 볼 때마다 왠지 그녀가 매니저 자리를 꿰차고 있는 것에 대해 마음이 놓이는 느낌을 받습니다.

이러한 장면 또한 비윤리성과는 거리가 멀지요. 이러한 방임의 행위란 일상적 의식을 대타화한 자리에서 흘러나오는 어떤 의식을 육체화하기 위한 소설적 방법이라고 할 수 있기 때문입니다. 일상적 의식의 소환에 끊임없이 시달리면서도 웅크린 채 소환을 거부하는 이 의식은 그럼에도 불구하고 그것이 일상으로부터 소외되어 있기에 떠안게 된 불안과 긴장으로 인해 강한 역동성을 머금고 있습니다. 이 역동성이야말로 무엇보다 뚜렷한 이 소설의 매력일 것입니다.

# 욕망으로 얼룩진 현실의 단면

## – 고종석 단편 「엘리아의 제야(除夜)」, 이혜경 단편 「물 한 모금」

봄을 맞아 나뭇가지마다 새로 돋아오르는 싹들처럼 이번 봄의 문예지들에는 반가운 소설의 싹들이 가득합니다. 제가 맛본 이 풍성함의 한 부분을 독자들과 나누고 싶은 마음으로 소설 두 편을 글 쟁반에 담아봅니다.

먼저 고종석의 「엘리아의 제야(除夜)」(『현대문학』, 2003년 3월호).

엘리베이터의 문이 열립니다. 타고 보니 아파트의 꼭대기층이네요. '나'가 누이와 딸과 함께 살고 있는 4층의 버튼을 누릅니다. 엘리베이터가 내려갑니다. 문이 열립니다. 그런데 난감하게도 눈앞에는 검은 벽만이 있군요. 엘리베이터가 5층과 4층 사이에서 멈춘 것입니다. 불안해진 '나'는 문득 요의(尿意)를 느낍니다. 요의를 느낀다고? 말 좀 쉽게 하자고, 이런 형편에도 자기 검열이냐고 꿈을 꾸고 있는 '나'는 꿈속의 '나'에게 딴지를 겁니다. 꿈속의 '나'는 곧 오줌이 마렵다라고 정정합니다. 실상 꿈과 의식의 경계는 이처럼 불투명하지요. 꿈인줄 알면서도 어쩔 수 없이 꿈속을 헤메는 우리들.

꿈속의 '나'는 엘리베이터 안에서 오줌을 누고 찜찜한 채로 바지를 추스릅니다. 비상 호출 버튼을 눌러도 허사고 코트 주머니에 손을 넣어 휴대폰을 찾아보지만 역시 어디 두고 왔는지 없네요. 스스로의 주먹으로 머리통을 후려치면서 한심한 스스로의 인생을 자책하다가 꿈에서 깨어납니다. 깨어나니 오후 2시. 목이 마르고 속은 메스껍습니다. 어젯밤 마신 술 때문이지요.

끊어진 기억 때문에 기억상실증 환자처럼 불안한 마음으로 '나'는 어젯밤의 일을 떠올립니다.

어제는 플레야드 모임이 있었던 날이었습니다. 일곱이 모여서 플레야드이지요. 하늘로 올라가 묘성(昴星)이 되었다는, 아틀라스와 플레이오네의 일곱 딸들 말입니다. 치과의사 ㅊ, 변호사 ㅂ, 화가 ㅎ, 영화감독 ㅇ, 사회학자 ㅅ, 일간신문 국제부장 ㄱ, 그리고 시인인 '나' 이렇게 일곱 명이 한 달에 한 번 정도 모이기 시작한 지 네 해 정도 됩니다. 모임 구성원들의 삶의 이력이 '나'에 의해 길게 소개됩니다. 어느 모로 보나 사회의 주류임에 틀림없는 이들 삶의 이력은 그 자체가 우리 현실의 한 단면도라 할 것입니다.

『광장』(1960)의 작가 최인훈의 데뷔작은 「GREY 구락부 전말기」(1959)라는 소설이었지요. 허무와 공상과 자기 멸시의 세 겹 덫에 치여 발버둥치던 주인공 현이 어느 날 화가인 친구 K를 만나 비밀결사의 입회를 제안받으면서 시작되는 이 소설은 현과 K, M, C, 그리고 매력적인 여대생 '키티' 등이 모여 결사한 '그레이 구락부'가 성립에서 해체에 이르는 전말을 그려낸 것이지요. 소설 속에서 '그레이 구락부'의 멤버들이 쏟아내는 대화들은 철학적 관념과 실존적 감상으로 가득 차 있습니다. 묘하게도 이러한 관념과 감상의 빛깔이 '시대적인' 어떤 분위기를 머금고 있어 인상적이지요. 「엘리아의 제야」의 작가는 어쩌면 새로운 세기의 '플레야드 구락부 전말기'를 쓰고 있는 것일지도 모릅니다.

전문 직종에 종사하는 다른 사람들이 사회의 주류인 데 반해, '나'는 이 모임에서도 계급적, 정서적 아웃사이더입니다. 치과의사인 전처는 잘 나가는 소설가와 재혼했고, '나'는 소아당뇨를 앓고 있는 대학생 딸과 함께 소아마비를 앓은 약사 누이에게 얹혀 살고 있군요. 이런 '나'가 모임의 다른 구성원들에 대해 갖는 의식은 분명 계급적인 것일 수밖에 없겠지요. 이 의식이야말로 표면의 이야기 속에 감추어진 이 소설의 주제일 터입니다.

'나'는 이 의식과 더불어 혼기가 지나쳐버린 누이와 앞으로도 같이 살 것입니다. 신경증을 앓는 누이와 평생을 같이 살았다는 『엘리아의 수필』의 저자 찰스 램처럼 말입니다. 램이 쓴 수필 가운데 「제야」라는 글이 있습니다. 그는 거기서 모든 종소리 가운데 가장 엄숙하고 감동적인 것은 묵은해를 보내는 종소리라고 적고 있습니다. 그러고 보니 오늘은 제야의 종이 울리는 한 해의 마지막 날이군요. 제야의 종소리를 들으며 '나'는 마흔 여섯의 지금 이 나이에 이대로 계속 멈춰 있기를 바랍니다. 누이도 영원히 마흔 두 살의 미혼녀로 딸내미는 영원히 스무 살의 학생으로 말이지요. 하지만 서른세 번의 종이 울리면 모두들 낯빛을 바꾸고 새로운 해를 맞이해야만 할 것입니다. 딸과 누이와 '나'가 함께 앨프리드 하우스먼의 시를 외는 것은 바로 이 기이한 가족이 새해를 맞는 의식의 일종이라고 하겠지요. 놀이터에서 '나'가 누이의 볼에 입을 맞추고 그러자 누이가 제 입술을 '나'의 입술에 포개는 이 소설의 마지막 장면이 우리의 마음 한 구석을 허물어뜨리는 쓸쓸하면서도 따뜻한 비애를 내포하고 있는 것 또한 그것이 성스러운 의식을 일종이기 때문일 터입니다.

또 하나의 소설은 이혜경의 「물 한 모금」(『문학과사회』, 2003년 봄호).

이 소설은 특이하게도 등장인물들이 한국에 체류하고 있는 동남아시아의 노동자들이군요. 초점인물인 '그'의 이름은 아밀. 비행기를 타고 이 나라에 도착하던 날, 구름이 제 몸을 잘게 긁어내어 지상에 뿌리는 눈들이 열대에서 자란 그에게는 마치 축제 때 뿌리는 종이 가루 같았지요. 추위에 익숙하지 않은데다 낯선 곳에 대한 설렘과 두려움에 휩싸인 그에게 한겨울 속의 이곳은 마치 거대한 냉장고 같았지요.

아밀은 시외에서 콘크리트 반죽으로 도로의 경계석을 만드는 일을 하고 있습니다. 숙소의 벽에는 그동안 이 방을 거친 여러 나라 사람들이 남긴 낙서가 눈을 어지럽히고 있습니다. 어떤 글자는 개구리의 얼굴을 닮았고 어떤 글자는 꽃잎 안에 든 꽃술들을 떠올리게 합니다. 다시 못 움직일 것처럼 통증을 일으켰던 그의 어깨뼈와 척추뼈, 근육은 다음날 아침 날라야 할 콘크리트 더미 앞에 서면 견딜 수밖에 없다는 걸 순순히 받아들이고 다시 움직입니다. 사무실에 올라가서 송금을 부탁하면서 그의 나라 돈으로 환산할 때면, 열두 시간의 고된 노동이나 이태 동안 담보 잡힌 목숨의 무게가 훨씬 가볍게 느껴지기도 했습니다.

샤프는 아밀의 나라에서 이곳에 새로 온 나이 어린 노동자입니다. 한 주일 내내, 데친 야채처럼 지쳐 있던 샤프는 주말이 되면 반짝 생기가 돕니다. 수원으로 안산으로 나가 고향 음식을 먹고, 노래방에서 모국어로 목청껏 노래를 부릅니다. 천천히 흘러내리는 모래시계의 지루함을 견디지 못하는 사람들이 있습니다. 몸에 바람이 든 사람들, 바람에 실려 다니는 사람들 말입니다. 아밀은 샤프에게서 동생 라흐맛에게서 맡아지던 기미를 감지합니다.

일본 여자의 운전 기사 노릇을 하며 쇼핑 센터의 찻집이나 외국계 패스트푸드점을 드나드는 동생 라흐맛이 아밀의 눈엔 아슬했습니다. 사철 더운 그의 고향에서 가장 흔한 병은 몸에 바람이 드는 것이었습니다. 그러면 몸에 기름을 골고루 바르고 동전으로 몸을 차근차근 긁어 바람을 몰아내지요. 하지만 라흐맛의 몸 속에 든 바람은 동전으로 몰아내기엔 어림도 없는 병이었습니다. 차라리 다른 일자리를 찾아보라는 그의 조심스러운 제안에 라흐맛은 간결하게 대답합니다. 인생은 짧아. 난 내가 마시고 싶은 물을 마실거야. 결국 동생 라흐맛은 다른 사람의 물을 마시려고 하다가, 그러니까 물건을 훔치다가 사람들의 발길질에 목숨을 잃습니다.

아밀은 샤프가 싸움을 하다가 구속되었다는 소식을 듣습니다. 불법 체류 혐의가 샤프를 더욱 곤란하게 만들 테지요. 아마도 빚을 안고 혼자 귀국하게 될 것입니다. 눈앞에서 엎질러진 물그릇. 더 심해진 조갈증이 샤프의 몸에 그나마 남은 물기를 쥐어짤 것입니다. 죽은 동생 라흐맛의 마지막 말은 물, 물을 달라는 것이었습니다. 하지만 목줄띠 타는 갈증을 제 침샘에서 짜낸 침으로 달랠 수밖에요. 우리는 어쩌면 늪속에 목까지 잠겨 있으면서도 막상 물을 마시고자 하면 물이 입 아래로 내려가버려 영원한 갈증에 시달릴 수밖에 없는 저 신화 속의 탄탈로스의 운명을 살고 있는 것은 아닐까요. 소설 「물 한 모금」은 욕망으로 얼룩진 우리 현실의 단면을 아프게 드러내고 있습니다.

# 삶, 검은 상처의 블루스

## – 이나미 단편「가위」

“지잉 징 지이이잉” 신경질적인 버저 소리가 문 밖에서 울리고 있습니다. ‘나’는 벌떡 일어서긴 했지만 선뜻 문 앞으로 다가갈 용기가 나지 않습니다. 분명 ‘그녀’일 것입니다. ‘나’가 안에 있다는 걸 확신이라도 하는 듯 연거푸 초인종을 누르고 주먹으로 문을 두들기고 발로 차고 있습니다. 보여줄 게 있으니 제발 문 좀 열어보라고 애걸조로 나왔다가는 이내 다시 천둥이 칩니다.

‘그녀’는 모스크바의 한국인 유학생들 사이에서 ‘로저븨이 후르스딸’(장밋빛 수정)이라는 별명으로 불리는, 연극대학에서 연기를 전공하는 스물일곱 살의 여인 차수정입니다. ‘나’는 선배의 여자로 그녀를 처음 만났고 단 둘이 만난 것은 단 두 번뿐입니다. 그녀가 찾아와 벨을 눌러대기 시작한 것도 그 직후부터였습니다. ‘나’는 그녀가 두렵습니다.

선배와 함께 있을 때 그녀는 ‘나’에게 눈길조차 건네지 않습니다. 하지만 선배가 화장실에 간 틈에 그녀는 허리를 접고 뭘 줍는 척, 찾는 척 엎드려 엉덩이 사이에 모인 작고 오목한 삼각주를 드러내 보입니다. 애써 외면하려 해도 눈길을 가는 건 어쩔 수 없습니다. 아랫도리가 팽팽하게 부풀어오를 즈음이면 그녀는 찾았다는 듯 소파 밑에서 말린 살구나 피스타치오 한 알을 집어들고 후후 분 다음 내게 내밉니다. 슬리퍼 한 짝을 주워들고 소파에 걸

터앉아 신겨달라고 발끝을 비죽 내밀 때도 있습니다. '나'는 그녀의 침이 묻은 말린 살구를 멍하니 바라보거나 슬리퍼를 들고 쩔쩔 맵니다.

그러던 중 그녀가 선배와 헤어졌다는 소문이 들립니다. 이제나저제나 침 흘리던 '우리'들은 경쟁심과 질투, 협공이 섞인 어줍잖은 심정으로 각자 기회를 엿보기 시작하지요. 오매불망하던 차에 '나'에게 마침내 기회가 찾아옵니다. 그녀가 이삿짐 옮기는 것을 도와달라고 전화를 해온 것입니다. '나'는 극도의 흥분상태에서 밤새 감미로운 공상에 사로잡혀 날이 새는 것도 모릅니다. 그러나 다음 날 막상 그녀의 집에 도착해보니 입구에 왁자하게 신발이 널려 있습니다. 이미 '나' 말고도 네 명의 남자가 서로 외면한 채 어정쩡하니 서 있는 것입니다. 도망치듯 나오면서도 생각할수록 괘씸합니다. 남아 있는 녀석들에게로 향한 것인지, '나' 자신에 대한 혐오인지 분명치 않은 분노가 솟구칩니다.

그 날 이후 '나'는 그녀를 떨쳐버리려고 애씁니다. 그녀에게로 생각이 모아질수록 정신이 허물어지고 피폐해져서 아무 일도 손에 잡히지 않습니다. 하지만 쭉 뻗은 다리와 도도하게 치켜든 턱을 타고 흐른 목선과 풍만한 가슴이 어른거리면 '나'는 가질 수 없는 것에 대한 미련과 졸렬한 집착에 목을 매고 있는 자신을 발견하게 됩니다.

며칠 후 그녀에게서 다시 전화가 옵니다. 함께 필요한 물건도 사고 집 정리도 도와달라는 그녀의 부탁에 '나'는 지난번의 옹졸함을 씻을 수 있는 기회라 생각하고 선선히 동행합니다. 쇼핑해온 물건을 현관에 쌓아둔 채 삼겹살을 구워 보드카 파티를 벌입니다. 그리고는 자연스럽게 서로를 몹시 기다리고 원했다는 듯 물어뜯고 할퀴면서 상대를 삼켜버립니다.

'나'가 기분 좋은 착각에 빠져 며칠을 지내던 중, 친구의 전화를 받습니다. 그 또한 그녀를 위해 이사해주고, 집 정리해주고, 그리고 ……. 그녀의 포크에 찔리면 죽는다는 정설이 있다는 충고까지 일러줍니다. '나'는 새삼 삶이 무의미하고 견딜 수 없이 가볍게 느껴집니다.

여기까지라면 독버섯처럼 겉은 매혹적이지만 속은 위험으로 가득찬 전형적인 요부(femme fatal) 이야기라고 할 수 있겠지요. 하지만 이 소설 「가위」(『작가세계』, 2003년 봄호)는 그녀의 삶의 그림자를 들춰보임으로써 이야기를 다시 한번 뒤집습니다.

어린 시절 그녀의 어머니는 열대어를 번식시키는 데만 관심을 쏟을 뿐 딸에게는 몰강스러우리만치 무관심했군요. 열대어 수컷이 암컷의 뱃속에 지느러미가 변한 고노토늄을 통해 정액을 밀어넣어 수정하면, 암컷의 배는 눈에 띄게 부풀어오르면서 주위가 까맣게 변합니다. 어머니는 마치 자신이 임신부인 양 조바심치면서 출산의 기미를 기다립니다. 공처럼 몸을 말고 있다가 산도를 빠져나온 동시에 쭉 펴고 빨빨거리는 치어들을 보면서 어머니는 혼자 좋아서 신기해하며 감탄하고 박수를 칩니다. 이런 어머니 밑에서 자란 어린 딸의 마음은 감기가 들 수밖에요. 그녀 마음의 감기는 오래돼서 약도 없고 시간이 흐를수록 합병증은 늘어갑니다.

그녀 차수정 또한 열대어를 키우고 있군요. 하지만 번식 따위에는 관심이 없습니다. 치어일 때는 다 암컷이었다가 자라면서 반은 수컷으로 성전환하는 스워드 테일을 기를 따름이지요. 그녀는 스워드 테일처럼 꼬랑지 아래 칼을 숨겨놓고 있다가 필요할 때 살랑살랑 흔들어 암컷들을 유혹하고 몸이 닿았을 때 단칼에 베어버리는 환상에 잠기곤 합니다.

다시 시점은 '나'로 돌아옵니다. 전화벨 소리에 잠에서 깨어납니다. 후르스딸이 강제로 아버지 손에 끌려 서울로 떠났다는 소식을 친구가 전합니다. 날마다 이 남자, 저 남자 불러서 안 오면 집으로 찾아가 행패부리고, 게다가 책가방에 웨딩드레스 넣고 다니다가 꺼내들고 결혼하자고 덤비는 그녀를 보다 못한 어느 선배가 서울 집으로 전화를 했던 것이지요. 친구는 며칠 전에도 그녀가 누구 집인지는 모르지만 찾아가 난리를 치는 바람에 결국 선배가 경찰서에 가서 벌금 물고 데려왔다는 이야기도 함께 전합니다. 그녀를 데리러온 아버지를 만난 선배로부터 들은 이야기에 의하면, 그녀 차수정은 어머니가 선천성 불임이기에 아버지가 늘그막에 밖에서 낳아온 아이였다는 사실이 드러나게 됩니다. 그런 그녀를 어머니는 딸로 받아들이지 못했고 딸은 딸대로 영문을 모른 채 깊은 상처를 안게 되었던 것이지요. 그녀의 위악(僞惡)적 행동 이면에는 이처럼 갈애(渴愛)의 욕구가 놓여 있었던 것입니다. 이 순간, '나'에게 그녀의 마음을 수시로 벌겋게 달구던 분노와 죄의식, 자기 파괴적 충동의 실체가 보이는 듯합니다.

누구에게나 응어리진 불씨에 조롱당하고 휘둘렸던 시간이 있기 마련이지요. 그러하기에 그녀 차수정의 수척한 그림자에는 우리들 자신의 모습이 담겨 있습니다. G. 플로베르가 '마담 보바리는 나다'라고 말했던 것처럼, 그런 의미에서 그녀 차수정은 바로 우리들 자신이 아닐까요. 이 소설 「가위」는 한 인물의 삶 속에 깊숙이 묻혀 있는 상처를 이 작가 특유의 따뜻한 시선으로 어루만지면서 그를 통해 우리 삶의 한 구석을 아프게 드러내고 있습니다.

# 인간의 몸을 바라보는 현대적 감각의 시선
## – 김훈 단편 「화장(火葬)」

몇 년 전 〈비디오드롬〉의 감독 데이비드 크로넨버그의 신작 〈크래쉬〉(1996)가 우리나라에서도 상영된 적이 있었습니다. 제임스 스페이더, 데보라 웡거, 홀리 헌터 등의 배우가 출연했고, 자동차의 광적인 속도와 충돌 장면, 그리고 그것에서 성적 흥분을 느끼는 인물들의 변태성이 관객들을 당황스럽게 만들었던 이 영화는 J.G. 발라드(Ballard)의 동명 소설을 원작으로 한 것이지요. 프랑스의 사회학자 장 보드리야르의 대표적 저작인 『시뮬라크르와 시뮬라시옹』(1981)에는 이 소설에 대한 멋진 분석이 담겨져 있습니다. 그 분석은 인간의 신체에 대한 새로운 접근 방식을 보여주고 있어 흥미롭습니다.

보드리야르의 분석에 따르면, 소설 『크래쉬(Crash)』(1973)에는 성적인 격렬함이나 내밀성을 나타내는 말이 없고 항문, 직장, 음문, 음경, 교미 등의 기능적인 언어들이 그것을 대신하고 있습니다. 이 기능적 언어들은 관능성이 비어 있는 금속적인 세계를 표상하고 있습니다. 노동과 쾌락의 주체인 유기체적 신체가 자본주의적인 생산의 질서에 대응된다면, 사고로 인해 절단되고 흩어진 신체의 기관들은 생산의 질서 이후의 어떤 현대적 상황에 대응되는 것이라 할 수 있지요.

『칼의 노래』(2001)의 작가 김훈의 첫 단편 「화장(火葬)」(『문학동네』, 2003년 여름호)을 읽으면서 보드리야르의 분석이 떠올랐던 것도 이 소설이 담고 있는 신체에 대한 새로운 접근방식과 관련이 있습니다. 이 소설에는 아내의 임종을 맞는 한 중년 사내의 심리가 손에 잡힐 듯 건조하면서도 사실적으로 그려져 있습니다. 이 년 동안 암과 투병한 아내의 몸은 뼈와 가죽뿐입니다. 엉덩이 살이 모두 말라버려서 골반뼈 위로 헐렁한 피부가 늘어져 있습니다. 성기 주변에도 살이 빠져서 치골이 가파르게 드러나 있고 대음순은 까맣게 타들어가듯 말라붙어 있습니다. 간병인이 사타구니의 물기를 수건으로 닦을 때마다 항암제 부작용으로 들뜬 음모가 부스러지듯이 빠져나옵니다. 그때마다 간병인은 수건을 욕조 바닥에 탁탁 털어냅니다.

아내를 죽음으로 데려간 뇌종양은 암의 계통입니다. 의사의 설명에 따르면, 종양은 생명 속에서만 발생하는 또 다른 생명입니다. 생명 안에서 생명을 부정하는 신생물이 발생하고 서식하면서 영역을 넓혀나가는 것이지요. 그러하기에 종양의 발생과 팽창 또한 생명 현상의 일부분입니다.

쉰다섯 살의 화장품 회사 중역인 '나' 또한 전립선염으로 정상적으로 배뇨를 하지 못해 항상 묵직하게 부풀어오른 방광을 이끌고 다닙니다. 때때로 비뇨기과 병원을 찾을 수밖에요. 새벽에 아내의 임종을 맞은 이 날도 '나'는 비뇨기과 문이 열리기를 기다립니다. 고무장갑을 낀 간호사가 성기를 키우고 성기 끝 구멍을 두 손가락으로 벌려 긴 도뇨관을 밀어넣습니다. 도뇨관을 따라서 오줌은 장난감 물총을 쏘듯 간헐적으로 흘러나옵니다. 방광의 압박이 서서히 줄어들면서 '나'는 겨우 숨을 몰아쉽니다. 의사의 설명에 따르면, 전립선염은 나이 먹으면 저절로 생기기도 하는 것이지요. 병이라고도 할 수 없는 일종의 노화 현상입니다. 이렇듯 우리의 몸은 항상 삶과 죽음이 공존하며, 생성과 소멸이 교차하는 영역이지요.

아내의 투병과 죽음을 지키고 있으면서도 '나'의 마음 한편은 광고 부서의 부하직원인 추은주에게 머뭅니다. 그런데 여인을 바라보는 '나'의 시선이 참으로 독특하군요. 이 시선에는 풍만한 가슴이나 육감적인 엉덩이가 아니라 그녀의 빗장뼈 위로 드러난 푸른 정맥이나 턱 밑의 흰 살 같은 것이 담기는군요.

'나'는 추은주의 잠든 몸을 생각하기도 합니다. 하지만 이 상상력 또한 특이하게도 통상적인 방향과는 전혀 다른 엉뚱한 곳으로 흐르는군요. '나'는 추은주의 잠든 몸을 상상하면서 모든 생물학적 조건들 속에 깃들이는 잠과 잠드는 동안 그녀의 몸 속에서 작동하고 있을 허파와 심장과 장기들을 생각합니다. 그리고 그녀의 몸속 실핏줄 속을 흐르는 피의 온도와 체액에 젖는 살들의 질감을 생각합니다. 그런가 하면 그녀의 어린아이를 바라보며 '나'는 그녀를 닮은 아기가 잉태된 그녀의 자궁과 그 아기를 세상으로 밀어내는 그녀의 산도(産道)를 생각하기도 합니다. 그렇지만 그곳들은 뇌수 속의 종양만큼이나 멀리, 깊숙이 있는 것들이지요. 그러하기에 '나'의 마음속에서 그녀의 살들은 손으로 만질 수 없는 풍문과도 같습니다. 이러한 상상을 하는 순간에도 오줌이 빠지지 않는 '나'의 몸은 무겁고, 몸 전체가 설명되지 않는 결핍으로 느껴집니다. 이렇듯 가장 확실한 듯하지만 실은 모호하기 그지없는 것이 우리의 몸이지요.

아내의 장례가 끝나고, 아내의 몸은 화장장에서 소각되어 가루와 뼛조각으로 유골함에 담깁니다. '나'는 추은주의 사직서를 처리하고 부의금으로 은행빚을 갚을 생각을 합니다. 더 이상 기를 수 없는 개는 수의사에게 맡겨 안락사를 시킵니다. 의사가 주사기의 피스톤을 밀자 개는 천천히 아래로 늘어지며 굳은살 박힌 발바닥을 내밀며 앞발을 쭈욱 뻗습니다. 집으로 돌아온 '나'는 광고담당 이사에게 전화를 걸어 여름 광고 컨셉을 확정합니다. 그날 밤, '나'는 모처럼 깊이 잠듭니다. 모든 의식이 허물어져내리고 증발해버리는, 그런 깊고 깊은 잠 속으로 말입니다.

인간의 몸을 둘러싸고 펼쳐지는 다양한 현상들이 생물적인 것이자 동시에 사회적인 것이라는 지적은 더 이상 새삼스런 것이 아닙니다. 몸은 인간의식 내부의 욕망이 그 성취를 위해 외부와 관계하고자 할 때 불가피하게 거치지 않을 수 없는 통로이자, 사회적 관계가 인간에 각인되는 구체적 매개이기도 합니다. 그런데 역설적인 것은, 인간의 욕망이라든가 사회적 관계의 추상성에 비해 훨씬 더 뚜렷한 실체를 가지고 있는 인간의 몸이 그것들보다 더 모호하고 불확실한 지대로 남아 있다는 사실이지요. 그런 의미에서, 인간의 몸은 생물학과 사회학의 탐구 영역을 비껴가는 측면을 내포하고 있습니다. 이 모호함의 지대에 문학적 탐구 대상으로서의 몸이 존재하는 것은 아닐까요.

김훈의 「화장」은 인간의 몸에 대한 문학적 탐구의 훌륭한 사례 보고라고 할 수 있습니다. 그것도 고전적인 방식과는 구별되는 현대적 감각으로 작성된 것이지요. 현대적 상황 속에서 인간의 신체는 고유한 영토를 잃어가고 있습니다. '성형 수술(plastic surgery)'은 보철기구를 통해 육체의 고유한 영토를 침범합니다. 또한 유전자 복제 기술의 급격한 발달은 신체의 모든 비밀을 생물학적 정보로 환원시키는 상황을 예감케 합니다. A. 기든스가 도입한 '조형적 섹슈얼리티(plastic sexuality)' 또한 재생산 없는 섹슈얼리티(피임)와 섹슈얼리티 없는 재생산(시험관 아기 등의 테크놀로지)이 모두 가능해진 현대사회에 대응되는 개념입니다. 『크래쉬』에서의 절단된 신체들, 그리고 김훈의 「화장」에서의 고장난 신체들은 바로 이러한 상황 속에서 인간의 몸이 겪는 현대적 운명을 말하고 있는 것이 아닐까요. 역설적인 것은, 인간 신체에 대한 이러한 현대적 감각의 시선으로 인해, 생산의 질서 속의 사회적 관계에 의해 가려져 있던 인간 존재의 본원적 지층이 드러나게 된다는 점입니다. 바로 이 점이 김훈 소설이 간직한 매력의 원천이지요.

# 지나온 세월 속에서 우리가 잃어버린 것들

## – 박완서 단편 「후남아, 밥먹어라」

공항엔 달랑 조카며느리 혼자 마중을 나와 있습니다. 앤이 3년 전 아버지의 부음을 듣고 미국으로 시집간 지 30년 만에 처음 귀국했을 때 일가친척들이 구름처럼 모였던 상황과는 너무나 딴판이네요.

1970년대, 앤이 미국으로 떠난 것은 그곳으로 시집을 갔기 때문이었지요. 위로 언니가 둘 있고 아래로 남동생이 둘 있습니다. 언니들은 둘 다 대학에 갔는데 앤만 고졸로 학력을 마감했습니다. 실업학교 기술직 공무원이었던 앤의 아버지는 술만 한잔 들어갔다 하면 아무짝에도 쓸모없는 계집애들을 대학에 보내야 하는 자신의 팔자를 저주했더랬습니다. 대학에 낙방한 후 체면상 실의에 빠져 있는 앤에게 어머니가 넌지시 '고맙다, 네가 효녀다'라고만 속삭이지 않았으면 그녀가 머나먼 미국땅으로 시집가는 일은 없었을지도 모릅니다. 말하자면 앤에게는 무언가 자존심을 회복할 만한 계기가 필요했던 것입니다. 대학 나와 판판이 노는 큰언니와 재학 중인 작은언니까지도 앤이 재미교포에게 시집가게 된 것을 집안에 신데렐라가 난 것처럼 질시했던 것도 어리숙했던 시대 탓이었겠지요.

피붙이들에 대한 앙심이 앤으로 하여금 미국으로 시집가게 했던 것이지만, 미국에서의 시집살이는 역설적으로 앤에게 피붙이의 소중함을 알게 해주었습니다. 시집식구들의 미국에서의 삶을 지탱해주었던 것은 거침없는 생활력과 피붙이들간의 끈끈한 유대였던 것입니다. 앤은 바로 저거다 싶은 깨달음을 발견합니다. "피붙이 간에만 있을 수 있는 건 근본을 안다는 것, 그래서 비록 흉악한 범죄를 저질렀다 해도 어릴 적의 천사 같은 미소를 기억하며 착한 사람이라고 말할 수 있는 맹목의 믿음, 마지막 보호막 같은" 것 말입니다.

미국에서의 신접살림은 앤에게 무엇보다 물질적인 풍요로 먼저 다가왔습니다. 없는 것 없이 갖춰져 있고 정결하고 널찍널찍하고 편리하고 주위에 녹지대가 많아 공기도 상쾌합니다. 계단 밑을 이용한 깊숙한 창고에는 새하얗고 보드라운 화장지가 길길이 쌓여 있습니다. 재래식 변소에서 신문지를 뒤지로 쓰던 한국의 친정에서는 감히 꿈도 못 꿔본 부티였지요. 그러한 황홀감 뒤에 찾아온 것은 "저것들을 언니들한테 몇통만 부쳐주면 얼마나 좋아할까. 눈을 빛내며 탄성을 지르고 나서 곧 질투심으로 배가 아플 거"라는 생각이었습니다. 흔해빠진 것과의 긴장감을 계속해서 유지하기 위해서도 언니들은 있어야 했습니다. 온갖 편리하고 아름다운 주방용품에 경탄을 하다가도 같이 신기해하며 탐을 낼 언니들이 못 보는데 이런 물건들이 무슨 소용이란 말인가, 맥이 빠지면서 그가 소유한 미제물건들이 무의미해졌습니다.

미래에 대한 꿈도 불안도 없는 상태, 그것은 곧 앤이 미국의 생활에서 느낀 권태의 실체였습니다. 아내의 권태를 알아챈 남편은 쉬는 날 아내를 데리고 집에서 가까운 해변으로 피크닉을 갑니다. 시야를 방해하는 아무것도 없이 열린 수평선과 징그럽게 큰 갈매기, 그리고 이 바다가 한국에 닿아 있다는 사실에 대한 새삼스런 발견, 한 번도 가본 적 없는 제주도 같은 해안의 풍경이 앤에게 신선한 감동으로 다가옵니다. 순진한 감동 속에 잠겨 있는 앤을 바라보는 남편의 시선은 애틋하기 그지없습니다. 남편은 앤에게 처음으로 사랑을 느낍니다.

이 장면은 그냥 지나치기 쉬울 만큼 평범하게 서술되어 있지만, 실은 지독할 만큼 냉정한 시선을 감추고 있는 대목이지요. 두 사람의 결합은 상대방에 대한 감정에 기인하는 것이 아니라, 그것이 각각의 삶을 변화시킬 계기였기에 가능했다는 인식이 거기에 놓여 있기 때문입니다. 실상 만남이란 그러한 방식으로 이루어지는 것 아니겠습니까. 상대방의 삶의 이면을 들여다보게 되고 새삼스런 사랑을 느끼는 것은 그러한 만남이 지속된 어떤 지점에서야 비로소 이루어지는 법이니까요. 우리 삶의 전면적인 진실을 투시하는 놀랄 만큼 예리한 시선입니다. 바로 소설적인 시선이지요.

어떻게든 정체성을 놓치지 않으려는 아내가 눈물겨워 남편은 그녀가 고국의 피붙이들로부터 완전히 떨어져나온 게 아니라는 걸 확인할 수 있는 확실하고 구체적인 끈을 마련해주고 싶어하게 됩니다. 아내가 처음에 크리넥스를 고국의 언니들에게 부쳐주겠다고 했을 때는 말렸지만 그는 한국에서 환영받을 만한 값싼 미제물건들을 많이 알고 있습니다. 남편의 도움으로 앤은 차차 생기를 회복합니다. 그녀는 집요한 열정으로 고국의 명절과 피붙이들의 대소사와 생일을 챙기기 시작합니다. 한국의 생활이 풍족해지면서 선물은 점점 업그레이드됩니다. 인스턴트 커피가 원두커피로 바뀌고 엘에이갈비가 새로운 선물품목으로 등장합니다.

몇 년 후 친정에서 아버지의 부음을 듣고 서울에 며칠 다녀온 앤을 공항에서 맞이하는 남편에게 아내는 체중이 불어나 둔해 보였고, 그녀가 마중나온 남편을 보고 한 첫인사도 고작 '아아, 피곤해'였습니다. 아내의 서울 이야기를 들어보니, 아내는 모처럼만의 귀국길에서 어느 집에서나 극진한 대접을 받은 것 같았습니다. 큰언니네선 며느리가 정통 궁중요리를 선보였고, 작은언니는 허영심이 여전해서 요리사까지 불러다가 차렸습니다. 그들은 집에서만 먹인 게 아니라 소문난 음식점도 골고루 끌고 다닌 듯했습니다. 그런데 피곤하다니요?

서울에서 돌아온 앤은 한국의 동기간들이 손자를 보면 미제물건 자랑삼아 선물로 보내려고 알뜰하게 모아둔 유아용품들을 모조리 소각통에 넣어

버립니다. 이제 더 이상 필요가 없게 된 까닭이지요. 앤의 피로와 우울증의 원인입니다.

그러던 중 앤 부부는 서울로부터 어머니의 건강이 급속히 나빠졌다는 소식을 듣습니다. 바로 이번에 앤이 삼 년 만에 다시 귀국하게 된 이유지요. 몸이 안 좋을 뿐 아니라 정신을 놓을 적도 많은 어머니는 여주의 이모네에 가 있습니다. 어머니는 막내딸마저도 알아보지 못할 만큼 정신이 헐거워져 있습니다. 앤은 시차보다도 더 깊은 피로, 뭔지 모를 것을 찾아 여러 생을 헤맨 것 같은 지독한 피로를 느낍니다.

그런데 참을 수 없는 기분에 집을 나와 인근을 헤매던 앤에게 어머니의 목소리가 들려옵니다.

"후남아, 밥먹어라. 후남아, 밥먹어라."

백발의 어머니가 젊고 힘찬 목소리로 악을 악을 쓰고 있습니다. 정신이 돌아온 어머니가 무쇠솥을 깨끗이 씻어 밥을 지어놓고 막내딸을 부르고 있는 것입니다. 무쇠 냄새와 흙 냄새와, 그 모든 냄새와 어우러진 밥 뜸드는 냄새가 앤에게, 아니 후남이에게 원초적인 편안함과 위로를 안겨줍니다. 이 기막힌 냄새가 콧구멍뿐 아니라 온몸의 갈라진 틈새로 쾌적하게 스며듭니다. 평생 움켜쥐고 있던 세월을 스스로 놓아버리는 순간이지요. 이 소설 「후남아, 밥먹어라」(『창작과비평』, 2003년 여름호)의 마지막 장면은 우리가 후남이와 더불어 그 세월 속에서 잃어버린 것들을 다시 찾는 듯한 느낌에 빠져드는 순간이기도 합니다. 한 여인이 거쳐온 삶의 이야기 속에 작가 특유의 현실 비판이 살아 숨쉬고 있다고 생각되는 이유 또한 이곳에 있을 터입니다.

# 공존을 위한 소설적 모색의 한 사례

## – 조경란 단편 「난 정말 기린이라니까」

실업자들의 공통점이 있습니다. 〈동물의 왕국〉이나 동물들이 나오는 다큐멘터리 혹은 퀴즈 프로그램을 유난히 좋아한다는 것이지요. 왜 그럴까요?

인간 존재에는 여러 층위가 내재되어 있다고 말해지곤 합니다. 사회적인 삶의 층위가 있는가 하면 생물학적 층위가 있고, 그보다 더 심층에는 실존적인 삶의 층위도 있지요. 이런 여러 유형의 삶의 층위들이 유기적으로 통합되어 있을 때 인간은 자신의 개체적 정체성을 뚜렷하게 확인할 수 있습니다. 하지만 어느 순간 각각의 삶의 층위들이 어긋나는 경우들이 있기 마련이지요. 사회적인 삶의 영역으로부터 배제된 사람들이 그러한 경우에 속합니다. 그 사람들은 스스로를 현실에 뿌리를 내리지 못한 채 시간의 흐름 위에 떠내려가고 있는 것처럼 느낄 테지요. 그러하기에 자신에 대한 개체적인 정체성은 희미해지고 도저한 우주적 진화의 거대한 흐름 속에 끼어 있는 미미한 존재로서의 자신을 발견하게 됩니다. 마치 한 마리의 초식동물과도 같은 그런 연약한 존재 말입니다. 아마도 그들은 동물들의 세계 속에서 자기 자신의 모습을, 나아가 자기 존재의 근원을 바라보고 있는지도 모릅니다.

조경란의 「난 정말 기린이라니까」(『파라21』, 2003년 여름호)의 무대는 서울 남쪽 변두리의 봉천동. 작가가 작년에 발표한 「나는 봉천동에 산다」(『

문학사상』, 2002년 11월호)의 속편이군요. 여기에서도 앞에 쓰인 소설에서와 마찬가지로 미혼 여성이자 작가인 '나'와 아버지가 등장합니다. 전직 목수였지만 지금은 별달리 하는 일이 없어 집안 식구들 중 시간이 가장 많은 아버지가 즐겨 보는 텔레비전 프로그램 또한 〈동물의 왕국〉이지요.

〈동물의 왕국〉 같은 프로그램들에는 신비롭고도 흥미로운 동물의 습성과 생태가 담겨 있습니다. 가령 오스트레일리아 크리스마스 섬에서는 1억 마리의 홍게들이 떼를 지어 바다로 대이동을 합니다. 아무리 먼 섬에 살아도 홍게들은 자신이 태어난 바다의 냄새를 기억해 찾아갑니다. 거기까지 가기 위해 홍게들은 인도며 자동차가 쌩쌩 달리는 차도로까지 맹목적으로 기어나갑니다. 사력을 다하지만 홍게들은 바다에 닿기도 전에 대부분 죽습니다. 섬사람들은 홍게들이 바다로 찾아갈 수 있도록 따로 길을 터주기도 하고 샛길로 운전을 하고 홍게들이 집안으로 기어들어와도 해치기는커녕 바다로 가는 길로 인도해 줍니다. 죽음을 무릅쓰고 마침내 바다를 찾아 하루 중 밀물이 최고조에 달하는 순간에 홍게들이 몸을 흔들어대면서 산란하는 모습은 장관이지요. 그런데 옆에서 아버지는 느닷없이 '저 사람들은 함께 사는 법을 아는 사람들인갑다'라고 말합니다. '나'가 홍게를 보고 있는 동안 아버지는 홍게를 보살피는 사람들을 더 눈여겨본 것이지요.

텔레비전에서는 세계에서 가장 오래된 도시에서 벌어지고 있는 전쟁 소식이 매일 흘러나옵니다. 전쟁이 일어나 폭격이 예상되면 우선 동물원의 맹수부터 없애는 관례가 있습니다. 전쟁 중에 흥분한 굶주린 맹수들이 우리를 뛰쳐나와 사람에게 해를 끼칠 우려가 있기 때문입니다. 인간은 아직까지도 다른 인간들과 혹은 동물들을 비롯한 세계의 다른 존재들과 함께 사는 법을 아직 알지 못하고 있는 것이 아닐까요.

'나'가 살고 있는 봉천동에는 그 어느 지역보다도 야생 고양이가 많습니다. 철거촌과 관악산이 있기 때문입니다. 산에서 취사가 금지된 이후 들고양이들이 인가로 내려온 탓입니다. 전국적으로 들고양이 숫자가 부쩍 늘어나게 된 이유는 집에서 기르던 고양이를 사람들이 내다버렸기 때문이지요. 쫓겨난 고양이들은 도심을 배회하기 시작했고 그 숫자는 해가 갈수록 기하급수적으로 늘고 있습니다. 1년이면 고양이 한 마리가 번식할 수 있는 숫자가 백 마리에 가깝기 때문이지요. 도둑고양이 민원에 시달리던 경상북도의 한 지자체는 최근에 고양이를 대거 잡아 도살했다가 오히려 고양이 숫자가 급증하는 사태를 맞은 적도 있습니다. 한 지역의 고양이 개체수가 줄어들면 이웃 고양이들이 몰려와 다시 일정한 숫자로 늘어나는 진공효과 때문이지요. 불임수술을 하는 방법이 있지만 시술비가 암컷은 15만 원, 수컷은 5만 원쯤 하기 때문에 쉬운 문제가 아닙니다. 불임수술을 하면 고양이들은 움직임이 급격히 느려지고 애교가 늘며 온순해집니다. 울음소리도 잘 안 내고 식욕이 크게 늘면서 몸이 확 불어납니다. 교미에 대한 관심이 없어지는 건 말할 것도 없습니다. 인간과 살면서도 본능을 잃지 않던 야생 고양이가 아니라 움직이는 고양이 인형처럼 보입니다. 그러니 이 역시 권장할 만한 공존의 방식은 아니라고 하겠지요.

『불란서 안경원』(1997)에서 『코끼리를 찾아서』(2002)에 이르기까지, 조경란의 소설은 주로 가족과 현실로부터 소외된 미혼 독신 여성의 삶과 의식의 세계를 그 대상으로 삼아왔습니다. 이 세계는 이 작가 특유의 복잡하면서도 섬세한 시선의 근거를 이루고 있었지요. 그런데 이번 소설에서는 세계와의 '불화'가 아닌 '공존'에 대해 작가는 이야기하고 있습니다.

과연 더불어 함께 살 수 있는 긍정적인 조화란 어떻게 가능한 것일까요. 지나친 우정도 때로는 끔찍한 불화와 상처를 낳기도 하는, 그래서 누군가와 너무 친밀해지는 것도 망설여지곤 하는 이 세계에서 말입니다. 왜 우리는 한쪽 날개로 날고 있는 것 같은 불안감을 아무리 해도 떨쳐버릴 수 없는 것일까요. 조경란의 「난 정말 기린이라니까」가 우리에게 던지고 있는 절실한 물음입니다. 이 물음을 추구해가는 과정이 전쟁이 일어나서 끝나기까지의 시간, 고양이의 발정기가 시작되어 끝나가는 기간, '나'가 만나고 있는 B가

네팔로 떠나서 돌아오기까지의 간격, 그리고 서로 궤도가 다른 삶을 살아온 '나'와 아버지가 내면적인 친밀감을 회복해 가는 과정이 섬세하게 대응되어 있습니다. 이와 같은 구성 또한 '공존'이라는 주제를 부각시키는, 그러니까 개인적인 체험에 국한된 문제가 아니라 그것을 보편적인 차원으로 고양시키는 방식이라고 할 수 있습니다.

「나는 봉천동에 산다」에서 '나'에게 "너는 작가가 아니냐. 모든 사람의 생에는 구멍으로 남아 있는 부분이 있니라. 그 구멍을 오래 들여다보너라"라고 말해주던 아버지는 「난 정말 기린이라니까」에서는 좋은 일이 생겨 기쁨에 취해 있는 '나'에게 "길에서 만나는 사람들에게 친절하거라. 내려가는 길에 그들을 다시 만날 테니까"라고 말하고 있습니다. 전자가 글쓰기의 문제라면 후자에서는 공존이 그 화두이지요.

기린은 평생 울음소리를 내지 못하지만 그 대신 아주 먼 곳까지 볼 수 있는 눈과 귀를 가지고 있습니다. '나'는 아버지에게서 세상과 사물을 보는 분별력을 배웁니다. 그런 의미에서 아버지는 큰 키로 '나'를 내려다보고 있는 '기린'이 아닐 수 없지요.

# 무엇이 되지 않고자 하는 열정

## – 김영하 장편 『검은 꽃』

에네켄이라는 말 혹시 들어보셨습니까? 사람 키와 비슷한 크기의 알로에 모양의 식물이지요. 나무처럼 단단한 짧은 줄기에 여러 장의 잎이 빽빽이 달려 있습니다. 그리고 마치 선인장처럼 잎 가장자리를 따라 딱딱하고 뾰족한 가시가 무수히 나 있습니다. 잎이 용의 혀를 닮았다 하여 용설란(龍舌蘭)이라 불리기도 하지만 난은 아니지요. 섬유도 뽑아내고 술도 빚고 염료도 제공하는 매우 유용한 이 식물은 덥고 건조한 지형에서 잘 자랍니다. 가령 멕시코 같은 곳 말입니다.

이쯤 되면 그거 혹시 애니깽 아니야, 라는 목소리가 들려올 법도 합니다. 그렇습니다. 애니깽이 원래 에네켄이지요. 구한 말 하와이의 사탕수수 농장과 더불어 또 하나의 해외 이민의 역사가 비롯된 곳, 바로 멕시코 유카탄 반도의 에네켄 농장입니다. 이곳은 김영하의 새 장편 『검은 꽃』(문학동네, 2003)의 배경이기도 합니다.

1905년 4월, 인천 제물포 앞바다에 떠 있는 영국 기선 일포드호에는 1032명의 조선인이 타고 있습니다. 이들 1032명은 고아, 해산된 군대의 군인, 박수무당, 몰락한 양반, 배교한 신부, 도둑, 그리고 그들의 가족들 등등 다양한 성분과 출신으로 구성되어 있지만, 바야흐로 식민지로 전락하기 직전의 조선이라는 나라에서는 발붙이고 살기 힘든 존재라는 점에서 모두들 일종의 데스페라도(도망자)들입니다.

1032명의 조선인 데스페라도를 태운 이 기선의 최종 종착지는 말할 것도 없이 멕시코입니다. 19세기 내내 이 지역은 원주민인 마야족과 대농장의 백인 지주들 사이의 격렬한 싸움이 벌어졌던 곳이지요. 미국의 지원을 받은 연방군이 마야족들을 제압한 것은 조선 이민자들이 도착하기 불과 사 년 전인 1901년에 이르러서였습니다. 길고 지루한 투쟁 끝에 마야족의 인구는 대폭 감소한 반면 에네켄의 수요는 폭발적으로 늘었습니다. 어쩔 수 없이 농장주들은 외국 노동자들을 수입하지 않으면 안 되었습니다. 1032명의 조선인들이 멕시코로 이주하게 된 이유 또한 여기에 있습니다.

모두들 잘 알고 있는 바와 같이, 조선인 이민자들의 멕시코에서의 삶은 살인적인 노동으로 점철된 것이었습니다. 이 고난과 역경을 헤쳐나가는 등장인물들의 파란만장한 비극적 삶의 파노라마가 『검은 꽃』의 중심을 이루고 있습니다. 고아 출신의 김이정과 양반가의 딸인 이연수의 사랑을 중심줄기로 하여, 배교한 신부 박광수가 박수무당이 되기까지, 조선인 이주민들을 배신하고 농장 감독관이 된 도둑 최선길이 십자가에 못 박혀 급살을 당하기까지, 그리고 해산된 군대의 군인이었던 박정훈이 멕시코 혁명군에 가담했다가 다시 이발사로 돌아오기까지의 이야기들이 흥미진진하게 얽혀 있습니다. 이미 정평이 나 있는 작가 김영하의 이야기꾼으로서의 면모가 이 소설에서도 유감없이 발휘되어 있습니다.

4년간의 계약기간이 끝나지만 조선인 이주민들은 자신들이 떠나왔던 곳으로 되돌아갈 형편이 못 됩니다. 처음처럼 빈털터리인데다 조국은 이미 일본의 식민지로 바뀌었습니다. 그래서 뿔뿔이 흩어진 채 남루한 삶을 살아갈 수밖에요. 그런데 이들이 다시 만나는 계기가 만들어집니다. 과테말라 혁명군에서 전쟁에 참여하는 대가로 300만 달러를 주겠다는 제안을 해 온 것입니다. 도박하는 심정으로 멕시코에 건너왔던 이들이 걸 수 있는 마지막 판

돈이 아닐 수 없지요. 이들은 혁명이 성공으로 끝날 경우 새로운 나라를 세울 계획도 세웁니다. 적어도 무국적으로 죽을 수는 없으니까요. 하지만 이들 모두는 격랑의 소용돌이 속에서 모두 비참한 최후를 맞이합니다.

멕시코 에네켄 농장의 조선인 이주민의 역사를 다룬 소설도, 연극도, 영화도 이미 있었지요. 그 중에서도 제34회 대종상 영화제에서 최우수작품상과 감독상을 받았던 임성민, 장미희 주연, 김호선 감독의 영화 〈애니깽〉(1997)은 우리에게 잘 알려져 있습니다. 이곳에서도 역시 조선인 이주민들의 고통스러운 삶과 그 속에서 펼쳐지는 갈등과 혼란, 그리고 남녀 주인공의 극적인 로맨스가 잘 드러나 있습니다.

그렇다면 작가는 왜 '애니깽' 이야기를 다시 쓴 것일까요. 이전의 '애니깽' 서사들이 민족주의라는 이데올로기에 철저했다는 공통점을 지니고 있었던 것에 반해, 김영하의 『검은 꽃』에는 그와 같은 이데올로기적인 무게가 빠져 있지요. 물론 이 소설은 작가가 직접 참조한 『한국인 멕시코 이민사』, 『멕시코 혁명사』, 『라틴 아메리카의 역사』, 『대한제국의 군사제도』 등의 저술이 없었다면 씌어지기 어려웠을 것입니다. 작가가 밝히고 있듯이, 제 아무리 대단한 상상력도 누군가의 피로 씌어진 단 한 줄의 1차 자료에서 출발하지 않을 수 없는 법이니까요. 게다가 작가는 이 소설을 쓰기 위해 멕시코와 과테말라를 직접 돌아보기까지 했다고 합니다.

그럼에도 불구하고 이 소설은 역사를 복원하겠다는 의지와는 거리가 있습니다. 어느 철학자의 말을 빌리면 역사는 과거의 시간 속에서 발생한 사건들과 그 관련을 지칭할 수도 그 서술을 지칭할 수도 있다는 점에서 그 개념 자체가 이중의 의미를 내포하고 있습니다.(R. 코젤렉, 『지나간 미래』) 애초에 역사(Histoire)와 이야기(histoire)는 서로 다른 것이 아니었다는 사실 또한 양자의 불가피한 연루를 보여줍니다. 말하자면 역사와 이야기는 시간 경험의 의미화라는 본질을 서로 나누어 가지고 있는 것이지요. 그렇다면 이야기가 반드시 역사에 종속될 필요는 없겠지요.

역사를 기술하는 형식의 최근 소설들은 시간을 재현의 대상이 아닌 유희의 대상으로 간주하고 있는 듯한 인상을 줍니다. 서양의 중세나 조선의 구한 말이나 어느 것이나 상관이 없습니다. 이 소설『검은 꽃』 역시 그러하지요. 역사적 시간은 다만 소설의 주제를 표현하기 위해 선택된 텍스트나 이미지의 일종이라고나 할까요.

결말 대목에 이르러 주인공 김이정이 새로운 국가를 세울 것을 동료들에게 제안하는 장면에서 작가는 이렇게 적고 있습니다. "이정의 논리는 어려웠다. 그들을 설득한 건 논리가 아니라 열정이었다. 그리고 그 열정은 기묘한 것이었다. 그것은 무엇이 되고자 하는 것이 아니라 되지 않고자 하는 것이었다"라고요. 작가가 말하고 싶은 것도 역시 이것이 아닐까요. 논리와 이데올로기를 걷어내야 보이는 세계, 무엇이 되고자 하는 열정이 아니라 되지 않고자 하는 열정에 관해서 말입니다.

# 궁핍을 바라보는 탈민족주의적 시선

## – 배수아 장편 『일요일 스키야키 식당』

〈야전병원 매쉬(MASH)〉(1970), 〈플레이어(The Player)〉(1992) 등의 영화로 우리에게 잘 알려져 있는 로버트 알트만 감독의 영화 가운데 〈숏컷(Short Cuts)〉(1993)이라는 작품이 있습니다. '숏컷'이라는 제목에서 드러나듯, 이 영화에는 아홉 쌍 부부의 이야기들이 계속 번갈아 등장하면서 모자이크 식으로 얽혀 있습니다. 레이먼드 카버의 소설들을 원작으로 하여 만들어진 이 영화에서는 우리에게 익숙한 헐리우드 영화에서는 좀처럼 볼 수 없는 미국 중산층의 평범하면서도 불안한 삶을 발견할 수 있습니다. 그러하기에 우리들 일상과 그다지 다를 것 없는 영화 속 미국인들의 이야기가 오히려 더 낯설게 느껴지기도 합니다.

배수아의 장편 『일요일 스키야키 식당』(문학과지성사, 2003)을 읽으면서 영화 〈숏컷〉을 떠올린 것은 비단 저만이 아닐 것입니다. 두 가지 이유 때문에 그러합니다.

첫째 이유는, 이 소설 역시 영화 〈숏컷〉처럼 각각의 에피소드는 독립되어 있으되, 그 속의 인물들의 관계는 서로 얽혀 하나의 전체를 이루는 특이한 방식의 옴니버스 식 구성을 취하고 있다는 점에서 찾을 수 있습니다. 가령 이 소설의 첫 장인 '일요일 스키야키 식당'은 전직 대학교수였지만 교통

사고로 정신이 나가 먹을 것만 밝히는 마와 극악스러운 그의 아내 돈경숙의 이야기입니다. 돈이 없어 꼼짝도 못하고 있는 이들 부부에게 손님이 찾아옵니다. 바로 마의 전처 박혜전이지요. 두 번째 장 '만두, 소양 치즈'에는 박혜전과 그녀의 아이들 막과 말리가 등장합니다. 박혜전에게 마의 대학동창이자 속물 근성을 지닌 백두연이 접근합니다. 세 번째 장 '모계사회'에는 돈경숙이 전남편과 사이에 낳은 아들 세원과 그의 여자친구 부혜린이 등장합니다. 네 번째 장 '성 모녀'는 부혜린과 그의 어머니 표현정의 이야기이지요. 여섯 번째 장 '눈의 여왕'에 등장하는 음명애는 백두연과 마의 대학동창이고, 음명애는 지하철에서 우연히 만난 돈경숙의 아들 세원과 모종의 거래를 합니다. 일곱 번째 장 '두 마리 통통한 비둘기'에 나오는 진주는 박혜전의 아이들인 막과 말리를 돌보는 보모입니다. 일곱 번째 장 '털 모델'에서 털 모델을 인터뷰하는 성도는 진주와 결혼할 사이이지요. 열다섯 번째 장 '콘트라베이스'에서 성도가 인터뷰하는 룸펜 노용은 열네 번째 장 '나는 그냥 낙서할 뿐이다……'에 나오는 지선의 옛 애인입니다. 이런 식으로 소설 속의 인물들이 이루는 관계들은 꼬리에 꼬리를 물고 하나의 전체적인 이야기를 구성하면서 전개되고 있습니다. 그러하기에 소설 속의 등장하는 수많은 인물 가운데 한 사람만 집어 올리면 나머지 모든 등장인물이 딸려 나옵니다. '일요일 스키야키 식당'은 이들 인물들이 공통적으로 스쳐 지나가는 교차점의 기능을 하고 있습니다.

둘째 이유는, 『일요일 스키야키 식당』에 등장하는 인물들과 그들의 관계가 일상의 밑바닥에 육박하고 있다는 사실에 놓여 있습니다. 이 소설에는 철저하게 소시민 계층에 속하는 인물들만이 등장하고 있습니다. 그러하기에 그들의 삶은 한 순간의 위기에도 처절하게 무너지는 아슬아슬한 것이 아닐 수 없습니다. 단 한 번의 잘못된 금융사고, 단 한 번의 질병, 단 한 번의 실업 등에도 순식간에 그들의 통장은 잔고를 남기지 않고 빚이 쌓여가며 그들의 가정은 파괴되고 아이들은 방치되고 애정은 차갑게 식고 더 이상의 교육이나 문화적인 혜택은 바랄 수도 없어지는 것입니다. 그런 현실의 한가운데 이들 등장인물들이 놓여 있습니다. 그러하기에 이들은 예외 없이 '궁핍'이라는 문제와 처절한 싸움을 벌이고 있습니다. 작중인물 가운데 한 사람인 성도는 이러한 현실을 '슬픈 빈곤의 사회'라 부르고 있습니다.

그렇다면 『일요일 스키야키 식당』이 제시하고 있는 주제의 고유함은 어디에서 찾을 수 있을까요. 두 가지 측면에서 살필 수 있습니다.

첫째는, 궁핍이라는 문제가 단순히 경제적인 결핍의 문제에 국한되지 않는다는 점입니다. 가령 소시민 계층 출신의 가난한 장학생인 성도에게 집착하는 진주는 경제적으로만 본다면 궁핍하지 않다고도 할 수 있겠지요. 하지만 성도에 대한 그녀의 집착에는 그녀가 가난을 개의치 않으며 자신이 가난에 영향을 받지 않는 삶을 산다는 자부심 혹은 욕망이 개입해 있는 것이 아닐까요. 노동을 거부하고 자신을 존중하려는 본능도 애써 무시하는 룸펜 노용 또한 극단적인 가난뱅이 역할을 함으로써 역설적으로 일반적인 타고난 가난뱅이처럼 행동하지 않으려는, 스스로를 이 비참한 환경에 적응시키지 않으려는 인물이지요. 10대의 시절에 빈곤을 경험한 한 예민한 인간은 역작용으로 극도로 반정치적이고 몽환적인 인물이 되기도 하는 것입니다. 이처럼 빈곤은 스스로 범위를 확장해 나가고 점점 빈곤 아닌 다른 것의 이름을 차용하거나 테카당한 가면을 쓰고 있기도 하면서 그 모습을 변화시키고 있는 것입니다. 이 지점에서 '궁핍'의 의미는 경제적인 빈곤의 차원에서 벗어나 자본주의의 시스템 속에서 살아가고 있는 우리의 존재와 의식을 둘러싼 실존적 환경으로 확장되기에 이릅니다.

둘째는, 개개인이 겪는 궁핍을 시대의 일반성 속에 묶어넣는 상식에 대한 작가의 통렬한 비판과 관련됩니다. 작중인물인 백두연은 고리대금업자인 그의 삼촌에게 그가 살아온 궁핍의 인생이 저개발과 전제정치로 얼룩진 지난 시대의 역사 탓이라고 말하지요. 하지만 고아와 고아 아닌 자, 사생아와 사생아 아닌 자, 일그러진 자와 그렇지 않은 자들은 한시도 같은 '역사' 안에 머물렀던 적이 없고 앞으로도 그럴 것이라고 삼촌은 믿어 의심치 않습니다. 그는 일생 동안 한국인도 뭣도 아닌, 오직 '무참히 짓밟힌 인간', 그것일 뿐이었지요. 말하자면 '역사'란 허구의 공동체인 국민국가가 개인에게 부과한 의식에 지나지 않는다는 날카로운 지적이 거기에 가로놓여 있습니다. 이 소설이 주제화하고 있는 '궁핍'은 바로 그러한 비판을 위해 마련된 장치가 아닐 수 없습니다. 『일요일 스키야키 식당』에서의 '궁핍'이 털끝만큼의 센티멘털리즘도 내포하고 있지 않다는 사실 또한 이와 같은 냉소적인 시선과 직접적으로 관련될 터입니다. 그리고 이는 배수아의 소설이 확보하고 있는 리얼리티이자 그만의 고유한 영토라 할 수 있습니다.

# 사랑을 이야기하는 새로운 감수성

## - 김연수 장편 『사랑이라니, 선영아』

소설 제목만 보면, '또 그 흔해 빠진 사랑이라니' 하고 눈을 돌려버리기 쉽습니다. 그러나 막상 읽기 시작하니 김연수의 『사랑이라니, 선영아』(작가정신, 2003)는 놀랄 만큼 새로운 사랑 이야기네요. 처음 제목만 읽었을 때의 진부한 느낌이 금세 신선한 감동으로 바뀌고 맙니다.

소설에 등장하는 진우와 광수는 89학번 영문과 동기들입니다. 13년이 지난 지금 각각 소설가와 증권회사 직원이 되어 있습니다. 월드컵 열기로 전국이 뜨겁게 달아올랐던 해의 6월 어느 날, 두 사람이 술집에서 만나 사랑에 대해 이야기를 나누고 있습니다. 광수가 먼저 묻지요. 예전에 사랑했다가 헤어졌던 여자를 다시 만나게 되면 기분이 어떠냐고. 진우가 대답합니다. 마음도 몸도 더 이상 부풀어오르지 않으면 그건 그냥 Y염색체가 결여된 인간에 불과하다고. 광수가 다시 묻지요. 어떻게 사랑이 변하느냐고. 진우는 〈봄날은 간다〉의 이영애처럼 '우리 헤어져!'라고 단호하게 말하는 대신, '사랑이라니, 광수야'라는 심정으로 낭만적 사랑이 근대의 산물일 따름이라는 고담준론을 늘어놓고 있군요. 마르코니의 무선전신, 벨의 전화, 에디슨의 전구, 자본주의 사회의 낭만적 사랑은 모두 역사적 발명품이라는 것, 중세의 농노가 아닌 근대의 자유인들을 주당 44시간씩 컨베이어벨트 옆에 세워놓을 수 있는 방법으로 고안된 것이 바로 일부일처제로 유지되는 낭만적 사랑이라는 요지의 이야기를 진우는 스스로에게 도취되어 잘도 늘어놓고 있습니다. 광수에게는 진우의 말이 결코 달가울 수 없습니다. 왜냐하면 사실 광수는 진우에게 곧 결혼할 거라는 얘기를 건네기 위해, 그리고 결혼할 여자를 소개하기 위해 진우를 만났던 것이기 때문입니다. 이 시점에서 그 문제의 여성이 나타납니다. 바로 '선영이', 그러니까 광수, 진우 들과 같이 영문과 89학번 동기이자 진우의 옛 연인이었으며 바야흐로 광수와 결혼을 앞두고 있는 여성이지요. 광수가 진우를 만나 처음으로 물었던 질문의 맥락이 드러나는 한편, 두 사람의 관계를 전혀 모르고 있던 진우가 깜짝 놀라는 순간이지요.

이 순간 이후, 세 사람은 각각 자기만의 고민 속으로 빠져듭니다. 곧 광수는 질투의 감정과 힘겹게 싸우고, 진우는 예전에 선영을 사귈 때의 기억을 떠올리려 몸부림치고, 그리고 선영은 광수와 진우 사이에서 흔들리는 마음을 다잡느라 혼란스러워합니다.

먼저 질투. 그것은 아름다운 여자를 자신만이 소유했다고 믿는 모든 남자들이 두툼한 지갑과 함께 늘 지니고 다녀야만 하는 감정이지요. 광수는 선영이 진우와 예전에 사귈 적에 같이 잤는지, 혹시 지금도 두 사람 사이에 어떤 감정이 남아 있는지 확인하고픈 마음에 몸과 마음이 달아올라 있습니다.

두 번째로는 기억. 사랑이 끝나면 유통기한이 지난 식료품처럼 사랑했던 마음을 반품시켜야만 하지만, 사랑했던 기억만은 영수증처럼 남지요. 그런데 진우에게는 옛 애인 선영과의 사랑을 증명할 기억의 영수증이 한 장도 남아 있지 않습니다. 사랑했던 기억이 없었으니 사랑도 없었던 것이며, 아울러 한 번도 선영에게 자신의 참된 모습을 보여준 적이 없다는 얘기지요. 결혼을 앞둔 선영을 불러내어 술에 취한 진우가 선영을 자신의 원룸에까지 이끌고 온 그날 진우가 어떤 사람인지 낱낱이 드러나게 되는 이유 또한 여기에 있습니다. '사랑해'라며 달려드는 진우를 향해 선영은 '사랑이라니, 진우야'라고 반문합니다. 선영과 사귀던 시절 진우는 속으로 여자 선배를 마음에 두고 있었지요. 술 취해 선영을 찾아와 그 여자 선배 때문에 마음이 아파서 죽고 싶다고 소리쳤던 기억이 진우에게는 없습니다. 그래도 막무가내로 선영과 하룻밤 같이 자자고 조르는 진우에게 선영이 한마디 합니다. "너도 소설가라고 결혼이 미친짓인 줄 아니?"

세 번째로는 선택. 비가 많이 내리는 어느 날, 술에 취한 선영이 전화를 걸어 광수에게 집에 데려달라고 부탁합니다. 광수의 부축을 받고 겨우 차에 오른 선영이 아까 편의점에 갔는데 무슨 우유를 먹어야할지 선택할 수 없었다는 얘기를 뜬금없이 합니다. 그러더니 갑자기 광수에게 사랑한다고, 아느냐고, 자기가 광수를 얼마나 사랑하는지, 얼마나 오래전부터 광수를 사랑해왔는지 아느냐고 묻습니다. 광수의 대답은 이러합니다. "사랑이라니, 선영아. 무슨 소리야?" 술 취한 선영은 울면서 '미안해, 믿어줘, 사랑해'를 반복하다 잠이 듭니다. 이 순간 광수는 생각합니다. '눈이 녹으면 그 흰 빛들은 다 어디로 가는 것일까'

줄거리 옮기는 데 몰두하다 보니, 『사랑이라니, 선영아』에 나오는 반짝이는 대화들과 재기발랄한 문장들을 소개할 겨를이 미처 없군요. 아쉬운 대로 한 군데만 소개해 보겠습니다.

"미혼남에서 유부남으로 바뀌는 과정은 달에서 지구로 귀환하는 일과 비슷하다. 유부남이 되면 갑자기 자신을 둘러싼 중력이 여섯 배나 강해진다는 사실에 멍멍해진다. 하지만 달에서 지구로 바로 귀환할 수는 없다. 반드시 무중력 공간을 거쳐야 한다. 신혼여행이 바로 그런 무중력 공간에 해당한다. 아직 혼인신고도 하지 않은 법적인 미혼녀의 육체를 아무런 거리낌 없이 탐닉할 수 있는 그 밀월여행은 확실히 무중력 상태를 닮았다. 귀 안쪽에 있는 반고리관이 바뀐 환경에 적응하지 못해 감각신호들이 달라지는 현상이나 뇌의 지시를 몸이 제대로 알아듣지 못하는 현상은 우주 공간에서나 신혼여행지에서나 늘 일어나는 일이다."

신혼여행의 당사자들이 느끼는 비현실감, 어리둥절함에 대한 그야말로 신선한 표현이 아니겠습니까. 김연수가 풀어놓는 사랑론을 듣다보면, 막연하게 스쳐지나갔던 경험의 실체를 확인하고 있다는 느낌으로 밑줄을 긋게 됩니다. 동서고금의 위인들이 설파해놓은 '사랑론'에 맞서는 새로운 김연수식 '사랑론'은 일상 속에서 사용되는 사랑이라는 관념을 해부하는, 철저하게 탈낭만화된, 가히 사랑을 이야기하는 새로운 감수성의 한 방식이라 할 만합니다.

이렇게 보니, '사랑이라니, 선영아'라는 이 소설의 제목은, 한때 전국을 뒤덮었던 '선영아 사랑해'라는 여성 포털 사이트의 티저 광고 문구를 아이러니화한 것임이 드러납니다. 낭만적 사랑의 본질과 허상에 대한 날카로운 풍자의 메시지가 거기에 담겨 있어 보입니다.

# 대중문화 세대의 성장소설

## – 박민규 장편 『삼미 슈퍼스타즈의 마지막 팬클럽』

'삼미 슈퍼스타즈'를 기억하십니까. 기억하는 당신은 1982년 당시 텔레비전에 앞에 앉아 있었던 소년이었을 테고, 유감스럽게도 기억하지 못한다면 아마도 당신은 그때 글자를 깨치기 전이었을 것입니다.

37년 만에 야간 통행금지가 해제되었고, 중고생의 두발과 교복 자율화가 확정되었고, 경남 의령군 궁유지서의 우범곤 순경이 카빈과 수류탄을 들고 인근 4개 마을의 주민 56명을 사살하여 세상에 충격을 주었던, 미국의 우주왕복선 컬럼비아호가 발사되고, 비운의 복서 김득구가 미국 라스 베이거스에서 벌어진 레이 '붐붐' 맨시니와의 WBA 라이트급 타이틀전에서 사망했던 1982년, 다사다난했던 그 해에 일어난 또 하나의 사건이 있었으니, 바로 프로야구의 출범이지요. '삼미 슈퍼스타즈'는 출범 당시 한국 프로야구 여섯 팀 가운데 하나입니다.

'삼미 슈퍼스타즈'의 마스코트는 포효하는 호랑이도, 야구볼을 입에 문 사자도, 타격자세를 취한 청룡이나 곰도 아닌, 슈퍼맨이었지요. 출발부터 남달랐던 것입니다. 그러고 보니 이 팀 선수들의 이름 또한 특이한 것이 많았습니다. '금광옥'. 어떤 광물의 일종이라 생각하기 쉽지만, 아닙니다. '인호봉'. 인수봉 주변의 어떤 산봉우리의 명칭일 것 같지만, 역시 아닙니다. '감

사용'. 새로 발견된 공룡의 학술적 명칭인가 하겠지만, 그럴 리가요. '장명부'. 장부나 숙박부의 일종이라 착각하기 쉽지만, 아닙니다. '정구선'. 정구 경기장의 라인을 일컫는 말 같지만, 역시 아닙니다. '정구왕'. 정구의 챔피언을 뜻하는 말일 수도 있지만, 그럴 리가 없습니다. '김바위'. 무슨 할 말이 더 필요하겠습니까. 모두 도깨비팀 '삼미 슈퍼스타즈'의 멤버들이지요.

하지만 이 정도만으로 '삼미 슈퍼스타즈'의 진면목은 결코 드러나지 않습니다. 1982년 전기 리그 10승 30패, 승률 2할 5푼, 최하위. 범상치 않습니다. 1982년 후기 리그 3승 35패, 승률 1할 2푼 5리, 역시 최하위. 타의 추종을 불허하지요. 아니 추종할 생각조차 할 수 없는 경지입니다. 1983년 전기 리그 27승 23패 승률 5할 4푼, 2위. 기적인가요. 1983년 후기 리그 25승 24패 1무 승률 5할 1푼, 공동 2위. 불가사의한 일이지요. 1984년 전기 리그 18승 30패 2무 승률 3할 7푼 5리, 다시 최하위. 장난일까요. 1984년 후기 리그 20승 29패 1무 승률 4할 8리, 또 최하위. 장난이 아니군요. 1985년 전기 리그 15승 40패 승률 2할 7푼 3리, 끝끝내 최하위. 이쯤 되면 프로이기를 거부한 거라고 봐야겠지요. 아니나 다를까, 이 리그를 마지막으로 '삼미 슈퍼스타즈'는 역사 속으로 사라집니다.

박민규의 장편 『삼미 슈퍼스타즈의 마지막 팬클럽』(한겨레신문사, 2003)은 제목에서도 드러나고 있듯, 역사 속으로 사라진 도깨비 구단 '삼미 슈퍼스타즈'를 소재로 삼은 소설입니다. 1982년 프로야구의 출범과 더불어 '삼미 슈퍼스타즈'가 탄생하여 온갖 비상식적인 기록들을 남긴 채 해체되고, 이후 '청보 핀토스'와 '태평양 돌핀스'를 거쳐 마침내 '현대 유니콘스'가 한국시리즈를 제패하기까지의 과정이 주인공의 성장과정에 대응되어 있습니다. 말하자면 '삼미 슈퍼스타즈'는 비단 소설의 대상일 뿐 아니라 그 자체가 주인공의 삶에 형식을 부여하면서 그것과 나란히 진행되는 소설의 구조인 것입니다. 그런 의미에서 이 소설은 일종의 '마니아 소설'이라고 할 수 있을 것입니다.

마니아의 삶을 배경으로 한 이야기가 전면화되면서 한 소년의 기억 속에서 그 시절의 굵직굵직한 사건들은 뒤로 밀려나게 됩니다. 1980년대라는 시기를 대상으로 하되, 그 이야기는 결코 정치적이거나 역사적인 방향으로 흐르지 않습니다. 그렇다고 마니아 소설이 한 개인의 기억 속에 유폐된 세계를 지향하는 것은 아닙니다. 마니아의 세계는 한 개인의 기억 속에 고립되어 있는 것이지만, 그것은 또한 대중문화를 모태로 한 것이기에 한 세대의 공유물이기도 합니다. 그러하기에 그것은 한 개인의 기억 속을 향한 구심력과 그 기억의 현실적 배경을 향한 원심력을 동시에 갖고 있습니다. 마니아의 삶은 한 개인의 기억을 불러낼 뿐만 아니라 동시에 그것이 속했던 시대의 기억을 이끌어내는 매개 역할을 하고 있는 것입니다.

소설이 진행되면서 애초에 주인공의 문화적 기호에 불과하던 마니아의 세계는 어느새 주인공의 삶과 일체가 되어 스스로에게 정체성을 부여하는 계기로 자리 잡습니다. 마니아의 세계의 본질 가운데 하나가 초라한 개인의 일상을 위안하는 현실의 대체물로서의 성격을 갖고 있다고 한다면 마니아의 대상 속에서 자신을 발견하는 과정은 그 필연적이고도 자연스러운 귀결이라 할 것입니다. 결국 '마니아 소설' 『삼미 슈퍼스타즈의 마지막 팬클럽』은 역사적 체험을 공유하지 못한, 혹은 그것을 대중문화 체험으로 대신한 세대의 성장소설인 셈입니다.

이 소설의 또 다른 특징은 한국 프로야구사를 자본주의적 과정에 대한 알레고리로 읽고 있다는 점입니다. 프로야구 출범과 더불어 세상은 '프로'의 복음들로 채워지기 시작합니다. 가령 '그녀는 프로다, 프로는 아름답다'라는 복음이 있었지요. 이 복음은 한국 경제사에서 여성 고급 인력이 대두될 때 나온, 그러나 여성 고급 인력의 필요성과는 아무 상관이 없는, 거창한 문구로 위장해 있으나 그 원래의 뜻은 '옷 사세요'라는 말이지요. 같은 맥락에 '프로주부 9단'이 있습니다. 자칫 느슨해지기 쉬운 주부들에게 그럴 틈을 주지 않게 위한 만든, 역시 프로의 복음이지요. 프로야구가 등장하면서 세상은 프로를 앞세운 자본주의의 복음들로 넘쳐납니다. 그와 같은 프로의 세계에서 '삼미 슈퍼스타즈'는 그 프로의 세계에 적응하지 못한 모든 아마추어를 대표해 그 모진 핍박과 박해를 받았던 것이지요. 작가는 팍스 아메리카나에 대한 저항의 상징으로 '삼미 슈퍼스타즈'를 내세우고 있는 것입니다. 이 지점에 이르면 마니아 체험을 바탕으로 한 가볍고도 특이한 성장소설의 형식을 취하고 있었던 이 소설에 뜻밖에 무거운 정치적인 주제가 감추어져 있었음이 드러납니다.

# 동아시아를 편력하는 여인의 오디세이

## – 황석영 장편 『심청』

언젠가 읽었던 소설에서 심청전에 관한 재미있는 언급을 발견한 적이 있습니다. 우리 모두가 잘 알고 있듯이, 심청전에서는 소경인 아버지 심학규의 눈을 뜨게 하기 위해 공양미 삼백 석에 팔린 심청이 인당수에 몸을 던집니다. 고전소설에서 심청은 용궁에서 환생하여 왕비가 됩니다. 그리고 아버지를 찾기 위해 온 나라의 소경들을 불러 잔치를 열고 마침내 아버지 심봉사와 눈물의 상봉을 하게 되지요. 그리고 죽은 줄로만 알았던 청이의 목소리를 다시 듣게 되는 순간 심봉사의 눈이 뜨입니다. 그런데 여기에는 한 가지 모순이 있습니다. 애초에 심청은 자신이 인당수에 몸을 던짐으로써 아버지 심봉사의 눈이 뜨이게 되리라는 믿음을 가지고 있었습니다. 춘향과 몽룡의 사랑이 결코 회의될 수 없듯, 심청의 효심과 믿음 또한 고전의 세계에서는 불변의 것이었겠지요. 그런데 그녀가 나중에 아버지를 찾기 위해 왕에게 호소하여 소경들의 잔치를 베푼다는 대목에서 보면 그녀는 아버지 심학규가 여전히 봉사일 것이라는 생각을 하고 있다는 것입니다. 모순이 아닐 수 없지요. 우리들이 어려서부터 익숙해져 있기에 추호도 의심을 품지 않았던 이야기들에도 이처럼 빈틈이 곳곳에 도사리고 있습니다. 하나의 이야기가 새로운 형태로 다시 씌어질 수 있는 근거가 여기에 있습니다.

근대로 접어든 이후에도 심청 이야기가 반복해서 새롭게 씌어졌던 사정 또한 이러한 맥락에서 이해할 수 있습니다. 이해조는 춘향전을 「옥중화(獄中花)」(1912)로, 심청전을 「강상련(江上蓮)」(1912)으로 각각 개작한 바 있습니다. 그런가 하면 채만식은 심청전 이야기를 세 번씩이나 고쳐 썼습니다. 「심봉사」라는 같은 제목으로 된 두 편의 희곡(1936, 1947)과 한 편의 소설(1936)이 그것입니다. 해방 이후에 씌어진 최인훈의 희곡 「달아 달아 밝은 달아」(1978) 또한 심청전을 새롭게 서사화한 것입니다. 채만식의 「심봉사」가 심봉사의 관점으로 이야기를 새롭게 구성함으로써 눈이 먼 한 인간의 불행한 의식을 드러냈다면, 최인훈의 「달아 달아 밝은 달아」는 심청이 인당수에 빠져 죽는 것이 아니라 청루의 기녀로 팔려간다는 설정을 통해 심청전 이야기를 전혀 다른 방식으로 바꾸어 놓았습니다. 암울한 식민지 시대 누구나 눈 먼 인간이었고, 해방 이후의 가난한 시절 누구나 몸을 팔아 생존할 수밖에 없었다는 사실에서 이들 소설이 새롭게 씌어질 수 있었던 현실적 근거를 발견할 수 있습니다. 그런데 최근 심청전의 새로운 판본 하나가 나타났습니다. 황석영의 『심청』(문학동네, 2003)이 그것입니다. 그렇다면 21세기에 새롭게 씌어진 심청전은 과연 어떠할까요. 실로 궁금하지 않을 수 없습니다.

『심청』의 새로움은 우선 이 소설이 근대 이행기의 동아시아를 무대로 설정했다는 점에서 찾을 수 있습니다. 작가는 고전소설 심청전의 중심에 놓인 효 사상, 곧 봉건적 이데올로기를 걷어냅니다. 그와 더불어 어린 소녀의 목숨으로 용왕을 달랜다는 미신적 관념 또한 사라져버립니다. 거액을 주고 이국의 해변가에서 산 묘령의 소녀를 장사꾼들이 그냥 물에 던져 없앨 리가 없지요. 이 소설에서 심청은 청나라 난징(南京)의 부유한 차 상인 첸(陳) 대인의 보신용 첩으로 팔려갑니다. 그곳에서 심청은 '롄화(蓮花)'로 다시 태어납니다. 첸 대인이 심청의 배 위에서 숨을 거두자 그의 셋째 아들 구앙(光)이 심청을 진장(鎭江)의 술집 복락루로 데려갑니다. 영국군의 공격으로 복락루가 파괴되자, 심청은 광대패의 미소년 동유(東雨)와 함께 도망쳐 쑤저우(蘇州)를 거쳐 항저우(杭州)에 이릅니다. 여기에서 심청은 일행의 농간으로 타이완 지룽의 사창가 죽원반관에 팔려 이루 말할 수 없는 고초를 겪습니다. 하지만 심청은 다행히 영국 동인도회사 싱가포르 지사의 부지사장인 제임스에 의해 구출되어 싱가포르행 기선에 몸을 싣습니다. 그곳에서 심청은 '로터스(lotus)'로 다시 태어나 '시계'와 '매달린 사내(예수상)'로 대표되는 근대의 세계를 체험하게 됩니다. 심청은 돈을 모아 보육원을 세워 버려진 아이들을 돌보고 다시 싱가포르를 떠나 류큐(琉球, 오키나와)에서 주점 '용궁'의 주인이 되기에 이릅니다. 심청은 '렌카(蓮花)'로 다시 태어납니다. 그곳에서 심청은 류큐의 왕자 가즈토시와 혼인하여 왕비의 자리에 오르고 노인잔치를 성대히 베풉니다. 가즈토시가 죽고 가고시마로 옮겨온 심청은 그곳에서 주점 연화옥을 여는 한편 기아보호소를 설립하여 버려진 아이들을 돌봅니다. 나이가 든 심청이 다시 고향으로 돌아와 '연화보살'로 죽음을 맞이하면서 파란만장한 '매춘의 오디세이'가 종착점에 이릅니다. 심청이 난징(南京), 진장(鎭江), 쑤저우(蘇州), 항저우(杭州), 타이완과 싱가포르, 그리고 다시 류큐와 가고시마를 거쳐 마침내 고향으로 돌아오는 이 여정은 근대화의 격랑 속에 놓인 19세기 말의 동아시아 일대를 아우르는 모험의 편력기에 다름 아닙니다.

근대로 진입하는 19세기 말의 동아시아를 편력하는 파란만장한 '매춘의 오디세이'는 심청이라는 한 여인이 렌화로, 로터스로, 렌카로, 연화보살로 다시 태어나는 기나긴 자기 발견의 드라마이기도 합니다. 이 소설의 부제가 '연꽃의 길'인 연유이지요. 『심청』에 내포된 또 하나의 새로움을 여기에서 발견할 수 있습니다. 여성성에 대한 새로운 제시가 그것입니다. 이 소설에서 심청은 자신을 짓밟는 남성들을 오히려 불쌍하다는 듯 바라보고 있습니다. 거기에는 고집스럽게 현실과 대결하는 듯하지만 결국은 자신의 주관성으로 회귀하여 대립 그 자체를 견고하게 만드는 성적 대결의 구도가 아니라, 희생당하는 듯하지만 사실은 상대방의 삶마저 포용하고 이끌어가는, 보드리야르가 말했던 세련된 '유혹'의 힘이 있습니다. 그러하기에 그 속에서 펼쳐지는 화해의 현실과 내밀한 비애는 여성의 사회적 고통을 강조하기 위한 것이라기보다 유혹의 힘을 지키는 일종의 포즈라고 할 수 있을 것입니다. 이 소설의 결말에서 죽음과 마주한 심청의 얼굴에 떠오른 미소, 곧 '실컷 울고 난 사람의 웃음처럼 희미한 미소'는 바로 이러한 여성성의 상징일 것입니다. 창녀 심청은 '정분의 허망함과 살림의 덧없음'을 깨우치기 위해 현현(顯現)한 관음보살이었던 것입니다.

# 현실을 초월하는 예술의 꿈

## – 이자크 디네센 소설집 『바베트의 만찬』

시드니 폴락 감독의 〈아웃 오브 아프리카〉(1985)에는 케냐의 대농장을 배경으로 펼쳐지는 두 연인의 끝내 이루어질 수 없었던 사랑 이야기가 담겨 있습니다. 여농장주 카렌(메릴 스트립)과 비행사 데니스(로버트 레드포드)가 바로 그 주인공들입니다. 하지만 이 영화의 끝은 카렌의 농장이 불타버리고 데니스는 비행기 사고로 추락하여 사망하는 비극으로 맺어져 있지요. 〈아웃 오브 아프리카〉는 이자크 디네센(1885~1962)의 회고록 『아웃 오브 아프리카』(1937~1938)를 원작으로 하여 만들어진 것입니다. 동아프리카 케냐의 커피농장주이자 남작부인이었으며 작가이자 여성탐험가였던 카렌 블릭센, 그녀의 필명이 바로 이자크 디네센이지요. 두 번이나 노벨상 후보에 올랐지만 헤밍웨이와 카뮈에게 밀려 연거푸 수상에 실패했던 이 덴마크 출신 여류작가의 작품이 영화화된 또 하나의 사례가 가브리엘 악셀 감독의 〈바베트의 만찬〉(1987)입니다. 최근 영화 〈바베트의 만찬〉의 원작이 된 동명의 소설을 비롯 모두 다섯 편의 소설이 실려 있는 이자크 디네센의 단편 소설집이 번역 출간되었군요. 원래 이 소설집의 제목은 『운명의 일화』였지만 국내 출판사에서는 영화를 의식한 듯 『바베트의 만찬』(문학동네, 2003)이라고 바꾸었습니다. '운명의 일화'들을 담고 있는 다섯 편의 소설(「바베트의 만찬」, 「폭풍우」, 「불멸의 이야기」, 「진주조개잡이」, 「반지」) 가운데 우리의 관심을 끄는 것도 역시 「바베트의 만찬」이겠지요.

영화에서는 덴마크의 바닷가 마을이 무대이지만, 소설의 배경은 길고 좁은 바다의 지류가 골짜기를 흐르고 있는 노르웨이의 산기슭 마을이네요. 이 마을에 나이 많은 두 자매가 살고 있습니다. 자매의 세례명은 마르티네와 필리파. 마르틴 루터 목사와 그의 친구 필립 멜란히톤의 이름에서 따온 것이지요. 자매의 아버지는 그 지역에서 독실한 교파를 일군 목사이자 예언자였습니다. 이 교파의 신도들은 이 세상도, 또 이 세상이 주는 것들도 모두 환상에 불과하다고 믿고 세속의 쾌락을 거부하는 청교도적 신앙을 가지고 있었습니다. 하지만 목사는 이미 세상을 뜬 지 오래고 해가 갈수록 신도의 수는 줄어들고 남아 있는 사람들도 노인들뿐입니다. 서로 다투는 일도 잦아져서 신도들 사이에는 알게 모르게 골이 생겼습니다. 그런 가운데서도 목사의 딸들은 몇 푼 안 되는 수입과 시간을 모두 자선을 베푸는 데에 쓰며 살아갑니다. 그러던 중 비관과 공포에 떨며 갈 곳 없이 헤매는 도망자 신세의 한 프랑스 여인이 자매를 찾아옵니다. 바베트라는 이름의 이 여인이 자매의 집을 찾은 것은 지금으로부터 12년 전. 하지만 그 인연은 훨씬 더 먼 추억으로 거슬러 올라갑니다.

두 자매가 젊고 아리따웠던 시절, 그녀들을 사랑한 청년들이 있었지요. 언니 마르티네를 사랑했던 젊은 장교 로렌스 로벤히엘름과 필리파의 연인이었던 파리의 유명한 가수 아실 파팽이 그들이지요. 하지만 이 처녀들은 천상의 사랑이라는 이상만을 추구하며 자랐던지라, 세상의 열정은 근처에 얼씬도 할 수 없었습니다. 젊은 장교와 가수는 각각 실연의 상처를 안고 마을을 떠나갔습니다. 그로부터 15년이 지난 1871년 6월의 어느 날, 누군가 자매의 집 초인종 끈을 세차게 잡아당기고 있습니다. 문을 연 자매 앞에 몸집이 큰 여인이 사색이 되어 서 있습니다. 여인은 편지 한 통을 꺼내 자매에게 건넵니다. 불어로 적힌 편지의 발신인은 아실 파팽, 바로 그 옛날 필리파를 사랑했던 가수이지요. 편지에 따르면 이 여인의 이름은 바베트. 노동자들의 폭동으로 파리가 화염에 휩싸였던 그 해, 그녀의 남편과 아들은 총에 맞아 사망했고 그녀 또한 석유로 가옥에 불을 지른 여자라 하여 붙잡혔다가 가까스로 탈출한 여인. 그녀는 자매에게 무보수로 집안일을 돌보겠다고, 만일 그녀를 다른 곳으로 보낸다면 자기는 죽어버릴 것이라고 말합니다. 이 오갈 곳 없는 불쌍한 여인을 신앙심 깊은 자매가 뿌리칠 수 있을 거라고 누구도 생각할 수 없겠지요. 이렇게 해서 바베트는 목사의 딸들과 이 집에서 12년째 지내고 있습니다. 이제 그녀와 파리를 이어주는 것은 매년 친구가 갱신해 주고 있는 복권 한 장뿐입니다.

바베트가 자매의 집에 처음 왔을 때는 마치 쫓기는 짐승처럼 불안한 눈빛에 초췌한 모습이었습니다. 하지만 그녀는 따뜻한 환경에 새로 몸을 담자 이내 곧 믿음직한 가정부의 자태를 보여줍니다. 그녀의 침착한 용모와 그윽한 눈매에는 엄숙함이 배어 있었고 그녀의 시선이 닿는 곳마다 모든 것이 소리 없이 제자리를 찾아갑니다.

바베트가 이 마을에 온 지 열두 번째 해가 되던 어느 여름 프랑스에서 바베트 부인 앞으로 편지가 한 통 배달됩니다. 거기에는 만 프랑짜리 복권이 당첨되었다는 소식이 담겨 있습니다. 믿음직하고 착한 이 가정부가 마을을 떠나면 자매를 비롯하여 늙고 가난한 여러 이웃들이 힘들어질 것입니다. 자매와 신도들은 부자가 된 바베트가 곧 이 가난하고 초라한 마을을 떠나 파리로 돌아갈 거라 생각합니다. 그러했기에 바베트가 목사의 생일에 축하 만찬을 요리할 수 있도록 간곡히 부탁했을 때 자매는 놀라지 않을 수 없었습니다. 하지만 자매를 놀라게 하는 일들이 계속 일어나지요. 바베트는 만찬을 진짜 프랑스 요리로, 그것도 자신의 돈으로 하고 싶다고 부탁합니다. 12년 만에 처음 하는 부탁인데 들어주지 않을 도리가 없지요. 요리재료들이 속속 도착합니다. 그 가운데에는 한 수레나 되는 술병들도 있습니다. 자매는 불안합니다. 커다란 바다거북도 있습니다. 자매는 악몽을 꿉니다. 어떤 일이 닥칠지 몰라 불안해하는 자매에게 신도들은 만찬이 있는 날 음식에 관한 말을 일절 꺼내지 않기로 약속합니다.

드디어 만찬일. 옛날 마르티네를 사랑했던 로벤히엘름 장군까지 참석했습니다. 놀라운 요리들이 등장합니다. 장군은 예전 카페 앙글레에서의 만찬을 떠올리며 쉼없이 음식 칭찬을 늘어놓지만, 자매에게 음식에 관한 이야기를 일절 하지 않기로 한 신도들은 스승의 기적과 그 딸들의 선행에 대해서만 이야기합니다. 음식의 황홀한 맛에 놀람과 기쁨의 표정을 감추지 못한 채 말입니다.(영화에서 이 노인들의 표정 기억하십니까) 거금 만 프랑짜리 만찬은 신도들의 마음의 골을 메우는 큰 축복과 더불어 끝이 납니다.

소설에는 이 감동적 드라마에 한 가지 심오한 주제가 덧붙여져 있습니다. 그것은 영화에서 구체적으로 드러나 있지 않은 사실, 곧 바베트가 코뮌 지지자였다는 사실과 밀접한 관련이 있습니다. 바베트가 요리사로 있던 카페 앙글레의 고객들은 파리의 귀족들이었지요. 파리 시민들을 굶주리게 했고 가난한 사람들을 부당하게 억압한 그들에 대항하여 바베트는 파리케이드를 딛고 일어서 동지들을 위해 총을 들었던 것입니다. 그럼에도 불구하고 바베트는 요리를 통해 그들에게 완벽한 기쁨을 주려 했습니다. 이 모순을 초월한 자리에 예술이 놓여 있습니다. "예술가가 세상을 향해 부르짖는 것은, 최선을 다할 수 있도록 날 내버려둬달라는 외침뿐이다"는 소설 속의 대목이 그것을 인상적으로 표현하고 있습니다. 영화와 소설을 겹쳐 읽었을 때 얻어지는 가외의 소득이라 하겠습니다.

# 여성의 삶에 드리워진 현실의 무게

## – 전경린 단편 「여름휴가」

변영주 감독, 이종원 · 김윤진 주연의 영화 〈밀애〉(2002)의 원작은 바로 전경린의 장편 『내 생애 꼭 하루뿐일 특별한 날』(1999)이지요. 영화를 통해서도 간접적으로 확인할 수 있듯, 이 작가의 소설은 제도의 굴레 속에 갇힌 여성의 욕망을 강렬하게 그려내는 것으로 정평이 있습니다. 최근 발표된 단편 「여름휴가」(『문학사상』, 2003년 12월호)에서는 그 강렬함이 삶에 대한 깊은 응시로 전환되어 있어 눈길을 끕니다.

소설의 주인공 묘정은 여름방학을 맞은 두 아이를 전남편에게 맡기기 위해 시골 읍을 찾습니다. 차를 세우자 아들은 냉큼 내려 아빠에게로 달려듭니다. 부자 상봉 뒤에 좀 어색한 부녀 상봉이 이어지는 사이, 묘정은 곁눈으로 전남편 Y를 흘깃 바라봅니다. 순간 묘정은 허방을 딛는 듯 놀랍니다. 함께 살 때에 비해 전남편의 키가 훨씬 작게 보였기 때문이지요. 이는 과거의 시간들이 속해 있던 세계 속에 더 이상 그녀가 없다는 증거일 것입니다. 이 경우 감각과 의식은 별개가 아닙니다. 의식의 변화는 감각마저 흩트려 놓습니다. 연애를 잃고 나면 누구나 느끼는 것이지요. 예전에 사랑했던 사람은 없고 초라하고 낯선 얼굴이 그 자리에 들어앉아 있습니다.

그런데 과연 전남편을 바라보는 묘정의 시선만 그럴까요. 아마도 묘정을 바라보는 전남편 Y의 시선 역시 그러할 것입니다. 이 소설은 이 점을 매우 날카롭게 지적해놓고 있습니다. 이렇듯 타자의 시선을 도입함으로써 이 소설은 자기만 억울한 피해자라는 식의 감상적인 넋두리에서 벗어나 현실 그 자체를 응시할 수 있는 가능성을 얻고 있습니다.

이혼이라는 상황을 두고 우리가 일반적으로 머릿속에 떠올리는 이야기는 불륜이라든가 집안 내의 갈등이 서두를 이루고 우여곡절 끝에 마침내 이혼한 주인공이 힘든 상황을 꿋꿋하게 헤쳐나간다는 결말로 마무리되는 종류의 것들입니다. 하지만 여기에는 한 인간이 겪는 실제적인 현실의 문제는 빠져 있습니다. 과연 그 파탄의 원인만 없었다면 모든 것이 순조로웠을까요? 그 파탄의 원인은 어떤 또 다른 원인에 의해 야기된 것일까요? 이혼만 하면 모든 문제가 해결되어 원점으로 되돌아갈 수 있을까요? 소설 「여름휴가」는 이러한 질문들 사이를 헤매어 다닌 고행의 편력기라 할 수 있습니다.

소설 속에서 묘정은 이혼 후 여러 가지 현실의 절박한 문제와 대면하게 됩니다. 우선 제도에 의해 마련된 삶의 근거를 스스로 포기하고 나면 막막하고도 절박한 생존의 문제가 앞을 가로막습니다. 가계부와 통장을 펴고 계산기를 두드리며 지출 줄일 곳을 찾아 눈을 두리번거리지만 신통한 방법이 있을 수 없습니다. 인생을 줄이고 호흡을 줄이는 수밖에요. 그런 순간이면 온몸에 힘이 빠지고 발 아래서 검은 구멍이 뭉텅뭉텅 파이고 있는 듯한 느낌에 사로잡힙니다. 꼼짝 않고 식탁에 앉은 채로 밤 시간이 흘러갑니다. 눈앞엔 부엌의 음식 쓰레기 봉투에서 만들어진 깨알처럼 작은 날벌레가 어지러이 날고 삶에 대해 유일하게 선명한 감정은 공포뿐입니다.

아이들을 맡겨둔 채 묘정은 여동생의 집을 찾습니다. 교육 공무원인 여동생은 서른두 살이 되도록 독신입니다. 이마와 볼이 동그랗고 눈이 커다란 여동생은 조용한 듯하지만 2년 전엔 유부남과 연애를 해 양쪽 집이 발칵 뒤집힌 적이 있습니다. 또 다른 여동생은 남편에게 맞아 온몸에 자주색 피멍이 든 채로 찾아옵니다. 어린 시절 보름마다 달집을 지어 불놀이를 하거나 눈 내린 고향에서 눈사람을 만들고 시멘트 포대로 미끄럼을 타던 천진스러운 시절에는 상상도 못했던 삶을 묘정 자매들은 살아가고 있는 것입니다. 누구도 자신의 삶을 감히 상상할 수 없겠지요. 현실은 항상 생각 바깥에 놓인 타자이니까요. "그땐 삶이 무엇인 줄로 알고 살았을까……. 웃고 울고 싸우고 소리 지르고, 삶은 어릴 때 다 살고 어른이 되어서는 벌만 받는 거 같아"라는 묘정의 탄식은 삶의 한고비에서 얻은 절실한 깨달음을 담고 있습니다.

묘정의 아버지는 자신의 호적을 더럽힌 딸을 집안에 발들이지 못하게 합니다. 묘정은 고향에 가도 아버지의 집을 아득한 심정으로 바라보기만 합니다. 아버지에 대한 차가운 혐오와 젖은 비스킷 같은 연민으로 뭉텅 부서진 마음을 안고 되돌아올 수밖에 없지요. 비단 묘정의 아버지뿐만이 아니겠지요. 사람들은 규범과 관습으로 틀지워진 닫힌 상자 속 같은 세계만을 믿을 뿐 그 세계 바깥은 전부 불행이라고 믿고 불행을 추문처럼 부끄러워합니다. 어느 순간 그 세계 바깥에 놓인 자신을 의식하면서 혼자의 힘만으로 살아가야 하는 묘정에게, 아버지로 상징되는 현실의 벽은 까마득히 높기만 합니다.

도대체 무엇이 어디에서부터 어긋난 것일까요. 묘정은 스스로에게 묻습니다. 그리고 이렇게 대답하지요. 삶이 주무르는 대로 머리를 들이밀고 호락호락 반죽되지 못한 것이 잘못이었을 것이라고. 삶에 대해 미리 상상하고 꿈꾸었던 것이 잘못이었을 것이라고. 불행은 운명의 내부에 씨앗처럼 박혀 있던 프로그램이었다고. 균열의 지점을 더듬어가다 보니 마치 피할 수 없었던 운명인 양 삶 전체에 그 질기고도 독한 뿌리가 뻗어 있습니다.

고향을 다녀온 날, 묘정은 한밤중에 아이들의 전화를 받습니다. 딸아이가 성적인 상징성이 있는 꿈 이야기를 합니다. 꿈에 남자들이 딸아이를 붙잡고 벌레를 마구 먹였다는 것입니다. 그리고 자기들이 핥던 아이스크림을 먹으라고 했다고 합니다. 더럽고 징그러워서 혼났다고 이야기합니다. 묘정 또한 그런 종류의 꿈에 시달렸던 적이 있었지요. 역시 더럽고 징그러운 느낌 때문에 일주일쯤 우울했던 기억이 있습니다. 그러한 꿈들은 한 개인에게 그가 새로운 세계에 진입했음을 알리는 징후일 터입니다. 알고 보면 누구나 꾸는 꿈이고 누구나 겪는 일들이지요. "내 속에서 자라는 욕망의 싹과 멀리서 촉수를 내뻗으며 더듬더듬 다가오는 욕망들, 그것들의 얽힘과 풀림"의 흐름 위에 떠내려가는 것, 썩 내키지는 않지만 그것이 곧 우리 인생의 맨얼굴이지요. 묘정이 자신의 의식 속에 그려진 주관적인 상으로서의 현실이 아니라 의식 바깥에 놓인 타자로서의 현실과 마주하는 순간이라 할 것입니다. 이렇게 본다면 '여름휴가'는 찢긴 상처 자국을 응시하고, 그 상처를 자신의 몸의 일부로 받아들임으로써 삶의 새로운 차원으로 나아가기 위한 고뇌와 성찰의 시간이었던 것입니다.

## 발표지면

Ⅰ-1

사라져버린 이름들이 우리에게 말해주는 것(『오늘의 문예비평』, 2006년 여름호)

두 가지 잉여가 드러내는 징후들(『문예중앙』, 2005년 여름호)

한국 근대문학사와 그 이후(『문학들』, 2008년 여름호)

Ⅰ-2

'전복적 상상력'을 전복하는 상상력(『실천문학』, 2006년 겨울호)

장편소설에 대한 기대에 대한 기대(『문학사상』, 2007년 11월호)

미디어 네트워크 속 '소설의 운명'(『세계의문학』, 2007년 겨울호)

Ⅰ-3

남성문학의 시대?(『넥스트』, 2006년 4월호)

공공 영역으로부터 사적 영역으로 이행하는 한국 소설의 구조 변동(『문학판』, 2006년 겨울호)

오이디푸스 극장(『문예중앙』, 2007년 여름호)

Ⅰ-4

그리는 순간 지워지기 시작하는 신종 노마드 계보도(『문학판』, 2005년 겨울호)

디아스포라에 의한, 디아스포라를 위한, 디아스포라의 글쓰기(『문학들』, 2006년 가을호)

현장의 고통으로부터 상호관계 속의 일상으로(『문장 웹진』, 2010년 5월호)

Ⅰ-5

차이를 사유하는 네 가지 소설적 방식(『문학판』, 2005년 가을호)

그들이 건넨 다섯 개의 붉은 알약(『문학판』, 2006년 여름호)
새로운 이야기의 스펙트럼을 들여다 보다(『문장 웹진』, 2011년 2월호)

Ⅱ-1
다섯 개의 코드로 쓴 짧은 김연수론(『기획회의』, 2005. 2. 5)
'노는 인간'의 삶, 무위(無爲)의 삶(구경미 소설집 『노는 인간』, 열림원, 2005)
포스트잇 글쓰기의 어떤 표정(『기획회의』, 2007. 3. 5)
고유명, 혹은 환상 속에 비친 실재의 그림자(함정임 소설집 『곡두』, 열림원, 2009)

Ⅱ-2
극적 상황과 자전(自傳)의 세계(『즐거운 우리들의 천국 - 최인호 중단편 소설 전집 3』, 문학동네, 2003)
체험의 육체성으로 이룬 의식의 사회사(『작가세계』, 2000년 봄호)
햇빛의 열정, 달빛의 정복(淨福)(『나무가 기도하는 집』, 세계사, 1999)

Ⅲ-1
서사의 욕망과 서사 이면의 의식(『문학동네』, 2002년 여름호)
극한의 발견, 혹은 확장되는 소설의 영토(『문학동네』, 2002년 가을호)
세 개의 두 겹 시선(『문학동네』, 2002년 겨울호)
새로운 방향 모색의 세 가지 사례(『한국문학평론』, 2003년 가을 · 겨울호)

Ⅲ-2
성장 소설의 성장사(『실천문학』, 2002년 여름)
이야기를 분출하는 고래의 꿈은 무엇인가(『실천문학』, 2005년 봄호)
경건을 꿈꾸는 독의 이미지들(『실천문학』, 2005년 여름호)

사랑이 타락해가는 일반적 경향에 대한 사례보고서(『실천문학, 2005년 가을호)
‘낭비’의 윤리와 ‘압축’의 윤리(『창작과비평』, 2006년 여름호)
소통의 가치와 글쓰기의 윤리(『문학사상』, 2009년 2월호)

Ⅲ-3
소시민 계급의 분해와 노동 계급 형성의 사회적 드라마(윤흥길, 브루스 풀턴·주찬 풀턴 옮김, 『아홉 켤레의 구두로 남은 사내 The Man Who Was Left as Nine Pairs of Shoes』, 아시아, 2012)
‘봉천동’, 혹은 시간을 기억하는 공간(조경란, 쉥크 카리 옮김, 『나는 봉천동에 산다 I Live in Bongcheon-dong』, 아시아, 2013)
‘나’를 둘러싼 시점의 아크로바틱스(『자음과모음』, 2010년 겨울호)

Ⅳ-1
삶의 진실 담긴 ‘행복한 해후’(『국민일보』, 2000. 7. 4)
거울 속, 나를 닮은 거꾸로 된 나(『국민일보』, 2000. 7. 11)
유리된 여성의 유릿빛 욕망과 현실(『국민일보』, 2000. 7. 18)
죽음으로 떠안게 된 운명을 받아들이기(『국민일보』, 2000. 7. 25)
나무처럼 헛헛하게 사는 삶을 위한 의자(『국민일보』, 2000. 8. 1)
일탈을 자극하는 모순된 사랑(『국민일보』, 2000. 8. 8)
또 다른 눈을 통해 바라보는 새로운 세계(『국민일보』, 2000. 8. 22)
삶과 죽음 사이에 놓인 인간의식의 한 단면(『국민일보』, 2000. 8. 29)
가족, 혹은 세계의 축도(『국민일보』, 2000. 9. 5)
현대적 감각으로 포착한 역사 속의 풍경(『국민일보』, 2000. 9. 19)
금기 바깥을 향해 품는 범용한 인간의 그리움(『조선일보』, 2000. 9. 9)
꿈 같은 실제, 실제 같은 꿈(『동아일보』, 2003. 4. 5)

Ⅳ-2

상처를 치유하는 기억의 마술(『SCREEN』, 2003년 3월호)

욕망으로 얼룩진 현실의 단면(『SCREEN』, 2003년 4월호)

삶, 검은 상처의 블루스(『SCREEN』, 2003년 5월호)

인간의 몸을 바라보는 현대적 감각의 시선(『SCREEN』, 2003년 6월호)

지나온 세월 속에서 우리가 잃어버린 것들(『SCREEN』, 2003년 7월호)

공존을 위한 소설적 모색의 한 사례(『SCREEN』, 2003년 8월호)

무엇이 되지 않고자 하는 열정(『SCREEN』, 2003년 9월호)

궁핍을 바라보는 탈민족주의적 시선(『SCREEN』, 2003년 10월호)

사랑을 이야기하는 새로운 감수성(『SCREEN』, 2003년 11월호)

대중문화 세대의 성장소설(『SCREEN』, 2003년 12월호)

동아시아를 편력하는 여인의 오디세이(『SCREEN』, 2004년 1월호)

현실을 초월하는 예술의 꿈(『SCREEN』, 2004년 2월호)

여성의 삶에 드리워진 현실의 무게(『SCREEN』, 2004년 3월호)